Jürgen Bona Meyer

Philosophische Zeitfragen populäre Aufsätze

Jürgen Bona Meyer

Philosophische Zeitfragen populäre Aufsätze

ISBN/EAN: 9783743416031

Hergestellt in Europa, USA, Kanada, Australien, Japan

Cover: Foto ©Thomas Meinert / pixelio.de

Manufactured and distributed by brebook publishing software (www.brebook.com)

Jürgen Bona Meyer

Philosophische Zeitfragen populäre Aufsätze

Philosophische Zeitfragen.

Populäre Aufsätze

von

Jürgen Bona Meyer,

Doctor und Professor der Philosophie in Bonn.

Zweite verbesserte und vermehrte Auflage.

Bonn,

bei Adolph Marcus.

1874.

Vorwort.

Die erste Auflage dieses Buches erschien im Früh=
jahr 1870 kurz vor dem Ausbruch des Krieges mit
Frankreich. Für die Aufnahme und Verbreitung desselben
war das gewiß eine ungünstige Zeit. Daß nun trotzdem
schon nach dem Verlauf einiger Jahre eine zweite Auflage
nothwendig geworden ist, darf wohl als ein erfreuliches
Zeichen für die Richtigkeit meiner in demselben ausge=
sprochenen Behauptung angesehen werden, daß unsere Zeit
nicht, wie so oft gesagt wird, philosophischen Fragen
feindseliger oder gleichgültiger gegenüber steht als irgend
eine frühere Zeit, daß vielmehr eine zunehmende Aus=
breitung der Theilnahme für dieselben in unserer Zeit
unschwer zu erkennen sei. Auch darf ich wohl hoffen für
eine solche Theilnahme weiterer Kreise in der Behandlung
philosophischer Zeitfragen den rechten Ton getroffen zu
haben und will deshalb unterlassen Form oder Aus=
dehnung des Ganzen wesentlich umzugestalten.

Mein Buch wendet sich an alle Diejenigen, welche
über die viel besprochenen Zeitfragen eine wissenschaftliche
Verständigung suchen. Es soll kein Buch strenger Wissen=
schaft sein, soll nicht die aufgeworfenen Probleme nach
allen Seiten erschöpfen, will aber doch in keinem Satz die
Gewissenhaftigkeit streng wissenschaftlicher Vorprüfung ver=

leugnen. Der Form nach hofft es einem jeden Leser, der
überhaupt zu ernstem Nachdenken fähig ist, verständlich
zu sein; dem Inhalt nach wird es im Einzelnen manchem Leser Anstoß geben. Philosophische Zeitfragen sind
mehr oder minder Streitfragen, zu denen sich die Menschen,
denen an der Wahrheit liegt, nicht einmüthig und nicht
gleichgültig verhalten können. Mein Buch ist entstanden,
weil es kampflustige Gegner der eigenen Ueberzeugung
voraussetzen mußte; es ist also auf Widerspruch gefaßt.
Kampf ist unvermeidlich auf dem Wege zur Wahrheit;
aber er muß um der Sache, nicht um der Person willen
geführt werden. Davon soll dies Buch auch da nicht ab-
weichen, wo es mit Grund gegen Unwissenschaftlichkeit und
Frivolität gegnerischer Behauptungen in Eifer geräth. Die
aufgeworfenen Streitfragen selbst sollen trotzdem ohne Vorurtheil erörtert werden. Ob das Buch dieser Aufgabe
überall getreu geblieben oder ob es dennoch gegen Wissen
und Willen in diesem Punkte gefehlt hat, muß dem Urtheil der Leser anheimgestellt bleiben.

Die einzelnen Kapitel des Buches sind allmählich zu
einem Ganzen zusammen gewachsen, sie stehen in Verbindung und ergänzen einander. Einzelne Kapitel mögen für
sich gelesen werden können; die meisten aber stehen in
einem inneren Verhältniß zu einander, so daß sie zum
vollen Verständniß einander wechselseitig bedingen. Wo
es besonders nöthig schien, sind diese Vor- oder Rückbeziehungen im Text oder in dem ausführlichen Inhalts-
verzeichniß angegeben.

Die neue Auflage des Buches ist abgesehen von
kleineren Verbesserungen im Einzelnen durch mehrere
wesentliche Ergänzungen bereichert worden. Einige derselben sind durch Einwände und Entgegnungen veranlaßt
worden, so z. B. der ausführliche Zusatz zum Kapitel 3.

S. 104—112 über das Verhältniß von Theorie und Hypothese im Darwinismus durch Bemerkungen Haeckel's und J. Dub's, und der kleinere Zusatz zum Kapitel 10. S. 357 und ff. als Rechtfertigung meiner Aeußerungen über J. H. Fichte's Zwischenreich der Seelen gegen den von ihm selbst erhobenen Widerspruch.

Andere Ergänzungen sind in Berücksichtigung neuerer philosophischer Aeußerungen oder Bewegungen aufgenommen worden: so im Kapitel 2. S. 38 und 39 die Bemerkungen über die Zwecklosigkeit des Vorschlags von Baer's statt der Ausdrücke „Zweck, zweckmäßig, Zweckmäßigkeit" sich der Ausdrücke „Ziel, zielstrebig, Zielstrebigkeit" zu bedienen; ferner im Kapitel 5. S. 160—166 die Betrachtung über die Sprache der Thiere und der Menschen zur Widerlegung der Ansichten Darwin's und Oscar Schmidt's im Anschluß an Steinthal; — im Kapitel 6. S. 202 der Hinweis auf die neueren Aeußerungen Du Bois-Reymond's über die Unmöglichkeit das Seelische aus dem Körperlichen zu erklären; im Kapitel 11. S. 394 die Mitberücksichtigung von Strauß' Ableitung der Religion aus der Furcht vor unbekannten Mächten und ebenda S. 398—407 im Anschluß an Czolbe's Versuch das Glücksbedürfniß als Quelle des Religionsglaubens darzustellen die eingehende Betrachtung über das Verhältniß von Optimismus und Pessimismus zum Religionsglauben unter Berücksichtigung der neuerdings von Frauenstädt und Taubert über Grund und Werth dieser streitenden Weltanschauungen geäußerten Meinungen; — endlich in Kapitel 12. S. 459 und 460 eine Bemerkung über die systematische Stellung von Hartmann's Philosophie des Unbewußten.

Mein Buch ist somit zwar im Wesentlichen dasselbe geblieben, hat aber doch an nicht wenigen Punkten die

durch Fortentwicklung der philosophischen Zeitfragen selbst
nothwendig gewordenen Zusätze erhalten.

Gern würde ich insbesondere noch auf eine wichtige
Frage näher eingegangen sein. Es ist von mehreren
Seiten die Knappheit und Dürftigkeit meiner Andeutungen
über den zu erstrebenden lebendigen Theismus gerügt und
eine weitere, beßere Begründung desselben verlangt worden.
Daß eine solche nothwendig sei, habe ich schon in der
ersten Ausgabe selbst hervorgehoben und auch jetzt vor-
gezogen die Lösung dieser Aufgabe als eine noch offene
zu behandeln, anstatt hier beiläufig ihre Erledigung zu
versuchen. Eine nach allen Seiten genügende sachgemäße
Erörterung einer so schwierigen Frage hätte eine selbstständige ausführliche Behandlung nothwendig gemacht und
eine solche hätte sich mit dem Zwecke dieses Buches nicht
vertragen. Für denselben genügte es die vorliegenden
Schwierigkeiten des Problems klar zu bezeichnen, die
Richtung anzudeuten, in welcher eine Lösung derselben
versucht werden könnte, und auf die Vorurtheile hinzuweisen, welche dieser Lösung entgegen stehen mögten.
Eine derartige Besprechung kann allerdings die Frage
nicht erledigen, aber doch der zukünftigen Erledigung vor-
bereitend nützen. Und damit scheint mir in einem populär
wissenschaftlichen Buche das Wesentliche und oft das allein
Mögliche gethan zu sein.

Möge mein Buch auch in dieser neuen Auflage die
gewünschte Theilnahme finden und dem freien Nachdenken
über philosophische Fragen förderlich sein!

Bonn, den 24. Juni 1874.

Inhalt.

S. 38 Z. 2 v. o. statt Pauer l. Baer.

1.

Die Philosophie und unsere Zeit.

Von unserer Zeit geht die Rede, daß sie die Beschäftigung mit philosophischen Fragen nicht sonderlich liebe. Auch unser Volk, das bisher als Mustervolk philosophischer Träumerei von anderen Völkern bewundert oder bespöttelt wurde, soll endlich erwacht sein aus seinem Traume und sich um die Ordnung seiner irdischen Angelegenheiten mehr bekümmern als um die Zerstreuung philosophischer Nebel in Wolkenkuckucksheim. Mit der Philosophie als Wissenschaft soll es vorbei, ihre überhaupt löslichen Probleme sollen nunmehr zu Aufgaben der einzelnen Wissenschaften selbst geworden sein. Die Töchter der gemeinsamen Mutter beanspruchen Selbstständigkeit und mögen sich nicht mehr beaufsichtigen oder berichtigen lassen; lieber wäre es ihnen, die alte und mürrisch gewordene Mutter legte sich endlich in Frieden zu Grabe. Viele sollen auch meinen, die Philosophie liege bereits in ihren letzten Zügen und schicke sich an zum Sterben. Nur im Winkel der Schulen friste sie noch ein kümmerliches Dasein, eine Macht im Leben sei sie nicht mehr und nur bittweise erlange sie noch einzelne Gunstbezeugungen in mitleidiger Berücksichtigung ihrer ehemaligen Größe. So verkünden triumphirend ihre Feinde, darüber klagen jammernd ihre Freunde.

1

In Wahrheit sind dieses Triumphgeschrei und diese Klagen unberechtigt. Von beiden Seiten wird eine allerdings veränderte Zeitanschauung falsch und einseitig gedeutet; bei richtiger Auffassung dieser Veränderung werden wir uns überzeugen, daß unsere Zeit den philosophischen Fragen nicht feindseliger oder gleichgültiger gegenüber steht als irgend eine frühere Zeit. Vielmehr ist eine zunehmende Ausbreitung der Theilnahme für philosophische Fragen in unserer Zeit unschwer zu erkennen.

Mit den Klagen über die zunehmende philosophische Gleichgültigkeit hat es offenbar dieselbe Bewandtniß wie mit den Klagen über die Verschlechterung der Zeiten. Die schöne goldene Zeit, deren Verlust schmerzlich beklagt wird, ist bei keinem noch so weit erstreckten Rückblick aufzufinden. Die Unzufriedenen unserer Tage sind geneigt, die Zeiten Hegel's, Fichte's und Kant's als Höhepunkte einer allgemeineren philosophischen Theilnahme zu rühmen. Hegel und Kant waren dieser Meinung nicht, sie sprachen ähnliche Klagen aus, wie die sind, die wir jetzt hören. Als Hegel nach Berlin berufen seine Vorlesungen eröffnete, beklagte er die Seichtigkeit und Schalheit seiner Zeit, in welcher der Verzicht auf vernünftiges Erkennen sich den Namen Philosophie angemaßt habe. So schlecht habe es nie um diese Wissenschaft ausgesehen, seitdem sich die Philosophie in Deutschland hervorzuthun angefangen habe. „Lessing sagte zu seiner Zeit, die Leute gehen mit Spinoza wie mit einem todten Hunde um: man kann nicht sagen, daß in neuerer Zeit mit dem Spinozismus und dann überhaupt mit speculativer Philosophie besser umgegangen werde": — so lautet eine Aeußerung Hegel's an anderer Stelle. Hegel sprach zwar von der schon sichtbaren Morgenröthe des kommenden Tages, aber der volle Aufgang seiner Weisheitssonne brachte keinesweges so viel Licht, daß nicht Hegel selbst noch am Abend seines Lebens das populäre Losziehen wider die Philosophie zu beseufzen hatte, das um so populärer sei, mit je geringerer Einsicht und Gründlichkeit es geschehe. — Mit noch dunkleren Farben schilderte Fichte die philosophische Gleichgültigkeit seiner Zeit. Die Menschenwelt stand nach seiner Ansicht damals im Zeitalter der vollendeten Sündhaftigkeit, zu der die völlige Gleichgültigkeit gegen alle Wahrheit gehörte. Was die Menschen dieser Zeit nicht begreifen, — sagte er — das ist für sie nicht da, und sie begreifen Nichts, als was sich auf ihr persönliches Dasein und Wohlsein bezieht. Auch Kant gedachte in der Vorrede zu seiner Vernunftkritik der Klage über die zeitliche Vernachläffigung der einst so hochgeehrten Philosophie. „Es war eine Zeit, — heißt es daselbst — in welcher sie die Königin aller Wissenschaften genannt wurde und, wenn man den Willen für die That nimmt, so verdiente sie, wegen der vorzüglichen Wichtigkeit ihres Gegenstandes, allerdings diesen Ehrennamen. Jetzt bringt es der Modeton des Zeitalters so mit sich, ihr alle Verachtung zu beweisen und die Matrone klagt, verstoßen und verlassen, wie Hekuba: modo maxima rerum, tot generis natisque potens — nunc trahor exul, inops. Ovid. Metam.". — Also selbst zur Zeit der Heroen unserer deutschen Philosophie ward die goldene Zeit derselben schon in der dunkeln Ferne der Vergangenheit gesucht.

Entdecken wir sie vielleicht in den Tagen der alten griechischen Weisen, die unter klarem Himmel und schattigen Bäumen von den Sorgen des täglichen Lebens scheinbar unberührt in ungestörter Muße mit den edelsten Jünglingen ihrer Zeit sich dem Nachdenken über die Räthsel der Welt hingeben konnten? Auch die Heroen der alten Philosophie äußern sich so befriedigt nicht über die Stellung ihrer Zeitgenossen zur Philosophie. — Platon läßt in seinem Dialog Gorgias den Kallikles Zeitanschauungen über die Philosophie aussprechen, wie sie auch heute noch von sogenannten Praktikern über die unbrauchbaren philosophischen Grübeleien geäußert werden könnten. „Die Philosophie — sagt Kallikles zum Sokrates — ist eine ganz artige Sache für Den, der sie mäßig betreibt in seiner Jugend. Einem Jünglinge, der sich durch Philosophie bildet, steht das Philosophiren wohl an, aber einem Manne bringt diese Beschäftigung Nachtheil. Das Stammeln und Tändeln ist bei einem Kinde natürlich und lieblich, ein Mann wird dadurch lächerlich und verdient Schläge. So auch wenn ich Jünglinge treffe, die eifrig philosophiren, freue ich mich und erwarte Edles von ihnen; dagegen aber, wenn ich sehe, daß ein Mann vom Philosophiren noch nicht loskommen kann, ein solcher Mann, o Sokrates, dünkt mich müßte Schläge haben. Denn der ist unmännlich geworden, flieht das Innere der Stadt und die öffentlichen Plätze und bringt versteckt in einem Winkel mit wenigen Jünglingen flüsternd sein Leben zu." — Auf das Vorhandensein einer ähnlichen Gesinnung rechneten die Anhänger des Sokrates, als sie ihm vorwarfen, er ziehe mit seinen nutzlosen oder gar verderblichen Grübeleien die Theilnahme der athenischen Jugend von ihren Berufs= und Bürgerpflichten ab. — Eine Anekdote verlegt diesen Spott der Menge über die Philosophie sogar schon in die früheste Zeit. Einer der sieben Weisen Griechenlands, Thales, soll einmal bei dem Betrachten der Himmelsordnung in einen Brunnen gefallen sein. Eine thrakische Magd, die dies sah, verspottete den Philosophen, der zu erforschen strebe, was am Himmel vorgehe, und nicht einmal das nächste vor seinen Füßen Liegende bemerkte. Derselbe Spott — sagt Platon, der dieser Geschichte gedenkt — trifft Alle, die sich mit Philosophie beschäftigen. Und dieser Thales war doch ein Mann, dessen Wissen seine Zeitgenossen rühmten, den sie wegen seiner praktischen Verdienste ehrten. Beim Uebergange des Krösus über den Halys soll er die Abdämmung dieses Flusses geleitet, eine Sonnenfinsterniß soll er richtig vorausgesagt und die ägyptischen Priester gelehrt haben, zu jeder Zeit die Höhe der Pyramiden aus ihrem Schatten zu berechnen. Als Zeugniß seiner politischen Weisheit hebt Herodot hervor, daß er die von den Persern bedrängten Jonier veranlaßt habe, zu gemeinsamem Schutze den Bundesrath von Teos zu errichten. Trotz alledem verspotteten seine Freunde die Nutzlosigkeit seines Wissens, da es ihm nicht zu Reichthümern verhelfe. Thales bewies, daß auch dies nur von seinem Willen abhänge. Da er zufolge seiner Naturkenntniß — so berichtet uns Aristoteles — eine ergiebige Oliven= erndte voraussah, pachtete er noch vor Ablauf des Winters alle Oelpressen in Milet. Als nun die Erndtezeit herankam und eine allgemeine Nachfrage nach Oelpressen entstand, da vermiethete Thales die von ihm gepachteten Pressen zu hohen Preisen und verdiente viel Geld. Hierdurch führte er den Beweis, daß es für die Philosophen leicht sei reich zu werden, wenn sie nur wollten; irdischer Besitz aber sei nicht Gegenstand ihres Strebens. Ihr Ziel sei die Erkenntniß der Wahrheit.

Mögen diese Geschichtchen wahr oder erfunden sein, sie zeigen jedenfalls deutlich, wie man zu Aristoteles' und zu Plato's

Zeiten, und auch früher schon die Stellung der Philosophie zum
Leben ansah. Die Philosophie galt der Menge schon damals als
eine ziemlich unnütze, fruchtlose, wenn nicht gar schädliche Grübelei.

Die Philosophen alter wie neuer Zeit also haben sich über
diese Verunglimpfung ihrer Wissenschaft gleich oft beklagt. Nur
in Augenblicken stolzen Selbstgefühls haben sie auch wohl diese
Scheidung von der unwissenden Menge sich selber und ihrer
Wissenschaft zur Ehre angerechnet. In solcher Anschauung erklärte Platon es für unmöglich, daß die Menge philosophisch
sei. Die Augen der Meisten sollen unvermögend sein in das
Göttliche dauernd hineinzuschauen. Daher werden in seinem
Staate nur die Begabtesten in reiferem Alter zur Beschäftigung
mit der Philosophie zugelassen. Auch Aristoteles hebt unter
allen Wissenschaften die Philosophie als die schwierigste hervor.
Denn so wie sich die Augen der Fledermäuse gegen das Tages-
licht verhalten, so verhält sich auch die Vernunft unserer Seele
gegen Dasjenige, was der Natur nach das Hellste von Allem ist.
Die nur selten mögliche Ueberwindung dieser Schwierigkeit rückt
den Menschen der Gottheit näher. Nur den Begabtesten kann die
Kraft dazu verliehen sein. -- Gleichen Verzicht leistet Cicero
auf allgemeinere philosophische Theilnahme in seinem Ausspruch:
„Die Philosophie ist mit wenigen Richtern zufrieden" (Est phi-
losophia paucis contenta iudicibus). — Selbst Kant bemerkte
einmal für Diejenigen, die sich über die dunkle Unverständlichkeit
der Metaphysik beschwerten, es sei ja eben nicht nöthig, daß
Jedermann Metaphysik studire. Nicht Jedem könne die Nachforschung durch lauter abgezogene Begriffe gelingen; es gebe
manches Talent, das in den anschaulichen Wissenschaften besser
fortkomme. Kant deutet selbst an, die beschriene Dunkelheit
möge wohl gar den Nutzen haben, unbefugte Richter von jeder
Einmischung abzuschrecken. Stolzer noch machte Schelling das
odi profanum volgus et arceo (Ich hasse das profane Volk
und wehre es ab) zum natürlichen Wahlspruch der Philosophie. —
Schopenhauer gewiß hält die Philosophie nur für eine Sache
einiger wenigen hervorragenden Geister. Die Philosophie ist nach
ihm das kleine, nur äußerst Wenigen zugängliche Fleckchen auf
der Welt, wo die stets und überall gehaßte und verfolgte Wahrheit
ein Mal allen Druckes und Zwanges ledig sein soll.

Weder dieser hochmüthige Trost noch jene kleinmüthige Klage treffen die volle Wahrheit.

Wie die goldene Zeit nur ein Ideal ist, dessen Verwirklichung immer begehrt aber niemals erlebt wird, so verhält es sich auch mit dem geträumten Ansehn der Philosophie. Die Zeiten wechseln und mit ihnen die Aufgaben der Wissenschaft; bald haben diese, bald jene Aufgaben unseres Strebens nach Erkenntniß den Vortritt. In dem Wettlauf um die Krone des Wissens gewinnt bald die eine bald die andere Wissenschaft einmal einen Vorsprung, aber die Unendlichkeit des Zieles läßt jedem zeitweis Ueberholten die feste Zuversicht auch einmal wieder Führer der geistigen Bewegung zu werden. Die Philosophie hat einstweilen die Führerschaft, die sie am Schluß des vorigen und am Beginn dieses Jahrhunderts besaß, an andere Wissenschaften und Lebensmächte abtreten müssen und darüber in den Augen der Menge an weitreichendem Ansehn verloren. Aber der zeitweilige Wechsel dieses Ansehens ist sicherlich kein Zeichen vom Absterben ihrer Lebenskraft selbst. Richtiger wird man von der Philosophie unserer Tage sagen können, was von Rußland nach seiner letzten großen Niederlage gesagt worden ist, es strebe nicht darnach seine Macht nach Außen zu erweitern, es sammele seine Kräfte im Inneren. Große Niederlagen hat auch die Philosophie erlitten, weil sie Leben und Wissen beherrschen wollte ohne genügende Kraft und Berechtigung. Anstatt sich zu begnügen, die Natur in ihren Elementen und deren gesetzmäßigem Zusammenwirken zu erkennen, wollte sie den Ursprung und das Ziel ihres Werdens aus der Anschauung des Unendlichen oder aus dem Begriff heraus construiren. Ihre Absicht in dem Lauf der Weltbegebenheiten eine ähnliche Gesetzmäßigkeit zu entdecken, wie in der Entwicklung der Natur, führte auf Grund mancher Fälschung der Vergangenheit zu Träumen mancherlei Art über die Zukunft unseres Geschlechtes. Ihr genügte es nicht das staatliche Leben in seinem Wesen und Werden zu begreifen, sie wollte es aus dem Ideal heraus neu gestalten. In dem Glauben, die Religion aus dem dunkeln Gebiete des Gefühls in das Lichtfeld klaren Verstandes führen zu müssen, beunruhigte sie die religiöse Stimmung des Gemüthes und trübte zugleich die Begriffe klaren Denkens durch die festgehaltene Beziehung zu Vorstellungen, die

auf einem ganz anderen Boden der Tradition gewachsen waren,
als der ist, den die Philosophie allein bebauen kann und soll.
Anstatt die Religion zu beherrschen leistete die Philosophie in arger
Selbsttäuschung abermals dem theologischen Dogma Magddienste,
wenn auch in anderer Weise als zur Zeit der alten Scholastik. Kurz,
die Philosophie, anstatt auf dem von Kant richtig begrenzten
Boden fortzuschreiten, versuchte wiederum, wie schon zu anderen
Zeiten, ihre Macht über Gebühr und Recht auszudehnen; sie
verlor darüber sich selbst aus den Augen und büßte nach dem
Taumel einer kurzen Herrschaft ihr angemaßtes Ansehen ein.
Sie trägt an diesem Taumel sowohl wie an ihrem Falle schwerlich allein die Schuld, alle anderen Wissenschaften und ebenso das
praktische Leben können für Beides mit zur Verantwortung gezogen werden; aber die Mitschuld dürfen wir gewiß nicht von ihr
abwälzen, thun daher nicht gut mit unserer Klage über den jetzigen Zustand ihres gesunkenen äußeren Ansehens uns nur gegen
die Außenwelt zu wenden. Die rechte Einsicht in die eigene Mitschuld sollte vielmehr mit froher Hoffnung für die Zukunft der
Philosophie erfüllen.

Die letzte Ueberspannung ihrer Erwartung und die folgende
Enttäuschung haben der Philosophie eine höchst nützliche Aufklärung über sich selbst und über ihre Stellung zum praktischen
Leben sowohl wie zu den übrigen Wissenschaften gebracht. In
dem nach der Enttäuschung eingetretenen Stadium der Selbstbesinnung mußten zunächst historische Rückblicke auf die lange
Reihe der vorliegenden Versuche zur Gewinnung einer befriedigenden philosophischen Weltanschauung besonders passend erscheinen; es mußte die Belehrung der Vergangenheit gesucht werden, um
zu erklären, woran es denn eigentlich liege, daß unter allen Wissenschaften nur die Philosophie nicht in den Gang eines geregelten und
gesicherten Fortschritts gelangen könne, daß ihre Systeme stets wie
hell aufleuchtende aber auch ebenso rasch wieder verschwindende
Meteore am Himmel unserer Gedankenwelt erschienen. Die also
gesuchte Belehrung führte zu einer so gründlichen Kenntniß der
Geschichte der Philosophie, wie sie noch keine Zeit zuvor besessen
hat. Und der Erwerb dieser Kenntniß, mag er auch die selbstständige philosophische Triebkraft eine Zeitlang zurückgedrängt
haben, brachte doch jedenfalls über die möglichen Gegensätze der

philosophischen Weltanschauungen eine Klarheit, die für alle Zu=
kunft das Auskommen eines neuen Systemschwindels erschweren,
ja unter Kundigen unmöglich machen wird. Sicherlich kann
Niemand durch Kenntniß der Geschichte der Philosophie zum phi=
losophischen Selbstdenker werden, aber wohl kann diese Kenntniß
das Auskommen der Einbildung verhindern ein solcher zu sein.
Hätten F ich te, Schelling und Schopenhauer eine klarere
und gewissenhaftere Kenntniß der Ansichten ihrer Vorgänger be=
sessen, so würden sie manchen Einfall nicht gleich für einen neuen
weit tragenden Gedanken, für den Ansatz zu einem neuen System
gehalten haben. Bei einer gründlicheren Kenntniß der Geschichte
der Philosophie wäre Hegel nicht im Stande gewesen in der
zeitlichen Folge der Systeme den Beleg für seine Voraussetzungen
einer logischen Begriffsentwicklung zu finden. Kurz der philo=
sophische Originalitätsdünkel gedeiht nur bei einer gewissen Un=
wissenheit oder Blindheit über Das, was schon zuvor gedacht ist.
Daher ist es ein Segen für die philosophische Wissenschaft, daß
die unwissende Willkür der neuen Systemjäger in die Zucht eines
strengen und gewissenhaften historischen Studiums genommen
worden ist. In diesem Lichte gesehen ist das zeitweilige Aufhören
des philosophischen Schöpfungstriebes kein Verfall, kein Abster=
ben, sondern das Zeichen einer gründlicheren Vorbereitung zu
einem neuen und besser gesicherten Fortschritt.

Noch über einen anderen Punkt hat die Philosophie in
dieser Zeit der Selbstbesinnung eine größere Klarheit erlangen
können. Die Universalität ihrer Beziehungen zu allen Gebieten
des Wissens und des Lebens hat es von jeher schwierig gemacht,
ihre eigentliche Aufgabe, die sie zu einer selbstständigen Wissen=
schaft neben den übrigen Wissenschaften macht, genau zu bestim=
men. Bald schien sie als Erforscherin der letzten Gründe aller
Dinge die eigentliche Grundwissenschaft zu sein, welche in gewissem
Sinne alle anderen Wissenschaften mitumfaßte, durch welche we=
nigstens alle erst ihre wissenschaftliche Vollendung erhielten; bald
schien sie einer eigenen wissenschaftlichen Bedeutung vollständig
zu ermangeln und sich in philosophische Grundelemente der ein=
zelnen Wissenschaften auflösen zu müssen. Namentlich diese letztere
Auffassung fand in unserer Zeit viele Anhänger. Ihnen war
die Naturphilosophie nichts als Prinzipienlehre der Naturkunde und

als solche Sache der Naturforscher, die Psychologie fiel als Be=
schäftigung mit der Function des Gehirns und der Sinne den
Physiologen zu, die Religionsphilosophie galt als Sache der
Theologen, auch die Lehre der Moral übernahmen zumeist die
Theologen, Rechtsphilosophie sollten soweit nöthig die Juristen
lehren, Aesthetik ward Sache der Kunsthistoriker und nur die
Logik sollte noch allenfalls als die eigenthümlich philosophische
Grundwissenschaft aller Wissenschaften bestehen bleiben. Selbst
diese brachten Einige in eine so nahe Beziehung zur Grammatik,
daß Zweifel über die Grenzlinien beider Wissenschaften entstehen
konnten. Da konnte denn allerdings gefragt werden, wo bei
dieser Theilung der Wissenswelten überall noch ein eigenes Ge=
biet für den Philosophen übrig bleibe. Alles Land war ver=
geben, nicht einmal Raum blieb um mit Zeus in seinem Himmel
zu leben, denn auch diesen Platz machten ihm die Theologen
streitig. Ausgestoßen oder vielmehr völlig aufgelöst in ihre Ele=
mente erschien die Philosophie. — Diese Auffassung war ein noth=
wendiger Rückschlag gegen den noch vor Kurzem erhobenen An=
spruch der Philosophie auf die Begründung und Beherrschung
aller Wissenschaft. In dem durch diesen Gegensatz nothwendig
gewordenen Kampf um ihre Existenz hat die Philosophie nicht
blos Kraft zu neuem Wirken, sondern auch eine klarere Einsicht
über ihr eigentliches Wesen und über ihre Beziehungen zu den
übrigen Wissenschaften gewinnen können. Auch diese klarere Er=
kenntniß ihrer eigenen Aufgabe muß ihrer wissenschaftlichen Ent=
wickelung zu Gute kommen.

Die Philosophie erscheint nunmehr als die eigentliche Wissen=
schaft vom Geiste, sie erkennt als ihre doppelte Aufgabe eine Be=
antwortung der Fragen, was wissen wir vom Wesen des Men=
schen und was wissen wir vom Zusammenhange des Weltalls.
Sie will die Gesetze des geistigen Lebens ergründen und sie will
die Wahrheit der streitenden Weltauffassungen ermitteln. Sie
wird durch ihre Lösung dieser Aufgaben eine selbstständige Wissen=
schaft neben den anderen Wissenschaften trotz ihrer vielseitigen
und schwer abzugrenzenden Beziehungen zu ihnen allen.

Alle Wissenschaften haben es offenbar mit dem Geiste zu
thun, denn nur der Geist ist es, der wissen kann; aber jede ein=
zelne Wissenschaft berücksichtigt den Geist nur in einer gewissen

Beziehung. Die Naturkunde zieht den Geist in Betracht, sofern
er Begriffe, wie Raum und Zeit, Kraft und Stoff, Zweck und
Ursache, anwendet; Physiologie und Medizin insbesondere, sofern
sie sich nebensächlich um den Zusammenhang von Leib und Seele
kümmern; die Theologie, sofern der Geist sich Gedanken bildet
über Gott und Welt und sittliches Leben; die Jurisprudenz, sofern
der Geist seine Begriffe von Recht und Unrecht entwickelt; die
Kunst, sofern der Geist über das Schöne urtheilt; die Sprach=
forschung, sofern die Elemente der Sprache sich mit den Grund=
formen des Denkens berühren. Alle diese Berücksichtigungen sind
einseitig; auch beachten alle genannten Wissenschaften mehr den
Gebrauch der bezüglichen einzelnen Elemente des Geistes in dem
Umfassen der weiten Gebiete der äußeren Erscheinungswelt als
ihren Ursprung und Zusammenhang im Geiste selber. Keine
dieser Wissenschaften hat als solche den Beruf, die geistigen Ele=
mente in diesem Zusammenhange und somit in ihrem eigent=
lichen Wesen zu studiren, keine auch thut dieß. Ohne diese
Prüfung aber sind die vorliegenden Grundfragen selbst in den
einzelnen Wissenschaften nicht zu erledigen. Die Begriffe von
Recht und Sitte sind einander nicht fremd, eine isolirte Behand=
lung derselben in verschiedenen Disciplinen kann daher schwerlich
zur genügenden Erkenntniß ihres Wesens führen. Es ist möglich
sogar, daß die Urtheile des Schönen sich mit diesen Begriffen
berühren; ohne eine Untersuchung dieser Beziehungen werden
jedenfalls weder die Elemente von Recht und Sitte, noch die
Elemente der Schönheit erkannt werden. Alle diese genannten
Elemente zusammen mit anderen Bedürfnissen unserer Seele schei=
nen sich in unseren religiösen Gefühlen und Ahnungen zu kreuzen
und zu verbinden. Es ist nicht möglich, die theologischen Lehren
von Gott und Welt zu ergründen ohne zuvor diese Wechselbe=
ziehungen der Elemente unserer Seele erforscht zu haben. So
weisen uns alle einzelnen Wissenschaften selbst auf die Nothwen=
digkeit hin, diese ihre eigenen allgemeinen Voraussetzungen über
die geistigen Elemente im Zusammenhange zu ergründen. Diese
Forderung aller Wissenschaften nun nimmt die Philosophie als
ihre erste Aufgabe auf, das Wesen und Wirken des Geistes zu
untersuchen. Sie will die Elemente und den Zusammenhang des
Geistes erkennen, will die Gesetze aufdecken, nach denen wir logisch

denken, nach denen wir über Tugend und Schönheit urtheilen, nach denen sich die religiösen Gefühle unserer Seele entwickeln. Von alle Dem kann jede Wissenschaft als solche nur ein Stück= chen bedenken, es muß eine Wissenschaft geben, die den Zusam= menhang dieser Stückchen ins Auge faßt, und die Wissenschaft, die sich diese Aufgabe stellt, ist die Philosophie. Nichts freilich hindert den Theologen, den Juristen oder den Mediziner auch von seinem Standpunkt aus vorzudringen in diesen Zusammen= hang des Geistes, aber sobald dies geschieht, stehen sie auf dem Boden der Philosophie. Daß dies gewöhnlich nicht geschieht, dafür sorgt schon die Noth der unvermeidlichen Arbeitstheilung. Schon diese macht es wünschenswerth, daß diese für alle Wissen= schaften nothwendige, von jeder Wissenschaft berührte und doch von keiner zu erledigende Arbeit von einer ganz und ungetheilt ihr gewidmeten und zugleich von jeder praktischen Lebensrücksicht freien Kraft in Angriff genommen werde. Indem die Philosophie diese Aufgabe in ihrem vollen Umfange nach allen Seiten auf= nimmt, entwickeln sich von selbst ihre einzelnen Disciplinen der Denklehre, Schönheitslehre, Tugendlehre, Rechtslehre und Glau= benslehre. Insofern sie alle Erscheinungen und Gesetze des geisti= gen Lebens ergründen, haben sie alle ihren gemeinsamen Mittel= punkt in der Psychologie, der Seelenlehre. Und in diesem Mit= telpunkt muß ein Jeder stehen, der mit Erfolg irgend eine dieser Seiten des großen Ganzen will fördern helfen.

Dazu nun gesellt sich unmittelbar noch die zweite Aufgabe der Philosophie, die Wahrheit der streitenden Weltauffassungen zu ermitteln. Es genügt uns nicht, die Elemente unseres Geistes und ihren Zusammenhang zu erkennen, wir wollen auch die Ge= sammtergebnisse der denkenden, fühlenden und wollenden Thätig= keit dieses Geistes, unsere Vorstellungen von der Natur und dem Zusammenhange der Welt auf ihre Wahrheit geprüft sehen. Gerade die Gedanken darüber bilden recht eigentlich den Mittel= punkt der philosophischen Systeme, die Metaphysik der Philo= sophie. Um diesen Theil der Philosophie dreht sich der heftigste Kampf zwischen ihren Freunden und Feinden. Viele ihrer Freunde wollen nur diesen Theil als eigentliche Philosophie gelten lassen, und viele ihrer Feinde behaupten eben deshalb, es sei aus mit der Philosophie, weil sie gerade diesen Theil für völlig

ungewiß, inhaltsleer und unfruchtbar halten. Wir kommen auf
diesen Streitpunkt am Schlusse aller unserer weiteren Betrach=
tungen zurück und wollen hier nur zur allgemeinen Rechtferti=
gung dieser metaphysischen Bemühungen menschlichen Nachdenkens
etwas Vorläufiges sagen. Gleichviel ob die Philosophie im
Stande war oder je im Stande sein wird, die Wahrheit der
streitenden Systeme zu ermitteln, Eins kann sie sicherlich thun,
nämlich Klarheit schaffen über die überhaupt möglichen Gegen=
sätze dieser Weltauffassungen, Klarheit auch über die innere Folge=
richtigkeit einer jeden und über die Tragkraft ihrer Beweise. Sie
wird dann die streitenden Weltansichten jedenfalls begreifen lernen
als nothwendige Entwicklungen unseres denkenden Menschengei=
stes, und die verderbliche Meinung zerstören, die in ihnen nur
die Spiele einer bodenlos willkürlichen Grübelei sehen will. Sie
muß dadurch jedenfalls eine segensreiche Aufklärung in den
Streit der Weltauffassungen bringen, der durch Nichts mehr ge=
trübt und erschwert wird als durch die Leidenschaft der Gegner,
die allein aus der inneren Unklarheit über die Beweiskraft der
eigenen Meinung und aus der Unkenntniß über die gegnerischen
Ansichten entspringen kann.

Indem die Philosophie also ihre zweite Aufgabe löst, schließt
sie sich unmittelbar wieder an ihre erste Aufgabe an. Unter=
suchte sie dort die Elemente des Geistes und die Gesetze ihrer
zusammenhängenden Wirksamkeit, so untersucht sie hier die aus
dieser Wirksamkeit entstandenen Gebilde. Dort prüfte sie die
Keime, hier die Früchte. Und wenn auf dem gemeinsamen Bo=
den des Geistes aus denselben Keimen verschiedene Früchte wachsen
sollten, deren Werth endgültig abzuschätzen unmöglich wäre, so
trüge nicht sie die Schuld, sondern Der, der diese Keime gelegt
hat. Ihr Verdienst bliebe es immer noch über diesen Zustand
die von allen Seiten gesuchte Erkenntniß in dem Lichte ihres
wahren Zusammenhanges dargelegt zu haben.

Auf die Ergründung also des Zusammenhangs aller dieser
Fragen, die des Menschen Kopf und Herz auf das Tiefste er=
greifen, ist das Bemühen der Philosophie als Wissenschaft ge=
richtet. Nur wer den Zusammenhang wenigstens sieht, kann
hoffen, in dieser Wissenschaft auch nur einem Theilchen zu nützen,
nur wer im Stande ist diesen Zusammenhang nach allen Seiten

zu durchdenken und lichtvoll darzustellen, darf hoffen, die Wissenschaft um eine Stufe vorwärts zu rücken auf ihrem Wege zur
Wahrheit. Eine gewisse Vielseitigkeit der Beziehungen und dabei
doch feste Kraft einheitlicher Zusammenfassung derselben im
Brennpunkte des Geistes ist also eine nothwendige Voraussetzung
jedes wissenschaftlichen Philosophirens, nur in einer genialen
Steigerung dieser Verbindung von Universalität und Concentra-
tion kann in der Philosophie das Höchste geleistet werden. Diese
Ansprüche bilden zugleich die Lust und die Last des Philosophirens und erklären hinreichend, warum die Zahl der wahrhaft
großen Philosophen viel seltener ist als die Zahl der Epoche
machenden Geister in anderen Wissenschaften, seltener selbst als
die Zahl der großen Dichter und Künstler.

Aus demselben Grunde aber sind auch die Leistungen der
großen Denker ebenso wie die der großen Dichter von langem
Bestande. Was Platon und Aristoteles dachten, hat noch
Werth für unsere Zeit. Der Zeitenlauf streift nur das Unwesentliche, das zufällige Beiwerk ab von dem Kern. Was wech-
selt, ist mehr das Kleid als der Inhalt. Daher fehlt keiner Zeit
eine Stätte philosophischer Zuflucht, wer Rath sucht, kann ihn
finden. Und Niemand wird es bei ernstlichem Nachdenken für
möglich halten, daß eine ganze Zeit dieses Rathes sollte entbehren
können. Einer Wissenschaft, die so wie die Philosophie mit den Grundfragen aller Wissenschaft und allen Lebens verwachsen ist, kann
zu keiner Zeit die gebührende Theilnahme versagt werden. Eine
Abkehr von ihr kann nur scheinbar sein, kann nicht dem Inhalt
ihrer Fragen gelten, sondern nur der systematischen Form, in
der sie vorgebracht werden.

Es ist nun klar, daß die angebliche Abneigung unserer Zeit
gegen die Philosophie wesentlich nur in diesem Verhalten ihren
Grund hat. Denn für philosophische Fragen, erlöst von dieser
Form, zeigt vielmehr unsere Zeit auf allen Gebieten die lebhafteste und in weitesten Kreisen ausgebreitete Empfänglichkeit. Dies
allein gibt meinem Buch das Recht von philosophischen Zeitfragen
zu reden, die ein Jeder, deß bin ich gewiß, sofort als solche anerkennen wird.

Diesem neu erwachten philosophischen Triebe unserer Zeit
nicht entgegen zu kommen, nicht zu versuchen ihn in die richtige

Bahn zu lenken, sondern ihm in hochmüthiger Selbstgenügsamkeit
den Rücken zu kehren, weil er die Schulung der systematischen
Form verschmäht: das halte ich meinerseits für einen Frevel an
der eigenen Wissenschaft und für ein Unrecht gegen unsere Mitwelt. Eine Wissenschaft, die sich hochmüthig abschließt von der
Welt, die sie umgiebt, unterbindet sich selber die Adern ihres
eigenen Lebens. Und was sie selber zum Segen ihrer Mitwelt zu
thun unterläßt, das werden weniger Berufene unternehmen zu
ihrem und ihrer Mitwelt Schaden. Wissenschaftliche Wahrheiten
sind eben nicht in jeder Form einem Jeden zugänglich, aber in
irgend einer Form wohl. Und philosophische Wahrheiten, deren
Inhalt alle denkenden Menschen angeht, besitzen in dieser Zu-
gänglichkeit noch einen unbestrittenen Vorzug vor allen anderen
Erkenntnissen der Wissenschaft. Wahrheitsmonopole auf ihrem
Gebiete wären daher in der That, — wie Lichtenberg sie
nannte — Injurien der Menschheit.

Mein Buch nun soll versuchen, den Beweis zu führen, daß
diese hochmüthige Abwendung der Philosophie von der denkenden Mitwelt ebenso unberechtigt ist wie die Klagen über die
Theilnahmlosigkeit unserer Zeit für philosophische Fragen.

2.

Kraft und Stoff, Zweck und Ursache.

Unsere Zeit hat auf Grund fortgeschrittenen Naturwissens die alte materialistische Weltanschauung angeblich mit erneueter Kraft wieder auftreten sehen. Zahlreiche Schriften erschienen sie zu vertreten, und die große Verbreitung derselben bezeugt offenkundig einen großen Anhang dieser alten Lehre, die schon Platon und Aristoteles bei den Griechen besiegten, die bei uns Kant widerlegte, als sie im vorigen Jahrhundert von Frankreich ausgehend den Idealismus unserer Landsleute gefährdete. Groß bleibt dieser Anhang, selbst wenn wir annehmen, daß unter den Lesern jener Bücher sich eben so viele Gegner als Freunde befinden.

An Gründen zur Erklärung dieses neuen Aufschwungs der alten Lehre fehlt es ersichtlich nicht. Die idealistische Ueberspannung unserer letzten philosophischen Entwickelungsphase bedingte einen natürlichen Rückschlag nach der entgegengesetzten Seite. Die menschlichen Meinungskämpfe bewegen sich lange Zeit in Pendelschwingungen hin und her, bevor sie zum Ruhepunkt der Wahrheit gelangen; man könnte sogar meinen, in diesen Kämpfen sei das nie zur Ruhe kommende Perpetuum mobile gegeben. Auch ist es menschlich wohl zu begreifen, daß eine vorwiegende Beschäf=

tigung mit einem gewissen Gebiete eine darauf bezügliche Ein=
seitigkeit der Anschauung nach sich zieht; die entgegengesetzten Be=
fangenheiten der Vertreter verschiedener Disciplinen des Wissens
oder dieser Theoretiker und der sogenannten Praktiker haben
darin ihren natürlichen Grund. Zur Zeit erfreut sich nun das
Jahrhunderte lang vernachlässigte Studium der Natur einer be=
sondern Gunst und die Natur lohnt diese ihr geschenkte Aufmerk=
samkeit mit einer ungeahnten Fülle zugleich erhebenden und nütz=
lichen Wissens. Nothwendig freilich ist es darum nicht, in der
Natur nur die stoffliche Seite ins Auge zu fassen, aber begreiflich
ist es; denn diese Seite tritt eben mit der größeren Lebhaftigkeit
sinnlicher Anschauung dem Beobachter entgegen. Von der
Außenwelt bietet sich uns nur das Sinnenfällige unvermittelt dar,
was etwa darüber hinaus liegt, wird erst durch mittelbares Den=
ken zugänglich. Die materialistische Weltansicht ist daher in dieser
Rücksicht als der natürliche Ausfluß einer begreiflichen und selbst
zeitweise nützlichen einseitigen Beschäftigung mit der sinnlichen
Natur zu betrachten. Den Satz: unter drei Medizinern giebt es
allemal zwei Atheisten, könnte man deshalb zeitgemäß also variiren:
unter drei Naturforschern giebt es allemal zwei Materialisten. —
Jedoch der Anhang geht zur Zeit über diese Fachschranke hinaus
und auch dafür giebt es Gründe. Unter Anderem mußte besonders
Eins dazu beitragen, den Anschluß an diese Richtung zu beför=
dern. Die gegnerischen Ansichten erschienen zumeist im Bunde
mit gewissen hergebrachten Traditionen, die ihre Stütze nicht
allein in sich selbst, sondern mehr noch in den von Staat und
Kirche geschützten Mächten suchten. Dieser zufällige Bund beein=
trächtigte das Vertrauen zu den Ansichten Derer, die gar wohl
allein für die Wahrheit einzustehen im Stande waren. Nach dem
oberflächlichen Anschein stellte man kurzweg alle Vertreter des
Idealismus zu den angeblichen Dunkelmännern der Zeit und lebte
der schönen Zuversicht, durch Verwerfung dieser Ansichten allein
schon sich den unbefangenen Denkern zuzugesellen, welche den Fort=
schritt der geistigen Freiheit herbeiführen helfen. — Das Alles
zusammen genommen im Verein mit der größeren Kunst einer
geschickten Vertretung dieser Ansichten in Wort und Schrift hat
dem Materialismus in unserer Zeit die Bahn geebnet und ihm
einen größeren Anhang verschafft, als nach der inneren Grund=

losigkeit seiner schon oft verurtheilten Sache und nach der erworbenen Bildung unseres Zeitalters für möglich gehalten werden konnte. Der viel beklagte praktische Materialismus unserer Zeit, dessen Ideale der Nutzen oder das Vergnügen sind, hat nach meiner Ueberzeugung keine Schuld an der Förderung jener materialistischen Geistesrichtung, denn die Triebfeder derselben bleibt doch immerhin die ideale Theilnahme für die Erkenntniß der Wahrheit.

Aus dieser Sachlage nun ergiebt sich für die Gegner, die nicht gewillt sein können, sich widerstandslos von dem Strome des Materialismus überfluthen zu lassen, die Pflicht einer kräftigen Abwehr. Es hat daran nicht gefehlt und Kundigen ist es kein Geheimniß mehr, daß der Sirenengesang des Materialismus zur Zeit nur noch die große Masse unserer halbdenkenden Zeitgenossen bezaubert. Die wahren Führer der Naturkunde haben den Scheidungsprozeß des Echten und des Falschen im Materialismus befördern helfen, und klarer als je zuvor wird auch von ihnen eingesehen, wo bei den einschlagenden Problemen das Wissen aufhört und das Meinen beginnt.

Diesen Scheidungsprozeß zum Nutzen weiterer Kreise unserer denkenden Mitwelt befördern zu helfen, ist der Zweck dieser Betrachtungen. Wir müssen uns dazu vor Allem einer Prüfung der Grundbegriffe zuwenden.

Der Materialismus betrachtet die Sinnenwelt als das allein Wirkliche, nur das sinnlich Wahrgenommene gilt als vorhanden. Alles Sinnliche erscheint körperhaft als beweglich im Raume und zeitlich als veränderlich in der Zeit. Als das ewige und unvergängliche Substrat aller Bewegung und Veränderung wird die Materie, der den Raum erfüllende Stoff, angesehen, welcher aus kleinsten untheilbaren und nur quantitativ verschiedenen Atomen besteht. Alle Verschiedenheit der wahrnehmbaren Sinnendinge beruht auf einer Verschiedenheit in der Zusammenfügung dieser Atome. Aus den Massenverhältnissen dieser Theile und den hieraus abzuleitenden Beziehungen von Druck und Stoß ist alle Bewegung, alles Werden der Natur entstanden zu denken. Aus diesem Bewegungsmechanismus der verschieden gestalteten elementaren Stofftheilchen sind alle Erscheinungen besonderer Triebkräfte der Natur von der Schwerkraft der Materie, von den Anziehungskräften der Elemente an bis zu den Gestaltungskräften der leben-

2

den Geschöpfe, bis zu den höchsten Aeußerungen des seelischen
Lebens hinauf zu erklären. Auch die organischen Bildungstriebe
der Natur bestehen nur in dem nothwendigen Zusammenwirken
der alle Materie durchdringenden mechanischen Bewegungsgesetze;
auch der menschliche Geist ist das Product einer solchen Stoff=
bewegung. Es giebt daher in der Natur keine Nothwendigkeit
des Zwecks, sondern nur eine Nothwendigkeit des Grundes, keine
Ziele, sondern nur Ursachen des Werdens. — Dies die Grund=
begriffe des Materialismus, welche nun einer Prüfung zu unter=
werfen sind.

Schon der Ausgang des Materialismus beruht auf einer
Selbsttäuschung. Nur irrthümlich kann das außer uns Befind=
liche, der Stoff, für gewisser gehalten werden, als der Geist in
uns, der den Stoff denkt. Nicht wie sie leibt und lebt, tritt die
stoffliche Außenwelt in das Bewußtsein unserer Seele, sondern
nur, indem sie ein geistiges Abbild der Wirklichkeit in der Seele
hervorruft. Wir wissen von diesem Bilde der Außenwelt nur,
insofern es als Abbild in unserem eigenen Innern geschaut wird.
Die ganze Welt existirt für uns zunächst nur als Vorstellung
unseres Kopfes. Die Erkenntniß dieser Wahrheit hat Schopen=
hauer mit Recht den Beginn aller philosophischen Besonnenheit
genannt. Wer sie gewonnen hat, dem ist, wie er sagt, deutlich
und gewiß, daß er keine Sonne kennt und keine Erde; sondern
immer nur ein Auge, das eine Sonne sieht, eine Hand, die eine
Erde fühlt. Diese Einsicht ist der durch Kant fest begründete
Eckpfeiler alles späteren philosophischen Nachdenkens geworden,
der als solcher auch unverrückbar für alle Zeiten wird stehen
bleiben müssen. Nur der Fortbau der Brücke, welche die Welt
des Sinnlichen mit der des Uebersinnlichen verbinden soll, kann
verschieden ausfallen. Diese Ueberbrückung der Kluft, die zwischen
beiden Welten zu liegen scheint, ist sicher keine leichte Arbeit; es
mag selbst fraglich sein, ob sie je in einer Weise gelingen wird,
die allen denkenden Menschen Vertrauen genug einflößt auf ihre
Tragkraft und Festigkeit. Es ist daher auch begreiflich, daß es
bis dahin immer noch Geister geben wird, welche diese Schwierig=
keit am einfachsten dadurch zu beseitigen meinen werden, daß sie
die Kluft zwischen beiden Welten leugnen. Eine Ueberbrückung
ist dann natürlich unnöthig geworden. Aber gewiß kann mit

dieser Leugnung der schwebende Streit nicht geschlichtet werden, denn die Leugnung der Kluft jener Welten wird jederzeit auf der Verleugnung der einen oder der anderen dieser Welten beruhen und über die Berechtigung zu dem Einen oder dem Anderen wird jederzeit gestritten werden können. Die Einen werden die ganze Welt des sinnlichen Daseins idealistisch hineinziehen in die Welt des Vorstellens, die Anderen werden materialistisch diese Welt des Vorstellens und Empfindens aufgehen lassen in die Welt sinnlich wahrnehmbarer Stoffbewegung. Die Einen machen auch die Außenwelt zur Innenwelt, die Anderen verwandeln auch diese in eine Welt des äußerlichen Daseins.

Eine wissenschaftlich vollgültige Schlichtung des Streites dieser dogmatischen Gegensätze wird für uns Menschen unmöglich sein, aber unstreitig halten sich in diesem Kampf die Idealisten bestimmter an den Ausgang, den auch die Materialisten als nothwendig anerkennen müssen. Sie beide müssen anerkennen, daß die Welt für uns denkende Menschen zunächst nur als Vorstellung, somit als etwas Ideales, vorhanden ist. Die Idealisten halten dies fest und behaupten dann weiter, die Welt sei überhaupt nur als ein Ideales, Unsinnliches vorhanden: die Materialisten dagegen verlassen den nothwendigen Ausgang alles Denkens, verleugnen ihn, und behaupten, das Ideale, Unsinnliche sei überhaupt nicht vorhanden, es gebe nur eine sinnliche Welt. Beide Gegner sagen damit unzweifelhaft mehr als sie wissen und beweisen können, aber die Idealisten haben wenigstens Das voraus, daß sie sich frei halten von der Täuschung, das Dasein der sinnlichen Materie sei uns gewisser als das Dasein unseres eigenen Geistes. Sie wissen, daß der Glaube an den Stoff im Grunde nur auf dem Glauben an die Aussage unseres Geistes beruht, daß wir an das Dasein der sinnlichen Welt nur glauben können, weil wir zuvor an unsern Geist geglaubt haben. Wir glauben an die Welt nur auf Grund der Aussage unseres Geistes. Muß aber, um zur widerspruchslosen Klarheit im Denken zu gelangen, eine dieser Welten geleugnet werden, so liegt es dem denkenden Geiste sicherlich näher, die Welt des sinnlichen Daseins als sich selber zu verleugnen. Sträubt sich unser Denken diese Folgerung zu ziehen, so muß es die Pflicht auf sich nehmen, den Glauben an das Dasein und die Gemeinschaft beider

Welten zu rechtfertigen, so muß es die Gründe entwickeln, die
uns bestimmen anzunehmen, daß die sinnliche Welt in Wahrheit
so beschaffen ist, wie unser Geist sie uns vorstellt. Unser Geist
aber kann davon nicht lassen, das Wesen der Dinge in doppelter
Erscheinung als Stoff oder als Kraft sich vorzustellen. Unsere
Anschauung zeigt uns Körper als äußere Gegenstände im Raume
und unser Denken zwingt uns in ihren Bewegungen die Wirkungen von Kräften zu erkennen, die wir nicht selber wieder als
äußere Dinge, sondern nur als innere Zustände oder Eigenschaften zu denken vermögen. Am deutlichsten offenbart sich dieser
Gegensatz unserer Auffassung in unserer Vorstellung von Körper
und Geist. Es ist für uns ebenso widersinnig den Körper als
Vorstellung zu denken wie den Geist als Körper. Raumlose
Körperatome sind eben solche Undinge wie zwei Fuß dicke Gefühle oder vier Fuß lange Gedanken. Die Erscheinungsformen
des Körpers, wie räumliche Ausdehnung und Gestalt, Meßbar-
keit und Wägbarkeit, passen eben nicht auf den Geist, und die
Erscheinungen des Geistes, wie Denken, Fühlen und Wollen, passen
eben nicht auf den Körper. Vom Geiste finden wir leicht den Uebergang
zur Seele, als den Ausdruck für die gestaltbildende Triebkraft,
von der wir die innerlich zusammenhängende Gesammterscheinung
der lebenden Geschöpfe abhängig denken, und von dieser Kraft
ebenfalls unschwer den Uebergang zu den übrigen Kräften der
Natur, die wir als die treibenden Mächte der äußerlich wahrnehmbaren Bewegungen der Körper im Raume betrachten. Alle
diese Kräfte selbst vermögen wir nur als innere Zustände oder
Eigenschaften der Dinge im Raume, nicht selbst wieder als räumliche Verhältnisse zu betrachten. Das giebt im Verlaufe seiner
Erwägungen selbst ein Materialist wie Büchner zu. „Die
Kräftesumme, die von uns Geist, Seele, Gedanke genannt wird, —
sagt er — kann nicht durch die Sinne unmittelbar wahrgenommen werden, ebenso wenig wie jede andere einfache Kraft, Ma-
gnetismus, Elektricität u. s. w., sondern nur aus ihren Aeußerungen erschlossen werden. Wir haben Kraft als eine Eigenschaft des Stoffes definirt und gesehen, daß beide unzertrennlich
sind; dennoch sind beide begrifflich sehr weit auseinanderliegend, ja
in einem gewissen Sinne geradezu einander negirend. Wenigstens
wüßten wir nicht, wie man Geist, Kraft als etwas anderes, denn

als Immaterielles, an sich die Materie Ausschließendes oder ihr Entgegengesetztes definiren wolle". — Für unsere menschliche Auffassung also ist Stoff und Kraft zweierlei, läßt sich Eins nicht aus dem Anderen begreifen, ist vielmehr begrifflich verschieden zu denken. Wenn daher die Materialisten behaupten, das Unsinnliche sei nicht denkbar, so steckt hinter dieser Behauptung als mißkannte Wahrheit das Zugeständniß, daß Dasjenige, was gedacht werden muß, eben nicht als Sinnliches wahrgenommen werden kann. Gedanken können eben nur gedacht, nicht gesehen, Gefühle nur gefühlt, nicht gegriffen werden. Für den Gedanken also hat das sinnlich Wahrnehmbare kein Anrecht auf Alleingültigkeit. An die Stelle jenes materialistischen Grundsatzes muß somit der andere treten: das Wahrgenommene erscheint sinnlich, das Gedachte unsinnlich. So wenigstens verhält es sich mit unabweislicher Nothwendigkeit für die Auffassung des menschlichen Geistes; ob ebenso für die Auffassung anderer Geister, ob ferner ebenso für das Wesen der Dinge selbst, das freilich ist eine andere Frage.

Wollen wir nun über diese subjective Auffassungsweise unseres Geistes hinaus zu einer Erkenntniß der wirklichen Beschaffenheit der von uns nach ihrer Doppelseite von Stoff und Kraft, Natur und Geist vorgestellten Welt vordringen, so sind doch sicherlich die nächsten Fragen die, ob wir Gründe haben anzunehmen, daß die zwiefache Welt des Seins vorhanden ist, wie sie uns erscheint, und bejahen wir diese Frage, wie wir uns alsdann die Gemeinschaft oder die Verbindung dieses zwiefachen Seins denken müssen.

Wer diesen nothwendigen Fragen nahe tritt, um sie zu beantworten, muß auch die Kraft und den Willen haben, sich die volle Schwierigkeit derselben klar zu machen. Die Philosophie hat es zu allen Zeiten an diesem Willen nicht fehlen lassen, auch kann kein Kundiger ihr die Kraft absprechen, die Schwierigkeiten dieser Grundfragen erkannt zu haben, bezweifeln läßt sich nur, ob sie auch je Kraft genug besaß oder jemals besitzen wird, diese Fragen endgültig zu beantworten. Je nach dem Urtheil darüber wird man ihr Bemühen für ersprießlich oder für nutzlos erklären: aber Eins steht für Alle fest, daß Jeder, der diesem Bemühen absichtlich oder unüberlegt fremd bleibt, der diese Schwierigkeiten in Erwägung zu ziehen sich weigert oder unterläßt, das Anrecht verwirkt in diesen Dingen überhaupt mitzureden. Es heißt gering von dem Menschengeiste selber denken, wenn man annimmt, die scharfsinnigsten Köpfe aller Zeiten könnten sich mit Hirngespinnsten geplagt haben, wo doch die einfache Wahrheit einem jeden gesunden Menschenverstande sofort von selber ein= leuchte. Wer in solchem Köhlerglauben auf jene Fragen die kurze Antwort bei der Hand hat, die Dinge sind wie sie uns erschei= nen, der ahnt die Schwierigkeiten gar nicht, welche vor dieser Antwort liegen. Das mag für den Menschen, dessen Leben in Handarbeit und Sinnengenuß verstreicht, genügen, nicht würdig aber ist eine solche Antwort eines Menschen, der seine Denkkraft schätzt. Wer sich zu den Denkern zählt und trotzdem unter Ver= spottung der Grübler mit jener Antwort sich begnügt, der wird unzweifelhaft bei jedem Schritt auf dem Boden der Grübeleien sich in Widersprüche verwickeln und mit Unklarheit geschlagen sein. Bei den Materialisten, die sich rühmen dem gesunden Men= schenverstande zu folgen, tritt diese Folge ihres Nichtdenkens offen= tundig hervor. Sie behaupten kurzweg, die Welt sei, wie sie uns erscheine. Nun aber erscheint sie uns in Körper und Geist. Trotzdem verleugnen sie den Geist und geben nur dem Körper ein wahrhaftes und ewiges Sein. Man muß geistig blind sein, diesen Widerspruch zu übersehen.

Es wäre vermessen, glaubte ich hier in populärer Kürze die Schwierigkeiten, die jeder Antwort auf jene Fragen anhängen, an deren Lösung sich die größten Geister aller Zeiten abgemüht haben, vollständig entwickeln oder gar lösen zu können; meine Absicht kann nur sein an sie zu erinnern, um zur Vorsicht und zur Enthaltsamkeit im Urtheil zu mahnen.

Was können wir denn eigentlich von den Dingen wissen, sobald wir absehen von den Abbildern, die sie in unserer Seele erzeugen? Wir nennen das Feuer leuchtend, sofern seine Licht= strahlen unser Auge treffen, wir nennen es warm, sofern seine Wärmestrahlen unser Gefühl berühren. Aber Licht und Wärme sind nicht mehr Licht und Wärme, sobald das Auge fehlt, wel= ches sieht, sobald die Nerven schwinden, welche fühlen. Was ist denn nun das Feuer ohne Auge und Gefühl? — Wir nennen ein Band roth, ein Anderer nennt es blau, ein Jeder bezeichnet

damit die Lichteinwirkung des Bandes auf sein Auge und ist
somit in seinem Recht. Wie gefärbt ist denn nun aber das Band
in Wahrheit? Wir müssen antworten: gar nicht, denn Farbe
bezeichnet eben nur den Eindruck eines Lichteffectes auf ein bestimmt organisirtes Auge. — Wir hören Töne, aber nur innerhalb einer gewissen Höhe und Tiefe, darüber hinaus ist die Welt
für uns stumm. Für anders organisirte Wesen wird auch diese
Welt vielleicht wieder tönend. Wir Menschen selber hören die
Töne nicht in gleicher Weise. Was ist denn nun der Ton in
Wirklichkeit? Nichts als die Bezeichnung des Eindrucks, den bestimmte Schallwellen auf ein zur Aufnahme geeignetes Organ
ausüben; ohne empfindendes Gehör also wäre die Welt tonlos
überall. — So aber bezeichnen wir die Eigenschaften aller Dinge
nur nach den relativen Beziehungen zu unserm Wahrnehmen
und Denken; was aber sind denn, davon abgesehen, die festen
Eigenschaften der Dinge selber? Wir meinen sie in den Verhältnissen ihrer räumlichen und zeitlichen Erscheinungen, in den
Beziehungen ihrer Größe und Gestalt, ihrer Lage und Bewegung
zu finden. Als das objective Sein des Lichtes glauben wir bestimmte Wellenbewegungen kleinster Aethertheilchen, als das objective Sein des Tons gewisse Wellenbewegungen kleinster Luft-
theilchen ansehen zu müssen. Aber wie alle diese und so viele
andere Bewegungen der kleinsten Raumtheile es anfangen sich
gleichzeitig im Raume fortzupflanzen ohne einander aufzuheben,
ohne zugleich am selben Orte zu sein, ist uns nicht mehr begreiflich. Und dann, was ist denn schließlich auch die Bewegung
anders, als die Bezeichnung für eine wahrgenommene Veränderung des Ortes? und kann nicht, was in einer Rücksicht als Bewegung erscheint, in einer anderen als Ruhe sich darstellen? —
Wenn eine Kegelkugel von Westen nach Osten geworfen wird,
so glauben wir sie mit einer bestimmten Schnelligkeit in dieser Richtung sich fortbewegen zu sehen. Rollte sie nun ebenso
rasch, wie sich in gleicher Zeit die Erde in umgekehrter Richtung
von Osten nach Westen um ihre Axe dreht, so würde die für
unser Auge sich fortbewegende Kugel in Rücksicht dieser Axen-
drehung der Erde ruhen. — Und wenn wir nun in Wahrheit
die im Raum sich ausdehnende Welt als aus kleinsten, untheilbaren Körpern oder Atomen zusammengesetzt denken sollen, enthält

denn nicht dieser Begriff eines nicht mehr theilbaren Körpers eine Schwierigkeit in sich selbst? Und wenn wir auch annehmen, der mathematisch betrachtet allein zuläßige Gedanke einer unendlichen Theilbarkeit des Räumlichen fände in der Wirklichkeit der Dinge seine Grenze an der physisch thatsächlichen Unmöglichkeit einer weiteren Theilung, von welcher Naturbeschaffenheit dieser letzten Theile sollen wir diese Unmöglichkeit abhängig denken? Etwa von dem Kitt, der die Theile dieser letzten Theile zusammenhält, die keine Theile mehr haben sollen? Das ist widersinnig. Und was anders ferner soll diese Atome von einander trennen, wenn wir den Zusammenhang unendlicher Ausdehnung durch sie unter= brochen denken, als leere Räume? Können wir aber dann um= hin den Widersinn anzunehmen, daß die Wirkungen der Atome auf einander in das Nichts der sie umgebenden leeren Räume fallen? — Und was ist denn überhaupt der Raum Anderes, als der Ausdruck für die Anschauung unserer Seele, in die uns die Erregung unseres Inneren durch die Eindrücke einer uns übri= gens unbekannten Außenwelt versetzt? —

Liegt es nun wohl nach alle Dem so weit ab vom Wege menschlichen Nachdenkens, wenn man da schließlich die Ansicht er= greift, diese ganze Welt der sinnlichen Erscheinung, die widerspruchs= los zu denken so viel Schwierigkeiten macht, sei eben nicht die Welt des wahren Seins, sondern von dieser uns als Menschen unbe= kannten und unbekannt bleibenden Welt nur die Erscheinung, wie wir sie zu fassen allein im Stande sind? — Das wenigstens ist offenbar, daß der Stoff, der dem gesunden Menschenverstand als das Gewisseste und Faßbarste gilt, unter diesen unabweislichen Be= trachtungen zu allererst zersetzt und völlig aufgelöst wird. Wer daher diesen Speculationen mit Ernst seine Zeit und Kraft gewidmet hat, den kann es nicht so sehr befremden, wenn schließlich einige Philo= sophen den verzweifelten Ausweg ergriffen haben, nur in der Welt des Geistes das wahre Sein zu vermuthen. Von diesem Standpunkt aus gesehen ist es so unbegreiflich nicht mehr, wenn ein Philo= soph wie Berkeley behauptete, die ganze Sinnenwelt sei nur ein Phänomen für empfindende und denkende Geister nach einer von Gott in ihnen gewirkten Gesetzmäßigkeit. Unbegreiflich er= scheint es dann nicht mehr, wenn Fichte in ähnlichem Geiste lehrte, der wahre Hergang im Bewußtsein sei nicht der, den man

gewöhnlich annehme. Man meine gewöhnlich, es gebe Dinge
und von den Dingen rührten unsere Vorstellungen her. In
Wahrheit verhalte sich die Sache anders: es gebe Vorstellungen,
Bilder in uns, zu ihnen gelangten wir auf unbewußte Weise;
um ihren Ursprung zu erklären, dächten wir Dinge außer uns.
Der Mensch also erschaffe sich in seinem Denken erst Dinge,
stelle sie durch sein Denken vor sich hin und nur insofern er dies
thue, seien sie für ihn da. Gleichwie die grünen, rothen und
gelben Wölkchen, welche das von der Sonne geblendete Auge eine
Zeit lang vor sich schweben sehe, nur eine gewisse innere Einrichtung des Sehorgans offenbarten, so mögten auch die Eigenschaften, in welchen die ganze Welt sich vor uns hinspiegele, nur
die innere Natureinrichtung unserer geistigen Sehkraft, unserer
Vernunft offenbaren. Man müsse sich die Seele vorstellen wie
ein Saitenspiel, das, um zu tönen, den berührenden Finger erwarte. Erfolge diese Berührung, so werde doch die Saite nur
den schon in ihr liegenden Ton, das Saitenspiel nur die in seiner
Spannung liegende Harmonie ertönen lassen. Der berührende
Finger theile dabei der Saite und dem Saitenspiel Nichts mit
von seiner Natur. So auch sei es mit dem Verhältniß des denkenden Ichs zur Außenwelt. Dieselbe veranlasse durch Berührung das Denken, aber das Gedachte sei ausschließliche That des
Geistes selbst. — Nichts Anderes meinte Schopenhauer, wenn
er die Welt, die uns umgiebt, nur als Vorstellung denkender
Geister betrachtet.

Zu begreifen wie gesagt sind diese Ansichten als Folgerungen eines ernsten auf Beseitigung der angedeuteten Schwierigkeiten gerichteten Nachdenkens. Mit Hohn bespötteln kann sie
nur Derjenige, der von den Schwierigkeiten nicht die mindeste
Ahnung hat. Diese Ansichten zu theilen, soll Niemand zugemuthet werden, aber von jedem Denker, der sich dessen weigert, ist
zu verlangen, daß er erklärt, wie er auf anderem Wege jene
Schwierigkeiten zu beseitigen meint.

In der Philosophie sind manche Versuche zu diesem Zwecke
unternommen worden, auch die neuesten Fortschritte der Philosophie unserer Zeit bewegen sich zum Theil in dieser Richtung.
Sie wollen nicht zugeben, daß die ganze Sinnenwelt nichts als
eine Vorstellung denkender Geister ist. Sie mögen zugeben, daß

die Welt aufhören würde zu erscheinen, sobald Geister fehlen könn=
ten, denen sie erschiene, daß sie aufhören würde Object zu sein, so=
bald Subjecte fehlten, die sie als solches vorstellen könnten; aber
sie wollen nicht behaupten, daß die räumliche, zeitliche Außenwelt
darum aufhören müßte zu sein. Sie gehen von der Voraus=
setzung aus, daß zwischen dem Sein der Dinge und unserm
Vorstellen derselben ein anderes Verhältniß besteht, als das des
berührenden Fingers und der aus sich selber tönenden Saite in
dem Bilde Fichte's. Die Außenwelt soll unsere Seele nicht
nur durch Berührung erregen zu Vorstellungen, die in der Seele
selber schlummern, in den also hervorgerufenen Vorstellungen
sollen vielmehr die vorgestellten Eigenschaften und Verhältnisse
der Dinge dem wahren Sein und Verhalten entsprechen. Das
Erscheinen soll eine Hindeutung enthalten auf das Sein. Das
Vorstellen soll ein gemeinsames Erzeugniß sein der äußeren An=
regung oder Einwirkung und der innerlich aufnehmenden thäti=
gen Kraft. Unser Streben soll darauf gerichtet sein bei diesem
Prozeß die subjectiven und die objectiven Factoren unserer Er=
kenntniß klar von einander zu unterscheiden und ihre wesentlichen
Beziehungen zu einander deutlich zu erkennen. Es werden Gründe
und Beweise gesucht für die Annahme, daß wir die Dinge in
Raum und Zeit anschauen, weil das Nebeneinander und Nach=
einander auch abgesehen von unserm Vorstellen eine Bedeutung
für die Dinge selber hat. Die Bewegungsverhältnisse der Ge=
stirne scheinen abhängig von dem räumlichen Abstande derselben,
gleichviel ob sie vorgestellt werden oder nicht. Nicht aus dem
Gesetz unsers Vorstellens heraus vermögen wir es zu begreifen,
warum die unterschiedenen Dinge selbst uns stets nach bestimm=
ten Gesetzen der Größe und Gestalt erscheinen müssen, warum
wir ihr Entstehen und Vergehen an ein bestimmtes Maaß zeit=
lichen Daseins gebunden sehen. Kurz es werden Nachweise ge=
sucht für die Congruenz der von uns vorgestellten und der wirk=
lichen Welt, Thatsachen, geeignet durch wissenschaftliche Einsicht
den Glauben in uns zu stärken, daß unser Geist nicht dazu ge=
schaffen sein kann statt der gesuchten wirklichen Welt nur einen
täuschenden Wiederschein derselben im eigenen Innern aufzufangen
und in arger Selbsttäuschung nichts weiter zu sehen als sein
eigenes Gesicht. Schon der Glaube an eine zweckdurchdrungene

Welt widerstrebt in uns der Annahme solcher Selbsttäuschung. Materialisten, obschon sie vom Zwecke Nichts wissen zu wollen erklären, besitzen ihren Glauben an die Welt des Stoffs doch nur auf Grund ihres Glaubens an die Zweckmäßigkeit einer solchen Congruenz zwischen dem Denken und dem Sein der Dinge. Dächten sie tiefer darüber nach, so könnten sie dies nicht in Abrede stellen und würden schwerlich in diesem Glauben auf halbem Wege stehen bleiben. Vielmehr würden sie dann wohl auch dafür, daß uns die Dinge nicht nur als Körper, sondern manche auch als körperlich nicht zu denkende Kräfte und Geister erscheinen, einen zweckmäßig erscheinenden Grund in dem unterschiedenen Sein der Dinge selbst erkennen.

Anstatt sich aber auf dergleichen kopfbrecherische Speculationen einzulassen, die zur Begründung einer in sich widerspruchslosen wissenschaftlichen Ansicht darüber unerläßlich sind, bewegen sich die Materialisten unserer Tage mehr noch als ihre Vorgänger aus alten Zeiten, in oberflächlichen Tiraden und Phrasen einer abgeschmackten Stoffvergötterung, die zur Erkenntniß der unstreitig vorliegenden Schwierigkeiten auch nicht das Mindeste beitragen.

Mit Emphase wiederholt Büchner die angeblich neue Wahrheit: Keine Kraft ohne Stoff — kein Stoff ohne Kraft! —

„Die Kraft — sagt Moleschott — ist kein stoßender Gott, kein von der stofflichen Grundlage getrenntes Wesen der Dinge, sie ist des Stoffes unzertrennliche, ihm von Ewigkeit innewohnende Eigenschaft.“ —

„Die Materie — bemerkte Dubois-Reymond in der Vorrede zu seinem berühmten Werke über die Elektricität — ist nicht wie ein Fuhrwerk, davor die Kräfte als Pferde, nun gespannt, dann abgeschirrt werden können. Ein Eisentheilchen ist und bleibt zuverlässig dasselbe Ding, gleichviel ob es im Meteorsteine den Weltkreis durchzieht, im Wagenrade auf den Schienen dahinschmettert oder in der Blutzelle durch die Schläfe eines Dichters rinnt. Diese Eigenschaften sind von Ewigkeit, sie sind unveränderlich, unübertragbar.“ ---

Alle diese Tiraden der Materialisten wenden sich heut zu Tage gegen einen blinden Feind und treffen den eigentlichen Kern der Streitfrage gar nicht. Keiner ihrer wirklichen Gegner trennt

heute noch Kräfte und Stoffe, wie beliebig anzuschirrende und
abzuspannende Pferde und Wagen. Die einzige Frage, um die
es sich zwischen ihnen und den Materialisten noch handelt, ist
die, ob in dem Stoff als dem blos ausgedehnten, undurchbring=
lichen und beweglichen Raumfülsel ein hinreichender Grund für die
Unterschiede und das Werden der Dinge gesucht werden kann, ob die
wesentlichen Eigenschaften der Dinge, die uns im Verhältniß zu
anderen Dingen als wirkende Kräfte erscheinen, im Grunde nichts
weiter sind als räumliche Bewegungen, die einzig und allein ab=
hängen von der Masse der Raumerfüllung, ob also im letzten
Grunde Masse, Gestalt und Schwere die einzigen Eigenschaften
der Dinge, ob Druck und Stoß die einzigen Kräfte sind, welche
die Beziehungen der Dinge zu einander regeln.

Wer sich diese Frage klar und deutlich stellt und dabei
unbefangen den gegenwärtigen Stand unseres Naturwissens ins
Auge faßt, der muß bekennen, daß im Streite der materialistischen
und idealistischen, der mechanischen und dynamischen Auffassung
der Natur trotz aller Fortschritte der Erkenntniß die Waage sich
nicht zu Gunsten der ersteren Ansicht neigen will. Immer tie=
fer und gründlicher erkennen wir die Stoffelemente und ihre
Bewegungen, in denen die Kraftwirkungen der Dinge erscheinen,
aber immer mehr muß auch die Hoffnung schwinden, diese selber
aus jenen rein quantitativen Verhältnissen zu erklären. Wir
malen uns die Lagerung der Atome der chemischen Elemente
aufs Genaueste aus, aber die Anziehung und die Abstoßung, die
sie auf einander ausüben, vermögen wir nicht aus derselben zu
erklären. Wie es uns hier mit der Welt des Kleinsten geht,
so auch mit der Welt des Größten in der Erforschung der Be=
wegungsgesetze, welche den Lauf der Gestirne lenken. Den Stoff
der lebenden Erdgeschöpfe und die physikalischen Kräfte, welche
die Functionen ihrer Organe bestimmen, kennen wir genauer als
je, aber den Unterschied ihrer Stoffelemente aus dem Unterschied
einer räumlichen Lagerung ihrer kleinsten Theile zu erklären und
jene Kräfte als bloße Unterschiede räumlicher Bewegung zu fassen,
dazu hat uns der neue Fortschritt des Naturwissens auch nicht
den mindesten Anhalt geboten. Und wenn es auch schon gelun=
gen ist einzelne organische Stoffe auf künstlichem Wege aus ihren
Elementen herzustellen, und noch mehr, wenn es selbst einmal ge=

lingen sollte, auf diesem Wege einen lebendigen Organismus her=
zustellen, so hätte die Kunst dabei doch nichts Anderes gethan, als
daß sie die Elemente zusammengebracht hätte, die nach dem ihnen
von Natur innewohnenden ureigenen Kraftverhältniß Organis=
men zu zeugen im Stande waren. Diese Kräfte der Natur
hätte sie nur ins Spiel gesetzt, nicht erzeugt. Und diese Kräfte
wären darum mit Nichten das Product einer vorgenommenen
bloßen Stoffhäufung, wären darum nicht abzuleiten aus bloßen
Verhältnissen der Masse und ihrer räumlichen Bewegung. So
zwingt uns denn also die Erfahrung selbst in der Natur noch
andere Kräfte wirksam zu denken, als solche, die sich aus dem
Druck und Stoß der Masse mechanisch ergeben. Die ganze Na=
tur erscheint in mannigfaltigster Weise kraftbegabt. In jeder
fest stehenden Beziehung der Elemente und Körper zu einander
haben wir ein eigenthümliches Kraftverhältniß der Natur zu
suchen. Jede eigenthümliche Zusammenfügung bestimmter Stoffe,
mögen dieselben allverbreitet durch die Natur sein oder nicht,
müssen wir abhängig denken von einer entsprechenden eigenthüm=
lichen Kraft der Natur. In diesem Sinne hat auch die ver=
rufene Lebenskraft ihre gute Bedeutung. Ihre Annahme ist
nicht dadurch ausgeschlossen, daß in den lebenden Geschöpfen die=
selben Stoffe und dieselben Kräfte zum Vorschein kommen, die
sich auch in der übrigen Natur zerstreut finden; ihre Annahme ist
vielmehr dadurch geradezu bedingt, daß diese Stoffe und Kräfte
nicht mehr zerstreut, sondern in den Organismen durch eine
eigenthümliche gestaltbildende Gesammtkraft gebunden erscheinen.
Ihr Thun besteht eben in dem Schaffen und Erhalten dieses
Bandes.

Insofern nun in diesen Kräften treibende Mächte der Na=
tur zum Vorschein kommen, die nach festen Zielpunkten eines
bestimmten Werdens und Thuns hinarbeiten, haben wir auch ein
wohl begründetes Recht von Zwecken in der Natur zu reden.
Die verurtheilte mechanische Weltauffassung darf allerdings nur
eine dem Zufall gleiche Nothwendigkeit der Ursachen annehmen,
aber die berechtigte dynamische Auffassung der Natur muß auch
von den Zweckbeziehungen der Dinge reden.

In der Naturauffassung des Menschen streiten seit alter
Zeit diese zwei Richtungen mit einander, deren Losungsworte

Zweck und Ursache sind. Die Anhänger der einen Richtung lei=
ten alles Geschehen von Ursachen ab, die Anhänger der andern
Richtung führen alles Geschehen auf Zwecke zurück. Die Einen
fragen nach dem Wozu, die Andern nach dem Wie und Warum
der Dinge. Der Stier stößt nicht, weil er Hörner hat, sagen
die Einen, sondern weil er stoßen will oder soll, hat er Hörner.
Die Andern behaupten das Gegentheil. Der Mensch — sagen
sie — sieht nicht nur, weil er ein Auge hat, vielmehr gab ihm
die Natur das Auge, damit er sehe.

Wer zuerst von dem alten Streit dieser Gegensätze hört,
begreift kaum den heftigen Zwiespalt, den sie angerichtet. In=
dessen weder die Verwunderung darüber, noch vornehmes Absehen
von diesen Gegensätzen hilft zur Sache. Die Gegensätze existi=
ren noch und gerade in letzter Zeit treten sie wieder scharf gegen=
einander. Auch sind es nicht etwa nur Gegensätze zwischen Phi=
losophie und Naturwissenschaft, worüber man sich gar zu gern
nicht mehr wundern würde, vielmehr existiren diese Gegensätze
unter den Naturforschern selbst. Unstreitig wird die größere Zahl
der Naturforscher die Zweckerklärung für veraltet halten. Es
war zu viel und zu leichtfertig vom Zweck geredet: der Rückschlag
ist, daß man nun den Zweck überall verbannen will. Auch
Kant's besonnene Anwendung des Zweckbegriffs will man nicht;
man hält mit Bacon die Zweckerklärung für unfruchtbar und
schädlich und hält mit Spinoza die ursächliche Ableitung alles
Geschehens für allein zureichend. Alle Materialisten sind dieser
Meinung, auch Häckel erklärt die vitalistisch=teleologische Natur=
betrachtung für absolut verwerflich. Und selbst denkende Naturfor=
scher, die den Materialismus bekämpfen, theilen mit demselben diese
Ansicht und wollen von der Zweckbetrachtung in der Natur Nichts
wissen. Dagegen haben Naturforscher wie Bergmann und
Leuckart, Milne=Edwards, Eschricht, v. Baer und
Fechner und Philosophen wie Trendelenburg und Lotze
einer gemessenen und besonnenen Anwendung der Zweckerklärung
das Wort geredet. Es kann daher nicht überflüssig sein, eine
Verständigung über diese Streitfrage zu suchen.

Ueberblickt man die lebendige und höchst interessante Ge=
schichte des Streites um den Zweckbegriff, so erkennt man, daß
besonders folgende Punkte eifrige Bedenken erregten: daß man

den Menschen zu hervortretend als Zweck der Schöpfung ansah;
daß man sich nicht begnügte, die Zwecke bestimmter Naturthätig-
keiten zu erkennen, sondern auch beständig darauf ausging, die
vernünftige Zweckmäßigkeit der Natureinrichtungen zu preisen und
daß man aus ihr einen weisen Urheber erschließen wollte. ---
An diesen drei Punkten wurde, wenngleich jeder Zeit in etwas
veränderter Form, doch alle Zeit in gleicher Heftigkeit gekämpft;
Grund genug vorauszusetzen, daß Vorurtheile mit im Spiele
sind und daß es sich um schwer erkennbare Dinge handelt. Denn
nur wo Beides zusammentrifft, wo überzeugende Gründe fehlen
und die Macht der Person die Schwäche der Sache decken muß,
da streitet man mit Heftigkeit.

Was den ersten Punkt betrifft, die Betrachtung des Nutzens
der ganzen Welt für den Menschen, so ist allerdings diese Teleologie in ihrer strengsten Ausschließlichkeit veraltet. Allein es existiren noch Reste derselben; unbeachtet ist sie daher keineswegs
zu lassen. Wir glauben nicht mehr, daß der Mond nur dazu da
ist, das nächtliche Dunkel zu erhellen; wir setzen zu diesem Zweck
mehr Vertrauen auf unsere Oel= oder Gaserleuchtung. Wir
bestimmen nicht mehr wie der stoische Philosoph Chrysipp, daß
das Pferd zum Ziehen und der Ochs zum Pflügen da sei, seitdem wir das Pferd noch häufiger als den Ochsen zum Pflügen
brauchen. Wir mögen nicht mehr sagen, die Farbenpracht der
Blumen sei nur dazu da, unser menschliches Auge zu erfreuen,
seitdem wir wissen, welche Welt voll Pflanzen in den Urwäldern
der Tropen oder auf dem Grunde des Meeres meist unbeachtet
blüht. Auch halten wir es für keine annehmbare Aushülfe,
wenn wir diese versteckten Schönheiten der Natur dadurch erklärt
zu haben glauben, daß wir behaupten, es müsse, wie auch der
gothische Baustil überall selbst ungesehene Verzierungen anbringe,
so auch die Natur überall nach gleichen Prinzipien der Schönheit arbeiten. Auch hier legen wir der Natur Gesichtspunkte
unter, die ihr selber fremd sind. Die Schönheitserklärung ist
also ebenso unsicher, sie erscheint nur idealer als die alberne
Nutzerklärung, nach der gar die Vogelfedern zum Putz, die farbige
Erde und gewisse Pflanzensäfte zur Schminke oder die Seiden=
würmer für die seidenen Kleider geschaffen sein mußten. Diese
Art der Naturauffassung, aus der heraus man wirklich einst

ganze Bücher schrieb, liegt in der That hinter uns. Die alberne
Einseitigkeit jener veralteten Anthropoteleologie haben wir also
abgestreift, und der Rest, den wir behalten haben, besteht nur
darin, daß wir nicht davon lassen können, den Menschen als einen
hervorragenden Zielpunkt der Schöpfung zu betrachten, auf den
die Natur ganz besonders große Gunstrücksicht nimmt. Aus diesem Gesichtspunkte betrachtete Leibnitz die moralische Welt denkender Wesen als den Zielpunkt der ganzen übrigen Natur und
bestimmte Kant die Cultur denkender Wesen als den Zweck, dem
die ganze Schöpfung dient.

Mehr als Hoffnung kann diese Annahme niemals sein;
nur daß wir diese Hoffnung haben, läßt sich darthun, nicht daß
wir dazu berechtigt sind. Wenn man wollte, könnte man, wie
Kant selbst bemerkte, die Sachlage umkehren und mit Linné
behaupten: die Pflanzenfresser unter den Thieren seien nur dazu
da, den üppigen Wuchs des Pflanzenreichs zu mäßigen; die
Raubthiere ferner, um der Gefräßigkeit der Pflanzenfresser Grenzen zu setzen, und endlich der Mensch mit seinem Verstand, um
dem Ueberhandnehmen der zerstörenden Raubthiere vorzubeugen.
Man könnte also den Menschen nur als Mittel zu diesem Zweck
betrachten. Dagegen sträubt sich allerdings unser Selbstgefühl,
aber von der Berechtigung dieses Gefühls ist nie ein wissenschaftlicher Beweis zu liefern. Wer mit dem Besitz dieses Selbstgefühls zufrieden ist, geht sicher; aber wer seine Wahrheit zu beweisen oder zu bezweifeln unternimmt, geht immer unsicher.
Daß die Natur auch zum Dienste der Menschen bereitet daliegt,
ist eine sehr einfache und natürliche Ansicht: daß sie dem Menschen
mehr dient als andern uns bekannten Geschöpfen, ist sehr wahrscheinlich, weil der Mensch, vermöge seines Geistes weitere Zwecke
hat als sie, indessen entzieht sich diese Plusabschätzung der wissenschaftlichen Berechnung. Zu beschränkten Nutzerklärungen führt
diese Ansicht leicht, wenn sie in eine Sucht ausartet, die weise
Natur zu preisen, die überall für den Menschen aufs beste sorgt;
diese Sucht verspotteten die „Xenien“ mit Recht in dem Verse:

Welche Verehrung verdient der Weltenschöpfer, der gnädig,
Als er den Korkbaum schuf, gleich auch die Stöpsel erfand!

Dieser Sucht nun gilt hauptsächlich die Opposition gegen die
Anthropoteleologie, indem sie alles menschliche Ungemach gegen

jene Zufriedenheit heraufbeschwört. Gewonnen wird mit allen
diesen streitigen Abwägungen Nichts. Sagen die Einen: sollten
die Holzpflanzen blos für unsern Nutzen da sein, so wäre es
besser gewesen, es wüchsen gleich Tische und Stühle aus der Erde;
so sagen die Andern mit Recht: der menschlichen Natur entspreche
ein Arbeitsland, in dem man sich Stühle macht, und nicht ein
Schlaraffenland, in dem man sich nur auf Stühle setzt. Das
Für und Wider über das Besserso oder Besserso kommt hier niemals zu Ende, weil eben in allen Dingen Vortheile und Nach-
theile sich vereinigen, und es keine Wage geben kann, ihre sich
ins Unendliche erstreckenden Wirkungen abzumessen.

Das führt unmittelbar zum zweiten Punkt, zu den Bedenken über Zweckmäßigkeit oder Unzweckmäßigkeit der Natureinrichtungen. Auch dieses Bedenken entzieht sich der wissenschaftlichen
Entscheidung und machen sich Vertheidiger und Angreifer im
Eifer des Gefechtes gleichermaßen lächerlich. In Holbach's
»Système de la nature« wird behauptet, Diejenigen, welche
überall Zweckmäßiges finden, seien den Liebhabern gleich, die in
den Gegenständen ihrer Liebe nie Fehler sähen. Man könnte
dagegen Diejenigen, die überall Unzweckmäßiges finden, mit Hypo-
chondristen vergleichen, denen gar nichts recht zu machen ist. Es
ist allerdings abgeschmackt, wenn man wie Sokrates die zweckmäßige Einrichtung des Geschmacksinns rühmt, weil sie vorhandenen wohlschmeckenden Speisen entspreche; es ist aber ebenso
albern, wenn Büchner, als Gegner des Zwecks, sich bei der
Natur darüber beklagt, daß sie nicht einmal Umsicht genug besessen habe, die Reben gleich an den Rhein zu pflanzen. Die
Gegner des Zwecks weisen darauf hin, daß der zweckmäßigen
Fürsorge für die Erhaltung der Wesen die fast gleichmäßige Fürsorge für ihre Zerstörung entgegensteht, daß neben jedes Erreichen
eines Zweckes hundert verfehlte Versuche, Mißgestalten und Krankheiten zu stellen sind; allein ob in der Welt mehr Zweckmäßiges
oder mehr Unzweckmäßiges da ist, Das wiederum war und ist nie
zu ermessen, da sich auch diese Summe ins Unendliche verliert.
Behaupten, glauben kann man, daß das Verfehlen eines Zweckes
nur das Erfüllen eines andern ist und dieser Glaube thut uns
wohl; aber wissenschaftlich beweisen kann man diese Behauptung
ebenso wenig wie wissenschaftlich bestreiten.

Bei solchem Stand der Dinge kann man natürlich auch nicht aus der nur geglaubten Zweckharmonie in der Natur mit wissenschaftlicher Berechtigung auf einen weisen Urheber schließen. Allein sehr wohl kann es wahr sein, daß es unserer menschlichen Natur weit mehr entspricht, eine solche Zweckharmonie zu ahnen, als eine Disharmonie ohne Auflösung anzunehmen. Hier berüh= ren sich, wie Moleschott einmal richtig bemerkte, Teleologie und Theologie. Wir wollen auf diesen Punkt der Zweckbetrachtung in einem spätern Kapitel eingehen und beschränken uns vorläufig zu bemerken, daß es jedenfalls wissenschaftlich gleich wenig zu er= mitteln ist, ob bei den Bildungen der Welt der Anfang in einem vorschauenden Gedanken oder in der ziellosen Bewegung des blin= den Stoffes liegt.

Soll daher die Anwendung des Zweckbegriffs sich nicht auf unsicheren Geleisen bewegen, so müssen wir zunächst die vorwie= gende Rücksicht auf menschlich relative Verwendungen der Natur= dinge vermeiden, müssen nicht unsere Zweckangaben mit Zweck= mäßigkeitstheorien trüben und nicht aus den Verhältnissen der Welt ihren letzten Zweck und das Wesen ihres Urhebers wissen= schaftlich ableiten wollen.

Keineswegs sind wir in der Wissenschaft diesen Irrfahrten der Zweckanwendung so sehr entfremdet, wie wir uns gern ein= reden mögten. Besonders oft vergessen wir noch, daß sehr wohl ein Organ einen Zweck haben kann, ohne darum in jeder Bezie= hung zweckmäßig zu sein. Das Auge dient gewiß dem Zweck des Sehens; aber dem Krittler, der meinen sollte, es ließe sich zu diesem Ende ein noch viel zweckmäßigeres Auge denken als unser menschliches — ein Auge, das Mikroskop und Teleskop überflüssig machte, einem solchen Krittler müßten wir zugeben, daß, wenn ein solches Auge möglich wäre, dagegen unser so leicht verletzbares und so oft kurzsichtiges Auge sehr unzweckmäßig eingerichtet sein würde. Man wird in diesen Fehler der Zweck= mäßigkeitsbetrachtung leicht verfallen, sobald man sich nicht begnügt zu zeigen, wie gewisse Einrichtungen thatsächlich beobachteten, anerkannten Zwecken entsprechen, sondern sobald man bestimmte unbewiesene Zwecke selbst voraussetzt. Fechner fiel in diesen Fehler, indem er die Existenz von Mondbewohnern daraus ab= leitete, daß der Mond einzig dann seinen Zweck erfülle, wenn er

denkenden Wesen als Wohnstätte diene. Fechner fiel ebenfalls
in diesen Fehler, wenn er die Annahme der Blumenseelen auch
damit vertheidigte, daß es doch unzweckmäßig sei, wenn in der
Welt der Raum, den die Thiere nur hier und da, wie flüchtige
Reisende, durchstreichen, nicht auch von festsitzenden Wesen, wie
die Pflanzen sind, ausgestattet und durchempfunden werde. Eine
ähnliche Freiheit erlaubt Lotze sich mit dem Zweckbegriff, wenn
er die ganze Welt zu lauter beseelten Wesen macht, weil doch
jeder Punkt im Raume die Lust seiner eigenen Existenz empfinden müßte. In der Naturforschung ist eine Verirrung dieser
Art jetzt selten; aber hier tritt eine ähnliche an ihre Stelle. Zu
leicht entwirft man sich oft ein Bild von alle Dem, was zu einer
bestimmten zweckmäßigen Organisation gehört und bürdet dann
einem entdeckten neuen Organ einen wie man meint noch fehlenden Zweck auf, in der unbewiesenen und vielleicht unrichtigen
Voraussetzung, daß dieser Zweck überall nicht fehlen darf.

Sieht man aber nun von allen diesen unsichern Anwendungen des Zweckbegriffs ab, sieht ab von dem relativen Nutzen
für die Menschen, von den erwähnten Zweckmäßigkeitsanpreisun-
gen, von der Zurückführung der Zwecke auf einen vorausschauen-
den Gedanken, von der Ableitung gewisser Einrichtungen aus
vorausgesetzten Zwecken, — und spricht nur da von Zwecken in
der Natur, wo bleibende Beziehungen eines Organs zu einer
bestimmten Thätigkeit, der Organe zu einander und zum Gesammtorganismus, dem sie dienen, oder gewisser Theile der Welt zu
einander thatsächlich erforscht und begründet sind: so sehe ich
keinen Grund ein, warum man diese festen Wechselbeziehungen
der Dinge nicht Zweckbeziehungen sollte nennen können. Man
hat vielmehr allen Grund dies zu thun, um in der Natur die
den Körpern von Außen mechanisch aufgedrungenen Bewegungen
von denen zu unterscheiden, in welchen innere Triebkräfte der
Wesen und feste Zielpunkte ihres Werdens erscheinen. Dieser
Vorblick auf den Zweck macht sicherlich den Rückblick auf die
Ursachen des Werdens nicht unnöthig, vielmehr wird sich alles
Gewordene, dessen Beziehungen zu einem natürlich umgrenzten
Ganzen wir übersehen können, jederzeit nur durch eine Gemeinschaft dieser Betrachtungen erkennen lassen. Aber eine volle Er-
kenntniß gelingt ebenso wenig bei dem Ausschluß des Zwecks wie

bei dem Absehen von der Ursache. Teleologie und Causalität bedingen einander wechselseitig.

Fehler bleiben allerdings auch in dieser Begrenzung des Zweckbegriffs möglich; aber welches Prinzip unterläge nicht in seiner Anwendung möglichen Fehlern? Man wird dann die Besserung nicht im Ausschluß des Prinzips, sondern vielmehr im Aufstellen warnender Regeln suchen müssen.

Mit einigem Hinblick auf die Erfahrung scheint es so schwer nicht, diese warnenden Regeln für die Anwendung des Zweckbegriffs zu finden. Wenn der Philosoph Schopenhauer erklärt, den Männern sei der Bart gegeben, damit der Bart die Züge verdecke, die in diplomatischen Tagen leicht Verrath üben könnten, und die Bartlosigkeit der Frauen darin begründet findet, daß ihnen die Natur schon innerlich Verstellungskunst genug gab: — so wollen wir hoffen, daß Schopenhauer diese Zweckerklärung nicht aus stetigen Unterschieden zwischen Mann und Frau genommen hat. Häufig wird darin gefehlt, daß man Zwecke von vorübergehender Bedeutung für bleibende ausgiebt, daß man einen Zweck eines Organs für seinen einzigen und wichtigsten Zweck ansieht, während es neben diesem andere und wichtigere erfüllt. Der Mund dient gewiß dem Essen, aber hoffentlich noch mehr dem Sprechen. Die Sonne dient gewiß zur Erwärmung des Erdkörpers; aber vielleicht hat sie noch einen weitern Zweck als den, unser Ofen und unsere Lampe zu sein. Man wird bei diesen einfachen Beispielen jene angedeutete Gefahr jetzt seltener laufen; aber in weniger gewöhnlichen Zuständen wird es uns nicht allemal so leicht, selbst einfachen Fehlern auszuweichen. Darum aber darf man doch nicht nach dem Gesetz des Landes verfahren, das die Einfuhr der Reibhölzer verbot, weil ihre leichte Entzündbarkeit Gefahr droht. Die falsche Anwendung des Zweckbegriffs schließt die Möglichkeit einer richtigen besonnenen Anwendung nicht aus.

Ob aber der Gebrauch dieses Begriffs für den Fortschritt der Wissenschaft mehr Schaden als Nutzen gebracht hat, dürfte so leicht nicht zu entscheiden sein. Diese Frage kann mit Erfolg nur von der Geschichte der Wissenschaft entschieden werden. Eine Geschichte der Zweckerklärung wäre für sie von großer Bedeutung; aber bis jetzt ist nur eine vereinzelte Auswahl bestimmter Beispiele vorgekommen. Und diese zeigen uns deutlich, daß jedenfalls dieser Zweckbegriff zur Entdeckung neuer Wahrheiten beitragen kann. Harvey soll den Blutumlauf entdeckt haben, indem er über den Zweck der Klappeneinrichtung in den Adern nachdachte. Und Fechner behauptet, daß Weber in Leipzig nach einer ähnlichen Zweckidee an die Untersuchung des Seehundsauges ging. Als zu Leipzig in einer Menagerie ein Seehund gestorben war, kam Weber auf den Gedanken, zum Zweck des Sehens auf dem Wasser und auf dem Lande müsse das Seehundsauge besonders eingerichtet sein. Diese Zweckidee leitete ihn zu der Untersuchung, welche die interessante Bestätigung seiner Vermuthung brachte. Whewell weist darauf hin, daß, indem Cuvier aus dem Zahn eines urweltlichen Thieres das ganze zweckmäßig dazu gehörende Thier construirte, aus dem Zweckbegriff die ganze neue Wissenschaft der Paläontologie entsprungen sei. Sind diese Angaben richtig, so hat der Zweckbegriff einen heuristischen Werth entschieden gehabt. Es ist dann nicht richtig mit V. Carus zu behaupten, die Sachlage stehe weniger so, daß man um einen Zweck zu suchen, Forschungen anstelle, als daß man im Laufe der Untersuchungen auf Zwecke komme.

Der Zweckbegriff ist also für unsere Auffassung der Natur innerlich berechtigt und nothwendig, sein Gebrauch ist für die wissenschaftliche Erkenntniß nicht ohne lähmende Gefahren, aber auch nicht ohne förderlichen Nutzen. Seine Anwendung fordert also nur Umsicht und Vorsicht. Die Gegner sträuben sich gegen die Anwendung, weil man doch immer bei Zwecken an einen Geist denken müsse, der sie setze. Aber sie sträuben sich vergebens; es gelingt ihnen selber nicht, einen andern passendern Ausdruck an die Stelle des auszurottenden Zwecks zu setzen. Sagt man, das Auge übernimmt die Rolle des Sehens, ist bestimmt zum Sehen, dient zum Sehen, so sind das ebenso unpassende Ausdrücke wie die Zweckangaben. Die Bestimmung fordert auch ein Wesen, das bestimmt, und im eigentlichen Sinne des Wortes genommen dient auch die Natur nicht, noch spielt sie Rollen. Thatsächlich kommt es auf Eins hinaus, ob man sagt, das Auge ist für das Sehen entsprechend eingerichtet, oder ob man das Sehen als Zweck des Auges bezeichnet, ohne dabei einen Geist anzunehmen, der diesen Zweck giebt oder im Sinne hat, ehe das Auge da ist. Bedenkt

man dies nur recht, so scheint es unnöthig und ohne Gewinn
sich, wie von Bauer neuerdings vorgeschlagen hat, daran zu
gewöhnen, in naturwissenschaftlichen Darstellungen statt der Aus=
drücke „Zweck, zweckmäßig, Zweckmäßigkeit" sich der Ausdrücke
„Ziel, zielstrebig, Zielstrebigkeit" zu bedienen, weil sie weniger
an einen gefaßten Entschluß erinnern. Streben kann im Grunde
auch nur ein bewußtes, ein Ziel vorstellendes Wesen, und ein
Ziel kennt ursprünglich auch nur ein Schütze, der es vor sich
sieht. Gebrauchen wir diese Ausdrücke, wenn wir von bewußt=
losen Naturdingen reden, so ist dies eine Uebertragung. Wollten
wir eine solche überhaupt vermeiden, so dürften wir in der Natur
gewiß nicht von einem Gesetze reden, denn das Gesetz setzt einen
bewußten Gesetzgeber voraus, nicht von dem Plan oder Bau=
plan der Organismen, denn einen Plan entwirft nur ein vor=
stellendes Wesen, nicht einmal von Thätigkeit eines Organes,
denn thun kann eigentlich nur ein wollendes Wesen. Ueberdies
aber liegt im Ausdruck „Zielstrebigkeit" durchaus nicht Alles,
was das Wort Zweckmäßigkeit enthält; Zielstrebigkeit deutet nur
auf ein nothwendiges Entwicklungsziel hin, Zweckmäßigkeit auf
ein förderliches Zusammenstimmen verschiedener Bedingungen zu
einer Gesammtwirkung. Käme es nur darauf an für eine von
einem bestimmten Ausgang nach einem bestimmten Endpunkt ge=
richtete Entwicklung ein unverfängliches Wort zu finden, so wäre
allenfalls das schon gebräuchliche Wort „Trieb" bei der Hand,
doch würden sich wiederum triebmäßig und zweckmäßig in der
angegebenen Richtung ebenso wenig decken wie zielstrebig und
zweckmäßig. Kurz eine Vertauschung der Ausdrücke ist nach dieser
Seite unpassend und im Uebrigen, weil die Hauptsache meta=
phorischer Uebertragung unverändert bleibt, der Streit darum
ein müßiger Wortstreit. Der Zweckbegriff liegt dem Menschen
so sehr auf der Zunge, daß selbst die entschiedensten Gegner
ihn auszusprechen nicht vermeiden können. Wir fallen, wie
Lotze bemerkte, in eine thörigte Langweiligkeit, wenn wir mit
Aengstlichkeit die Anwendung des Zweckbegriffs vermeiden wollen.
Selbst die Gegner können dieses bleibenden Elementes unserer
Erkenntniß nicht entrathen. Der Zweckbegriff ist subjectiv ange=
sehen eine nothwendige Kategorie unseres die Sinnenwelt ein=
heitlich verknüpfenden Verstandes, und objectiv betrachtet dient er

dazu von den äußeren Bewegungsimpulsen die inneren Trieb=
kräfte der Natur zu unterscheiden, welche Ziele des Werdens
offenbaren, die von den mechanisch-physischen Ursachen des Wer=
dens nicht abgeleitet werden können, sondern als dynamische
Ursachen diese selbst bestimmen.

3.

Die Entstehung der Arten.

Der Darwinismus.

Zur Geschichte der Theorie.

Jeder Kundige weiß, daß Darwin's Lehre von der Veränderlichkeit und der Entstehung der Arten durch natürliche Züchtung für ihre einzelnen Behauptungen nicht ohne Vorgang in der
Geschichte der Naturerklärung dasteht. Der allgemeine Grundgedanke einer unbegrenzten Formwandlung der Naturgebilde erschien natürlich jederzeit als ein nothwendiger Bestandtheil aller
Kosmogonien, die von der wesentlichen Einheit aller Dinge aus-
gingen. Auch Gedanken über den Grund dieser Umwandlung
fehlten nicht, bald schien der Zufall, der Lebenskampf, bald ein
inneres Gesetz fortschreitender Entwicklung dieselbe zu bestimmen.
Aber diese Gedanken, die wir bei den Indern wie bei den Griechen und Römern, bei den italienischen wie bei den deutschen
Theosophen und Naturphilosophen, bei den Materialisten verschiedener Länder und Zeiten wieder finden, blieben lange Zeit nichts
als Träume einer grübelnden Phantasie oder einer freigeistigen
Speculation, die wenig fragte, in wie weit ihre Bilder den bekannten Thatsachen der Erfahrung entsprechen mögten. Darwin hat daher für seinen Zweck Recht in dem Rückblicke auf
Vorläufer seiner Ansicht, welchen die Vorrede zu seinem Werke
enthält, sich auf die neuere Zeit beschränkt zu haben, welche das

alte Problem erst zu einem Gegenstande eingehender, wissenschaft=
licher Erörterungen gemacht hat. Dieser begrenzte Rückblick ließe
sich zwar noch durch manche bestätigende Anschauungen neuerer
Naturforscher erweitern, wie sie in dem überhaupt bei der vor=
liegenden Frage nicht genug beachteten Werke A. Fr. Spring's
über die naturhistorischen Begriffe von Gattung, Art und Abart
und über die Ursachen der Abartungen in den organischen Rei=
chen, eine Preisschrift 1838, gesammelt vorliegen; aber Dar=
win's Absicht war es nicht, eine Geschichte seiner Ansicht zu
schreiben. Ihm konnte nur darin liegen von seinen wissenschaft=
lichen Vorgängern so viel zu sagen, als dienlich, um entweder
seine Ansicht zu bestätigen oder sie von seinen Vorgängern zu
unterscheiden. In diesem Sinne mußte er davon ausgehen seine
Stellung zu den Ideen Lamarcks und Etienne Geoffroy
St. Hilaire's zu bezeichnen, denn gerade durch die Anregung
dieser Männer ist die Frage nach der Veränderlichkeit und der
Entstehung der Arten für die Einzelforschung ein wahrhaft wissen=
schaftliches Problem geworden.

Zu Anfang dieses Jahrhunderts entwickelte Lamarck seine
Ansichten über die Abstammung der Arten von einander, beson=
ders in seiner 1809 erschienenen Philosophie Zoologique, sowie
1815 in seiner Einleitung in die Naturgeschichte der wirbellosen
Thiere. Lamarck soll nach Darwin hauptsächlich durch die
Schwierigkeit Arten und Varietäten von einander zu unterschei=
den, durch die fast ununterbrochene Stufenreihe der Formen in
manchen Organismen=Gruppen und durch die Analogie mit un=
sern Züchtungsproducten zu seiner Annahme geführt sein. Ab=
hängig dachte sich Lamarck diese Umwandlung theils von der
Lebensmacht der Gewohnheit und des Bedürfnisses, theils von
dem Einfluß der äußeren Lebensbedingungen. Vorzüglich legte
er Gewicht auf die Bedeutung jener Lebensmacht, wie sie im Ge=
brauch oder Nichtgebrauch bestimmter Organe sich kund thut.
Die veränderte Gewohnheit oder das neue Bedürfniß soll nach
ihm die Organe passend umwandeln. Er gesteht zwar, daß dies
schwer zu erweisen sei, aber er versucht doch den Hergang zu
veranschaulichen. Ein Mollusk, das fortdauernd strebte vor ihm
liegende Gegenstände zu befühlen, stülpte durch dieses Bestreben
allmählich selbst aus seinem vorderen Körpertheil Fühler heraus.

Die Giraffe, genöthigt das Laub hoher Bäume abzuweiden, ge=
langte durch diese Noth zu ihrem langen Halse. Durch verän=
derte Lebensweise, namentlich den aufrechten Gang, der zur Ab=
plattung der Fußsohle führte, wurde endlich auch der Affe zum
Menschen. Als natürliche Folge dieser den Verhältnissen sich an=
passenden Umwandlung erschien ihm eine wachsende Mannichfal=
tigkeit der Organisation und somit eine wirkliche Fortentwicklung,
die aber gehindert durch den wachsenden Einfluß äußerer Umstände
keine ununterbrochene und regelmäßige war.

Gleichzeitig mit Lamark vermuthete Etienne Geoff=
froy St. Hilaire, daß unsere Arten nur Abartungen eines
Typus seien; doch erst im Jahre 1828 sprach er diese Vermu=
thung als seine wissenschaftliche Ueberzeugung aus. Im Wesent=
lichen theilte er die Ansichten Lamarks von der Abstammung
der heutigen Arten von wenigen einfachen Urorganismen, nur über
die Ursachen der Veränderung dachte er anders. Dieselben schrieb
er besonders dem Einflusse zu, welchen die Veränderungen der At=
mosphäre, wie sie im Laufe der geologischen Epochen eingetreten,
durch die Athmung auf den ganzen Organismus ausgeübt haben
müßten. Unter so verändertem Einflusse konnte aus einem Reptil
ein Vogel werden, indem zunächst eine Veränderung im Lungen=
sack des Reptils, demzufolge eine Steigerung der Athmung, der
Blutwärme eintreten mußte, aus den Hautwarzen entwickelten sich
dann Federn und so entstand allmählich durch Aenderung der Luft
aus einem Reptil der erste Typus eines Vogels. Ueber diese
Umwandlungslehre entspann sich in einer Sitzung der französischen
Akademie der Wissenschaften vom 22. Februar 1830 ein lebhafter
Kampf zwischen Geoffroy St. Hilaire und Cuvier, über
den auch Goethe, der auf Seiten Geoffroy's stand, in seinen
Werken mit großer Theilnahme berichtet hat. Geoffroy ver=
theidigte auf Grund der Bildungsanalogien die Einheit der thie=
rischen Organisation, die wirkliche Verwandtschaft der Organis=
men durch gemeinsame Abstammung und demgemäß die Verän=
derlichkeit der Arten. Cuvier dagegen wollte die Analogien nicht
als Beweis wirklicher Uebergänge gelten lassen, nannte das Hervor=
suchen derselben ein Spiel mit Metaphern, betrachtete das unbe=
grenzte Suchen nach Einheit des Plans aller organischen Bildungen
als einen beklagenswerthen Einfluß des deutschen Pantheismus,

vertheidigte auf Erfahrung gestützt die Selbständigkeit und Unwandelbarkeit der Art, oder vielmehr zeigte die Grenze ihrer
Veränderlichkeit durch Generationsversuche und die Permanenz
der Art durch historische Belege; mit geologischen Umwälzungen
verbundene Aenderungen der Lebensformen gab er zu, behauptete aber, daß diese Aenderungen nicht langsam gewordene Umbildungen, sondern plötzlich entstandene Neuschöpfungen seien.

Diese Ansichten Cuvier's behaupteten in dem wissenschaftlichen Kampfe damals unstreitig den Sieg, weil sie besser als die
gegnerischen Annahmen dem Standpunkt exacten Wissens ent-
sprachen. Die Lehre von der wesentlichen Unveränderlichkeit der
erschaffenen Arten und der wiederholten Neuschöpfungen in den auf
einander folgenden geologischen Epochen galt nunmehr als Dogma
für die auf Erfahrung fußende Naturforschung. Die Untersuchungen Cuvier's über die Begrenzung der Abartung setzte
Flourens fort durch Untersuchungen über die Fruchtbarkeit der
Bastarde, deren Nachkommenschaft, wie er fand, schon in der vierten Generation spätestens zur Stammart zurückkehrt, so daß sich
nur eine sehr begrenzte Variabilität der Arten aber keine Mutabi-
lität der Arten in einander ergab. Die Lehre von den Neuschöpfungen in jeder geologischen Epoche wurde noch schärfer
ausgeprägt von Agassiz. Nach ihm sollten die geologischen
Perioden vollständig von einander geschieden und jede mit einer
durchaus neugeschaffenen Welt von Organismen bevölkert sein.

Zunächst an diesem letzten Punkte brachten seitdem die Fortschritte der Geologie und Paläontologie eine entschiedene Erschütterung des Dogma, wie dies C. Vogt in seinem 1863 erschienenen Buche „Ueber den Menschen" nach seiner drastischen Art
schildert. „Es sind kaum dreißig Jahre her, — heißt es dort —
daß Cuvier sagte: Es giebt keinen fossilen Affen und kann
keinen geben; es giebt keinen fossilen Menschen und kann keinen
geben — und heute sprechen wir von fossilen Affen wie von
alten Bekannten und führen den fossilen Menschen nicht nur in
die Schwemmgebilde, sondern sogar bis in die jüngsten Tertiär-
gebilde hinein, wenn auch einige Verstockte behaupten mögen, Cuvier's Ausspruch sei eine That des Genies und könne nicht
umgestoßen werden. Es sind kaum zwanzig Jahre her, als ich bei
Agassiz lernte: Uebergangsschichten, paläozoische Gebilde = Reich

der Fische: es giebt keine Reptilien in dieser Zeit und konnte
keine geben, weil es dem Schöpfungsplane zuwider gewesen
wäre; secundäre Gebilde (Trias, Jura, Kreide) = Reich der Reptilien; es giebt keine Säugethiere und konnte keine geben aus demselben Grunde; — tertiäre Schichten = Reich der Säugethiere; es
giebt keine Menschen und konnte keine geben; — heutige Schöpfung =
Reich der Menschen. Wo ist heute dieser Schöpfungsplan mit
seinen Ausschließlichkeiten hingerathen? Reptilien in den devo-
nischen Schichten, Reptilien in der Kohle, Reptilien in der Dyas
— lebe wohl, Reich der Fische! Säugethiere im Jura, Säugethiere im Purbeck-Kalk, den Einige zur untersten Kreide rechnen
— auf Wiedersehn Reich der Reptilien! Menschen in den obersten
Tertiärschichten, Menschen in den Schwemmgebilden — ein ander
Mal wiederkommen, Reich der Säugethiere!" — Vogt hat
Recht, die Lehre von den vollständigen geologisch periodischen
Schöpfungserneuerungen ist durch neues Wissen gefallen. In
der Geologie widerlegte besonders Lyell die Annahme von plötzlichen und allgemeinen Umwälzungen; er lehrte, daß zu keiner
Zeit andere Kräfte auf die Umbildung der Erdrinde eingewirkt
haben, als die jetzt noch wirksamen, daß nur örtlich beschränkte
Katastrophen eintreten konnten, daß die Umgestaltungen der Erdoberfläche meist langsam verliefen und daß die großen geologischen
Perioden unmerklich in einander übergingen. Andererseits zeigte
die Paläontologie, daß auch die Fauna und Flora der Erde sich
allmählich änderte, daß manche Arten einer oder mehreren geologischen Perioden angehörten, während andere Arten nach einander
verschwanden. Forbes, Heer, Göppert und Andere zeigten
besonders den allmählichen Uebergang der Tertiärzeit in die jetzige.

Schon dieser veränderten Anschauung entsprechend mußte
abermals die Frage sich aufthun nach der Möglichkeit oder Wirklichkeit einer allmählichen Umwandlung der Lebensformen. Diese
Gedanken mußten ferner thatsächlich unterstützt werden durch
mancherlei Beobachtungen, welche neuerdings bei der eifriger betriebenen Züchtung und Cultur der Thiere und Pflanzen, wie
auch bei den Studien über die Entwicklung der niedern Organismen gemacht wurden. So tauchten denn abermals häufiger
die von Darwin sorgfältig beachteten und in der Vorrede seines Buches zusammen gestellten Mittheilungen und Behauptungen

über die Veränderlichkeit der Arten und die Entstehung der Arten
aus einander auf. Ausführlich war die von Cuvier verdrängte
Ansicht wieder dargestellt worden in den Vestiges of Creation,
die anonym im Jahre 1844 erschienen und im Jahre 1851 nach
der sechsten Auflage von C. Vogt, nach seiner damaligen An=
sicht mit scharfen gegnerischen Noten versehen, ins Deutsche über=
tragen wurden. Dies Buch hat, wie Darwin meint, durch seinen
glänzenden Stil sofort eine weite Verbreitung gefunden, obwohl
es in seinen früheren Auflagen (1855 erschien die zehnte) unge=
naue Kenntnisse und einen großen Mangel an wissenschaftlicher
Vorsicht verrieth. Nach Darwin's Meinung hat es vortreff=
liche Dienste dadurch geleistet, daß es in seinem Lande die Auf=
merksamkeit auf den Gegenstand lenkte und die Vorurtheile
zurück drängte.

Ohne Zweifel war es demnach an der Zeit das Problem
einmal wieder zum Gegenstand einer eingehenden, zusammenhän=
genden wissenschaftlichen Untersuchung zu machen. Schon Spring
in dem gedachten Buche äußerte, daß ein Werk darüber, gestützt
auf langjährige, genaue Beobachtung, die fruchtbarste und dan=
kenswertheste Arbeit im Fach der systematischen Naturgeschichte
sein würde. Niemand wird Darwin das Verdienst bestreiten
können sich dieser Aufgabe mit weiter Umsicht und vielem Wissen
unterzogen zu haben und schwerlich wird seine Anregung ohne
einen sichern Niederschlag, den eine strengere Prüfung vom Irri=
gen scheiden wird, für den Fortschritt der Wissenschaft bleiben.
Wir wollen versuchen, einen Beitrag zu dieser Scheidung zu geben.

Darwin's Theorie und ihre Begründung.

Darwin hat in der Einleitung zu seinem Werke: „Ueber
die Entstehung der Arten im Thier= und Pflanzenreich durch
natürliche Züchtung, oder Erhaltung der vollkommensten Rassen
im Kampfe um's Dasein," die Entstehungsgeschichte seiner Ansicht
selbst mitgetheilt. „Als ich an Bord des Königlichen Schiffes
‚Beagle' als Naturforscher Südamerika erreichte, ward ich über=
rascht von der Wahrnehmung gewisser Thatsachen in der Ver=
theilung der Bewohner und in den geologischen Beziehungen zwi=
schen der jetzigen und der früheren Bevölkerung dieses Welttheils.
Diese Thatsachen schienen mir — einiges Licht über die Ent=

stehung der Arten zu verbreiten, dies Geheimniß der Geheimnisse, wie es einer unserer größten Philosophen genannt hat." Der Parallelismus in der räumlichen Vertheilung der organischen Wesen und ihrer geologischen Aufeinanderfolge in der Zeit schien ihm verständlich durch die Annahme, daß im Verlaufe langer Erdperioden je nach den klimatischen und geographischen Veränderungen starke Wanderungen von einem Welttheile zum andern stattgefunden haben. Das Band gewöhnlicher Fortpflanzung unter der Mitwirkung gleicher Abänderungsmittel verkette dann die Wesen der verschiedenen Länder und Zonen. „Nach meiner Heimkehr im Jahre 1837 schien es mir, daß sich Etwas über diese Frage müsse ermitteln lassen durch ein geduldiges Sammeln und Erwägen aller Arten von Thatsachen, welche möglicher Weise Etwas zu deren Aufklärung beitragen könnten. Nachdem ich dies fünf Jahre lang gethan, getraute ich mich erst eingehender über die Sache nachzusinnen und einige kurze Bemerkungen darüber niederzuschreiben, welche ich im Jahre 1844 weiter ausführte, indem ich die Schlußfolgerungen hinzufügte, welche sich mir als wahrscheinlich ergaben, und von dieser Zeit an war ich mit beharrlicher Verfolgung des Gegenstandes beschäftigt." Darwin legt Gewicht darauf zu zeigen, daß er nicht übereilt zu seiner Ansicht gelangt ist. Nachdem er dann zuerst in dem genannten Werke nur einen vorläufigen Auszug aus seinen handschriftlichen Aufzeichnungen veröffentlichte, dessen Unvollkommenheit in Betreff der thatsächlichen Belege er selbst bat zu entschuldigen, hat er inzwischen in seinem Werke „Das Variiren der Thiere und Pflanzen im Zustande der Domestication" (übers. v. B. Carus. 2 Bde. 1868) begonnen diese materielle Grundlage seiner Lehre in ausgedehnterer Weise mitzutheilen. Für die Lehre selbst enthält dieses zweite Werk nur in Nebenpunkten einige beachtenswerthe Ideen. Eine weitere Ausführung seines Grundgedankens der Entwicklung brachte dann sein Werk: „Die Abstammung des Menschen und die geschlechtliche Zuchtwahl (übers. v. B. Carus. 2 Bde. 1871).

Die wesentlichen Behauptungen dieser Lehre betreffen die Veränderlichkeit der Arten und die Entwicklung derselben auseinander; kurz zusammengefaßt sind es folgende: — Die organischen Wesen unterliegen im natürlichen Kampfe um's Dasein

mannichfacher Abänderung, die Bedingungen dieser Abänderung
sind weniger zu suchen in einem unmittelbaren Einfluß der äußeren
Lebensverhältnisse als in einer mittelbar durch die Wechselbeziehung
der Organismen und Organe sich geltend machenden Beeinflußung
des Reproductionssystems. Eine Schranke der Abänderung im
Verlaufe ganzer Erdperioden ist unerweislich, ein bestimmter Unterschied zwischen Arten und Abarten kann nicht angegeben werden. Es läßt sich weder behaupten, daß Arten bei der Kreuzung
ohne Ausnahme unfruchtbar, noch daß Abarten bei derselben stets
fruchtbar sind. Die meist vorhandene Fruchtbarkeit der Blendlinge und Unfruchtbarkeit der Bastarde giebt also keine scharfe
Unterscheidung von Abarten und Arten, die Unfruchtbarkeit der
Nachkommenschaft bildet somit keine Schranke für die Veränderlichkeit der Art. Diese Veränderlichkeit findet nur eine zeitweilige
Beschränkung durch das Gesetz der Vererbung nützlicher Eigenschaften, welche die natürliche Zuchtwahl im Kampfe um's Dasein
pflegt und befestigt, und durch das Gesetz der Rückkehr zur ursprünglichen Form, wenn diese Befestigung nicht gelingt. Ist
das Letztere der Fall, gewinnen die nützlichen Abänderungen
unter günstigen Verhältnissen Bestand, so sind aus den Abarten
neue Arten geworden. Dies ist der Vorgang, wie durch natürliche Zuchtwahl Arten entstehen. Die Arten haben also keine
ursprüngliche, unverlierbare, sondern nur eine erworbene, zeitliche
Beständigkeit. Selten überdauern sie eine geologische Periode.
Fragen wir endlich nach der Ausdehnung, welche dieser Descendenztheorie zu geben ist, so müssen wir annehmen, daß alle Glieder einer Klasse durch gemeinsame Abstammung zusammenhängen, so dürfen wir es für wahrscheinlich halten, daß Thiere und
Pflanzen von einigen wenigen Stammarten, ja vielleicht sie beide
von einer Urform sich entwickelt haben.

Prüfung des Darwinismus.

Darwin sucht also den Fortschritt seiner Arbeit vor denen
seiner Vorgänger — zunächst in dem Nachweis der unbegrenzten
Veränderlichkeit der Lebensformen und in der ihm eigenthümlichen
Ansicht über die Bedingungen und Gesetze der Abartung — sodann in seiner Lehre von der Vererbung nützlicher Abänderungen
durch natürliche Züchtung, oder in der Lehre von der Entstehung

der Arten aus Varietäten — endlich in seiner indirecten Recht=
fertigung der weitesten Geltung dieser Entwicklungs= oder Per=
mutationstheorie durch Vorzüge derselben für die Erklärung vieler
Naturerscheinungen vor der Schöpfungstheorie, welche die Ent=
stehung der verschiedenen Thier= und Pflanzenarten auf ursprüng=
liche Schöpfungsacte zurückführt. — Wir werden also den Grund
und den Werth des Darwinismus nach diesen drei Richtungen
zu prüfen haben. Dabei mögen alle Erwägungen darüber un=
terbleiben, ob es leichter ist sich vorzustellen, daß das göttliche
Wesen ursprünglich einem Organismus oder mehreren das Le=
ben eingeblasen hat, ob ein allmächtiger Gott, der noch jetzt
wirkungsvoll in die Entwicklung der Erdenwelt eingreift, oder
ein constitutioneller Gott, der nur zuschaut wie die gegebene
Magna Charta der Naturgesetze sich verwirklicht, besser zu denken
ist, ob es für den Menschen wünschenswerther ist. ein degenerirter
Adam oder ein entwickelter Affe zu heißen, ob die heiße Sehn=
sucht nach einem geschwänzten Mittelgliede zwischen Affe und
Mensch gegründete Aussicht auf Rechtfertigung hat oder nicht, ob
die Stellung zu diesen Fragen nur von dem Alter der Genera=
tion oder von der Klasse der Naturforscher, zu der man gehört,
abhängt. Dergleichen Erwägungen also lasse ich einstweilen un=
erörtert, um in Ruhe die Voraussetzungen zu diesen weiten Fol=
gerungen zu prüfen, die um so weniger sich vordrängen dürfen,
als Darwin selbst sie nicht an die Spitze seiner Betrachtung
gestellt hat.

Die Veränderlichkeit der Lebensformen.

Niemand behauptet, daß die organischen Wesen starr und
unabänderlich wie die Krystalle der Steinwelt sich erhalten; Jeder
kennt vielmehr bei ihnen eine gewisse Veränderlichkeit typischer
Gestaltung. Ungewiß scheint nur, ob es eine Grenze dieser Ver=
änderlichkeit giebt und wo dieselbe liegt. Schon seit alter Zeit
glaubte man in der Fruchtbarkeit der Nachkommenschaft das
sichere Kennzeichen der Artgemeinschaft, die unverrückbare Grenz=
linie zwischen Abart und Art zu besitzen. Selbst im Sprichwort
hat diese Meinung ihren Ausdruck gefunden; „Art läßt nicht von
Art", heißt es, oder „Adler brüten keine Tauben," „Eine Ameise
legt kein Gansei." Für die Volksmeinung sind diese Sprich=

wörter bezeichnend. Indessen mögen solche Volksansichten auch
aus der Beobachtung bestimmter allgemeiner Thatsachen entsprungen sein und deshalb Beachtung verdienen, wissenschaftliche Geltung kann ihnen natürlich erst eine wissenschaftliche Prüfung
geben. Auf diese Prüfung war vorzugsweise das Bemühen derjenigen Forscher gerichtet, welche mit G. Cuvier die Bedeutung
des gedachten Kriteriums für die Artbegrenzung erweisen wollten.
Fr. Cuvier, der dreißig Jahre lang Director des Pariser zoologischen Gartens war, stellte viele Untersuchungen über die
Fruchtbarkeit der Nachkommenschaft verschiedener Thierarten an;
Flourens wiederholte und erweiterte diese Versuche. Derselbe stellte
noch neuerdings wieder in seinem Buche „Examen du livre de
M. Darwin etc. 1864" als Ergebniß den Satz auf: „La fécondité continue donne l'espèce, la fécondité bornée donne
le genre." — Das Kriterium der Fruchtbarkeit also giebt —
so wird behauptet — die Festigkeit der Art, verbindet die Varietäten derselben Art und scheidet die verschiedenen Arten.

Beide Behauptungen konnten bestritten werden und sind
auch von Darwin bestritten worden. Jedenfalls anfechtbar blieb
die Erhebung der doch nur bei verhältnißmäßig wenigen Thieren
angestellten Beobachtungen zu einer allgemeinen Regel, zu bestreiten war auch die Vollgültigkeit der wenigen Beobachtungen
selbst. Es ließ sich nämlich annehmen, die betreffenden Thiere
seien zum Zweck der Beobachtung in künstlichen, für ihre Fortpflanzung ungünstigen Umständen gehalten worden, länger fortgesetzte Beobachtungen der Thiere in ihren natürlichen Verhältnissen würden vielleicht andere Resultate ergeben. Zweifelhaft
blieb jedenfalls, ob in der That die verschiedenen Arten von den
Varietäten einer Art dadurch allgemein scharf unterschieden werden können, daß die aus der Kreuzung der Arten entsprossenen
Abkömmlinge, die Bastarde, nur eine eng begrenzte, dagegen die
Abkömmlinge der Varietäten, die Blendlinge, eine unbegrenzte
Fruchtbarkeit der Nachkommenschaft zeigen. Auf diesen letzten
Punkt besonders ist demgemäß Darwin's Feldzug gerichtet, wel-
cher die Bedeutung des gedachten Kriteriums erschüttern soll.

Eine volle Entscheidung über diese Bedeutung scheint wissenschaftlich noch nicht festgestellt; selbst über das Thatsächliche widersprechen einander noch die berühmtesten Forscher.

4

Nach Flourens kennt man sicher bis jetzt fruchtbare
Bastarde von Pferd, Esel, Zebra, Halbesel; von Wolf, Hund
und Chakal, von Kuh und Bison, von Ziege und Widder, von
Bock und Schaaf, von Löwe und Tiger, aber spätestens bis in
die vierte Generation erhält sich die Nachkommenschaft, dann erfolgt Rückkehr zu einer Stammart.   Dagegen giebt es nach ihm
überall keine fruchtbare Nachkommenschaft zwischen Hund und
Fuchs, Hund und Hyäne, Hase und Kaninchen, Stier und Stute,
Pferd und Kuh. „J'ai souvent tenté, et quelquefois obtenu
l'union de ces animaux; jamais elle n'a été féconde.‘‘ Mehrere der Art begrenzte fruchtbare Kreuzungen giebt es nach ihm
unter den Vogelarten. — Manche dieser Beobachtungen sind von
anderen Naturforschern bestätigt und um andere Beispiele fruchtbarer Bastardirung vermehrt worden.   Aber nicht selten fehlt es
diesen Aufzählungen vollständig an einer genauen Scheidung der
bloßen ersten fruchtbaren Kreuzungsfähigkeit und der weiteren
fruchtbaren Nachkommenschaft, noch seltener erscheinen sorgfältig
fortgesetzte Beobachtungen über die Tragweite dieser Fruchtbarkeit
im Verlaufe der Generationen.   Ohne Gewährleistung für eine
solche durchaus nothwendige wissenschaftlich erprobte Sicherstellung
wird von manchen bekannten Forschern die von Flourens behauptete Grenze der beobachteten Fruchtbarkeit in Abrede gestellt.
C. Vogt in der Vorrede seiner 1865 erschienenen Uebersetzung
des Buches von Huxley „Ueber unsere Kenntniß von den Ursachen der Erscheinungen in der organischen Natur‘‘ sagt kurzweg, „von Hund und Wolf, Steinbock und Ziege, Hase und
Kaninchen seien in's Unendliche fruchtbare Bastarde gezüchtet
worden.‘‘ — Darwin bekannte zunächst offen, von keinem wohl
beglaubigten Beispiel fortgesetzt fruchtbarer Bastardirung unter den
Thieren zu wissen, trotzdem aber glaubt er, nach unlängst in Frankreich angestellten Versuchen, daß Hase und Kaninchen eine meist
ganz fruchtbare Nachkommenschaft liefern.   Er will auch einige Ursache haben anzunehmen, daß verschiedene Hirscharten und ebenso verschiedene Fasanenarten sich unter einander fruchtbar fortpflanzen.
Und auf diese doch nur sehr schwach begründete Vermuthung hin, will
Darwin die für die meisten Bastarde zugegebene Unfruchtbarkeit
nur für eine anfängliche halten, die wahrscheinlich mit der Zeit
überwunden werden könne.   Nur auf Grund dieser losen Vermu-

thungen behauptet er die Bedeutungslosigkeit des Kriteriums der
unbegrenzten Fruchtbarkeit zur Unterscheidung von Art und Abart.
Für die exacte Forschung ist solches Schlußverfahren ohne Zweifel
ein voreiliges. Die Sache ist noch nicht spruchreif und bedarf
zunächst einer fortgesetzten Bemühung um Vermehrung und Sicherstellung des für die Entscheidung wichtigen Beobachtungsmaterials. — Ein solches zu gewinnen sollte nun doch jetzt wohl die
Naturforschung mit Hülfe der in zoologischen Gärten und bei
den Culturversuchen zu machenden Erfahrungen im Stande sein,
jedenfalls hat sie die Aufgabe dies zu erstreben nnd die Pflicht,
zuvor keinerlei Decrete und allgemeine Regeln kurzweg als wissenschaftliche Resultate zu verkünden. Mit Dank ist Alles aufzunehmen, was Darwin zur Förderung dieser Aufgabe besonders durch die Mittheilungen seines zweiten Werkes geleistet hat.

Unstreitig hat Darwin aus dem Pflanzen- und Thier-
reich Thatsachen genug angeführt, um die Ansicht Derer zu erschüttern, welche es für hinlänglich erwiesen halten, daß für Varietäten gehaltene Organismen jederzeit fruchtbare Nachkommenschaft haben, während dies bei Organismen, die zu verschiedenen
Arten oder Gattungen gerechnet werden, nur begrenzt oder gar
nicht der Fall sei. Er hat somit das Verdienst, dieses irrthümlich für entschieden gehaltene Problem abermals zu einer offenen
Frage wissenschaftlicher Prüfung gemacht zu haben. Aber weder
er noch seine Anhänger haben sich bisher ein Anrecht darauf erworben, das Ergebniß dieser nothwendigen Prüfung vorweg zu
verkünden. Vielmehr haben sich dieselben weder in ihren Bedenken noch in ihren Wagnissen auf diesem Gebiete der Muthmaßungen als große Methobiter erwiesen. Huxley, der bei
diesem Punkte am bedenklichsten wird, behauptete schon in dem
von V. Carus 1863 übersetzten Buche „Zeugnisse für die Stellung des Menschen in der Natur," „unsere Annahme der Darwin'schen Hypothese müsse so lange nur provisorisch sein, als ein
Glied in der Beweiskette noch fehle; und so lange alle Thiere
und Pflanzen, die sicher durch Züchtung von einem gemeinsamen
Stamme entstanden seien, fruchtbar seien und ebenso ihre Nachkommen unter einander, so lange fehle jenes Glied." Er will daher
Darwin's Hypothese nur annehmen als eine, die zur Beibrin-
gung des Beweises verpflichtet ist, daß physiologische Arten, die sich

nicht fruchtbar mit einander verbinden, durch Zuchtwahl entstehen.
Huxley wiederholte auch in dem von Vogt übersetzten Buche
„Ueber unsere Kenntniß von den Ursachen der Erscheinungen in der
organischen Natur, 1865," daß die bis jetzt bekannten Zeugnisse
zu Gunsten der physiologischen Artbeschränkung lauten, und anerkennt abermals die obige Begründungspflicht. Kölliker in seinem 1864 erschienenen Vortrag „Ueber die Darwin'sche Schöpfungstheorie" unterstützt diese Forderung und betrachtet die bisherige
Nichterfüllung als einen wichtigen Einwurf wider Darwin.
C. Vogt dagegen in der schon erwähnten Vorrede zeigt mit
seiner gewohnten Schärfe den Widerspruch dieses Bedenkens
Huxley's gegen andere seiner Annahmen. Da Huxley ausdrücklich erklärt, seiner Ansicht nach seien die Hunderassen Zucht-
wahlrassen einer Art, so muß er freilich auch zugeben, daß wir
durch Zuchtwahl dahin gekommen sind, Rassen oder Arten hervorzubringen, die keine fruchtbaren Bastarde zeugen können, denn
wohl mit Recht erklärt Vogt die Erzeugung eines Bastardes
zwischen einer Dogge und einem King-Charles oder einem fast
mikroskopischen Affenpinscher für eine physische Unmöglichkeit. —
Aber für Vogt's eigene Meinung wiederum hat diese Unmöglichkeit nicht die gewünschte Bedeutung, denn er selbst nimmt mit
Giebel die Abstammung unserer Hunderassen aus der Mischung
verschiedener ursprünglichen Arten an, von denen wir eine, den
Wachtelhund, aus dem Steinalter kennen. — Und um die weit
gültige Bedeutung der von Huxley und ihm selbst anerkannten
Thatsache der physiologischen Artbeschränkung nicht als ein Hinderniß für die Hypothese weitester Artumwandlung betrachten zu
müssen, flüchtet er rückwärts blickend in die dunkle Vorzeit der
Erde, von der wir Nichts mehr wissen, und will daher Das,
was Huxley physiologische Verschiedenheit nennt, nur als das
Adelsdiplom dieses ältesten Ursprungs ansehen. — So mißlich,
hypothetisch und widerspruchsvoll erscheinen diese Beweisführungen
unserer modernsten exacten Naturforschung. Schwerlich dürfen
nach solchen Beweisen von Unmethode die betreffenden Forscher
vielen Glauben beanspruchen für Das, was sie nicht in Wahrheit ganz strict und unzweifelhaft beweisen. Vielmehr zwingt
uns gerade das etwas tumultuarische Beweisverfahren zur Vorsicht, einstweilen nur Das für erwiesen zu halten, daß zur Zeit

eine scharfe Grenze der Lebensformen in Rücksicht auf ihr Verhalten zur Fruchtbarkeit nicht gezogen werden kann.

Damit wird allerdings auch zugegeben, daß das Kriterium der Fruchtbarkeit einstweilen unbrauchbar ist zur systematischen Gruppentheilung. Aber war es dies in Wirklichkeit nicht für die meisten Fälle stets? Hat man je auch nur den kleineren Theil aller angenommenen Arten auf dieses Kriterium untersucht oder untersuchen können? — Man beobachtete bei vielen bekannteren Thieren, die man für verschiedene Arten hielt, ein solches Verhalten hinsichtlich der Fruchtbarkeit und daraus schloß man auf ein ähnliches Verhalten bei denjenigen Thieren, die man auf Grund sonstiger Formverschiedenheiten für verschiedene Arten halten zu müssen glaubte. Demnach scheint praktisch das theoretische Preisgeben dieses Kriteriums für die systematische Unterscheidung von geringem Belang und bleibt die Besorgniß unverständlich, mit der R. Wagner das Aufgeben der fruchtbaren Zeugung als sicheren Artkriteriums ansah. Agassiz schien ihm dadurch sich selbst des Hauptbeweises gegen Darwin zu berauben; die Lehre von der Art schien ihm zu stehen oder zu fallen mit dem Festhalten oder Preisgeben des physiologischen Begriffs der Art, des Kriteriums der fruchtbaren Zeugung. So kann die Sachlage in der That nur erscheinen bei einer Verkehrung der natürlichen Anschauung der Dinge.

„Nicht die Zeugung, sondern das Bild, welchem nachgezeugt wird, bestimmt die Art," sagte mit Recht Spring. Nimmermehr macht die fruchtbare Fortpflanzung die Art, höchstens erscheint sie als ein Ausdruck der bestehenden typischen Verschiedenheit. Sie kann somit wohl als ein Mittel gebraucht werden, den Typus und sein Verharren zu erkennen, darf aber durchaus nicht als das erste oder einzige bestimmende Moment der Unterscheidung gelten. Trotzdem dient vielleicht dies natürliche Verhalten der Organismen in Wirklichkeit dazu, die Vermischung typisch unterschiedener Lebensformen zu verhindern und insofern würde das darauf bezügliche Kriterium immer noch eine hohe Bedeutung für die natürliche Scheidung behalten, selbst wenn dieselbe keine unbedingte wäre. Die Natur scheidet selten so scharf wie unsere Begriffe, sie scheidet gewöhnlich nach dem Mehr und Minder und erhält sich dadurch innerhalb gewisser Grenzen eine gewisse Freiheit der Entwicklung. Es wäre keine Ausnahme, wenn sie dies auch mit dem Vermögen fruchtbarer Fortpflanzung gethan hätte. In diesem Sinne kann man wohl unterschreiben, was R. Wagner glaubt gegen Agassiz und Darwin bemerken zu müssen: „Die einfachste Ueberlegung muß uns dahin führen, uns zu überzeugen, daß die starken Schranken, welche in der instinktmäßigen Abneigung der verschiedenen Arten zur wechselseitigen Vermischung, in der jedenfalls höchst beschränkten Fruchtbarkeit einer solchen, wenn sie Statt hat, liegen, allein schon diesen physiologischen Thatsachen ein Anrecht auf ernste Beachtung geben. Ich will den Satz nicht so stellen, wie man öfter gethan hat: weil zwei Thiere sich nicht fruchtbar vermischen oder keine dauernd fruchtbare Nachkommenschaft geben, bilden sie verschiedene Arten, sondern umgekehrt: eben weil es verschiedene Thierarten giebt, zeigen sich auch in ihren physiologischen Generationsprozessen gesetzmäßige Schranken, welche es verhindern, daß durch unbeschränkte Vermischung immer neue Mischlingsformen hervorgehen, welche alle Stabilität in dem notorisch Specifischen der Formen vernichten müßten." — Dieser Auffassung könnten unter dem Zusatz, daß andererseits auch diese Schranke keine unbedingte ist, sowohl Darwin wie Agassiz zustimmen, und wenn Darwin's Theorie diese Aenderung in Betreff des systematischen Ansehens, dessen sich bis dahin das gedachte Artkriterium ziemlich allgemein zu erfreuen hatte, bewirkt hätte, so wäre dies für die unbefangene Auffassung und Erforschung des Naturverhaltens kein gering zu schätzender Gewinn.

Nothwendig würde sich dann als die ungleich wichtigere Aufgabe ergeben, die typischen Formverschiedenheiten selbst hinsichtlich ihrer Beständigkeit oder Veränderlichkeit und demnach in Betreff ihrer systematischen Bedeutung zu prüfen. Unstreitig ist man damit auf den einzig sicheren Weg der Untersuchung hingewiesen, auf dem es möglich ist zu festen Ergebnissen zu gelangen ohne sich beständig in Zirkelschlüssen herum zu drehen. Ist man in Zweifel darüber, ob das verschiedene Verhalten der Fruchtbarkeit dazu dienen kann, Gattungen, Arten und Abarten als feste natürliche Unterschiede zu erweisen, so beginnt man selbstverständlich nicht damit zu fragen, wie sich zweifelhafte Repräsentanten dieser Begriffe verhalten. Damit wäre ja schon ent-

schieben, was erst untersucht werden soll, oder man müßte andere
Mittel besitzen, die Vorfrage zu erledigen, ob man es in den
streitigen Fällen wirklich mit Abarten, Arten oder Gattungen zu
thun hat. Für die Erledigung dieser Vorfrage fehlt es aber bekanntlich an einer festen Handhabe. So drehen sich denn natürlich die Beweise resultatlos im Zirkel. Schon Kant hat in
seinem 1785 geschriebenen Artikel „Bestimmung des Begriffs einer
Menschenrasse" auf diese verzweifelte Sachlage hingewiesen. Aus
derselben ist nur herauszukommen, indem man unbekümmert um
die Zugehörigkeit der Wesen zu der einen oder anderen Abthei-
lung die Wandelbarkeit oder Constanz der Lebensformen erforscht.
Es handelt sich dann, wie Spring richtig bemerkte, vor Allem
darum, den constanten Typus in abweichenden Formen zu er-
kunden. Die Aufmerksamkeit der Forschung ist damit ausdrücklich auf den wichtigsten Untersuchungspunkt gelenkt und um
so mehr steht dann eine Förderung der gewünschten Einsicht zu
erwarten. Hauptaufgabe wird nun, die Veränderlichkeit der unterschiedenen Lebensformen zu erforschen, zu untersuchen, ob sie
sich verändern, in wie weit dies der Fall ist und was diese Veränderung bedingt. Erst aus einem reichen Erfahrungsmaterial
wird sich dann vielleicht die Berechtigung ergeben zu einem Urtheil über die angenommenen Grenzlinien.

Die Beantwortung nun der ersten Frage ist im Allgemeinen kaum zweifelhaft, eine gewisse Veränderlichkeit der organischen
Lebensformen wird allgemein zugegeben. Behauptet wird nur
von Vielen, diese Aenderungen seien nicht von großem Belang.
Die Variabilität sieht ein Jeder, sagt selbst Flourens, aber
das Wichtige ist die Erforschung der Grenze. Für diese Erforschung giebt es nur zwei Wege, entweder die Befragung der
Vergangenheit, die historische Prüfung, oder die Befragung der
Gegenwart, die beobachtende experimentelle Prüfung. Beide Wege
sind natürlich eingeschlagen worden.

Mit größter Umsicht stellte schon Cuvier die historische
Prüfung an. Er untersuchte, wie er in seinem „Discours sur
les révolutions de la surface du globe" berichtet, die Thier-
bilder auf den zahlreichen Obelisken, die aus Aegypten nach dem
alten Rom gekommen waren. Alle diese Figuren zeigten ihm
in der Form eine vollständige Aehnlichkeit mit den Arten, die

wir noch heute sehen. Ebenso untersuchte er die verschiedensten aus Aegypten gebrachten Thiermumien, auch hier dieselbe Aehnlichkeit. In einem besonderen Memoire zeigte Cubier ausführlich, daß der Ibis noch heut zu Tage derselbe ist, wie zur Zeit der Pharaonen. Weizenkörner aus den ägyptischen Gräbern säete man aus und erhielt dieselbe Art, die wir heute kennen. Cuvier geht so weit zurück in seiner Nachforschung, als ihm das damalige Wissen zu erlauben schien, und er verhehlt sich nicht, daß dies freilich nur 2= oder 3000 Jahre sind. Seitdem hat man in einzelnen Fällen geglaubt die historische Prüfung viel weiter zurückverfolgen zu können. Agassiz bemerkt, daß zur Entstehung der Korallenriffe von Florida mindestens 30,000 Jahre, wo nicht viel mehr erforderlich gewesen seien, so daß also die sie erbauenden Korallenpolypen mindestens eben so lange ohne irgend eine wesentliche Veränderung existirt haben müssen. Auch andere Arten nennt Agassiz, welche durch alle geologischen Epochen hindurch sich unverändert zeigen.

Indessen das Vorkommen solcher Beständigkeit einzelner Arten beweist nicht die Unmöglichkeit der Abänderung anderer Arten, und fehlende Beweise für eine Abänderung innerhalb einer geologischen Zeitepoche lassen immer noch die Möglichkeit einer früheren Abänderung offen. Daraus, daß der erwachsene Mensch nicht mehr wächst, folgt freilich, wie Vogt bemerkt, nicht, daß er zuvor nicht gewachsen ist; und vor der Zeit, von der wir wissen, müssen wir allerdings noch einen Zeitverlauf denken. Das aber ist in der That das Ende unserer wissenschaftlichen Beweisführung, wenn wir die Unzuverlässigkeit der historisch möglichen Beweise ergänzen wollen durch Muthmaßungen über Veränderungen in der Zeit, die für uns vollständig dunkel ist. — Ueberdies ist es ein seltsamer Mißbrauch des Begriffs Zeit, wenn man ihrem Einfluß eine Aenderungsmacht zuschreibt, ohne im Stande zu sein, die abändernden Umstände selbst anzugeben. Sehr richtig bemerkte der berühmte Paläontologe Pictet (in einem Artikel der Bibliothèque universelle de Genève N. P. 7. 1860 über Darwin), daraus, daß in 7000 Jahren ein Schnabel sich verändert habe, sei nicht zu folgern, daß in andern 1000 Jahren aus Kiemen Lungen, aus einem Eierleger ein Lebendiggebärer werden können. Der bloße Zeitverlauf an sich ändert nichts. Auch

Darwin bemerkt dies Denjenigen gegenüber, welche ihm vorwarfen, daß er dem Zeitelement einen allmächtigen Antheil zuge-
stehe. Die Zeit sei nur insofern von Bedeutung, sagt er, als
sie den vorkommenden Abänderungen die allmählich vergrößerte
Möglichkeit der Wahl, Häufung und Befestigung in Bezug auf
die langsam wechselnden Lebensbedingungen gewähre, deren di-
recte Wirkung sie begünstige. Mit solchen im Zeitlauf veränderten Umständen, behaupten nun freilich manche Forscher, habe
uns die Geologie bekannt gemacht, unsere Erde habe erweislich
dermaleinst eine andere Luft gehabt und Wasser habe alles Land
bedeckt. Darauf hin folgert z. B. Snell in seinem 1863 erschienen Buche „Die Schöpfung des Menschen": unsere Urahnen müßten demgemäß als Wasserwesen mit Kiemen geathmet
haben, bevor sie auf's Trockene gesetzt wurden. In der That, so
müßte es sein, wenn nur erwiesen wäre, daß wirklich in diesem
irdischen Wasserreich menschliche Wesen umherschwammen. Dies
aber bleibt unerwiesen und unerweislich für eine Zeit, die wir
eben nur mit Muthmaßungen füllen können.

Und selbst diejenigen Epochen der Erdentwicklung, welche
die Geologie unserem Wissen erschlossen hat, geben und versprechen der Natur der Sache nach nur geringe wissenschaftlich feste
Ausbeute für die vorliegende Frage. Finden wir in den Erdschichten anderer Zeiten Reste von Thieren, welche sich von den
bekannten Thieren unserer Zeit unterscheiden aber denselben ähnlich sind, so wird doch immer nur eine unsichere Aussage größerer
oder geringerer Wahrscheinlichkeit möglich sein in der Bestimmung,
ob diese früheren Arten von den unsrigen verschieden waren, oder ob
sich unsere ähnlichen Arten in realem Zusammenhange aus ihnen
entwickelten. Finden wir keinerlei Anhalt, die Arten der Jetztzeit
von denen früherer geologischen Epochen zu unterscheiden, so wird
nach den vorliegenden Abdrücken die bestimmte Gleichheit doch
immer nur auf die äußeren Formverhältnisse der festen Gestalt
sich beziehen können, die noch manchen Unterschied in sich einge-
schlossen haben kann. Auf das vorliegende geologische Prüfungs-
material ist zur wahrhaft wissenschaftlichen Entscheidung der angeregten Frage sicherlich wenig Gewicht zu legen, es ist aber aus
obigem Grunde auf das etwa noch zu erwartende Material zu
diesem Ende ebenso wenig Hoffnung zu setzen.

Unsere prüfenden Blicke müssen sich daher, um der wissenschaftlichen Fixirung zu genügen, vorzugsweise auf die historisch
näher liegenden Zeiten der letzten Erdperiode richten, in denen
es möglich ist, vorkommende Abänderungen in ihrem Gesammt-
verlauf kennen zu lernen. Es war daher nicht blos eine Sache
der Noth, sondern zugleich des feinen wissenschaftlichen Taktes,
daß Cuvier besonders die Abänderungen der Lebensformen in
dieser Zeit zu erforschen strebte. Er nun glaubte keine wesentliche Abänderung zu finden, vielmehr eine wunderbare Beständigkeit der Lebensformen zu entdecken. Die Koryphäen der Naturforschung haben sich seiner Zeit dieser Anschauung angeschlossen.
„Die Gerste, sagte A. v. Humboldt in seiner Geographie der
Pflanzen, welche die Pferde des Atriden nährte, war unbezweifelt
dieselbe als die, welche wir heute noch einernten. Alle Pflanzen
und Thiere, welche gegenwärtig den Erdboden bewohnen, scheinen
seit vielen Jahrtausenden ihre charakteristische Form nicht verändert zu haben. Der Ibis, welchen man unter Schlangen- und
Insekten-Mumien in den ägyptischen Katakomben findet, und
dessen Alter vielleicht über das der Pyramiden hinausreicht, dieser
Ibis ist identisch mit demjenigen, welcher gegenwärtig an den
sumpfigen Ufern des Nils fischt." — Humboldt anerkennt also
in Uebereinstimmung mit Cuvier die Beständigkeit der Lebensform. — Und doch dürfen wir fragen, ob diese Forscher nicht
von dem überraschenden Eindruck, den wir Menschen stets empfangen, wenn wir gewahr werden, daß vor tausend und aber
tausend Jahren die Dinge und Zustände ungefähr ebenso waren
wie jetzt, sich zu allzu unbedingten und allzu allgemeinen Schlüssen
haben verleiten lassen. Cuvier selbst bemerkt, als er von der
Aehnlichkeit der Obeliskenbilder mit den jetzigen Thieren redet,
daß diese Aehnlichkeit freilich nur die allgemeine Form betrifft.
Diese aber schließt denn doch in der That wohl noch die Möglichkeit nicht unwesentlicher Abänderungen ein. Wir besitzen eine
französische Arbeit des Botanikers Kunth über die von Passa-
lacqua in den ägyptischen Gräbern gefundenen Pflanzen (in
den Annales des scienc. natur. v. VIII. 1826). Mit Bezug
auf diese behauptet Spring, daß unter den aufgefundenen
Pflanzen sich mehrere befinden, deren Identität mit unseren Arten
zweifelhaft ist. Nicht mit Unrecht wird auch bemerkt, daß die

betreffenden Forscher jene alten Pflanzen vorzugsweise darauf angesehen haben, mit welchem Namen unserer Systematik sie dieselben bezeichnen könnten. Sie befanden sich in der Lage der
alten Griechen, die stets bereit waren, ähnlich scheinende Götter
fremder Völker mit dem Namen der allenfalls entsprechenden hei-
mischen Gottheiten zu belegen. Jene Forscher wollten die Identität mit den Pflanzen unseres Systems, nicht die Verschiedenheit von denselben aufsuchen. Dieser wenn auch nicht immer, so
doch gewiß nicht selten vorhandene einseitige Wille mag die Ergebnisse der Prüfung getrübt haben und Spring mag nicht
Unrecht haben zu vermuthen, „daß eine mit besonderer Rücksicht
auf die gegenwärtige Frage angestellte Untersuchung, wenigstens
bei einigen Formen, ein entgegengesetztes Resultat bekäme". —
Es ist nicht unwahrscheinlich, daß wir dann eine größere Verschiedenheit der Beständigkeit oder Wandelbarkeit bei verschiedenen
Arten von Pflanzen und Thieren entdecken würden, als die vor-
genannten Forscher und mit ihnen viele Andere bisher anzunehmen geneigt schienen. Aber auch für diese Forschungen werden Ab-
bildungen, Mumien und andere Reste selten genügendes, nie das
sicherste Material zur Entscheidung der Frage liefern. Dies können doch nur diejenigen historischen Beweise bringen, die zugleich
fortgesetzte Beobachtungen an lebenden Wesen zulassen.

Unbetreten ist dieser Weg bisher nicht geblieben, aber nah
an's Ziel scheint man auf ihm noch nicht gekommen zu sein.
„Die Naturbeschreibung (Zustand der Natur in der jetzigen Zeit) —
sagte Kant in seiner 1775 erschienenen Abhandlung „Von den
verschiedenen Rassen der Menschen" — ist lange nicht hinreichend,
von der Mannichfaltigkeit der Abartungen Grund anzugeben.
Man muß, so sehr man auch, und zwar mit Recht, der Frechheit der Meinungen feind ist, eine Geschichte der Natur wagen,
welche eine abgesonderte Wissenschaft ist, die wohl nach und nach
von Meinungen zu Einsichten fortrücken könnte. — Die Naturgeschichte, woran es uns fast noch gänzlich fehlt, würde uns die
Veränderung der Erdgestalt, ingleichen die der Erdgeschöpfe (Pflanzen und Thiere), die sie durch natürliche Wanderungen erlitten
haben, und die daraus entsprungenen Abartungen von dem Urbilde der Stammgattung lehren. Sie würde vermuthlich eine
große Menge scheinbar verschiedener Arten zu Rassen eben der-

selben Gattung zurück führen und das jetzt so weitläufige Schul-
system der Naturbeschreibung in ein physisches System für den
Verstand verwandeln." — Diese damals nur geistreichen Erwägungen und Vermuthungen Kant's sind inzwischen von der Forschung nicht ganz unberücksichtigt und unbestätigt geblieben, aber
schwerlich dürfte sich diese Naturgeschichte schon durch Inhalt und
Methode denjenigen Platz errungen haben, den Kant ihr als
eigener Wissenschaft einräumen will. Giebt es doch namhafte
Männer, die noch bestreiten, daß man überall ein Recht dazu
habe, den Namen der Geschichte auf die Natur anzuwenden, weil
sie selbst nicht im Stande ist, ihre an einander gereihten Veränderungen in dem Bewußtsein einer zusammenhängenden Fortentwicklung zusammen zu fassen, welches das Vergangene im Gedächtniß der Gegenwart bewahrt. Aber nicht darum handelt es
sich, ob die Natur dies vermag, sondern ob der Mensch es thut,
der sie betrachtet. Für diesen nun kann und wird es auch in
der Natur eine stetig zusammenhängende, schwerlich zweck- und
ziellose Fortentwicklung geben, auf welche der Name Geschichte
nicht weniger paßt, als auf die Entwicklung der Menschheit. Weil
der Geist eine bewußte Geschichte lebt, braucht der Natur nicht
eine unbewußte Geschichte zu fehlen, von der nur der Geist weiß,
der sie betrachtet. Wir sind zu sehr gewöhnt, bei dem Namen
Geschichte vorzugsweise an den unruhigen Wechsel der Menschen-
geschichte zu denken, so daß uns dagegen gehalten die Natur in
fast unveränderter Ruhe darzuliegen scheint. Die Geologie indeß
hat uns für die irdische Vorzeit schon zu einer anderen Auffassung gezwungen, eine Zeit lang selbst unsere Phantasie mit
Bildern zu gewaltsamer Unruhe erfüllt. Doch für die Folgezeit
der Erdentwicklung lieben gar manche Forscher noch zu meinen,
unsere Erde und die übrige Natur auf ihr habe sich im Wesentlichen ausgearbeitet, als der Mensch auf ihr erschienen und seitdem kenne unsere Erde eigentlich nur noch den geschichtlichen Entwicklungskampf geistiger Mächte. Solche Ansicht, auf die Spitze
getrieben, muß die Aufmerksamkeit gleichgültig abwenden von der
Beachtung der Veränderungen, die denn doch in der Natur und
mit den Naturwesen stetig vor sich gehen. Und weil dies Vorurtheil bisher ziemlich verbreitet war, hat sich so verhältnißmäßig
wenig gesicherter Stoff vorgefunden, die Naturbeschreibung durch

eine echte Naturgeschichte zu ergänzen. Ist uns doch selbst die Abstammungsgeschichte unserer Hausthiere fast gänzlich unbekannt. —

Das Schlimmste aber ist, daß dies einmal Versäumte nur in seltenen günstigen Verhältnissen nachzuholen ist. Solche Fälle liegen vor, aber nicht in so ergiebigem Maaße, um daraus bereits Vieles zu erschließen. Der nach Jahrtausenden wieder aufkeimende Weizensame ägyptischer Gräber war ein solcher Fall; er lehrte uns die große Beständigkeit einer einzelnen Lebensform kennen. Andere Beobachtungen über die Geschichte einiger in neue Länder eingeführten Thiere zeigen dagegen mancherlei Aenderungen. Aber gerade das genauere Studium dieser Abänderungen hat zu Folgerungen Anlaß gegeben, die sich wider die Theorie der unbegrenzten Veränderlichkeit der Lebensformen wenden. Wir besitzen darüber aus dem Jahre 1828 eine interessante Arbeit Roulin's (Recherches sur les changements observés dans les animaux domestiques transportés de l'ancien dans le nouveau continent in den Mémoires de l'Institut t. VI.). Nach den Mittheilungen dieser Arbeit will man bemerkt haben, daß bei den in Südamerika eingeführten und nun in der Wildniß lebenden Pferden allmählich die Unterschiede der Culturzucht verschwinden, kastanienbraun erscheint bald als fast einzige Farbe dieser Pferde; ähnliche Beobachtungen einer zunehmenden, constant werdenden Gleichförmigkeit hat man an verwilderten Schweinen gemacht. Roulin will darin Spuren der Rückkehr unserer gezähmten Rasse zur Stammart erkennen. Da diese Stammarten unbekannt sind, bleibt auch dieser Schluß freilich hypothetisch. Ueber all diese Fragen giebt es also bis jetzt kaum Anfänge einer Untersuchung, geschweige denn brauchbare Ergebnisse. Das Bemühen einer besonnenen Wissenschaft kann daher einstweilen nur auf die weitere Gewinnung schlußfähiger Thatsachen gerichtet sein; bis zur Beschaffung derselben muß die Entscheidung der Frage selbst in suspenso bleiben.

Bei diesem Stand der Dinge tritt allerdings die wachsende Bedeutung, welche es hat, die noch jetzt wahrnehmbaren Wirkungen von Zucht und Cultur an Thieren und Pflanzen im stetigen Verlauf zu erforschen, in das rechte Licht. Die bisher zumeist Liebhabern und von der praktischen Ausnutzung dieser

Liebhabereien lebenden Geschäftsleuten überlassene Beobachtung
dieser Veränderlichkeit der Lebensformen gewinnt dadurch einen
höheren, allgemeineren Werth, welcher auch die zoologischen Gärten,
Aquarien, Akklimatisationsplätze zu mehr als Günstlingen einer
modischen Laune, eben zu angemessenen Stationspunkten solcher
Versuche und Beobachtungen macht.

Für die wissenschaftliche Verwerthung des vorhandenen und
neu gewonnenen Beobachtungsmaterials kam es nun vor Allem
auf die genauere Untersuchung der Abänderungsart · der Lebensformen an. Es blieb zu erforschen, ob diese Abänderung in gleicher Stärke alle Theile der Organismen und alle Geschöpfe selbst
trifft, oder ob sich constante und variable Merkmale und Lebensformen unterscheiden lassen, es mußte ferner nach den Hauptbe-
dingungen dieser Abänderung gefragt werden. Offenbar besteht
nun zwischen dieser letzten Frage und der ersten ein innerer Zusammenhang. Die Lehre von der allgemeinen Constanz bestimmter
Theile und Lebensformen mußte geneigt sein die doch unleugbar
vorkommenden Abänderungen für unwesentliche zu halten und
ihre Entstehung dem veränderlichen Einfluß äußerer Lebensbedingungen zuzuschreiben. Andererseits mußte der Lehre von der
unbegrenzten Veränderlichkeit der Lebensformen daran liegen, zu
zeigen, daß auch wesentliche Organe und auch die höchsten Organismen abändern; sie konnte es in Aussicht auf die Wichtigkeit
dieser Abänderungen für entsprechender halten, dieselben vorzugsweise an innere Bedingungen der organischen Entwicklung geknüpft zu denken. Demgemäß legt Darwin ein Hauptgewicht
darauf, wesentliche Theile, die abändern, aufzufinden und den
Einfluß äußerer Abänderungsmittel gegenüber den inneren Vor-
gängen der Gestaltung in seinem Werth herabzusetzen, während
seine Gegner gerade die gegentheiligen Anschauungen vertreten.
Der Zusammenhang dieser entgegenstehenden Folgerungen mit
der Grundansicht ist allerdings erklärlich; allein mit Unrecht
scheint mir Nägeli, der besonders neuerdings in einer Abhandlung über Varietätenbildung im Pflanzenreiche (Sitzungsber. d.
Kgl. bayer. Akadem. d. Wiss. 1865 II. Hft. III.) diesen Gegensatz scharf hervorgehoben hat, diesen Zusammenhang für den
einzig logischen zu halten. Gerade Darwin's Vorgänger, Lamarck und Geoffroy, legten besonderes Gewicht auf den ver-

ändernden Einfluß der äußeren Lebensbedingungen. Auch in
Darwin's Beispielen spielen diese Einflüsse der äußeren Lebensbedingungen eine größere Rolle, als scheinbar nach seiner Theorie
verstattet wäre. Darin liegt aber keineswegs der logische Widerspruch, den Nägeli in dieser Verbindung finden will. Es läßt
sich vielmehr recht wohl vereinigen, die Abänderung selbst wesentlich als einen Vorgang innerer Organisationsentwicklung anzusehen, und doch die Einleitung zu diesem Prozeß von dem Einfluß äußerer Lebensbedingungen abhängig zu denken. Daher
würde der thatsächliche Nachweis der Geringfügigkeit dieses Einflusses nicht den mindesten Beweis hergeben für die Theorie der
unbegrenzten Veränderlichkeit selbst wesentlicher Theile der Organismen, wie dies Nägeli in gedachtem Aufsatz behauptet. Die
Logik allein ist völlig unzulänglich über den Zusammenhang dieser
Ansichten zu entscheiden, es handelt sich bei jenen Folgerungen
nicht um logisch nothwendige, sondern nur um psychologisch erklärliche Gedankenverknüpfungen, ihre objective Bezüglichkeit ist einer
rein thatsächlichen Erfahrungsprüfung zu unterziehen. Nur in
Rücksicht auf eine solche haben wir zunächst Darwin's Ansichten
über die Abänderungsmittel und die Abänderungsweisen selbst
in's Auge zu fassen.

Darwin also will den Gewohnheiten und äußeren Lebensumständen, von denen Lamarck und Geoffroy vorzugsweise
die Umgestaltung der Lebensformen abhängen ließen, eine geringere Bedeutung zuschreiben. Lamarck erklärte die Abänderungen besonders durch den zufällig bedingten Gebrauch oder
Nichtgebrauch bestimmter Theile. Eine minder große Bedeutung
legte diesem Umstande schon der anonyme Verfasser der von
C. Vogt übersetzten natürlichen Geschichte der Schöpfung bei.
Noch schärfer wies dazu Vogt in seinen Anmerkungen auf das
Unpaßliche dieser alten Lamarck'schen Theorie hin, nach der sich
die Daseins- oder Thätigkeitsfelder und dadurch die Organisationen der Thiere je nach ihren neu entstehenden Gelüsten ändern
sollten. Ein Thier, bemerkt Vogt, kann kein Gelüste haben, das
nicht in seiner Organisation begründet ist; ein Wadvogel bekommt
kein Gelüste auf trockenem Lande zu leben, weil seine Organisation ihn bestimmt im Sumpfe zu waden. Der anonyme Verfasser des gedachten Buches meinte, der Irrthum der Lamarck'-

schen Theorie liege darin, daß sie diesem Anbequemungsprinzipe
zu viel aufbürde, es reiche dasselbe nicht aus die großen Organi-
sationsgrade zu erklären, vielmehr sei zu vermuthen, daß die
Umwandlung der Lebensformen bedingt sei durch Verhältnisse
des Generationsprozesses, der die Förderung des Lebens durch
seine Grade im Verlauf eines langen aber bestimmten Zeitraums
bewirke und sich der äußeren Verhältnisse nur als Mittel zur
Formirung des äußeren Charakters bediene. In gleicher Weise
will sich Darwin zur Lamarck'schen Theorie verhalten. Dem
gegenüber muß es befremden, unter den von ihm angeführten
Beispielen der Umgestaltung vorzugsweise solchen zu begegnen,
in denen die Formwandlung durch den Gebrauch oder Nichtgebrauch gewisser Theile bedingt erscheint. Der Strauß — meint
Darwin — habe sich gegen Feinde durch Ausschlagen mit den
Füßen leichter vertheidigen können als durch den bei seiner Kör-
pergröße jedenfalls schwierigen Flug, somit habe er seine Beine
mehr und seine Flügel weniger gebraucht, bis er endlich ganz
unfähig geworden sei zu fliegen. — Ebenso verhalte es sich mit
den Insekten auf Madeira; die schwach Beflügelten würden bei
starkem Winde oft in's Meer geweht werden, daher verzichte-
ten sie darauf zu fliegen, falls ihnen nur verstattet sei ohne dies
ihren Lebensunterhalt zu finden, zufolge dieses Nichtgebrauchs
der Flügel verkümmerten dieselben allmählich; dies diene zur Erklärung des thatsächlichen Vorkommens vieler Insekten mit verkümmerten Flügeln auf der Insel. Andererseits mußten diejenigen Käfer und Schmetterlinge, die nur fliegend ihren Unterhalt
gewinnen konnten, im Kampfe mit dem Winde stärkere Flügel
bekommen, auch dies soll nach Wollaston's Vermuthung zutreffen. Die Verkümmerung der Maulwurfsaugen und die Blindheit mancher Höhlenbewohner wird ebenfalls vom Nichtgebrauch
der Augen hergeleitet. Allgemein soll bei der Erklärung rudimentärer Organe der Nichtgebrauch hauptsächlich in Betracht
kommen, der während einer langen Generationsreihe die allmähliche Abschwächung der Organe veranlassen könne, bis diese endlich nur noch als Stümmel erscheinen. — Selbst die wichtigsten
Lebensgewohnheiten thierischer Instinkte sollen unter dem Einfluß
solcher Gebrauchsänderung stehen.

Diese Beispiele zeigen wohl, daß Darwin selbst von der

Anwendung der alten Lamard'ichen Theorie nicht gerade einen beschränkten Gebrauch macht. Wenn Darwin ferner Gewicht darauf legt, sich den Einfluß dieser veränderten Lebensgewohnheiten auf die Umwandlung der Lebensformen nicht als einen unmittelbaren vorzustellen, sondern nur als einen solchen, der sich mittelbar durch seine Beziehungen zum Reproductivsystem geltend macht, so kann darin ein großer Unterschied zwischen ihm und Lamard schwerlich gefunden werden. Wie anders soll denn überall die durch äußere Lebensgewohnheit veranlaßte Umwandlung Bestand gewinnen als durch Vermittelung der Fortpflanzung? Lamard's Theorie schließt diese Ergänzung nothwendig ein. Sollte in Bezug zu ihr ein Fortschritt gegeben werden, so konnte es sich nur darum handeln, an die Stelle der erdichteten Umwandlungsbeispiele die Beobachtung wirklicher Thatsachen zu setzen. Hat Darwin dies etwa gethan? Mit Nichten; er hat die Lamard'iche Dichtung nur um einige Vermuthungen bereichert. Nicht etwa wird uns gezeigt, daß der Strauß in der beschriebenen Weise zu seinen jetzigen Beinen oder Flügeln gekommen ist, sondern nur, daß dieselben so entstanden sein können. Nicht wird uns gezeigt, daß ein Urahn des Kalbes Schneidezähne im Gebrauche hatte, sondern nur vermuthet wird dies, um die noch vorhandenen, aber jetzt nie zum Durchbruch kommenden Schneidezähne im Oberkiefer des Kalbes zu erklären. Ebenso wenig erfahren wir irgend etwas Thatsächliches über die angenommene Beeinflussung des Reproductivsystems durch diese vermuthete Umwandlung der Lebensgewohnheiten. Kurz wir schwimmen mit der Einbildung größerer Sicherheit doch ohne Halt auf einem grundlosen Meer von Vermuthungen.

Nicht viel mehr sicheren Boden gewinnen wir durch Darwin für die Ansicht über die Bedeutung der äußeren Lebenseinflüsse. Geoffroy soll namentlich den Einfluß der Atmosphäre. Andere sollen den Einfluß anderer äußerer Lebensbedingungen, wie Klima, Nahrung u. s. w. überschätzt haben; Darwin giebt zwar zu, daß auf diesem Wege Abänderungen entstehen, er ist aber überzeugt, daß diese bei Thieren äußerst gering, bei Pflanzen vielleicht etwas größer sind. Einige kleine Wirkungen soll man diesen Lebenseinflüssen zuschreiben können, z. B. in der Färbung des Vogelgefieders, in der Dicke der Pflanzenblätter. Aber

5

mit Sicherheit soll man sagen können, daß diese Einflüsse nicht
die vielen trefflichen in der Natur vorkommenden Anpassungen
der Organisation eines Wesens an das andere hervorgebracht
haben können. Als Hauptbeweis gegen die Bedeutung der äußeren Lebenseinflüsse gelten die beiden Thatsachen, daß dieselbe
Varietät unter den allerverschiedensten Lebensbedingungen entstanden ist, während andererseits verschiedene Varietäten einer Species
unter gleichen Bedingungen zum Vorschein kommen. Agassiz,
in diesem Punkt mit Darwin übereinstimmend, hebt ebenfalls
diese Unabhängigkeit der Lebensformen von den äußeren physikalischen Bedingungen hervor. Und Nägeli in der gedachten Abhandlung sieht darin sogar einen logischen Beweis dafür, daß die
Veränderlichkeit nur in dem innern Wesen der Lebensformen
selbst begründet sein kann. Bronn wollte in den angeführten
Thatsachen, so lange man deren Ursache nicht kenne, nichts Be-
fremdendes finden; ich mögte eher sagen, allerdings müssen dieselben befremden, aber man darf keine Schlüsse aus denselben
ziehen, bevor man nicht die Gründe des verschiedenen Verhaltens
der Abänderung kennt. Dazu hat uns Darwin indeß wenig
zu bieten. Vielmehr hören wir nur wiederholt, daß es ungemein
schwer ist, „zu beurtheilen, wie viel bei einer solchen Abänderung
dem unmittelbaren Einflusse der Wärme, der Feuchtigkeit, des
Lichtes und der Nahrung im Einzelnen zuzuschreiben sei." Selbst
von „unserer gänzlichen Unwissenheit über die Ursache jeder besonderen Abweichung" ist gelegentlich, besonders in Betreff der
Thiere, die Rede. Aber trotzdem will Darwin Grund haben
zu behaupten, die unmittelbaren Wirkungen der Lebensbedingungen seien unerheblich im Vergleiche zu den Gesetzen der Repro-
duction, den Wechselbeziehungen des Wachsthums und der Erblichkeit. Sehen wir uns nun aber wieder nach seinen Abände-
rungsbeispielen um, so spielt bei den hervorragenden der Einfluß
der äußeren Lebensbedingungen in Bezug zum Einfluß der Gewöhnung keine geringe Rolle. Bei dem Kalb soll doch vermuthlich
die Entwicklung der Schneidezähne abhanden gekommen sein, weil
es sich allmählich an Grasfutter gewöhnte, zu dessen Verarbeitung die Malmzähne besser taugen. Beispiels halber wird der
Unterschied zweier Wolfsarten geradezu auf diesem Wege erklärt.
Angenommen, die eine Art sei in ihrer Gegend zur Ernährung

auf Hirschjagd angewiesen, diese Wolfsart muß rasch laufen kön=
nen, wird demnach schlanker werden und längere leichtere Beine
bekommen; in einer andern Gegend ist der Wolf darauf angewiesen,
seine Nahrung durch Einbruch in Schaafheerden zu suchen, ihm
genügt dazu die schwerfälligere Form mit kurzen Beinen. Nun
hausen aber nach Pierce im Catskill=Gebirge der Vereinigten
Staaten zwei Varietäten des Wolfes, eine leichtere von Wind=
spiels=Form, welche Hirsche jagt, und eine andere schwerfälli=
gere mit kurzen Beinen, welche häufiger die Schaafheerden an=
greift. Darwin spricht zwar nicht bestimmt aus, ob er
meint, daß die eine Art Hirsche jagt, weil sie schlank und schnell
genug dazu ist, oder umgekehrt, daß sie schlank geworden ist,
weil sie sich auf die Hirschjagd legen mußte, und ob er meint,
daß die andere Art durch ihre Beschaffenheit getrieben ist Schaafe
zu würgen, oder, daß sie schwerfällig ward und kurze Beine be=
kam, weil sie Schaafe würgte. Aber aus dem ganzen Zusam=
menhange ergiebt sich, daß seine Neigung den letzten Erklärungen
zugewendet ist, welche verstatten die gedachten Unterschiede für ge=
wordene Abartungen zu halten.

Was anderes liegt dann aber vor, als eine durch den Ein=
fluß äußerer Lebensbedürfnisse vermittelst angepaßter Gewöhnung
veränderte Abänderung? Worin anders überhaupt besteht der
von Darwin so genannte Kampf um's Dasein als in dem
Kampf der lebendigen Wesen um und wider die verschiedenen
äußeren Lebensbedingungen? Es wird unter diesem neuen Na=
men vielmehr nur zusammengefaßt, was man sonst wohl Abhän=
gigkeit der Organismen von Klima, Nahrung, Lebensgefahren
oder Lebenshülfen nannte. Darwin hat diesen Kampf um's
Dasein äußerst lebendig geschildert, aber das vorliegende Problem
selbst hat durch die Einführung dieser Gesammtbezeichnung nicht
gerade an Klarheit gewonnen. Vielmehr ist Darwin dadurch
verleitet Vieles zu schildern, was zur Sache selbst nicht das Min=
deste beiträgt. Gehen wir nämlich seiner Schilderung von der
Wirkung des Kampfes nach, so stoßen wir thatsächlich nur auf
Beispiele von Verdrängung oder Vertilgung einiger Geschöpfe
oder Rassen durch andere. Somit kommen wir wohl zu Abän=
derungen in der Natur der betreffenden Gegenden oder Länder,
aber nicht zu Aenderungen der Organismen selbst. Nur als

wahrscheinlich wird uns dieser Erfolg bezeichnet für diejenigen abgeschlossenen Gebiete, in denen die durch jenen Kampf entstandenen Lücken im Haushalte der Natur nicht durch Einwanderung passender neuer Lebensformen ausgefüllt werden könnten, und daher wohl durch Umgestaltung der bleibenden alten Arten ausgefüllt werden würden. Möglich mag diese Umwandlung sein, für ihr Vorkommen werden auch von anderen Schriftstellern ganz vereinzelte Beispiele angeführt, im Darwin kommt man jedenfalls über die Vermuthung nicht hinaus. Und doch mußte dieser Nachweis für ihn eine Hauptsache sein! Unter solchen Umständen hat es denn freilich wenig Gewicht, wenn Darwin versichert, er stelle diesen Einfluß ja keineswegs in Abrede, vielmehr anerkenne er, daß derselbe vielfach die äußere Veranlassung einer inneren Formumwandlung sei, nur unmittelbar sei dieser Einfluß ein geringer, erst durch seine Wirkung auf das Reproductivsystem gewinne er Geltung. Anders in der That dürfte die Bedeutung jenes Einflusses der äußeren Lebensbedingungen schwerlich vorstellbar sein. Natürlich können die äußeren Lebenseinflüsse nur durch Generationsvererbung eine dauernde Formänderung bewirken und insofern ihre Wirkung nur mittelbar ausüben. Anders konnten daher auch Darwin's Vorgänger den Hergang gar nicht denken. Ein voller Gegensatz wäre nur dann vorhanden, wenn Darwin das Eintreten der Veränderung ausschließlich von der Entwicklung innerer Bildungstriebe der Organismen abhängig dächte. Diese Ansicht würde sich aber schwerlich vereinen mit seiner Lehre vom Kampf um's Dasein und offenbar vertritt Darwin jene Ansicht nicht. Der ganze Unterschied zwischen ihm und seinen Vorgängern besteht also wesentlich nur darin, daß Lamarck und Geoffroy die äußere Abänderungsursache besonders hervorheben, während Darwin die innere Abänderungswirkung vorzugsweise in's Auge fassen will.

Um so berechtigter ist unsere Erwartung gerade über diesen Punkt bei ihm wesentliche Belehrung zu finden. Und Was lernen wir nun? Wir hören, daß man sich noch in großer Ungewißheit befinde über die Gesetze der Abänderung, daß sich indeß thatsächlich das Reproductivsystem besonders empfindlich zeige gegen solche Abänderungseinflüsse, daß zu vermuthen sei, die häufigste Ursache zur Abänderung liege in Einflüssen, welche das

männliche oder weibliche reproductive Element schon vor dem
Acte der Befruchtung empfangen habe, daß anzunehmen sei, auf
diese Weise würden ferner durch Wechselbeziehung auch andere
Organe zur Abänderung veranlaßt, doch seien wir noch in gänz-
licher Unwissenheit darüber, wie es komme, daß durch Störung
des Reproductivsystems dieser oder jener Theil mehr oder weniger als ein anderer berührt werde, und endlich, daß wir uns
überzeugten, wie von dieser Abänderung auch wesentliche Theile
ergriffen würden. — Also selbst in diesem Hauptpunkte erhalten
wir statt der erwarteten thatsächlichen Begründung zum großen
Theil unsichere Vermuthungen, die im Grunde Nichts weiter besagen, als was man längst voraussetzte, daß Abänderungen vorzugsweise und irgendwie durch Beeinflussung der Generationsver-
hältnisse Bestand gewinnen. Nur die Behauptung, daß auch
wesentliche Theile von der Abänderung betroffen werden, könnte
scheinen auf neugefundenen Thatsachen zu beruhen. Aber gerade
über diesen allerwichtigsten Punkt für die von Darwin ange-
regte Frage nach der Abartungsgrenze sind seine Angaben äußerst
dürftig. Wir erhalten nur die Versicherung, daß die erfahrensten
Naturforscher erstaunt sein würden über die Menge der von ihm
nach guten Gewährsmännern verzeichneten Fälle möglicher Abänderungen, sogar in wichtigen Theilen des Körpers; aber keine
entsprechende Mittheilung rechtfertigt diese Meinung. Ueberdies
werden wir von ihm selbst daran erinnert, daß die Forscher sich
oft in einem Zirkelschluß bewegen, indem sie behaupten, veränder-
liche Organe seien nicht wesentlich, um zu beweisen, daß wesentliche Organe sich nicht ändern.

Worin besteht nun nach alle Dem der von Darwin gebo-
tene Fortschritt in der Lehre von der Veränderlichkeit der Lebensformen, von ihrer Abänderungsweise und Abänderungsweite? —

Es sei außerordentlich schwer, sagt Huxley, die Wichtigkeit
und die Wirkung der Lebensbedingungen in gebührender Weise
abzuschätzen. Niemand habe von einer solchen Abschätzung den
entferntesten Begriff gehabt vor der Erscheinung von Darwin's
Werk, welches uns dieselben mit merkwürdiger Klarheit dargelegt
habe. Im Gegentheil müssen wir behaupten, daß in manchen
Schriften, namentlich in dem Buche Spring's, dies Problem
nach seinen verschiedenen Seiten viel gleichmäßiger und klarer

untersucht ist. Bei Darwin erscheint es, wie Bronn mit Recht
bemerkt hat, Anfangs, als ob er den Einfluß äußerer Lebensbedingungen unterschätze. Selbst Darwin's Anhänger, wie Häckel
und Pagenstecher, machten ihm dies zum Vorwurf, der erste
in seiner Rede auf der Stettiner Naturforscherversammlung vom
Jahre 1863, der letzte in einem Aufsatz des „Zoologischen Garten,"
1864 Nr. 7 über die geographische Verbreitung der Thiere. Nur
die mangelnde Klarheit in der Darstellung Darwin's giebt
diesem Tadel Anhalt. Im Grunde will Darwin nur behaupten, daß die äußeren Lebensbedingungen keinen unbedingten und
keinen unmittelbaren Abänderungseinfluß ausüben, daß sie denselben erst mittelbar durch ihre Wirkung auf das Reproductivsystem
gewinnen. Daß Darwin dies besonders klar ausgesprochen hat,
läßt sich eben so wenig behaupten, wie daß er zur richtigen Abschätzung beider Umwandlungsmomente das schon vorliegende Beobachtungsmaterial gut benutzt, gesichtet und vermehrt hat.

Ebenso wenig hat er eine klare und eingehende Untersuchung
angestellt über die thatsächliche Beschränkung oder Unbeschränktheit
typischer Gestaltungsänderung. Ja beiläufig wird in völliger
Verkehrung des richtigen Standpunktes der Forschung den Gegnern die seltsame Aufgabe gestellt, zu beweisen, daß die Abänderung irgend eines wesentlichen Organs unmöglich sei. Erst solcher
Nachweis soll eine Widerlegung seiner Theorie bringen können.
Dann allerdings stünde seine Theorie felsenfest, denn dieser geforderte Beweis ist natürlich nie zu führen. Was einzig zu beweisen ist, besteht darin, daß die von ihm angenommene unbegrenzte
Variabilität der Lebensformen bisher wissenschaftlich nicht erwiesen
ist. Und das allein kann die Aufgabe der wahren Wissenschaft
sein, durch viele Untersuchungen zu ermitteln, in welchem Umfang
diese Variabilität stattfindet. — Darüber sind schon vor Darwin manche gewissenhafte Forschungen und manche leere Vermuthungen angestellt. Cuvier hatte diese Grenze vielleicht zu
eng gezogen, wenn er als einen äußersten Grad der Umänderung
die geringe Entwicklung der Hauzähne beim zahmen Schwein
und das Verwachsen der Klauen bei einigen Rassen desselben, sowie die überzählige Zehe gewisser Hunderassen ansah. Vordem
und nachdem ist von manchen weiter gehenden Beobachtungen
berichtet. Der Buckel des Bison und der Höcker des Kameels

sollten nur durch Ueberfütterung entstanden sein, daher mit der
Menge der Nahrung zu= oder abnehmen. Die Hühner sollten in
Virginien ihre Schwanzfedern verlieren. Schon Buffon be=
merkte, daß den Perlhühnern gelegentlich die Gallenblase fehle;
im Frankfurter zoologischen Garten haben neuerdings Beobach=
tungen diese Veränderlichkeit bestätigt. Ueberhaupt meinte schon
Buffon, daß die inneren Theile keineswegs weniger abänderten
als die äußeren. Auch von wesentlichen Instinktänderungen ist
berichtet. Die auf Barbados eingeführten Bienen — hieß es —
hätten ihr instinktives Honigsammeln für den Winter aufgege=
ben, weil sie das ganze Jahr hindurch Honig genug auf den
Feldern fanden. Das Hundegebell erschien als üble Angewöhnung
menschlicher Abrichtung behufs der Bewachung; schon die städti=
schen Hunde zeigen ja in dieser Hinsicht größeren Anstand, als
die Hunde des Landes, und die in Amerika verwilderten Hunde
sollen in ihrem Stande der Naturunschuld die üble Sitte des
Bellens vollständig abgelegt haben. Schrank in seiner Fauna
boica hat sogar behauptet, die Vögel hätten gar keinen angebor=
nen Gesang, ihre Liederweise regle sich nur durch Nachahmung
fremder Töne. „Denkbar ist es — sagen Spix und Martius
in ihrer Reise in Brasilien (Bd. 1. S. 191) — daß, wenn einst
die unartikulirten Töne entarteter Menschen durch die Wälder
Brasiliens nicht mehr erschallen, auch viele der gefiederten Sän=
ger feinere Melodien hervorbringen werden." — Kurz an Be=
hauptungen und Vermuthungen über Abartungen, wie sie der
Darwinismus annimmt, fehlte es nicht, Spring in seinem
genannten Buche hat viele derselben gesammelt und geordnet mit=
getheilt, auch zu ergründen versucht, wie sich diese Abänderungen
in den verschiedenen Gruppen der Organismen verhalten, und
welche Organe vorzugsweise von ihnen betroffen werden. Die
letzte Prüfung führte ihn zu der Behauptung, daß, wenn einer=
seits bisweilen die äußerlichsten Eigenschaften sich constant zeigen,
doch andererseits ein Organ um so weniger abändere, je näher
es dem Lebenszwecke selbst stehe. Giebel in seiner Abhandlung
über den Werth der zoologischen Unterschiede der Menschenrassen
(in seinen Tagesfragen aus der Naturgeschichte, 2. Aufl. 1858)
hat ähnliche Gedanken an verschiedenen Beispielen durchgeführt,
indem er z. B. zeigt, wie bei den Säugethieren die Zahl der

Schwanzwirbel zufälligen Schwankungen unterworfen ist, während
bei den Vögeln diese Zahl eine constante ist, weil hier der Schwanz
als Träger der Steuerfedern die Function eines wichtigen Be-
wegungsorgans übernommen hat. — Es kam nun darauf an,
auf dem Wege solcher Untersuchungen besonnen und mit scharfer
wissenschaftlicher Kritik fortzufahren. Darwin behielt sich anfangs vor, diesen Weg für sein zukünftiges großes Buch zu betreten und beschränkte sich einstweilen darauf in dem kleinen Vorläufer nur einige Vorblicke zu bieten. Man durfte erwarten,
daß es die prägnantesten sein würden; aber thatsächlich stößt man
nur auf mancherlei Vermuthungen und auf wenige Beobachtungen
von geringer Beweiskraft. Sein Hauptbeweis für die Größe des
Variationsumfangs wird an der Taubenzucht geführt. Wir lernen, daß unter den etwa 150 bekannten Taubensorten gelegentliche Abänderungen der verschiedensten Theile, Organe und Gewohnheiten vorkommen. Und doch konnte Vogt in der Vorrede
zu Huxley's Buch bemerken, daß, wenn man nicht die unbekannte Vorzeit zur Erklärung der Theorie unbegrenzter Umwandlung hinzu nehme, einzuwenden bleibe, bis jetzt sei es noch keinem
Taubenzüchter gelungen, gewisse Gesetze des Verhältnisses zwischen
den einzelnen Organen zu ändern, die gerade machen, daß wir
trotz aller Veränderungen in der neuen Rasse eine Taube erkennen. Huxley selbst führe an, daß bei allen Taubenrassen ein
Verhältniß zwischen dem Schnabel und den Füßen bestehe, welches
die Taubenzüchter bis jetzt nicht haben ändern können und das
also für die Tauben charakteristisch sei.

Also diese eine von Darwin in der Taubenzucht vorgenommene Variationsprüfung bestätigt nur, was schon andere Forscher
vor ihm meinten, daß die Tauben in fruchtbarer Mischung die
verschiedensten Varietäten bilden, daß aber die Taubenart durch
unverkennbare und bisher unabänderliche Merkmale von anderen
Vogelarten sich klar unterscheidet. Darwin beweist somit, wie
Flourens mit Recht bemerkt, in der Hauptsache über das Verhältniß von Veränderlichkeit und Beständigkeit thatsächlich nichts
Neues. Er bestätigt an dem einzigen wirklich geprüften Beispiel
die allbekannte Grenze der Variation und nur seine Theorie behauptet ihre Unbegrenztheit. Wo bleibt dabei in diesem Punkte
Darwin's viel gerühmtes Verdienst?　　　·

Hallier in seiner kleinen Schrift „Darwin's Lehre und die Specification" 1865, meint, Darwin's größtes Verdienst bestehe darin, das Vorurtheil von der ewigen Dauer und Unveränderlichkeit der Art besiegt zu haben. Wir können nur sagen, Darwin hat das Verdienst, die verbreitete Annahme bestritten und zugleich ihre Gültigkeit bewiesen zu haben. Das ist in der That ein Verdienst; denn Nichts redet mehr für eine Wahrheit, als wenn unwillkürlich selbst Der sie bezeugt, der sie leugnet. Doch wir wollen nicht ungerecht sein, Darwin's Verdienst in diesem ersten Punkte reicht etwas weiter. Er hat mit dazu beigetragen, die allzu unbedingte auf das Artkriterium der fruchtbaren Zeugung gesetzte zoologische Zuversicht zu erschüttern, und hat dadurch wiederum mit Nachdruck auf die Nothwendigkeit hingewiesen, das Verhältniß von Veränderlichkeit und Beständigkeit in der Gestaltbildung der Lebensformen wissenschaftlich zu untersuchen; auch mag er, wie Pictet ihm einräumt, die Grenze der Veränderlichkeit wohl mit Recht etwas weiter hinausgerückt haben, als man annahm. Kurz sein wesentliches Verdienst in diesem Punkte ist doch nur dies, daß er wiederum zu einem Problem der Wissenschaft gemacht hat, was man allzu sicher bereits für eine ausgemachte Sache hielt. Auch das Verdienst muß ihm gelassen werden, daß er den richtigen Weg sah, die Lösung des Problems anzugreifen. Sein Fehler dagegen bestand in dem voreiligen Verkünden des Ziels, über das, wie Bronn gewiß richtig bemerkte, erst nach Verlauf von Menschenaltern mit Grund wird geurtheilt werden können.

Wie aber kann denn nun auf so loferem Grunde eine wohl gestützte Ansicht aufgebaut werden? Wir wollen trotz unseres Zweifels unbefangen prüfen, ob dies ermöglicht ist.

Die Vererbung nützlicher Eigenschaften durch natürliche Züchtung und die Entstehung der Arten.

Darwin's Lehre von der unbegrenzten Veränderlichkeit der Organismen schließt keineswegs eine zeitweilige Beständigkeit derselben aus, vielmehr wird ein fester Artbestand für die Thier- und Pflanzenwelt der letzten Erdperiode und selbst darüber hinaus bereitwillig zugegeben. Nur soll diese Beständigkeit nicht

eine ursprüngliche, sondern eine erworbene und deshalb veränder=
liche sein. Das erste Motto des Darwinismus hieß: Veränderung
so weit möglich; das nunmehr in Betracht kommende lautet:
Bestand so weit möglich. In der Natur wird, was werden kann,
und besteht, was bestehen kann. Der Kampf um's Dasein, der
alle Lebensformen in Fluß gebracht hat, soll sie nun auch wie=
der zum Stehen bringen. Die Natur stellt dem Trieb nach Ab=
änderung die Neigung zur Vererbung gegenüber. Am richtigsten
soll es sogar sein, jedweden Charakter als erblich und Nichterb=
lichkeit als Ausnahme zu betrachten. Indessen die Natur ist
wählerisch, sie giebt nur der nützlichen Vererbung Bestand. Diese
Ansicht gewinnt Darwin durch Beobachtung der künstlichen
Züchtung, welche lehrt, wie durch sorgfältige Pflege des Menschen
ihm nützliche Abänderungen der lebendigen Wesen zu dauernden
Eigenschaften derselben gemacht werden können. Mit weit grö=
ßerer Macht, folgert Darwin, werde die Natur so verfahren.
Durch Befestigung nützlicher Eigenschaften schaffe sie aus jeweili=
gen Abänderungen feste Arten.

Gegen diese Ansicht nun erheben sich manche Einwände,
welche besonders gegen die Gleichstellung der künstlichen und
natürlichen Zuchtwahl, gegen das Nützlichkeitsprinzip der natür=
lichen Züchtung und gegen die Anwendung der Lehre auf die
Artbildung gerichtet sind.

Zunächst wird behauptet, Darwin personificire die Natur,
indem er ihr eine Kraft der Auswahl, der Fürsorge u. s. w.
zuschreibe, welche nur der bewußte Geist des Menschen aufzubieten
habe. Was somit die Sorgfalt der künstlichen Züchtung ver=
möge, könne eben deshalb die Natur nicht. Flourens und
Andere tadeln eifrig diese Personification der Natur durch me=
taphorische Ausdrücke. Darwin beginne damit um Erlaubniß
zu bitten, die Natur zu personificiren; sodann schließe er, als ob
ihm diese Erlaubniß gegeben sei. Diese Vorwürfe haben ihre
zwei Seiten, die eine betrifft nur den figürlichen Ausdruck, die
andere schließt die Frage ein, ob derselbe nicht als Schein einer
Erklärung blendet. Die bildliche Ausdrucksweise an sich verdient
keinen Tadel, sie ist bis zu einem gewissen Grade unvermeidlich.
„Man spricht — sagt einmal Kant, — mit Recht von der
Weisheit, der Sparsamkeit, der Vorsorge und der Wohlthätigkeit

der Natur, ohne dadurch aus ihr ein verständiges Wesen zu
machen, weil das ungereimt wäre: aber auch ohne sich zu erkühnen,
ein anderes verständiges Wesen über sie als Werkmeister setzen
zu wollen, weil dieses vermessen sein würde: sondern es soll dadurch eine Art der Causalität der Natur nach einer Analogie
mit der unsrigen im technischen Gebrauche der Vernunft bezeichnet werden, um die Regel, wonach gewissen Producten der Natur
nachgeforscht werden muß, vor Augen zu haben." — Unsere
Auffassung der Natur ist ohne solche gelegentliche Uebertragung
menschlicher Verstandsbegriffe gar nicht möglich; doch täuschen wir
uns darüber nicht selten. So gilt es wohl für anstößig, von
Zwecken und Zweckmäßigkeit, dagegen erscheint es durchaus erlaubt,
von Gesetzen und Gesetzmäßigkeit in der Natur zu reden. Doch
ist das eine nicht figürlicher als das Andere, und im Kant'schen
Sinne das Eine so anwendbar wie das Andere. Wir würden
daher Darwin aus solcher Anwendung keinen Vorwurf machen,
wenn er sich nur dadurch nicht hätte verleiten lassen, in ihr eine
Erleichterung zur Annahme unbegründeter realer Erklärungen
zu finden. Eine solche Täuschung liegt aber offenbar vor, wenn
Darwin weiter folgert, was die künstliche Züchtung vermöge,
müsse in höherem Grade die natürliche Züchtung vermögen, da
sie als Naturmacht ihre Wirkung weiter als jene erstrecken könne.
Denn nur dann würde dies zutreffen, wenn die Natur zugleich
wirklich die Intelligenz besäße, die ihr der bildliche Ausdruck beilegt. Die künstliche Züchtung besteht in einer fortgesetzten bewußten
Pflege bestimmter Abänderungen. Ueber Mittel, die in dieser
Hinsicht der bewußten künstlichen Züchtung zu Gebote stehen, hat
die natürlichr Zuchtwahl nicht zu verfügen. Fast naiv nimmt sich
dieser höchst einfachen Sachlage gegenüber Darwin's Frage
aus, wie man denn nur bezweifeln könne, daß die Natur aus
einem einfachen mit Pigment überzogenen Sehnerven das voll-
kommene Menschenauge allmählich habe entwickeln können, wenn
man doch wisse, daß das Teleskop durch lang fortgesetzte Anstrengungen der höchsten menschlichen Intelligenz verbessert worden
sei. Man bringt diese Prozesse eben nicht in Vergleich, weil man
der Natur keine menschliche Intelligenz beilegt. Um die natürliche Vererbung einer Abänderung zu sichern, müßte sich ein
Männchen von gewisser Beschaffenheit mit einem ähnlich abgeän-

derten Weibchen verbinden. In der Natur wäre dies Zusammentreffen günstiger Umstände zur Fortpflanzung vereinzelt erscheinender
Abänderungen ein gewiß seltener Zufall; die künstliche Züchtung
kann solche günstige Umstände herbeiführen. Mit Recht sagt
Frohschammer in seinem Artikel über Darwin's Theorie
in der Zeitschrift „Athenäum" Bd. I. 1862: „Die natürliche
Züchtung als Complex blos wirkender Ursachen kann nicht beobachten, nicht auswählen, nicht planmäßig verfahren, sondern muß
Alles nehmen wie es kommt, und kann nur die günstigen Verhältnisse oder Aenderungen benutzen und festhalten. — Die natürliche Züchtung kann also nicht nach vollkommeneren Augen streben, sondern nur sie erhalten, wenn sie einmal da, also auf irgend
eine Weise entstanden sind." — „Darwin macht vor Allem
die Erfolge künstlicher Züchtung geltend, um dadurch auch die
Möglichkeit der natürlichen Züchtung zu erweisen, leitet dann aus
dieser Möglichkeit die Wirklichkeit oder Thatsächlichkeit ab, und
baut auf diese so angenommene Thatsächlichkeit, die nicht einmal
als Möglichkeit erwiesen ist, seine ganze Theorie." Dieser Schluß
von der künstlichen Züchtung auf die größere Macht der natürlichen Züchtung ist in der That unberechtigt; und somit auch
dieser Grundpfeiler des Darwinismus äußerst schwach.

Indessen wir wollen von dem Irrthum dieses Werthver-
gleichs einmal absehen und nur fragen, ob denn die natürliche
Züchtung in der von Darwin angenommenen Weise sich als
vorhanden und wirksam erweist. In verhängnißvoller Weise verknüpfen sich an diesem Punkte Darwin's Ideen mit jenem
Irrthum. Der bewußte Mensch züchtet selbstverständlich die ihm
nützlichen oder angenehmen Abänderungen, er könnte bei freier
Wahl auch das Gegentheil versuchen, aber dies zu thun liegt
nicht in seinem Interesse. Diese Freiheit kann der bewußtlosen
und interessenlosen Natur nicht zustehen, sie muß daher, wie Darwin annimmt, nothwendig nur die nützlichen und zwar nur die
dem Wesen selbst nützlichen Eigenschaften züchten. In dieser Consequenz versteigt sich Darwin sogar zu der Behauptung: „Ließe
sich beweisen, daß irgend ein Theil der Organisation einer Species zum ausschließlichen Besten einer anderen Species gebildet
worden sei, so wäre meine Theorie vernichtet, weil eine solche
Bildung nicht durch natürliche Züchtung bewirkt werden kann." —

Der geforderte Beweis wird allerdings schwer zu liefern sein, ohne daß nicht noch irgend ein Einwand möglich bliebe. Indessen die durchaus unnöthige Behauptung veranlaßt Darwin zu wenig beweiskräftigen Rechtfertigungsversuchen. Man wandte ihm ein, die Klapperschlange besitze ihre Klapper zum eigenen Nachtheil und zum Vortheil der durch ihr Geräusch gewarnten anderen Geschöpfe. Darwin bemerkt dagegen, ebenso gut könne man behaupten, die Katze im Begriff loszuspringen krümme ihren Schwanz, um die bedrohte Maus zu warnen. Allerdings weiß man nicht, ob die warnende Wirkung jener Klapper Naturzweck ist, und meinen läßt sich Mancherlei; möglichenfalls ist ihr Zweck. durch Bewirkung der Flucht der Thiere die Schlange vor Ueber= fütterung zu bewahren oder den Genossen ein passendes Zeichen ihrer sonst lautlosen Existenz zu geben oder wer weiß, was sonst ihr nützlicher Zweck ist. — Ebenso leicht ist es mit Darwin einige zur Zeit nutzlose oder nicht recht nützliche Eigenschaften und Organe für Reste früherer oder für Keime zukünftiger Nütz= lichkeit zu erklären. So nimmt Darwin an, der Bienenstachel. habe bei der früheren Stammform als Bohr= und Sägewerkzeug nützliche Dienste geleistet, sei aber nun den veränderten Lebens= umständen noch nicht gehörig angepaßt, so daß sich begreife, wa= rum der jetzt übliche Stechgebrauch oft des Insektes eigenen Tod veranlasse. Auch will Darwin keineswegs das natürliche Nütz= lichkeitsprinzip egoistisch auf das einzelne Individuum beschränken, auch der Thiergemeinde soll es zum Besten dienen. So bewun= dert er „den wilden instinktmäßigen Haß der Bienenkönigin, welcher sie beständig drängt, die jungen Königinnen, ihre Töchter, augenblicklich nach ihrer Geburt zu tödten oder selbst im Kampfe zu Grunde zu gehen; denn unzweifelhaft ist dies zum Besten der Gemeinde, und mütterliche Liebe oder mütterlicher Haß, ob= wohl dieser letzte glücklicher Weise viel seltener ist, gilt dem uner= bittlichen Prinzipe natürlicher Züchtung völlig gleich." — Doch genug dieser Hindeutungen, die wohl ausreichen, um zu zeigen, auf welches Gebiet spielerischer Vermuthungen und willkürlicher Deutungen Darwin uns verlockt, um seine falsche Voraussetzung zu rechtfertigen, daß die Natur nur die dem Wesen nützlichen Eigenschaften erhalte. — Denn nicht nur unnöthig, sondern auch falsch ist diese Annahme. Jedweder Charakter sei erblich, das Gegentheil Ausnahme, haben wir vorhin gehört. Auch ist allbekannt, in wie hohem Grade leider unwesentliche Male, Monstrositäten und Krankheiten sich vererben, deren Nützlichkeit darzuthun eine schwierige Aufgabe bleibt. Huxley versucht wenigstens nicht die sechsfingrige Menschenvarietät, die sich vielleicht hätte bilden können, wenn man die in der Familie des Malteser Kelleia vorgekommene Abnormität sorglich gezüchtet' hätte, uns als Menschenverbesserung zu schildern. Auch bei Darwin finden wir selten Angaben über den Nutzen betreffender Abänderungen; Bronn und Andere vermißten solche Belege mit Recht. Daß Blätter fressende Insekten grün-, Rinden fressende graugefleckt geworden sind, weil diese Farbe sie ununterscheidbarer von ihren Standorten macht und dadurch gegen Gefahren schützt, ist eine Hypothese; diese Farbengunst der Natur kann ebensogut ursprünglich sein. Ebenso unsicher sind wir darüber, ob die verkümmerten oder die verstärkten Flügel vieler Insekten auf Madeira ursprünglich oder geworden sind. Wüßten wir, daß die Beschaffenheit früher eine andere war, dann allerdings könnte Darwin's Nützlichkeitserklärung am Platze scheinen, nach welcher derselbe Fall vorliegen soll, wie bei den Matrosen eines in Küstennähe gestrandeten Schiffes. Für die guten Schwimmer ist es dann besser, je besser sie schwimmen können, während es für die schlechten Schwimmer am besten wäre, wenn sie gar nicht schwimmen könnten und daher auf dem Wrak Rettung suchten. Selbst einen Blick in die Geschmacksrichtung gewisser Vogelweibchen wagt Darwin, um die nützliche Verschönerung der Naturzucht zu veranschaulichen. „Der Felshahn in Guyana, die Paradiesvögel u. a. schaaren sich zusammen, und ein Männchen um das andere entfaltet sein prächtiges Gefieder, um in theatralischen Stellungen vor den Weibchen zu paradiren, welche als Zuschauer dastehen und sich zuletzt den liebenswürdigsten Bewerber erkiesen." Es möge kindisch aussehen, solchen anscheinend schwachen Mitteln irgend eine Wirkung zuzuschreiben, er finde aber keinen genügenden Grund zu bezweifeln, daß weibliche Vögel, indem sie Tausende von Generationen hindurch den melodiereichsten oder schönsten Männchen, je nach ihren Begriffen von Schönheit, bei der Wahl den Vorzug geben, nicht eine merkliche Geschlechtsverbesserung bewirken können. Unter der Voraussetzung, daß nur die Weibchen

der Vögel diesen empfänglichen Sinn für die Schönheit des anderen Geschlechts besitzen, könnte diese sexuelle Zuchtwahl am
Ende auch erklären, warum unter den Vögeln gerade die Männchen an Gesang und Gefieder das schöne Geschlecht bilden.

Dergleichen Versuche die Nützlichkeitstheorie zu verwerthen
werden nun von Darwin zumeist an Beispielen fingirter Abänderung angestellt, während die thatsächlich bekannten Abänderungen dieser Erklärung weniger zugänglich scheinen. Trotzdem
mögten wir nicht, wie Kölliker zu thun scheint, dem Einwand
folgen, der eine Tendenz der Organismen nützliche Varietäten
zu bilden völlig in Abrede stellt, mögten auch nicht allgemein
die teleologische Auffassung Darwin's verwerfen. Allerdings
entstehen Varietäten in Folge mannichfacher äußerer Einwirkungen
und ist nicht einzusehen, warum dieselben alle besonders nützlich
sein sollten; es vererben auch schädliche und gleichgültige Abänderungen auf viele Generationen. Man braucht aber darum nicht
mit Kölliker gegen Darwin zu bemerken: „Die Varietäten
entstehen ohne Einwirkung von Zweckbegriffen oder eines Prinzips des Nützlichen nach allgemeinen Naturgesetzen und sind
nützlich oder schädlich oder indifferent". — Mit größerem Rechte
scheint Nägeli in seiner Rede „Entstehung und Begriff der naturhistorischen Art, 1865" die Bedeutung nützlicher Anpassungen
für die morphologischen Abänderungen zu bestreiten. Bemerkens-
werth sei es, daß die von Darwin angeführten Beispiele immer
die Ausbildung und Umbildung eines Organs zu einer besonderen Function aufzeigen, also physiologischer Natur seien. Eine
morphologische Modification, welche durch das Nützlichkeitsprinzip
zu erklären wäre, sei ihm im Pflanzenreiche nicht bekannt; auch
sehe er selbst nicht ein, wie dieselbe erfolgen könnte, da die allgemeinen Prozesse der Gestaltung sich gegen die physiologische
Verrichtung so indifferent verhalten, und überdies gerade die con-
stantesten und zähesten Merkmale hergeben. — Dagegen vertheidigt Nägeli das Nützlichkeitsprinzip Darwin's gegen den
anderen Einwand Kölliker's. Dies Nützlichkeitsprinzip sei
nichts anderes als ein consequent durchgeführtes Causalverhältniß.
Die nützlichen Varietäten entstehen nach Darwin nicht deswegen,
weil sie vortheilhaft sind, sondern es bilden sich aus irgend welcher
natürlichen Ursache schädliche, indifferente und nützliche Varietäten;

ebenfalls aus natürlichen Ursachen werden nur die letzteren erhal=
ten. — Mit dieser Auffassung stimmt es, wenn Hallier sagt:
„Die Auswahl der Natur ist keine Wahl nach Nützlichkeit, sondern
ein Schicksalsfaden nach causalen Verhältnissen und nach der Mög=
lichkeit der Existenz.“ Um so weniger scheint mir derselbe Grund
zu haben Nägeli vorzuwerfen, die von ihm selbst verurtheilte
Teleologie zu pflegen, indem er in lebendigster Schilderung auf
die nützlichen Wechselbeziehungen der Organismen unter einander
hinweist. Von einer solchen lebensvollen Betrachtung des Zusam=
menhanges der Geschöpfe wird eine auf das Ganze gerichtete Na=
turanschauung niemals lassen, auch wird die in ihr liegende Teleo=
logie der Wissenschaft nicht Abbruch thun, sobald nicht versäumt
wird zugleich die causale Verwirklichung dieser Beziehungen zu
ergründen. In diesem Sinne können wir Darwin nicht tadeln,
daß er dem Nützlichkeitsprinzip für die Abänderung eine Bedeu=
tung beimißt. Wir können daher nicht billigen, daß Kölliker
den gegen Darwin gemachten Einwand unwiderlegt läßt, jedes
Thier genüge für seinen Zweck, könne also eigentlich keine ihm
nützliche Abänderung annehmen: solle aber auch eine Varietät
nützlich sein und sich erhalten, so sei kein Grund einzusehen,
warum dieselbe dann noch weiter verändern sollte. — Sobald
wir eben die Organismen in veränderlichen Verhältnissen denken,
finden wir gerade eine hervorragende Kraft des Organischen darin,
sich bis zu gewissem Grade durch Abänderung den veränderten
Verhältnissen anzupassen. Jedes Thier mag daher noch so sehr
dem zeitweiligen Bedürfniß seiner Verhältnisse genügen, da diese
beständig wechseln können, muß auch dies Genügen sich stetig än=
dern können. Oder vielmehr je nachdem dies möglich ist, wird
Untergang oder Umwandlung erfolgen. Sobald aber diese letz=
tere aus solcher Anbequemung hervorgeht, wird sie eine nützliche
genannt werden können. Daß solche nützlichen Umwandlungen
vorkommen, wird man schwerlich Darwin bestreiten dürfen;
nur das war mit Recht einzuwenden, daß die Natur keineswegs
nur die nützlichen Abartungen erhält. Gegen diesen Irrthum
Darwin's richtet sich mit Recht Nägeli's Einwand, daß es
unter gleichen Verhältnissen nur eine nützliche Abänderung und
somit nicht ein Bilden verschiedener Varietäten geben könne, wie
es doch vorkomme. Vor Allem aber kam es darauf an thatsäch=

liche Beispiele nützlicher Abänderungen anzuführen und die Gren=
zen solcher Anbequemung aufzusuchen, in der Art, wie dies oben
von Nägeli angeführt worden ist. — Und gerade in dieser Hin=
sicht ist Darwin's Buch unzulänglich. Diese Unterlassung ist
natürlich um so stärker zu rügen, je ausschließlicheres Gewicht
Darwin auf die Vererbung nützlicher Eigenschaften legt. Diese
Unzulänglichkeit und die Einseitigkeit der Darwin'schen Beweis=
führung und Darstellung des Nützlichkeitsprinzips sind zu tadeln.

Die Einseitigkeit freilich hat ihren begreiflichen Grund.
Darwin behauptet die Veränderlichkeit der Lebensformen nach
allen Richtungen hin, die eintretende Richtung wird durch zufäl=
liges Zusammentreffen verschiedener Umstände bestimmt. Man
konnte daher seiner Theorie vorwerfen, daß sie den Zufall zum
Herrscher der Naturentwidlung mache. Dem gegenüber konnte
in dieses planlose Spiel unbegrenzter Abänderung das auf
Erhaltung bestimmter Eigenschaften gerichtete Nützlichkeitsprinzip
einigen Halt zu bringen scheinen. Jedoch weit ab vom Zufall
führt dies Prinzip nicht. Nichts kann bewirkt werden, sagt Dar=
win selbst, bevor nicht vortheilhafte Abänderungen vorkommen;
dieses Vorkommen aber ist Zufall. Wir wollen nicht mit Pic=
tet bezweifeln, daß solche zufällige Abweichungen gelegentlich nütz=
lich sein können, denselben auch nicht jede Aussicht im Kampfe
um's Dasein erhalten zu werden absprechen; aber wir haben
gar keine Zuversicht, daß der heutige Nutzen nicht schon mor=
gen durch irgend einen Zufall wieder in Nutzlosigkeit verwandelt
wird. Wir kommen daher in der That mit Darwin's Theorie
nicht aus dem Zufall d. h. nicht aus der Wirkungssphäre plan=
loser Naturgewalten heraus. Was wird, hat natürlich Gründe
seines Werdens; aber diese Gründe liegen in dem zufälligen plan=
losen Zusammentreffen verschiedener Naturverhältnisse. Diesem
Einwande konnte Darwin versucht sein mit seinem durchgrei=
fenden Nützlichkeitsprinzipe die Spitze zu bieten, indem er behaup=
tete, die Wirkung dieses Prinzipes bestehe eben darin jenes Zusam=
mentreffen in seiner Wirkung jederzeit zur Vervollkommnung der
Natur ausschlagen zu lassen, und das eben sei der Naturplan.
Allerdings, wenn nur die nützlichen Eigenschaften in der Natur
erhaltungsfähig sind, so muß eine stetige Verbesserung der Lebens=
formen die nothwendige Folge sein; wir dürfen uns dann hoff=

6

nungsvoll dem von Darwin dargebotenen Trostworte hingeben,
daß der Kampf um's Dasein die Wunden heilt, die er schlägt,
indem er den Besseren, Schöneren siegreich hervorgehen läßt. Aber
leider widerspricht dem die Unrichtigkeit der Voraussetzung;
der Erhaltungssinn der Natur geht keineswegs nur auf das
Nützliche, Beste und Schönste. Nicht allemal die vollkommensten
Thiere siegen im Kampfe um's Dasein, sondern bisweilen nur
die genügsamsten: der edle Steinbock erlischt und der gemeine
Sperling verbreitet seine zahlreiche Nachkommenschaft über die
ganze Erde. Ueberdies gibt uns das Nützlichkeitsprinzip gar
keinen Maßstab an die Hand zur Beurtheilung, ob die im Haushalte der Natur eintretenden Veränderungen als Vor- oder Rückschritte anzusehen sind.

Daher mußten die wesentlichsten Besserungsversuche der Anhänger des Darwinismus auf diesen Punkt gerichtet sein; sie
mußten streben an die Stelle des Zufalls ein festes Prinzip der
Entwicklung zu setzen. Das Nützlichkeitsprinzip allein reiche nicht
aus, sagte Nägeli, man müsse damit das Prinzip einer nothwendigen Vervollkommnung der Organismen verbinden. Darwin lehre eine unbestimmte Veränderlichkeit der Geschöpfe nach
allen Richtungen hin, er seinerseits nehme eine bestimmte, plan-
mäßige Veränderung an, eine stetige auf immer zusammengesetztere
Organisation hinzielende Vervollkommnung der Lebensformen.
Aehnlich sagte Braun auf der Stettiner Naturforscherversammlung, der Hauptfehler des Darwinismus sei, daß er keine
Entwicklungstheorie biete, in der organischen Welt müsse eine
Vorausbestimmung und ein Ziel angenommen werden. Neuerdings
hat Braun diese Ansicht in seiner 1872 gehaltenen Rede „über
die Bedeutung der Entwicklung in der Naturgeschichte" weiter ausgeführt. Die gleiche Ansicht hat unlängst Fechner in seiner 1873
erschienenen Schrift: „Einige Ideen zur Schöpfungs- und Entwicklungsgeschichte der Organismen" geistvoll entwickelt. —

Nicht mit Unrecht macht Darwin solchem Standpunkt gegenüber auf gewisse Vortheile seiner Ansicht aufmerksam. Noch kein
Naturforscher habe eine allgemein befriedigende Definition davon
gegeben, was unter Vervollkommnung der Organisation zu verstehen
sei. Nehme man die Differenzirung und Specialisirung der einzelnen Organe als den besten Maßstab der organischen Vollkommen-

heit der Wesen im ausgewachsenen Zustand an, so müsse die natürliche
Züchtung offenbar zur Vervollkommnung führen, denn Specialisirung der Organe sei für jeden Organismus von Vortheil. So erscheine also allmählich die Vervollkommnung nach seiner Theorie als
eine natürliche Folge der Vererbung nützlicher Eigenschaften; betrachte man diese aber nun als die nothwendige Wirkung eines
vorbestimmten Entwicklungstriebes, so müsse man eine Stufenreihe
wachsender Vollkommenheit annehmen, welche gerade Das hindere,
was man fälschlich seiner Theorie vorgeworfen, nämlich die relative ihren Lebensumständen angepaßte Vollkommenheit anzuerkennen. Nach jener Entwicklungstheorie bildeten die sogenannten
niederen Organismen die Durchgangspunkte zu höherer Organisationsentwicklung; dann könne man sich wundern über
das Verbleiben jener nach Erlangung des höheren Standpunktes.
Die auf einem eigenen Vervollkommnungstrieb beruhende Entwicklung der Organismen dulde kein Stehenbleiben unvollkommener Geschöpfe; seine Theorie dagegen erkläre dies genügend. War es für die Infusorien nicht nützlich höher organisirt
zu werden, so blieben sie Infusorien in der ihren Lebensumständen
angemessenen Vollkommenheit. — Wir müssen mit H u x l e y das
Gewicht dieser Gründe anerkennen, meinen aber, daß sie ihr Gewicht
weniger an sich selbst haben, als durch ihren Gegensatz zu einer an
sich besseren aber allerdings noch nicht hinreichend abgeklärten Auffassung. Jedenfalls weist D a r w i n's Hypothese auf eine ihrer Art
nach begreifliche und allgemein anerkannte Naturwirkung hin, deren
Macht nur von ihm überschätzt zu sein scheint, während die
Entwicklungstheorie einen Bildungstrieb einführt, dessen Sinn und
Wirken uns zunächst völlig dunkel bleibt und dessen Annahme daher
zu mancherlei noch nicht genügend beantworteten Fragen anregt.

Hat dies Fortschreiten der Organisation von Stufe zu immer
höherer Stufe ihren Grund in einem Gesetz stetig steigender Productionskraft der Natur? Dies war die Vorstellung der früheren
Naturphilosophen. Dieselben dachten keineswegs, wie irrthümlich
von manchen Darwinisten angenommen ist, an eine unmittelbare
Umwandlung der Organismen in einander, sondern nahmen wie
O k e n, der jene Ansicht (Naturphilosophie §. 947 u. 948) bestimmt verwirft, eine vorgängige Rückkehr der abgelebten Lebensformen in den organischen Urschleim an, aus dem dann durch

neue Steigerung der Naturkraft neue Lebensformen hervorgingen.
Unter dem Einfluß ähnlicher Gedanken sprach auch Göthe von
der Umbildung der Lebensformen durch Entwicklung der typischen
Urbilder der Natur; ihn mit Haeckel zum poetisch inspirirten
Propheten der Darwin'schen Abstammungslehre zu machen, ist
gewiß verkehrt, wie mit Recht neuerdings Oskar Schmidt
gegen Haeckel dargethan hat. — Aber wo war denn nun dieser
organische Urschleim oder was war diese sich entwickelnde Naturseele neben den einzelnen Naturwesen, und welcher besondern
Mittel und Wege bediente sie sich zur Ausübung ihrer wunderbaren Kraftsteigerung? Diese Fragen mußten zu Versuchen
führen, die angenommenen Entwicklungsvorgänge als innere
Neubildungen der schon vorhandenen Wesen aufzufassen. So
dachte sich z. B. Schopenhauer den Hergang wenigstens bei
den höheren Organismen (Parerga, Bd. 2 3. Philos. d. Natur,
§. 93). Diese könnten nicht entstanden sein „aus zusammen ge-
rinnendem, sonnebebrütetem Meeresschlamm oder Schleime, oder
aus faulender organischer Masse; sondern ihre Entstehung könne
nur gedacht werden als generatio in utero heterogeneo, folglich so, daß aus dem Uterus oder vielmehr dem Ei eines besonders begünstigten thierischen Paares, nachdem die durch irgend
etwas gehemmte Lebenskraft seiner Species gerade in ihm sich
angehäuft und abnorm erhöht hatte, nunmehr ein Mal zur glücklichen Stunde — ausnahmsweise nicht mehr seines Gleichen, sondern die ihm zunächst verwandte, jedoch eine Stufe höher stehende
Gestalt hervorgegangen wäre; so daß dieses Paar, dieses Mal,
nicht ein bloßes Individuum, sondern eine Species erzeugt hätte." —
Diese Theorie der heterogenen Zeugung hat neuerdings Kölliker
a. a. O. an die Stelle von Darwin's Hypothese zu setzen und
physisch zu begründen gesucht. Der Grundgedanke ist auch bei ihm
der, „daß unter dem Einflusse eines allgemeinen Entwicklungs-
gesetzes die Geschöpfe aus den von ihnen gezeugten Keimen andere
abweichende hervorbringen." Dies könnte geschehen, entweder dadurch daß die befruchteten Eier bei ihrer Entwicklung unter besondern Umständen in höhere Formen übergingen, oder daß die
primitiven und späteren Organismen ohne Befruchtung aus Keimen
oder Eiern andere Organismen erzeugten. Zur Veranschaulichung
der Möglichkeit solcher Entwicklungsweise wird an den Generations-

wechsel und die Parthenogenesis mancher Thiere erinnert, auch an die oft große Verschiedenheit von Männchen und Weibchen und an die drei Formen (Männchen, Weibchen und Arbeiter) bei den Kolonien bildenden Insekten; dies zeige, daß ein Ei doch nicht nothwendig immer dieselbe Form annehme. — Diese Begründung dürfte zur Stärkung der Hypothese schwerlich beigetragen haben. In den angeführten Fällen handelt es sich ja nie um die Entwicklung zu einer höheren Lebensform einer fremden Art, sondern nur um das Durchlaufen verschiedener Metamorphosen oder um die Entwicklung verschiedener Formen innerhalb derselben Art, so daß mit viel mehr Recht R. Wagner und Andere gerade in diesem doch begrenzten Wechsel den besten Beweis für die Constanz typischer Gestaltung fanden. Kölliker selbst giebt übrigens zu: „daß ein befruchtetes Ei eines Thieres zu einer höheren Form sich zu entwickeln im Stande sei, wird vorläufig allerdings durch keine direkte Thatsache bewiesen." Ueberdies wäre dieser gelegentliche Zeugungsfortschritt als innerer Entwicklungsgang der Natur physisch nur zu denken durch Annahme präformirter Keimanlagen aller späteren Formen in den Urformen. Wir haben es also nicht mit einer Hypothese zur Erklärung fester Thatsachen zu thun, sondern mit einer Hypothese zur Deutung einer anderen Hypothese über die Entstehung der Arten aus einander, die zu beweisen das Ziel oder die Triebfeder aller vorgängigen Betrachtungen ist.

Können wir auch Nägeli darin beistimmen, daß die Nützlichkeitstheorie in Bezug zur Idee der natürlichen Züchtung, nicht die auch von Anderen schon aufgestellte Descendenztheorie, d. h. die Lehre von der Entstehung aller Arten aus einander, das Eigenthümliche des Darwinismus bildet, so ist doch jene Theorie nur erdacht zum Behufe dieser Entstehungslehre. Bei dieser letzten nun kommt es vor Allem darauf an, Anfang und Ende zu unterscheiden, oder die berechtigte Ausdehnung ihrer Geltung zu ergründen. Darwin beginnt mit der auf Thatsachen gestützten allbekannten Bemerkung, daß die Veränderlichkeit der Organismen die Bildung von Varietäten zuläßt, er behauptet, daß, wenn sich bei dieser Bildung nützliche Eigenschaften entwickeln, die Natur dieselben festhält und daß auf diesem Wege aus Varietäten Lebensformen entstehen, die rücksichtlich ihrer Beständigkeit und ihres sonstigen Verhaltens von wohl begründeten Arten nicht unter

schieben werden können. Da uns das Verhalten der Organismen
zur fruchtbaren Fortpflanzung kein unbedingt gültiges Kriterium
zur Unterscheidung von Art und Abart darbot, da ferner über
den Bestand einer Abart immer nur ein relatives Urtheil möglich
ist, überdies auch die Dauer der Arten nur eine relative ist, wie
das Aussterben mehrerer Thierformen zeigt; so läßt sich gegen die
Möglichkeit jener Behauptung Darwin's Nichts einwenden, für
die Triftigkeit derselben sogar manches Thatsächliche anführen.
Schon vor dem Bekanntwerden des Darwin'schen Buches hatte
von Baer diese Gedanken geäußert in den Memoiren der Pe-
tersburger Akademie vom Jahre 1859: „Ich kann mich der Ueberzeugung nicht erwehren," schrieb er unter Anführung mancher
Beispiele, „daß viele Formen, die jetzt wirklich in der Fortpflanzung sich gesondert erhalten, nur allmählich zu dieser Sonderung
gekommen sind und also ursprünglich nur eine Art bildeten. Die
jetzige Verbreitung der Thiere und so viel wir mit Wahrscheinlichkeit auf eine frühere zurückgehen können, scheint mir sehr entschieden dafür zu sprechen. — Da alles in der Natur Bestehende
veränderlich ist, theils beweglich im Raume, theils entwickelungs-
fähig, so ist nicht abzusehen, warum die einzelnen Formen gar
keine andere Entwicklung gehabt haben sollten, als jene ganz allgemeine, in der Reihenfolge des Auftretens, welche uns die Paläontologie nachweist." — Aber mit der Vorsicht eines echten
Naturforschers fügt er hinzu: „Wie weit diese Entwicklung der
Arten aus einander anzunehmen ist, darüber wage ich mir selbst
keine Meinung zu bilden." Selbst einer der Hauptgegner Darwin's, R. Wagner, erklärte sich wiederholt geneigt, in sehr be-
dingter und beschränkter Weise auf eine neue Speciesentstehung
einzugehen (s. Zoolog. anthropol. Untersuchungen, Heft I. 1861).
Auch in der Anzeige von Agassiz, essay on classification
in den Göttinger gel. Anzeigen v. J. 1860 Bd. II. sagte Wagner: „Ich glaube, daß sich jetzt schon der Beweis führen ließe,
daß neue Species entstehen können, ohne in der gewagten Ableitung so weit zu gehen, wie Darwin." Wiederholt ist schon
von Linné an behauptet worden, daß namentlich bei den unteren Thier- und Pflanzenformen die typische Unbestimmtheit der
Gestaltung solche Neubildung gestatte und erleichtere. Darwin
aber beschränkt sich nicht darauf zu zeigen, daß und welche neue

Arten aus Varietäten entstanden sind, sondern geht ohne jene Vorsicht Baer's und nach der leider noch viel zu häufigen Art des Schließens aus wenigen Thatsachen auf's Allgemeine so weit anzunehmen, daß wahrscheinlich alle Lebensformen der Thiere und Pflanzen auf diesem Wege aus ganz wenigen Stammformen, vielleicht nur aus einer Urform entstanden sind. Eine feste Grenze der Veränderlichkeit der Lebensformen hatte er nicht entdeckt, somit konnte ihm auch die Beständigkeit der Lebensformen nur als eine unsichere, zeitweilige erscheinen, seine Züchtungstheorie machte sie zu einer erworbenen, warum sollte nun bei dieser Grenzvermischung typischer Gestaltung nicht Alles aus einander entstanden erscheinen?

Wie anders überhaupt können wir uns schicklich das Werden der Organismen vorstellen, die doch, so viel wir wissen, nicht immer auf der Erde vorhanden waren? — Nicht darum handle es sich, — sagte Schleiden einmal (Ueber den Materialismus 1863) — ob neue Arten, sondern nur wie die neuen Arten entstanden sind. Aus jedem Lehrbuch der Geologie könne man erfahren, daß auch nicht eine einzige jetzt lebende Thier- oder Pflanzenart älter ist als die Tertiärzeit, daß diese sämmtlich erst nach der Secundärzeit neu entstanden sind. — Nur um die Erklärung dieses Wie also streiten sich die entgegenstehenden Hypothesen; die eine nimmt für alle Neubildungen wiederholte göttliche Schöpfungsacte zu Hülfe, die andere die irgendwie begründete Umwandlungsmacht der Natur. Darwin suchte zuerst beide Hypothesen zu verbinden: einerseits nahm er für einige Stammformen göttliche Schöpfungsacte in Anspruch, aber er beschränkte diese Mühwaltung auf einige wenige Acte, vier oder fünf, vielleicht auch nur auf einen; andererseits übertrug er die Mühe weiterer Ausarbeitung der Lebensformen dem natürlichen Entwicklungsprinzipe, aber er beschränkte dasselbe durch Verwerfung der Urzeugung, weil die Erfahrung dieselbe nicht rechtfertige. Diese Vermischung der Standpunkte haben Freunde und Gegner in verschiedener Weise getadelt; nur meinte Jeder, daß Darwin nach seiner Seite nicht weit genug gehe. Die Freunde der Erklärung durch göttliche Schöpfungsacte meinten, Darwin thue besser statt der wenigen von ihm zugelassenen Acte gleich unendlich viele anzunehmen, das biete sowohl eine schicklichere Vorstellung vom lieben Gott, als es auch den Naturforscher der wei-

teren Mühe überhebe, die Verschiedenheit der Arten aus ihrer
Entwicklung zu erklären. Dem gegenüber zieht Darwin es
vor, den lieben Gott so wenig wie möglich zu bemühen und hält
es mit dem Grundsatz, zur Naturerklärung spät möglichst übersinnliche Agentien zu Hülfe zu nehmen. — Mit Rücksicht auf den
letzten Grundsatz behaupten nun aber die Freunde der natürlichen
Entwicklungstheorie, Darwin gehe dann in dieser natürlichen
Ableitung der Arten nicht weit genug, wenn er noch einige wenige Stammformen unmittelbar geschaffen sein lasse, auch diese
seien als echte Naturprodukte anzusehen. Die Urzeugung brauche
für die Urzeit nicht in Abrede gestellt zu werden, selbst wenn sie
erfahrungsgemäß nicht sollte erwiesen werden können, erfahrungsgemäß sei ja auch die Annahme der Ableitung des Menschen aus
dem Affengeschlecht nicht constatirt.

Auf etwas mehr Hypothese darf es allerdings wohl nicht
ankommen, wenn man dadurch die Hypothese mit sich selbst ein-
helliger machen kann. Solcher innern Abklärung bedürfen in
der That die streitigen Hypothesen gar sehr, aber vielleicht beruht
das widerspruchsvolle Wesen derselben auf der verzweifelten Lage
unserer Erkenntniß selbst und ist daher nur auf einem Wege zu
vermeiden, nämlich auf dem des Aufgebens solcher Hypothesen-
macherei überhaupt. Die Widersprüche dieser verschiedenen gangbaren Anschauungen in sich und mit der Erfahrung sind besonders
scharf in dem schon genannten Buche Snell's hervorgehoben.
Er faßt die Schwierigkeiten in dem Problem von der Schöpfung
der Organismen dahin zusammen: die organische Natur zeigt
unserer Erfahrung zwei Gesetze, das eine bedingt, daß ein leben-
diges Wesen nur aus einem Lebendigen entsteht, und das andere
fordert Gleichheit der Gattung des erzeugten und des erzeugen-
den Individuums. Diese Gesetze sind nicht in Einklang zu bringen mit den Thatsachen, daß die heutigen Organismen nicht
immer auf der Erde gewesen sind. Hält man streng fest an der
Unmöglichkeit einer Veränderung der Gattung, so müssen origi-
näre, nicht auf dem Wege der lebendigen Fortpflanzung vermittelte Neuschöpfungen angenommen werden; das widerspricht aber
dem ersten Gesetz. Sind aber die späteren Organismen aus den
früheren durch Umbildung auf dem Wege der Fortpflanzung entstanden, so ist das zweite Gesetz, daß bei aller Fortpflanzung die

Gattung sich erhält, umgestoßen. Die erste Ansicht läßt sich die Entstehung eines lebendigen Geschöpfes aus einem absolut Anderen gefallen, um die Entstehung eines Geschöpfes aus einem wenig verschiedenen nicht zugeben zu müssen. Die zweite Ansicht verwirft die Erklärung aus einem Schöpfungseinfluß, weil dies Erklärungsprinzip jenseits der natürlichen Erfahrung liegt, greift aber trotzdem zu einer Erklärung vermittelst eines natürlichen Prinzips, dem die Erfahrung widerspricht und das geradeswegs zur Annahme jenseitiger Bildungstriebe einer unbekannten Naturseele führt. — Kurz die menschliche Erfahrung reicht eben nicht zu, dieses Problem ursprünglichen Entstehens und Werdens zu lösen.

Wie viel weiser und unbefangener, wie viel mehr als echter Naturforscher hat doch über diese ganze Theorie ein Philosoph, der alte Kant, gesprochen in den beiden durch unvorsichtige Aeußerungen Forster's veranlaßten Aufsätzen und später in seiner Kritik der Urtheilskraft! — Der Grundsatz, daß Alles in der Naturwissenschaft natürlich erklärt werden müsse, sagt Kant, bezeichnet zugleich die Grenzen derselben. „Man ist zu ihrer äußersten Grenze gelangt, wenn man den letzten unter allen Erklärungsgründen braucht, der noch durch Erfahrung bewährt werden kann. Wo diese aufhören, und man mit selbst erdachten Kräften der Materie, nach unerhörten und keiner Belege fähigen Gesetzen, es anfangen muß, da ist man schon über die Naturwissenschaft hinaus, ob man gleich noch immer Naturdinge als Ursachen nennt, zugleich aber ihnen Kräfte beilegt, deren Existenz durch nichts bewiesen, ja sogar ihre Möglichkeit mit der Vernunft schwerlich vereinigt werden kann. — So kann in der Physik nicht nachgefragt werden, woher denn alle Organisirung selbst ursprünglich herkomme? Die Beantwortung dieser Frage würde, wenn sie überhaupt für uns zugänglich ist, offenbar außer der Naturwissenschaft in der Metaphysik liegen. Ich meinerseits leite alle Organisationen von organischen Wesen ab, und spätere Formen nach Gesetzen der allmählichen Entwicklung von ursprünglichen Anlagen, die in der Organisation ihres Stammes anzutreffen waren." — Gerade auf Letzteres, meint Kant, müsse die Naturerklärung besonderes Gewicht legen, dergleichen gelegentliche Entwicklungen als vorgebildet anzusehen, weil das Zeugen seines Gleichen, bei der durchgängigen inneren Zweckmäßigkeit eines organisirten Wesens, mit der Bedingung, nichts in die Zeugungskraft aufzunehmen, was nicht auch in einem solchen System von Zwecken zu einer der unentwickelten ursprünglichen Anlagen gehörte, nahe verbunden ist. — Der Mensch war für alle Klimate und für jede Beschaffenheit des Bodens bestimmt; folglich mußten in ihm mancherlei Keime und natürliche Anlagen bereit liegen, um entweder entwickelt oder zurückgehalten zu werden, damit er seinem Platze in der Welt angemessen würde, und in dem Fortgange der Zeugungen denselben gleichsam angeboren und dafür gemacht zu sein schiene. — Nur nichts dem Thier Fremdes müsse in die Zeugungskraft hineinkommen können, was vermögend wäre, das Geschöpf nach und nach von seiner ursprünglichen und wesentlichen Bestimmung zu entfernen und wahre Ausarten hervorzubringen, die sich perpetuiren. — Gleichwohl läßt auch dieses Prinzip der Entwicklung aus solchen je nach Umständen hervortretenden Anlagen eine weite Abänderungsmöglichkeit offen. Kant nennt es sogar rühmlich, vermittelst einer comparativen Anatomie die große Schöpfung organisirter Naturen darauf anzusehen, ob sich nicht etwas einem System Aehnliches, und zwar dem Erzeugungsprinzip nach vorfinde. Die Analogie der Formen, sofern sie bei aller Verschiedenheit einem gemeinschaftlichen Urbilde gemäß erzeugt zu sein scheinen, verstärke die Vermuthung einer wirklichen Verwandtschaft derselben in der Erzeugung von einer gemeinschaftlichen Urmutter, durch die stufenartige Annäherung einer Thiergattung zu anderen. Hier stehe es nun dem Archäologen der Natur frei, aus den übrig gebliebenen Spuren ihrer ältesten Revolutionen, nach allen ihm bekannten oder gemuthmaßten Mechanismen derselben, seine große Familie von Geschöpfen entspringen zu lassen. Allein gleichwohl müsse er zu dem Ende dieser allgemeinen Mutter eine auf alle diese Geschöpfe zweckmäßig gestellte Organisation beilegen, widrigenfalls die Zweckform der Producte des Thier- und Pflanzenreichs ihrer Möglichkeit nach gar nicht zu denken sei. Damit habe er aber den Erklärungsgrund nur weiter hinausgeschoben, und könne sich nicht anmaßen, die Erzeugung jener zwei Reiche von der Bedingung der Endursachen unabhängig gemacht zu haben. Eine Hypothese von solcher Art — fügt der weise Kant in einer Note bei —

könne man ein gewagtes Abenteuer der Vernunft nennen, und es mögten wenige, selbst von den scharfsinnigsten Naturforschern, sein, denen es nicht bisweilen durch den Kopf gegangen wäre. Denn ungereimt sei es eben nicht, sofern nur etwas Organisches aus einem andern Organischen erzeugt würde, z. B. wenn gewisse Wasserthiere sich nach und nach zu Sumpfthieren und aus diesen, nach einigen Zeugungen zu Landthieren ausbildeten. Im Urtheile der bloßen Vernunft widerstreite sich das nicht. Allein die Erfahrung zeige davon kein Beispiel, vielmehr sei alle bekannte Zeugung eine Zeugung aus Gleichartigem, eine andere Zeugung werde, soweit unsere Erfahrungskenntniß der Natur reiche, nirgend angetroffen.

In wie viel richtigerem Verhältniß erscheint hier Thatsache und Hypothese und wie fruchtbare Erklärungsmomente enthält hier die Hypothese der Keimanlagen selbst! Scharf werden Einsicht und Vermuthung geschieden, nachdrücklich wird betont, daß die Naturerklärung aufhört, wo die letztere anhebt, dennoch werden unbefangen die aus gewissen Wahrnehmungen sich aufdrängenden Vermuthungen eines einheitlichen ursächlichen Zusammenhanges der Naturdinge nicht abgewiesen, sondern nur darauf hingewiesen ein Ferment weiterer Nachforschung zu sein, einstweilen aber wird festgehalten, was bis jetzt die Erfahrung lehrt.

Die Anhänger Darwin's rühmen zwar, daß ihr Führer im Gegensatz zur früheren Naturphilosophie dies Problem von dem Boden sicherer Erfahrung aus zu lösen versucht habe, und mit Recht; nur muß zugleich genau bestimmt werden, bis wie weit. Aus Erfahrung zeigt Darwin, daß die fruchtbare Zeugung kein sicheres Kriterium zur Unterscheidung von Art und Abart bietet, auf Erfahrung gestützt behauptet er, daß die Veränderlichkeit der Organismen die bisher angenommene Grenze überschreitet; aber anstatt in der Weise Kant's das Wesen dieser Variabilität in dem von der Natur angelegten organischen Anpassungsvermögen zu erforschen, anstatt dann in der Erfahrung die Grenze zu suchen, unterläßt er das Erste ganz und behauptet ohne Erfahrung die Unbegrenztheit der Abänderung, so daß selbst Anhänger wie Vogt, Kölliker, Nägeli u. A. dem gegenüber das Stabilitätsprinzip schärfer betonen zu müssen meinen konnten. Als Erfahrungssatz und Regel freilich anerkennt auch Darwin

die Erblichkeit der Eigenschaften, gestützt auf Erfahrung behauptet
er ferner, daß insbesondere die dem Wesen nützlichen Eigenschaften
Aussicht auf dauernde Anerbung haben; aber wider die Erfahrung macht er Nützlichkeit zum ausschließlichen Prinzipe der Anerbung, und ohne Erfahrungsbeweis macht er kurzweg alle Beständigkeit zu einer durch nützliche Anerbung gewordenen. Anstatt
auf Grund vielleicht möglicher Erfahrungen zu zeigen, daß bestimmte Arten aus Varietäten allmählich entstanden sind, behauptet
er ohne Erfahrung oder vielmehr geradezu wider die bisherige
Erfahrung, daß dies für fast alle Lebensformen mit Ausnahme
von etwa vieren oder fünfen oder vielleicht nur einer gilt: —
worüber nun nach Belieben seine Anhänger mit ihm rechten, indem die Einen das Gegebensein der einen Stammform in ein
Entstehen durch Urzeugung verwandeln, während die Anderen
sich mit dieser einen oder selbst mit vier oder fünf Stammarten
noch nicht zufrieden geben wollen. — Nägeli will der Urzeugung eine Stelle einräumen in der Entstehungsgeschichte der Organismen. Daß die bisher angestellten Beobachtungen und Versuche dieser Annahme nicht günstig sind, giebt er zu. Anstatt
aber zu sagen, die bisherige Erfahrung widerspreche dieser Annahme, sagt er nur, sie fordere dieselbe nicht, schließe sie aber
auch nicht aus. Dazu hält er sich berechtigt durch eine Prüfung
der angestellten Versuche, welche ihm nicht beweiskräftig genug
erschienen, und durch die Einsicht, daß die Annahme der Urzeugung keinen logischen Widerspruch in sich trage. Die Rücksicht
auf den Anfang der organischen Welt lege die Annahme vielmehr nahe. Einmal müssen Wesen ohne Keim entstanden sein,
entweder auf übernatürlichem Wege durch Schöpfung oder auf
natürlichem Wege durch Urzeugung. Die letzte Auffassung entspreche dem neueren Standpunkte der Naturerklärung. Demselben
gemäß dürfe ferner die Urzeugung nicht nur für die Urzeit als
gültig erscheinen, sondern müsse unter ähnlichen Verhältnissen auch
als jetzt noch stattfindend angesehen werden. Es frage sich nur,
wie diese Verhältnisse sein müssen. Denkbar nun soll die Urzeugung allein für solche einzellige Gewächse sein, bei denen das
Individuum im Momente seines Entstehens von der entwickelten
Pflanze nicht qualitativ verschieden ist, ausgeschlossen dagegen
müssen alle mehrzelligen Zustände, selbst unter den einzelligen

auch alle Eier und Sporen mehrzelliger Organismen sein. Also
wenn die organische Welt auf natürlichem Wege in's Dasein ge-
treten ist, so muß sie mit einer vegetabilischen Urzelle angefangen
haben, wie dies Darwin vermuthete. Und während nun Nägeli die Entstehung mehrzelliger Wesen durch Urzeugung für
undenkbar erklärt, nimmt er gar keinen Anstand etwas bis jetzt
doch ebenfalls durch keine Erfahrung denkbar Gemachtes für
durchaus erklärlich zu halten, nämlich daß aus dieser vegetabilischen Urzelle alle übrigen mannichfaltigen Gestalten durch Fortpflanzung entstehen. — Vogt, im Widerspruche mit seiner früheren scharfen Verwerfung der Urzeugung, zeigt sich neuerdings
ebenfalls der Annahme derselben zugeneigt; aber bis zu einer
Urzelle vorzugehen, steht ihm nicht an: „Wenn man versucht
hat, das ganze organische Reich auf eine Grundform zurückzuführen, gewissermaßen auf eine erste Zelle, von welcher aus sich
die Organismen nach verschiedenen Richtungen entfaltet hätten,
so ist dies — sagt Vogt in seinem Buche über den Menschen —
eine ebenso irrige Ansicht als diejenige der Naturphilosophen,
welche die ganze Schöpfung aus einem ursprünglich bildsamen
Stoffe, dem sogenannten Urschleim entwickeln wollten?" Vogt
nimmt daher mit verschiedenen Entwicklungskräften versehene
Urzellen an, deren ursprüngliche Verschiedenheit sich fernerhin in
der Ausbildung der verschiedenen Grundpläne bezeugt, wie man
sie in den Gestaltungen thierischer Lebensformen erkennt. — Haeckel
schien bereits in seiner Rede auf der Stettiner Naturforscherversammlung die mögliche Einheit der Urabstammung aller Organismen aus einer einfachen Zelle oder aus einem noch einfacheren
Schleimklümpchen trotz der fragenden Ausdrucksweise zu sehr betont zu haben; Virchow bemerkte dagegen, daß er geneigter sei
mehrere Urformen anzunehmen; Haeckel erwiderte nun einlenkend,
daß er diese Frage für ganz untergeordnet und in das Gebiet der
Hypothese fallend halte. Ob man mehrere Formen annehme oder
weniger, vielleicht eine, scheine ihm nicht von so großer Bedeutung. Seitdem hat ihn die Vorliebe für den Monismus bestimmter auf die Seite der Vertreter der einheitlichen Urform
aller Organismen gestellt und mit Behagen verzeichnet er in dem
von ihm entworfenen Stammbaum derselben die gemeinsame
Wurzel aller Organismen. Darwin selbst erklärte es zuerst für

gleichgültig, ob man die ausgedehnteste Tragweite seines Analogie-
schlusses anerkenne oder nicht.

Diese Art der Hypothesenfreiheit scheint denn doch wohl
das vor dem Richterstuhl der Wissenschaft erlaubte Maß solcher
Freiheit zu überschreiten. Eine Hypothese, die man nach Belieben
haben und auch nicht haben kann, verdient diesen Namen nicht;
Hypothesen sollen zur Erklärung bestimmter Thatsachen dienen
und nur zum Behuf derselben wenigstens mit einem Schein von
Nothwendigkeit ersonnen sein. Der Darwinismus aber bildet
in seiner Descendenztheorie nicht eine Hypothese zur Erklärung von
Thatsachen, sondern umgekehrt nimmt Thatsachen an zur Erklärung einer Hypothese. Dies wunderliche Mißverhältniß ver-
deckt in einer allerdings äußerst bestechlichen Weise Darwin's
indirecte Beweisführung, auf die daher ungemein viel Sorgfalt
verwendet ist. Und doch haben wir es auch hier nur mit einer
Summe von Scheingründen zu thun.

Vorzüge der Entwicklungstheorie vor der Schöpfungstheorie.

Die indirecte Beweisführung zu Gunsten des Darwinismus besteht in dem Versuch zu zeigen, daß derselbe besser als die
Schöpfungstheorie im Stande ist, verschiedene Erscheinungen der
Abartung, des Vorkommens rudimentärer Organe und anderer
Unvollkommenheiten, der morphologischen und embryonalen Aehnlichkeiten, der geographischen Verbreitung und geologischen Folge
der Organismen und endlich der Klassifikation zu erklären. Der
diesem Bemühen gewidmete umfangreiche Theil des Darwin'schen
Buches enthält unstreitig viele wichtige und geistreiche Betrachtungen, namentlich in dem Kapitel über die geographische Verbreitung der Organismen; hier kommt nur sein prinzipieller
Kern in Betracht und dieser ist trotz allen Aufwandes bestechlichen Scheines ungemein schwach. Bald wird mit größter Leichtigkeit und mit grundloser Willkür erklärt, seine Theorie erkläre besser als die gegnerische eine bestimmte Erscheinung, bald
wird irgend ein thatsächlicher Einwand mit irgend einer neuen
Hypothese aus dem Felde geschlagen und die gewichtigsten Gegen-
gründe werden kaum oder gar nicht beachtet. Wir begnügen uns
an einigen Hauptbeispielen dieses Urtheil zu rechtfertigen.

Die Entwicklungstheorie soll zunächst besonders geeignet sein, eine Reihe auffallender Abartungserscheinungen zu erklären. Sie mache begreiflich, warum ein im Vergleich zu ähnlichen Theilen anderer Arten auffallend entwickelter Körpertheil besonders variabel sei; die gegnerische Ansicht müsse seine Beständigkeit vermuthen, weil sie ihn wegen seiner besonderen Entwicklung für wesentlich zu halten habe. Keineswegs mit Recht bürdet D a r - w i n seinen Gegnern diese Albernheit auf, jede auffallende Entwicklung für wesentlich zu halten; vielmehr wird sie gerade diesen nicht selten für abnorm und deshalb für variabel gelten. Ebenso verständlich muß den Gegnern sein, warum der Artcharakter leichter abartet als der Gattungscharakter; nicht der ältere Bestand giebt letzterem die größere Festigkeit, sondern seine höhere Abstractionsstufe. Je weniger Merkmale ein Begriff hat, um so weniger Anhalt ist natürlich vorhanden zur Abweichung in den Merkmalen, in dieser Lage befinden sich stets die allgemeineren Gattungsbegriffe. Tisch und Stuhl sind ihrem allgemeinen Charakter nach beständig, während die Tisch- und Stuhlarten vielfach variiren; doch hat der Tisch darum kein Adelsdiplom eines älteren Ursprungs als die Tischarten. — Daß Arten einer Gruppe analog variiren, ist bei ihrer allgemeinen Aehnlichkeit nicht gerade befremdlich, könnte aber in einzelnen Fällen wohl als Anzeige gelten, daß hier in der That entstandene Abarten vorliegen. Daß die Arten größerer Gruppen in einer Gegend leichter abändern als die der kleineren, daß jene Arten mehr Varietäten gleichen, als diese, ist wohl möglich; beweist aber weiter Nichts, als daß die größeren Gruppen leichter Abarten bilden und somit in einzelnen Fällen vielleicht auch die Festsetzung neuer Lebensformen begünstigen. — Aber viel bestimmter kommt an diesem Punkte eine besondere Schwäche des Darwinismus zum Vorschein. Gerade dieser Theorie muß es vorzüglich schwer werden das Festsetzen neuer Lebensformen zu erklären. Hätte D a r w i n noch wenigstens angenommen, die Abweichungen machten sich plötzlich massenhaft in den Eizuständen der alten Arten geltend, da erschiene doch die Aussicht auf Bestand noch einigermaßen gesichert. Aber nein, ausdrücklich wird auf den Eintritt einzelner individueller Abartung das Hauptgewicht gelegt. Welchen Grund sollen wir nun haben gerade eine besondere Nützlichkeit dieser individuellen Abweichungen

zu vermuthen? Ist es nicht viel natürlicher, die größte Zweckmäßigkeit und Nützlichkeit in den festgeordneten Verhältnissen typischer Gestaltung zu suchen? — Ein Flügelproject hat, wie Pictet bemerkt, sicher nicht so viel Kraft zum Bestand wie ein fertiger
Flügel. Aber auch gesetzt den Fall, das Nützlichste fände sich in
solchen einzelnen Abartungen, welche Aussicht hat dasselbe gegen
die Macht des Bestehenden aufzukommen? So leicht nach Darwin Abänderungen entstehen, ebenso leicht vergehen sie auch;
häufige Kreuzung nahverwandter Arten erscheint ihm selbst als
Heerd stetiger Umschmelzung. Mit der angenommenen Vertilgung
der Zwischenformen und dem behaupteten Herrschaftsstreben der
bestehenden größeren Arten reimt sich schlecht jener angenommene
Schutz des aufkommenden Einzelsten und sei es auch das
Nützlichste. Wenn schon die geringeren Art-Gruppen durch die
größeren besiegt werden, so werden die erst beginnenden Varietäten um so weniger gegen die schon feststehenden aufkommen können. Und wenn auch in zahlreichen Arten leichter nützliche Abartungen auftreten, so können sie eben durch die Ueberzahl und
die dadurch vermehrte Kreuzung auch leichter wieder unterdrückt
werden. — Kurz anstatt mit den Abänderungserscheinungen in
bestem Einklang zu stehen, widersprechen diese den Hauptsätzen
des Darwinismus auf's entschiedenste.

Anwendbarer scheint auf den ersten Blick die Theorie zur
Erklärung des Vorkommens nutzloser rudimentärer Organe und
anderer Unvollkommenheiten. Sie werden gedeutet als Reste einer
früheren oder als Vorboten einer zukünftigen Nützlichkeit. Warum
aber diese hypothetische Teleologie besser sein muß, als die gegnerische Anschauung, ist mir unerfindlich. Einen Theil zur Zeit
nutzloser oder unvollkommener Beschaffenheiten der Organismen
könnte man ansehen als Anlagen des natürlichen organischen An-
passungsvermögens, die unter Umständen gerade nützliche Abänderungen ermöglichen. Insofern hätten wir in ihnen die Spuren
einer weisen organischen Fürsorglichkeit zu erkennen. Ein anderer
Theil könnte angesehen werden, als teleologisch nebensächliche,
aber causal nothwendige Folge gewisser anderer wohl begründeter
Organisationsverhältnisse, wie dies schon der alte Teleologe Aristoteles und neuerdings wieder Lotze darthat. — Ich gebe dieser Auffassung unbedingt den Vorzug vor der Darwin'schen

Vergangenheits- und Zukunfts-Teleologie, und zwar aus dem
einfachen Grunde, weil sie genügt vorhandene Thatsachen zu erklären, während Darwin genöthigt ist, unerwiesene und in
Betreff der Zukunft zur Zeit unerweisliche Entwicklungsthat-
sachen vorauszusetzen.

Bedeutungsvoller noch ist vielen namhaften Forschern die
Theorie Darwin's erschienen zur Erklärung der morphologischen
und embryonalen Aehnlichkeiten der Organismen. Kölliker's
Vogt's, Huxley's und Anderer Zustimmungen schließen sich
vorzugsweise diesem Punkte an. Für den Zusammenhang der
Krebsgruppe hat Fr. Müller in einer Schrift „Für Darwin
1864," für die Genealogie der Wirbelthiere hat Gegenbaur
in einer Schrift „Untersuchungen zur vergleichenden Anatomie der
Wirbelthiere, Carpus und Tarsus, 1864" diese Anschauung fruchtbar anzuwenden gesucht. Vornehmlich durch diese Arbeiten erklärte auch Oscar Schmidt, der anfänglich unter der Wucht
der Unwahrscheinlichkeiten sich sehr abwehrend gegen Darwin
verhalten hat, in einer Schrift („Das Alter der Menschheit und
das Paradies, 1866") von der hohen, für seine Wissenschaft
reformatorischen Bedeutung jener Theorie überzeugt worden zu
sein. Und ohne Zaudern hat derselbe nun in seiner neuesten
Schrift: „Descendenzlehre und Darwinismus 1873" behauptet
und darzuthun versucht, daß die Uebereinstimmung in den Grund-
zügen der individuellen Entwicklung ihre Erklärung nur in der
Annahme der gleichen Abstimmung finde.

Meine hohe Achtung vor den genannten Männern kann
mich nicht hindern, die gemachten Folgerungen nicht für gerechtfertigt durch die vorliegenden Thatsachen zu halten. Dieselben
zeigen nur Aehnlichkeiten, Homologien und Analogien der Gestalt
und Entwicklung. Diese sind darum nicht ohne Weiteres als
Stufen der Entwicklung der Lebensformen aus einander anzunehmen, sie müssen vielmehr zuvor thatsächlich als solche erwiesen
sein. Dies ist bisher nicht geschehen. Früher fühlten die exacten
Naturforscher, selbst jetzige Apostel des Darwinismus, sich berufen, gegen die unexacte Naturphilosophie gerade diese von mir
jetzt vertretene empirische Wahrheit zur Geltung zu bringen. „Es
ist vollkommen richtig, — sagte Vogt ehemals — daß die Embryonen höher stehender Thiere Phasen während ihrer Entwicklung

durchlaufen, die den bleibenden Verhältnissen anderer Thiere analog
sind. Indeß gehen diese Analogien nie und in keinem Falle so
weit, daß darüber der specielle Organisationsplan des Thieres
gänzlich verschwände. — Der menschliche Embryo z. B. hat durch
die Existenz von Kiemenspalten an der Seite des Halses in frü=
hester Zeit eine gewisse Analogie mit einem Fisch, ohne daß er je
wahre Kiemen besäße oder in anderer Hinsicht einem Fische gliche.
— Die Organisation eines speciellen Thieres ist also gleichsam
das Resultat zweier Kräfte — des allgemeinen Planes, welcher
den größeren Klassen zu Grunde liegt und die Eigenthümlichkeiten
umfaßt, die eben das Thier zum Wirbelthier, Gliederthier u. s. w.
machen, und des speciellen Planes, der ihm seinen näheren Cha=
rakter giebt. Der erstere Plan giebt die berührten Analogien,
die sich aber nie weiter erstrecken. — Ein Vogel= oder Reptil=
Embryo ist niemals einem Fisch=Embryo vollkommen gleich; er
ist ihm nur ähnlich. — Eine Quappe ist ein in fischähnlichem
Zustande bleibendes Reptil. — Es giebt aber weder eine Rück=
bildung des Reptils zum Fisch, noch eine Fortbildung des Fi=
sches zum Reptil. — Bei den Hunderttausenden von Vogel= und
Frosch=Embryonen, welche die Naturforscher schon untersucht haben,
ist noch keine Bildung beobachtet worden, die über den normalen
Zielpunkt hinausginge." — „Die Entscheidung über die Succes=
sionstheorie wird erst dann gegeben sein, wenn von jeder Muschel
u. s. w. nachgewiesen ist, inwiefern sich deren specifische Charaktere
abändern können." — Vogt's Ansichten haben sich freilich seit=
dem geändert, aber der Stand der Sache im Wesentlichen nicht.
Höchstens hat man über die Aehnlichkeiten der Organismen eine
größere und besser begründete Anzahl von Kenntnissen gewonnen;
aber der Schluß von der Aehnlichkeit derselben auf ihre Identität
und Entwicklung aus einander, ist noch jetzt so unberechtigt wie
damals. Wenn Darwin meint, weil es fliegende Vögel, flie=
gende Säugethiere, fliegende Insekten giebt und vordem auch flie=
gende Reptilien gab, werde es auch begreiflich, daß fliegende Fische
allmählich zu vollkommen beflügelten Thieren umgewandelt werden
können: — so dient darauf noch heute Vogt's Spott: „Wahr=
lich ein herrlicher Beweis! Weil es unter den Schildkröten Fleisch=
fresser und Pflanzenfresser giebt, deshalb stammen die Vögel von
ihnen ab, bei welchen sich ebenfalls Fleischfresser und Pflanzen=

freffer finden?" — Homologie und Analogie der Theile sind eben
nicht Identität, und Aehnlichkeit gewisser Entwicklungsphasen ist
eben keine thatsächliche Entwicklung der Formen aus einander.
So lange Beides unerwiesen bleibt, ist hypothetisch die Aehnlich=
keit der Naturwesen nicht minder erklärlich aus der Annahme
eines einheitlichen Schöpfungsgedankens oder selbst ähnlich beschaf=
fener Naturstoffe und der ihnen innewohnenden Gesetzmäßigkeit.
Diese letzte Auffassung erklärt sogar weit eher den alten Satz, daß
die Natur keinen Sprung macht, als die Uebergangshypothese.
Denn wie man dieselbe auch denken mag, ob als vererbte Um=
wandlung oder als heterogene Zeugung, die Entstehung eines
wesentlich Neuen aus dem bestehenden Alten muß im Fortpflan=
zungsmomente stets als ein Sprung der Natur erscheinen. Ue=
berdies hat die gewöhnliche Auffassung noch den Vorzug, min=
destens keine unerwiesenen natürlichen Thatsachen voraussetzen zu
müssen. —

Schon aus dieser Anschauung ergiebt sich, daß auf die an=
geblichen geologischen Bestätigungen des Darwinismus wenig
Gewicht gelegt werden kann. Mag die Summe dieser neu ent=
deckten sogenannten Uebergangsformen noch so sehr vermehrt wer=
den, sie können nicht mehr beweisen als Schnabelthier und Lepi=
dosiren in der jetzigen Schöpfung. Thatsächlich erkennt man an
ihnen nur gewisse Aehnlichkeiten mit Eigenschaften zweier Thier=
klassen; sie deshalb als wirkliche Bindeglieder der Entwicklung
anzusehen, dazu könnte erst der Nachweis des Ueberganges ein
wissenschaftliches Recht verleihen. Dieser Nachweis ist bis jetzt
in keinem Fall geliefert. Bei diesem Stand der Dinge gewinnt
es allerdings eine höhere Bedeutung, wenn überdies noch mit
Recht von den Gegnern Darwin's auf die geringe Zahl solcher
bisher aufgefundenen Uebergangsformen im Verhältniß zu den
vielen mit unseren Arten identischen Lebensformen hingewiesen
wird. Darwin selbst hat dagegen nur unsere bisherige geolo=
gische Unkunde vorzuschützen, er anerkennt damit um so nach=
drücklicher das Gewicht dieses Einwandes. — Ganz ebenso spricht
das thatsächliche Fehlen der Zwischenformen gegen die von der
geographischen Verbreitung hergenommenen Bestätigungen seiner
Hypothese, auch hier weiß er sich nur mit der weiteren Hypothese
spurloser Vertilgung dieser muthmaßlich früher vorhandenen Zwi=

schenformen zu helfen. Während noch vor wenigen Jahren die
exacte Naturforschung die Möglichkeit in Abrede stellte, sich die
Bevölkerung der Erde und die Rassenbildung als von einer
Menschenart ausgegangen vorzustellen, befiehlt die modernste Naturforschung nicht nur dies, sondern sogar in höchster Potenz
die Rückkehr zum naturphilosophischen Urschleim. Die Unsicherheit dieser Behauptungen ist auch von vielen namhaften Forschern
wie Pictet, Elie de Beaumont, sowie von Seiten der Zoologen durch Bronn, Keferstein und Anderen hinsichtlich der
zu Grunde gelegten Thatsachen bestritten worden. Uns genügt
hervorzuheben, daß dieselben jedenfalls die daraus gezogenen Folgerungen nicht rechtfertigen.

Dem entsprechend ist schließlich die neue Theorie auch von
zweifelhaftem, jedenfalls nur von begrenztem Werth für das
schwierige Problem der Klassification. Darwin will in der Abstammung der Geschöpfe von einander das reale Band erkennen,
das sie alle mit einander verknüpft, und sucht darin die Erklärung dafür, daß es der Wissenschaft unmöglich geblieben ist, scharf
abgegrenzte Eintheilungsgruppen unter ihnen zu bilden. Es giebt
eben nur zeitweilig fest gewordene Typen der Lebensformen, die
durch unzählige Mittelformen mit einander verbunden erscheinen,
daher einen niemals scharf zu fassenden Charakter fließender Unbestimmtheit behalten und aller Mühe der Systematik Hohn sprechen. — Solche Ansichten konnten für die wissenschaftlich nothwendige Unterscheidung der Geschöpfe bedenklich erscheinen, konnten
die Furcht erwecken, daß Manche die Lehre von dem ununter-
scheidbaren Formengewirre bequemer finden mögten als die Forderung schwer zu findender Unterscheidungen; aber diese Bedenken
und diese Furcht waren nicht durch sich selbst schon hinreichend
begründet. Ihrer Voraussetzung nach sollte man meinen, die
Naturwesen seien nur dazu da, um in Arten und Gattungen ein-
getheilt zu werden. Gäbe die Natur wirklich zu solchen Sonde-
rungen keinen Anlaß, so wäre es albern den darauf begründeten
Mangel aller Systematik zu bejammern. Aber in Wirklichkeit
liegt die Sache anders, die Natur selber bietet uns jenen Anlaß,
nöthigt uns ihm Rechnung zu tragen. Freilich hat man gemeint
daran erinnern zu müssen, daß Arten und Gattungen auf unserem Abstractionsvermögen beruhende Eintheilungen des mensch-

lichen Verstandes sind, daß somit Art und Gattung als so ent=
standene Begriffe bloße Gedankendinge sind ohne Wirklichkeit.
Demgemäß glaubte man in der Neigung, dem Artbegriff auch
eine objective, reale Bedeutung und somit einen der subjectiven
veränderlichen Auffassung unzugänglichen, andauernden Werth
beizulegen, einen letzten Rest des mittelalterlichen Realismus zu
erkennen, der irrthümlich in den Begriffen die Wesenheit der
Dinge zu erfassen meinte, wogegen wieder mit den neu geschärften
Waffen des scholastischen Nominalismus zu kämpfen sei. Die neue=
sten Forschungen der Naturwissenschaft sollten uns gründlich von
diesen letzten Ueberbleibseln des mittelalterlichen Realismus mit
seiner Begriffsgespensterlehre befreien. — Zutreffend dürfte diese
Erinnerung an den alten Kampf des Realismus und Nominalismus in Rücksicht auf D a r w i n schwerlich gefunden werden.
Denn seine Lehre erklärt keineswegs die Arten für bloße Begriffe
und somit für subjectiv auf wechselnder Abstraction beruhende
Eintheilungen unseres Verstandes; vielmehr sollen die Arten gelten
als real verbundene Gruppen der Natur selbst, nur nicht als
ursprünglich feste, sondern nur als zeitweilig fest gewordene. Nicht
unsere Auffassung von der Gruppe soll den Wechsel der Artbe-
griffe bedingen, sondern der Wechsel und die Verbindung der
Gruppen selbst soll die Festigkeit und Schärfe unseres Artbegriffs
hindern. Wäre der Artbegriff blos subjectives Product unseres
Verstandes, so könnte er scharf sein, er ist dies nicht, gerade weil
er dem objectiven Verhalten der Natur nachgehen muß, die fast
nie so scharf scheidet wie der abstracte Verstand des Menschen.
Also der Darwinismus hat Nichts wider den Realismus, er verwandelt nur rücksichtlich des Artbegriffs das ursprüngliche Da=
sein in ein erworbenes, das stehende in ein flüssiges. — In
richtiger wissenschaftlicher Begrenzung bleibt uns gegen diese Auffassung kein Einwand. Der menschliche Geist ist es allerdings,
der sich vermöge der Abstraction die Gattungsbegriffe bildet und
insofern sind dieselben seine Gedanken; aber er bildet die Begriffe
auf Anlaß der Naturdinge, indem er von ihnen die wesentlichen,
dauernden Merkmale von den unwesentlichen, veränderlichen, die
gemeinsamen von den unterschiedenen absondert, und insofern ent=
spricht den subjectiven Begriffen eine objective Beschaffenheit der
Natur. Mit solchen Gedanken waren wir über den künstlichen

Gegensatz des Nominalismus und Realismus längst hinweg gekommen, und es war wohl am wenigsten von der Naturforschung
ein abermaliger Aufhebungsversuch dieser richtigen Ausgleichung
zu erwarten, welche auch Darwin unbefangen vertritt. — Ebenso
berechtigt war Darwin mit dem Artbegriff nicht unbedingt den
Begriff unveränderlicher Ursprünglichkeit verbinden zu wollen.
Diese Voraussetzung hat allerdings in die unbefangene Forschung
ein unklares und deshalb hinderliches Moment gebracht. Linne's
Satz: „Species tot numeramus, quot diversae formae in prin-
cipio sunt creatae" ist verhängnißvoll geblieben bis zu dem
neuesten Ausdruck Agassiz's von den Arten als Schöpfungsgedanken Gottes. Dieser Satz geht einerseits zu weit über die
Grenzen der Forschung hinaus und zieht andererseits doch die
Grenzen zu eng. Bis an die Schöpfung reicht unsere Forschung
nicht, aber sie reicht vielleicht aus, um zu zeigen, daß auch nach
der Schöpfung noch Arten d. h. typisch fest gebildete Gruppen
entstanden sind. — Die Gattungsbegriffe und Eintheilungen wurden fast immer mit dem Schein allzu großer Unbedingtheit ausgestattet und fielen dadurch natürlich dem Wechsel der veränderten
Ansicht und erweiterten Erfahrung anheim. Längst war es
nöthig ernstlich zu beachten, was Whewell in seiner Philosophie
der inductiven Wissenschaften trefflich ausgeführt hat, daß natürliche Gruppen durch den Typus, nicht durch die Definition gegeben sind, daß daher innerhalb einer typischen Grenze eine mehr
oder minder große Veränderlichkeit zu lassen ist. An diesen Stand
der Dinge mit offenem Sinn erinnert zu haben, ist, wie schon
bemerkt, ein Verdienst Darwin's. Sein Fehler beginnt erst
damit, daß er, anstatt nun unbefangen die Grenze der Veränderlichkeit im Verhältniß zur typischen Beständigkeit zu ermitteln,
anstatt Artbestand und Artentstehung auf Grund bestimmter wissenschaftlicher Thatsachen zu prüfen, vorzog sich zum Propheten zu-
künftig einmal zu erweisender Unbegrenztheit der Abänderung
und Artentstehung zu machen. — Für die organischen Wissenschaften der Gegenwart bleibt diese Auffassung freilich ungefähr-
lich, denn das gefürchtete Formenchaos wird von Darwin als
vergangen in die Vorzeit unserer Erfahrung verlegt, den meisten
jetzigen Arten ihr Bestand für die ganze letzte Erdperiode zugegeben, daher auch mit Milne-Edwards betont, daß wir uns

trotz der begrenzten Veränderlichkeit an die fest bestehenden Typen zu halten haben. Die Mühe der Systematik wird also den Bequemen nicht erspart und den Liebhabern nicht genommen. Für die Gegenwart bleibt es also mit der Systematik im Wesentlichen wie es war, nur der vielfach übertriebenen Speciesmacherei gegenüber bringt der Darwinismus eine heilsame Mahnung zur Vorsicht im Systematisiren. Diese Warnung mit Nachdruck gegeben zu haben ist unstreitig ein Verdienst Darwin's. Es bleibt aber zu wünschen übrig, diese heilsame Nachwirkung werde nicht dadurch verkürzt, daß diese Mahnung nun umgekehrt zum übertriebenen Vernachlässigen der nothwendigen Unterscheidungen führt. Sehr mit Recht bemerkte schon Göthe: „Die Idee der Metamorphose ist eine höchst ehrwürdige, aber zugleich höchst gefährliche Gabe von oben. Sie führt in's Formlose, zerstört das Wissen, löst es auf. Sie ist gleich der vis centrifuga und würde sich in's Unendliche verlieren, wäre ihr nicht ein Gegengewicht gegeben: ich meine den Specificationstrieb, das zähe Beharrlichkeitsvermögen Dessen, was einmal zur Wirklichkeit gekommen, eine vis centripeta, welcher in ihrem tiefsten Grunde keine Aeußerlichkeit etwas anhaben kann." Einen dauernden Werth behält jedenfalls nur die richtig begrenzte Grundansicht Darwin's ohne die erfahrungslose und erfahrungswidrige Zuthat der Descendenztheorie, dieser völlig haltlosen Hypothese von der Entstehung aller Wesen aus einander.

Und nun zum Schluß nur noch einige Worte über Hypothesen, ihre Berechtigung und ihren Werth! Nicht Das verurtheilt den Darwinismus, daß er Hypothesen aufstellt, sondern daß diese Hypothesen schlecht sind. Keine Wissenschaft kann der Hypothesen entbehren und gute Hypothesen können sicherlich einer Wissenschaft von großem Nutzen sein. Aber Hypothesen sind nur zulässig um fest stehende Thatsachen zu erklären, unerlaubt dagegen sind Hypothesen, die zu ihrer Stütze die Annahme neuer Hypothesen nicht nur, sondern auch völlig unerwiesener Thatsachen bedürfen. Solcher Annahmen nun bedarf im hohen Grade die Darwin'sche Lehre und deshalb ist sie eine wissenschaftlich schlechte und unerlaubte Theorie. Dieser Behauptung gegenüber ist von den Anhängern Darwin's unter Naturforschern sowohl als auch unter Philosophen das Recht der angenommenen Hypothesen zur Theorie entschieden vertheidigt worden; der Versuch einer eingehenderen Rechtfertigung jener Behauptung dürfte daher wohl am Platze sein.

Haeckel erinnert an einen Ausspruch Goethe's: „eine schlechte Hypothese sei besser als gar keine"; wir wollen nicht bestreiten, daß dieses geistreiche Wort unseres Dichters einen verständigen Sinn hat. Die Aufstellung einer Hypothese giebt immerhin Zeugniß von dem Versuch, den Zusammenhang eines gegebenen Thatbestandes wissenschaftlich zu erklären, und ein solcher Versuch kommt gewiß der wesentlichen Aufgabe der Wissenschaft näher als das Stehenbleiben beim bloßen Sammeln und Beschreiben von Thatsachen. Die Aufstellung einer solchen Hypothese, auch wenn sie falsch ist, kann daher vermöge dieses ihres wissenschaftlichen Triebes gar wohl der Anstoß zur Fortsetzung einer nützlichen, erfolgreichen Forschung sein. Aber diesen Nutzen wird die falsche Hypothese nur gewähren, wenn der Fortschritt der durch sie veranlaßten Forschung zur vorurtheilsfreien Berichtigung ihrer selbst führt. Tritt dieser Fall nicht ein, so dient die Aufstellung der falschen Hypothese zur Fälschung des Wissens, zur Verleitung der Forschung auf Irrwege. In solchem Falle würde keine Hypothese besser gewesen sein als eine falsche.

Der Verzicht auf die Aufstellung einer Hypothese kann ja ein vorläufiger sein; braucht nicht auf dem unwissenschaftlichen Mangel eines Erklärungsbedürfnisses überhaupt zu beruhen, sondern kann seinen Grund in einer echt wissenschaftlichen Vorsicht haben, in dem Bewußtsein, daß der Thatbestand des zu Erklärenden noch nicht genugsam sicher gestellt ist. Bei solcher Sachlage ist Zurückhaltung in der Aufstellung von Hypothesen gewiß empfehlenswerth; und, so begreiflich es auch ist, wenn die Naturforschung unserer Tage in dem Sturmschritt ihrer neuen Fortentwicklung diese Behutsamkeit vielfach außer Acht läßt, so ist doch ebenso gewiß, daß sie nur durch Beachtung dieser Vorsicht wird vermeiden lernen in raschem Wechsel von Hypothese zu Hypothese zu schaukeln. Lotze hat einmal geäußert, er habe heimlich längst die statistische Bemerkung gemacht, daß die großen positiven Entdeckungen der exacten Physiologie eine durchschnittliche Lebensdauer von etwa vier Jahren haben. Dieses Wort ließe sich auf die angeblichen thatsächlichen Entdeckungen in gar manchen anderen

Naturgebieten und mehr noch auf die entsprechenden Hypothesen anwenden, so daß die so oft gerühmte Gewißheit des Naturwissens vielfach in ein mehr als bedenkliches Schwanken gerathen ist. Hat dies ohne Zweifel zum Theil seinen natürlichen Grund in dem erfreulichen Fortschritt der Naturkunde, so kommt ein anderer Theil des unzweifelhaften Uebelstandes doch auf Rechnung der vorschnellen Aufstellung verschiedener Hypothesen. Diese Unsicherheit wechselnden Umlernens ist gewiß als schädliche Folge solcher falschen Hypothesensucht anzusehen. Unter allen Umständen aber ist eine gute Hypothese besser als eine schlechte, thut man daher besser eine schlechte nicht aufzustellen, wenn man eine gute noch nicht hat.

Aber die Darwinisten behaupten freilich, daß Darwin's Hypothese oder Theorie eine gute sei. Die Abstammungslehre, sagt Haeckel, habe uns zum ersten Male in die Lage versetzt, die Gesammtheit aller organischen Naturerscheinungen auf ein einziges Gesetz zurück zu führen, eine einzige wirkende Ursache für das unendlich verwickelte Getriebe dieser ganzen reichen Erscheinungswelt aufzufinden. In dieser Beziehung stelle sie sich ebenbürtig Newton's Gravitationstheorie an die Seite; ja sie erhebe sich noch über dieselbe. Darwin's Theorie sei nicht eine beliebige, aus der Luft gegriffene, bodenlose Hypothese, sie sei überhaupt mehr als Hypothese. Denn eine wissenschaftliche Hypothese sei eine Annahme, welche sich auf unbekannte, bisher noch nicht durch die sinnliche Erfahrung wahrgenommene Eigenschaften oder Bewegungserscheinungen der Naturkörper stütze. Darwin's Lehre nehme keine derartigen unbekannten Verhältnisse an; sie gründe sich auf längst anerkannte allgemeine Eigenschaften der Organismen, und es sei die außerordentlich geistvolle, umfassende Verbindung einer Menge bisher vereinzelt dagestandener Erscheinungen, welche dieser Theorie ihren außerordentlich hohen Werth gebe. Wir gelangten durch sie eben zum ersten Male in die Lage für die Gesammtheit aller uns bekannten morphologischen Erscheinungen in der Thier- und Pflanzenwelt eine bewirkende Ursache nachzuweisen; und zwar sei diese wahre Ursache immer eine und dieselbe, nämlich die Wechselwirkung der Anpassung und der Vererbung, also ein physiologisches, d. h. ein physikalisch-chemisches oder ein mechanisches Verhältniß. Aus diesen Gründen

sei die Annahme der durch Darwin mechanisch begründeten
Abstammungslehre für die gesammte Zoologie und Botanik eine
zwingende und unabweisbare Nothwendigkeit. Es liege nicht im
Belieben der einzelnen Zoologen und Botaniker, ob sie dieselbe
als erklärende Theorie annehmen wollten oder nicht. Vielmehr
seien sie dazu gezwungen und verpflichtet nach dem allgemeinen,
in den Naturwissenschaften überhaupt gültigen Grundsatze, daß
wir zur Erklärung der Erscheinungen jede mit den wirklichen
Thatsachen vereinbare, wenn auch nur schwach begründete Theorie
so lange annehmen und beibehalten müßten, bis sie durch eine
bessere ersetzt würde. Dies nicht zu thun heiße auf eine wissenschaftliche Erklärung der Erscheinungen verzichten. Das sei denn
auch in der That der Standpunkt, den viele Zoologen gegenwärtig noch einnähmen. Sie betrachteten das ganze Gebiet der
belebten Natur als ein vollkommenes Räthsel und hielten die Entstehung der Thier- und Pflanzenarten, die Erscheinungen ihrer
Entwicklung und Verwandtschaft für ganz unerklärlich, für ein
Wunder; sie wollten von einem wahren Verständniß derselben
überhaupt Nichts wissen.

Aehnlich, nur in einem Punkte die Behauptung Haeckel's
einschränkend, hat sich Julius Dub in seiner 1870 erschienenen
„Kurzen Darstellung der Lehre Darwin's" gegen meine Behauptung, daß der Darwinismus eine schlechte Hypothese sei, ausgesprochen. Sei mir auch die Berechtigung zuzugeben, die Darwin'sche Hypothese der natürlichen Züchtung den Grundpfeiler
der Theorie zu nennen, so müsse doch hervorgehoben werden,
daß dieser Grundpfeiler nicht schwächer sei, als irgend welche
Hypothese einer anderen Theorie. Zur Erklärung der elektro-
magnetischen Erscheinungen nehme man elektrische Molekular-
ströme an, von denen noch nie ein Physiker etwas direkt
wahrgenommen habe, und doch gebe man sie als Hypothese zu.
So verhalte es sich in allen Fällen. Wären diese Annahmen
erwiesen, so wären sie ja eben nicht mehr Hypothesen. Wenn
nun aber somit die Begründetheit der natürlichen Züchtung als
Hypothese vertheidigt werde, so dürfte es doch am Orte sein gegen
Haeckel hervorzuheben, daß die natürliche Züchtung auch weiter
nichts als eine Hypothese sei. Eine Hypothese sei nicht eine Annahme, die sich auf vorläufig unbekannte, aber dermaleinst durch

sinnliche Erfahrung wahrzunehmende Thatsachen stütze. Eine
Hypothese möge sich stützen, worauf sie wolle, erforderlich sei nur,
daß sie als eine mögliche Annahme erscheine, welche die Ursache
der zu erklärenden Thatsachen angebe. Da nun in dem vorliegenden Falle die natürliche Züchtung diese Ursache sei, welche
nicht direkt bewiesen werden könne, so müßten wir sie die Hypothese der Theorie Darwin's nennen.

Hätte ich diesen Gesichtspunkt festgehalten, meint Dub, so
würde eine große Zahl meiner Angriffe gegen Darwin ganz
weggefallen sein. In den meisten Fällen komme ich immer wieder
darauf zurück, daß nicht nachgewiesen sei, es finde Abänderung
der Organismen über die bekannten Grenzen hinaus statt, während
dies doch eben die Hypothese sei. Daß mittelst dieser Hypothese
große Gruppen von Thatsachen erklärt werden und daß eben dies
der Beweis für die Hypothese sei, werde wenig berücksichtigt.
Immer nur würde die Forderung gestellt, Darwin solle direkt
beweisen. Und weil dies nicht geschehe, werde die Hypothese eine
schlechte genannt.

Schon diese Darstellungsweise sei nicht ganz sachgemäß.
Der Darwinismus sei nicht eine Hypothese, sondern eine auf
einer Hypothese beruhende Theorie. Da nun aber der Hypothese
als solcher gar nicht Erwähnung geschehe, so fehle auch der
Nachweis, was denn an dieser Hypothese schlecht sei. Eine Hypothese sei gut, wenn sie die in den Bereich fallenden Thatsachen
erkläre, das thue aber die natürliche Züchtung innerhalb der
Grenzen, welche Darwin selbst angebe, und welche durch die
noch mangelhafte Kenntniß der Organismen bedingt sei. Meine
Behauptung, der Darwinismus nehme Thatsachen an zur Erklärung einer Hypothese, sei nicht gerechtfertigt, denn die einzige
Hypothese, die natürliche Züchtung, werde nicht durch angenommene Thatsachen erklärt, sondern sie sei die einzige Annahme,
welche einer Menge von Thatsachen als Erklärung diene.

In gleicher Weise hat sich als Philosoph Stuart Mill
in seiner Logik zu Gunsten der Darwin'schen Hypothese ausgesprochen, er nennt sie ein untadelhaftes Beispiel einer rechtmäßigen
Hypothese. „Was Darwin die natürliche Züchtung nennt, —
bemerkt Mill — ist nicht nur eine vera causa, sondern es ist
auch von ihr bewiesen, daß sie Wirkungen von derselben Art wie

diejenigen hervorbringen kann, welche ihr die Hypothese zuschreibt; die Frage der Möglichkeit ist gänzlich eine Frage des Grades. Es ist unbillig, Darwin anzuklagen (wie es geschah), die Regeln der Induction verletzt zu haben. Die Regeln der Induction haben es mit den Bedingungen des Beweises zu thun, Darwin hat aber niemals behauptet, daß seine Lehre bewiesen wäre. Er hatte sich nicht an die Regeln der Induction zu kehren, sondern an die des Hypothesirens, und den letzteren ist selten besser genügt worden."

So gewichtigen Stimmen gegenüber das Recht meiner Behauptung, der Darwinismus bediene sich schlechter Hypothesen, ohne weitere Rechtfertigung aufrecht zu halten, wäre tadelnswerthe Anmaßung. Es ist Pflicht eine eingehendere Begründung zu versuchen, welche überdies geeignet ist, das in dieser Betrachtung Zugegebene und Bestrittene zum Schlusse noch einmal kurz zusammenzufassen.

Genau genommen kann man Darwin's Lehre als eine Theorie zur Erklärung der wahrgenommenen morphologischen und embryologischen Aehnlichkeiten und Verwandtschaften der Organismen ansehen. Diese Theorie bedient sich zweier Hypothesen, erstens der Hypothese, daß diese Aehnlichkeiten nicht ursprünglich entstanden, sondern durch Abstammung der Organismen aus einander in fortgesetzter Formwandlung geworden sind, und zweitens der Hypothese, daß diese Formwandlung vermittelst natürlicher Zuchtwahl d. h. durch Anpassung und Vererbung nützlicher Eigenschaften von statten gegangen ist. Diese beiden stützenden Grundhypothesen der Descendenz und der natürlichen Zuchtwahl oder Selection bedürfen ferner noch anderer Hülfshypothesen; die erste Hypothese bedarf der Annahme, daß diese jetzt nicht mehr wahrnehmbaren, also gegen alle bekannte Erfahrung angenommenen Formwandlungen unter den abweichenden Zuständen unvordenklicher Vorzeit stattgefunden haben, und die zweite bedarf der Annahme, daß sich nur nützliche Bildungsabweichungen der Organismen vererben und Aussicht haben sich trotz ihrer Vereinzelung im Kampfe um's Dasein zu erhalten.

Die Theorie bedarf also nicht, wie ihre Anhänger glauben machen wollen, nur der einen Hypothese der natürlichen Zuchtwahl, sondern sie bedarf eines ganzen System's von Hypothesen und Hülfshypothesen. Und eben deshalb durfte gesagt werden, daß sie Hypothesen durch Hypothesen stütze. Daß aber auch dies, wenngleich immerhin bedenklich, doch unter der Bedingung höchster Vorsicht gelegentlich statthaft sein mag, soll nicht bestritten werden. Aber um so mehr muß dann Gewicht darauf gelegt werden, daß die hypothetischen Annahmen nicht zweifelhafte oder gar falsche Thatsachen voraussetzen und daß die Hypothesen nicht am Ende sogar stillschweigend den Schein feststehender Thatsachen erhalten. Eben diese Bedingungen nun erfüllen die Hypothesen Darwin's nicht.

Die Hülfshypothese, welche annimmt, daß sich nur die nützlichen Bildungsabweichungen der Organismen vererben, ist thatsächlich falsch, die darauf gestützte Behauptung, daß sich nur die vollkommeneren Organismen erhalten und ausbreiten, ist ebenso falsch. Die Hypothese, daß isolirte nützliche Abweichungen mehr Aussicht auf Vererbung und Erhaltung haben sollen, als die typisch gewohnten Bildungen, ist wider alle Erfahrung ganz aus der Luft gegriffen und völlig unwahrscheinlich. Alle diese hypothetischen Willkürlichkeiten gehen überdies von der Voraussetzung aus, daß man berechtigt sei, das Prinzip der künstlichen Züchtung auf die Natur zu übertragen. Diese Uebertragung aber ist unberechtigt, so lange man nicht zeigen kann, welche Kraft der Natur die in der Kunst der Züchtung zusammenwirkende Ueberlegung und Absicht ersetzen soll. Das angebliche Gesetz nützlicher Vererbung giebt diese Kraft nicht, weil es eben nicht besteht, und der angerufene lange Zeitverlauf für sich hat natürlich gar keine reale Macht. Darum ist allerdings die Hypothese der natürlichen Zuchtwahl noch nicht unbedingt falsch, aber sie hat erwiesenermaßen die Tragweite nicht, welche ihr Darwin und seine Anhänger geben. Sie reicht unter der Bedingung einer Verbesserung der Hülfshypothese von der nützlichen Vererbung vielleicht aus die unbestritten wahrzunehmende Variabilität der Formen, auch wohl die Entstehung neuer fester Arten zu erklären; aber viel zu unbedeutend ist sie nach ihrer bisher nachgewiesenen Wirkung für die weitere Hypothese der Descendenz aller Organismen aus einer organischen Urform.

Und das eben scheint mir der Hauptfehler des Darwinismus zu sein, daß die in richtiger Begrenzung angewandt vielleicht

fruchtbare Idee natürlicher Zuchtwahl, die sogenannte Selections-
hypothese, vorschnell als Hülfshypothese der allgemeinen Descendenzhypothese benutzt wird. Und endlich ist es durchaus nicht
gerechtfertigt, diese Annahme fortgesetzter Umwandlung der Organismen kurzweg als die einzig mögliche zur Erklärung der
wahrgenommenen Aehnlichkeiten und Verwandtschaften und damit
fast als feststehende Thatsache zu behandeln. Wenn diese Umwandlung der Lebensformen thatsächlich auch nur in einigem Umfange feststände, dann könnte man gar wohl die Annahme der
natürlichen Zuchtwahl als eine berechtigte Hypothese zur Erklärung
dieser thatsächlichen Umwandlung gelten lassen. Aber aus Vor-
eingenommenheit für das Prinzip der natürlichen Züchtung die
Geltung desselben so weit auszudehnen, daß der erfahrungsgemäß
wahrgenommenen Unwandelbarkeit der Form zum Trotz die unbegrenzte Wandelbarkeit aller Lebensformen behauptet wird, das
halte ich nach wie vor für eine wissenschaftlich unerlaubte Hypothesenfreiheit. Wäre, um an ein oben besprochenes Beispiel zu
erinnern, thatsächlich erwiesen, daß die beiden in Amerika vorkommenden Wolfsarten mit kurzen dicken und langen dünnen
Beinen früher nur als eine Art mit Beinen von mittlerer Länge
und Dicke dort vorhanden gewesen sind, dann dürfte zur Erklärung dieser thatsächlichen Veränderung hypothetisch angenommen
werden, die einen hätten ihre kurzen dicken Beine vielleicht
durch die Gewohnheit in Schaafhürden einzufallen, die anderen
ihre langen dünnen Beine durch ihre Gewohnheit Hirsche zu
jagen erhalten. Aber bevor solche hypothetische Erklärung Geltung erhielte, müßte doch erst das wissenschaftliche Augenmerk
auf die Constatirung der thatsächlichen Veränderung gerichtet sein.
An diese unerläßliche Vorfrage wird aber bei Darwin gar nicht
gedacht; die Veränderung also stillschweigend als nothwendige
Thatsache vorausgesetzt. Wie es sich nun in diesem einen Fall
verhält, so steht es mit der ganzen Descendenzhypothese Darwin's und seiner Anhänger und eben das ist das wissenschaftliche
Unrecht der Theorie.

Dagegen verschlägt auch gar nichts die Behauptung, daß
anders als durch Annahme solcher Entwicklung der Formen aus
einander die morphologischen und embryonalen Aehnlichkeiten und
Verwandtschaften der Organismen nicht erklärt werden können.

Diese Behauptung ist offenkundig falsch. Dieselben Naturforscher, welche heute diese Ansicht vertreten, haben noch vor Kurzem diese Aehnlichkeiten aus der allgemeinen Einheit der Natur und ihrer Stoffe erklärt und einen Jeden, der sie aus gleicher Abstammung von einer Urform erklären wollte, einen unwissenden Naturphilosophen gescholten. Sie haben damit wenigstens bewiesen, daß auch jene früher beliebte Erklärung eine mögliche war, und da sich inzwischen wesentlich nur der Stand ihrer Hypothesen, nicht aber im nöthigen Umfang der Stand bekannter Thatsachen geändert hat, so folgt daraus, daß auch heute jene frühere Erklärung noch eine mögliche ist. — Es steht damit ganz ebenso, wie auf dem Gebiete der geschichtlichen Forschung. Entdeckte man sonst Aehnlichkeiten der religiösen Anschauung, der Sagen oder Gebräuche bei verschiedenen Völkern, so war man eine Zeit lang gleich mit der Annahme bei der Hand, diese Völker müßten irgendwie einen gemeinsamen Ursprung haben. Nur so glaubte man die Aehnlichkeiten erklären zu können. Bald aber sah man ein, daß diese Aehnlichkeiten sich auch schon aus der natürlichen Gleichheit der Menschenseelen und der Lebensverhältnisse erklären ließen, und beschränkte sich nun, die historische Ableitung nur da als Erklärungsgrund anzuwenden, wo thatsächlich eine Stammesverwandtschaft nachgewiesen werden konnte. Die Naturforschung unserer Zeit würde unbedingt an wissenschaftlicher Kraft und Festigkeit gewinnen, wenn sie ein gleiches Verfahren sich zur Regel machen wollte. Der Streit, ob die Aehnlichkeiten der Organismen aus der ursprünglichen Einheit der Natur und der Einerleiheit ihrer Stoffe oder aus sich entwickelnder Stammesverwandtschaft zu erklären sind, ist nicht durch Aufstellung dieser oder jener Hypothese, sondern nur durch exacte Forschung vermittelst Beobachtung und Experiment zu schlichten.

Daß Darwin zu einer solchen Forschung angeregt, auch zu derselben selbst einige wesentliche Beiträge geliefert hat, wird sein bleibendes Verdienst sein. Er hat den Beweis geliefert, daß das bisher angenommene Kriterium fruchtbarer Zeugung zur Bestimmung der Artgrenze nicht ausreicht, daß wir überhaupt zur Zeit ein sicheres allgemeines Kriterium der Art nicht besitzen. Bewiesen hat Darwin auch, daß die Grenzen der Variabilität der Lebensformen weiter gezogen werden müssen, als bisher ge-

schah. Aber gerade seine eigenen Schriften, insbesondere auch
seine beiden Bände über das Variiren der Thiere und Pflanzen
im Zustande der Domestication beweisen, innerhalb wie enger
Grenzen doch diese Variabilität der Organismen bisher erfahrungsgemäß beobachtet worden ist, beweisen also thatsächlich das Gegentheil der angenommenen unbegrenzten Descendenzlehre. Das unbestreitbare Verdienst seiner Forschung besteht also nur in dem
Nachweis größerer Variabilität innerhalb bestimmter Grenzen
und in dem Aufstellen des Prinzipes der natürlichen Zuchtwahl
zur Erklärung dieser begrenzten Variabilität. Alles Weitere, insbesondere die ganze Descendenzlehre im Sinne Darwin's ist vor
der Hand nichts mehr als grundlose Hypothese.

Bei solchem Stande der Sache ist es vermessen die vermittelst so luftiger Hypothesen gestützte Theorie mit der Gravi-
tationslehre Newton's oder der Undulationstheorie der Optik
zu vergleichen oder gar über sie zu stellen. Die Gravitationstheorie dient dazu die thatsächlich feststehenden Bewegungen der
Himmelskörper zu erklären. Aehnlich würde es sich verhalten,
wenn die Entwicklung der Lebensformen aus einander thatsächlich
feststände und die natürliche Zuchtwahl nun als hypothetischer
Erklärungsgrund dieser Entwicklung betrachtet würde. — In der
Optik hat die Undulationshypothese den Sieg davon getragen
über die Emissionshypothese, weil man nur vermittelst jener Hypothese die thatsächlich feststehenden Phänomene der Interferenz, der
Beugung und der Polarisation des Lichtes befriedigend zu erklären vermogte. Die Darwinsche Theorie hat keine solche feststehenden Thatsachen vor sich, die sie zu erklären unternimmt, und
bleibt den Beweis schuldig, daß sich die Aehnlichkeiten der Organismen nur mit ihrer Hülfe befriedigend erklären lassen.

Aus allen diesen Gründen wiederhole ich mit vollem bewußten Nachdruck, daß der Darwinismus in seiner Verbindung
der Hypothesen von der natürlichen Zuchtwahl und der unbegrenzten Descendenz eine durch schlechte Hypothesen gestützte
schlechte Theorie ist, welche die beanspruchte wissenschaftliche Geltung
nicht besitzt.

Dagegen spricht sicherlich auch Das nicht, daß diese Lehre,
wie ihr nachgerühmt wird, dem Zuge der Zeit nach Fortschritt und Einheit entspricht. In Betreff des Fortschritts wäre

die Bezüglichkeit des Darwinismus zur Zeit gerade anzüglich
für diese. Den Entwicklungsfortschritt nach Darwin's Lehre
sichert nur der Nutzen, kein höherer Entwicklungstrieb; es wäre
trostlos, wenn auch der Fortschritt unserer Zeit ohne ideales Ziel
dieser Theorie des nützlichen Erfolges entspräche. Das Streben
nach Einheit der Anschauung ist dagegen unstreitig jetzt so gut
wie sonst vorhanden, aber die Wissenschaft hat diesem Streben nur so weit zu folgen, als das erlangte Wissen verstattet.
Zwei Triebe leiten stets unser Forschen, der eine heischt uns die
Einheit der Dinge und Kräfte suchen, der andere fordert uns
auf die Unterschiede derselben zu erkennen. Die Aufgabe der
Wissenschaft ist es, das richtige Gleichgewicht beider Triebe je
nach dem Stande unseres zeitlichen Wissens aufrecht zu halten.
Versäumt sie dies, so fällt sie in Irrthum und Wagniß. Folgt
sie einseitig dem Einheitstriebe, so wird sie auf Grund allgemeiner Analogien mit willkürlichem Spiele, bei dem bald die
Phantasie bald der Verstand die Herrschaft führt, eine scheinbare
Einheit der Dinge erhaschen und ihre Unterschiedenheit übersehen;
folgt sie einseitig dem Unterscheidungstriebe, so wird sie unter
Berücksichtigung unwesentlicher, vergänglicher Merkmale das Ge-
sammtbild der Naturdinge in unzählige Theile zersplittern und
über den Unterschied das Band der Einheit aus den Augen verlieren, das die Natur durchzieht. Die ehemalige Naturphilosophie
war in den oft gerügten ersten Fehler gerathen, die moderne
Naturforschung mogte durch ihre isolirende Arbeitstheilung mehr
als gut und nöthig der zweiten Einseitigkeit verfallen sein. Dem
gegenüber konnte es zeitgemäß sein, einmal wieder nachdrücklich
an den Einheitstrieb des Erkennens zu erinnern; insofern der
Darwinismus dies that, entsprach er einem vorhandenen Bedürfniß. Darauf beruht denn auch die unzweifelhaft durch ihn
gegebene, auch schon bewährte Anregung zur Erneuerung alter
und zur Aufnahme neuer fruchtbringender Studien.

Ja diese Anregung hätte vielleicht so nachdrücklich nicht ge-
wirkt, wenn der Versuch sich begnügt hätte dieselbe nur durch
Mittheilung der wenigen Thatsachen einzuleiten, die wirklich geeignet waren die alte Gewißheit zu erschüttern. Das menschliche
Denken ist schwer aus dem gewohnten Geleise zu bringen und
schwer zu veranlassen die Ruhe scheinbar erlangter Gewißheit mit

der Unruhe des Problems zu vertauschen; dem entspricht es, daß neue Anregungen zum Vorwärtsstreben gemeiniglich im Gewande begeisterter Uebertreibung erscheinen. Ueber diesen Fehler wird die besonnene Wissenschaft den dargebotenen Nutzen nicht verkennen, sie weiß aber, daß dieser Gewinn erst geerndtet wird, wenn der neue Strom wohl eingedämmt durch ihre Gefilde sich ergießt. Der Darwinismus hat Beziehungen zu manchen Wissenschaften; mögen sie insgesammt dem Strom der von ihm erregten Ideen das rechte Flußbett geben, dann wird seine Anregung allen zum Segen gereichen.

4.

Die Rangordnung der organischen Wesen.

———

Das Kapitel von der Stufenordnung der Geschöpfe, von der Beurtheilung ihrer Vollkommenheitsstufen ist besonders geeignet die nothwendige Gemeinschaft von Philosophie und Naturwissenschaft und ihre wissenschaftliche Abgrenzung gegen einander anschaulich darzulegen. Es ist gerade mit diesem Problem in der Naturphilosophie manches Unwesen getrieben und in Folge davon ist das Problem dem Erwägen der Philosophen ganz entzogen worden, die doch ein entschiedenes philosophisches Interesse an der Frage haben. Wie beschaffen nun das Interesse sein muß, welches die Philosophie an dem Problem nimmt, und in welchem Verhältniß dasselbe zu der Aufgabe steht, welche es dem Naturforscher stellt, — soll meine Betrachtung zu ergründen suchen. Natürlich kann ich aus dem Reichthum dieses ziemlich verwickelten Themas nur so viel Einzelnes heraus greifen, als erforderlich ist, um die Grundgedanken klar zu machen, und um der allgemeinen Verständlichkeit willen müssen die gewählten Beispiele an Bekanntes erinnern. Meine Absicht kann nicht sein, die Stufenordnung selbst erschöpfend zu prüfen; die Frage geht nur dahin: wie beschaffen sind die Grundsätze, nach denen der menschliche

Geist bei den Geschöpfen den Grad und den Rang ihrer Vollkommenheit beurtheilt, und wie verhalten sich die etwa gefundenen
Vollkommenheitsstufen zur Eintheilung der Geschöpfe?

Die gewöhnlichen Antworten auf einschlagende Fragen fallen je nach dem Stande der Vorkenntnisse in der Regel sehr
verschieden aus. Auf die Frage, ob ein Adler oder ein Maulwurf vollkommener sei, nennen unbefangene Laien gewöhnlich
den Adler, gut eingelernte Schulmeister nennen den Maulwurf,
weil er zur ersten Klasse, zur Klasse der Säugethiere gehört;
die eigentlichen Zoologen von Fach antworten bedingungsweise,
legen die einzelnen Vollkommenheiten beider auf die Wagschale,
sehen die Wage vielleicht weder nach der einen, noch nach der
andern Seite sinken, behaupten aber doch, das höchste Säugethier
stehe über dem höchsten Vogel. Ein Philosoph, der hinzuträte,
dürfte als solcher gar nicht entscheiden; aber sicherlich müßte seine
erste Frage sein: giebt es denn keinen allgemeinen Grundsatz,
nach dem über diese verschiedene Beantwortung und über die
Stufenordnung der Geschöpfe selbst geurtheilt werden muß?
Für den Philosophen also sind die einzelnen Urtheile über die
Vollkommenheit der Geschöpfe Thatsachen, deren allgemeinen geistigen Grund er zu entziffern sucht.

Giebt es nun, das sei die erste Frage, einen obersten Grundsatz der Stufenordnung, von dem alle anderen einzelnen Grundsätze abhängen? —

Aristoteles, der wissenschaftliche Vater unserer gesammten
organischen Naturwissenschaft, hat sich das Problem der Stufenordnung bereits gestellt und in sehr umfassender Weise in Erwägung gezogen. Bei ihm nun entspringen alle einzelnen Grundsätze aus einem obersten Grundsatz, der seine Voraussetzung
in der ganzen philosophischen Weltanschauung hat. Es wird lehrreich für die Fassung unserer Frage sein, an einem Beispiel zu
zeigen, wie beim Aristoteles diese Abhängigkeit gedacht ist. —
Man rechnet es noch jetzt zu den Vorzügen des Menschen vor den
Thieren, daß er einen aufrechten Gang hat. Warum? — Wir finden in dem aufrechten Gang eine Bedingung oder Folge der übrigen Vollkommenheit des menschlichen Organismus; aber den aufrechten Gang für sich vermögen wir nicht als eine Vollkommenheit zu betrachten. Sonst könnten wir veranlaßt sein, den

aufrechten Wuchs der Pflanzen für vollkommener zu erklären, als
die horizontale Lage des Thierbaues. Wir schätzen also im
Grunde den aufrechten Gang nur, weil es der Gang des Menschen ist, den wir für das vollkommenste irdische Wesen halten.

Beim Aristoteles war dies anders. Der alte griechische
Philosoph dachte sich dem Stande der damaligen Kenntnisse entsprechend die Welt als eine Kugel, deren Mitte die ruhende
Erde bildet. Am äußersten Umkreis der Weltkugel weilt der
göttliche Geist, der von hier aus mit seiner Kraft das Ganze
bewegt. Nach dem Abstande von diesem göttlichen Weltgeiste
wurde nun der Werth der unter ihm befindlichen Elementarregio-
nen und der aus den verschiedenen Elementen gemischten Dinge
geschätzt. So erhalten wir nun auch einen Grund für den Werth
des aufrechten Ganges. Der Mensch kehrt sein Oben dem göttlichen Oben der Welt zu, deshalb hat er die vollkommenste Stellung. Die Pflanze dagegen kehrt ihr Oben — dafür hielt Aristoteles die Wurzel als den Mund der Pflanze, — dem Unten
der Welt zu; schon das bezeugt ihre Unvollkommenheit dem Menschen gegenüber. — Unser Vorzug also wird unmittelbar auf einen
obersten Grundsatz zurückgeführt. In ähnlicher Weise läßt sich
eine solche Abhängigkeit von einem Grundgedanken nachweisen bei
allen anderen Grundsätzen der Stufenordnung, die Aristoteles
von der Bewegung, der Wärme oder, wie die Forscher heut zu
Tage, besonders von der verschiedenen Zusammensetzung der Organismen hernimmt. Nie sind wir bei ihm in Verlegenheit, bei
der Bestimmung einer Vollkommenheit einen höheren allgemeinen
Grund anzugeben. Natürlich ist es unmöglich, hier in Kürze
ein Bild von dem sonderbaren, geschichtlich höchst interessanten
Gemisch zu geben, zu dem sich bei der Aristotelischen Darstellung
der Stufenordnung wahre und falsche Beobachtung, wahre und
falsche Speculation zusammengethan haben *); es muß hier die
Bemerkung genügen, daß beim Aristoteles für jede Werthschätzung einer Organisation ein allgemeiner Gesichtspunkt vorhanden ist. Denn darin unterscheidet sich die Stufenordnungs-

---

*) Siehe darüber mein Buch: Aristoteles Thierkunde. Ein Beitrag
zur Geschichte der Zoologie, Physiologie und alten Philosophie. Berlin, G.
Reimer. 1855.

lehre der neueren Naturforschung wesentlich von der seinigen, daß wir bei ihr einzelne Grundsätze vorfinden, aber nicht einen obersten Maßstab, nach dem wir den Werth aller einzelnen bemessen können.

Oder hätten wir etwa ein solches Maß an der Bildung des Menschen, den wir als Spitze der organischen Schöpfung betrachten? Bestimmen wir die Grade der Vollkommenheit anderer Wesen etwa nach dem Grade ihrer Annäherung an den menschlichen Organismus? — Diese Meinung hat man zwar aufgestellt, allein daß dieser Maßstab nicht durchgreift, ist klar. — Nach ihm kann man wohl allgemein die Thierwelt wegen ihrer Empfindung über die nur blühende duftende Pflanzenwelt stellen; allein innerhalb der Pflanzenwelt lassen sich zunächst schon keine Vollkommenheitsgrade nach der Annäherung an die menschliche Bildung bestimmen. Der Maßstab reicht ferner eben so wenig in der Thierwelt aus. Volkmann hat im Artikel Gehirn des Handwörterbuchs der Physiologie versucht, einen solchen Maßstab an der Entwicklung des Gehirns und Nervensystems in der Thierreihe durchzuführen, aber schließlich selbst die Unmöglichkeit dieser Durchführung zugestanden. Die verschiedene Entwicklung des Nervensystems bei den sogenannten niedern Thieren bietet viel zu geringe Vergleichungspunkte mit der Entwicklung desselben im Menschen. Aber selbst für die Reihe einer Entwicklung stellt der Maßstab uns nicht zufrieden. Volkmann erinnert daran, daß das Gehirn des Delphins in einer wichtigen Hinsicht dem unsrigen sehr nahe steht, während wir doch, trotz der hübschen Erzählungen des Alterthums von dem musikalischen Feingefühl des Delphins, zaudern, ihn als einen unserer nächsten Nachbarn in der Thierreihe zu betrachten. Dagegen scheint wieder das Gehirn des klugen Bibers weniger entwickelt, als das manchen anderen Säugethiers, das an Lebensäußerungen weniger bedeutend erscheint als er.

Kurz der Vergleich mit der menschlichen Organisation führt uns sicher nicht zum Ziele, ist nicht übergeordneter Grundsatz, wir müssen uns nach anderen zur Geltung gebrachten umsehen.

Mit Rücksicht besonders auf die Pflanzen können wir als allgemeinsten Grundsatz der Stufenordnung den nennen: je einfacher ein Organismus, desto unvollkommener. Durchgreifend aber ist auch dieser Grundsatz nicht. Es kann sogar bei einer Bildung das Gegentheil zum Maßstabe der Vollkommenheit gemacht werden. Oken behauptete kurzweg, Thiere mit einem einfachen Verdauungsschlauch stehen niedriger als solche, welche noch eine Leber haben, diese niedriger als solche, bei denen Speicheldrüsen, Lippen und Zähne vorkommen. Lotze (Allgem. Physiologie des körp. Lebens S. 514) bemerkte dagegen treffend, wenn die niederen Thiere ihre Lebenserscheinungen durch eine so einfache Organisation ermöglichen, so sei es doch unbegreiflich, warum die Schnecken deswegen mehr werth sein sollen, weil sie dies nicht können. Wir nennten es eine unvollkommene Organisation, wenn ein Kreislauf der Säfte fehle; viel vollkommener wäre im Gegentheil die Organisation, in der er unbeschadet fehlen dürfe. Wenn in überraschender Nettigkeit und Einfachheit der Gestaltung, sagt Lotze, einige wenige Stoffe so verbunden sind, daß sie ein Spiel von Lebenserscheinungen unterhalten können, während in allen höheren Thieren eine immer wachsende Anzahl von regulirenden Organen nothwendig wird, um die fortwährend drohenden Störungen auszugleichen, — so kann man versucht werden, gerade die Formen für vollkommen zu halten, die mit einfachen Mitteln doch ihren Lebenshaushalt sichern. Es ist nun allerdings nicht Lotze's Meinung, daß wir das blasenförmige Infusorium um seiner Einfachheit willen für das vollkommenste Thier erklären sollen, er will nur darthun, daß die Einfachheit an sich kein Maßstab zur Werthschätzung ist, daß es nicht auf die Mittel zum Leben, sondern auf das ganze Resultat des Lebens ankommt. Nur insofern ist die Einfachheit der Organisation für die Werthschätzung zu benutzen, als größere Mittel zum Leben auf größere Zwecke des Lebens hindeuten.

Allein durchgreifend brauchbar wird auch in dieser Fassung der Grundsatz nicht, denn er selbst kann unmöglich über die Grade der Einfachheit entscheiden. Wenn ein Thier eine Leber hätte, aber kein Herz, ein anderes umgekehrt ein Herz, aber keine Leber — welche Organisation sollte einfacher sein? — Es giebt eben verschiedene Combinationen der Organe, deren Grade sich nicht mehr nach der bloßen Einfachheit schätzen lassen. Die vorgenommene Schätzung führt daher oft zu sehr bestrittenen Resultaten. Baer z. B., der in seiner Entwicklungsgeschichte (Schol. V.

S. 206 ff.) gleichfalls meint, daß es vor Allem „die größere hi-
stologische und morphologische Sonderung der Theile und Organe sei, welche uns bestimme, ein Wesen über das andere zu
stellen", betrachtet demgemäß die Biene für höher organisirt als
die Fische. Diese Folgerung seines allgemeinen Grundsatzes werden Viele bestreiten.

Die Einfachheit der Organisation giebt also ebenso wenig
wie die Annäherung an menschliche Bildung den genügenden
Maßstab für die Stufenordnung der Wesen. Manche Forscher
haben versucht, den letzten Maßstab noch ein wenig anders zu
fassen und in seine Einzelheiten zu zerlegen, allein durchgreifende
Gesichtspunkte brachten sie nicht.

Milne Edwards faßte den Grundsatz so, daß er die
Theilung der Arbeit zum Maßstabe des Urtheils über die Höhe
eines Organismus machte. Je mehr sich die Arbeit des Lebens
an verschiedene Organe vertheilte, um so vollkommener sollte der
Organismus sein. Auch Bronn hatte bereits diesen Grundsatz
aufgestellt unter dem Namen der Differenzirung der Functionen
und der Organe. Darwin bringt in seinem Werke „Ueber die
Entstehung der Arten im Thier- und Pflanzenreich durch natürliche Züchtung" den Grundsatz in Baer's Fassung zur Sprache;
es handelt sich aber auch bei ihm um das Prinzip der Arbeitstheilung.

Unstreitig liegt etwas Richtiges in diesem Gesichtspunkt,
allein er kann weder der ausschließliche sein, noch trifft er überhaupt immer zu. Vielmehr halten wir bisweilen gerade das
Gegentheil der Arbeitstheilung für vollkommener. Milne Edwards führt unter Anderem als eine solche Vollkommenheit der
Arbeitstheilung auf, daß sich bei einigen Säugethieren (dem Rindvieh) die Verdauung statt in einer einzigen Höhle in einer Reihe
von Magen fortsetzt, deren jeder eine besondere Arbeit übernimmt.
Unser Magen ist des Glückes dieser Arbeitstheilung nicht theilhaftig geworden, sollen wir nun den Ochsen um seinen Magen
beneiden? — Mancher Kranke, mancher Schmauser mögte sich
vielleicht nach einem solchen Besitze sehnen; aber leider wäre an
diesen Vorzug eine fatale Bedingung geknüpft, die Bedingung
Grasfutter zu suchen, wie das Rindvieh. Denn nur deshalb ist
dasselbe vielmägig, weil das Grasfutter schwer verdaulich ist.

Wir erfahren also eigentlich Nichts über die Vollkommenheit des Rindviehmagens, sondern Etwas über die Unvollkommenheit des Grasfutters und höchstens Etwas über die Vollkommenheit gedachten Magens in Besiegung dieser Unvollkommenheit. Die Theilung der Arbeit kann also hier nur als Zeugniß angesehen werden, daß der organischen Function größere Schwierigkeiten entgegengesetzt sind.

Arbeitstheilung an und für sich ist nicht Prinzip der Vollkommenheit: wir müßten sonst die Vielfüßigkeit der Insekten für vollkommener halten als unsere Zweibeinigkeit. Wir müßten das Rindvieh beneiden, das einen Schwanz benutzen kann, die dummdreisten Fliegen zu verscheuchen, während wir auch hierzu unsere vielbelästigte Hand zu gebrauchen gezwungen sind, die wir doch gerade um ihrer Vielseitigkeit willen, gerade wegen ihres Mangels an Arbeitstheilung so hoch schätzen als Werkzeug der Werkzeuge, wie sie Aristoteles nannte. Die Vorzüge der Arbeitstheilung sind daher oft nur scheinbar, sind oft nur verdeckte Mängel, oft nur Aushülfen gegen andere Organisationsfehler, oder Abwehrmittel gegen drohendere Eingriffe des umgebenden Elementes, wie z. B. die Augenlider, welche die Fische in ihrem Element nicht brauchen. Nur in diesem Zusammenhange ließe sich ihr Werth abmessen. Das Prinzip der Arbeitstheilung allein kann nicht genügen.

Die Natur theilt ihre Arbeiten und damit ihre Vorzüge verschieden aus. Die Organe treten in verschiedenen Zusammenhang und diese Verbindungen ergeben verschiedene einander an Werth gleiche Lebensäußerungen. Den Mangel eines Organs ersetzt der Vorzug eines anderen. Die Vögel sind schnelle Flieger und nur wenige gute Läufer, die Säugethiere dagegen gute Läufer und nur wenige mäßige Flieger. Der Maulwurf hat geringe Sehkraft, er braucht sie nicht in seiner Erde und erhielt dafür seine vortrefflichen Schaufelfüße. Jedes Thier hat den ihm eigenthümlichen Grad von Vollkommenheit: sollte es daher vielleicht überhaupt unpassend sein, ein Geschöpf vollkommener zu nennen als ein anderes? Stoßen wir doch in unseren menschlichen Verhältnissen auf ähnliche unentschiedene Fragen. Wir zweifeln, ob wir den Dichter höher stellen sollen oder den Musiker, den Bildhauer oder den Maler, den Philosophen oder den Naturforscher.

Ein Streit über solche Frage pflegt zumeist mit der Anerkennung einer jeden Größe innerhalb des ihr eigenen Gebiets zu
enden und mit dem Zugeständniß der Unvergleichbarkeit verschiedener Größen. Ist es etwa ebenso mit dem Urtheil über die
Rangordnung der Organismen? — Bis zu einer gewissen Grenze
mögen gewiß Viele diese Frage bejahen, aber eine Grenze doch
zu setzen verlangen. Wir bleiben nicht bei dem Bekenntniß stehen,
daß Mensch und Infusorium beide in ihrer Art vollkommen
sind, wir behaupten mit vollberechtigtem Selbstgefühl unsern
Vorzug vor allen andern lebenden Geschöpfen, wir wollen auch
unter diesen noch Unterschiede der Vollkommenheit annehmen.
Diese Stufen zu bestimmen, genügte der Vergleich mit der Bildung des Menschen nicht, die bloße Einfachheit oder Zusammensetzung der Organe eben so wenig, wir bedürfen also noch eines
anderen Maßes, nach welchem wir über den Werth der verschiedenen Zusammensetzung entscheiden.

Es ist klar, daß es zunächst darauf ankommen muß, zu
versuchen, ob sich über den Werth der verschiedenen Organe, welche
sich zu Organismen verbinden, etwas bestimmen läßt. Dies Er-
forderniß hat Oken bei seiner Stufenordnung beachtet. Weil
überhaupt die Thierwelt sich durch Sinnesempfindung und Bewegung vor der Pflanzenwelt auszeichnet, gilt ihm die Entwicklung der Organe, die diesen thierischen Thätigkeiten dienen, für
bedeutender als die Entwicklung der Ernährungsorgane. Weil
ferner der Mensch mehr noch durch die Sinne, als durch die
Bewegung Mensch ist, so legt Oken das Hauptgewicht auf die Entwicklung der Sinne in der Thierreihe. Und unter den Sinnen
schätzt er die Höhe nach der Weite ihrer Wahrnehmung. Der
Blick des Auges reicht am weitesten bis zu den entferntesten Ge-
stirnen, das Ohr nur mehrere Meilen weit, den Geruchssinn
begrenzen einige Schritte, beim Geschmack liegt zwischen der Zunge
und dem Gegenstand nur eine dünne Schicht Wasser und das
Gefühl regt sich nur bei unmittelbarer Berührung. Oken mißt
also stufenweise den Werth der Sinne nach ihrer Wirkungsweite.
Es liegt Wahres in diesem Maße, allein für sich genügt es
ebenso wenig, wie die bisher betrachteten Gesichtspunkte, zur Stufenordnung der Thiere. Oken machte es sich leicht, er bestimmte
die Säugethiere zu Augenthieren, die Vögel zu Ohrenthieren, zu

Nasenthieren die Amphibien, zu Geschmacksthieren die Fische, Ge=
fühlsthiere endlich sind alle übrigen niedrigen Thiere. Für die Un=
terschiede innerhalb dieser letztern reicht also die Stufenordnung nach
den Sinnen schon gar nicht aus, und für die höheren Thiere ist
sie mit augenfälliger Willkür behaftet. Die Säugethiere sollen
Augenthiere sein und doch sieht vielleicht keins von ihnen so scharf wie
der Adler; die Vögel heißen Ohrenthiere und doch hört vielleicht
kein Vogel schärfer, als die schüchterne Gemse. Und ob wohl die
Frage entschieden ist, daß das Auge mehr bedeutet, als das Ohr?
Aristoteles schätzte umgekehrt das Ohr höher, weil vermittelst
desselben mehr gelernt werde, als durch das Auge. Wir erkennen
darin den Ausspruch einer Zeit, die mehr hörte als las; wir
Mitlebende der Bücherzeit stimmen vielleicht Oken zu. Es ist
also bei Beurtheilung der Bedeutung eines Organs nicht nur
eine verschiedene Auffassung möglich, sondern ebenso eine Aende=
rung derselben mit der Zeit. Die Anwendung dieser Hülfe der
Stufenordnung durch eine vergleichende Werthschätzung der Or=
gane ist also jedenfalls sehr leicht einer subjectiven Verschieden=
heit des Meinens anheim gegeben und zur Bestimmung der man=
nichfaltigen Stufen thierischer Ausbildung reicht sie gewiß nicht aus.

Daher mußte man sich nach deutlicher unterschiedenen sicht=
baren Kriterien der Form umsehen.

Bronn hat wiederholt, und zuletzt 1858 in seinen „Unter=
suchungen über die Entwicklungsgesetze der organischen Welt,
während der Bildungszeit unserer Erdoberfläche" verschiedene der=
artige helfende Grundsätze vorgeschlagen.

So spricht er z. B. von dem Grundsatz der Concentrirung
und Centralisirung, nach dem bei vollkommenen Organismen
eine sonst über den ganzen Körper ausgedehnte Thätigkeit sich
auf ein Organ oder auf wenige beschränkt. Auch dieser Maß=
stab ist nicht durchgreifend. Sonst müßte es vollkommener sein,
wenn unser Gefühlssinn, anstatt über die ganze Haut ausgegossen
zu sein, nur in einem concentrirten geschützten Organe, in einem
rückziehbaren Fühler etwa säße, während doch die Vollkommen=
heit unseres Gefühlssinns gerade in dem Gegentheil besteht.

Noch weniger maßgebend ist ein anderer von Bronn her=
vorgehobener Gesichtspunkt, der der Internirung, nach dem die
Organismen vollkommener werden, je mehr ihre edlen Organe

in das Innere des Körpers hineintreten. Dem gegenüber braucht
man ja nur daran zu erinnern, daß zur Vollkommenheit der
Sinnesorgane gerade das gehört, daß ſie nicht in unſerm Innern liegen. Bronn macht auf das Zurücktreten des Auges bei
den Säugethieren aufmerkſam, während es bei andern Thieren
liderlos hervorſteht. Mit demſelben Rechte könnte man die ver-
deckten zurücktretenden Naſenlöcher der Vögel der vorſtehenden
menſchlichen Naſe vorziehen. Die lange Naſe des Menſchen wäre
darnach eine beſonders unvollkommene Erſcheinung.

Mit allen dieſen und ähnlichen Grundſätzen Bronns kommen wir nicht zum Schluß und überdies beruhen ſie noch auf
einem verſteckten Zirkelſchluß. Als Zeichen der Vollkommenheit
gilt es, daß die Anzahl gleicher Glieder abnimmt, je vollkommener die Weſen werden? Weßhalb aber iſt es denn vollkommener, daß die Vögel mit zwei Flügeln fliegen, anſtatt
wie einige Inſekten mit vieren; daß der Menſch auf zwei Beinen
läuft und nicht auf allen vieren kriecht? Bronn würde in Verlegenheit ſein, darauf etwas Anderes zu erwidern als: das ſei
nun einmal ſo, eben weil die Menſchen, weil die Vögel vollkommener ſeien, müßten auch ihre Eigenſchaften vollkommener ſein.
Anſtatt alſo die Vollkommenheit der Weſen aus anderweitig begründeten Geſichtspunkten zu beweiſen, macht man es vielmehr
umgekehrt. Man ſetzt ſo im Allgemeinen gewiſſe Weſen als die
vollkommeneren voraus und nimmt nun einzelne bei ihnen vor-
gefundene Eigenthümlichkeiten als Geſichtspunkte zur Stufenordnung. Man ſetzt alſo voraus, was man erſt beweiſen will.

Bei ſolchem Stande der Dinge iſt es begreiflich, daß man
ſich zur Stufenordnung nach objectiveren Hülfsmitteln umſah.
Man glaubte in neueſter Zeit, beſonders in der Embryologie ein
ſolches zu finden. Es liegt dieſer Zuflucht die Anſchauung zum
Grunde, daß die Stadien der Entwicklung eines Individuums
Stadien ſeiner Vervollkommnung ſind. Jedes Weſen entwickelt
ſich fortſchreitend, muß der Grundgedanke dieſes Hülfsmittels
ſein. — Man ſucht demgemäß die verſchiedenen Geſchöpfe als fort-
geſchrittene Stufen einer Entwicklungsreihe zu betrachten. Nach
dieſer Anſchauung, die z. B. Vogt in ſ. „Bildern aus dem Thierleben“ vertritt, gelten die Haie und Rochen für niedrige Fiſch-
formen. Ihre Körperbildung, die Lage ihres Maules, die Struc-

tur ihres Skeletts sind embryonale Formen, durch welche das
Junge des Knochenfisches hindurchläuft. Nach demselben Gesichtspunkt will Vogt die kauenden Insekten unter die säugenden, die
Käfer unter die Schmetterlinge stellen. Er weist darauf hin,
daß die Insektenlarven insgemein kauende sind, der saugende
Schmetterling entsteht aus einer kauenden Raupe. — Allein diese
von der Embryologie hergenommenen Gesichtspunkte genügen weder factisch noch begrifflich. Die Natur zeigt eine solche Neigung
zur Verallgemeinerung seltener als die Forschung. So ist es
factisch keineswegs allgemein, daß nur aus kauenden Larven saugende Insekten werden. Und daß an und für sich im Haushalt
der Natur das Kauen nicht unwürdiger sein kann als das Sau-
gen, ich denke, das werden wir Menschen behaupten im Rückblick
auf unsere Kindheit. Ueberdies aber trägt nicht jede Entwicklung den erwarteten Charakter des Fortschritts. Das Vogelge-
hirn ist im Beginn seiner Bildung dem Menschen ähnlicher als
bei seiner Vollendung. Bekannt sind ferner die sogenannten rück-
schreitenden Metamorphosen. Thiere, die mit Sehkraft frei beweglich umherschwimmen, werden plötzlich festsitzenden Pflanzen
gleich und verlieren ihre Augen.

Unmöglich aber können die Stadien der Embryoentwick-
lung ein vollgültiges Zeugniß geben über die Höhe der Organisationen, die doch nur scheinbar auf ihnen stehen geblieben
sind. Scheinbar — denn genau genommen erinnern doch die
entwickelten Thiere nur an Jugendformen einer Entwicklungsreihe, stellen sie aber keineswegs wirklich dar oder bleiben auf der
früheren Entwicklungsstufe stehen. Aehnlichkeit ist nicht Gleichheit, und mit dem Stehenbleiben auf früheren Bildungszuständen
ist mancher Mißbrauch getrieben, der stark an das in der Naturphilosophie übliche Spiel mit Analogien erinnert. Ueberhaupt
hätte eine darauf gegründete Stufenordnung erst dann einen
rechten Sinn, wenn eine jetzt verleugnete Idee der alten Naturphilosophie aufgenommen würde. Ihr zum Grunde liegt nämlich die Idee von einer durch die ganze Natur sich stetig ent-
wickelnden Productionskraft, die aus sich selbst in gesteigertem
ursächlichem Zusammenhange neue Formen schafft. Nur wenn
die Naturformen aus einander werden, kann man von Stufen
ihrer Entwicklung reden. Thut man dies aber, wie es jetzt oft

geschieht, ohne diesen verworfenen naturphilosophischen Hintergrund,
so zeigt man sich noch abhängig von den Folgen einer Idee, deren
Voraussetzung man nicht mehr theilt. — Ohne diese Idee einer
zusammenhängenden thierischen Entwicklungsreihe beruht der
Maßstab der Embryonalentwicklung für die Höhenschätzung der
Organismen auf rein subjectiver Willkür.   Der geistreiche B a e r
(Entwicklungsgesch. Schol. V. S. 203) hat auf eine scherzhafte
Weise diesen Subjectivismus verspottet. Er denkt sich, was wohl
etwa die Vögel sagen würden, wenn sie ein physiologisches Lehr=
buch schrieben.   „Jene vier= und zweibeinigen Thiere", würde es
in diesem Vogel=Lehrbuch heißen, „haben viel Aehnlichkeit mit
unsern Embryonen, denn ihre Schädelknochen sind getrennt, sie
haben keinen Schnabel, wie wir in den fünf oder sechs ersten
Tagen der Bebrütung; nicht eine einzige wahre Feder sitzt auf
ihrem Leibe, sondern nur dünne Federschafte, so daß wir schon
im Neste weiter sind, als sie jemals kommen; ihre Knochen sind
wenig spröde und enthalten, wie die unsrigen in der Jugend
gar keine Luft; überhaupt fehlen ihnen die Luftsäcke und die Lun=
gen sind nicht ausgewachsen, wie die unsrigen in frühester Zeit;
ein Kropf fehlt ihnen ganz, Vormagen und Muskelmagen sind
mehr oder weniger in einen Sack verflossen, lauter Verhältnisse,
die bei uns rasch vorübergehen, und die Nägel sind bei den mei=
sten so ungeschickt breit, wie bei uns vor dem Auskriechen; an
der Fähigkeit zu fliegen haben allein die Fledermäuse, die die
vollkommensten scheinen, Theil. Und diese Säugethiere, die so
lange nach der Geburt ihr Futter nicht selbst suchen können, nie
sich frei vom Erdboden erheben, wollen höher organisirt sein
als wir?"

Nicht nur ein Vogel könnte im stolzen Selbstgefühl seiner
Würde also schreiben, wir selbst können es in seinem Sinne thun.
Denn es ist in der That gar kein Grund abzusehen, warum der
Vogel unvollkommener sein soll, weil sein Embryo, der zuerst dem
des Säugethiers gleicht, nicht zum Säugethier wird. Die Sache
ließe sich mindestens ebenso gut umkehren. Daß dies nicht ge=
schieht, daran hindert wieder im dunklen Hintergrunde die nun
einmal vorgefaßte Meinung, daß die Säugethiere höher stehen
als die Vögel. Also der alte Trugschluß, in dem vorausgesetzt
wird, was erst bewiesen werden soll.

Einen noch seltsameren Zirkelschluß begehen diejenigen, die für die Vollkommenheit der Thierklassen ein Zeugniß suchen in dem spätern Auftreten derselben in der Erdgeschichte. Sie behaupten, die Erde habe sich vervollkommnet und deßhalb seien die später auftretenden Thiere auch die vollkommeneren, und umgekehrt, gilt ihnen das Auftreten vollkommenerer Thiere als Beweis für die Vervollkommnung der Erde. Sie bewegen sich also in einem Zirkelschluß, indem jede Voraussetzung wechselseitig aus der anderen bewiesen wird.

Wenn nun aber alle diese angewandten Gesichtspunkte nicht zum Ziele der gesuchten Rangordnung führen, weder der Vergleich mit dem Menschen, noch die Prüfung der Einfachheit oder Zusammensetzung der Organisation; weder die Prinzipien der Arbeitstheilung, der Differenzirung, Internirung, Centralisation der Organe, noch die Embryologie und die Erdgeschichte, — nach welchem Gesichtspunkt bestimmen wir denn die Stufenordnung der Organismen? Die Antwort ist einfach, aber die Ausführung, zu der sie zwingt, schwierig, wenn nicht unmöglich.

Es kann eben nicht richtig sein, einzelne Gesichtspunkte der Werthschätzung, die alle etwas Wahres enthalten, für sich geltend zu machen, sondern muß darauf ankommen, sie im Verhältniß zur biologischen Gesammtleistung der Wesen zu betrachten. Von dieser aber haben wir bisher nicht viel mehr als einen allgemeinen ästhetischen Totaleindruck, dessen einzelne Bedingungen wir, wie Lotze gewiß richtig bemerkt, zu zerlegen noch nicht im Stande sind. Wenn dem so ist, dann eröffnet sich hieburch eine Aufgabe für die Philosophie, die Aufgabe, diesen ästhetischen Totaleindruck zu zergliedern, die Elemente unsres Urtheils über den Begriff der Vollkommenheit in unserem eigenen Geiste aufzusuchen. Und noch eine andere Aufgabe erwächst der Philosophie, wenn es darauf ankommt, den Werth der Organismen nach ihrer biologischen Gesammtleistung zu beurtheilen, die Aufgabe, eine tüchtige Thierseelenlehre zu schaffen. Die Gesammtleistung eines Thieres ist ohne Rücksicht auf seine Seelenthätigkeit nicht zu schätzen und bevor nicht die Philosophie auf diesem Gebiete mehr geleistet hat als bisher, eher wird auch die Stufenordnung der Thiere keinen wesentlichen Fortschritt machen können. Denn gerade von Seiten der seelischen Unterschiede sind stets gegen jede Stufenordnung die meisten Widersprüche erhoben. Wir haben es also sicherlich mit einem Problem zu thun, an dessen Lösung Naturforschung und Philosophie zusammen arbeiten müssen, falls es überhaupt gelöst werden soll.

Ob es wahrscheinlich ist, daß wir die Lösung jemals finden? — Wer kann es wissen! — Aber eins ist wahrscheinlich, die Lösung wird schwerlich zu dem nahen Verband von Rangordnung und Eintheilung der Organismen führen, den man gewöhnlich laut oder stillschweigend voraussetzt. Früher ordnete man einfach die Säugethiere über die Vögel, diese über die Amphibien und diese über die Fische, und nach wechselnden Gesichtspunkten bestimmte man die Stufenfolge der wirbellosen Thiere. Von dieser allgemeinen Voraussetzung ist man jetzt ziemlich allgemein zurückgekommen. Man nimmt nicht mehr an, daß alle Säugethiere höher sind als die Vögel; vielmehr mag der höchste Vogel weit über dem untersten Säugethiere stehen, ja der niedrigste Fisch mag selbst weniger bedeuten als das höchste Insekt. Aber, behauptet man, immer noch bleibt der höchste Vogel unter dem höchsten Säugethier und der höchste Fisch unter dem höchsten Amphibium. Es könnte sein, daß auch diese Behauptung wankend würde, denn es stützt sie nichts mehr als das einmal angenommene Vorurtheil, daß diese oder jene Klasse die höhere sei. Eine klare Einsicht über diese Frage liegt nicht vor, und in der Bestimmung des höchsten Thieres einer Klasse gehen die Ansichten weit auseinander. Die Einen stellen den Affen an die Spitze der Säugethiere, Anderen ist die Nähe unlieb und sie sehen keinen Grund in Rücksicht der Gesammtleistung des Lebens Elephant, Pferd und Hund dem Affen unterzuordnen. Illiger stellte die Papageien als Repräsentanten der Affen an die Spitze der Vögel, Andere die Raubvögel; Haie und Rochen, die nach dem Einen das Fischreich anführen, stehen nach Anderen am Ende desselben.

Feste Thatsachen also liegen jener Meinung von dem Verhältniß der Stufenordnung zur Klassification mit Nichten zu Grunde, und es könnte sein, daß fortgeschrittene Einsicht nur wenig von dieser Voraussetzung bestätigte.

Vielleicht verhält es sich damit wie im Menschengeschlecht mit Rasseneintheilung, Nationalität und Familie. Die Ordnungen und Klassen sind etwa die Rassen und Nationen, beide haben

ihre beſtimmten Unterſchiede und jede ihre Eigenthümlichkeiten.
Aber wir ſind nicht im Stande, den grübelnden ſinnigen Deut=
ſchen für vollkommener zu halten als den praktiſchen Engländer.
Innerhalb verſchiedener Nationen giebt es wieder Familien, die
ſich durch muſikaliſches Talent auszeichnen, andere in denen wiſſen=
ſchaftliche Begabung zu Hauſe iſt, Familien verſchiedener Nationen
ſtehen darin einander ebenbürtig zur Seite. So könnte es wohl
auch mit den Vollkommenheitsgraden verſchiedener Thierfamilien
ſein. Kurz, nach dem Totaleindruck unſerer äſthetiſchen Werth=
ſchätzung zu urtheilen, iſt es wahrſcheinlicher, daß Klaſſen=Ty=
pus und Stufenſchätzung zwei wohl zu ſondernde Dinge ſind,
wie denn aus der Vorausſetzung des Zuſammenhangs beider
für die Stufenordnung ſtets die meiſten Schwierigkeiten erwachſen
ſind. Wenn nun aber dies der Fall ſein wird, ſo iſt es klar,
daß die ganze Frage die geringſte Bedeutung hat für die ſyſte=
matiſche Zoologie, die bisher gerade das meiſte Gewicht auf ſie
legte. Größeres Gewicht hat ſie für Beurtheilung der phyſiolo=
giſchen und biologiſchen Geſammtleiſtung, und großen Werth be=
hält die Frage jeder Zeit für die Erkennung der äſthetiſchen
Elemente unſerer Werthſchätzung und für die Erforſchung der
Thierſeele, alſo für die Philoſophie.

Das ganze Problem ſtellt alſo entſchieden der Philoſophie
die größte Aufgabe, nur nicht die Aufgabe, die phyſiologiſche
Stufenordnung der Weſen aus einer allgemeinen Idee abzuleiten,
ſondern vielmehr nur die, erfahrungsgemäß die geiſtigen Elemente
zu erforſchen, die dabei in Frage kommen. Alle unſere Ab=
ſtractionen von Stoff und Bewegung, alle unſere Eintheilungen
und Werthſchätzungen haben einen objectiven Grund in der Na=
tur; ihn zu prüfen iſt Sache der Naturforſcher, und vermeſſen
iſt es, wenn Philoſophen ohne Erfahrung darüber ſpeculiren: —
alle dieſe Abſtractionen, Eintheilungen und Werthſchätzungen
haben aber auch eine ſubjective Seite, einen Grund in der Natur
unſeres Geiſtes, ſind zum Theil Formen und Geſetze unſerer gei=
ſtigen Auffaſſung. Es entſpricht dem richtigen Prinzip der Ar=
beitstheilung, daß die Erforſchung dieſes ſubjectiven Grundes
Aufgabe einer beſonderen Wiſſenſchaft iſt und bleibt, eben der
Philoſophie. Beſtimmt man die Philoſophie als die Wiſſenſchaft
von den letzten Gründen aller Dinge, ſo iſt es fraglich, ob ſie

ein Object hat. Sie würde verschwinden, sobald man sich einig
wäre, daß über die letzten Gründe der Dinge nichts zu ermitteln
ist. Bestimmt man die Philosophie als die Wissenschaft vom Geiste,
so hat sie ein eben so reales Object wie jede andere Wissenschaft.
Selbst unsere Hirngespinnste bleiben als vorhandene Vorstellungen
unserer Seele immer noch ein reales Object, dessen psychologischer
Grund zu erforschen ist. Einer so begrenzten Philosophie wird
die echte Naturforschung keine Feindin sein. Die Philosophie,
welche innerhalb der Grenzen unseres menschlichen Wissens forscht,
welche die eigenen Grenzen achtet, wird auch Anderen Achtung
vor ihren Grenzen einflößen.

Thier und Mensch.

—

Die moderne Naturforschung rühmt sich freudig endlich er=
kannt zu haben, daß zwischen Thier und Mensch kein wesentlicher
Unterschied besteht. Mit ungewöhnlichem Eifer beweisen ihre
Jünger, daß die Unterschiede zwischen den am tiefsten stehenden
Menschen und den höchst stehenden Thieren nicht so bedeutend sind,
wie die zwischen den am tiefsten und am höchsten stehenden Men=
schen. Ein Papua soll dem Gorilla, dem Orang, dem Gibbon
oder dem Schimpanse näher stehen als einem Kant oder Alexan=
der von Humboldt. Huxley in seinem Werk „Zeugnisse für die
Stellung des Menschen in der Natur" meint, ein mißtrauischer
Zweifel an der Höhe seiner eigenen Stellung, an der Berechti=
gung einer strengen Scheidung seines menschlichen Wesens vom
Thiere beschleiche den Menschen im Angesichte der verzerrten Ab=
bilder seiner Selbst, der Affen. Nur den Stolz der menschlichen
Natur läßt C. Vogt sich empören bei dem Gedanken, daß der
Herr der Schöpfung behandelt werden könne, wie ein anderes
Naturobject auch. Deshalb, sobald der Naturforscher eine Aehn=
lichkeit mit den dem Menschen zunächst stehenden Säugethieren, den
Affen, entdecke, schreie Alles, was irgend von menschlicher Würde
einen Begriff zu haben glaube, gegen den Vermessenen, der es

wagen wolle, den Menschen in seinem innersten Heiligthume an-
zutasten. Die ganze Zunft der Philosophen, welche einen Affen
nie anders als in einem Käfig einer Menagerie oder eines zoologischen Gartens erblickt habe, setze sich aufs hohe Roß und appellire
an den Geist, an die Seele, an die Vernunft, an das Selbstbewußtsein und wie die immanenten Eigenschaften des Menschen
alle heißen mögten. Vogt und seine Gesinnungsgenossen unter
den Naturforschern wollen sich von diesem Geschrei nicht beirren
lassen, sind vielmehr geneigt, vermuthlich auf Grund eines länge-
ren persönlichen Umgangs mit dem Affengeschlecht, eine nähere
Verwandtschaft zwischen demselben und dem Menschengeschlecht
vorauszusetzen. Sie ziehen es vor ein entwickelter Affe als ein
degenerirter Adam zu sein. Sie suchen allen Ernstes nicht nur
die Aehnlichkeit von Mensch und Affe in ausgedehntestem Maaße
darzuthun, sie bemühen sich überdies die Unterschiede als so gering-
fügig darzustellen, daß der Gedanke einer gemeinschaftlichen Abstammung nicht mehr fremdartig, sondern äußerst natürlich erscheint.
Da es zur Zeit praktisch noch nicht oder nicht mehr gelingen will
aus Affen Menschen zu züchten, versucht man theoretisch der vor-
zeitigen Natur diese Mühewaltung zuzuschreiben. Bei ihrer schwachen wissenschaftlichen Begründung wird auch diese Pithekoiden-
theorie, wie sie Haeckel großartig getauft hat, in nicht langer
Zeit zu den überstandenen Liebhabereien unseres angeblich unbefangenen wissenschaftlichen Fortschritts gehören. Als bewußter
Gegner derselben könnte man unbesorgt um Vergangenheit und
Zukunft des Menschengeschlechts den Verlauf dieser Modenarrheit
in Geduld abwarten; allein es ist immer an der Zeit durch
Erinnerung an alte Wahrheiten die Beseitigung neuer Thorheiten
zu beschleunigen. So mag denn auch den Vorfechtern der Pithe-
koidentheorie nicht allein das Wort gelassen werden, sondern auch
ein Wort zur Vertheidigung der Ansicht, welche Mensch und Thier
für wesentlich verschieden hält, sich Gehör zu schaffen suchen.

Diese Prüfung ungeachtet meiner ausgesprochenen Ansicht
unbefangen und vorurtheilsfrei anzustellen, soll natürlich mein
Bemühen sein. Von irgend einer Vorliebe, den Menschen als
degenerirten Adam oder als entwickelten Affen anzusehen, weiß
ich mich jedenfalls vollständig frei. Nöthigt mich die Wissenschaft
den Menschen für einen Affenparvenu zu halten, so werde ich um

so mehr die Kraft der Cultur bewundern, welche die jetzige Tren=
nung von unseren alten Verwandten bewirkt hat; verstattet mir
die Wissenschaft die Ansicht vom wesentlichen Unterschiede zwischen
Mensch und Thier festzuhalten, so werde ich um so mehr beklagen,
wenn Menschen in Theorie oder Praxis die ihnen eigenen Vor=
züge undankbar übersehen oder schimpflich vergessen. Vor Allem
aber soll die Prüfung nicht einseitig an den Geist appelliren,
sondern im Auge behalten, daß auch der Mensch wie das Thier
aus Leib und Seele besteht. Ich hoffe darin unbefangener zu
verfahren, als Diejenigen, welche ihrerseits die Appellation an den
Geist und seine Thaten so gut wie ganz aus den Augen verlie=
ren. Huxley und Haeckel machen sich gerade dieser einseitigen
Befangenheit schuldig. Sie übertragen sie sogar auf den Bewoh=
ner eines fremden Gestirns, den sie eine wissenschaftliche Ent=
deckungsreise auf unsere Erde unternehmen lassen. Derselbe —
so stellen sie es vor — findet hier unter anderen Thieren auch
seltsame zweibeinige, redende Wesen, die Menschen genannt werden.
Er sammelt sich verschiedene Arten derselben, packt sie in ein Faß
mit Weingeist und schickt sie in eine andere Welt, um sie dort
nebst anderen gesammelten Thieren genau zu untersuchen. Schwer=
lich werde sich diesem Sternbewohner bei seiner Untersuchung ein
wesentlicher Unterschied zwischen dem Menschen und den ihm nah
stehenden Thieren ergeben, er werde sie unstreitig für verwandte
Wesen erklären. — Wäre dies in Wahrheit der Urtheilsspruch des
Sternbewohners, so müßte ihm mit Recht erwidert werden, er
habe vergessen die redende Sprache und den Geist, der sie und
noch manches Andere hervorbringe, mit in sein Weingeistfaß
zu verpacken, seine Prüfung sei also nur eine einseitige, nicht das
ganze Wesen ins Auge fassende. Der wesentliche Unterschied zwi=
schen Mensch und Thier liege vielleicht nicht in Haut und Knochen,
Muskel und Nerv, sondern in dem Geist, der diesen Leib beseele.
Der Sternbewohner besäße hoffentlich Geist genug die Richtigkeit
dieses Einwandes einzusehen und sich zu einer neuen Entdeckungs=
reise auf unsere Erde zu entschließen. Inzwischen wollen wir
ihm diese Mühe ersparen und lieber selbst diese Prüfung nach der
leiblichen wie nach der geistigen Seite in die Hand nehmen.

Ueber die leibliche Verwandtschaft der Menschen und der
nächstniederen Thiere wollen wir Diejenigen hören, die in unserem

Lande auf Grund der neuesten von ausgezeichneten Männern
verschiedener Länder angestellten Forschungen, also mit dem Scheine
größtmöglicher Wissenschaftlichkeit ihre Stimme zu Gunsten dieser
Verwandtschaft am lautesten erhoben haben, ich meine C. Vogt
und Haeckel.

Eingehend hat Vogt in seinem 1863 erschienenen Werke
über den Menschen sich bemüht die leibliche Verwandtschaft von
Mensch und Thier, namentlich die Aehnlichkeit des Menschen und
des Affen darzuthun und diese Ansicht gegen alle nur erdenklichen
Einwände zu vertheidigen. Stück für Stück reißt er die angeblichen Schranken nieder, welche die Gestalt des Menschen von der
des Affen scheiden sollen. — Seit alter Zeit schon war man ge-
wohnt in der aufrechten Stellung einen Vorzug des Menschen
vor allen Thieren zu erblicken. Vogt bestreitet dem Menschen
das Recht zur Annahme dieses Vorzugs; auch die Pinguine und
Alken sollen denselben mit ihm theilen. Eine Versammlung
von Alken mit weißen Brüsten und schwarzen Frackflügeln auf
den Klippen des Nordlandes habe sogar etwas Menschenähnliches,
sehe fast aus, wie die Versammlung eines evangelischen Pastoren-
vereins. Ueberdies seien ja auch die menschenähnlichen Affen im
Stande aufrecht zu gehen. — Ebenso wenig hält Vogt von dem
Unterschiede der ursprünglichen Wehr- und Waffenlosigkeit des
Menschen. Man hatte sich gewöhnt darin ein Zeichen zu erkennen, daß die Natur anders als bei den Thieren den Menschen
auf den Gebrauch seiner Vernunft hinweise. Vogt dagegen meint,
auch der Schimpanse sei ursprünglich so wehr- und waffenlos wie
der Mensch. Wie dieser im Naturzustande sich nur zu vertheidigen wisse, indem er beiße, kratze, trete, mit Steinen werfe, gerade
so mache es auch der Schimpanse. — Diese alten Unterscheidungs-
zeichen von Mensch und Thier vor Allem gelten ihm also als
überaus hinfällig.

Aber auch die scheinbar besser begründeten Annahmen ana-
tomischer Unterschiede läßt Vogt eine nach der anderen als unhaltbar verschwinden. Nur der Mensch hat Schenkel, der Affe
dagegen Schlegel — hieß es eine Zeit lang. Jetzt aber sieht
man das wadenlose Negerbein als Uebergangsform an, welche
diese Scheidewand zwischen Mensch und Thier niederreißt. In
seinen geologischen Bildern glaubte Burmeister noch in dem

Fuß den eigentlich unterscheidenden Charakter der Menschheit zu erkennen. Jetzt weiß man, daß der Fuß des Gorilla weit menschenähnlicher ist als der aller Affen und daß der Fuß des Negers weit affenähnlicher ist als derjenige des Weißen. Von beiden Seiten also zeigen sich die auf Verwandtschaft deutenden Uebergangsformen. — Früher galt vor Allem auch die menschliche Hand mit ihrer eigenthümlichen Stellung des Daumens zur Hand als ein den Menschen vor allen Thieren auszeichnendes Glied. Das Werkzeug der Werkzeuge nannte schon Aristoteles die Hand, und behauptete, daß der Mensch dieses ausgezeichnete Glied um seiner Vernunft willen besitze, weil nur sie es zu gebrauchen verstehe. Jetzt belehrt uns Huxley, daß ein größerer Unterschied besteht zwischen der Hand des Orang, der einen Knochen mehr in der Handwurzel hat und derjenigen des Gorilla, als zwischen der Hand des Gorilla und der des Menschen. Also auch in diesem Punkte steht ein Affe dem Menschen näher als seinen Affenbrüdern. —

Dieselbe Annäherung sollen wir jetzt bei den wichtigsten Theilen des Körpers, dem Kopf und dem darin befindlichen Gehirn entdeckt haben. Vogt giebt im Allgemeinen zu, daß beim Kopf des Menschen das Uebereinander überwiegt, beim Affen das Nebeneinander, daß beim Affen der Hirnraum zurücktritt. Beim Menschen beträgt der Campersche Gesichtswinkel zwischen 70—85 Grad und es ist kein Beispiel bekannt, daß er unter 60 Grad gesunken ist. Dagegen sinkt er beim erwachsenen Schimpanse bis auf 35, beim Orang bis auf 30 Grad. Aber bei jungen Affen betrug er schon 60 Grad und bei einem kleinen amerikanischen Affen (Callithrix sciurea) steigt er sogar auf 65—66 Grad. Und dieser kleine Affe nähert sich dem Menschen auch darin, daß er weint! So scharf also, wie bisher angenommen, sind auch in diesem Punkte die Unterschiede nicht. — Früher galt als specifisch menschlich das Fehlen eines gesonderten Zwischenkiefers, jetzt kann nur die frühe Verschmelzung desselben angerufen werden und auch diese hat ihre Stufen. Nicht selten findet man an jungen Negerschädeln sowie an Schädeln von Idioten noch Spuren der Kiefernath, und andererseits verschmelzen die Näthe der betreffenden Knochen auch bei den Affen in sehr verschiedenen Altern. — Mit Recht ferner spricht man den Affen das menschliche Kinn ab, indessen dasselbe schleift sich auch bei den niederen prognathen Menschenrassen mehr und mehr ab und nähert sich dadurch der Affenbildung. — So steht es mit der äußeren Gestalt des Kopfes. Nicht mehr Halt zur Unterscheidung bietet sein Inneres, das Gehirn. Die verschiedensten Theile desselben sind als Unterschiede betrachtet worden. Bald rief der Eine: hier ist der wahre Unterschied, bald rief ein Anderer: nein, dort sitzt er. Es war — meint Vogt — wie beim Versteckspielen der Kinder. So wie man hinsah nach dem Ort des Rufes, hieß es, hier ist kein Versteck. Am längsten blieb man noch bei der Ansicht Owen's stehen, in den hinteren Lappen der Hemisphäre, in dem hinteren Horn des Seitenventrikels und in der sogenannten Vogelklaue eigenthümliche Merkmale des Menschengehirns zu erkennen; aber Huxley und Andere zeigten endlich, daß auch diese bei den Affen sich finden. Neuerdings hat man besonderes Gewicht gelegt auf das Fehlen eines unvollständigen Klappdeckels und die Unbedecktheit der zweiten Uebergangswindung im Menschengehirn. „Ich ergebe mich — sagt dazu Vogt — und zeichne in mein Notizbuch: der Mensch unterscheidet sich vom Affen durch das Fehlen eines unvollständigen Klappdeckels und durch das Unbedecktsein der zweiten Uebergangswindung." Doch glücklicher Weise liest Vogt noch rechtzeitig vom Teufelsaffen (Ateles Beelzebuth). Seine Sympathie für die Affenverwandtschaft ist nun gerettet, auch bei dem Teufelsaffen fehlt der Klappdeckel und die Uebergangswindungen sind wie beim Menschen obliterirt oder oberflächlich. „Im eigentlichsten Sinne — ruft Vogt aus — ist mir da mein Menschencharakter zum Teufel gegangen! Kein Klappdeckel! Keine verdeckte Uebergangswindung! Der verdammte Teufelsaffe!" — Und wie zum Hohn für die Menschen folgt in Betreff dieser Aehnlichkeit des Gehirns demnächst der Kapuzineraffe. Gleichsam ironisch verschreibt die Natur das Recept. Man schmelze den Teufel und den Kapuziner in Affengestalt zusammen und man hat den Menschen! So sehen wir also nach Vogt durch genauere Kenntniß der leiblichen Natur die Affen den Menschen immer näher gerückt.

Umgekehrt sollen wir auch von Seiten gewisser Menschen die Annäherung an die Thierwelt nicht verkennen können. Darauf, daß wir noch einmal Menschen von niedrigerem Typus als

uns bisher bekannt geworden auffinden werden, ſetzt Bogt nur
geringe Hoffnung; die Möglichkeit, daß derartige jetzt nicht mehr
vorhandene Zwiſchenformen untergegangen ſind, weiſt er als
wiſſenſchaftlichen Lückenbüßer nicht ganz von der Hand. Doch
ſcheinen ihm ſchon unter den Negern hinreichende Spuren ſolcher
Annäherung an die Thierwelt vorhanden zu ſein. Deutlicher
noch zeigen dieſe Annäherung die Microcephalen, die geborenen
Idioten und die Azteken, unter denen die meiſten es gar nicht einmal
zu einer articulirten Sprache gebracht hatten, die nicht mehr zu
reden wußten als jeder Papagei, der die vorgeſprochenen Worte
nachſpricht. — Von beiden Seiten alſo ſo viel Spuren natürlicher
Verwandtſchaft und doch ſollte keine wirkliche Verwandtſchaft
beſtehen? — Das kann Vogt nicht glauben. Daher nimmt er
an, daß die Menſchen und die menſchenähnlichen Affen, der Schim-
panſe, der Orang und der Gorilla, einen verloren gegangenen
gemeinſamen Stammvater beſeſſen haben, aus deſſen Nachkom=
menſchaft ſich jene Affen ſowohl wie die menſchlichen Bewohner
der alten und neuen Welt als verwandte Seitenlinien allmählich
entwickelt haben.

Weſentlich ähnlich nur etwas ſyſtematiſcher wiederholte
Haeckel dieſe ſchon früher von ihm ausgeſprochenen Gedanken
neuerdings wiederum in ſeiner 1868 zuerſt erſchienenen „Natürlichen
Schöpfungsgeſchichte“. — Mit der Verwandtſchaft des Menſchen
verhält es ſich nach ihm folgendermaßen. Der Menſch gehört
bekanntlich zu den Säugethieren, unter dieſen ſteht er am nächſten
den Affen, und unter dieſen den Schmalnaſen (den Katarrhinen).
Die Affen der alten Welt haben nämlich eine ſchmale Naſen=
ſcheidewand und die Naſenlöcher ſind nach unten gerichtet, dar=
nach ſind ſie Katarrhinen genannt. Dieſelbe Beſchaffenheit nun
haben auch die Menſchennaſen. Ferner haben die genannten
Affen auch mit dem Menſchen das gleiche aus 32 Zähnen be=
ſtehende Gebiß, während alle Affen der neuen Welt ein Gebiß
von 36 Zähnen beſitzen. Demnach iſt anzunehmen, daß alle
Affen der alten Welt aus einem Stamm entſprungen ſind. Die
Affen der neuen Welt werden entweder durch Umbildung aus
dem Affengeſchlecht der alten Welt ſich entwickelt haben oder mit
dieſen zuſammen aus einem unbekannten gemeinſamen Stamm
entſproßen ſein. Für die Abſtammung des Menſchen folgt nach

Haeckel schon hieraus der unendlich wichtige Schluß, daß der Mensch sich aus den Katarrhinen entwickelt hat. Da die anatomischen Unterschiede zwischen den Menschen und den menschenähnlichsten Katarrhinen (dem Orang, Gorilla und Schimpanse) in jeder Beziehung geringer sind, als die anatomischen Unterschiede zwischen diesen am niedrigsten stehenden Katarrhinen, insbesondere den hundeähnlichen Pavianen, so hält sich Haeckel unabweislich berechtigt zu dem Schluß, das Menschengeschlecht bilde ein Aestchen der Katarrhinengruppe. Die völlige Uebereinstimmung aller Menschen mit den Katarrhinen in Bezug auf die Bildung der Nase und des Gebisses beweist ihm deutlich genug den gemeinsamen Ursprung beider. Er nimmt daher an, die Menschen müßten sich aus längst ausgestorbenen Affen der alten Welt entwickelt haben. Als nächst verwandte Stammeltern dürften wir wegen der dargelegten Aehnlichkeit schwanzlose Katarrhinen (Lipocerca) ansehen. Von diesen sind jetzt nur noch vier Gattungen vorhanden, der große und der kleine Orang-Utang, der Schimpanse, der Gibbon und der erst 1847 am Flusse Gaboon vom Missionär Savage entdeckte Gorilla. Der Orang stehe dem Menschen am nächsten in Bezug auf Gehirnbildung, der Schimpanse in Bezug auf Schädelbildung, der Gibbon in Bezug auf den Brustkasten, der Gorilla in Bezug auf Hände und Füße. Doch soll der Mensch sich nicht aus diesen noch vorhandenen Katarrhinen entwickelt haben, sondern mit ihnen von einem jetzt unbekannten gemeinsamen leider untergegangenen Stammvater entsprossen sein. So viel steht nach Haeckel fest, daß wir diesen Stammvater unseres Geschlechts unter den Catarrhina lipocerca zu suchen haben. Die Umbildung seines Geschlechts soll wahrscheinlich gegen Ende der Tertiärzeit stattgefunden haben und Haeckel stellt in Aussicht, daß wir vielleicht die versteinerten Gebeine unserer Urahnen dereinst noch in den Tertiärgesteinen des südlichen Asiens oder Afrika's auffinden werden. In der von Haeckel entworfenen Ahnenreihe der Thiere gestaltet sich demnach die Sache folgendermaaßen. Die zwanzigste Stufe der Entwicklung bildeten die Menschenaffen (Anthropides, Catarrhina lipocerca), die einundzwanzigste Stufe bildeten die leider verloren gegangenen Affenmenschen (Pithecanthropi, oder Alali, sprachlose Menschen); aus ihnen entwickelten sich dann die echten oder die ſprechenden Menſchen. Bei der außerordentlichen Aehnlichkeit, die Haeckel zwiſchen den niederſten wollhaarigen Menſchen und den höchſten Menſchenaffen ſelbſt noch jetzt erhalten findet, glaubt er nur einer geringen Einbildungskraft zu bedürfen, um von der verloren gegangenen Zwiſchenform der Affenmenſchen ſich ein ungefähres Bild zu entwerfen. Er ſteht auch nicht an zu erklären, wie wir uns die Entwicklung der Affenmenſchen zu echten Men= ſchen zu denken haben. Im Kampfe um's Daſein werden — meint er — bei den Affenmenſchen zwei Anpaſſungsthätigkeiten allmählich die Umwandlung bewirkt haben. Zuerſt führte die Gewöhnung an den aufrechten Gang eine höhere Differenzirung und Ausbildung der Extremitäten herbei. Die Affenmenſchen bedienten ſich ihrer Vorderfüße immer ausſchließlicher zum Grei= fen und Betaſten, ihre Hinterfüße dagegen übernahmen immer ausſchließlicher die Function des Auftretens und Gehens. Durch dieſe Gewohnheit bildete ſich der Gegenſatz von Hand und Fuß aus, welcher zwar dem Menſchen nicht ausſchließlich eigenthüm= lich, aber doch viel ſtärker bei ihm entwickelt iſt, als ſelbſt bei den menſchenähnlichſten Affen. Und dieſe Differenzirung der Extremitä= ten veranlaßte dann ferner höchſt wichtige Veränderungen in der übri= gen Körperbildung. Die ganze Wirbelſäule, namentlich aber Becken= gürtel und Schultergürtel, ſowie die dazu gehörige Musculatur, erlit= ten dadurch diejenigen Umbildungen, durch welche ſich der menſchliche Körper nun von demjenigen der menſchenähnlichſten Affen unter= ſcheidet. „Wahrſcheinlich — ſagt Haeckel — vollzogen ſich dieſe Umbildungen ſchon lange vor Entſtehung der gegliederten Sprache, und es exiſtirte das Menſchengeſchlecht ſchon geraume Zeit mit ſeinem aufrechten Gange und der dadurch herbeigeführten charak= teriſtiſchen menſchlichen Körperform, ehe ſich die eigentliche Aus= bildung der menſchlichen Sprache und damit der zweite und wich= tigere Theil der Menſchwerdung vollzog.“ — Welche Gewöhnungen thieriſcher Geberden=, Taſt= oder Lautſprache dieſe wichtigſte Um= bildung der Alali in Menſchen mit einer wirklichen Wort= oder Begriffsſprache herbeiführen konnte, ſcheint Haeckel noch nicht zu wiſſen. Einige Aufklärung über dieſen Urſprung der Sprache erwartet er von dem in der Kapſtadt lebenden Wilhelm Bleek, der ſeit dreizehn Jahren in Südafrika mit dem Studium der Sprachen der niedrigſten Menſchenraſſen beſchäftigt und dadurch

besonders zur Lösung dieser Frage befähigt sei. Haeckel hatte
denselben schon vor einigen Jahren brieflich auf seine glückliche
Lage aufmerksam gemacht, gleichzeitig die Sprache der den Affen
besonders nahe stehenden Unschmänner und die „von den Zoologen bisher nicht in der verdienten Weise berücksichtigte Sprache
der Affen" einer näheren Vergleichung unterwerfen zu können.
Einstweilen also wissen wir leider über diese Entwicklung noch
nichts Gewisses. Doch hält Haeckel es bereits für wahrscheinlich,
daß die menschliche Sprache als solche sich erst entwickelte, nachdem die Gattung der sprachlosen Urmenschen oder Affenmenschen
in mehrere Arten oder Species aus einander gegangen war.
Dafür spricht nach seiner Meinung die auch von Schleicher
angenommene Mehrheit ursprünglicher Sprachstämme, die Unmöglichkeit alle Sprachen auf eine und dieselbe Ursprache zurückzuführen.   Mit dieser Sprachentwicklung mußte nun — wie
Haeckel lehrt — unbedingt eine höhere Differenzirung und Vervollkommnung des Kehlkopfs eintreten, welche die sogenannte ge-
gliederte oder articulirte Sprache ermöglichte. „Die Entstehung
dieser Sprache sodann — sagt Haeckel — war es ohne Zweifel
welche vor allem die tiefe Kluft zwischen Mensch und Thier schaffen half, und welche zunächst auch die wichtigsten Fortschritte in
der Seelenthätigkeit und der damit verbundenen Vervollkommnung des Gehirns veranlaßte. — Mehr als alles Andere mußte
die Entstehung der menschlichen Sprache veredelnd und umbildend
auf das menschliche Seelenleben und somit auf das Gehirn einwirken. Die höhere Differenzirung und Vervollkommnung des
Gehirns und des Geisteslebens als der höchsten Function des
Gehirns entwickelte sich in unmittelbarer Wechselwirkung mit seiner Aeußerung durch die Sprache." So weit Haeckel's Darstellung unserer Menschwerdung, d. h. unserer Entwicklung aus
dem Zustande der auf allen Vieren kriechenden sprachlosen Affenmenschen.

Bei der Prüfung dieser Ansichten ist zweierlei wohl zu
unterscheiden, die Darstellung der thatsächlichen Aehnlichkeiten oder
Unterschiede in Bau und Gestalt der Thiere und Menschen, und
die daraus gezogenen Schlüsse über die natürliche Verwandtschaft
beider. Was zunächst den Vergleich des Körperbaus betrifft, so
scheint man allerdings bisher die scharfe Unterscheidung von Mensch

und Thier zu leicht genommen zu haben. In dem ängstlichen
Suchen nach greifbaren Unterschieden hielt man sich allzu sehr
an einzelne Merkmale, deren Aeußerlichkeit und Zufälligkeit schon
gerechte Bedenken über ihre Bedeutung für die gesuchte Unter=
scheidung erwecken mußten. Was können z. B. die alten Unter=
schiede der natürlichen Wehr= und Waffenlosigkeit sowie der auf=
rechten Stellung für sich betrachtet für einen Werth beanspruchen?
Eine menschlich werthvolle Bedeutung erhalten sie einzig und
allein durch ihre Beziehungen zum Seelenleben des Menschen,
insofern sie dem auf der Erde wandelnden Menschen eine freiere
Bewegung und einen freieren Umblick seiner Sinne ermöglichen.
Indessen die seelische Bevorzugung des Menschen soll hier einstweilen
noch außer Frage stehen. Angenommen also der Schimpanse sei von
Natur gerade so wehr= und waffenlos wie der Mensch, Pinguine
und Alke hätten dieselbe aufrechte Stellung wie der Mensch, manche
Affen gingen auch manchmal aufrecht wie der Mensch, so würde
doch daraus nur folgen, daß diese Merkmale losgelöst von ihrer
Beziehung zum Gesammtorganismus als Unterscheidungsmerk=
male von Mensch und Thier nicht zu gebrauchen sind. In dieser
Beziehung aber werden sie, selbst wenn nur der Körperbau in
Betracht gezogen wird, sogar von Vogt und Haeckel mit berück=
sichtigt. Vogt spaßt zwar über die Pinguine und Alke, die ebenso
aufrecht stehen und gehen wie der Mensch; allein, sobald er seine
trivialen Witze abgesetzt hat, bemerkt er, „aber hier sind es doch
ganz andere Verhältnisse des Baues, welche diese Stellung be=
dingen und von den nächsten Verwandten, den Affen, unterscheidet
sich der Mensch unbedingt durch die aufrechte Stellung, die der
Affe nur vorübergehend oder durch Dressur gezwungen, nicht
aber als natürlich ihm zukommende Körperstellung annimmt."
Und eingehend schildert Vogt sodann die unterscheidenden Züge
der ganzen menschlichen Körpergestalt, welche mit dem aufrechten
Gange in engster Verbindung stehen, zum Theil als Bedingun=
gen desselben angesehen werden müssen. Nicht anders entwickelt
Haeckel diese Grundbedingungen der aufrechten Stellung des Men=
schen, wie sich dieselben in der ganzen Wirbelsäule, namentlich
im Beckengürtel und im Schultergürtel, sowie in der dazu gehö=
rigen Muskulatur so deutlich zeigen, daß dadurch der menschliche Kör=
per selbst von dem der menschenähnlichsten Affen unterschieden bleibt.

Nicht anders verhält es sich mit den übrigen Merkmalen; einzeln genommen haben sie keinen unbedingten Unterscheidungswerth, im Zusammenhange genommen behalten sie denselben auch für Vogt und Haeckel und Huxley selbst. „Wie man die Sache auch wenden, von welcher Seite man sie auch anschauen mag, — sagt Vogt — stets wird sich diese bedeutende Kluft in der Bildung des Schädels zwischen Mensch und Affe darstellen, welche durch das gegenseitige Verhältniß des Hirnschädels und Gesichtsschädels gegeben ist." Auch Haeckel hebt wiederholt die Verhältnisse hervor, durch welche sich jetzt der menschliche Körper von demjenigen der menschenähnlichsten Affen unterscheidet. Eine articulirte Sprache z. B. bezeichnet er geradezu als ausschließliches Eigenthum der Menschen. Und Huxley verwahrt sich ausdrücklich gegen die Mißdeutung seiner Ansicht, als meine er, daß die anatomischen Unterschiede zwischen dem Menschen und selbst den höchsten Affen gering und unbedeutend seien. „Ich benutze daher diese Gelegenheit — fügt er hinzu — im Gegentheil ausdrücklich zu versichern, daß sie groß und bedeutend sind, daß jeder einzelne Knochen des Gorilla Zeichen an sich trägt, durch welche er leicht von dem entsprechenden Knochen des Menschen unterschieden werden kann; und daß jedenfalls wenigstens in der jetzigen Schöpfung kein Zwischenglied den Abstand zwischen Homo und Troglodytes ausfüllt."

Was bleibt aber dann von all dem Gejauchze über die neu entdeckte Affenverwandtschaft übrig? Nichts als die harmlose Freude über eine gewisse Aehnlichkeit der Gestalt. Trotz derselben bleiben immer noch die Unterschiede groß und bedeutend genug um im Ganzen sowohl wie im Einzelnen Thier und Mensch von einander deutlich zu unterscheiden. Wir haben somit thatsächlich durch alle diese neuen Untersuchungen nichts Anderes gewonnen als eine klarere Erkenntniß über die Natur und die Berechtigung der von jeher angenommenen Unterschiede; darüber hinaus aber sind wir nur bereichert durch Vermuthungen mancherlei Art.

Die uns angebotene Grundhypothese dabei ist die, daß diese für die uns bekannte Zeit als bestehend anerkannten Unterschiede nicht ursprüngliche, sondern erst in vorzeitlicher Entwicklung erworbene seien. Jetzt allerdings bedingt der Gesammtorganismus der Menschen seinen aufrechten Gang, aber das kann nicht immer

so gewesen sein. Warum? weil auch einige Affen mitunter aufrecht gehen, wenn auch unsicher und schwankend, und weil ja
doch das kleine Menschenkind auch anfangs auf allen Vieren
kriecht. — Jetzt allerdings besitzt nur der Mensch den Kehlkopf,
der ihn befähigt zur articulirten Wortsprache, aber das kann
nicht immer so gewesen sein. Warum? weil auch einige Papageien und Staarmatze solche Worte nachlallen können und weil
auch die Kinder anfangs und einige Idioten leider auch später noch
nur vermittelst thierischer Empfindungslaute sich verständlich zu
machen im Stande sind. — In diesen genannten und vielen anderen Verhältnissen des Gesammtorganismus unterscheiden sich
jetzt allerdings die Menschen deutlich auch von den menschenähnlichsten Affen, aber trotzdem gehören sie mit ihnen zu einer Familie, haben mit ihnen einen gemeinsamen, verloren gegangenen
Stammvater. Und warum? Ihre Nasen haben eine gemeinsame Scheidewand und ihre Nasenlöcher laufen nach unten; überdies sind sie beide schwanzlos.

Die Logik solchen Schlußverfahrens ist wahrlich bewun-
dernswerth, namentlich für exacte Naturforscher, die sich rühmen nicht nach Art der Philosophen ihre Ideen für reale Vorgänge der Natur selbst auszugeben. Es ist unglaublich, daß sie
in ihrer Verblendung die Widersprüche nicht bemerken, in denen
sich ihre Zirkelschlüsse bewegen. Wie ein Mensch reden, kann
man nur mit einem dazu articulirten Kehlkopf, die Affenmenschen
hatten einen solchen noch nicht, doch drängte die Natur sie zu
reden und nun bildete die Sprache den dazu gehörigen Kehlkopf.
Wie ein Mensch zu denken, soll nur möglich sein vermittelst eines
differenzirten Menschengehirns, aber die Affenmenschen begannen
zu reden und zu denken, bevor sie dieses Gehirn besaßen, und
diese ohne dasselbe erworbene Bereicherung ihres Seelenlebens
schuf nun die nöthige Differenzirung des Gehirns. Wenn man
Haeckel fragen wollte, warum denn der Mensch nothwendig von
schwanzlosen Affen abstammen muß, so kann er darauf keine
andere Antwort haben als den geistreichen Bescheid, daß der
Mensch ja doch offenbar keinen Schwanz besitzt und somit doch
schwerlich von geschwänzten Affen abstammen kann. Es ist ihm
also viel undenkbarer, daß der Mensch bei seiner Entwicklung
aus dem Affen einen ihm ehemals erbeigenthümlichen Schwanz

verloren haben könnte, als daß er die bloße Laut= und Empfin=
dungssprache zur wesentlich verschiedenen Wort= und Begriffs=
sprache entwickelte. Das heißt allerdings buchstäblich das Ding
beim Schwanz anstatt beim Kopfe anfassen, über das Aeußerliche
das Innere vergessen.

Diese einseitige Befangenheit offenbart sich besonders auch
in dem von allen genannten Männern und ihren Gesinnungs=
genossen stets wiederholten Argumente, es seien aber jedenfalls
die anatomischen Unterschiede der Menschen und der menschen=
ähnlichsten Affen geringer als diejenigen dieser Affen und der
übrigen Affen. Nun wohl, wenn dies richtig ist, und trotzdem in
Betreff ihrer biologischen Gesammtleistung die Affen sich von ein=
ander weniger unterscheiden als von den Menschen, so muß dies
verschiedene Verhalten doch wie Alles in der Welt einen Grund
haben, und muß dieser Grund somit in anderen als den anato=
mischen Verhältnissen des Körpers gesucht werden. Es wird
jedem klar und unbefangen Denkenden unabweisbar scheinen, die=
sen Grund, der sich im Körper nicht finden lassen will, nunmehr in
den ursprünglichen seelischen Kräften zu suchen, gleichviel ob die=
selben erkennbar oder nicht mit irgend einer Körperbeschaffenheit
zusammenhängen mögen. Die Prüfung der Seelen ist nicht mehr
abzuweisen, ergiebt sich vielmehr als die Hauptsache zur Erledi=
gung der streitigen Frage.

Der Brennpunkt der Frage liegt in der Vergleichung der
Thier= und Menschenseele. Die Würde des Menschen gründet
sich, wie Huxley selbst sagt, nicht auf seinen Fuß, noch wären
wir verloren, wenn auch der Affe einen Hippocampus minor im
Gehirn hätte.

Im Geiste, in der Seele vermuthet man den Grundunter=
schied zwischen Mensch und Thier; hier ist daher zu prüfen, ob
ein solcher da ist und worin derselbe besteht.

Leicht ist diese Prüfung nicht. Fassen wir doch kaum das
flüchtige Wesen unserer eigenen menschlichen Seele, wie viel
schwerer wird es sein, in das uns fremde Seelenleben der Thiere
einen verständigen Blick zu thun.

Der Verkehr mit den Thieren fehlt gemeiniglich Denen, die
geistig fähig wären, wissenschaftlich zu beobachten, und Diejenigen
wiederum, die in jenem engeren Verkehre mit den Thieren leben,

verstehen selten zuverläßig zu beobachten. Daher die vielen un-
wahren oder halbwahren Erzählungen aus dem Thierleben, die
Jagdgeschichten, die kaum der Erzähler selber glaubt. — Und
nun gar die Deutung der Handlungen! — Weil der Wiedehopf
verfolgt mit ausgebreitetem buntem Flügelkleide sich wie todt zur
Erde wirft, wird ihm die Absicht angedichtet, zur Verstellung wie
ein bunter Lappen zu erscheinen. Als müßte der Wiedehopf auch nur
was ein bunter Lappen ist oder daß er einem solchen gleicht. Wir
wissen nicht einmal gewiß, ob diese Handlung des Wiedehopfs
überhaupt eine absichtliche oder nur die Folge seiner Furcht ist. —
Ein Pariser Maler wollte einen Elephanten mit offenem Maule
abmalen und hielt ihm deßhalb fortwährend Aepfel so hin als
wolle er sie ihm zuwerfen; der Elephant, den das wahrscheinlich
verdroß, goß plötzlich einen Strom Wasser aus seinem Rüßel
auf die Malerei, die damit zerstört war. So die einfachste Form
dieser vielfach variirten Erzählung. „Eine solche Handlung —
bemerkt Wundt — ist offenbar nicht blos verständig, sondern
witzig. Der Witz ist vielleicht die seltenste Eigenschaft der Thiere.“ —
Also wirklich der Elephant wollte einen Witz machen, und darum
löschte er die Zeichnung aus, die ihn darstellen sollte? — In
diesem zufällig herbeigeführten Contraste der Umstände lag wohl
eine natürliche Komik, wie in dem naiven Verknüpfen einander
fremder Vorstellungen beim Kinde, aber nimmermehr Verstand
oder Witz. — So mißdeuten selbst besonnene Forscher das Seelenleben der Thiere.

Ueber den Gegenstand nun einer bisher so wenig begründeten, so selten mit wahrhaft wissenschaftlicher Schärfe betriebenen
Forschung kann nur mit der größten Vorsicht gesprochen, nur
die best beglaubigten Erzählungen können in Betracht gezogen
werden. An solchen Beispielen soll geprüft werden, ob Mensch-
und Thierseele hinsichtlich der Intelligenz nur dem Grade, oder
ob sie dem Wesen nach verschieden sind. Wir werden zum Behuf
dieser Prüfung folgende Fragen zu beantworten haben:

1) Sind Mensch und Thier hinsichtlich des Instinktes scharf
   unterschieden?

2) Hat das Thier Intelligenz und unterscheidet sich dieselbe
   von der des Menschen?

3) Wie verhalten sich Mensch und Thier hinsichtlich der übri-

gen Seelenzustände in Beziehung zu den Unterschieden der
Intelligenz?

Was zuerst die Instinktfrage betrifft, so giebt es bekannt=
lich Manche, welche den Unterschied zwischen Mensch und Thier
einfach dahin angeben, daß die Thiere nach unabänderlichen Na=
turtrieben handeln, die Menschen nach freier Ueberlegung. Mit
ihnen müssen wir uns zunächst über die Natur des Instinktes
verständigen, welches Wort gar oft sich einstellt, wo die Begriffe
von der Sache fehlen. Den richtigen Begriff werden wir aus
dem Blick auf einige Instinkthandlungen gewinnen.

In Südfrankreich und Spanien lebt die Minirspinne. Sie
gräbt an steilen Abhängen aus bindender Erde ohne Stein
und Gras einen Gang von 1—2 Fuß Tiefe, den sie mit einem
Gewebe austapezirt. Am Eingang macht sie eine aus verschiede=
nen, durch ihr Gespinnst verbundenen Erdschichten bestehende Fall=
thür, die oben in einer Angel hängt und unten bisweilen noch
durch eingewebte Steinchen beschwert ist, so daß sie noch besser durch
ihr eigenes Gewicht zufällt. Die Thür geht nach außen auf und
läßt sich von innen leicht aufheben. Will die Spinne in ihr Nest,
so öffnet sie die Thür durch Einsetzen der Freßzangen in die
äußere rauhe Thürfläche; will ein Feind eindringen, so hält sie
die Thür durch Einhaken in die am unteren Ende derselben be=
findlichen Löcher zu.

Eine merkwürdige Beschreibung macht Schmarda von dem
Trichter des Ameisenlöwen. Er baut sich zum Fange von In=
sekten, besonders von Ameisen, einen Trichter an trockenen san=
digen Orten. Zuerst zieht er einen Kreis in den Sand, welcher
den Umfang seines Trichters bezeichnet; dann fängt er an das
Loch durch Auswerfen des Sandes zu erweitern, indem er mit
einem Vorderfuße wie mit einer Schaufel den Sand auf seinen
flachen Kopf ladet und mit Kraft und überraschender Schnellig=
keit mehrere Zoll weit über den Kreis hinausschnellt. Während
dessen geht er rückwärts, bis er wieder an die Stelle kommt, von
der er ausgegangen. Hierauf zieht er einen neuen Kreis, höhlt
eine andere Furche auf dieselbe Weise aus, bis er endlich auf
den Grund des Trichters kommt. Hier bedeckt er sich mit Sand,
nur den aufgesperrten Kiefer läßt er frei. Berührt dann ein
kleines Thier den Trichterrand, so weicht der Sand, das Thier

fällt hinab, der Ameisenlöwe stürzt auf seine Beute und saugt sie aus.

Zu den wunderbarsten Erscheinungen solchen Thierlebens gehören unstreitig die gemeinsamen Bauten und Staaten der Bienen, Ameisen und Biber, die im Allgemeinen jeder kennt, an die daher nur erinnert zu werden braucht. Wenn wir uns nun diese Bauten und jene Weisen der Minirspinne und des Ameisenlöwen ihrem seelischen Ursprunge nach erklären wollen, dürfen wir annehmen, diese Werke seien Werke freier Erfindung auf Grund gesammelter Erfahrung?

Diese Annahme hielt man für unvereinbar mit der Kenntniß der sonstigen geringeren Geisteshöhe dieser Thiere im Vergleich mit dem Menschen. Ihre Kunstfertigkeiten schienen an Sicherheit und Feinheit bisweilen die des Menschen zu übertreffen, übrigens stand ihre Klugheit weit zurück. Deshalb nahm man mit Cartesius an, daß die Natur in diesen Thieren handle, daß ein unbewußter zweckmäßiger, ihnen ursprünglicher oder angeborener Naturtrieb sie zu jenen wunderbaren Handlungen der Erhaltung ihrer selbst und ihrer Art veranlasse und diesen Trieb nannte man Instinkt. Daß es dergleichen Naturtriebe giebt, ist unbestreitbar und läßt sich thatsächlich erweisen.

Neuerdings hat man besonders Anstand genommen von dem Angeborensein dieser Triebe zu reden.

Die angeborenen Triebe erinnern an die angeborenen Ideen, die Locke aus der Philosophie verbannt haben soll. Auch glauben Darwin und Wundt einige Instinkte als von früheren Generationen erworbene, nachträgliche Vererbungen darstellen zu können nach der Art, wie sich bisweilen individuell erworbene musikalische Talente in einer Familie erhalten. Die mögliche Berechtigung zu dieser Vermuthung läßt sich nicht abweisen. Darwin sucht unter Anderem auf diesem Wege die eigenthümliche Sitte mancher Ameisenarten zu erklären, Arbeiterameisen aus anderen Haufen durch kriegerischen Raub einzufangen und im eigenen Nest zu verwenden. Mit einigem Euphemismus hat man diese geraubten Arbeiter Sklaven genannt, obgleich sie in ihrer Sklaverei dieselbe Freiheit genießen wie ihre Herrn, ja bei einigen Arten auf Wanderungen sogar von den Herrn getragen werden. Diese Sitte der Ameisen hat nun bei verschiedenen Arten

und in verſchiedenen Ländern einen verſchiedenen Ausdruck ge=
funden. In England z. B. dem Lande der monarchiſchen Frei=
heit iſt die Ameiſenſklaverei viel milder als in der republikaniſchen
Schweiz. Die engliſchen Ameiſenherren empfangen viel weniger
Dienſte von den Sklaven, den Sklaven fällt nur die Brutpflege
im Neſte zu, die Herren ſorgen für Bau und Futter und gehen
auf die Jagd. — Darwin hat nun bemerkt, daß Ameiſen,
welche keine Sklavenhalter ſind, zufällig um ihr Neſt zerſtreute
Puppen anderer Arten heimſchleppen, vielleicht um ſie zur Nah=
rung zu verwenden. Solche Puppen könnten ſich dort ent=
wickeln — meint er — und ſpäter mit an die Arbeit gehen.
Erweiſe ſich ihre Anweſenheit nützlich, ſo könnte im Haufen die
Luſt entſtehen, ſich mehr ſolche Hülfe zu ſchaffen. Statt der Lar=
ven, die erſt erzogen werden müßten, dann fertige Arbeiter ein=
zufangen, ſei nur ein weiterer Grad der Bequemlichkeit in der
Gewöhnung an Sklavenhülfe. So könnte der zufällige Brauch
fremde Puppen zur Nahrung einzuſammeln endlich zum bleiben=
den Triebe der Sklavenhalterei werden und ſich als ſolcher auf
die Nachkommen vererben. Dieſe Vermuthung ſcheint auch dem
Gemüthe Darwin's beſonders zuzuſagen; iſt dann doch ſelbſt in
der Ameiſenwelt die Sklaverei nichts Urſprüngliches, ſondern erſt
etwas in Folge der verſchlechterten Zuſtände der Ameiſengeſell=
ſchaft Entſtandenes! —

Daß dieſe Vermuthung bis jetzt noch auf ſehr lockerem
Boden ſteht, hat wohl der Bericht ſelbſt ergeben. Einem Philo=
ſophen würde ſicherlich der exacte Naturforſcher dergleichen weit
gegriffene Hypotheſen nicht geſtatten. Doch gleichviel, wir wollen
ihre Möglichkeit nicht in Abrede ſtellen, es giebt ja thatſächlich bei
den Thieren wie bei dem Menſchen ſolche nachträgliche Vererbungen,
die erſt in den Organismus hineinwachſen und nicht zu deſſen ur=
ſprünglichen Anlagen gehören. Aber hüten wird man ſich jeden=
falls müſſen, kurzweg alle Inſtinkte als ſolche zeitlich einmal an=
genommene Gewohnheiten, als feſtgewordene Sitten zu betrachten.
Vielmehr ſcheint es dem in der Hauptſache bleibenden Charakter der
Natur zu entſprechen, urſprüngliche Triebe von den ſpäter vererbten,
ſo zu ſagen zur zweiten Natur gewordenen zu unterſcheiden und
die erſteren als die eigentlichen Inſtinkte zu betrachten.

Angeboren ſind übrigens beide, auch die ſpäter ererbten.

Um den hiergegen gerichteten allgemeinen, seit Locke bei manchen
Denkern erblichen Einwand zu beseitigen, braucht man sich nur
das Angeborensein richtig vorzustellen. Wäre dem Vogel der
Trieb zum Nestbau angeboren — sagt Wundt — so müßte dem
Vogel nicht nur gleich von Geburt die Idee des Nestes vorschwe=
ben, sondern auch die Vorstellung der zu verwendenden Baumittel.
So allerdings kann von einem Angeborensein nicht die Rede sein;
es handelt sich vielmehr nur um einen ursprünglichen Trieb im
Vogel, um eine Anlage, zu rechter Zeit in zweckmäßiger Weise
durch die äußere Natur zum Nestbau veranlaßt zu werden, um
die Fähigkeit, dieser Anregung ohne vorgängige Erfahrung ge=
schickt zu folgen. — Dergleichen angeborene Anlagen sind unzwei=
felhaft die wahren Instinkte.

Sind Enten von einer Henne ausgebrütet, so laufen sie
ohne Anleitung gleich ins Wasser. Ebenso suchen die Wasser=
schildkröten, wenn sie auf trockenem Ufer aus dem Ei geschlüpft
sind, auf geradestem Wege das Wasser, welches sie nicht sehen.
Auch das Experiment hat dieses Angeborensein erwiesen. Der alte
Arzt Galen nahm ein Zicklein schon bei der Geburt von der
Mutter und setzte ihm schädliche und nützliche Getränke und
Kräuter vor; das Zicklein nahm nur Milch und die ihm taug=
lichen Kräuter. Swammerdamm machte eine ähnliche Unter=
suchung mit einer Wasserschnecke. Fr. Cubier entfernte im Jar=
din des Plantes sofort nach der Geburt einen Biber von der
Mutter; ohne Anleitung benagte derselbe bald die ihm gegebenen
Zweige und trug sie wie zum Bau zusammen.

Daß nun diese angeborenen Triebe zweckmäßig zur Erhal=
tung und zum Schutze des Individuums wie der Art sind, be=
darf kaum eines Beweises. Gerade dies hat von jeher das mensch=
liche Erstaunen über diese kunstvollen Handlungen der Thiere
geweckt. Es verschlägt dagegen nichts, daß diese Triebe bisweilen
auch zweckwidrig ausgeübt werden, daß z. B. wie Blumenbach
bemerkte, der Hamster nicht nur lebenden Vögeln, die er am
Fortfliegen hindern will, sondern auch todten, die Flügel zer=
bricht, ehe er sie anbeißt. Vielmehr erkennen wir gerade aus
diesen gelegentlichen Zweckwidrigkeiten den Charakter des In=
stinktes als eines über das Thier herrschenden Naturtriebes.

Das Wesentliche bei dieser instinktiven Zweckmäßigkeit ist,

daß ſie dem Thiere ſelber unbewußt iſt. Die Bienen ſammeln
Honig für den Winter, den ſie noch gar nicht kennen. Wenn
der Nachtſchmetterling die von ihm gelegten Eier mit einem Pelz-
überzug aus ſeinen eigenen Haaren verſieht, ſo iſt der Winter,
welcher dieſen warmen Ueberzug zur Erhaltung der Eier nöthig
macht, noch nicht da, erlebt hat er ihn zuvor noch nie. — Die
Thiere kennen alſo den Zweck nicht, den ſie erfüllen; ſie ergreifen
mit Bewußtſein beſtimmte Mittel für einen Zweck, aber ſie wiſſen
nicht, daß es Mittel zu dieſem Zweck ſind, ſie können dieſen Zweck
ſelbſt oftmals gar nicht in ihr Bewußtſein treten ſehen, da ſie
zuvor regelmäßig dem Naturgeſetz des Todes anheimfallen.

Solche Handlungen alſo können nicht aus Erfahrung und
Ueberlegung hervorgehen, ſie ruhen vielmehr auf dem feſten
Stamm eines angeborenen, zweckmäßigen Naturtriebes.

Dieſer Trieb ferner ſcheint eine ſeeliſche Anlage zu ſein.
Oft hat man gemeint, dieſe Triebe aus dem Drange körperlicher
Diſpoſitionen erklären zu können, gelungen iſt eine einfache Erklärung der Art nie. So meinte man, die Spinnen verfertigten
nur ihr Gewebe, um den läſtigen Spinnſtoff los zu werden.
Abgeſehen davon, daß damit doch nie das kunſtreiche Gewebe erklärt wäre, iſt auch die Thatſache als unrichtig erwieſen. Röſel
nahm einmal fortgeſetzt den Spinnen ihren Spinnſtoff ab, immer
ſpannen ſie wieder, bis ſie an Entkräftung ſtarben; ſie ſpannen
alſo ſicher nicht aus ſinnlicher Nothwendigkeit, ſondern aus ſee-
liſchem Trieb.

Seelentriebe haben wir in den Inſtinkten vor uns, welche
die fürſorgliche Natur den Thieren mit auf den Weg gab, zum
Erſatz für den ihnen zugemeſſenen geringeren Antheil an Ver-
ſtand. Damit ſtimmt es, daß wir beſonders bei verſtandesärme-
ren Thieren eine größere Herrſchaft des Inſtinktes antreffen. Wie
aber dieſe Triebe in die Zukunft vorſtrebend wirken, wie ſie ur-
ſprünglich in ihren Seelen ſind, das begreifen wir nicht; das
Urſprüngliche kann unſere Erkenntniß überall nur erreichen, aber
nicht weiter erklären. In dieſen Naturtrieben der Thiere ahnen
wir noch einen weiteren ſeeliſch-ſinnlichen Kraftzuſammenhang
der Thiere mit der geſammten Natur, wie ſolcher namentlich in
den wunderbaren, uns Menſchen unmöglichen Fernblicken des

Wanderns, des Ortssinnes und des Spürsinnes der Thiere ent-
gegentritt.

Diese Instinkte spielen nun augenscheinlich eine große Rolle
im Thierleben; aber reichen sie aus, dasselbe vom Menschenleben
zu scheiden? — Die Frage ist entschieden zu verneinen, und zwar
aus doppeltem Grunde, sowohl weil auch der Mensch ursprüngliche, den Instinkten entsprechende Anlagen hat, als auch weil
andererseits auch das Thier nicht bloß von Instinkten beherrscht ist.

Ueber das Thier herrscht ohne Zweifel mehr der Instinkt,
während umgekehrt der Mensch mehr über den Trieb gebietet.
Aber von unbewußten Naturtrieben wird auch der Mensch geleitet. „Wenn ein Kukuk zoologische Untersuchungen anstellen
könnte — sagt Wundt — so würde er vielleicht den Menschen
für das seltsamste Instinktthier erklären. Mit den Vögeln theilt
er den Instinkt in der Ehe zu leben, gleich dem Fuchs pflegt er
seine Jungen zu ziehen, wie der Biber hat er den Trieb Häuser
zu bauen, wie die Bienen hat er die Gewohnheit in Staaten zu
leben und Kolonien zu gründen, mit der Ameise ist ihm die Lust
am Kriegführen, Sklaven machen und an nutzbaren Hausthieren
gemein, nimmt man noch die paar anderen Instinkte, wie Klei-
dertragen und Handel treiben, die er für sich allein hat, hinzu,
so wüßte ich wahrhaftig kein instinktreicheres Thier zu nennen." —
Es ist gut, daß Wundt dieses Raisonnement einem unverständi-
gen Kukuk in den Schnabel legt, denn der verständige Mensch
wird die den Instinkten analogen menschlichen Triebe nicht in
jenen veränderlichen Zuständen seiner Neigung und Ueberlegung
suchen. Sie offenbaren sich vielmehr in den Idealen des Wissens,
Glaubens und sittlichen Strebens, mit denen der Mensch über
die wirkliche Welt hinaustreibt, ohne das Ziel zu kennen, dem
er sich nähert.

Auch der Mensch hat noch andere sinnliche zweckmäßige
Naturtriebe wie das Thier, aber das Verhältniß von Zweck und
Mittel kann ihm zum Bewußtsein kommen und somit die Ausführung freier Act seines Geistes werden. Wir haben also schon
einen wesentlichen Unterschied zwischen Mensch und Thier, denn
jene idealen Triebe offenbart kein Thier. Schwerlich werden wir
mit Plinius in der Freude der Elephanten am Vollmond die
Spur religiöser Verehrung der Gestirne, in ihrem Aufwerfen

von Kräutern in die Luft das Symbol eines Gebetes und Opfers
erkennen wollen. Aber dieser ideale Unterschied der Instinkte ge=
nügt noch nicht Mensch und Thier zu scheiden. Vor Allem ist
das Verhältniß Beider auf dem Gebiete der freien Intelligenz
zu erwägen.

Somit sind wir zur zweiten Frage gekommen:
Hat das Thier Intelligenz und unterscheidet sich
dieselbe von der des Menschen?

Mit Recht sagte Huber, eine kleine Dosis freierer Seelen=
thätigkeit wirke schon mit bei den Instinkthandlungen. Die Thiere
sind keine ausschließlich und unabläßlich vom Instinkte getriebene
Maschinen. Sie bedürfen vielmehr der freien Intelligenz zur
Ausführung ihrer Triebe. Die Mittel zu denselben suchen und
verwenden sie mit Bewußtsein, nur nicht mit einem durch Er=
fahrung gewonnenen Bewußtsein des Zweckes. Die Bienen sind
von Vorstellungen geleitet, wenn sie ausfliegen Honig zu sam=
meln, und mit deutlicher Vorstellung unterscheiden sie die dazu
tauglichen Blumen. Deßhalb wechseln die Thiere nicht selten mit
einer vom Instinkte frei gelassenen Unterscheidung in der Wahl
der Mittel und in der Berücksichtigung der Umstände. Ein ame=
rikanischer Fliegenschnapper hat sich den Namen des Politikers
dadurch zugezogen, daß er zu seinem Nestbau jetzt gern Papier=
schnitzel von Zeitungen verbraucht, die er in der Vorzeit doch
einmal nicht besaß. Eine Holzraupe, die sonst Rindenstücke zu
ihrem Gespinnst verarbeitete, nahm in eine Schachtel gesperrt,
Spänchen von dieser zum Bau.

Noch geistig freier ist die Berücksichtigung der Umstände im
Ausführen der Instinkte. Die Bienen, die man nach Barbadoes
gebracht hatte, gaben nach einigen Jahren das Einsammeln des
Honigs für die Winterzeit auf, weil sie in den dortigen Zucker=
siedereien durch das ganze Jahr hindurch ihre Nahrung fanden;
die nach Jamaika versetzten Bienen dagegen trugen fortwährend
ein, da die durch mehrere Wochen anhaltende rauhe Jahreszeit
sie an der Ausflucht hinderte. Die Kaninchen hören nach Cu=
viers Beobachtungen auf zu bauen in Gegenden, wo sie mit
Frettchen gejagt werden, die bis in das Innerste des Kaninchen=
baues dringen können. Sie leben dann wie Hasen. Und die
Hasen umgekehrt bauen wie Kaninchen, wenn sie in leicht ver=

wehenden Sandhügeln leben. — Wenn eine Spinne ein Gewebe über einen Weg zieht, an dessen Seiten ihr Sträuche die nöthigen Anhaltepunkte für das Netz darbieten, so fehlt ihr bisweilen ein Haltpunkt in der Mitte, ohne den doch das Netz vom Lufthauch lose hin und her getrieben wird. Die Spinne weiß sich — wie ich selbst sah — zu helfen; an einem Faden läßt sie sich aus der Mitte des Netzes zur Erde, umwickelt einen Stein und zieht nun zum Netz zurückkehrend den Faden stramm. Durch Höherlegung des Steins ließ sich dieses wundersame Schauspiel des Netzspannens leicht wiederholen. — Das Weibchen eines Kanarienvogels legte von der Geburt überrascht ihr Ei auf den Boden und verließ dasselbe nicht; da brachte das Männchen Flocken vom Nestbau herbei, beide schoben dieselben unter das Ei und machten in dieser ungewohnten Lage ein neues Nest.

Ohne Annahme solcher Mischung von Instinkt und freier Intelligenz sind namentlich die Gesellschaftstriebe der Bienen, Ameisen und anderer Thiere gar nicht zu verstehen. Wundt schildert diese Mischung am Bienenstaate treffend, wenn er sagt: „Das wesentliche Motiv, das bei der Entstehung des Staates wirksam ist, hat mit bewußter Ueberlegung nichts zu thun. Die Eifersucht der Königin, die keine andere im Stocke duldet, ist eine instinktive, und die Erkenntniß, daß der Raum des alten Staates zu klein wird für das anwachsende Volk, geschieht gleichfalls mehr instinktiv als bewußt. Die allgemeinen Erscheinungen im staatlichen Leben der Bienen beruhen also auf instinktiven Handlungen. Dagegen giebt es aber einzelne Thatsachen, die nicht Producte dieser sind. Wie sollen wir es uns z. B. erklären, daß die Königin nach Willkür in die weiten Zellen des Stockes Drohneneier, in die engen Zellen Eier von Arbeiterinnen legt, oder daß die Arbeiterinnen die königlichen Larven tödten, wenn die Witterung zum Schwärmen ungünstig wird?" — Darin allerdings müssen wir eine freie Berücksichtigung der Umstände erkennen. In gesteigertem Maaße offenbart sich diese freiere Intelligenz oftmals in der geschickten Ergreifung der geeigneten Mittel zur Vertheidigung. „Das Thier hat auch Vernunft", sagt der Jäger Werni im Tell,

> Das wissen wir, die wir die Gemsen jagen,
> Die stellen klug, wo sie zur Weide gehn,

'ne Vorhut aus, die spitzt das Ohr und warnt
Mit heller Pfeife wenn der Jäger kommt.

Der Freiherr von Seyfferitz beobachtete einmal, wie sich die Enten verschieden vor dem Seeadler, Wanderfalken und Taubenhabicht schützen. Der Seeadler fängt die Enten nicht im Fluge; als er kam, flogen die Enten auf. Der Wanderfalle stößt ungern auf sitzende Vögel; um ihm zu entgehen, tauchten die Enten unter. Der Taubenhabicht fängt im Fluge und stößt auf sitzende gleich gut; als er kam, schaarten sich die Enten zusammen und schlugen mit ihren Flügeln einen solchen Wasserstaub auf, daß der Habicht sie nicht unterscheiden konnte. — Der alte Brehm verfolgte einmal mit zwei Freunden auf einem See einen Haubentaucher, sie hatten ihn an eine seichte Uferstelle getrieben und hielten ihn für verloren. Plötzlich flog er ans Ufer, wo eine Rinderheerde weidete, strich ganz nahe an dieser hin, erhob sich erst jenseit derselben und flog nach dem oberen tiefen Theil des Sees, wo er wieder tauchen konnte.

Je weniger nun diese Handlungen einer freieren Intelligenz noch mit Instinkten zusammen hängen, um so mehr nehmen sie den Schein menschlich verständigen Urtheilens und Schließens an.

Ein Hummer, den Borlose beobachtete, warf nach vielen mißglückten Angriffen auf eine Auster, die ihre Schaalen schloß, sobald er sie ergreifen wollte, ein Steinchen hinein, welches ferner das Schließen der Schaalen unmöglich machte. — Darwin beobachtete eine Grabwespe, welche eine große gefangene Fliege wegtragen wollte; als diese mit den Flügeln flatternd den Flug der Grabwespe verzögerte, setzte sie sich, biß ihr die Flügel ab und flog dann ungehindert mit ihrer Beute davon. — Eine Katze, die Delacroix unter die Glocke einer Luftpumpe gebracht hatte, legte, als die Luft sich mehr und mehr verdünnte, ihre Pfote auf die Oeffnung, so daß keine Luft mehr ausströmen konnte. — Noch erfinderischer benahm sich ein von Dugandpré belauschter Affe. Auf einem Tische stand offen, aber angepicht eine Flasche mit Anisbranntwein, den der Affe sehr liebte, anfangs holte er mit der Zunge und den Fingern so viel wie möglich heraus, dann warf er so lange Sand in die Flasche, bis der Branntwein überlief.

Dergleichen Erzählungen gibt es natürlich gar viele und

weit merkwürdigere noch als die hier genannten; aber mit der gesteigerten Auffälligkeit wächst auch gewöhnlich das Unzulängliche der Erzählung. Selten ist man im Stande klar zu sehen, in wie weit die erzählten Thaten auf freier Erfindung oder auf der Erinnerung früherer Begebnisse beruhen; selten ist mit Umsicht geprüft, wie viel Zufall wie viel Absicht mit im Spiele war.

Allein schon Erzählungen wie die oben berichteten und ähnliche scheinen uns zu nöthigen, den Thieren einen Verstand, der urtheilen und schließen kann, zuzugestehen. Ist nun dieser thierische Verstand nur durch geringere Ausbildung von dem menschlichen unterschieden, oder tritt im Denken des Menschen ein neues Vermögen auf, welches das Thier nicht besitzt?

Um dies zu entscheiden müssen wir zunächst versuchen, den Hergang in der Seele des Thieres bei einzelnen verständigen Handlungen zu erkennen.

Wenn Dugandpré's Affe Sand in die Weinflasche warf, um den Wein steigen zu machen, so glauben wir nicht, daß dieser Handlung die allgemeine Erkenntniß der in Betracht kommenden Verhältnisse der Schwere zum Grunde lag, sondern wir vermuthen, daß nur die neue Anwendung einer früheren einzelnen Erfahrung vorliegt. In diesem Falle giebt die Erzählung keinen Nachweis für diese Vermuthung, schließt aber ihre Berechtigung ebenso wenig aus. Und diese allgemeine Vermuthung wird gestützt durch die häufige Beobachtung solcher Bindeglieder bei dem thierischen Urtheilen und Schließen.

Ein Hund bediente sich der Klingel, wenn der Bediente vergessen hatte ihm Wasser hinzusetzen; er hatte zuvor gesehen, daß der Diener erschien, wenn der Herr die Klingel zog. Ein Elephant, welcher Wasser in einem kupfernen Kessel zu holen abgerichtet war, trug den Kessel, als er das Wasser aus dem Boden ausrinnen sah, selbst zum Kupferschmied; er hatte gesehen, daß seine Herrn dies zuvor in ähnlichen Fällen so gemacht hatten.

Dergleichen Urtheile und Schlüsse halten sich immer noch auf dem Gebiete der Verknüpfung einzelner sinnlichen Wahrnehmungen, und die Verknüpfung ist verständig, weil die nachgeahmten Vorbilder verständig waren.

In anderen Beispielen glauben wir mit noch größerer Ent-

schiedenheit eine verständig überlegte und ausgeführte Absicht zu
erkennen; aber auch sie lassen sich meist auf solche unmittelbare
Vorstellungsverknüpfungen zurückführen.

Die Katze in Delacroix Luftpumpe fühlte sich unbehag=
lich, der Zug der Luft durch das Loch war der stärkste Reiz, der
sie in diesem Verschluß traf, dieser Reiz trieb sie die Pfote auf das
Loch zu setzen. Die zweckmäßige Hemmung weiterer Luftverdün=
nung war Folge, nicht Absicht. — Die Grabwespe, die in ihrem
Fluge mit dem geraubten Insekt durch die vom Winde bewegten
Flügel desselben gehindert wurde, hatte die unmittelbare Wahr=
nehmung dieses Hindernisses, die zitternden Flügel reizten sie zum
Abbeißen. Das war im Fluge unmöglich, so erfolgte der Reiz
zum Niedersetzen, dann das Abbeißen und dann das ungehinderte
Fortfliegen.

Es sind dies Vorstellungsnöthigungen, deren Zweckmäßig=
keit sich aus der gesetzmäßigen Verknüpfung der äußeren Zustände,
welche die Reize wecken, ergiebt, ohne daß im Bewußtsein der
Thiere selbst die Vorstellung dieser Zweckbeziehungen aufzutauchen
braucht.

Diese Erklärungsart des Seelenvorganges läßt sich nun auf
alle gut verbürgten Erzählungen anwenden und wir gewinnen
dann ein klares Bild von dem Seelenleben der Thiere im Unter=
schiede von dem des Menschen.

Alle Thiere haben Empfindungen, die sie von einander un=
terscheiden. Es ist möglich, daß die niedersten Thiere keine Un=
terscheidung der Außenwelt besitzen, daß sie die Eindrücke dieser
auf sich nur als ihre inneren Zustände empfinden, ohne eine Vor=
stellung von den Dingen zu haben, die diese Eindrücke hervor=
rufen. Diese Thiere würden dann nur ihre inneren Zustände
als Empfindungsvorstellungen von einander unterscheiden. — Die
höheren Thiere zeigen deutlich, daß sie Vorstellungen von der
Außenwelt, von dem Nebeneinander, von der Gestalt, von der
Lage, von der Entfernung der Dinge und in sehr verschiedener
Weise je nach ihrer Sinnesausbildung auch Vorstellungen von
den übrigen Eigenschaften der Sinne haben. Sie besitzen also
das Vermögen auch diese zu unterscheiden. Diese Unterscheidung
setzt ein Behalten der gehabten einzelnen Anschauungen voraus,
also ein Gedächtniß. Schon dieses Vermögen sinnlicher Unter=

scheidung und sinnlichen Wiedererkennens des wahrgenommenen Einzelnen ist bisweilen bei den Thieren ungemein fein. Die Bienen kennen ihren sie pflegenden Bienenvater und stechen ihn nicht, wenn er bei ihrem Korbe beschäftigt ist.

Geht dieses Unterscheidungsvermögen weiter, so richtet es sich auf die ähnlichen und unähnlichen Merkmale in den Dingen. Auch dieses Vermögen zeigen einige Thiere. Ein Papagei hatte gehört, daß der Hund des Hauses Kokko genannt wurde, er rief später Kokko beim Anblick auch anderer Hunde, mußte also ähnliche Merkmale in ihnen wahrnehmen. Nach den gleichen äußeren Zeichen z. B. nach der gewöhnlichen Kleidung mögen die Hunde auch Männer und Frauen unterscheiden. Höher aber steigt ihre Unterscheidung nicht. Eine emancipirte Frau in Män= nertracht würde ein Hund schwerlich für eine Frau ansehen. Der zahmste Löwe hat oft schon seinen Wärter zerrissen, wenn der= selbe in unbekannter Kleidung zu ihm trat.

Wir Menschen können einsehen, daß Kleider keine Leute machen; wir Menschen gehen mit unserem Denken über die äußere Erscheinung der Dinge hinaus. Das Thier bringt es mit seinem Unterscheidungsvermögen nur zu einem Wahrnehmen ähnlicher Merkmale in der Anschauung, zu einer anschaulichen Gesammt= vorstellung; der Mensch kann überdies noch den Werth der Merk= male an dem Wesen der Dinge messen, er läßt im Vergleichen der Dinge nicht blos die unähnlichen Merkmale fallen und behält die ähnlichen, er sucht vielmehr bewußt unter ihnen die wesent= lichen auf, die ihn in die Erkenntniß des Grundes der Dinge einführen. So kommt der Mensch zum Begriff. Das ist keine bloße Erweiterung der thierischen Unterscheidung, das ist vielmehr etwas wesentlich Neues, welches erst im Geiste des Menschen auf= tritt. — Damit ist denn im Grunde auch schon die Verschieden= heit im Urtheilen und Schließen bei Mensch und Thier gekenn= zeichnet. Der Ochs — sagt Kant — hat eine deutliche Vorstel= lung von seinem Stalle und somit auch von der Thür des Stalls. Er verknüpft beide Vorstellungen, aber er kommt nicht zum Ur= theil: diese Thür gehört zu diesem Stalle. — Aus ähnlichen Vorstellungsverknüpfungen bestand der Schluß des Elephanten, der den schadhaften Kupferkessel zum Kupferschmied trug. Er schloß nicht: entzwei gegangene Kupferkessel reparirt der Kupfer-

ſchmied, dieſer Kupferkeſſel iſt entzwei gegangen, alſo muß dieſer Kupferkeſſel zum Kupferſchmied. Er verknüpfte nur die Vorſtellungen zuvor gemachter Erfahrungen.

Kurz die Thiere haben Anſchauungen und Erinnerungen
und ſie verknüpfen dieſelben verſtändig; dieſe Verknüpfungen wirken analog wie Urtheil und Schluß im menſchlichen Denken,
ſind aber nicht entfernt ihrem Weſen nach daſſelbe.

Vogt und Andere erklären dieſen Unterſchied nur für einen
gradweiſen. Ein Hund, der mit einem Stein geworfen ſei, weiche
in Zukunft vor dem geworfenen Stein aus; nicht anders mache
es der Menſch, und nur wenige Menſchen kämen zur Erkenntniß
des allgemeinen Geſetzes, nach dem alle Körper ohne Unterlage
zur Erde fallen. Auf Erfahrung beruhten alle Urtheile und jener
Unterſchied ſei nur ein Unterſchied der Verallgemeinerung, der
gar nicht einmal nur Menſch und Thier, ſondern ſelbſt unter
den Menſchen die wiſſenſchaftlich Gebildeten von den Ungebildeten
ſcheide.

Dieſe Verwiſchung des Unterſchiedes klingt ungemein ver-
führeriſch, iſt aber doch grundfalſch. Allerdings erkennen die
Menſchen nicht in gleichem Grade überall die Gründe der Dinge,
ſondern jeder gewöhnlich nur im beſondern Gebiete ſeines Wiſ-
ſens oder Thuns. In ſeinem Gebiete aber verknüpft jeder Menſch
die Erſcheinungen, indem er das Bleibende von den wechſelnden
Eigenſchaften unterſcheidet, das Subject vom Prädicat; indem er
durch Erkenntniß die weſentlichen von den unweſentlichen Merkmalen unterſcheiden lernt und ſo zum Urtheil über die begründete Zugehörigkeit gewiſſer Merkmale zu einem Träger derſelben
kommt; indem er ferner für die wahrgenommenen Wirkungen
die Urſachen ſucht. Dies alles ſind Verknüpfungen, durch die
jeder Menſch Einheit und Zuſammenhang in ſeine ſinnlichen Anſchauungen bringt. Dieſe Art der begrifflichen Verknüpfung geht
dem Thiere vollſtändig ab. Und der Menſch gelangt dazu nicht,
weil er die Unterſcheidungsarbeit ſinnlicher Anſchauungsver-
knüpfungen des Thieres fortſetzt, ſondern weil er eine weſentlich
neue Kraft der Verknüpfung als urſprüngliche Anlage ſeines Geiſtes beſitzt, eben die Verknüpfung der Vorſtellungen durch Begriffe.

Nichts beweiſt mehr, daß dem ſo iſt, als die Sprache, das
äußere Zeichen von der Natur des inneren Seelenlebens. Ein

richtiges Gefühl hat dem Menschen immer offenbart, daß in der
Sprache der wesentliche Unterschied von Mensch und Thier zur
Erscheinung kommt. Als Homer die Pferde des Achilleus reden
läßt, sagt er, Hera habe sie sprachfähig gemacht; aus sich selbst
redeten sie nicht. . Von Wilden wird uns erzählt, sie hielten
die Affen für Menschen, die nur nicht reden wollten, um nicht
als Mensch erkannt zu werden und dann gleich den Menschen
zur Arbeit und zur Sitte gezwungen zu werden. Auch daraus
spricht das Bewußtsein, daß das Wort den Menschen vom Thiere
scheidet. — Die Thiere können ihre Empfindungen und Vorstellungen in Tönen und Geberden ausdrücken und mittheilen;
aber das Wort, das Zeichen des begrifflichen Denkens besitzen sie
nicht. Das aber liegt nicht an mangelnden Sprachorganen, denn
zum Aussprechen der Worte sind bekanntlich manche Thiere zu
bringen; das liegt vielmehr an dem Unterschiede ihres und unseres Denkens.

„Dies beweist — sagte Cartesius — nicht blos, daß die
Thiere weniger Vernunft als die Menschen, sondern daß sie gar
keine haben." — Mit gutem Recht gilt der Schluß: hätten die
Thiere einen Geist, wie wir, so redeten sie auch wie wir; und
umgekehrt, da sie nicht reden wie wir, haben sie auch einen wesentlich anderen Geist.

Es ist sehr bezeichnend, mit welcher wissenschaftlichen Oberflächlichkeit die Vertheidiger der wesentlichen Gleichheit von Thier
und Mensch an der ganzen Untersuchung über die verschiedene
Art thierischen und menschlichen Denkens, aber ganz besonders an
der wichtigen Untersuchung über die Bedeutung der Sprache für
diesen Unterschied vorübergehen. Dunkel fühlen sie wohl, daß
hier ein wichtiger Unterschied vorliegt, anstatt aber nun den tieferen
Grund dieses äußerlich allerdings unverkennbaren Unterschiedes in
der wesentlichen Verschiedenheit der Seelen aufzusuchen, mühen
sie sich ab die Grenzlinien thierischen und menschlichen Sprechens
zu verwischen und begreiflich zu machen, daß gar wohl durch Umwandlung das letztere aus dem ersten entstanden sein könnte.

Wir hätten zwar ein volles Recht diese ohne eingehende
Sachprüfung unabläßig wiederholten Auslassungen unserer Gegner
ebenso unberücksichtigt zu lassen wie sie die unsrigen, und wir
würden dies unbedingt thun, wenn wir bei dem Vertheidigen

unserer Ansicht nur an unsere Gegner dächten. Das thun wir
nicht, wir schmeicheln uns nicht mit der Hoffnung unsere Gegner
überzeugen zu können. Auch auf dem Gebiete der Wissenschaft
nützt es nicht zu Dem zu reden, der nicht den Willen hat zu
hören. Materialismus und Darwinismus sind vorübergehende
naturwissenschaftliche Zeitkrankheiten, die ihren natürlichen Ablauf
haben wollen. Die Kunst die von dieser Krankheit Befallenen
zu heilen ist noch nicht gelernt, aber vor Ansteckung kann man
die Gesunden bewahren. Um solcher Prophylaxis willen gehen
wir auf die oberflächlichen Betrachtungen unserer Gegner über
thierische und menschliche Sprache ein.

In seinem Buche über die Abstammung des Menschen bezeichnet Darwin als das Ergebniß seiner Lectüre und seines
Nachdenkens über den Ursprung der articulirten Sprache die
Annahme, daß die Sprache ihren Ursprung der Nachahmung und
den durch Zeichen und Gesten unterstützten Modificationen verschiedener natürlicher Laute, der Stimmen anderer Thiere und
der eigenen instinktiven Ausrufe des Menschen verdanke. Der
Urmensch oder wenigstens irgend ein sehr früher Stammvater
des Menschen habe wahrscheinlich, wie es heutigen Tages einer der
gibbonartigen Affen thut, seine Stimme in ausgedehnter Weise
dazu benutzt, echt musikalische Kadenzen hervorzubringen, d. h.
also zum Singen. Dieses Vermögen werde besonders während
der Werbung der beiden Geschlechter ausgeübt sein, um verschiedene
Gemüthsbewegungen auszudrücken. Weiter möge dann die Nachahmung musikalischer Ausrufe durch articulirte Laute Worten zum
Ursprung gedient haben, welche verschiedene complexe Erregungen
ausdrückten. Bedenke man nun, daß bei unseren nächsten Verwandten, den Affen, wie bei Mikrocephalen, Idioten und bar-
barischen Menschenrassen, eine Neigung Alles, was sie nur hören,
nachzuahmen hervortrete, so erscheine es durchaus nicht unglaublich,
daß irgend ein ungewöhnlich weises, affenähnliches Thier darauf
gefallen sein könne, das Heulen eines Raubthieres nachzuahmen,
um dadurch seinen Mitaffen die Natur der zu erwartenden Gefahr anzudeuten; „und dies — meint Darwin — würde ein
erster Schritt zur Bildung einer Sprache gewesen sein.“

Gewiß, ein Schritt zu einer Sprache, aber darum noch nicht
ein Schritt zur menschlichen Sprache. Es ist zwar, so viel ich

weiß, thatsächlich nicht bekannt, daß gerade auch die Affen Stimmen
anderer Thiere nachäffen, aber, wenn sie dies thun, so kommt es
darauf an zu entscheiden, ob anzunehmen ist, daß sie durch diese
Lautnachahmung die fremden Thiere zum Verständniß für die
eigene Sippschaft unterschiedlich charakterisiren wollen. Ließe sich
diese Annahme wahrscheinlich machen, dann dürfte allerdings nicht
mehr gesagt werden, die Affen drückten durch Töne nur subjective Empfindungen der Freude und Liebe, der Trauer und
Furcht aus. Es wäre dann einzuräumen, daß sie sich der Töne
auch bedienten, um unterschiedene Objecte ihrer Wahrnehmung
zu bezeichnen. Sie besäßen dann eine gewisse charakterisirende
Sprachform, deren Gebrauch auf wechselseitigem Verständniß
beruhte.

Warum sollte das an und für sich betrachtet nicht wohl
möglich sein? — Die Thiere sind offenbar befähigt sich ihre
Empfindungen mitzutheilen, warum sollte nicht schon in der
Art dieser Mittheilung auch Etwas enthalten sein können, was
zur verständnißvollen Unterscheidung und Bezeichnung der Empfindungsreize dienen mögte? — Fragen wir aber nun die Erfahrung,
so scheint sie in der That bis jetzt wenig für eine solche Annahme
zu sprechen. Es ist mir nicht bekannt, daß zuverläßige Jäger behaupten, der Angstruf der Thiere unterscheide sich je nach der
Art der drohenden Gefahr anders als durch verschiedene Intensität. Bis jetzt scheint es nicht gelungen zu entdecken, daß der
Angstruf sich ändert, je nachdem er durch den Anblick des Jägers
oder des Hundes hervorgerufen ist. Diese Einerleiheit der Töne
spricht nicht für die Annahme, daß durch sie etwas Anderes aus-
gedrückt wird als die durch eine Wahrnehmung veranlaßte subjective Empfindung. Denselben Eindruck macht es, wenn man
dem Wechselgesang zweier Vögel lauschend zuhört. Unaufhörlich
geben sie sich wechselseitig die angeschlagene Cadenz gleichmäßig
zurück; kann der Mensch dieselbe einigermaßen nachahmen, so kann
er sich mit Erfolg an solchem unermüdlichen Wechselgesang betheiligen, auch er erhält dieselbe Cadenz, die er flötete, zur Antwort.
Macht solcher Wechselgesang nun auch nur annähernd den Eindruck einer menschlichen Unterhaltung? Wir wollen annehmen, ein
schwärmerischer Vogeljüngling flötete dem angebeteten Vogelfräulein
zu: ich liebe dich; so wäre es doch recht überflüssig, wenn das

11

schöne Fräulein nun erwiedernd ebenso flötete: ich liebe dich, und
dann die beiden ohne weitere Annäherung diese Versicherungen
noch halbe Stunden lang fortsetzten. Oder wir wollen annehmen
die erste Frage lautete fragend: liebst du mich? — so wäre es
doch recht einfältig, wenn nun statt einer bejahenden oder ver-
neinenden Antwort, die doch etwas anders tönen müßte, dieselbe
Gegenfrage ertönte und nun Frage und Gegenfrage unermüdlich
fortgesetzt würde. Diese allbekannte Art des Wechselgesanges der
Vögel macht doch mehr den Eindruck, als wären die Töne nur
wechselseitige Zeichen des nahen Zusammenseins oder Zusammen-
rufens und bei gleichmäßiger Wiederholung nur eine beiderseitig
erwünschte Fortsetzung dieser angenehmen Versicherung. Und wie
wenige Vögel sind überdies im Stande ihre Cadenzen gleich der
Nachtigall zu variiren? Die allermeisten besitzen nur eine äußerst
beschränkte Sangart, so daß ja gerade in Berücksichtigung dieser
Eintönigkeit kundige Jäger leicht die Vögel erkennen und auch
locken können. Und nun gar das monotone Brüllen und Grunzen
so vieler nicht sangreichen Thiere! Das Alles macht nicht den
Eindruck als dienten den Thieren die Töne zur Unterscheidung
und Bezeichnung der anschaulichen Mannichfaltigkeit der wahrgenommenen Außenwelt, sondern als hätten sie wirklich keine andere
Bedeutung denn als Zeichen eines höchst beschränkten Empfindungs-
ausdrucks. Sie mögten dann immerhin noch mittelbar zugleich
Zeichen wahrgenommener Zustände sein, für die Sprache der
Thiere würde das wenig bedeuten. In der Absicht der Thiere
läge es nicht Töne als Zeichen für verschiedene Wahrnehmungs-
objecte zu verwerthen, für sie hätten die Töne doch nur Geltung
als subjectiver Empfindungsausdruck bei Gelegenheit objectiver
Wahrnehmungen.

Schon damit wäre ein wesentlicher Unterschied thierischer
und menschlicher Lautverwendung gegeben. Nun aber liegt doch
im menschlichen Sprechen noch unendlich viel mehr und wesentlich
Anderes, Neues. „Eigentliche Sprache — sagt Steinthal in
seinem Abriß der Sprachwissenschaft Th. 1. 1871 treffend —
beginnt da, wo Jemand nicht sein Verhältniß zu einem Aeußeren,
nicht ein bloßes Gefühl, welches nicht zur Empfindung gedeutet
wird, austönen läßt, sondern da, wo das Aeußere Empfindungen
veranlaßt hat, welche zu einer Wahrnehmung zusammengezogen

find. Auch hier ist es das Gefühl, welches tönt, aber ein Gefühl von ganz anderm Werthe. Freilich ist es subjectiv: aber es spricht aus, was die Wahrnehmung, das Aeußere, dem Subject bedeutet."

Der Mensch verwendet die Laute zum Ausdruck seiner denkenden Zerlegung und Verbindung des Wahrnehmungsinhaltes. Die Anschauung wird zerlegt in Subject und Prädicat, die Benennung von Dingen wird unterschieden von dem Ausdruck für Zustände, Veränderungen und Thätigkeiten; die Sprache wird zum Ausdruck der Gedanken. „Aus dem Lautreflex — bemerkt Steinthal — wird ein Wort, indem die Anschauung durch zwei Wörter, welche zu einem Satze verbunden sind, appercipirt oder vorgestellt wird." Der onomatopoetische Lautreflex hört damit auf eine Laut=Geberde zu sein. Der unmittelbare Zusammenhang der Bedeutung mit dem Gefühle ist gelöst, der onomatopoetische Charakter der Sprache schwindet. Gewiß mit Recht behauptet Steinthal, in dieser denkenden Zerlegung der Anschauung in Subject und Prädicat liege der eigentliche Ursprung der Sprache mindestens ebenso sehr wie in der Schöpfung der Lautreflexe. Diese sei mehr der leibliche, jene der geistigere Ursprung.

Die Sprache des Menschen ist der natürliche Ausdruck seines Denkens und eben weil der Mensch wesentlich anders denkt als das Thier, hat er auch eine wesentlich andere Sprache. Das Thier besitzt eine Sprache der Empfindung und allenfalls noch eine höchst beschränkte Zeichensprache für Anschauungen, der Mensch besitzt außerdem noch die Begriffs= oder Wortsprache als Ausdruck seiner Gedanken. Das ist etwas wesentlich Neues und es ist gar nicht abzusehen, wie sich das Eine aus dem Anderen soll entwickelt haben.

Was die Darwinisten für die Annahme einer solchen Entwicklung vorbringen, ist wissenschaftlich überaus schwach und unklar gedacht. Darwin sucht die angenommene Veränderung zu erklären aus der Rückwirkung jener von einem ungewöhnlich weisen Affenahn einmal angenommenen Gewohnheit, das Heulen eines Raubthiers nachzuahmen, auf die Entwicklung des Gehirns, welcher naturgemäß Steigerung der Denkkraft folgte, die sich dann vererbte. Und die Möglichkeit der Vererbung jener Verbeßerung von Gehirn und Denkkraft sucht er aus der Thatsache, daß sich die Form der Handschrift vererbt, darzuthun.

Dieser Beweisversuch lenkt von der Hauptsache ab. Die Vererbung solcher Entwicklung wäre schon begreiflich, wenn nur die Entwicklung selbst erst erwiesen oder auch nur verständlich gemacht wäre. Wenn aber nun Darwin selbst zugiebt, „ein langer und complexer Gedankenzug könne ebenso wenig ohne die Hülfe von Worten durchgeführt werden, mögen sie gesprochen werden oder stumm bleiben, als eine genaue Berechnung ohne den Gebrauch von Zahlen oder der Algebra", wie kann er dann andererseits annehmen, der Affenahn sei durch die Rückwirkung seiner nachahmenden Heulerfahrung auf seine Seele „ermuthigt, lange Gedankenzüge zu durchdenken" und in Folge dieser Ermuthigung habe sich bei seinen Nachkommen durch fortgesetzte Erbschaft aus der thierischen Lautsprache menschliche Wortsprache entwickelt? Ohne Hülfe von Worten sollen lange Gedankenzüge nicht durchgeführt werden können und doch soll der Affenahn ohne Worte lange Gedankenzüge denken und durch sie zum Worte kommen? Ohne menschliches Gehirn soll nicht menschlich gedacht werden können, trotzdem muß der Mensch ohne solches Gehirn angefangen haben wenigstens halb menschlich zu denken und zu reden, das soll dann sein Gehirn verbeßert und diese Verbeßerung in der Vererbung sich derart gesteigert haben, daß allmählich auch die fehlende Hälfte folgte und ganz menschliches Denken und Reden da war. In solchen erfahrungs- und gedankenlosen Widersprüchen bewegen sich die Darwinisten und sind stolz auf die Weisheit solcher Wissenschaft.

Unglaublich oberflächlich ist gerade in dieser Hinsicht das neueste Buch von Oskar Schmidt „Descendenzlehre und Darwinismus." Kurzweg behauptet er, mit Ausnahme des in dieser Hinsicht innerhalb der Wissenschaft vereinsamt dastehenden Max Müller habe „die Ueberzahl der Autoritäten auf dem Gebiete der Sprachvergleichung sich aus sprachvergleichenden und sprach=philosophischen Gründen zu dem Schluße genöthigt gesehen, daß aus dem vernunftlosen Urzustande menschenähnliche Wesen allmählich zu Menschen wurden, indem mit der Sprache, einem Werke von vielen Jahrtausenden, die Vernunft sich einfand." Schon 1851, als es von der Descendenzlehre noch ganz still war, habe Steinthal (in der Schrift über den Ursprung der Sprache) gesagt: „Indem Sprache wird, entsteht Geist". Und zehn Jahre

nach Darwin's Auftreten habe Geiger geschrieben: „Die
Sprache hat die Vernunft geschaffen; vor ihr war der Mensch
vernunftlos."

Wäre Schmidt über den Gegenstand, von dem er hier
redet, nur einigermaßen orientirt, so würde er wissen, daß Geiger,
wenn auch immerhin ein geistvoller Denker, so doch schwerlich
eine Autorität auf dem Gebiete der Sprachvergleichung zu nennen
war. Auch konnte er sich leicht überzeugen, daß die Sprachver=
gleicher, wenn sie von einer Entwicklung der Vernunft mit der
Sprache und durch die Sprache reden, darum noch nicht gewillt
sind, den Darwinistischen Unsinn einer vernunftlosen Voreristenz
des Menschen anzunehmen, aus dem sich dann erst Sprache und
in Folge der dadurch bemerkten Hirnverbesserung dann auch Ver=
nunft entwickelt habe. So hirnverbrannt ist die Ueberzahl unserer
Autoritäten auf dem Gebiete der Sprachvergleichung Gottlob noch
nicht. Daß insbesondere Steinthal ganz anders denkt, hätte
Schmidt bei einigem Nachdenken schon aus der von ihm ange=
zogenen kleinen Schrift herauslesen können, hätte er aber ganz
klar erkennen müßen, wenn es ihm passend erschienen wäre, die
weitere Ausführung der Stelle in der zweiten 1858 erschienenen
Auflage der Schrift (S. 119) oder die noch ausführlichere ge=
diegene Behandlung der ganzen Frage in Steinthal's größeren
Schriften, in dem 1855 erschienenen Buch „Grammatik, Logik
und Psychologie" oder in dem vorhin angeführten neuesten Buch
nachzulesen. Bei Steinthal handelt es sich immer nur darum
hervorzuheben, daß die Seele, indem in ihr Sprache entsteht,
Geist wird; oder, wenn man die Seele thätiger denke, daß sie,
indem sie Sprache schafft, die erste geistige That ausübt, welche
zur Grundlage für die weitere Entwicklung geistiger Hervor=
bringungen wird. Die Voraussetzung eines vorsprachlichen Zu=
standes der Menschen aber nennt Steinthal ausdrücklich eine
Fiction, denn die Sprache sei dem menschlichen Wesen so noth=
wendig und natürlich, daß ohne sie der Mensch weder wirklich
existirt, noch als wirklich existirend gedacht werden könne. Stein=
thal also will nur auf den Zusammenhang von Denken und
Sprechen hinweisen, und hebt deshalb hervor, wie sich das eine
an und mit dem anderen entwickelt. Diese Entwicklung bis zur
Identificirung des thierischen und menschlichen Denkens und

Sprechens auszudehnen, iſt ihm nicht in den Sinn gekommen; vielmehr hat er in weſentlich gleicher Weiſe, wie hier geſchehen, den Unterſchied der thieriſchen Lautſprache von der menſchlichen Begriffsſprache dargelegt und gerechtfertigt. Wer als Mann der Wiſſenſchaft über ein ſo ſchweres Problem reden will, ſollte wahrlich derartige gründliche Unterſuchungen nicht ungeleſen laſſen und ſollte doch gewiß nicht den Gelehrten, auf den er ſich ſelbſt beruft, das gerade Gegentheil von dem ſagen laſſen, was derſelbe denkt.

Wieviel der Menſch durch dieſe Begriffsſprache an Umfang ſeines Gedächtniſſes und für die geſammelte Fortführung ſeiner Erfahrung gewinnt, wie damit der gemeinſame Fortſchritt menſchlicher Bildung zuſammenhängt, und wie unermeßlich dadurch die Kluft zwiſchen Menſch und Thier erweitert wird, braucht nur angedeutet zu werden.

Viel näher als im Verſtande ſtehen einander Menſch und Thier in ihren Gefühlen, in ihren Neigungen und Leidenſchaften. Sie theilen Liebe und Haß, Treue und Falſchheit, Freude und Kummer, aber auch hier iſt keine Gleichheit zwiſchen Menſch und Thier. Nur als ein gradueller Unterſchied mag es immerhin erſcheinen, daß die Affekte der Thiere in der Regel ihr ganzes Seelenleben, auch das verſtändige, weitaus beherrſchen; denn auch über unverſtändige Menſchen gebietet der Affekt. Aber der Menſch kennt eine höhere äſthetiſche und ſittliche Werthſchätzung der Gefühle und dadurch gewinnen dieſe ſelbſt einen anderen Charakter. — Themiſtokles belebte einmal den ſinkenden Muth ſeines Heeres, indem er hinwies auf das Beiſpiel zweier ſtreitenden Hähne. „Sehet, rief er aus, dieſe Thiere ſetzen um der Siegesehre willen ihr Leben ein und laſſen nicht ab; ihr aber ſtreitet für Heerd und Götter, für die Gräber der Ahnen und für die Wiege der Kinder, vor Allem für die Freiheit, und wolltet verzweifeln?" Da faßten die Hellenen neuen Muth und entriſſen den Barbaren den Sieg. Themiſtokles rief alſo ſeinen Kriegern ins Bewußtſein, was die menſchliche Leidenſchaft vor der thieriſchen voraus hat, nämlich den tiefen Gehalt der Ideale des Schönen und des Guten. Auch hier erkennen wir, daß im Weſen des Menſchen ein Neues aufgegangen iſt, welches die Seele des Thieres nicht hat, auch im Kleinen nicht, denn eine Anlage, die ſich gesetzmäßig nie entwickelt, ist keine Anlage, ihre Annahme beruht auf einer unbegründeten Fiction. Wo das Gewordene die Höhe einer wesentlichen Verschiedenheit zeigt, hat diese sicherlich ihren Grund schon im Keime des Werdens. Ganz übereinstimmend mit mir sagt Steinthal in seinem oben genannten neuesten Buch: „Wir gründen unsere Ansicht vom Vorzuge des Menschen auf folgenden einfachen Schluß. Zwar gleichartige und gleich kräftige Ursachen müssen auch gleichartige und gleich kräftige Wirkungen hervorbringen; finden wir nun letztere in Wirklichkeit nicht gegeben, so dürfen wir auch erstere nicht annehmen, müssen im Gegentheil aus der Verschiedenheit zweier Wirkungen auf eine derselben entsprechende Verschiedenheit der Ursachen schließen; es müßten denn die Hindernisse nachgewiesen werden, welche die eine Ursache verhindert haben, ihre volle Kraft wirken zu lassen zur Hervorbringung dessen, was in ihr lag. Nun liegt es als Thatsache vor, daß das Thier keine menschliche Welt gründen konnte, also kann es auch keine der menschlichen Seele gleiche Seele haben."

So bietet denn die Wissenschaft dem Gefühle des unbefangenen Menschen, welcher die Thiere nicht für seines Gleichen hält, und nicht glauben will, daß der Mensch nur ein höher entwickelter Affe, ja ein wirklicher Nachkomme desselben ist, eine klar erkannte Rechtfertigung.

6.

Seele und Leib.

Die Annahme einer unsinnlichen Seele, die in Gemeinschaft mit dem sinnlichen Leibe unser Wesen ausmacht, gilt den Materialisten unserer Tage als ein wissenschaftlich längst verurtheilter und für jeden vorurtheilsfreien Denker abgethaner Irrthum. Daß nicht eine besondere Seele, sondern unser Gehirn das Denken macht, gilt ihnen als eine gründlich erwiesene feststehende Thatsache. Meine Absicht ist es den wissenschaftlichen Halt dieser Meinung unbefangen zu prüfen.

Die Materialisten pflegen ihre Behauptung speculativ damit zu begründen, daß erstens das Unsinnliche überhaupt, somit auch eine unsinnliche Seelensubstanz undenkbar sei und daß zweitens die Wechselwirkung zwischen etwas so Ungleichartigem wie zwischen einer unsinnlichen Seele und einem sinnlichen Leibe unbegreiflich und deshalb unmöglich sei; größeres Gewicht noch legen sie darauf ihre Ansicht empirisch zu beweisen aus der erfahrungsmäßig vorliegenden Abhängigkeit der Seele vom Leibe, und zwar von der Beschaffenheit des Nervensystems, insbesondere des Gehirns. Es sollen diese Gründe und Beweise mit vollem Eingehen auf das prinzipiell Wesentliche der Streitfrage von mir geprüft werden. Mit Rücksicht auf das materialistische Vordrängen der

Erfahrungsbeweise mag auch hier gerade die empirische Seite zuerst in Betracht gezogen werden.

Diese empirische, auf den Nachweis der Abhängigkeit der Seele vom Leibe gerichtete Begründung ist am bündigsten von C. Vogt in seinem 1855 (in 4. Aufl.) erschienenen Buch „Köhlerglaube und Wissenschaft" zusammengefaßt worden in den zwei Sätzen: die Seele entwickelt sich in der Kindheit und nimmt ab im Alter mit dem Leibe, insbesondere mit dem Gehirn — und — der Zustand der Seele ist abhängig von der gesunden oder kranken Beschaffenheit des Nervensystems, insbesondere des Gehirns. Denken ist somit nichts Anderes als Functioniren des Gehirns, die Gedanken sind Absonderungen des Gehirns wie der Urin eine Absonderung ist der Nieren, die Galle eine Absonderung der Leber. Diese Sätze nun treten in mancherlei Variationen und Illustrationen bei allen Materialisten als die von der Erfahrung getragenen Grundsätze ihrer Ansicht auf.

Bei der Prüfung dieser Sätze sind zunächst die thatsächliche Grundlage und die daraus gezogenen Folgerungen wohl zu unterscheiden. Es wäre selbst möglich die angeführten Thatsachen als wohl beglaubigt und erwiesen anzunehmen, und doch die Folgerungen zu verwerfen. Diese Behauptung soll bewiesen, aber zuvor die Zuverlässigkeit der empirischen Grundlage einer strengen Prüfung unterzogen werden. Wir wollen unsere Materialisten zuvor als unzuverlässige Empiriker kennen lernen, ehe wir sie als schwache Denker betrachten.

Von den aufgestellten Sätzen spricht offenbar der erste eine allgemein anerkannte und unbezweifelte thatsächliche Wahrheit aus; allein für sich betrachtet trägt dieselbe zur Entscheidung der Prinzipienfrage nicht das Mindeste bei. Mit Recht mögen die Materialisten behaupten, das kindliche Gehirn sei wasserreicher, fettärmer, seine Faserbildung noch nicht so entwickelt wie in späterer Zeit, im Alter umgekehrt werde auch das Gehirn wieder atrophisch. Auch ist die allgemeine Erfahrung nicht zu bestreiten, daß Kinder anfangs weniger Geist zeigen als später, und daß alte Leute oft wiederum die Kraft ihres Geistes verlieren und kindisch werden. Zur Bestätigung dieser landläufigen Wahrheiten bedurfte man der von Moleschott und Büchner beliebten albernen Hinweise auf Newton's Altersbeschäftigung mit der

Offenbarung Johannis gar nicht. „Der große Newton, dessen
Geist wir die größten und folgenreichsten Entdeckungen in den
Naturwissenschaften verdanken, — sagt Büchner mitleidsvoll —
beschäftigte sich in seinem Alter mit dem Propheten Daniel und
der Offenbarung Johannis." — „Die Offenbarung Johannis
als Spielzeug in der Hand des Erforschers der Gesetze der
Schwere"! — ruft Moleschott mit Emphase aus. Fast mögte
man versucht sein zu meinen, Newton's altes Gehirn könne
bei dieser Beschäftigung mit der Offenbarung Johannis und dem
Propheten Daniel noch gar wohl in einem bessern Zustande sich
befunden haben, als die Gehirne Moleschott's und seines Nach=
schwätzers Büchner in dem jüngeren Alterszustand, in welchem
ihre Gedankenabsonderungen diese Beschäftigung Newton's ohne
Weiteres als Bestätigung eines Satzes erscheinen laßen, dessen
thatsächliche Richtigkeit Niemand bekämpft, dessen materialistische
Folgerungen allein streitig sind. Denn mit Nichten beweist die
bloße Gleichzeitigkeit der Zunahme und Abnahme des Geistes mit
der Entwicklung des kindlichen und dem Abnehmen des alternden
Gehirns irgend Etwas für die Abhängigkeit dieser beiden Factoren
von einander. Es könnte sonst mit demselben Rechte also gefol=
gert werden: mit den Zähnen kommt dem Kinde die Weisheit,
der sogenannte Weisheitszahn vollendet sie, mit dem Alter fallen
die Zähne aus und' ebenso schwinden die Gedanken, also ist der
Geist abhängig von der Zahnbildung. Oder — falls gegen die=
sen Unsinn zahnlose alte Leute mit Geist einen allzu offenkun=
digen Widerspruch erheben sollten — könnte man statt von den
Zähnen lieber von den Knochen reden. Auch diese sind beim
Kinde noch weich und nehmen an Festigkeit zu mit dem Werden
und Wachsen des Geistes, im Alter werden auch Knochen und
Geist zu gleicher Zeit wieder brüchig und mürbe: der Geist also
erscheint abhängig von der Entwicklung der Knochen, Denken ist
Knochenthätigkeit. — Dieses Raisonnement ist unzweifelhaft abge=
schmackt, aber es gleicht dem Raisonnement der Materialisten auf
ein Haar. Das von der gleichzeitigen Entwicklung hergenom=
mene Argument der Materialisten hat also für sich genommen
gar keinen Werth, es kann einen solchen nur bedingungsweis
erhalten im Gefolge des zweiten Erfahrungsgrundes, der sich auf
den Erweis der thatsächlichen Abhängigkeit der Seele von dem

Nervensystem, insbesondere vom Gehirne stützt. Wir müssen also vor
Allem zusehen, ob dieser Boden die darauf gebauten Schlüsse trägt.

Unsere Materialisten sind mit dieser Frage rasch fertig. „Das
Gehirn ist Sitz und Organ des Denkens, — erklärt Büchner —
seine Größe, seine Form, die Art seiner Zusammensetzung stehen
in geradem Verhältniß zu Größe und Kraft der ihm innewohnenden geistigen Function. Die vergleichende Anatomie giebt
hierüber die deutlichsten Nachweise und zeigt uns, wie ein con-
stantes aufsteigendes Verhältniß der materiellen und Größenbe-
schaffenheit des Gehirns zur geistigen Energie durch alle Thier-
reihen hindurch bis hinauf zu dem Menschen als Gesetz waltet". —
„Durch die ganze Thierreihe finden wir eine stufenweise und
jedesmal mit der geistigen Entwicklung genau correspondirende
Entwicklung des Hirns bezüglich Größe und Form". — „Thiere,
welche kein eigentliches Gehirn, sondern nur Nervenknoten an
seiner Stelle oder rudimentäre Bildung desselben besitzen, stehen
im Allgemeinen auf der niedersten Stufe geistiger Befähigung
und scheinen zum Theil mehr zu vegetiren, als zu leben. Im
Gegensatz dazu besitzt der Mensch, das geistig höchststehende Wesen, absolut und relativ das größte Gehirn."

Diese Sätze enthalten fast eben so viel sachliche Unwahrheiten wie Behauptungen. Ich werde nicht anstehen dieses Urtheil durch Anführung der bis jetzt wissenschaftlich constatirten
Thatsachen zu rechtfertigen; ich entnehme meine Angaben zu diesem Zweck den Schriften bewährter, auch von den Materialisten
häufig citirter Physiologen wie J. Müller, Longet, Volkmann, Huschke, R. Wagner, Helmholtz, und Irrenärzte
wie Hagen, Wachsmuth, Neumann und Griesinger,
deren Einige sogar dem Materialismus nicht feindlich gegenüber
stehen. — Ich wiederhole, daß es sich auch hier zunächst nur
um die Prüfung der Behauptung einer thatsächlich erwiesenen
Congruenz von Geist und Hirnentwicklung handeln soll, die
Folgerungen über das Gehirn als Denkorgan werden erst dann
zur Prüfung gezogen werden.

Gewiß die meisten Menschen werden schon daran Anstand
nehmen ohne Weiteres zuzugeben, die klugen Ameisen und Bienen und Spinnen ständen an geistiger Begabung weit unter dem
Rindvieh, dem Schaaf, der Gans, der Ente, dem Frosch, dem

Goldfisch, die ja zum Theil sogar in dem Rufe einer sprich-
wörtlich gewordenen Dummheit stehen. Nun ist aber bekanntlich
das Nervensystem jener Thiere so viel weniger entwickelt, als das
der letzteren, daß sie nicht einmal im Besitz des zum Denken
nothwendig sein sollenden Gehirns sich befinden. Und dennoch
vegetiren sie nicht bloß, sondern führen ein seelisches Leben gleich
den behirnten Thieren, ja wie es scheint besser noch als manche
von diesen. Bis die Materialisten diesen thatsächlichen Widerspruch genügend erklärt haben, geht ihnen das Recht ab über die
absolute Congruenz von Entwicklung des Nervensystems und der
Seele eine allgemeine Behauptung aufzustellen. Die Natur scheint
vielmehr auf verschiedenen uns noch unbekannten Wegen das
Bestehen eines gleichartigen seelischen Lebens sichern zu können. —
Wenn Vogt für seine Schlüsse von der Gleichheit der Organisation der Affen und Menschen auf die wesentliche Gleichheit ihrer
geistigen Eigenschaften sich mit Recht auf den Satz beruft, daß,
wo die Organisation nach demselben Typus gebildet ist, auch die
aus dieser Organisation hervorgehenden Eigenschaften und Functionen dieselbe Grundeinheit zeigen müssen: so muß er in dem
vorliegenden Falle mit demselben Rechte umgekehrt schließen.
Wenn — muß er sagen — ungleiche Eigenschaften und Functionen sich zeigen, so können nicht gleiche Organisationen als
Ausgang dieser Ungleichheit angesehen werden. Er müßte
dann als exacter Forscher, der nicht mehr sagen will als
wissenschaftlich zu beweisen ist, das Bekenntniß ablegen zur Zeit
noch nicht ermittelt zu haben, an welche Verhältnisse des Nervensystems der Besitz eines mehr oder weniger entwickelten Seelenlebens gebunden zu sein scheint. — Bei dieser Sachlage kann nur die
Erkenntniß, daß überhaupt eine solche Verbindung besteht, als
gesichert und somit zugleich als feststehendes wenngleich bisweilen
schwer zu erkennendes Kriterium zwischen Thier und Pflanze
angesehen werden.

Nicht viel weiter reichen auch bis jetzt unsere Kenntnisse
über das Verhältniß von Geist und Nervensystem innerhalb der
typisch vergleichbaren Entwicklungsstufen des letztern bei den
Wirbelthieren. Ueberall stoßen wir thatsächlich auf Widersprüche
gegen die von den Materialisten mit beispielloser Oberflächlichkeit
behauptete Congruenz beider Seiten.

„Der Mensch, das geistig höchststehende Wesen — sagt Büchner — besitzt das absolut und relativ größte Gehirn." — In Wahrheit ist dies aber weder absolut noch relativ der Fall. Das Normalgewicht des Menschengehirns beträgt 3—3¹/₂ Pfd. Bei den größten Stieren und Pferden dagegen beträgt das Gehirn noch nicht 2 Pfd. Aber ein Walfischgehirn wog nach Rudolphi 5¹/₂ Pfd., ein Elephantengehirn nach Perault sogar 9 Pfd. Die absolute Größe des Gehirns ist also nicht der Maßstab seiner geistigen Vollkommenheit, wenn wir nicht etwa voraussetzen wollen, die Walfische und die Elephanten seien klüger als die Menschen. Einen Einwand gegen die angenommene Bedeutung des absoluten Hirngewichts bildet auch das, daß gerade unter den kleinsten Vögeln mit der geringsten Hirnmasse sich die gelehrigsten und durch Kunsttriebe ausgezeichnetsten finden. — Nicht besser steht es mit der Behauptung, der Mensch habe das relativ größte Gehirn. „Es verhält sich — bemerkt Longet (in seiner Anatomie und Physiologie des Nervensystems, übers. v. Heim. 2 Bde. 1847) — nach Cuvier das Gewicht des ganzen Gehirns eines erwachsenen Menschen zum Körpergewicht wie 1 zu 30 oder 1 zu 35, bei dem Simia sciurea wie 1 zu 22, dem S. capucina wie 1 zu 24, dem S. Jacchus wie 1 zu 28, dem Delphin wie 1 zu 36 u. s. w. Wollen wir hier eine andere vergleichende Zusammenstellung, welche von Vögeln hergenommen ist, hinzufügen, so finden wir einige noch ungünstigere Verhältnisse für den Menschen. Das Gewicht des ganzen Gehirns verhält sich zum Körpergewicht bei der Meise wie 1 zu 12, beim Zeisig wie 1 zu 14, beim Grünfink wie 1 zu 23, beim Sperling wie 1 zu 25, beim Rothkehlchen wie 1 zu 32 u. s. w." — Vollmann (in seinem Artikel Gehirn in dem Handwörterbuch der Physiologie Bd. 1. 1842) macht ebenfalls auf diese Verhältnisse aufmerksam und fügt noch hinzu: „Auch Sömmerings Angabe, daß der Mensch im Verhältniß zu dem Rückenmarke und den Nerven das größte Gehirn habe, kann das psychische Uebergewicht des Menschen vor den Thieren nicht im mindesten verständlich machen. Wollte man sich bei dieser Art zu vergleichen an die Massen halten, so würde der Vergleich an der Unmöglichkeit scheitern die Nerven zu wägen, hält man sich dagegen an die Durchmesser, so hat der Delphin ein größeres Gehirn als der Mensch. Im Menschen ver-

hält sich der Querdurchmesser des Gehirns zu dem des verlän=
gerten Marks wie 7 : 1, im Delphin dagegen wie $7^{11}/_{12}$: 1
nach Tiedemann, oder selbst wie 13 : 1 nach Cubier. —"
Auch noch an einen andern wichtigen in Betracht kommenden
Punkt erinnert Volkmann. „Daß die relative Größe des Ge=
hirns und der psychischen Begabung der Thiere — sagt er — in
gar keiner Beziehung stehe, läßt sich schon daraus schließen, daß alle
sehr kleinen und jungen Thiere ein relativ größeres Gehirn ha=
ben, als alle großen und alten." Für die Thiere also würde nicht
einmal der Satz der Materialisten seine Gültigkeit behalten, daß
mit dem Gehirn sich der Geist entwickelt nnd abnimmt. Mit
ihrer Behauptung von der Bedeutung der relativen und absoluten
Masse des Gehirns für das Plus an Geist ist es jedenfalls nichts.
Aus den anatomischen Gesammtverhältnissen des Gehirns ist also
entschieden das angenommene geistige Uebergewicht des Menschen
über die Thiere nicht zu erklären.

Die Versuche diese Erklärung in den morphologischen Ein=
zelheiten der Gehirnunterschiede oder in den chemischen Verschie=
denheiten der Stoffcombination zu finden, haben bisher ebenfalls
nicht zu widerspruchslosen Ergebnissen geführt.

Besonderes Gewicht glaubte man auf die Entwicklung des
großen Gehirns und seiner Windungen legen zu müssen und hier
in bestimmten Verhältnissen die materielle Grundlage höherer
geistiger Begabung zu entdecken. Bei dem Menschen sollten im
Verhältniß zum kleinen Gehirn das große Gehirn und ebenso
dessen Windungen am stärksten entwickelt sein. Longet bestrei=
tet die Vollgültigkeit dieser Annahme. „Man kann jedoch —
sagt er — aus den von Cubier und Leuret erhaltenen Er=
gebnissen abnehmen, daß dieses Verhältniß im Allgemeinen kein
zuverlässiges Maß für den Grad der geistigen Fähigkeiten ab=
giebt, indem nach dieser Schätzungsweise der Mensch neben den
Ochsen und unter einem Sapaju zu stehen kommt." — Von den
Gehirnwindungen behauptete schon bei den Alten der Arzt Era=
sistratus, daß sie bei den Menschen mannichfacher seien als bei
den Thieren, weil der Mensch die Thiere an Geist und durch
seine Vernunft überrage. Galen widersprach dieser Meinung.
„da selbst die Esel ein mit ziemlich vielen Windungen versehenes
Gehirn besitzen, die doch wegen ihres störrischen und stumpfsinni=

gen Wesens ein besonders einfaches Gehirn ohne Windung und
Mannichfaltigkeit haben müßten." — Neuerdings haben besonders
Leuret und Gratiolet Untersuchungen darüber vorgenommen,
deren Ergebnisse die vorausgesetzte materialistische Congruenz durchaus nicht so kurzweg bestätigen. Nach Leuret findet man allerdings die windungsreichsten Gehirne bei den klügsten Säugethieren; aber nicht alle klugen Säugethiere haben windungsreiche
Gehirne. Eine Bedingung des Klugseins scheinen also die Hirn-
windungen nicht zu sein. Auch hebt Leuret selbst hervor, daß
weder das Vorhandensein, noch die Zahl, noch die Gestalt der
Windungen in bestimmter Weise die Zahl und Größe der geistigen Fähigkeiten der Säugethiere bezeichnen. Durchgreifend scheint
nach seinen wie nach anderen Untersuchungen nur ein bestimmtes
Verhältniß dieser Windungen zu den typischen Gestaltunterschieden
der Säugethiergattungen zu sein. — Die Morphologie des Gehirns also läßt uns bis jetzt wenigstens in Stich, um in den
Unterschieden der äußeren Gestaltung eine materielle Grundlage
für die geistigen Unterschiede von Mensch und Thier zu entdecken.

Der Blick auf die Quantität leistete also nicht, was erwartet wurde, der Blick auf die Qualität hat ebenso wenig weiter
geführt. Moleschott's Satz „ohne Phosphor kein Gedanke"
hat eine gewisse Berühmtheit erlangt. Liebig bekämpfte die von
Moleschott angenommene Bedeutung des phosphorhaltigen Fet-
tes im Gehirn und Moleschott erläuterte und rechtfertigte seine
Behauptung. Wir sehen hier ab von der dabei obschwebenden
Frage über den Phosphorgehalt der Gehirnfette, wir nehmen an,
derselbe sei erwiesen, und erwiesen sei auch, daß nur bei einer
richtigen, nicht zu großen und nicht zu kleinen Zumischung von
Phosphor das Gehirn gut functioniren kann. Zu weiteren Schlüssen aber über das Verhältniß von Phosphor und Geist im Gehirn berechtigen uns bis jetzt die vorliegenden Thatsachen nicht.
Bibra, der über diesen Punkt besondere Forschungen angestellt
und in seiner Schrift „Vergleichende Untersuchungen über das
Gehirn des Menschen und der Wirbelthiere" 1854 veröffentlicht
hat, und auf den sich manche Materialisten irrthümlich berufen,
hat ausdrücklich erklärt, daß der Phosphor zwar unumgänglich
nöthig sei für die Zusammensetzung des Gehirns, daß aber eine
größere oder geringere Menge dieses Stoffes keineswegs mehr

ober weniger Intelligenz bedinge, Blödsinn oder Tobsucht be=
zeichne, oder daß sich bei höher stehenden Thieren eine größere
Menge desselben nachweisen lasse als bei Thieren einer niederen
Klasse. — Demnach mag immerhin ohne Phosphor kein Gehirn=
fett, und ohne Gehirnfett kein Gehirn, und ohne Gehirn bei man=
chen Thieren kein Gedanke existiren können; weit ab sind wir
immer noch von der vorausgesetzten Congruenz zwischen Phos=
phor und Gedanke. — Da Phosphor im Gehirn nach Mole=
schott nur insofern enthalten ist als Phosphorsäure dem Hirn=
fette angehört und Phosphorsäure eine Verbindung von Phos=
phor mit Sauerstoff ist; so ließe sich ebenso gut sagen, ohne
Sauerstoff kein Gedanke wie ohne Phosphor kein Gedanke. Und
derselbe Satz ließe sich auf jeden Stoff variiren, der erweislich
mit zur qualitativen Beschaffenheit des Gehirns gehört. Die
Heraushebung des berühmten Satzes ist somit allermindestens
eine grundlose Trivialität. — Daß irgend ein besserer Satz über
die Congruenz von Qualität des Gehirnstoffs und Qualität der
Seele an seine Stelle gesetzt sei, ist mir nicht bekannt. Auch in
diesem Punkte also ist den bisherigen materialistischen Versuchen,
die geistigen Unterschiede von Mensch und Thier zu erklären,
aller wissenschaftliche Grund abzusprechen.

Nicht einmal innerhalb der Menschengattung selbst decken
sich nach den bisherigen Beobachtungen Gehirn und Geist, wie
die Materialisten vorgeben oder voraussetzen. Wer die betreffenden
Zusammenstellungen Huschke's (in seinem Werke Schädel, Hirn
und Seele der Menschen und Thiere 1854) und R. Wagner's
(in seinen Vorstudien zu einer wissenschaftlichen Morphologie und
Physiologie des menschlichen Gehirns als Seelenorgan. 2 Abhdlgen
1860 u 1862) aufmerksam und unbefangen durchsieht, muß zu=
geben, daß die Untersuchungen über den Zusammenhang von
Hirn und Geist beim Menschen bisher zu äußerst geringfügigen
feststehenden Ergebnissen geführt haben. Von den Träumereien
der Phrenologen — sagt Wagner — glaubte man wenigstens
Das fest halten zu können, daß geistig hochbegabte Männer durch
Größe der Schädelhöhle und ein entsprechend stärker entwickel=
tes Gehirn, insbesondere der Hemisphären des großen Gehirns
und namentlich der Stirnlappen ausgezeichnet seien. Das abso=
lute Hirngewicht sowohl als das relative Gewicht der Hemisphä=

ren zu den übrigen Hirntheilen sollte beträchlicher sein als bei anderen gewöhnlichen Menschen. Die vorliegenden thatsächlichen Angaben sind bis jetzt selbst nicht einmal mit diesen Annahmen in unbedingten Einklang zu setzen oder müßten zu den wider= sprechendsten Folgerungen für die Werthschätzung der geistigen Begabungen führen. Nach früheren noch von Huschke ange= nommenen Berechnungen war eins der schwersten vorgekommenen Gehirne dasjenige Byron's, es sollte 2238 Gramm gewogen ha= ben, während Cuvier's Gehirn nur 1829 Gramm wog. Die leichte Poesie war also ungemein viel gewichtiger als die schwere Wissenschaft. Die Wissenschaft setzte sich in der Person Wag= ner's zur Wehr und berechnete die Angabe über Byron's Ge= hirngewicht genauer dahin, daß es nur 1807 Gramm wog, Cu= vier's Gehirn sollte aber nach genauer Berechnung sogar 1861 Gramm gewogen haben. Obendrein befand sich das Gehirn Byron's, als er 36 Jahre alt starb, auf dem Höhepunkt seiner Entwicklung, während das Gehirn Cuvier's, als derselbe 63 Jahre alt starb, schon ein Recht hatte abzunehmen. Der Sieg des Genius der Wissenschaft über den Genius der Poesie war nun entschieden. Aber seltsam genug mußten Poesie und Wissen= schaft zu Kreuz kriechen vor dem Gehirne eines Mannes der That, vor dem Gehirne Cromwell's, das 2233 Gramm gewo= gen haben soll. So wenigstens wird berichtet in einem alten 1702 erschienenen Werke: Anabaptistor et enthusiastor, Pan= theon und geistliches Rüsthaus wider die alten Quäker und neuen Freigeister. In einem Abschnitt desselben über den verschmitzten Weltmann, scheinheiligen Tyrannen und Engländer Oliver Cromwell heißt es: „Nach diesem öffnete man den todten Körper, da die Eingeweide ziemlich wohl bestellet, die Leber aber angesteckt und das Gehirn 6¼ Pfd. befunden worden." — Man sollte fast meinen diese Ungeheuerlichkeit wäre hier besonders er= wähnt als äußeres Zeugniß für die Höhe der Verruchtheit Crom= well's, vielleicht hätte uns der Autor dieses Buches wirklich zugemuthet in den Stärkegraden der Hirnmasse eine Skala der Bosheit zu erkennen. Haben wir keine Neigung ihm hierin zu folgen, wollen auch die Niederlage von Poesie und Wissen gegen scheinheilige Frömmigkeit, Verschmitztheit und Tyrannenthum nicht zugeben, so bleibt uns nur übrig die Zuverlässigkeit der Gewichts=

angabe des genannten Berichtes zu bezweifeln. Wissenschaftlich unberechtigt wäre dieser Zweifel schwerlich.

Ueberhaupt aber ist es vor der Hand noch das dringendste Bedürfniß zur Entscheidung der aufgeworfenen Frage das thatsächliche Material gesicherter Beobachtungen zu reinigen und zu vermehren. R. Wagner hat sich um diese Sichtung und Vermehrung unstreitig Verdienste erworben; die Folgerungen über das Verhältniß von Hirn und Geist, welche er sodann aus dem also gewonnenen Beobachtungsmaterial ziehen konnte, waren äußerst gering und wenig beweisend für die materialistisch vorausgesetzte Congruenz. Wagner stellte eine Tabelle von nahezu 1000 (964) Wägungen von Gehirnen in Bezug auf das absolute Gewicht zusammen, unter denen sich die Gehirne geistig bekannter Männer wie Cuvier, Byron, Gauß, Dirichlet, Dupuytren, Hermann und Anderer befanden. Nach dieser Tabelle scheint ihm fest zu stehen, daß hochbegabte Menschen ein wohl entwickeltes Gehirn besitzen, daß sich aber dessen Gesammtgewicht nicht auffallend von dem Gewichte der Gehirne anderer normalen Menschen unterscheidet. In wie weit sich größere Intelligenz in der Bildung der Hemisphären nach äußerer Form und Gewichtsverhältnissen ausdrückt, scheint ihm noch ganz unsicher. Bei Unähnlichkeiten im Alter, Geschlecht und Geist fand Wagner diese Gewichtsverhältnisse oft sehr ähnlich. So verhielt sich das Kleinhirn zu den Hemisphären bei 5 geistesthätigen Gelehrten wie 1 : 6,70, bei 5 Handarbeitern wie 1 : 6,71, bei 5 Weibern wie 1 : 7,10. Das Gelehrtengehirn schien also nicht gerade besonders bevorzugt. — Wie Büchner sagt, „erschienen nach dem Sectionsbericht die Windungen an dem Gehirne Beethoven's, des genialen Mannes, noch mal so tief und zahlreich, als gewöhnlich." — Auch die Gehirne der großen Mathematiker Gauß und Dirichlet fand R. Wagner mit sehr reichen und tiefen Windungen, besonders Stirnwindungen versehen. Aber mit Recht hütet er sich daraus vorschnell allgemeine Schlüsse zu ziehen, bemerkt vielmehr vorsichtig, daß die Zahl der beobachteten Fälle dazu bisher jedenfalls zu gering sei. Als Ergebnisse seiner fortgesetzten Untersuchungen stellte Wagner endlich die Sätze auf:

„Die Messung der Oberfläche der einzelnen Gehirnlappen ergiebt keine Anhaltspunkte für eine bestimmte Beziehung dieser

Lappen zu bestimmten psychischen Thätigkeiten, auch nicht zur allgemeinen Entwicklung der Intelligenz."

„Dagegen scheint es, daß stärkere, respective zahlreichere
Furchenbildung bei intelligenteren Gehirnen vorkommt und für
diese allerdings bezeichnend ist. Doch darf dieser Satz immer noch
nur mit großer Vorsicht ausgesprochen werden."

„Allerdings nehmen einzelne Gehirne reich begabter Männer (Cuvier, Byron) ihrem absoluten Gewicht nach unter
nahezu tausend Gehirnen die höchsten Stellen ein, aber die Thatsache, daß andere nicht minder geistig bedeutende Männer (Gauß,
Dirichlet) erst im zweiten Hundert, und andere (Hermann,
Hausmann) erst im fünften und siebenten Hundert der Tabelle
ihre Stelle finden, zeigt das Unsichere der früheren Annahme."

„Das Verhältniß der Großhirnlappen zur Intelligenz läßt
sich so ausdrücken: es ist eine gewisse Massenentwicklung des
großen Gehirns, namentlich seiner Windungen nöthig, wenn eine
solche Ausbildung von Intelligenz erfolgen soll, wie Mensch und
Thier scheidet." —

Dies die sehr allgemein gehaltenen Ergebnisse der sorgfältig
angestellten Untersuchungen Wagner's. Nicht viel anders lautet das Ergebniß der Arbeit Huschke's, daß „ceteris paribus
größerer Umfang und Schwere des gesunden Gehirns auf eine
größere Vollkommenheit desselben, auf eine größere psychische Entwicklung hinweisen."

Worin aber nun diese Gesundheit des Gehirns bestehen
muß, das bleibt dabei eine noch zu erledigende Frage. Die Materialisten berufen sich zwar auf die pathologischen Befunde der
Irrenheilkunde. Als der Dichter Lenau im Wahnsinn gestorben
war, wog sein Gehirn nur 2 Pfd.; überhaupt soll sich bei allen
Seelenleiden eine materielle Grundlage in einem Gehirnleiden
herausstellen. —

In Wahrheit scheinen die Acten über diesen Thatbestand
noch durchaus nicht wissenschaftlich zu genügen, um die Sache
spruchreif zu machen. Wachsmuth, obschon er in seiner 1859
erschienenen allgemeinen Pathologie der Seele als unverrückbares
Ziel im Auge behalten will, die Pathologie der Seele in die
Pathologie des Gehirns aufzunehmen, gesteht doch: „Im Hinblick
auf die Unmöglichkeit, das eigentlich psychische Organ im Gehirn

näher zu begrenzen, müssen wir bis jetzt sagen, weder alle Gei-
steskrankheiten sind nachweisliche Gehirnkrankheiten, noch alle Ge-
hirnerkrankungen sind Seelenkrankheiten." Auch Griesinger,
der ebenso überzeugt ist, daß die Integrität der psychischen Prozesse an die Integrität des Gehirns geknüpft ist, giebt doch in
seiner Pathologie und Therapie der psychischen Krankheiten (1867)
zu, daß Wahrnehmungen vorliegen, wo bei schweren Desorgani-
sationen des Gehirns und bei Verlust an Gehirnsubstanz gar
keine Störungen der Geistesthätigkeiten sich zeigen. Auch giebt
er zu, daß bei Leichenöffnungen der Irren nicht immer anatomische Veränderungen des Gehirns oder seiner Hüllen sich finden. Seine Annahme, daß sich bei gründlicherer Untersuchung
dennoch eine solche Congruenz stets herausstellen werde, ist also
jedenfalls zur Zeit nicht mehr als eine Vorwegnahme des
Urtheils der Zukunft, als ein Vorurtheil. — Andere Irrenärzte
erwarten Anderes. So erklärt uns Neumann in seinem 1859
erschienenen Lehrbuch der Psychiatrie unter Berufung auf andere
hervorragende Fachleute, daß, je mehr sich die Data der pathologischen Anatomie häufen, desto entschiedener sich zeige, daß bei
Seelenstörungen weniger die Hirnsubstanz, als die Hirnhäute
erkrankt sind. Ueberdies ist er der Ansicht, daß zur Erklärung
der psychischen Symptome nicht stets anatomische Veränderungen
des Hirns gefunden werden können, sondern daß die anatomische Ursache jener ·Symptome sehr häufig auf extracerebralen
Punkten gesucht werden muß, deren Erkrankung eine Functions-
störung im Organismus hervorrief, von der dann auch die Hirn-
function mit ergriffen wurde. Die Behauptung, es gebe für jede
als Functionsstörungsreihe zu fassende Krankheit eine entsprechende
erkennbare anatomische Läsionsreihe, gehört nach Neumann zu
den gefährlichsten Träumereien, und der Versuch, die Psychiatrie
auf die pathologische Anatomie zu gründen, war nach ihm ein
ganz heilloser Irrthum.

　　Was steht denn aber nun nach solchen Zeugnissen und Urtheilen fest über das Thatsächliche der behaupteten Congruenz von
Seelenkrankheit und Gehirnleiden? — Nichts weiter, als daß in
vielen Fällen eine Mitleidenschaft zwischen beiden eintritt, wenn
Seele oder Leib erkrankt. Das unbestrittene gelegentliche Fehlen
dieser Mitleidenschaft warnt aber entschieden davor im Gehirn

den alleinigen Ausgang oder den vollen Grund aller Seelenleiden zu suchen. Mit Recht äußerte sich der Irrenarzt Hagen in seinen 1847 erschienenen psychologischen Untersuchungen etwas scharf über die wissenschaftliche Grundlosigkeit einer derartigen Meinung. „Wer das Hirn — sagte er — für den zureichenden Grund alles Denkens und Wollens erklärt und diesen Schluß bloß auf Thatsachen der Pathologie, trotz der vielfach negativen Aussprüche derselben, stützt, thut in der That nichts Anderes als Derjenige, welcher daraus, daß Blähungen öfters Respirationsnoth hervorrufen, den unumstößlichen Schluß ziehen wollte, daß Gedärme, Bauchmuskeln, Zwerchfell den ganzen vollständigen Grund des Athmens enthielten." —

Und was thun diesem unsicheren bisherigen Thatbestande gegenüber unsere Materialisten? — Sie halten sich willkürlich nur an diejenigen Thatsachen, die ihrem Vorurtheile dienen, und verkündigen dann auf Grund solcher vorschnellen Urtheile die Ergebnisse der zukünftigen Forschungen. Auf gründliche Erörterungen lassen sie sich nicht ein, tischen statt dessen lieber in Ermangelung genügend bewiesener Thatsachen lauter Allgemeinheiten auf, deren Beweiskraft schon der geringste Besitz von Nachdenken vernichtet, und deren Halbheit und Trivialität jedem Gebildeten einleuchten sollte. Als unbestrittener Erfahrungssatz muß es nach ihnen gelten, daß große Geister und große Köpfe sich decken. Selbst die Autorität der Hutmacher ruft Büchner zur Hülfe um diesen Satz zu bestätigen. „Es ist eine tägliche Erfahrung der Hutmacher — sagt er — daß die gebildeteren Klassen durchschnittlich ungleich größere Hüte bedürfen als die ungebildeten." — Man mögte wahrhaftig die Hutmacher um diese Bildung beneiden, die sie befähigt immer zuverlässig über den Geist ihrer Kunden zu urtheilen! Aber ich fürchte, es wird nicht Jeder an Geist so gebildet sein, wie er seinem Hutmacher erscheint. — Daß aber der große Geist nur hinter hohen und breiten Stirnen thront, das glaubt und sagt ja alle Welt; warum nicht auch die Materialisten? Selbst Hegel's Schädel, der, so lange Leben in ihm saß, nichts Vernünftiges dachte nach dem Urtheil dieser Leute, muß sich, nachdem der Tod ihn geleert hat, noch gefallen lassen von Moleschott als die Stätte großer Gedanken glorificirt zu werden. „Eines der größten, bis jetzt bekannten Gehirne scheint

der berühmte Dichter Schiller gehabt zu haben," sagt Büchner,
und doch war dieses größte Gehirn so thöricht, als es lebte und
dachte, die materialistische Afterweisheit jener Tage zu verwerfen.
Vor Allem müssen die armen Frauen sich auf Grund ihres Ge=
hirns die übelste Behandlung gefallen lassen. Nach den Unter=
suchungen mehrerer Forscher soll es fest stehen, daß das durch=
schnittliche Gewicht des männlichen Gehirns um ein Ziemliches
größer ist, als das weibliche, die Angaben variiren zwischen 2
bis 6 Unzen, um die das weibliche Gehirn geringer ist als das
männliche. Ob dieser Abstand nicht etwa wie bei den kleinen
Gehirnen der geistig nicht unbegabten Hindu's zu der meist klei=
neren Körpergestalt mehr Beziehung hat als zum Geist, wird gar
nicht in Erwägung gezogen. Vielmehr ist Büchner ungalant
genug, jenes Verhältniß sofort als genügende Erklärung anzu=
sehen für die allbekannte Thatsache, daß das weibliche Geschlecht
im Allgemeinen eine geistige Inferiorität gegenüber dem männ=
lichen behauptet. Es ist ein wahrer Trost für das geschmähte
Frauenhirn, daß die Gehirne vom Walfisch und Elephanten das
Mannesgehirn noch um manches Pfund übertreffen. Ich meiner=
seits glaube zuversichtlich, daß ungeachtet seiner Einbuße von 2
bis 6 Unzen Masse manches Frauengehirn noch klarer zu denken
im Stande ist als Büchner und Consorten.

     Hat nun wohl ein Verfahren wie das geschilderte der Ma=
terialisten auch nur den mindesten Anspruch auf den Namen
eines wissenschaftlichen? Die echte Wissenschaft scheut es nicht
mit Vorurtheilen zu brechen und wären dieselben auch noch so
sehr mit dem tiefsten Verlangen unseres Gemüthes verwachsen,
sie sucht unbekümmert um etwa bedenklich scheinende Folgerungen
nur die Wahrheit; aber sie hütet sich auch der Wahrheit nahe zu
treten durch vorschnelle Schlüsse aus einer unzuverläſſigen und
unvollständigen Berücksichtigung und Benutzung der einschlagenden
Thatsachen. Die Materialisten verletzen dieses Gebot echter Wiſ=
senschaft auf Schritt und Tritt. Wir haben bisher gesehen, wie
luftig schon die thatsächliche Grundlage ihrer Ansichten beschaffen
ist; wir müssen jetzt bemerken, wie schwach ihre darauf gebauten
Schlüsse sind und bleiben würden, selbst wenn es sich mit dem
Thatbestande ganz so verhielte wie sie annehmen. Als schlechte,

unzuverlässige Empiriker haben wir die Materialisten kennen ge=
lernt, nun sollen sie auch als schwache Denker erkannt werden.

Wir wollen einmal zugeben, die von ihnen behauptete Con=
gruenz von Seele und Hirn oder Nervensystem wäre widerspruchs=
los erwiesen; was wäre daraus mit Sicherheit Anderes zu er=
schließen als die Wahrscheinlichkeit einer nothwendigen Gemein=
schaft der beiden Seiten? Was Anderes würde daraus folgen,
als was alle Welt heut zu Tage weiß, daß Thiere ohne Nerven
nicht leben, daß Menschen ohne Gehirn nicht denken können?

Weiter aber läßt sich nicht Das einmal mit Gewißheit da=
raus ableiten, daß unser Gehirn dasjenige Organ ist, dessen sich
unsere Seele ausschließlich zum Denken bedient, in welchem das
Denken zu Stande kommt. Man wird einwenden, das Letztere
zeige sich offenkundig dadurch, daß ein Nervenende, dessen Ver=
bindung mit dem Gehirn unterbrochen wird, nicht mehr die Em=
pfindungsreize zur Seele ins Gehirn hinträgt, nicht mehr die
Bewegungsimpulse von der Seele im Gehirne austragen kann;
aber dieser Einwand reicht nicht aus. Bewiesen ist damit nur,
daß ein Nervenende, welchem die Verbindung mit dem Gehirn
fehlt, keinen Empfindungsreiz auf die Seele mehr ausüben und
keinen Bewegungsimpuls von ihr mehr empfangen kann. Alles
Andere, das Hintragen zur Seele und das Austragen von der
Seele im Gehirn vermittelst des Nerven nach Art der Mitthei=
lung durch einen Telegraphendraht — ist nicht mehr Thatsache,
sondern Hypothese. Das thatsächliche Verhältniß ließe sich recht wohl
anders denken. Es wäre sehr wohl möglich das Gehirn nur als
eine gewisse Ladungsbatterie der Nervenströme anzusehen, welche,
so lange die Verbindung mit diesem Quell derselben erhalten
bleibt, die Nervenendigungen selbst in den Stand setzt, die Reiz=
vermittelung zwischen Seele und Leib zu übernehmen. Es wäre
damit thatsächlich erklärt, warum wir überall im ganzen Körper
empfinden, wo sich Nervenenden in dieser Verbindung mit dem
Gehirne befinden, es wäre damit auch hinreichend erklärt, warum
dies über den ganzen Körper verbreitete Empfinden aufhört, wo
diese Verbindung unterbrochen wird. Es wäre damit auch leichter
die neuerdings aufgestellte Vertheidigung einer Rückenmarksseele
zu reimen, denn es ist so unwahrscheinlich nicht, das schon die
Concentrirung der Nerven im Rückenmark eine Bedeutung für

dieses Geschäft der Erzeugung der Nervenströme haben müßte.
Es wäre ferner mit dieser Annahme schon die Brücke gebaut zu
den Thieren, deren Nervensystem auch ohne Gehirn die Reizver=
mittlung zwischen Seele und Leib übernehmen kann. Ja es
würde endlich diese Annahme viele Hypothesen überflüssig machen,
die ausschließlich dazu ersonnen worden sind zu erklären, wie
unsere Seele es wohl anfangen mag, die im Gehirn von allen
Theilen unseres Körpers ankommenden Nervendepeschen wieder
rückwärts an ihren richtigen Ort zu stellen, zu empfinden, wo
wir zu empfinden meinen, die Dinge in der räumlichen Lage zu
sehen, in der wir sie zu sehen meinen — und ebenso ihre Im=
pulse vom Gehirn aus überall hin an das rechte Glied und
Organ unseres Körpers gelangen zu lassen. Alle zur Erklärung
dieser seelischen Thatsachen ersonnenen Hülfshypothesen braucht
man nicht, sobald man die unbewiesene Grundhypothese aufgiebt,
daß das Denken im Gehirn gemacht wird. Nur wenn man
dies thut, wird es endlich auch verständlich, warum die Natur
gerade eine so vorzügliche Sorgfalt verwendet hat auf die Aus=
bildung unserer peripherischen Sinnesorgane, die nur in dieser
Entwicklung als Vermittler der Empfindungsreize an die Seele
verständlich sind. Was für einen Sinn hätte diese ganze Orga=
nisation, wenn alle Eindrücke des Gesichts und des Gehörs doch
schließlich wieder nur als quantitativ unterschiedene Schwingungen
des Sehnerven und des Hörnerven an die Gehirnseele gelangen
könnten? Bedeutungslos müßte uns dann die Fürsorge der Na=
tur für die so überaus fein entwickelte peripherische Ausbildung
der qualitativ unterschiedenen Empfänglichkeit unserer Sinnes=
organe erscheinen. Sinnvoll dagegen erscheint diese Fürsorge bei
der Annahme, daß unsere Seele gerade da empfindet, wo die Na=
tur diese besonderen Veranstaltungen zur Aufnahme der äußeren
Reize getroffen hat, also überall wo ein empfindender Nerv sich
den Eindrücken der Außenwelt reizempfänglich darbietet.

Auch Kant war geneigt diese virtuelle Allgegenwart der
Seele im Leibe anzunehmen. Er sprach sich darüber beiläufig
aus in seiner geistreichen, durch das Gerede über Swedenborgs
Geisterseherei veranlaßten kleinen Schrift: „Träume eines Geister=
sehers erläutert durch Träume der Metaphysik." — „Gesetzt
nun, — heißt es daselbst — man hätte bewiesen, die Seele des

Menschen sei ein Geist, so würde die nächste Frage, die man thun könnte, etwa diese sein: Wo ist der Ort dieser menschlichen Seele in der Körperwelt? Ich würde antworten: derjenige Körper, dessen Veränderungen meine Veränderungen sind, dieser Körper ist mein Körper, und der Ort desselben ist zugleich mein Ort. Setzt man die Frage weiter fort, wo ist denn Dein Ort (der Seele) in diesem Körper? so würde ich etwas Verfängliches in dieser Frage vermuthen. Denn man bemerkt leicht, daß darin etwas schon vorausgesetzt werde, was nicht durch Erfahrung bekannt ist, sondern vielleicht auf eingebildeten Schlüssen beruht: nämlich, daß mein denkendes Ich in einem Orte sei, der von den Oertern anderer Theile desjenigen Körpers, der zu meinem Selbst gehört, unterschieden wäre. Niemand aber ist sich eines besonderen Orts in seinem Körper unmittelbar bewußt, sondern desjenigen, den er als Mensch in Ansehung der Welt umher einnimmt. Ich würde mich also an die gemeine Erfahrung halten und vorläufig sagen: wo ich empfinde, da bin ich. Ich bin es selbst, der in der Ferse leidet, und welchem das Herz im Affecte klopft. Ich fühle den schmerzhaftesten Eindruck nicht an einem Gehirnnerve, wenn mich mein Leichdorn peinigt, sondern am Ende meiner Zehen. Meine Erfahrung lehrt mich einige Theile meiner Empfindung von mir für entfernt zu halten, mein untheilbares Ich in ein mikroskopisch kleines Plätzchen des Gehirns zu versperren, um von da aus das Hebezeug meiner Körpermaschine in Bewegung zu setzen, oder dadurch selbst getroffen zu werden. Daher würde ich einen strengen Beweis verlangen, um dasjenige ungereimt zu finden, was die Schullehrer sagten: meine Seele ist ganz im ganzen Körper und ganz in jedem seiner Theile. Der gesunde Verstand bemerkt oft die Wahrheit eher, als er die Gründe einsieht, dadurch er sie beweisen oder erläutern kann. Der Einwurf würde mich auch nicht gänzlich irre machen, wenn man sagte, daß ich auf solche Art die Seele ausgedehnt und durch den ganzen Körper verbreitet dächte, so ungefähr wie sie den Kindern in der gemalten Welt abgebildet wird. Denn ich würde dieses Hinderniß dadurch wegräumen, daß ich bemerkte, die unmittelbare Gegenwart in einem ganzen Raume beweise nur eine Sphäre der äußeren Wirksamkeit, aber nicht eine Vielheit innerer Theile, mithin auch keine Ausdehnung oder

Figur, als welche nur stattfinden, wenn in einem Wesen für sich allein gesetzt ein Raum ist d. i. Theile anzutreffen sind, die, sich außerhalb einander befinden. Endlich würde ich entweder dieses Wenige von der geistigen Eigenschaft meiner Seele wissen, oder, wenn man es nicht einwilligte, auch zufrieden sein, davon gar nichts zu wissen.

Wollte man diesen Gedanken die Unbegreiflichkeit, oder, welches bei den meisten für einerlei gilt, ihre Unmöglichkeit vorrücken, so könnte ich es auch geschehen lassen. Alsdann würde ich mich zu den Füßen dieser Weisen niederlassen, um sie also reden zu hören. Die Seele des Menschen hat ihren Sitz im Gehirne, und ein unbeschreiblich kleiner Platz in demselben ist ihr Aufenthalt. Daselbst empfindet sie wie die Spinne im Mittelpunkt ihres Gewebes, die Nerven stoßen oder erschüttern sie, dadurch verursachen sie aber, daß nicht dieser unmittelbare Eindruck, sondern der, welcher auf ganz entlegene Theile des Körpers geschieht, jedoch als ein außerhalb des Gehirnes gegenwärtiges Object vorgestellt wird. Aus diesem Sitze bewegt sie auch die Seile und Hebel der ganzen Maschine, und verursacht willkürliche Bewegungen nach ihrem Belieben. Dergleichen Sätze lassen sich nur sehr seichte oder gar nicht beweisen, und, weil die Natur der Seele im Grunde nicht bekannt genug ist, auch nur eben so schwach widerlegen. Ich würde also mich in kein Schulgezänke einlassen, wo gemeiniglich beide Theile alsdann am meisten zu sagen haben, wenn sie von ihrem Gegenstande gar nichts verstehen."

Kant verspottete also nur die Zuversicht Derjenigen, die den Sitz der Seele im Gehirn für eine erwiesene und wohl begriffene Thatsache halten wollten, und stellte dieser unbegründeten Zuversicht mit kritischer Behutsamkeit die mögliche Annahme einer virtuellen nicht materiellen Allgegenwart der Seele im ganzen empfindenden Körper entgegen. Die Seele sollte ihre Wirkungssphäre im gesammten Leibe haben, ohne darum selbst als ausgedehnter Stoff den ganzen Leib zu durchziehen. Man könnte zur Erläuterung sagen, Kant dachte sich das Verhältniß von Seele und Leib in der Art, wie sich alle Diejenigen das Verhältniß Gottes zur Welt denken müssen, welche sich Gott als bewußten Geist vorstellen, der sich im ganzen Weltall wirksam erweist, ohne doch selbst mit der ausgedehnten Körperwelt eins zu sein. Indessen wir wollen an diese Vorstellung nur um der Aehnlichkeit willen erinnern, nicht um durch sie die Idee der virtuellen Allgegenwart der Seele im Leibe zu erklären. Es ist unmöglich ein Unbegriffenes durch ein anderes zu erläutern. Der Vergleich gilt daher insbesondere für Diejenigen, die ohne Anstoß Gott als den weltumspannenden und dennoch körperlosen Geist auffassen, aber geneigt sind die ähnliche Anschauung von dem Verhältniß unserer Seele zum Leibe wegen ihrer Unbegreiflichkeit zu verwerfen. Unbegreiflich ist ohne Zweifel das Verhältniß in beiden Fällen, aber was unbegreiflich ist, wie Kant mit Recht andeutet, ist darum noch nicht unmöglich oder undenkbar. Unbegreiflich in seinem Wesen und Werden ist unser Denken selbst, aber unmöglich oder undenkbar ist es darum nicht. Denkbar und möglich nun ist die von Kant angedeutete Hypothese von der virtuellen Allgegenwart unserer Seele im Leibe gewiß, und mir erscheint sie überdies aus den oben dargelegten Gründen besser als die übliche Hypothese vom Sitze der Seele im Gehirne die thatsächlichen Zustände und Ereignisse unseres Seelenlebens erklären zu können. Indessen es ist hier der Ort nicht diese Ansicht gegen die übliche, ziemlich allgemein angenommene Hypothese von dem Gehirn als specifischen Denkorgan eingehend zu vertheidigen, es wäre dies die Arbeit einer ausführlichen psychologischen Rechtfertigung. Mir lag hier nur daran zu zeigen, daß unter zu Grunde Legung desselben Thatbestandes, von dessen Annahme die Materialisten ausgehen, doch noch eine andere als die materialistische Auffassung möglich und denkbar bleibt.

Und selbst, wenn die angedeutete Hypothese von der virtuellen Allgegenwart unserer Seele im Leibe als untauglich befunden würde, die Erscheinungen des vorliegenden Verhältnisses beider zu erklären, selbst wenn die Annahme, das Gehirn sei ausschließlich unser Denkorgan, für die gesuchte Erklärung unbestrittene Vorzüge besäße; — für die materialistische Auffassung des Verhältnisses wäre damit noch Nichts gewonnen. Nichts weiter läge dann vor, als die Thatsache, daß unsere Seele das Gehirn braucht um zu empfinden und zu denken. Nicht entfernt ist damit zugleich erwiesen, daß im Gehirn der einzig zureichende Grund für die seelische Thätigkeit gesucht werden muß, daß das

Gehirn für sich allein das Denken macht, Gedanken absondert,
wie die Nieren den Urin. Immer noch kann das Denken als
gemeinsames Erzeugniß von Seele und Gehirn angesehen werden.

Die Seele kann bei Annahme aller von den Materialisten
aufgestellten Behauptungen über die Erfordernisse quantitativer
und qualitativer Beschaffenheit des Gehirns als Denkorgans doch
noch angesehen werden als das unsinnliche Wesen, welches in
Verbindung mit dem reizempfänglichen Gehirn oder Nervensystem
überhaupt seine Kraft zu denken, zu fühlen und zu wollen ent=
wickelt. Wie die Kraftäußerung jedes Wesens auf einer solchen
anregenden Wechselbeziehung zu einem anderen Wesen beruht, so
verhält es sich dann auch mit der Aeußerung der Seelenthätig=
keit. Das Gehirn ist dasjenige Organ, welches einerseits die
Eindrücke der Außenwelt an unsere Seele als Reize bringt, die
sie bestimmen können der gegebenen Anregung entsprechend zu
denken, zu fühlen und zu wollen, und welches andererseits auch
im Stande ist, die von der Seele ausgehenden Impulse vermit=
telst des Leibes in der sinnlichen Welt zur Erscheinung zu brin=
gen. Das Gehirn ist somit Denk=, Gefühls= und Willens=Organ
der Seele, wie das Instrument Werkzeug des ausübenden Künst=
lers ist. Und wie nun kein Geiger ohne Geige geigt, und ebenso
keine Geige ohne Streiche eines Geigers ertönt, so denkt ebenfalls
nach dieser Anschauung keine Seele ohne Gehirn, aber auch kein
Gehirn ohne Seele. Wie ferner auf einer schlecht gebauten oder
schlecht gestimmten Geige nicht gut spielen ist, so vermag auch die
Seele nicht mit einem mangelhaft ausgebildeten oder wesentlich
erkrankten Gehirn ihre Kräfte frei zu entwickeln. Aber anderer=
seits kann auch die Geige gut und der Geiger gering, das Ge=
hirn kann wohl bestellt und die Seele wenig begabt sein; auch
in diesem Fall muß das gemeinsame Leistungsresultat gering
sein. Die Materialisten legen immer nur Gewicht darauf Fälle
aufzuzählen, in denen zufolge einer mangelhaften Ausbildung oder
bei einer wesentlichen Erkrankung des Gehirns das Seelenleben
leidet; schon die Thatsache, daß sich bisher keineswegs für jeden
Seelenmangel oder jedes Seelenleiden eine solche materielle Grund=
lage in irgend einem Gehirnleiden hat aufweisen lassen, begün=
stigt die Meinung, daß der Ausgangspunkt und eigentliche Sitz
des Leidens auch in dem seelischen Factor des aus der Gemeinschaft

von Hirn und Seele hervorgehenden Productes gesucht werden
kann. Und so weit unsere Beobachtung reicht, werden wir mindestens ebenso oft darauf hingeführt, eine Erschütterung oder Zer-
rüttung der Vorstellungs-, Gefühls- und Willens-Verhältnisse für
den Ausgang eines Seelenleidens zu halten, als die Bildung
irgend eines Blutergußes im Gehirne. Ist das Gehirn Organ
der Seele, so ist es wohl begreiflich, daß zufolge solchen Seelenleidens nachträglich auch das Gehirn in Mitleidenschaft gezogen
werden kann; aber diese Folge braucht nicht sofort auch in
deutlich erkennbaren Veränderungen der Gestalt sichtbar zu werden. Nichts giebt bis jetzt dem Materialismus ein Recht, dergleichen sichtbar gewordene Veränderungen des Gehirns, die doch
erst nach dem Eintritt des Seelenleidens beobachtet sein können,
kurzweg für die alleinigen Ursachen des Leidens auszugeben.
Wäre die Voraussetzung dieser Annahme richtig, so müßte umgekehrt auch jede Section, die ein wohl beschaffenes Gehirn dar-
legte, zu der Voraussetzung berechtigen, daß demselben ein vor-
züglicher Geist entsprochen habe. Die bisherigen Beobachtungen
begünstigen wie gezeigt die Voraussetzung einer solchen Congruenz
von Gehirn und Geist nicht, unterstützen vielmehr die dualistische
Auffassung von Seele und Leib, nach welcher beide eine enge
Gemeinschaft bilden, deren vollkräftige Gesundheit allerdings von
dem Wohlbefinden beider Factoren abhängig ist, somit von dem
Leiden des einen oder des anderen Factors beeinträchtigt werden
muß. Und niemals können Thatsachen entdeckt werden, welche
diese dualistische Auffassung des Verhältnisses von Seele und Leib
unmöglich machen. Es kann jederzeit nur wahrgenommen werden, daß gewisse äußerlich sichtbare Beschaffenheiten des Gehirns
mit gewissen inneren Zuständen der Seele sich zusammen finden;
aber keine Beobachtung kann ausreichen zu ermitteln, ob in diesem Zusammentreffen auf der einen Seite der Grund, auf der
anderen Seite die Wirkung zu suchen ist. Thatsächlich erwiesen
bleibt nur die von Niemanden bestrittene Nothwendigkeit der
Gemeinschaft und Anderes kann auch in alle Zukunft nicht
bewiesen werden. Alles Weitere bleibt dem Kampf monistischer
und dualistischer Hypothesen überlassen. Ist nun die Fähigkeit
vorliegende Thatsachen zu erklären das Kriterium für die Güte

einer Hypothese, so scheint mir bis jetzt die dualistische Auffassung
die meiste Fürsprache zu verdienen.

Die von der Erfahrung hergenommenen Gründe reichen
also offenbar nicht aus, um der materialistischen Auffassung zum
Siege zu verhelfen. Der Materialismus muß daher speculative
Gründe allgemeiner Art zur Hülfe rufen, um seinen Monismus
annehmbar zu machen. Es sind diese Gründe zu Anfang des
Kapitels kurz bezeichnet worden, die Richtigkeit derselben ist nunmehr zu prüfen.

Der nächstliegende Grundsatz der Materialisten ist der, daß
die Wechselwirkung zwischen so ungleichartigen Wesen, wie einer
unsinnlichen Seele und einem sinnlichen Leibe, unbegreiflich und
deßhalb unmöglich sei. Als weitere Folge daraus soll sich die
stoffliche Einerleiheit von Seele und Leib ergeben. Die Seele
soll, falls es nicht angeht, sie einfach als Function des Gehirns
anzusehen, doch nur als ein stoffliches Wesen angesehen werden
können, dessen bis jetzt noch unbekannte Elementarbeschaffenheit
sich nur dem Grade nach durch größere Feinheit von den übrigen
Körperstoffen unterscheidet.

Gegen diese materialistische Auffassung giebt es mehr als
einen triftigen Einwand. Völlig unberechtigt zunächst ist die
Folgerung, welche an den Grundsatz, daß nur Gleichartiges auf
einander wirke, geknüpft wird. Wäre dieser Grundsatz richtig
und müßten somit Seele und Leib eines Wesens sein, so könnte
diese Einerleiheit (dieser Monismus) ebenso wohl auf der Seite
des Seelischen wie auf der Seite des Leiblichen gesucht werden.
Der körperlichen Erscheinungswelt könnten ebenso wohl unsinnliche Kräfte als eigentliches Sein zum Grunde liegen, wie nach
anderer Annahme das geistige Dasein auf sinnlicher Stoffbe-
schaffenheit beruhen soll. Nicht der Materialismus allein bietet
einen Weg, um zur gewünschten Einheit des Wesens zu gelangen,
der entgegengesetzte Spiritualismus eröffnet mit demselben Rechte
einen anderen, ebenso gangbaren Weg. Ja in gewissem Sinne
liegt, wie im zweiten Kapitel gezeigt ist, dem menschlichen Geiste
das Betreten dieses zweiten Weges näher als der Gang auf dem
ersten. Betreten sind beide Wege schon von Alters her und der
Führer auf beiden Wegen war auch früher schon der genannte
Grundsatz, wenn auch der Grundgedanke desselben in einer etwas

anderen als der jetzt beliebten Form auftrat. Damals lautete derselbe: nur das Gleiche kann von Gleichem erkannt werden. Als Folgerung daraus ergab sich, entweder, daß unsere Seele aus den vier Elementen bestehen müsse, um Feuer, Luft, Wasser und Erde zu erkennen, aus welchen alle Dinge zusammengesetzt sein sollten, oder, daß unsere Seele als Geist nur das Geistige, Begriffliche an den Dingen erkenne. — Stand der Grundsatz fest, von dem eine jede der genannten monistischen Auffassungen ausging, so mußte allerdings auch eine der bezeichneten Folgerungen die Wahrheit treffen. Ist jedoch die Richtigkeit des Grundsatzes zu bezweifeln, so ist auch die Nothwendigkeit der Folgerungen nicht anzuerkennen. Nun beruht wirklich die Aufstellung des Grundsatzes, daß nur das Gleiche vom Geiste erkannt werden, oder daß nur Gleichartiges auf einander wirkend gedacht werden kann, auf einer erkennbaren Selbsttäuschung unseres Geistes. Wir begreifen nämlich in Wahrheit den eigentlichen Prozeß der Wechselwirkung zwischen Gleichartigem ebenso wenig und kennen auch hier im Grunde nichts weiter als die Wahrnehmung des thatsächlichen Hergangs. Daß die Gestirne einander anziehen, nehmen wir als feststehende Thatsache an, wie aber die Körper es anfangen, diesen Einfluß auf einander auszuüben, verstehen wir nicht. Daß die Atome einander anziehen oder abstoßen, gilt uns als wissenschaftlich begründete Thatsache; eine weitere Einsicht in den Hergang dieser Kraftwirkungen besitzen wir nicht und können wir nicht besitzen. Selbst die einfachste Mittheilung der Bewegung von Körper zu Körper erkennen wir nur in dem anschaulichen Resultat der Ortsveränderung, nicht aber in dem inneren Mittheilungsprozeß der kleinsten Theile. — „Die Mittheilung der Bewegung durch den Stoß, wo der eine Körper so viel von seiner Bewegung verliert, als der andere erhält, — sagt Locke in seinem „Versuch über den menschlichen Verstand" (Buch 2. Kap. 23. §. 28) — können wir uns nicht anders denken, als daß die Bewegung aus einem Körper in den anderen übergeht; das ist aber so dunkel und unbegreiflich, als wie die Seele unsere Körper durch Vorstellungen in Bewegung oder Ruhe setzt, welches wir doch alle Augenblicke wahrnehmen. — Es ist also zwar eine klare Thatsache, daß sowohl durch den Stoß, als durch Vorstellungen Bewegung hervorgebracht wird; aber die Art und Weise,

wie das geschieht, ist bei den einen wie bei den anderen für uns
gleich unbegreiflich." — Tiefsinniger noch hat neuerdings Lotze
in seinem Mikrokosmos (Bd. 1. Buch 3. Kap. 1) die Täuschung
der kaum zu überwältigenden Gewohnheit aufgedeckt, welche nicht
davon lassen will, den gegenseitigen Einfluß zwischen Leib und
Seele als einen besonderen unglücklichen Ausnahmefall zu betrachten, in welchem uns wider Erwarten das nicht klar werden
wolle, was in jedem Beispiele blos physischer Wirkungen uns
ganz deutlich sei. — Auch Lotze beweist, daß in der That in
allen Formen der Gegenwirkung zwischen Stoff und Stoff die
gleiche Dunkelheit herrscht. „Die völlige Gleichheit zweier Ku-
geln — bemerkt er — macht an sich die Mittheilung ihrer Bewegung im Stoße nicht begreiflicher; sie gewährt lediglich unserer
Anschauung den Vortheil, die wechselwirkenden Elemente gleich
deutlich vorstellen zu können und die räumliche Bewegung zu
sehen, mit der sie sich nähern; d. h. sie macht uns ein Bild des
Thatbestandes möglich, wie er vor aller Wechselwirkung ist, aber
sie erklärt das Zustandekommen des Wirkens um nichts besser."
Nur dieser Vortheil der Anschaulichkeit entgehe uns bei der Vorstellung der Wechselwirkung von Leib und Seele, im Grunde
selbst aber ergäbe sich für dieselbe keine Vergrößerung der Schwierigkeit. „Denn der Act des Wirkens, da er selbst kein sinnlich
anschaulicher Vorgang ist, kann auch keine andere Gleichartigkeit
der wechselwirkenden Glieder verlangen, als eine solche, die reich-
lich dadurch gewährt ist, daß die Seele als wirkliche, des Thuns
und Leidens fähige Substanz den Atomen des Stoffes gegenüber
steht, die wir ihrerseits ebenso als reale Mittelpunkte aus- und
eingehender Wirkungen betrachten. Jede Forderung noch einer
weiter gehenden Aehnlichkeit würde nur auf dem Irrthum beruhen,
welcher den Ort des Wirkens als einen Uebergang fertiger Zustände aus einem Element in das andere ansieht." —

Solche Vorstellung dürfen wir uns in der That nicht einmal von dem Hergang bei der einfachsten mechanischen Mittheilung der Bewegung von Körper zu Körper machen; noch viel
weniger reicht dieselbe aus bei den dynamischen Wirkungen der
Körper auf einander. Die Schallwellen übertragen nicht ihre
Bewegung in den Hörnerven, sondern erregen denselben nur zu
einer ihm eigenthümlichen anderen Bewegung. Schon hier liegt

genau genommen eine Wirkung auf Ungleichartiges vor, wenn
auch die beiden Factoren noch unter dem gemeinsamen Gesammt=
begriff des ausgedehnten Stoffs gedacht werden können. Unver=
ständlich nun ist es freilich für uns, wie die Schallwellen es an=
fangen den Hörnerven zu der ihm eigenthümlichen Bewegung zu
erregen; und ebenso unverständlich ferner bleibt es uns, wie die=
ser Bewegungsreiz des Hörnerven es anfangen mag unsere Seele
zu veranlassen diesen Reiz als Ton zu empfinden. Aber nicht
blos in dieser letzteren Wirkung liegt das Unbegriffene und Unbe=
greifliche, sondern eben so sehr in den vorangegangenen Wirkungen
innerhalb des Gebietes scheinbarer sinnlicher Gleichartigkeit. —
Wer im Ernste über diese Grundbegriffe des Werdens und Wir=
kens nachdenkt, der also wird sich frei machen müssen von der
verbreiteten Täuschung als sei die Wechselwirkung zwischen Gleich=
artigem begreiflicher als die zwischen Ungleichartigem. Der aus
dieser Täuschung hervorgegangene Grund wider die dualistische
Auffassung von Leib und Seele ist also hinfällig, und wäre er
selbst stichhaltig, so könnte man von ihm aus ebenso wohl zur
Verleugnung des Sinnlichen wie des Unsinnlichen fortschreiten.

Materialistisch über die Seele denken, kann also Niemand
mit Recht auf Grund des überdies unrichtigen Satzes, daß nur
Gleichartiges auf einander wirken könne. Das Vorschieben dieses
nur scheinbar triftigen Grundes seitens der Materialisten beruht
auf einer allerdings verbreiteten, für wissenschaftlich denkende Köpfe
aber unzulässigen Selbsttäuschung. In Wahrheit wird die ganze
materialistische Auffassung der Seele nur von dem einen specula=
tiven Grundsatz getragen, daß das Unsinnliche überhaupt und
somit auch eine unsinnliche Seele undenkbar sei. Der Irrthum
dieses Gedankens ist schon im zweiten Kapitel dieses Buches
(S. 21) bezeichnet worden. Es steckt, wie dort bemerkt ist, hinter
dieser irrigen Behauptung als mißkannte Wahrheit gerade das
Zugeständniß, daß Dasjenige, was gedacht werden muß, eben
nicht als Sinnliches wahrgenommen werden kann. Nicht das
sinnlich Vorstellbare, Anschauliche allein hat ein Anrecht auf Denk=
barkeit. Eine unsinnliche Seele kann nicht deshalb undenkbar
sein, weil sie nicht sinnlich anschaulich vorgestellt werden kann;
vielmehr beruht gerade darauf, daß dies nicht geschehen kann, die
Nothwendigkeit, die Seele und ihre Aeußerungen anders zu denken.

13

Gerade weil es absolut unmöglich ist Gedanken, Gefühle und Begierden als Körper oder als räumliche Bewegungen wahrzunehmen, denken wir sie als Aeußerungen eines Elementarwesens von
unkörperlicher Beschaffenheit.

Daß dieser Gedanke unbedingt nothwendig und somit jede
materialistische Auffassung des Verhältnisses von Leib und Seele
hypothetisch unmöglich sei, soll damit dennoch nicht gesagt sein.
Für die idealistische Behauptung, nur eine unsinnliche Seele
könne die unsinnlichen Gedanken, Gefühle und Begierden entwickeln, läßt sich nach meiner Ansicht ebenso wenig ein zwingen-
der Beweis führen, wie für den materialistischen Grundsatz, daß
nur Sinnliches als Grundlage aller Seelenthätigkeit gedacht werden könne. Die Idealisten verbessern ihre Lage nicht, wenn sie
dem unbewiesenen und unbeweisbaren Dogma der Materialisten
ein ebenso unbeweisbares Dogma ihrerseits gegenüber stellen. Sie
thun dies aber, wenn sie behaupten, die Thatsache der Einheit
unseres Selbstbewußtseins schließe unbedingt jede materialistische
Erklärung aus und zwinge uns den Ursprung dieser Einheit in
einer unsinnlichen Seelensubstanz zu suchen. Obschon selbst Idealist vermag ich doch diese verbreitete Behauptung meiner Gesinnungsgenossen nicht als den unerschütterlichen Grundpfeiler
jeder idealistischen Ansicht von der Seele anzusehen. Ich habe
diese Abweichung schon früher in meinen 1856 erschienenen Vorlesungen: „Zum Streit über Leib und Seele“ und neuerdings
eingehender in meinem 1870 erschienenen Buch über Kant's
Psychologie zu rechtfertigen gesucht; hier sei nur die Hauptsache
wiederholt.

Nach idealistischer Ansicht soll die untheilbare und beharrende
Einheit des Selbstbewußtseins nicht Ergebniß des ins Unendliche
theilbaren Stoffs oder einer dem beständigen Wechsel unterworfenen Combination desselben sein können. Bestände unsere Seele
selbst aus zusammengesetztem Stoff, so müßten — wie diese Idealisten meinen — die verschiedenen Eindrücke entweder auf verschiedene Stofftheilchen zerstreut oder gleichmäßig auf alle Atome
dieser stofflichen Substanz vertheilt gedacht werden. Im ersten
Falle würde jedes Seelenatom nur den Theil eines Gedankens
besitzen, aber kein Atom würde da sein, diese Theile in einem
einheitlichen Bewußtsein zusammenzufassen; und im letzteren Falle

würde diese Zusammenfassung so oftmals da sein, als untheilbare Atome vorhanden wären. In beiden Fällen also würde die
Einheit des Bewußtseins aus der Vielheit und Theilung der Erregung nicht erzeugt werden. — Diese idealistischen Bemerkungen
scheinen mir wohl geeignet den Unterschied unserer Vorstellung
von Körper und Geist zu erläutern und die Unmöglichkeit darzuthun das Eine aus dem Anderen zu erklären; sie reichen aber
keineswegs aus die Möglichkeit abzuweisen, den Geist als ein Erzeugniß körperlicher Thätigkeit zu denken. Einheitlich wirkende
Kräfte entstehen auch in der übrigen Natur aus der Wechselwirkung zusammengesetzter Stoffe. Bei der Erzeugung der Organismen z. B. verbinden sich die Einflüsse beider Zeugungsfactoren
zu einem einheitlich wirkenden Gestaltungstrieb, dessen Erzeugniß
oftmals deutlich an Seele und Leib die beiderseitigen Einflüsse
erkennen läßt. Ein Materialist nun, der sich begnügt zu behaupten, daß ähnlich, wie durch Wechselwirkung bestimmter Stofftheilchen und ihrer Bewegungen andere einheitliche Kraftwirkungen
zu Stande kommen, so auch durch sinnliche Erregung der Nervensubstanz das einheitliche Bewußtsein unserer Seele erzeugt und
dauernd erhalten wird, — stellt keine an sich unmögliche Hypothese auf. Wie aber die Stoffbewegung der Gehirnsubstanz es
anfangen mag das Denken zu erzeugen und durch ihre Dauer
während unserer Lebenszeit die Einheit unseres Bewußtseins zu
erhalten, das freilich muß jeder Materialist bekennen nicht zu
wissen, auch nicht hoffen jemals erklären zu können. Er darf
jedoch getrost behaupten in dieser Unwissenheit keinem Idealisten
nachzustehen. Denn auch kein Idealist vermag zu sagen, wie eine
unsinnliche Seele es anfängt zu denken und Selbstbewußtsein
zu haben. Der Materialist kann daher dreist mit S ch o p e n -
h a u e r sagen: „Kann die Materie, ihr wißt nicht warum, zur
Erde fallen; so kann sie auch, ihr wißt nicht warum, denken". —
Das seelische Leben also kann hypothetisch als ein Product vor-
gängiger. Stoffbewegung, als eine an einen bestimmten Stoff
gebundene Kraftäußerung angesehen, nur das Product selbst darf
nicht wieder als etwas Stoffliches oder durch stoffliche Verhältnisse
zu Erklärendes dargestellt werden. — Kurz die materialistische
Auffassung von Leib und Seele ist mit Nichten eine wissenschaftlich erwiesene Thatsache, aber immerhin eine mögliche Hypothese.

Wenn ich dies als Gegner derselben selbst wider meine idea=
listischen Gesinnungsgenossen den Materialisten zugebe, so glaube
ich trotzdem für die Ueberzeugungskraft meiner Ansicht Nichts zu
verlieren. Unbefangene Anerkennung einer bedingten Berechti=
gung gegnerischer Behauptungen läßt vielmehr eine um so stär=
kere Ueberzeugung von der Kraft und Tauglichkeit der eigenen An=
sicht voraussetzen. Vor Allem giebt nur ein solches Verfahren
die Zuversicht, daß es sich im Streite der Meinungen nur um
die Erforschung der Wahrheit handelt. Zu Gunsten seiner An=
sicht mehr als möglich ist beweisen wollen, ist die schlechteste Taktik
zur Gewinnung der Gegner. Durch falsche Beweise entzieht man
gar leicht auch den richtigsten Ansichten das Vertrauen auf ihre
Wahrheit. Aus diesem Grunde nun hege ich keine Scheu, dem
Materialismus die bedingte Möglichkeit seiner Hypothese zuzu=
geben.

Aber Hypothesen zu machen ist nicht eine Sache der belie=
bigen Willkür, sondern in jedem vorliegenden Falle das Ergebniß
einer wissenschaftlichen Nothwendigkeit. Nicht jede Hypothese, die
möglich ist, ist auch erlaubt in der Wissenschaft; zulässig ist nur
diejenige Hypothese, welche sich einen Vorzug erwirbt durch Er=
leichterung der Erklärung vorliegender und feststehender That=
sachen. Kann nun wohl die materialistische Hypothese über das
Verhältniß von Leib und Seele irgend einen derartigen Vorzug
beanspruchen?

Noch niemals ist es einem Materialisten gelungen, diesen
Vorzug der von ihm angenommenen Hypothese darzuthun. Einer
allgemeinen theoretischen Rechtfertigung derselben sind die Mate=
rialisten vielmehr jederzeit in der oberflächlichsten Weise aus dem
Wege gegangen, und jede praktische Anwendung ihrer Hypothese
zur Erklärung irgend eines einzelnen geistigen Phänomens hat
jedesmal offenbart, daß ihnen bei dem Versuch das Verständniß
für das Seelische vollständig verloren gegangen. Eine lange Reihe
thörichter Versuche, das Seelische aus körperlichen Zuständen zu
erklären, stünden uns zu Gebote, um die Richtigkeit dieser Be=
hauptung zu erweisen, nur an Einiges sei zur Beglaubigung er=
innert. —

Vogt hat bekanntlich nach dem Vorgange des französischen
Arztes Cabanis das Denken des Gehirns durch einen Vergleich

mit der Function anderer Secretionsorgane zu erläutern versucht. „Die Gedanken — sagte er — stehen in demselben Verhältniß zu dem Gehirn, wie die Galle zur Leber oder der Urin zu den Nieren". — Den Unsinn dieses Vergleichs hat selbst ein solcher Schwachkopf wie Büchner eingesehen. „Auch bei genauester Betrachtung — gesteht er — sind wir nicht im Stande, ein Analogon zwischen der Gallen- oder Urinsecretion und dem Vorgang, durch welchen der Gedanke im Gehirn erzeugt wird, aufzufinden. Urin und Galle sind greif-, wäg- und sichtbare Stoffe, obendrein Auswurfsstoffe, welche der Körper verbraucht hat und aus sich abscheidet, — der Gedanke, der Geist, die Seele dagegen ist nichts Materielles, nicht selbst Stoff, sondern der zu einer Einheit verwachsene Complex verschiedenartiger Kräfte. — So ist das Gehirn wohl Träger und Erzeuger oder, besser gesagt, alleinige Ursache des Geistes, des Gedankens, aber doch nicht Secretionsorgan desselben. Es producirt ein Etwas, das nicht abgeworfen wird, nicht materiell bleibend ist, sondern das sich im Momente der Production selbst wieder verzehrt". — Abgesehen von diesem unklaren Gedanken der productiven Selbstverzehrung des Geistes finden wir also doch selbst bei einem Büchner die Einsicht, daß der Gedanke nicht durch einen Vergleich mit materiellen Secretionsproducten erklärt werden kann. — Und selbst wenn es nicht Vogt's Absicht gewesen wäre die Producte zu vergleichen, sondern die Production, so läßt doch die Unvergleichbarkeit der Producte eine solche Verschiedenheit der Production voraussetzen, daß ein Vergleich zur Erklärung oder zur Veranschaulichung unmöglich auch nur das Geringste beitragen kann.

Ebenso abgeschmackt wie dieser Vergleich war der frühere Versuch Czolbe's das Selbstbewußtsein durch Zurückführung auf einen physischen Bewegungsprozeß zu erläutern. Czolbe war unzufriedener mit der philosophischen Auffassung des Selbstbewußtseins, als der Fähigkeit unserer Seele, das eigene Ich von der Außenwelt zu unterscheiden und auf dieses Ich als den gemeinsamen Grund alle wechselnden durch die Seele gehenden Vorstellungen zu beziehen. Er vermißte bei dieser Auffassung die sinnliche Anschauung und wollte dabei lieber das Selbstbewußtsein definiren als „die in sich selbst zurücklaufende Richtung aller Erfahrungen". Bei dieser Auffassung glaubte er für die Entstehung

des Selbstbewußtseins einen anschaulichen erklärenden Anknüpfungspunkt im Physischen gefunden zu haben. Auch der Be-
wegungsstrom in den Nerven sollte durch einen kreisförmigen
Faserverlauf gleichsam schraubenförmig in sich zurücklaufend gedacht werden müssen. Dieser in sich zurückkehrende Schraubenlauf
des Nervensystems sollte die Entstehung des sich auf sich bezie-
henden Selbstbewußtseins anschaulich erläutern. Czolbe war
ein zu guter Kopf um bei so thörichten Versuchen zur Erklärung
des Seelischen aus dem Körperlichen ausharren zu können. Offen
hat er in seiner 1865 erschienenen Schrift: „Die Grenzen und
der Ursprung der menschlichen Erkenntniß im Gegensatz zu Kant
und Hegel" bekannt, er sei „nun auch von dem Irrthum zurückgekommen, daß sich aus der Materie Empfindungen und Gefühle
ableiten lassen."

Am meisten Arbeit mußte es natürlich den Materialisten
machen, das Verbleiben der Vorstellungen im Geiste zu erklären.
Es war leicht zu sagen, das Gehirn denkt, wie der Magen verdaut, wenn es nur darauf ankam vergleichsweise anzudeuten, daß
auch beim Denken ein bestimmtes Verhältniß von Organ und Function vorliegt. Aber schwierig wurde der erläuternde Vergleich,
so wie man anfing die Eigenthümlichkeit der Functionsresultate
ins Auge zu fassen. Was unser Magen verdaut hat, schickt er
weiter auf Nimmerwiedersehen; was unser Gehirn gedacht hat,
bleibt in unzähligen Fällen trotz wiederholten zeitlichen Verschwin-
dens intensiver Besitz unserer mit Gedächtniß begabten Seele.
Wo bleiben alle diese Vorstellungen in unserm Gehirnkasten, wie
fängt unsere Hirnseele es nur an ihren gesammten Gedächtniß-
vorrath zu bewahren? — Die Materialisten sind unerschöpflich
gewesen in Versuchen dieses Bleiben und Erinnern physisch zu
erläutern. — Bonnet und Andere meinten, jeder Eindruck verlaufe in einer besonderen Nervenfiber bis zum Hirn und bleibe
nun hier in der betreffenden Fiber als besonderer Reizzustand
sitzen. Bei Wiederholung der Erregung dieser Fiber erfolge die
Erinnerung an die ursprünglich erregende Vorstellung. Schon in
einer Jugendarbeit verspottete Schiller den Unsinn dieser Erläuterung. Diese Ansicht verwandele das Zusammenleben unserer
Vorstellungen in das zufällige Spiel erzitternder Nervenfibern.
Leicht könne es sich dabei einmal ereignen, daß plötzlich die Kriegs-

fiber zu erzittern anfinge, wenn unsere Seele durch Erzitterung
der Friedensfiber eben geneigt sei Frieden zu schließen. — Wollte
ein Materialist dagegen bemerken, die einmal specialisirte Nervenfiber könnte nicht von selbst wieder erregt werden, sondern nur
auf Anlaß desselben äußeren Eindrucks oder auf Grund eines
bestimmten auf Wiederholung dieser Vorstellung gerichteten See-
lenimpulses; so wäre damit in beiden Fällen die vorliegende
Schwierigkeit nicht beseitigt. Schon die Specialisirung der Nervenfibern für einzelne Eindrücke schließt leibliche und geistige Unmöglichkeiten ein. Für die zahllos wechselnden Eindrücke gäbe es
gar nicht isolirte Nervenfibern genug, und jede Vorstellung selbst
beruht auf einer solchen Mannichfaltigkeit von Eindrücken, daß
sie auf isolirten Nervenfibern nur zerstückt und zerfasert und niemals als Ganzes zur Hirnseele gelangen könnte. Ueberdies treten
alle Eindrücke in so stetig wechselnden Verhältnissen auf, daß von
einer unbedingt gleichen äußeren Erregung einer Nervenfiber zu
wiederholten Malen nicht zu reden wäre. Soll andererseits die
Erinnerung von der Erregung der betreffenden Nervenfiber durch
einen auf Wiederholung dieser Vorstellung gerichteten Seelenanstoß
abhängen, so wird ja die Erinnerung in der Seele bereits vorhanden gedacht, welche erst zufolge der bezweckten Erzitterung der
Nervenfiber entstehen sollte. —

Nicht minder unglücklich als dieser Vergleich ist ein anderer,
der das Gehirn wie einen Kasten voll von Daguerreotypplatten
ansehen will, auf denen die erleuchtete Außenwelt ihre Bilder
abdrückt. Daguerreotypplatten tragen bekanntlich zur Zeit nur
ein Abbild, unser Hirn müßte also unendlich viele Platten zur
Aufnahme der zahllosen Weltbilder besitzen, diese Weltbilder müßten
überdies durch einen wunderbaren Gehirnmechanismus jederzeit
die noch unbesetzten Gehirnplatten vorgeschoben erhalten. Auch
diese Procedur ist schon rein physisch betrachtet gar nicht mehr
zu denken. Zum Verständniß der Erinnerung aber trägt sie unbedingt gar nichts bei. Sie würde ja immer nur das seelische
Bleiben der Vorstellungen durch ein materielles Bleiben erläutern, nicht aber das Wissen um dieses Bleiben und gerade dieses
setzt die Erinnerung voraus. Wir hätten die bleibenden Bilder,
aber nicht das innere Auge, das sie als bereits gesehene wieder
erkennt. — Und was bedeuten nun überhaupt diese in Nerven-

fibern oder Hirnplatten sitzen bleibenden Vorstellungen gegenüber
dem freien seelischen Gebrauche unseres Gedächtnißschatzes! —
Nicht bloß die Vorstellungen, wie sie uns erregten, tauchen wie=
der auf; sondern je nach den Beziehungen, die unsere Seele denkt,
sondert sie aus den einzelnen Vorstellungen Elemente ab und
verbindet sie neu. Die aufgenommenen Bilder der Außenwelt
sind für die Seele nicht ein ruhender Besitz, sondern ein frei
verfügbares Material der wechselnden Beziehungen ihres Denkens,
Fühlens und Wollens. — Das Alles erklären oder erläutern die
physischen Residuen erzitternder Nervenfibern oder erregter Hirn=
platten nicht. Vielmehr verdecken diese Vergleiche gerade das
Eigenthümliche der seelischen Vorgänge, bieten somit keine Auf=
klärung, sondern tragen vielmehr unter dem Scheine einer Er=
läuterung zur Verkennung des wahren Sachverhaltes bei.

Dies aber ist bisher die Folge aller Versuche gewesen, das
Seelische aus dem Körperlichen zu erklären. Solche Versuche zu
erdenken ist daher jederzeit auch nur die Sache wissenschaftlicher
Halbdenker gewesen. Kein Philosoph von Namen hat dieser Thor=
heit gehuldigt. Und, was vielen Leuten mehr gelten wird, auch
die hervorragendsten Physiologen unserer fortgeschrittenen Zeit
sind solchen Albernheiten fremd geblieben. Ich beschränke mich
darauf, die Aeußerungen dreier Physiologen anzuführen, deren
Bedeutung Niemand in Zweifel ziehen wird, nämlich Worte von
Johannes Müller, Helmholtz und Du Bois=Reymond.
„Die Energie oder der Modus des Seelenlebens im engeren Sinne
— sagt Müller in seiner Physiologie — ist das Bewußtwerden,
Etwas, was sich nicht weiter, als durch das Bewußtwerden an
sich selbst aufklären und so wenig beschreiben läßt, als Ton, Blau,
Roth, Bitter u. s. w. Obgleich — die Integrität des Gehirns
durchaus zum Bewußtwerden nöthig ist, so kann doch das Seelen=
leben nicht aus materiellen Veränderungen des Gehirns erklärt
werden, und muß das Leben der Seele vielmehr als eine von räum=
lichen Verhältnissen, seinem Wesen nach ganz unabhängige Thätig=
keit angesehen werden, auf deren Klarheit und Schärfe nur der
Zustand des Gehirns Einfluß hat.“ — Und Helmholtz in
seiner physiologischen Optik bemerkt: „Ich gebe zu, daß wir noch
weit entfernt von einem naturwissenschaftlichen Verständniß der
psychischen Erscheinungen sind. Die Möglichkeit eines solchen

Verständnisses entweder absolut zu leugnen, wie die Spiritualisten,
oder andererseits absolut zu behaupten, wie die Materialisten,
dazu kann wohl die Neigung zu dieser oder jener Richtung
treiben; dem Naturforscher, der sich an die factischen Verhältnisse
zu halten und deren Gesetze zu suchen hat, ist dies eine Frage,
für welche er keine Entscheidungsgründe besitzt. Man muß nicht
vergessen, daß der Materialismus eben so gut eine metaphysische
Speculation oder Hypothese ist, wie der Spiritualismus, und
ihm deshalb nicht das Recht einräumen, in der Naturwissenschaft
über factische Verhältnisse ohne factische Grundlage entscheiden zu
wollen. — Welche Ansicht man aber auch von den psychischen
Thätigkeiten haben und welche Schwierigkeit ihre Erklärung auch
bieten mag, so sind sie jedenfalls factisch vorhanden und ihre
Gesetze sind uns bis zu einer gewissen Grenze wohl bekannt aus
der täglichen Erfahrung. Ich für meinen Theil halte es für
sicherer, die Erklärung der Erscheinungen des Sehens anzuknüpfen
an andere, freilich selbst noch weiterer Erklärung bedürftige, aber
doch jedenfalls vorhandene und thatsächlich wirksame Vorgänge,
wie es die einfacheren psychischen Thätigkeiten sind, als sie auf
ganz unbekannte, nur ad hoc erfundene, durch keinerlei Analogie
gestützte Hypothesen über die Einrichtung des Nervensystems und
die Eigenschaften der Nervensubstanz zu gründen. Zu dem letzteren
Schritte würde ich mich erst berechtigt glauben, wenn alle Versuche
der Erklärung aus bekannten Verhältnissen gescheitert sein sollten. —
Das Letztere ist nun meines Erachtens aber bei der psychologischen Erklärung der Gesichtswahrnehmungen keineswegs der Fall;
im Gegentheil je aufmerksamer ich die Erscheinungen studirt habe,
desto gleichmäßiger und übereinstimmender hat sich überall die
Einwirkung der psychischen Vermögen gezeigt und desto conse-
quenter und zusammenhängender stellte sich mir dieses ganze Gebiet von Erscheinungen dar." — Und noch bestimmter hat neuerdings Du Bois-Reymond in seiner auf der Leipziger Na-
turforscher-Versammlung 1872 gehaltenen lesenswerthen Rede über
die Grenzen des Naturerkennens erklärt: „Durch keine zu er-
sinnende Anordnung oder Bewegung materieller Theilchen läßt sich
eine Brücke in's Reich des Bewußtseins schlagen.

Es scheint zwar bei oberflächlicher Betrachtung, als könnten
durch die Kenntniß der materiellen Vorgänge im Gehirne gewisse

geiftige Vorgänge und Anlagen uns verständlich werden. Ich
rechne dahin das Gedächtniß, den Fluß und die Association der
Vorstellungen, die Folgen der Uebung, die specifischen Talente
u. b. m. Das geringste Nachdenken lehrt, daß dies Täuschung
ift. Nur über gewisse innere Bedingungen des Geisteslebens,
welche mit den äußeren durch die Sinneseindrücke gesetzten etwa
gleichbedeutend sind, würden wir unterrichtet sein, nicht über das
Zuftandekommen des Geisteslebens durch diese Bedingungen.

     Welche denkbare Verbindung besteht zwischen bestimmten
Bewegungen bestimmter Atome in meinem Gehirn einseits, andererseits den für mich ursprünglichen, nicht weiter definirbaren, nicht
wegzuläugnenden Thatsachen: „Ich fühle Schmerz, fühle Lust;
ich schmecke süß, rieche Rosenduft, höre Orgelton, sehe Roth,“
und der ebenso unmittelbar daraus fließenden Gewißheit: „Also
bin ich“? Es ist eben durchaus und für immer unbegreiflich,
daß es einer Anzahl von Kohlenstoff-, Wasserstoff-, Stickstoff-
u. s. w. Atomen nicht sollte gleichgültig sein, wie sie liegen und
sich bewegen werden. Es ist in keiner Weise einzusehen, wie aus
ihrem Zusammenwirken Bewußtsein entstehen könne. Sollte ihre
Lagerungs- und Bewegungsweise ihnen nicht gleichgültig sein, so
müßte man sie sich nach Art der Monaden schon einzeln mit Bewußtsein ausgestattet denken. Weder wäre damit das Bewußtsein
überhaupt erklärt, noch für die Erklärung des einheitlichen Bewußtseins des Individuums das Mindeste gewonnen.“

     Die Zeugnisse solcher Meister der Naturforschung entschä-
digen zweifellos für die unbedachten Auslassungen der zahllosen
falschen Anbeter dieser Wissenschaft, welche nur die reizende Oberfläche derselben zu schauen fähig sind, die Kraft zum Kerne vorzubringen aber nicht besitzen.

     Kann es nun wohl bei einem solchen Stande und solchen
Folgen der materialistischen Hypothese über das Verhältniß von
Leib und Seele einen verständigen und unbefangenen Menschen
Wunder nehmen, wenn er hört, daß die Idealisten unbekümmert
um dieses materialistische Gefasele, das weder Erfahrung noch
Denken für sich hat, ihre eigene Ansicht als eine bessere Hypo-
these zur Erklärung der vorliegenden Erscheinungen fest halten?
Bleiben sie doch am nächsten bei Dem stehen, was das unmit-
telbare Bewußtsein einem jeden Menschen aufdrängt. Für das

menschliche Denken sind Körper und Geist jedenfalls unterschiedene Erscheinungsweisen des wirklichen Seins. Körper erscheinen als räumlich ausgedehnte Dinge, ihre Veränderungen als räumliche Bewegungen; Gedanken, Gefühle und Begierden sind als solche nicht körperlich zu denken, den Widersinn eines zwei Fuß dicken Gefühles oder Gedankens denkt kein menschlicher Kopf. — Kann es nun wohl so weit abliegen von dieser offenkundigen und unverkennbaren Verschiedenheit der Erscheinung auf eine entsprechende Verschiedenheit des bedingenden Wesens zu schließen? — Ist nicht vielmehr dieser Schluß von der Verschiedenheit der Wirkung auf die entsprechende Verschiedenheit der Ursache ein sonst in der gesammten Naturforschung vollauf gerechtfertigter und allseitig angenommener? — Seelenthätigkeiten und Körperbewegungen sind bei allem offenbaren Zusammenhang doch unleugbar höchst verschiedene und unvergleichbare Erscheinungsweisen des Daseins, ist es dann nicht überaus natürlich und berechtigt den Ausgang für die Verschiedenheit dieser Wirkungen in der wesentlichen Verschiedenheit des zu Grunde liegenden Elementes zu suchen?

Doch genug der Fragen, wir schließen ab mit einem Satze Lotze's: „Auf der Anerkennung dieser völligen Unvergleichbarkeit aller physischen Vorgänge mit den Ereignissen des Bewußtseins hat von jeher die Ueberzeugung von der Nothwendigkeit geruht, eine eigenthümliche Grundlage für die Erklärung des Seelenlebens zu suchen." — Dies die natürliche Genesis der Idee einer unsinnlichen Seele im sinnlichen Leibe.

7

Die Temperamente.

Wir werfen im gewöhnlichen Leben die Begriffe Charakter, Naturell und Temperament in verschiedener Bedeutung durch einander und erregen dadurch nicht selten Mißverständnisse oder gerathen deswegen mit Andern in Streit.

Da behauptet Jemand, dieser oder jener Mensch habe keinen Charakter; ein Anderer entgegnet, irgend einen Charakter müsse der Mensch doch haben. Beide reden vielleicht von einem Melancholiker. Die Melancholie ist sein Charakter, sagt nun der Eine; der Gegner behauptet, nur aus Mangel an Charakter sei der Mensch melancholisch. Es ist klar, daß hier das Wort Charakter in verschiedenem Sinne gebraucht sein muß. Wer dem Melancholiker allen Charakter abspricht, versteht unter Charakter die besonnene und feste Herrschaft eines vernünftigen Willens über unvernünftige melancholische Einbildungen. Der Gegner, der vom melancholischen Charakter spricht, versteht darunter, was Andere Temperament nennen. Das Verhältniß dieser Begriffe zu einander aufzuklären, soll mein Bemühen sein.

Bekanntlich werden seit alter Zeit vorzüglich vier Temperamente genannt: das sanguinische, das melancholische, das cholerische und das phlegmatische. Was diese Namen bedeuten, ist

zunächst kurz zu sagen. Das lateinische Wort Sanguis heißt
Blut, das griechische Wort Chole heißt Galle, melas heißt schwarz,
also melaina Chole die schwarze Galle; Phlegma nannten die
griechischen Aerzte eine weiße schleimige Flüssigkeit. Sofern heißt
also eigentlich das sanguinische Temperament das blutige, das
cholerische das gallige, das melancholische das schwarzgallige, das
phlegmatische das schleimige. Diese sonderbaren Bezeichnungen
haben nun darin ihren Ursprung, daß Hippokrates und andere
griechischen Aerzte die Gemüthsunterschiede der Menschen von besonderen Zuständen ihrer Säfte ableiteten. Obschon sich diese
Ansicht nur auf sehr unfertige Beobachtungen stützte, gewann sie
doch eine durch Jahrhunderte dauernde Autorität. Den Nachhall
dieser Anschauungen hören wir noch in unserer Zeit, wenn von
einem Menschen, der cholerisch in Zorn geräth, gesagt wird, ihm
sei die Galle übergelaufen, und von dem Sanguiniker, er habe
leichtes Blut. Später trat diese Werthschätzung der flüssigen
Theile unseres Leibes zurück, als die Aerzte anfingen, die größere
Bedeutung der festeren Theile, der Adern, der Muskeln und Nerven, für unser Leben zu erkennen. Und indem man nun alle
diese Beschaffenheiten in's Auge faßte, suchte und beschrieb man
den Grund der Temperamente in der ganzen leiblichen Constitution.

Wenn man diese Beschreibungen der Temperamentsconsti-
tution liest, so muß man glauben, es sei viel leichter, das Temperament eines Menschen an seiner Nase zu erkennen als an seinen geistigen Handlungen. Da erfahren wir, daß ein Choleriker
feste Knochen und starke Muskeln, schwarze feurige Augen und
dichtes, oft lockiges Haar hat, daß seine Nase mäßig gebogen und
seine Gesichtsfarbe bräunlich ist. Der Melancholiker soll eine
große Leber, schwache Muskeln, träge Blutcirculation, einen wohl-
gebildeten länglichen Kopf, schlichtes schwarzes und weiches Haar,
feine Augenbrauen und matte grünlich graue Augen darunter
besitzen. Es wird überflüssig sein, auch noch den Sanguiniker
mit seinem runden Kinn und langen Hals, den Phlegmatiker mit
großen Ohren, schwammigem Körper, fleischiger Nase und kräftigen Kinnbacken weiter zu beschreiben. Ein Jeder wird Choleriker mit und ohne braunen Teint, Sanguiniker mit und ohne
rundes Kinn zu kennen meinen, und wird der Ansicht sein, daß

es auf solche Einzelheiten bei der Temperamentsbeschreibung un=
möglich ankommen kann. — Auch in der Wissenschaft ist man
heutzutage von solcher Detailzeichnung der Temperamente zurück=
gekommen. Die Beziehung zwischen Temperament und Constitu=
tion ist wesentlich einfacher gedacht, wenn ein Mediciner, der neuer=
dings über diesen Gegenstand schrieb, Harleß in dem Artikel
„Temperament, Physiognomik und Cranioskopie" in Wagner's Hand=
wörterbuch der Physiologie, Bd. 3., das Hauptgewicht auf die
Erregbarkeit des Muskel= und Nervensystems legt. Daß nun das
Verhältniß dieser wichtigen körperlichen Organe des Empfindens
und Wollens, auf die mittelbar auch das sie ernährende und rei=
zende Blut einen Einfluß ausüben muß, zu den betreffenden
geistigen Elementen von großer Bedeutung sein wird, unterliegt
keinem Zweifel. Aber vor zweierlei Einseitigkeit hat man sich
bei diesen Annahmen zu hüten: einmal nur körperlich auf Mus=
kel und Nerv zu achten, sodann aber vor Allem zu übersehen,
daß wir es bei den Temperamenten im Grunde doch mit see=
lischen Unterschieden zu thun haben, die zur Körperconstitution
wohl in Bezug stehen, aber niemals auf sie ganz zurückgeführt
werden können. Es sind daher die Temperamentsunterschiede
vorzugsweise als Zustände der Seele näher zu betrachten.

Derartige Temperamentsbetrachtungen bestanden nun bis
jetzt zum großen Theil darin, daß mancherlei äußere Handlungen
geschildert wurden, die man als Zeichen dieses oder jenes Tem=
peraments glaubte ansehen zu müssen. Man beschrieb die Tem=
peramente, indem man ihnen bestimmte Neigungen, Leidenschaften
und Schwächen zu= oder absprach. Solche Beschreibungen der
Temperamente giebt es in übergroßer Zahl; unter allen die ein=
fachste und beste scheint mir die in Kant's Anthropologie enthal=
tene zu sein, die deshalb mitgetheilt werden mag. Sie lautet:

„Der Sanguinische giebt seine Sinnesart an folgenden Aeu=
ßerungen zu erkennen. Er ist sorglos und von guter Hoffnung;
giebt jedem Dinge für den Augenblick eine große Wichtigkeit,
und den folgenden mag er daran nicht weiter denken. Er ver=
spricht ehrlicherweise, aber er hält nicht Wort, weil er nicht
vorher tief genug nachgedacht hat, ob er es auch zu halten ver=
mögend sein werde. Er ist gutmüthig genug, Andern Hilfe zu
leisten, ist aber ein schlimmer Schuldner und verlangt immer

Fristen. Er ist ein guter Gesellschafter, scherzhaft, aufgeräumt, mag keinem Dinge gern große Wichtigkeit geben (Vive la bagatelle!), und hat alle Menschen zu Freunden. Er ist gewöhnlich kein böser Mensch, aber ein schlimm zu bekehrender Sünder, den etwas zwar sehr reut, der aber diese Reue (die nie ein Gram wird) bald vergißt. Er ermüdet unter Geschäften und ist doch rastlos beschäftigt, in dem, was bloß Spiel ist, weil dieses Abwechselung bei sich führt und das Beharren seine Sache nicht ist.

Der zur Melancholie Gestimmte (nicht der Melancholische, denn das bedeutet einen Zustand, nicht den bloßen Hang zu einem Zustande) giebt allen Dingen, die ihn selbst angehen, eine große Wichtigkeit; findet allerwärts Ursache zu Besorgnissen und richtet seine Aufmerksamkeit zuerst auf die Schwierigkeiten: so wie dagegen der Sanguinische von der Hoffnung des Gelingens anhebt, daher jener auch tief, so wie dieser nur oberflächlich denkt. Er verspricht schwerlich, weil ihm das Worthalten theuer, aber das Vermögen dazu bedenklich ist. Nicht, daß dieses Alles aus moralischen Ursachen geschähe, (denn es ist hier von sinnlichen Triebfedern die Rede), sondern weil ihm das Widerspiel Ungelegenheit, und ihn eben darum besorgt, mißtrauisch und bedenklich, dadurch aber auch für den Frohsinn unempfänglich macht. — Uebrigens ist diese Gemüthsstimmung, wenn sie habituell ist, doch der des Menschenfreundes, welche mehr ein Erbtheil des Sanguinischen ist, wenigstens dem Anreize nach, entgegen, weil der, welcher selbst die Freude entbehren muß, sie schwerlich Andern gönnen wird.

Von dem Cholerischen sagt man: er ist hitzig, brennt schnell auf, wie Strohfeuer; läßt sich durch Nachgeben des Andern bald besänftigen, zürnt ohne zu hassen, und liebt wohl gar den noch desto mehr, der ihm bald nachgegeben hat. — Seine Thätigkeit ist rasch, aber nicht anhaltend. Er ist geschäftig, aber unterzieht sich selbst ungern den Geschäften, eben darum weil er es nicht anhaltend ist, und macht also gern den bloßen Befehlshaber, der sie leitet, aber selbst nicht ausführen will. Daher ist seine herrschende Leidenschaft Ehrbegierde, er hat gern mit öffentlichen Geschäften zu thun und will laut gepriesen sein. Er liebt daher den Schein und den Pomp der Formalitäten; nimmt gern in Schutz und ist dem Scheine nach großmüthig, aber nicht aus

Liebe, sondern aus Stolz, denn er liebt sich mehr selbst. Er hält
auf Ordnung und scheint deshalb klüger, als er ist. Er ist hab-
süchtig, um nicht filzig zu sein; ist höflich, aber mit Ceremonie,
steif und geschroben im Umgange und hat gern irgend einen
Schmeichler, der das Stichblatt seines Witzes ist, leidet mehr
Kränkungen durch den Widerstand Anderer gegen seine stolzen
Anmaßungen, als je der Geizige durch seine habsüchtigen, weil
ein Bißchen kaustischen Witzes ihm den Nimbus seiner Wichtigkeit
ganz wegbläst; indessen daß der Geizige doch durch den Gewinn
dafür schadlos gehalten wird. — — Mit einem Wort, das cholerische Temperament ist unter allen am wenigsten glücklich, weil
es am meisten den Widerstand gegen sich aufruft.

Phlegma bedeutet Affectlosigkeit, nicht Trägheit (Leblosig-
keit), und man darf den Mann, der viel Phlegma hat, darum sofort
nicht einen Phlegmatiker oder ihn phlegmatisch nennen und ihn
unter diesem Titel in die Klasse der Faullenzer setzen.

Phlegma, als Schwäche, ist Hang zur Unthätigkeit, sich
durch selbst starke Triebfedern zu Geschäften nicht bewegen zu
lassen. Die Unempfindlichkeit dafür ist willkürliche Unnützlichkeit,
und die Neigungen gehen nur auf Sättigung und Schlaf.

Phlegma, als Stärke, ist dagegen die Eigenschaft: nicht leicht
oder rasch, aber, wenngleich langsam, doch anhaltend bewegt zu
werden. Der, welcher eine gute Dosis von Phlegma in seiner
Mischung hat, wird langsam warm, aber er behält die Wärme
länger. Er geräth nicht leicht in Zorn, sondern bedenkt sich erst,
ob er nicht zürnen solle; wenn andrerseits der Cholerische rasend
werden mögte, daß er den festen Mann nicht aus seiner Kalt-
blütigkeit bringen kann. Mit einer ganz gewöhnlichen Dosis Vernunft, aber zugleich diesem Phlegma, von der Natur ausgestattet,
ohne zu glänzen und doch von Grundsätzen, nicht vom Instinkt
ausgehend, hat der Kaltblütige nichts zu bereuen. Sein glückliches Temperament vertritt bei ihm die Stelle der Weisheit, und
man nennt ihn selbst im gemeinen Leben oft den Philosophen.
Durch dieses ist er Andern überlegen, ohne ihre Eitelkeit zu krän-
ken. Man nennt ihn auch oft durchtrieben, denn alle auf ihn
losgeschnellten Ballisten und Katapulten prallen von ihm als
einem Wollsack ab. Er ist ein verträglicher Ehemann, und weiß
sich die Herrschaft über Frau und Verwandte zu verschaffen, in-

beffen daß er scheint Allen zu Willen zu sein, weil er durch seinen
unbiegsamen, aber überlegten Willen den ihrigen zu dem seinen
umzustimmen versteht: wie Körper, welche mit kleiner Masse und
großer Geschwindigkeit den Stoß ausüben, durchbohren, mit weniger Geschwindigkeit aber und größerer Masse das ihnen entgegenstehende Hinderniß mit sich fortführen, ohne es zu zertrüm-
mern."

Diese Charakteristik der Temperamente ist mindestens kurz
und bündig und läßt über Nebendinge die Hauptunterschiede
nicht ganz verschwinden. Und doch werden gewiß Manche dabei
gedacht haben: halt, dies bin ich, und das ist der und der; gleich
darauf aber kam wieder eine Folgerung, die nicht paßte. Vielleicht hielt Jemand sich für einen sorglosen Sanguiniker, war sich
aber doch bewußt, kein schlimmer Schuldner zu sein und niemals
Fristen verlangt zu haben. Rechnete Kant nun mit Unrecht
diesen Zug zum Temperament oder ist der vermeinte Sanguiniker kein wahrer Sanguiniker?

So einfach diese Frage klingt, so verwickelt ist doch die Antwort darauf. Sie fordert eine Rücksicht auf den, der das Temperament beurtheilt, — auf die äußern Verhältnisse, unter denen
es sich äußert, — auf dasjenige, was das eigentliche Wesen des
Temperaments ausmacht — und auf diejenige Einschränkung,
die es beständig vom Charakter finden soll.

Zunächst ist es klar, daß es nicht einerlei ist, wer einen
Andern lebhaft oder sorglos findet. Der Melancholiker findet
einen Menschen gewiß sehr leicht unendlich sorgenlos, weil er
selbst unendlich viel sorgenvoller ist. Leicht kann es kommen, daß
Luther bald als Choleriker und bald als Sanguiniker dargestellt
wird, je nachdem ein Sanguiniker oder ein stärkerer Choleriker
ihn beurtheilt. — Eine andere Schwierigkeit, dem Temperament
auf den Grund zu kommen, liegt darin, daß wir die Menschen
meist zu sehr nach einzelnen Handlungen beurtheilen, die oftmals
grade die Ausnahme vom gewöhnlichen Handeln bilden. Der
Melancholiker Hamlet, sagt Vischer in seiner Aesthetik, zürnt
cholerisch auf sein Phlegma und bricht in sanguinische Freude aus
über die gelungene Finte gegen den König. — Wer nur auf die
einzelnen Momente achtete, der könnte also im Hamlet einen
Phlegmatiker oder Sanguiniker zu finden glauben.

14

Allein für die Beurtheilung wichtiger noch als dieser aus
Unachtsamkeit des Beobachters entspringende Irrthum ist das zufällige Verhalten des Beobachteten. Die Frauen gelten im Allgemeinen für sanfter und friedliebender als die Männer und
will ich nicht so unhöflich sein, jenen Satz allgemein in Zweifel
zu ziehen. Aber einige Ausnahmen erlaubt schon die Regel, die
ja auch nur behauptet, daß die Frauen seltener als die Männer
cholerischen Temperaments sind. Ich bitte also, einmal die Möglichkeit einer cholerischen Frau zuzulassen. Nun glaube ich gern,
daß eine solche Frau im Allgemeinen an vielen kleinen Häklich-
keiten des gewöhnlichen Lebens, meinetwegen auch an ihrem
Mann selbst Veranlassung genug findet, ihrem cholerischen Temperament in Zornausbrüchen Luft zu machen: — allein es könnten ja in dem Hause einer cholerischen Frau einmal ganz besonders glückliche Zustände herrschen; ihr Gemahl könnte sanft
wie ein Lamm, ihre Dienstboten friedfertig wie die Engel, alle
Freunde die gefälligste Liebenswürdigkeit selbst sein. Solche Um-
gebungen müßten doch auf eine cholerische Frau sehr beruhigend
wirken und selten Gelegenheit dazu geben, daß ihr Temperam-
mentszorn zum Vorschein käme. Zu heftigem Wollen findet sie
keinen Anlaß, ihr Wollen erscheint daher nur lebhaft, und sie gilt
als echte Sanguinikerin. — Gar viele Menschen werden als phlegmatisch erscheinen, weil die gewöhnlichen Verhältnisse der meisten
Menschen viel Phlegmatisches an sich haben und also wenig Gelegenheit zu sanguinischen oder cholerischen Aufregungen bieten. —
Ohne Rücksicht auf diese äußeren Umstände kann man daher nie
ein Temperament richtig beurtheilen; und selbst wenn man diese
Umstände in's Auge faßt, darf dies nicht vorübergehend geschehen. Studirt man die Menschen aber lange, dann wird dem
scharfen Beobachter das Temperament sich gerade in Kleinigkeiten
am besten offenbaren; und schon an ihnen wird er das Wesen
des Temperaments erkennen.

Nur wird der Beobachter, um dies zu können, weniger
noch auf die äußeren Handlungen achten dürfen als auf den inneren Hergang der Handlung. Er forscht nicht, ob der Mensch
in Zorn geräth; sondern er prüft, wie er zürnt. Dies hat man
oft übersehen, wenn man Leidenschaften und Neigungen auf verschiedene Temperamente vertheilte. Mit Unrecht hat man dem

Choleriker den Zorn zugetheilt, den Geiz dem Phlegmatiker. Nicht
nur der Choleriker zürnt; auf den Zorn haben alle Tempera=
mente ein Anrecht, allein ein jedes in seiner Weise. Der Zorn
des Sanguinikers ist das leicht erregte und leicht vergessene Böse=
sein; der Zorn des Cholerikers drängt zur raschen That und
verwandelt sich nach erhaltener Genugthuung leicht in Freund=
schaft; der Zorn des Melancholikers wird rachsüchtige Feindschaft;
der Zorn des Phlegmatikers gleicht seltenen, aber tobenden Aus=
brüchen eines Vulcans. Alle Temperamente halten auch auf
Ehre, aber ebenfalls jedes in seiner Weise. Der Sanguiniker
wirbt um Ehre mit seiner Liebenswürdigkeit, an der Ehre selbst
liegt ihm weniger als an dem geselligen Vortheil, den er davon
zieht. Es ist ihm daher ziemlich einerlei, ob er die Ehre verdient
oder nicht. Der Melancholiker dagegen verlangt nach Ehre, ist
aber argwöhnisch gegen die, die er findet. Er ist von seinem
Verdienst überzeugt, fürchtet jedoch, daß die Anerkennung dessel=
ben nur eine äußere sei. Sein Verhalten zur Ehre bringt daher
oft Eitelkeit zum Vorschein. Er giebt etwas auf den Schein und
traut ihm doch nicht. Dies Mißtrauen kommt dem ehrbegierigen
Choleriker gar nicht in den Sinn. Die Ehre, die man ihm er=
zeigt, nimmt er an als eine seinem Werthe dargebrachte Schuld.
Er pocht auf seine Ehre aus Stolz, erstrebt sie nicht mit klein=
licher Eitelkeit, sondern ertrotzt sie, wenn es geht. Während der
Melancholiker selbst der geschenkten Ehre nicht traut, benimmt sich
der Choleriker so, als besäße er die Ehre schon, die er erstrebt;
hat er sie nicht, so kommt sie ihm doch seiner Meinung nach von
Rechts wegen zu. In solcher Art strebt der Phlegmatiker nie
nach Ehre. Seine Wünsche beschränken sich meist auf sogenannte
Respectabilität. Keine Schulden machen, Nichts versprechen, was
man nicht halten kann, Niemanden betrügen, belügen oder beste=
len, nie leidenschaftlich sein, seine Pflichten ordentlich thun: das
sind ungefähr die Requisite dieser Philisterehre. Und das sind
ja allerdings Requisite jedes rechtschaffenen Menschen; allein der
wahrhaft große und edle Mensch erstrebt noch mehr als diese
Biedermannstugend. Nur der Phlegmatiker beschränkt sich auf
die durch sie gewonnene Ehre; was sonst an Ehren und Wür=
den da ist, das nimmt er, wenn es kommt, oder sucht es mit
mäßigem Eifer, weil Amt und Würden als ein bequemer Schutz

des Biedermanntitels erscheinen. Doch wachsen dem Phlegmati-
ter solche Ehren selten an's Herz; und nur wenn man seine Respectabilität, seinen guten Namen antastet, geräth er außer Fassung.

Wir sehen also an diesen Beispielen im Verhalten des Temperaments zum Zorn und zur Ehre, daß Zorn und Ehre nicht
einem besonderen Temperament zukommen, sondern nur sich in
jedem Temperament besonders äußern. Auch dies gilt aber nur
unter der Voraussetzung, daß diese Affecte für Zorn oder Ehre
überhaupt vorkommen bei einem Temperament. Diese Voraussetzung dürfen wir aber keineswegs allgemein machen. Wir können nur sagen, wenn der Sanguiniker zürnt, so zürnt er auf
die beschriebene Weise; aber daß er überhaupt zürnen muß, liegt
keineswegs in seiner Art. Dieser Affect gehört nicht nothwendig
zum Temperament. Das gilt nun fast für alle Affecte. Es kann
daher nicht richtig sein, um das Wesen des Temperaments zu
beschreiben, zu erwägen, wie es sich äußern würde, wenn diese
oder jene Affecte es berühren. Also war es ein Fehler und zwar
ein häufig gemachter, wenn man die Natur des Temperaments
nach diesen wechselnden Beziehungen der Affecte zu bestimmen
suchte. Das Wesen der Temperamente müssen wir von anderer
Seite suchen, wir müssen dazu auf das Wesen der menschlichen
Seele zurückgehen.

Wir können in der menschlichen Seele drei Vermögen unterscheiden, das Empfinden, das Wollen und das Denken. Wie diese
drei Vermögen in unserer Seele eins sind und zusammenhängen,
das ist eine der schwierigsten Fragen der Seelenlehre. Wir wollen hier, ohne auf die Schwierigkeiten dieses Verhältnisses einzugehen, ohne also zu wissen, wie Empfinden, Wollen und Denken
im vorstellenden Bewußtsein zusammenhängen, kurz behaupten,
daß die Empfindungsvorstellung eine andere ist als die Willens-
vorstellung, und diese wieder als die Gedankenvorstellung. Schon
das ist klar, daß man nur etwas Gegenwärtiges oder die Nachwirkung eines gehabten Eindruckes empfindet, etwas Zukünftiges
will, und daß man nicht denken kann ohne mehrere Vorstellungen
durch Urtheil, Schluß und Begriff zusammenzufassen.

Es ist ferner kaum zu bestreiten, daß wir Vorstellungen
haben können, die wir nur denken, ohne sie mit einem besonderen
Gefühlsinteresse zu begleiten. In dieser Gefühlswerthschätzung

offenbart sich vielmehr eine neue Zuthat unserer Seele zu den bloß gedachten Vorstellungen. Endlich können wir aber auch bestimmte Vorstellungen mit einem besonderen Gefühlsinteresse begleiten ohne dadurch unmittelbar zu einer Willensäußerung geführt zu werden. Denken, Fühlen und Wollen erscheinen uns also als drei von einander unterschiedene Richtungen unserer see= lischen Thätigkeit.

Auf diese drei Elemente des Geistes muß sich nun in ihrem Kern die Lehre von den Temperamenten und dem Charakter stützen.

Sucht man in allen Beschreibungen von Temperaments= äußerungen das Wesentliche; so entdeckt man, daß sich der Kern der Temperamente auf die Weise des Empfindens und Wollens zurückführen läßt. Kant sonderte die Temperamente in leidende und thätige. Lotze im zweiten Bande seines Mikrokosmos spricht von der leichten allseitigen Erregbarkeit und Beweglichkeit des sanguinischen Temperaments, von der erhöhten Reizbarkeit für Gefühlswerthe, von der Geneigtheit, Stimmungen nachzuhängen, aufzusuchen und mit größerer Lebhaftigkeit und Ausdehnung zu erzeugen, als die Veranlassung rechtfertigt, beim melancholischen oder wie er es lieber nennen mögte, sentimentalen Temperament. Er findet das cholerische Temperament charakterisirt durch schwer= fällige Erregbarkeit oder Unempfänglichkeit für die zufälligen Reize, mit großer Kraft der einmal erzeugten Rückwirkung, und findet in dem phlegmatischen Temperament eine Verbesserung der Ein= seitigkeiten des cholerischen Temperaments gegeben durch Herstel= lung eines Gleichgewichts der Erregung und Rückwirkung, das gewöhnlich als Schwerbeweglichkeit für alle Eindrücke erscheine und fälschlich für Trägheit gehalten werde. Unschwer erkennt man, daß bei diesen Temperamentsbestimmungen mit gemischten Factoren des Empfindens und Wollens gerechnet wird. Mir scheint es nun richtig, auf diesem Wege noch einen Schritt weiter zu gehen, indem man die Mischung dieser Factoren noch aus der Mischungsart der gedachten beiden Elemente zu erklären sucht. Denn gerade diese Mischungsart, dies wechselseitige Verhältniß beider Factoren ergiebt erst das Temperament, das mit dem Her= vorheben eines Moments nur ungenügend bezeichnet wird. Kant nennt das sanguinische und melancholische Temperament leidend,

das cholerische und phlegmatische thätig. Hier befremdet einen
Jeden auf den ersten Blick die einseitige Sonderung. Beim melancholischen Temperament ist gewiß das Wichtigste die erhöhte
Reizbarkeit für Gefühlswerthe; aber verbanden nicht oft die
größten Geister der Menschheit mit ihr ein schöpferisches Thun,
das sie zu hervorragenden Leistungen führte? Im cholerischen
Temperamente ist gewiß die Energie der thätigen Rückwirkung
auf Reize das Wichtigste; aber muß nicht die erhöhte Reizbarkeit
des leidenden Empfindens mit ihr verbunden gedacht werden? —
Ist der Sanguiniker nicht ebenso viel geschäftig wie viel leidend?
und hat der Phlegmatiker auf der Seite des Thuns seinen richtigen Platz? So läßt sich auch nicht mit Lotze einfach von der
schwerfälligen Erregbarkeit des Cholerikers reden. Seine Erregbarkeit des Empfindens ist vielmehr rasch und stark, sie wird nur
dadurch zur Unempfänglichkeit gegen zufällige Reize, daß ein lebhafter und energischer Wille sich ihr zugesellt, der in der Ausführung des Gewollten nothwendig zeitweise die Reizbarkeit gegen
neue Reize abschließt. Die Bezeichnungen der Temperamente
nach einem Moment reichen, wie man sieht, nicht aus, man muß
vielmehr das Mischungsverhältniß der Art des Empfindens und
Wollens angeben. Dies wollen wir versuchen.

Sieht man ab von allem Inhalt des Empfindens und
Wollens, so können beide in ihrer Art sich unterscheiden, hinsichtlich der Extension als langsam oder schnell, hinsichtlich ihrer Intensität als stark oder schwach in verschiedenem Grade. In diesen
Unterschieden liegen die ersten Keime der Temperamente. Ein
schnelles, aber intensiv schwaches Empfinden und Wollen giebt
die Anlage zum sanguinischen Temperament, ein intensiv starkes
und schnelles Empfinden und Wollen zum cholerischen Temperament. Langsames aber intensiv starkes Empfinden und Wollen
giebt die Anlage zum melancholischen, langsames' und intensiv
schwaches Wollen und Empfinden zum Phlegma.

Das ist die einfache Basis aller Temperamentsanlagen, denen
vielleicht die körperlichen Constitutionen mit ihrer leichteren oder
schwereren Erregbarkeit der Muskeln und Nerven bis zu einem
gewissen Grade entsprechen.

Zur Prüfung dieser Auffassung wird es rathsam sein, an
einigen Zügen zu versuchen, ob und wie sich aus den angegebe-

neu einfachen Elementen manche später angenommene Züge der
bekannten vier Temperamente entwickeln.

Es ist gesagt, das sanguinische Temperament gründe sich
auf ein ursprünglich schnelles, aber intensiv schwaches Empfinden
und Wollen. Gehört denn nicht Lebhaftigkeit des Empfindens
und Wollens zu diesem Temperament, und wie reimt sich diese
mit der angenommenen geringen Intensität? Der Wille des Sanguinikers ist nicht momentan schwach, im Gegentheil, er ist augenblicklich ebenso leicht und ebenso stark erregt wie sein Empfinden;
allein beide Erregungen gehen schnell vorüber, sind nicht intensiv
stark, beide haben keine nachhaltige Kraft. Sieht der sittlich gute
Sanguiniker eine Noth, gleich geht das Leiden seinem Herzen
nahe und er hat den lebhaftesten Willen zu helfen. Allein schon
der nächste Augenblick bringt eine neue Erregung und schon der
nächstfolgende Moment mit einer abermalig neuen Erregung hat
die Noth in Vergessenheit sinken lassen. Die Schnelligkeit des
Empfindens und Wollens also ist hier die Hauptsache. Aus diesem beständigen Wechsel erklärt sich die Flüchtigkeit der Vorstellungen und daraus der folgende leichte Sinn sowohl wie der
schlimmere Leichtsinn. Auch die den Sanguiniker oft plötzlich
überkommende Schwermuth ist aus diesen Anlagen zu begreifen.
Es kann bei diesem schnellen Wechsel des Empfindens und Wollens das Gefühl der inneren Haltlosigkeit nicht immer ausbleiben. Wo viel oder vielerlei gewollt wird, wird nur unter besonders günstigen Umständen viel erreicht. Fehlt aber, wie es
im menschlichen Leben häufig ist, eine gleichmäßige Glücksgunst,
so wird, wenn ein Wollen das andere treibt, wenig oder gar
nichts erreicht. Unzufriedenheit mit sich oder schwermüthige Klage
über das eigene Geschick muß bei einem solchen Sanguiniker mitunter durchbrechen und wird sich grade bei ihm um so lebhafter
äußern, als sein Wille keinen kräftigen Widerstand zu leisten im
Stande ist. Hat der Sanguiniker nicht Charakter erworben, so
reißt ihn aus solchen Stunden des Unmuths nur sein Bedürfniß
nach Genuß oder seine leichte Empfänglichkeit für Freuden, die
wieder an ihn herantreten, oder die er aufsucht, weil sein schnelles Empfinden das lange Trauern und Murren nicht erträgt.
Soviel folgt sicherlich aus den einfachen angegebenen Temperamentsanlagen des sogenannten Sanguinikers. Trägt man aber

weiteren Inhalt in dies Temperament hinein, so kommen dabei zufällige Einflüsse des äußeren Lebens mit in Betracht, die nicht mehr unbedingt zum Temperament gehören.

Das melancholische Temperament ist auf ein langsames, aber intensiv starkes Empfinden und Wollen zurückgeführt. Es ist nicht schwer, aus dieser Anlage die gewöhnlichen Aeußerungen des melancholischen Temperaments abzuleiten. Die Hauptsache bei diesem Temperament ist die erhöhte und andauernde Reizbarkeit für Gefühlswerthe. Man denke nur an Hamlet. Eine Empfindung findet leicht Eingang in sein Herz, aber ihre Macht gewinnt sie erst im schleichenden Fortbrüten. — Das Haften der Empfindungen macht unfähig, dem schnellen sanguinischen Wechsel der Empfindung anheim zu fallen und zieht das Grübeln über die Empfindungen nach sich. Führt das Leben schmerzhafte Empfindungen herbei, so erwecken schon diese den Hang zur Schwermuth. Ist aber das Leben glücklich, so wird das Grübeln über die haftenden Empfindungen zum speculativen Tiefsinn. Immer aber kommt durch diesen Tiefsinn sowohl, wie durch die Schwermuth der Wille langsamer zur Ausführung. — Dadurch muß eine Unzufriedenheit entstehen, in der man sich selbst zur Last wird und Andern lästig zu sein fürchten muß. Diese Furcht kann leicht in Argwohn und Mißtrauen ausarten und den Willen zu der schrecklichen That des Selbstmordes treiben, zu der jedenfalls bei so viel Selbstbewußtsein, wie der Melancholiker besitzt, momentan ein hoher Grad intensiver Willenskraft gehört. — So kann jene einfache Anlage des Empfindens und Wollens leicht auch die Züge des melancholischen Temperaments nach sich ziehen, die keineswegs immer mit ihm verbunden sind. Was naturgemäß dauernd bei ihm bleibt, das ist nur die erhöhte Reizbarkeit für Empfindungswerthe und die langsame, aber intensiv starke Verarbeitung derselben.

Wie aus dem schnellen und intensiv starken Empfinden und Wollen das sogenannte cholerische Temperament sich entwickelt, darüber kann man kurz sein. Wer wie der Choleriker einen starken Willen hat, der geht gleich an die Ausführung des Gewollten, und wer etwas energisch ausführt, der kann während dessen nichts Anderes wollen. Dies Handeln schließt auch zeitweilig das sonst lebhafte Empfinden gegen äußere Eindrücke ab.

Die feste Bestimmung der eigenen Zwecke erlaubt nicht, daß jeder
Eindruck die Empfindung hinreißt. Es verschwindet der sanguinische Empfindungswechsel, und nur die sanguinische Empfin-
dungslebhaftigkeit bleibt den Eindrücken gegenüber, die in den Dienst
des eigenen Willens treten können oder die ihm zuwider sind. Dies
macht den Choleriker einseitig, auch leicht egoistisch und schroff.

Wie langsames und intensiv schwaches Wollen und Empfinden das phlegmatische Temperament charakterisiren, darüber
braucht man kaum ein Wort zu verlieren. Wo am wenigsten Bewegung ist, da ist auch die geringste Mannichfaltigkeit und man hat daher mit Recht das phlegmatische Temperament das einfachste genannt.

Nunmehr tritt aber die wichtige Frage hervor: sind die besprochenen vier Temperamente die einzig möglichen Verbindungen
von Empfinden und Wollen, und giebt es Temperamentsmischungen?

Es kommt bei den Temperamenten nicht blos auf die Schnelligkeit, die extensive Dauer des Empfindens und Wollens, sondern
gleichfalls auf die intensive Stärke des Empfindens und Wollens
an. Es kann demnach das Empfinden sowohl wie das Wollen
vierfach verschieden sein: schnell oder langsam, stark oder schwach.
Schon aus der ganz einfachen Zusammenstellung dieser beiden
Reihen von vier Arten des Empfindens und Wollens ergeben sich
zwölf mögliche Verbindungen. Nun sind aber noch complicirte
Verbindungen möglich. Es kann ein schnelles Empfinden stark
oder schwach sein und ebenso ein schnelles Wollen stark oder
schwach. Daraus entstehen wieder ganze Reihen möglicher Verbindungen, deren Zahl man ebenso genau mathematisch berechnen
könnte, wie jene zwölf einfachen Combinationen. Allein diese
mathematische Möglichkeitsberechnung würde wenig nützen und
gewiß wenig interessiren; werfen wir daher lieber einen Blick in
das wirkliche Leben und fragen im Hinblick auf dieses, ob die
genannten vier Temperamente ein Recht auf alleinige Anerkennung haben.

Stellen wir uns einmal Goethe vor. Welches der vier
Temperamente würde ihm beizulegen sein? Wir werden zweifeln,
ob Goethe Sanguiniker oder Choleriker war?

Willst Du Dir ein hübsch Leben zimmern,
Mußt Du Dich um's Vergangene nicht bekümmern;
Das Wenigste muß Dich verdrießen;

Mußt stets die Gegenwart genießen,
Besonders keinen Menschen hassen
Und die Zukunft Gott überlassen.

Dieser kleine Vers Goethe's ist so recht der Ausdruck eines
sorglosen, genußfreudigen sanguinischen Temperaments. Und war
nun auch Goethe nicht immer so frei von Haß und Verdrieß=
lichkeit, so bildete doch entschieden die leichte sanguinische Erreg=
barkeit seiner Empfindung, seine große Empfänglichkeit für die
verschiedensten Eindrücke einen Hauptzug in seinem Temperament.
Indeß ein echter Sanguiniker hat ein ebenso schnelles und leichtes
Wollen; Goethe dagegen hatte einen standhaften Willen, vermöge
dessen er unglaublich Vieles vollendete. In seinem westöstlichen
Divan steht ein kleines Gedicht, das diese Seite seiner Natur
sehr bestimmt ausdrückt. Es heißt:

Was verkürzt mir die Zeit?
    Thätigkeit!
Was macht sie unerträglich lang?
    Müßiggang!
Was bringt in Schulden?
    Harren und Dulden!
Was macht gewinnen?
    Nicht lange besinnen!
Was bringt zu Ehren?
    Sich wehren!

Bündiger kann sich das energische Wollen nicht aussprechen,
wir glauben darin die Stimme eines echten Cholerikers zu hören.
War aber Goethe Choleriker? — Sein sanguinisches Empfinden
verhindert dies zu bejahen. Der echte Choleriker empfindet nur
Weniges lebhaft, Goethe aber hatte einen lebhaften Empfindungs=
wechsel.

Sollen wir nun sagen, Goethe war sanguinisch=cholerisch
und sollen wir aus dieser Temperamentsmischung ein eigenes
Temperament machen? — Oder sollen wir sagen, weil Goethe
vom Glücke besonders begünstigt ward, gewann er als Sangui=
niker einen festen Willen oder behielt er als Choleriker eine leichte
Reizbarkeit der Empfindung? — Oder endlich sollen wir sagen:
Goethe war Sanguiniker in seiner Jugend und Choleriker in
seinem Alter?

An diese drei Fragen — nach der Zahl der vorkommenden ursprünglichen Temperamentsanlagen, — nach der Umgestaltung derselben durch das Leben — und speciell nach der Veränderung je nach dem Alter, schließen sich leicht alle Betrachtungen an, die überhaupt noch anzustellen sind.

Zuerst also: war Goethe's sanguinisches Empfinden und sein cholerisches Wollen ein eigenes Temperament? Daß schnelles Empfinden und starkes Wollen als ursprüngliche Anlage möglich ist, wird Niemand in Abrede stellen. Ob diese Verbindung in Wirklichkeit vorkommt, und ob sie grade in Goethe sich zeigt, ist eine Erfahrungsfrage, die seine Jugendgeschichte beantworten müßte. Achtet man nun darauf, wie früh in Goethe's Leben sich neben dem sanguinischen Empfindungswechsel ein festes Wollen kund giebt, so erscheint es wahrscheinlich, daß Goethe diese Verbindung als ursprüngliche Naturanlage mit auf die Welt gebracht hat. Daß dabei sein Leben die gleichmäßige Entwicklung dieser seltenen Verbindung ungemein begünstigte, kann nicht verkannt werden.

Der Einfluß des Lebens auf die Temperamentsentwicklung kann überhaupt nicht leicht hoch genug angeschlagen werden. Auch die lebhafteste Empfindungsanlage kann verarmen in einem eindrucksarmen Leben; und Mißgeschick des Lebens kann auch ein energisches Wollen abstumpfen. So hat sicherlich das Leben einen großen Antheil daran, daß wir nur selten entschiedenen Temperamenten begegnen. Das Leben thut meist der ursprünglichen Naturanlage Abbruch und fügt den meisten Temperamenten Trübungen zu, die wir mit vielleicht weniger richtigem Namen Temperamentsmischungen zu nennen pflegen. — Auch das Hervorheben der bekannten vier Temperamente hat weiter gar keinen Sinn, als daß es häufiger vorkommende Verbindungen sind. Die einzigen sind es nicht, wir scheitern daher stets mit dem Versuch, alle unsere Bekannten in diese vier Temperamentsrubriken zu vertheilen. Wie viele Temperamente neben ihnen existiren mögen, das sollen wir erst durch ein eingehendes Studium des Lebens und der Geschichte finden. Die Elemente der Seele werden nicht leichter gefunden als die Elemente der Stoffe, welche die Chemie erst spät entdeckt hat.

Darnach wird man leicht ermessen, was über das Verhält=

niß der vier Temperamente zum Alter, Geschlecht und zur Nationalität zu urtheilen ist.

Diese Verhältnisse gehören zu den wichtigsten der Lebens=
zustände und werden als solche natürlich auf die Temperaments=
entwicklung ihren Einfluß ausüben; aber die Temperamente stehen
nicht mit ihnen in bleibendem und nothwendigem Zusammenhang. Das Alter hat sicherlich Einfluß auf Schnelligkeit und
Stärke des Empfindens und Wollens; aber es ist verkehrt, das
Kind sanguinisch, die Jugend cholerisch, den Mann melancholisch,
den Greis phlegmatisch zu nennen. Es giebt eine greisenhafte
Jugend so gut wie jugendliche Greise. Nur das ist das Wahre
an der Sache, daß wenn ein Greis sanguinisch ist, sich dies bei
ihm in weniger lebhafter Weise zeigt als beim Jüngling. Die
ursprüngliche Verschiedenheit der Anlage aber kann sich in jedem
Alter zeigen. Diese Anlage ist die Hauptsache, und das Alter
übt nur einen mitbestimmenden Einfluß aus, der nicht einmal so
wichtig ist wie sonstige Lebenseindrücke.

Ebenso ist es mit dem Geschlechts= und Nationaleinfluß.
Es ist durchaus nicht gerechtfertigt, wenn man behauptet, es läge
im Wesen des Mannes mehr Neigung zum cholerischen und phlegmatischen Temperament, und im Wesen der Frau wegen der
größeren Reizbarkeit mehr Neigung zum sanguinischen und melancholischen Temperament. Phlegmatische und eigensinnig cholerische
Frauen sind ebenso häufig wie melancholische und sanguinische
Männer. Nur darin liegt ein Unterschied, wie sich die Temperamente bei den Geschlechtern äußern. Glaubt sich die melancholische Frau häufiger ungeliebt, so glaubt sich der melancholische
Mann häufiger ungeehrt. Schlägt der cholerische Mann mit der
Faust auf den Tisch, so weint die cholerische Frau vor Aerger.
Derart mögen die Unterschiede sein. Es ist aber Zufall, ob man
in dem einen oder anderen Geschlecht mehr diese oder jene Temperamente findet.

Viel besser geht es auch mit den Nationaltemperamenten
nicht. Viel zu oft hält man sich hier an fertige Schablonen, die
der reichen Mannigfaltigkeit des Wirklichen nicht genügen. So
ist es Gewohnheit geworden, von den feurigen cholerischen Ita-
lienern zu sprechen, von den leichtsinnigen Franzosen, von den
melancholischen, dem Spleen ausgesetzten Engländern und von

ben phlegmatischen Deutschen. Solche Gesammturtheile taugen nichts; sie enthalten meist nur ein ganz geringes Fünkchen allgemeiner Wahrheit, so daß ihr Gebrauch im Einzelnen dem wirklichen Zustand tausendfach Unrecht thut. Nationen auf die vier Temperamente zu vertheilen ist noch viel gewagter, als wenn man es mit einzelnen Menschen thut. Einseitige Bestimmungen sind hier unvermeidlich. Die Italiener sollen Choleriker sein und doch giebt es nichts, was weniger cholerisch ist als die Thatenlosigkeit italienischer Lazaronis. Die angeblich phlegmatischen Deutschen zeichnen sich grade durch echt sanguinische Talente, durch Musik und Dichtkunst und durch melancholischen Tiefsinn aus. Die Franzosen, diese angeblich sanguinischen Windbeutel haben im Kriege stets durch phlegmatische Zähigkeit und cholerischen Eifer Bewunderung erregt. Und vielleicht hat keine Nation einen gesunderen Humor und größere Thatkraft bewiesen, als die angeblich spleenigen Engländer. — Wie verschieden in diesem Punkt geurtheilt wird, davon erfährt man in verschiedenen Ländern oft die lächerlichsten Beispiele. Die leichtfertigen Franzosen sollen so recht ein Temperament zur heiteren Tanzlust haben; dagegen habe ich in Frankreich einmal die Behauptung gelesen, die gemessene Française sei der eigentliche französische Tanz. Wir Deutschen wurden dabei heftig angeklagt, daß wir in aller Gutmüthigkeit die cholerisch mit Füßen stampfende Polka von Polen nach Frankreich hinüber geschmuggelt hätten. So absurd wie diese, sind viele Nationalabrechnungen. Das relativ Wahre ist auch hier nur Das, daß die Nationen zeitweilig oder dauernd ein gewisses Naturell annehmen und daß dieses auch den verschiedenen Temperamenten eine verschiedene Färbung ertheilt.

In der Regel aber legt man bei solchen Betrachtungen viel zu viel Gewicht auf äußere Einflüsse des Klimas und des körperlichen Lebens und achtet zu wenig auf die viel größere Macht geistiger Gewohnheit und geistiger Charakterbildung. Wenn man nur ein wenig vorurtheilsfrei in das Leben des Menschen und in die Geschichte der Menschheit blickt, so erkennt man, eine wie viel größere Macht der Geist über Klima und äußere Einflüsse besitzt, als man in der Regel annimmt.

Wer dies im Einzelleben erkennt, der fragt auch nicht, welches Temperament für Glück und Sitte geeigneter ist. Er findet

zwar verschiedene Dispositionen zu Glück oder Unglück, Sittlichkeit oder Unsittlichkeit in verschiedenen Temperamenten; allein er
weiß, daß das wahrhaft sichere Glück und die Sittlichkeit mit
jedem Temperament zu gewinnen sind, wenn der Mensch mit
charaktervollem Grundsatz nach innerer Vervollkommnung streben will.

Der Mensch hat neben dem Empfinden und Wollen noch
das Denken. Auch diese Denkkraft entwickelt sich; sie ringt nach
Erkenntnißwahrheit und bringt schon dadurch neue Interessen in
unsere Seele. Wie wesentlich diese Interessen uns dem Temperament zuwider anziehen können, das sieht man nirgend deutlicher
als an der großen Anzahl phlegmatischer Gelehrten. In allem
Andern empfinden und wollen sie langsam, aber um eines alten
Buches willen, das ihre Erkenntniß fördern könnte, beschließen
sie in lebhafter Hoffnung eine weite Reise. In diesem Heraus-
gehen aus dem Temperament erkennen wir die Selbstständigkeit
und zugleich die Macht des Erkenntnißtriebes. Diese Macht beschränkt sich nun keineswegs auf geistige Interessen und auf Umgestaltung des Temperaments durch sie; sie erstreckt sich auch auf
die sittlichen Triebe. Von Haus aus neigen die Triebe entweder
zum Guten oder zum Bösen, und selbst, wenn wir mit bewußtem
Denken gut und bös unterscheiden, können wir noch das Gute
oder das Böse wollen. Das Eine oder das Andere mit Bewußtsein aus Grundsatz wollen und durchführen — ist Zeichen eines
Charakters. Das Wesen des Charakters liegt im Grundsatz
und bedarf also, weil der Grundsatz eine in der Erfahrung zum
Bewußtsein erhobene Regel der Handlungsweise ist, des Denkens.
Ob der Grundsatz bös oder gut wird, hängt von der Natur der
herrschenden sittlichen Triebe ab; aber nur das Denken erhebt
diese sittlichen Triebe zum Grundsatz. Dabei ist nun im Verhältniß zu den Temperamenten gleich ein Hauptunterschied be-
merkbar. Der böse Charakter wird es meist einseitig in einem
Temperament; er ist aus Grundsatz als Sanguiniker ein leicht-
fertiger, gewissenloser Patron, als Melancholiker haßt er die Menschen und sinnt heimliches Verderben, als Choleriker wird er zum
offenbaren Bösewicht und Wütherich, und als Phlegmatiker ist er
indifferent gegen gut und bös, ist böse, wo er es mit Vortheil
für seine Gemächlichkeit wagen kann.

Der gute Charakter dagegen schneidet die Auswüchse weg, zu denen die verschiedenen Temperamente führen können, oder erstickt sie schon im Keime. Und da man meist, aber fälschlich, die Temperamente an ihren Auswüchsen zu erkennen sucht, den Sanguiniker am Leichtsinn, den Melancholiker an der Schwermuth, den Choleriker am Zorn, den Phlegmatiker an der Gleichgiltigkeit, so erscheint eben so fälschlich der gute Charakter oft als der Antipode allen Temperamentes. So kam es, daß man selbst Temperamentslosigkeit als das Ziel der Charakterbestrebungen ansah. Hat man aber die Basis der Temperamente in der natürlichen Art des Empfindens und Wollens erkannt, so begreift man wohl, daß der Charakter manchem geistigen und sittlichen Interesse der Seele eine Kraft verleihen kann, die auf die Temperamente Einfluß übt; aber man begreift auch, daß das nicht die Aufgabe des Charakters sein kann, die natürliche Anlage aufzuheben. Das einzig ist die Aufgabe des Charakters, der nach Vervollkommnung strebt, die verschiedenen Elemente seiner Seele in Harmonie mit den Geboten der Vernunft und Sittlichkeit zu setzen. Wer sich in solchem Streben zum Charakter macht, bei dem ist dies die Hauptsache, gegen die das Temperament in den Hintergrund tritt. Aber es fehlt darum nicht, wenn man näher zusieht. Das Temperament ist ein nothwendiges Ferment unseres menschlichen Seins; der Charakter soll es sein. Das Temperament ist gegeben, den Charakter müssen wir erwerben, um mit ihm das Temperament, wie überhaupt unser ganzes Wesen zu beherrschen.

8.

Der Wille und seine Freiheit.

—

Ueber die Frage nach der Freiheit des Willens sind von Alters her die Geister oftmals in leidenschaftlich erregten Kampf gerathen. Die Anhänger der Willensfreiheit wollen in der An- nahme derselben den nothwendigen Grundpfeiler unseres sittlichen und religiösen Lebens erkennen; die Gegner halten gerade die Leugnung der Willensfreiheit für nothwendig, damit bei dem Ur- theil über die Menschenkraft jede unbillige Forderung vermieden und bei dem Bestreben die Menschenwelt sittlich zu bessern der rechte Punkt angegriffen werde. Die Einen halten es für das Wichtigste die freie Kraft des menschlichen Willens anzurufen; die Anderen wollen gerade nicht auf die Mithülfe der vermeintlichen Willensfreiheit rechnen, sondern alle Anstrengung auf die Ver- besserung der äußeren Zustände verwenden, welche das Handeln der Menschen bestimmen. Die Einen behaupten also die Noth- wendigkeit der Willensfreiheit und suchen demgemäß ihre Mög- lichkeit und Wirklichkeit zu beweisen; die Anderen bestreiten ihre Nothwendigkeit und suchen demgemäß ihre Unmöglichkeit und Un- wirklichkeit darzuthun.

Wegen der allgemeineren sittlichen Folgerungen der An- nahme oder der Leugnung der Willensfreiheit ist der Kampf um

diese Frage schon oft mit einer solchen Leidenschaft geführt wor=
den, daß jede Entscheidung die Gefahren lebensgefährlicher Ver=
letzerungen heraufbeschwor. — Noch im vorigen Jahrhundert
kostete die üble Nachrede, daß er die Willensfreiheit leugne, dem
Hallenser Philosophen Christian Wolff nicht nur sein Amt,
er wurde sogar bei Strafe des Stranges Landes verwiesen.
Wolff hatte in einer am 12. Februar 1721 gehaltenen Recto=
ratsrede über die Sittenlehre der Chinesen gesprochen. In der=
selben hatte er ausgeführt, daß dieses Volk durch die Weisheit
des Confutse eine ganz vorzügliche Sittenlehre erhalten habe,
ohne daß sich dieselbe auf einen rechten Gottesglauben stütze.
Daraus folge, daß auch Gottesleugner eine reine Sittenlehre
besitzen könnten. Schon darüber waren die Theologen Halle's
äußerst entrüstet, vermogten aber amtlich noch Nichts gegen ihn
auszurichten. Auf Anlaß seines theologischen Hauptfeindes mußte
ein junger Docent den berühmten Professor in einer besonderen
Schrift wegen seiner Ketzereien angreifen. Auch gegen diesen
Angriff erhielt Wolff noch den Schutz des Königs Friedrich
Wilhelm I., der die landläufigen Händel der Universitätspro=
fessoren nicht liebte und niederschlug, so lange es nur möglich
war. Aber Wolff's Gegner ruhten nicht; sie verfaßten eine
Anklageschrift gegen den Philosophen, die sie dem Könige über=
geben ließen und waren schlau genug als Fürsprecher für ihre
Anklage den bei dem Könige beliebten Witzling Gundling zu
gewinnen. Dieser verstand es den rechten Punkt zu treffen. Er
stellte dem Könige vor, Wolff leugne die Willensfreiheit, damit
verschwinde also die Straffälligkeit der menschlichen Handlungen.
Wenn somit einer der königlichen großen Grenadiere desertire, so
sei eine solche Handlung nicht zu bestrafen. Diese Vorstellung
schlug durch; eine Lehre, die so bedenkliche Folgerungen erlaubte,
konnte im Staate nicht geduldet werden. Nach einer Cabinets=
ordre vom 8. November 1723 wurde Wolff nicht nur seines
Amtes entsetzt, sondern ihm sogar bei Strafe des Stranges ge=
boten, binnen 48 Stunden Halle und die gesammten königlichen
Lande zu räumen. Noch vier Jahre später wurden Wolffs
Schriften zu den atheistischen Büchern gestellt, deren Druck und Ver=
lauf der König bei lebenslänglicher Karrenstrafe verboten hatte.
Auch war streng untersagt, über dieselben auf Universitäten zu

15

lefen. — Die Folge dieser Verfolgung war natürlich gerade das
Gegentheil von Dem, was bezweckt wurde. Der Streit um
Wolff's Ansicht wurde gerade dadurch zu einer wissenschaftlichen
cause célèbre gemacht, an welcher sich mit größter Heftigkeit die
Gelehrten deutscher und außerdeutscher Universitäten betheiligten.
Den Märtyrer Wolff beeilte sich die Marburger Hochschule zu
gewinnen, bis Friedrich der Große gleich nach seiner Thron-
besteigung im Jahre 1740 den Befehl gab, den Philosophen
Wolff nach Halle zurück zu rufen; „denn ein Mensch, der die
Wahrheit suche und liebe, müsse unter aller menschlicher Gesell-
schaft werth gehalten werden". —

Ein Gegenstück zu diesem Beispiel von der Gefahr, welche
die Leugnung der Willensfreiheit nach sich zog, liefert die Kirchengeschichte an Pelagius, einem Mönche aus Brittanien, der
im Jahre 409 nach Rom kam, wenige Jahre später nach Karthago und bald darauf nach Palästina ging. Pelagius bestritt
die kirchliche Lehre von der Erbsünde, nach welcher das ganze
Menschengeschlecht von Natur vollständig in den Fesseln der Erbsünde liegen und nur der Einzelne durch unbegreifliche Gnade Gottes
von dieser Fessel befreit werden sollte. Diese Ansicht hielt er für
eine Meinung, die zur Trägheit im Streben nach dem Guten
führen müsse. Er behauptete dagegen, der Mensch vermöge durch
die Kraft seines eigenen freien Willens das Gute zu vollbringen.
Die Heiden — so lehrte er — verdanken ihre Tugend allein ihrer
sittlichen Natur, sie erreichen sie deßhalb schwer; die Juden erhielten zur Erlangung derselben eine Hülfe von ihrem Gesetze,
durch welches ihnen eine genauere Kenntniß von Recht oder
Unrecht gegeben wurde; die Christen endlich empfingen zu diesem
Allen noch den Beistand der göttlichen Gnade, so daß, wenn ihr
freier Wille das Gute erwähle, Gottes Gnade ihm beistehe. Die
Hauptsache aber sei, daß der Wille aus freien Stücken das Gute
erwähle. Die göttliche Gnade sollte nicht bestimmend oder zwingend auf den Willen einwirken, alles Gute vielmehr durchaus
vom freien Willen ausgehen. Der Wille sollte sogar bei rechtem
Ernste Kraft genug haben alle Sünden zu vermeiden. — Diese
ketzerischen Ansichten über die Willensfreiheit erregten natürlich in
der Kirche großen Anstoß. Nach einigen vergeblichen Angriffen
seiner Gegner wurde auf einer Synode zu Karthago die Pela-

gianische Ansicht als Irrlehre verurtheilt. Ein kaiserliches Edict wurde gegen sie erlassen, bald darauf auch Pelagius selbst mit seinem Anhang durch den römischen Bischof aus der Kirchengemeinschaft ausgeschlossen, und durch die kaiserliche Verfolgung aus dem Lande getrieben.

Mit solchen Gefahren ist heut zu Tage die Leugnung oder die Annahme der Willensfreiheit allerdings nicht mehr bedroht, aber unbedenklich für Ruf und Ansehen ist die Entscheidung des Für oder Wider auch jetzt nicht. Die Leugnung der Willensfreiheit scheint Vielen wegen ihrer sittlichen Consequenzen noch immer bedenklich. Wer mit Geschick den freien Willen leugnet, wird noch jetzt manchen Leuten als ein gefährlicher Mensch erscheinen, der im Zerwürfniß mit dem sittlichen Gemeinbewußtsein der Menschen gar leicht schwankende und unsichere Gemüther beunruhigen und irre führen kann. — Andere Leute und zwar scharfsinnige Denker gerade halten die Annahme der Willensfreiheit für einen Verstoß gegen den klaren Menschenverstand. Noch unlängst setzte Schopenhauer einen solchen Trumpf auf die Verwerfung der Willensfreiheit. „Die Frage nach der Willensfreiheit — sagte er — ist wirklich ein Probierstein, an welchem man die tief denkenden Geister von den oberflächlichen unterscheiden kann, oder ein Grenzstein, wo beide aus einander gehen, indem die Ersteren sämmtlich das nothwendige Erfolgen der Handlung, bei gegebenem Charakter und Motiv, behaupten, die letzteren hingegen, mit dem großen Haufen, der Willensfreiheit anhängen." — Mit Leuten, welche so dumm waren, die Willensfreiheit zu vertheidigen, unterhielt demgemäß dieser jüngst verstorbene an eitler Einbildung unbestritten größte Philosoph keinen Verkehr.

Die Gefahr solcher Verurtheilung von der einen oder von der andern Seite ist nun zwar weniger schwer zu tragen als Strang und Landesverweisung; eine angenehme Zugabe zum Meinungskampf ist es aber jedenfalls nicht derartig zwischen Scylla und Charybdis zu stehen, entweder als Beunruhiger des sittlichen Gemeinbewußtseins oder als Verleugner des gesunden Menschenverstandes angesehen und gar gemieden zu werden. Jedoch zu umgehen sind diese Gefahren nicht; man muß daher suchen sie zu bestehen. In diesem Kapitel nun sei auf die Gefahr der Dummheit hin gewagt die Willensfreiheit zu vertheidigen, im

folgenden Kapitel soll eine Beruhigung über die sittliche Gefähr-
lichkeit des Leugnens der Willensfreiheit versucht werden. Der
Entscheidung über das Problem selbst wird erst dadurch die nöthige
Freiheit und Unbefangenheit gesichert.

Die Angriffe auf die Willensfreiheit sind stets von sehr
verschiedenen Seiten ausgegangen und kommen auch jetzt noch aus
streng geschiedenen, sogar einander feindlichen Heerlagern. Die
Willensfreiheit des Menschen ist bestritten worden:

1) aus materialistischen Voraussetzungen (wegen der Abhängigkeit unserer Seele vom Leibe);

2) aus empirischen Gründen (wegen der statistisch nachweisbaren Gesetzmäßigkeit unserer nur scheinbar freien Entschlüsse und Handlungen);

3) aus idealistischen speculativen Gründen (sowohl — wegen
der Abhängigkeit unseres Handelns von den uns bestimmenden Motiven und der nothwendigen Bestimmung dieser
Motive durch den uns einmal gegebenen Charakter und
die uns beeinflussenden Lebensverhältnisse — als auch —
wegen der inneren Undenkbarkeit der Willensfreiheit); —

4) aus religiösen Gründen (wegen der Unvereinbarkeit der
menschlichen Willensfreiheit mit der Gnade und Freiheit
Gottes). —

Es sollen nunmehr nach einander in der angegebenen Reihenfolge diese verschiedenen Angriffe geprüft und wenn möglich zurückgewiesen werden.

Wir wenden uns also zunächst dem materialistischen Angriff
zu. Der moderne Materialist hält die Annahme der Willensfreiheit für unverträglich mit der seiner Meinung nach erwiesenen
Abhängigkeit der Seele vom Leibe. Die Leugnung der Willensfreiheit von dieser Seite gehört durchaus der neueren Zeit an;
die Materialisten des Alterthums hielten es nicht für unvereinbar
anzunehmen, unsere Seele sei ein Körper und besitze doch die
Freiheit des Willens. Der griechische Philosoph Demokrit, der
die Seele aus kleinen runden Atomen bestehend dachte, die wir
in beständigem Wechsel bis zum Tode ein- und ausathmen, nahm
dennoch thatsächlich an, daß die Bewegung dieser Atome nicht
nur Denken, sondern auch die Kraft des freien Willens erzeuge.
Demgemäß sind seine sittlichen Ansprüche an den Willen des

Menschen so erhaben, streng und rein, daß sie uns bei dem alten
Heiden sogar in Erstaunen setzen. Demokrit fordert, daß nicht
blos die That und das Wort, sondern auch der Wille von Un=
gerechtigkeit frei sei, daß man nicht aus Zwang, sondern aus
Ueberzeugung, nicht aus Hoffnung auf Lohn, sondern um seiner
selbst willen das Gute thue, nicht aus Furcht, sondern aus
Pflichtgefühl das Schlechte meide. Sich selbst zu besiegen, nennt
er den schönsten Sieg. Tapfer sei nicht blos, wer die Feinde,
sondern auch wer die Lust überwinde. Den Zorn zu bekämpfen
sei zwar schwer; aber der Vernünftige werde seiner Meister. Im
Unglücke sich rechten Sinnes zu zeigen, sei etwas Großes; aber
mit Verstand gelinge es, den Kummer zu bezwingen. Demzufolge
behauptet Demokrit auch, alle Mittel zum Glück seien dem
Menschen gewährt, nur seine Schuld sei es, wenn er sie unrichtig
gebrauche. Die Götter gäben dem Menschen nichts als Gutes,
nur der Menschen eigene Thorheit wende das Gute zum Schaden.
Je nach dem Verhalten des Menschen gestalte sich sein Leben.

Demokrit vertritt also, obgleich Materialist, mit festem
sittlichen Bewußtsein die Annahme der freien Selbstbestimmung
und Selbstbeherrschung des Menschen vermöge seines vernünftigen
Willens. Und ich muß gestehen, die Unvereinbarkeit dieser An=
nahme mit der materialistischen Auffassung der Seele nicht er=
kennen zu können. Ein Materialist, der behauptet, die Atombe=
wegung erzeuge, er wisse zwar nicht wie, das Denken, kann ebenso
gut annehmen, die Atombewegung erzeuge, er wisse nur nicht wie,
die Kraft des freien Willens. Nur den Anfang muß er abhängig
denken, die Stoffbewegung, welche zur Erzeugung dieser Kraft
freier Entscheidung für oder wider gewisse Vorstellungen führt.
Einmal erzeugt aber könnte diese Kraft des Willens, so lange
ihre materielle Grundlage sie bestehen ließe, gar wohl die ange=
gebene Wirksamkeit freier Zu= und Abwendung ausüben. Da=
durch daß die Stärke und selbst das Erscheinen dieser Kraft sich
abhängig von leiblichen Zuständen zeigt, würde ihre Annahme
ebenso wenig unmöglich gemacht, wie die Annahme der Denk=
kraft durch das gleiche Schicksal. Selbst Idealisten können da=
gegen Nichts einzuwenden haben, denn auch sie wissen recht gut,
daß unsere Seele sich allerdings in einem zum Theil leiblich be=
dingten freien Zustande befinden muß, um diese Kraft ausüben

zu können. Wir alle wissen wohl, wie sehr die menschliche Willenskraft im Schlafe, im Trunke, in schwerer Krankheit erlahmen
und unfähig zum Wirken werden kann. Der Materialist braucht
also die Wirksamkeit des freien Willens nicht zu leugnen, behaupten muß er nur, daß die Kraft des freien Wollens wie jede
andere Seelenkraft ihrem Ursprunge nach abhängig ist von einer
vorgängigen Stoffbewegung. Ebenso wenig wie diese leibliche
Abhängigkeit in den Augen der Materialisten das Denken unmöglich erscheinen läßt, ebenso wenig enthält diese Abhängigkeit
eine Nöthigung für sie, das freie Wollen zu leugnen. Nur das
Auftreten der Denk- und Willenskraft selbst muß von ihnen als
materiell bedingt angesehen werden, aber die Aeußerungen und
Erzeugnisse dieser Kräfte, die Gedanken und Entschlüsse, können
nicht weiter als materielle Vorgänge oder Zustände gefaßt werden.
Was daher im Zustande körperlichen Daseins angesehen widersprechend scheinen mögte, kann als Zustand geistigen Daseins gedacht widerspruchslos sein. Ein Körper kann allerdings nicht
im selben Augenblicke rechts und links bewegt sein, ein Geist aber
vermag diese Gegensätze, vermag überhaupt Gegensätze in einem
Gedanken zu fassen und eben diese Kraft ist vielleicht auch die
Grundbedingung für das Auftreten der Kraft freier Willensentscheidung. — Wir gehen später auf diesen Punkt näher ein, wenn
es gilt die Behauptung der Undenkbarkeit der Willensfreiheit zu
erörtern. An dieser Stelle kommt es nur darauf an hervorzuheben, daß die materialistische Annahme der Abhängigkeit unserer
Seele vom Leibe für die Zulassung einer freien Willensäußerung
kein Hinderniß sein kann.

Unsere modernen Materialisten könnten also in diesem
Punkte getrost und ohne Schaden für die Folgerichtigkeit ihrer
Ansicht in die Fußstapfen ihrer antiken Vorgänger treten. Statt
dessen verfallen sie auch bei der Betrachtung des Willens dem
für ihr Nachdenken verhängnißvollen Fehler, die seelischen Vorgänge selbst auf körperliche Zustände und Bewegungen zurückführen
und aus denselben erklären zu wollen und auf Grund dieser
Abhängigkeit jede Freiheit des Wollens zu leugnen.

Schon in dem klassischen Werke des Materialismus, dem
System der Natur, erklärte der Baron von Holbach die Annahme der Willensfreiheit für die Quelle aller Irrthümer, in

welche der Mensch über sich selbst verfalle. Der Mensch sei kein
privilegirtes Wesen in der Natur, sondern ein Naturgeschöpf, wie
alle anderen Dinge, ein leidendes Werkzeug in den Händen der
Nothwendigkeit. Der Mensch handele zwar nach Beweggründen,
die er selber denke; aber diese Beweggründe entstünden aus den
Reizen seiner Sinnesempfindung und diese Reize würden den
Sinnen von Außen zugeführt. Derart sei des Menschen Wollen
abhängig von der Reizbarkeit seiner sinnlichen Natur und den
sinnlichen Reizen, welche die Lebensverhältnisse ihm zuführten. —
Delamettrie drückte dieselbe Ansicht schon in dem Titel seines
Werkes „l'homme machine" aus. — Die Materialisten unserer
Tage verwerfen in gleicher Weise den freien Willen. „Der Mensch
— sagt Moleschott — ist die Summe von Eltern und Amme,
von Ort und Zeit, von Luft und Wetter, von Schall und Licht,
von Kost und Kleidung. Sein Wille ist die nothwendige Folge
aller jener Ursachen, gebunden an ein Naturgesetz, das wir aus
seiner Erscheinung erkennen, wie der Planet an seine Bahn, wie
die Pflanze an den Boden. — Ein freier Wille, eine Willensthat, die unabhängig wäre von der Summe der Einflüsse, die
in jedem einzelnen Augenblick den Menschen bestimmen und auch
dem Mächtigsten seine Schranken setzen, besteht nicht. — Der Wille
ist vielmehr nur der nothwendige Ausdruck eines durch äußere
Einwirkungen bedingten Zustandes des Gehirns." — Solchen
äußeren Einflüssen hauptsächlich schiebt ebenfalls Büchner die
Bestimmung des Willens zu. Natürliche und sociale Verhältnisse
regieren nach seiner Ansicht derart unser Thun, daß sich behaupten
läßt, unsere Entschlüsse schwankten mit dem Barometer, und daß
es angebracht ist zu fragen, was der freie Wille thut bei Dem,
der aus Noth stiehlt, raubt und mordet. „Niemand, der in die
Tiefe blickt, kann leugnen, daß die Annahme eines sogenannten
freien Willens des Menschen nach Theorie und Praxis in die
engsten Grenzen beschränkt werden muß. Der Mensch ist frei,
aber mit gebundenen Händen; er kann nicht über eine gewisse
ihm von der Natur gesteckte Grenze hinaus. „Denn was man
freien Willen nennt" — sagt Cotta — „ist schließlich nichts
Anderes, als das Resultat der stärksten Motive". —

Diese und ähnliche Angriffe der Materialisten auf die
Willensfreiheit zeigen unverkennbar eine bedenkliche Unfertigkeit

und Halbheit des Nachdenkens, und bergen auch insgesammt
einen Grundirrthum.

Es ist doch offenbar eine Entstellung der Lehre von der
Willensfreiheit, wenn man, wie dies Büchner thut, glaubt ihr
gegenüber auf die natürlichen Grenzen des freien Willens hinweisen zu müssen. Als ob irgend ein Anhänger der Willensfreiheit je die thörichte Meinung vertreten hätte, der Mensch könne
mit seinem freien Willen fliegen oder Berge versetzen. Es hat sich
vielmehr immer nur um die Brauchbarkeit des freien Willens
innerhalb gewisser natürlicher Grenzen gehandelt. Nur als mitwirkender Factor unseres Handelns ist der freie Wille angesehen
worden. Niemand hat behauptet, daß der Wille die Freiheit hat
Jegliches zu thun; Niemand auch ist der Meinung, daß der freie
Wille bei allem unserm Thun mit im Spiele ist. Die Vertheidiger des freien Willens wollen diesen mitwirkenden Factor unseres Handelns nur nicht gänzlich außer Acht gelassen oder auf
Null herabgedrückt wissen.

Büchner schwankt in seinen Aeußerungen darüber unklar
hin und her. Bei dem Menschen — erklärt er — beruhe nicht
nur Das, was er ist, sondern auch Das, was er thut, will, ein-
findet und denkt, auf eben solchen Naturnothwendigkeiten, wie der
ganze Bau der Welt. Aber obschon uns die tiefere Einsicht bestimmte Gesetze in allen jenen Erscheinungen kennen lehrt, welche
man bisher für Producte des Zufalls, des freien Willens hielt,
soll dadurch der Spielraum für Willkür und freie Entschließung
doch nur in äußerstem Grade beschränkt werden. Eine Untersuchung über die Grenze dieses Spielraums und über die Wirksamkeit des freien Willens innerhalb dieser Grenze findet sich bei
Büchner natürlich nicht, statt dessen werden allerlei für die Kernfrage unwesentliche Berichte über die Beeinflussung des Willens
durch Klima und Boden, Nahrung und Landescultur aufgetischt.
Zu diesem Zwecke hätte sich Büchner seine Aufgabe viel leichter
machen können, wenn er seinen Lesern den guten Rath gegeben
hätte, das Buch des französischen Materialisten Cabanis: „Rap-
ports du physique et du moral de l'homme" nachzuschlagen.
Sie würden darin jedenfalls viel interessantere und beachtens-
werthere Mittheilungen gefunden haben als in den ausgesucht
leeren Aeußerungen seines Buches.

Wie es sich nun aber auch mit der Stärke dieser äußeren Beeinflussung unseres Willens verhalten mag, durch das unleugbare Vorhandensein dieser Einflüsse wird bei unseren Entschlüssen die Kraft des Wollens als mitwirkender innerer Factor nicht ohne Weiteres aufgehoben. Wir können immerhin mit Moleschott den Menschen die Summe von Eltern und Amme, von Ort und Zeit, von Luft und Wetter, von Schall und Licht, von Kost und Kleidung nennen, wenn wir nur nicht vergessen, daß dem Menschen schon von den Eltern her eine selbständige Kraft der Seele angeboren wird, die sich im Leben zum bewußten Selbst entwickelt und dadurch zu einer Macht wird, die nun bei allen Handlungen als innerer Factor jedenfalls mit in Betracht kommt, ja bisweilen stark genug ist die ganze Summe der genannten äußeren Einflüsse aufzuwiegen. Nicht Das ist die Frage, ob oder wie stark dieser innere Factor von Außen beeinflußt werden kann, sondern nur darum handelt es sich, ob derselbe ausschließlich als rein leidender Durchgangspunkt der äußeren Einwirkungen oder als selbstthätig eingreifende Kraft zu denken ist.

Die Materialisten glauben die Entscheidung darüber nach ihrer Seite hinzuziehen, indem sie sich bemühen nachzuweisen, daß jedem Wollen ein dasselbe bedingender äußerer Nervenreiz vorangegangen sein muß. Gerade in diesem Bemühen aber kommt die Unfertigkeit und der Irrthum ihrer Meinung recht deutlich zu Tage. Es ist daher der Mühe werth auf diesen Punkt näher einzugehen. „Dubois-Reymond beweist, — sagt Moleschott — daß in dem Arm, den wir zusammenziehen, ein elektrischer Strom von der Hand gegen die Schulter gerichtet ist; dieser Strom entsteht nur in Folge stofflicher Veränderung in den Nerven, welche durch Reize, durch sinnliche Eindrücke hervorgebracht werden; ohne solche Veränderung ist keine willkürliche Bewegung möglich, die Veränderung kommt von Außen. Aus diesem durchaus beweisenden Grunde ist die Bewegung nicht der Ausfluß eines sogenannten freien Willens. Der Wille ist vielmehr nur der nothwendige Ausdruck eines durch äußere Einwirkung bedingten Zustandes des Gehirns.“ — Bündiger sprach Czolbe dieselbe Ansicht aus in dem Satze: „der Ursprung des Willens ist stets ein Bedürfniß oder ein Schmerz, mit dem sich eine Muskelbewegung verbindet“.

Der zu Grunde liegende Irrthum tritt besonders in diesem kurzen Satze deutlich hervor. Es genügt an die bekanntesten Thatsachen des Seelenlebens zu erinnern, um ihn zu widerlegen. Ein Mensch kann ruhig auf einem Stuhle sitzen nachdenklich beschäftigt mit mancherlei Zukunftsplänen, er geht mit sich zu Rathe, was er thun soll, manche Vorstellungen locken ihn auf diese, andere auf die andere Seite, endlich erkennt er, daß die Lockungen der einen Seite zu meidende Verlockungen sind; er beschließt ihnen nicht zu folgen und verwendet seinen Willen dazu, um seine Aufmerksamkeit von diesem Vorstellungskreis abzuwenden. Alle diese Vorgänge sind denkbar ohne nachweisbares Vorangehen des mindesten physischen Schmerzes und ohne Begleitung oder Folge der geringsten Muskelbewegung. Es ist sogar möglich, daß nicht einmal zur Ausführung der beschlossenen Handlung irgend eine Muskelbewegung erforderlich ist; bei dem Willensentschluß aber hat sie sicherlich keinen Platz. — Das Einseitige und darum Falsche der Behauptung Czolbe's liegt eben darin, daß nur an die physischen Anlässe unserer Willensregung gedacht ist. Die Geltung derselben für gewisse Fälle wird Niemand bestreiten, ihre Gültigkeit aber für alle Fälle zu behaupten, ist verkehrt. — Zu welchem Unsinn diese einseitige und falsche Verallgemeinerung führt, zeigt sich deutlich an dem Beispiele Moleschott's. Der von der Hand gegen die Schulter und das Hirn gerichtete elektrische Strom kann doch immer nur als Reiz für dasjenige Wollen angesehen werden, das zufolge eines äußeren Eindrucks auf das Gefühl unserer Hand den Arm bewegt. Abgesehen davon, daß dieser Reiz nur Anlaß, nicht Erzeuger der folgenden Willensbewegung ist, giebt es doch für das Bewußtsein unserer Seele auch Armbewegungen, die von inneren Impulsen unserer Seele ausgehen. — Dergleichen Impulse brauchen also, wie gesagt, keineswegs in jedem Falle zur Veranlassung physische Schmerzen oder Reize oder zu ihrer Ausführung Muskelbewegungen. Die Materialisten, die dies einseitig übersehen, verwechseln Reiz und reizbare Kraft, Ursache und Wirkung, vergessen über dem äußeren Erregungsfactor die Mitberücksichtigung des inneren Factors unserer erregbaren Seele. Die Frage, ob dieser innere Willensfactor als freier Wille gedacht werden kann, wird also durch ihre Antworten nicht erledigt, bleibt vielmehr ungeachtet derselben eine völlig offene.

Wir müssen somit weiter forschen nach den anderen Gründen, die eine Erledigung zu Gunsten der Willensfreiheit unmöglich machen sollen. Wir wollen demnächst die von der Statistik hergenommenen Erfahrungsgründe prüfen, welche die Leugnung der Willensfreiheit bedingen sollen wegen der nachweisbaren Gesetzmäßigkeit unserer scheinbar freien Handlungen.

Diese allermodernste Begründung der Freiheitsleugnung steht mit der vorigen in einem gewissen Zusammenhange, pflegt jetzt im Gefolge oder im Bunde mit derselben aufzutreten. Beide sind beseelt von der Neigung, auch den Menschen unter dem eisernen Bande derselben Nothwendigkeit und Gesetzmäßigkeit zu denken, unter welchem die übrigen Naturgeschöpfe stehen.

Da die Mitwelt sich nie so sehr getrieben fühlt die guten Thaten aufzusuchen, um sie zu belohnen, wie sie sich genöthigt sieht, die bösen Thaten zu entdecken, um sie zu bestrafen oder gegen sie Schutz zu bieten, da somit die guten Handlungen der Menschen nicht so sorgfältig zur allgemeinen Kunde der Menschen gebracht zu werden pflegen wie die bösen, verweist die Statistik uns bis jetzt vorzugsweise auf die Gesetzmäßigkeit der Verbrechen und Versehen. Auf Grund der Aufzeichnungen und Berechnungen dieser noch jungen Wissenschaft wird nun behauptet, daß unter gleichen socialen Verhältnissen alljährlich dieselbe Zahl von Verbrechen ausgeübt zu werden, daß diese Gleichheit selbst in der Art der verübten Unthaten sich zu zeigen pflegt. Der als Statistiker berühmte Quetelet behauptet, daß „in Hinsicht der Verbrechen dieselben Zahlen mit einer unverkennbaren Stetigkeit wiederkehren; und daß dies selbst mit solchen Verbrechen der Fall ist, welche von menschlicher Berechnung ganz unabhängig zu sein scheinen, z. B. mit Morden, die gewöhnlich nach Streitigkeiten begangen werden, welche aus scheinbar zufälligen Umständen entspringen. Dennoch wissen wir aus Erfahrung, daß jedes Jahr nicht nur fast dieselbe Anzahl Morde stattfinden, sondern daß sogar die Instrumente, mit denen sie verübt werden, in demselben Verhältnisse gebraucht werden." — Die Schwankungen im Betrage der jährlichen Verbrechen sollen geringer sein, als die Schwankungen in der Sterblichkeit. Eine Thatsache soll es sein, daß der Mord mit so viel Regelmäßigkeit begangen wird, ein ebenso gleichmäßiges Verhältniß zu gewissen bekannten Umständen hat, wie die Bewe=

gungen von Ebbe und Fluth, wie die Folge der Jahreszeiten.
Die Verbrechen erscheinen darnach lediglich als Erzeugniß eines
bestimmten socialen Zustandes des betreffenden Landes. In einem
gewissen Zustande der menschlichen Gesellschaft muß eine bestimmte
Anzahl Menschen andere Menschen umbringen, eine ebenfalls bestimmte Anzahl sich selbst das Leben nehmen. Die menschliche
Gesellschaft bereitet das Verbrechen vor, der Verbrecher ist nur
das Werkzeug, das unter dem Zwange der Verhältnisse das Verbrechen vollführt. Ein bestimmtes Gesetz fordert nun einmal unter
bestimmten socialen Zuständen alljährlich einen festen Procentsatz
bestimmter Verbrechen.

Indessen nicht ausschließlich bei Verbrechen will man diese
Regelmäßigkeit entdeckt haben, auch bei einigen sittlich gleichgültigen Handlungen soll sie beobachtet sein, z. B. bei Nachlässig-
keiten im Anfertigen von Briefadressen. „Die Postämter von
London und Paris — sagt Buckle (in seiner Geschichte der
Civilisation in England, übers. v. A. Ruge Bd. 1. S. 29) —
haben neuerlich Berichte veröffentlicht über die Anzahl der Briefe,
welche die Schreiber derselben aus Vergeßlichkeit zu adressiren
unterlassen; und wenn man den Unterschied in Anschlag bringt,
den eintretende Umstände verursachen, so findet man Jahr für
Jahr die Berichte nur wiederholt. Alle Jahre vergißt die nämliche Anzahl Briefschreiber diese einfache Handlung, so daß wir
wirklich für jede folgende Periode die Zahl Derer vorhersagen
können, deren Gedächtniß ihnen bei dieser unbedeutenden und
scheinbar zufälligen Gelegenheit den Dienst versagt." —

Auch bei einigen an sich löblichen Handlungen, die in das
Bereich der öffentlichen Wahrnehmung und Aufzeichnung fallen,
wie beim Heirathen, das doch, wie man meint, ganz besonders
vom freien Willen abhängen müßte, wird die gleiche Regelmäßigkeit beobachtet. Die Bevölkerung Belgiens zahlt nach Quetelet
der Ehe noch regelmäßiger ihren Tribut als dem Tode. Und
selbst in der Art der Heirath zeigt sich diese Regelmäßigkeit.
Jährlich heirathet eine bestimmte Anzahl junger Männer ältere
Wittwen und eine ebenso bestimmte Anzahl älterer Wittwer
junge Mädchen. Alles verläuft so, als ob von einem Ende des
Königreichs bis zum anderen alljährlich eine bestimmte Abrede
getroffen würde, wie viele Junggesellen Jungfrauen, wie viele

Wittwen, wie viele Wittwer Wittwen, wie viele junge Mädchen heirathen sollen. Und alle diese budgetmäßigen Heirathssteuern sollen mit einer weit größeren Regelmäßigkeit entrichtet werden, als die Steuern, die man der Staatskasse zu zahlen hat. Die Regelmäßigkeit dieser menschlichen Handlungen, bei denen ein gewisses Wollen doch als mitwirkend gedacht werden muß, soll sogar noch größer sein, als die Regelmäßigkeit der gewöhnlichen Naturvorgänge des Geborenwerdens und des Sterbens. — Kurz allem statistischen Anscheine nach geschieht auch im menschlichen Leben Alles nach einer vorbestimmten Regelmäßigkeit, nach dem Gesetz einer unabänderlichen Naturnothwendigkeit. Die statistische Auffindung dieser Gesetzmäßigkeit offenbart uns, daß die Annahme einer freien Willensentscheidung auf der Täuschung beruhen muß, die schon Spinoza bezeichnete. Das täuschende Bewußtsein der Freiheit hat der Mensch, weil er sich seines Wollens bewußt, der Ursachen, die seinen Willen bestimmen, aber nicht bewußt ist. Dies die Ansicht unserer modernen Moralstatistik, deren einzelne Anhänger nur in so weit noch eine Freiheit glauben zulassen zu dürfen, als das Gesetz der Natur nicht zugleich Diejenigen bestimme, die es auszuführen haben.

Bei der Prüfung dieser angeblichen Widerlegung der Willensfreiheit durch die Statistik müssen wir uns entschieden weigern auf den letzt angebotenen Scheinvertrag einzugehen. Wenn ein feststehendes Gesetz in einer bestimmten Menschenwelt alljährlich eine gewisse Anzahl von bestimmten Verbrechen nothwendig macht, so ist es unmöglich zu denken, der Einzelne, der diese gesetzliche Nothwendigkeit verwirklicht, mache sich dazu aus innerer Freiheit anheischig. Muß die Bevölkerung eines Landes nothwendig alljährlich dreißig Raubmorde liefern, so sind auch die dreißig Raubmörder, die dieses Gesetz vollziehen, gerade Diejenigen, die von dem Zwange dieser Nothwendigkeit ergriffen werden. Im Gesetze selbst liegt freilich nicht die Bestimmung darüber, wer es ausführen soll; dies ergiebt sich aber mit Nothwendigkeit aus den natürlichen Verhältnissen, deren Beziehung zu einander die Gesetzmäßigkeit ausdrückt. Wenn man daher auch wohl sagen kann, das Gesetz lasse es frei, d. h. unbestimmt, wer es zu verwirklichen habe, so darf sich doch Niemand der Täuschung hingeben, als sei mit diesem Ausdruck in Wahrheit die freie Selbstbestim=

mung des Menschen gerettet. Wer die statistische Nothwendigkeit
anruft, muß sich von der zu dieser Selbsttäuschung führenden
Halbheit des Gedankens frei machen. Giebt es derartige Moral-
gesetze, wie die Statistiker sagen, so ist es aus mit der menschlichen Willensfreiheit. Unsere Frage kann deshalb nur dahin
gehen, ob die Annahme einer solchen Gesetzmäßigkeit, wie wir sie
in der übrigen Natur entdecken, auch für die menschlichen Handlungen wohl begründet und also nothwendig ist.

Niemand sicherlich kann behaupten wollen, nur in der Natur herrsche Gesetz und Ordnung, in der Menschenwelt dagegen
lauter Willkür und Unordnung. Jeder vielmehr, der den Lauf
der menschlichen Dinge aufmerksam betrachtet, muß anerkennen,
daß auch hier eine gewisse Gesetzmäßigkeit der Wechselwirkungen
und der Entwicklung sich offenbart. Bestimmte Ursachen pflegen auch hier bestimmte Folgen zu haben, und der Mensch, wenn
er auch einen freien Willen hat, kann jedenfalls nicht alle Zeit
mit demselben in diese Verhältnisse willkürlich eingreifen. Vielmehr ist wohl anzunehmen, daß eine nicht unbeträchtliche Anzahl
von Beziehungen seines Thuns und Lassens sich ohne Betheiligung des freien Willens ordnen. Die Regelmäßigkeit dieser
Wechselbeziehungen hat nun in der That nicht das mindeste Auf-
fällige an sich, schließt aber die Wirksamkeit des freien Willens
in anderen Fällen gewiß nicht aus.

Daß mit steigenden Kornpreisen die Eheschließungen sich
zu vermindern pflegen, offenbart ein natürlich äußerst verständ-
liches Verhältniß von Ursache und Wirkung, die Noth des Lebens
schränkt selbstverständlich die Befriedigung des stets vorhandenen
Heirathswillens ein. Eine Aufhebung der Willensfreiheit bekundet
diese Thatsache nicht, sondern nur die Berücksichtigung einer
äußeren Nöthigung zum zeitweiligen Heirathsaufschub, bei welcher
die Kraft des freien Wollens unter Umständen, wenn der Zwang
der Verhältnisse eine deutliche Sprache führt und ein klarer
Kopf sie richtig erfaßt, gar nicht in Anspruch genommen zu werden braucht. Ueberhaupt hat der freie Wille in den besten Fällen
mit dem Heirathen wenig zu thun. Quetelet und Andere irren,
wenn sie meinen, es gäbe im Bereiche des menschlichen Handelns
doch gewiß keinen Akt, wo der freie Wille in unmittelbarerer
Weise eingreife als der Heirathsakt. Sie verwechseln die Freiheit

der Neigung mit der Freiheit der eigenen Willensentscheidung.
Kein Mensch allerdings läßt sich die Neigung zu einem anderen
Menschenkinde von einem dritten Menschen aufzwingen; aber mit
dem freien Willen hat die aufkeimende Neigung in der Regel so
wenig zu thun, daß es vielmehr am besten damit steht, wenn
man ein Recht hat von dem süßen Zwang, von den Fesseln der
Liebe zu reden. Die freie Willensentscheidung wird nur bei den
Heirathsfragen angerufen, bei denen Ueberlegung und Berechnung und nicht oder nur zum Theil die Neigung mit entscheiden
soll. Die glücklichsten Verlöbnisse kennen kein Entweder-oder,
und wo dieses nicht vorliegt, hat auch die Willensfreiheit keine
Arbeit zu thun. Die auf dem besprochenen Gebiete des menschlichen Handelns beobachteten statistischen Thatsachen sind also,
anstatt für die Frage nach der Willensfreiheit besonders geeignet
zu sein, vielmehr ganz besonders ungeeignet um eine passende
Antwort zu beschaffen. Sie lassen uns eine gewisse Regelmäßigkeit der Wechselwirkung natürlicher Neigungen und natürlicher
Verhältnisse erkennen, auf die der freie Wille im Durchschnitt
keinen bemerkbaren Einfluß ausübt, weil seine Wirksamkeit dabei
überhaupt nicht in Anspruch genommen zu werden pflegt.

Das Gleiche gilt aber für viele andere Fälle, auf deren
Beobachtung die Lehre der Moralstatistik von der Nothwendigkeit
des menschlichen Handelns sich stützt. — Unstreitig sind eine große
Anzahl von Verbrechen das gemeinsame Product der in der
Menschennatur angelegten Gelüste und Leidenschaften einerseits
und der gegebenen socialen Verhältnisse andererseits, so daß die Verbrechen selbst mit einer gewissen Regelmäßigkeit erfolgen, weil die einmal vorhandenen Naturen willenlos dem Antriebe der gleich bleibenden Verhältnisse folgen. In armen Gegenden sind daher die aus
Hunger und Noth verübten Frevel des Diebstahls und des Raub-
mordes häufiger, in gewerbsreichen Gegenden die aus Rache,
Jähzorn und Eifersucht begangenen Verbrechen. Die meisten
dieser Verbrechen werden unter dem Zwange der Noth und der
Leidenschaft ausgeübt; die Verbrecher selbst befinden sich im Momente der Ausübung nicht mehr in einem Zustande, in welchem
die Kraft willensfreier Entscheidung noch in Frage kommen kann,
sondern in einem Zustande, in welchem die erregten Vorstellungen
dem Drucke der erregenden Umstände willenlos folgen, in welchem

der Mensch zeitweilig von dem Associationsspiel der Vorstellungen
ebenso beherrscht wird, wie das Thier jederzeit. Der Mensch —
sagt man — thut in solchen Augenblicken ohne Besinnung, wozu
ihn Umstände und Leidenschaften treiben; nun kann er nicht anders mehr, er steht unter dem Zwange dieser Verhältnisse, er
hat sein menschliches Vorrecht, den freien Willen, verloren. Nun
dies eingetreten, ist er ein Naturwesen geworden, gleich anderen
Geschöpfen, und verfällt als solches auch dem eisernen Gesetz der
ursächlichen Nothwendigkeit. Aber diesem Eintritt selbst, dem
Verlust der ruhigen Besinnung und der Widerstandskraft des
Willens, konnte er möglichenfalls zuvor schon durch rechtzeitigen
Gebrauch der Willensfreiheit vorbeugen. Wir wollen diese Möglichkeit demnächst bei Besprechung der idealistischen Gründe gegen
die Willensfreiheit näher ins Auge fassen, hier genügt es an sie
schon zuvor erinnert zu haben. Denn abgesehen davon ist in
Betreff der Moralstatistik gewiß, daß sie nur eine Statistik der
Noth und der Leidenschaft ist, eine Regelmäßigkeit des Geschehens
offenbart in Verhältnissen, bei denen die freie Willenskraft sich
nicht regt.

Derselbe Fall würde eintreten, wenn wir eine Statistik der
menschlichen Großthaten besitzen könnten. Auch hier würden wir
eine den Verhältnissen entsprechende Regelmäßigkeit in den Handlungen der Guten entdecken. Wer gut ist, der kann der Lüge
nur die Wahrheit, der Mißgunst nur das Wohlwollen, dem Betrug nur die Rechtschaffenheit und Treue gegenüberstellen. Wem
das Gute vollauf zur zweiten Natur geworden wäre, der könnte
in der That nicht mehr anders als Gutes thun, und er brauchte
seine Willensfreiheit nicht mehr, um den regelmäßigen Erfolg seiner
guten Handlungen zu sichern. Auch dann würde die erfolgende
einzelne Handlung angesehen werden können als das nothwendige
gemeinsame Product der äußeren Veranlassung und des inneren
Wesens dieses also gewordenen Menschen.

Daraus nun aber, daß in gewissen Lebensfällen die Willensfreiheit noch nicht oder nicht mehr gebraucht wird, und daß
in diesen Fällen eine gewisse statistisch wahrnehmbare Regelmäßigkeit natürlicher Wechselwirkung zwischen den äußeren Umständen
und der erregbaren Menschenseele stattfindet, kann doch nun und
nimmer folgen, daß die Willensfreiheit überhaupt nicht vorhanden

ist. Ihre Wirksamkeit liegt vielleicht gerade auf der langen Reihe oftmals unscheinbarer Handlungen und Unterlassungen, durch welche der Mensch sich von dem einen Zustande, in welchem er Gefahr läuft jeden Augenblick von dem Druck äußerer Verhältnisse willenlos getrieben zu werden, bis zu dem Zustande hinbewegt, in welchem er sich willenlos dem Antriebe seiner veredelten Natur hingeben darf. Die Statistik hat mit dem Gebiete dieser Handlungen Nichts zu thun.

Die Moralstatistik dürfte daher für die ganze vorliegende Frage allenfalls nur insofern in Betracht gezogen werden, als sie zeigen könnte, wie oft die Menschen unter gegebenen Verhältnissen auf dem Wege zu diesem Ziele unterlassen von der Kraft der Willensfreiheit den rechten Gebrauch zu machen. Aber auch damit würde' sie kein unverbrüchliches Gesetz der sittlichen Welt offenbaren, dem nachgelebt werden müßte; sondern nur eine gewisse Regelmäßigkeit der den Verbrechen vorangehenden Willensschwäche, somit gewissermaßen auch der menschlichen Willensentscheidungen selbst. Wie wenig diese Regelmäßigkeit verstattet von sittlichen Gesetzen zu reden, zeigt deutlich ein Vergleich mit den bekannten Gesetzen der Natur, von denen dieser Begriff auf die Sittenwelt übertragen werden soll. Die Körperwelt gehorcht überall und jederzeit dem Gesetz der Schwere, jeder Körper muß schwer sein; es ist aber ein Unsinn von einem Gesetz zu reden, nach welchem in jedem Jahre unter hundert Menschen einer einen anderen todt schlagen muß. Die Statistiker selbst nehmen die Möglichkeit einer Aenderung der bedingenden Verhältnisse an. Dann aber handelt es sich nicht um ein unabänderliches Gesetz, sondern nur um eine bedingte Regelmäßigkeit des Geschehens, und Nichts hindert anzunehmen, daß bei dieser Regelmäßigkeit der freie Wille selbst ein mitbestimmender Factor sein kann.

Freilich müßten wir erwarten, ihm entsprechend ein gewisses Schwanken in der Regelmäßigkeit der Resultate wahrzunehmen. Aber täuscht uns etwa diese Erwartung? Die Statistik rechnet nur mit Durchschnittszahlen, die ein solches Schwanken zulassen. Die jährlichen Selbstmorde in London z. B. schwanken zwischen 266, der höchsten, und 213, der niedrigsten Zahl. Derartige Unterschiede bedeuten für die Durchschnittsrechnung der Statistik wenig, für die Annahme der Willensfreiheit sind sie beträchtlich,

jedenfalls hinreichend zu ihrer Beglaubigung. — Die Willens-
leugner unter den Statistikern besorgen, die Zulassung dieser bedingten Willensfreiheit bringe Verwirrung in das geschichtliche
Verständniß der menschlichen Dinge, und Buckle zweifelt nicht
daran, daß ehe noch ein Jahrhundert verstreicht, ein Historiker
eben so selten zu finden sein wird, der die stete Regelmäßigkeit
der sittlichen Welt leugnet, als jetzt ein Philosoph zu finden ist,
der den gesetzmäßigen Gang der natürlichen Welt in Abrede
stellt. Ich besorge das Eine nicht und bezweifle das Andere.
Bis dahin wird das wunderbare Spiel von Willensfreiheit und
Nothwendigkeit, welches die sittliche Menschenwelt regiert und
welches bisher stets einen Rest von Unberechenbarem in der Betrachtung der Geschicke des Einzelnen wie der Menschheit gelassen
hat, genau genug ergründet sein, um jener Befürchtung keinen
Raum mehr zu lassen und die Erkenntniß zu sichern, daß auch
hier Gesetzmäßigkeit herrscht, aber eine andere als die der willen-
losen Natur.

Wie wir uns dieses Verhältniß von Gesetzmäßigkeit und
Freiheit in der Entwicklung der Menschheit zu denken haben
ohne den festen Gang einer sittlichen Weltordnung zu leugnen
oder in Frage zu stellen, das zu erörtern bleibe dem folgenden
Kapitel überlassen. Hier zunächst bekümmert uns nur die Frage
nach der Möglichkeit und Wirklichkeit der Willensfreiheit; es genügt daher der Beweis, daß die statistische Erfahrung der Annahme der Willensfreiheit nicht entgegensteht. Die nachgewiesene
Regelmäßigkeit gewisser Vorkommnisse und Handlungen ist keine
unabänderliche Gesetzmäßigkeit, könnte sogar eine Folge der freien
Willensentscheidung selber sein, ist überdies nur eine durchschnittliche, die schon in sich dem freien Willen einen Spielraum läßt,
einen größeren aber noch in der Beeinflussung des inneren Vor-
stellungsgetriebes, das von der statistischen Beobachtung auch nicht
einmal mittelbar in seinen Folgen erreicht werden kann. — Die
statistische Erfahrung ist somit ebenso unfähig wie die materialistische, um das Problem der Willensfreiheit zu lösen.

Im Gefühle dieser Unfähigkeit rufen auch die Statistiker
wie die Materialisten zur Bestreitung der Willensfreiheit stets die
oben angeführten idealistischen Gründe gegen dieselbe zur Hülfe.
Diese Gründe, auf deren scharfe Prüfung es deshalb hauptsächlich

ankommt, bestehen in der Behauptung, daß kein Entschluß und keine Handlung ohne Motiv entstehen könne, daß aber jedes Motiv das nothwendige Ergebniß der Wechselwirkung des gegebenen Charakters und der gegebenen Verhältnisse sei, und daß an sich die freie Willensentscheidung innerlich undenkbar sei. Kurz gesagt, die Gesetzmäßigkeit der Motivation und die innere Undenkbarkeit erheben sich als Gründe gegen die Willensfreiheit.

Allseitig genau erwogen sind diese Gründe erst in der neueren Philosophie, aufgeworfen und nach dieser oder jener Seite erörtert wurden die Probleme schon in alter Zeit. Die Frage nach dem Gesetz der Motivation versinnlicht uns bereits die Erzählung des Prodikos von Herkules am Scheidewege. Als Herkules — so lautet diese Erzählung — in das Jünglingsalter eintrat, um die Zeit der beginnenden Selbstständigkeit also, da es sich zeigt, ob die Jünglinge für die Zukunft die Bahn der Tugend oder des Lasters einschlagen wollen, ging Herkules in die Einsamkeit hinaus, setzte sich hin und war unschlüssig, welchen Weg er wählen solle. Da sah er auf einmal zwei Frauen von hoher Gestalt auf sich zukommen. Die Eine hatte ein wohlanständiges Aussehen und in ihrem ganzen Wesen etwas Edles; ihren Leib schmückte Reinheit, ihre Augen Schamhaftigkeit, ihre Haltung Sittsamkeit; ihr Kleid war weiß. Die andere Frau war von üppigem Wuchs, ihre Farbe geschminkt, ihr Auge weit offen, ihr Kleid aus dem feinsten, durchsichtigsten Gewebe. Als nun die beiden Frauen sich dem Herkules näherten, rannte plötzlich die Letztere in vollem Lauf vorstürzend auf den Herkules zu und redete ihn an: „Herkules, sagte sie, ich sehe, daß du unschlüssig bist, welchen Weg du für die Zukunft einschlagen sollst. Wähle mich zu deiner Freundin, so will ich dich den angenehmsten und gemächlichsten Weg führen; du sollst dann keine Lust ungekostet lassen und keinerlei Ungemach soll dir widerfahren. Um Krieg und Arbeit wirst du dich nicht zu bekümmern haben; du wirst einzig Dem nachgehen können, was deinen Sinnen angenehm scheint und was du wünschen magst, wirst du mit der leichtesten Mühe erreichen. Weder körperliche noch geistige Anstrengungen und Beschwerden brauchst du dir aufzubürden, um zu den Genüssen zu gelangen; Andere werden arbeiten und du wirst nur die Früchte ihres Fleißes ernten. Solche Vortheile schaffe ich meinem Freunde." Als Herkules das hörte, sprach er: „O Weib, wie ist denn dein Name?" Sie antwortete: „meine Freunde nennen mich Glückseligkeit; Uebelwollende aber gaben mir um mich herabzusetzen den Namen Laster". — Unterdessen war in gleichmäßigem Schritte auch die andere Frau herbei gekommen. „Auch ich, — sagte diese — komme zu dir, Herkules; ich kenne deine Eltern und deine glücklichen Anlagen und baue darauf die Hoffnung, daß du in allem Edlen und Großen ein tüchtiger Meister werden würdest, wenn du den Weg zu mir einschlagen wolltest. Ich will dich nicht täuschen, dir nichts von Genüssen vorreden, die deiner warten; ich will dir, wie die Götter es gewollt haben, den Sachverhalt wahrheitsgemäß vorstellen. Von Dem, was wahrhaft gut und edel ist, geben die Götter den Menschen Nichts ohne Anstrengung und ernstliche Bemühung. Wünschest du, daß die Götter dir gnädig seien, so mußt du die Götter verehren; willst du von Freunden geliebt sein, so mußt du dich um sie verdient machen; strebst du nach Ehre in einem Staate, so mußt du diesem Staate Dienste leisten; erhebst du Ansprüche auf die Bewunderung von ganz Griechenland, so mußt du dich um dasselbe verdient machen. Soll dir die Erde reiche Früchte tragen, so mußt du sie anbauen; willst du durch Heerden reich werden, so mußt du für sie sorgen; willst du im Kriege dein Glück versuchen, so mußt du dich in der Waffenkunst üben. Und zu alle Dem mußt du, um deines Körpers Herr zu sein, ihn im Schweiße gewohnter Anstrengung abhärten." — Da fiel das Weib, das sich selbst Glückseligkeit nannte, ihr in die Rede. „Merkst du Herkules — sagte sie — was das für ein mühseliger und langer Weg ist, auf dem dich dieses Weib den Genuß suchen heißt; ich hingegen werde dich auf einem gemächlichen und kurzen Wege zur Glückseligkeit führen". — „Elende — entgegnete die Tugend — wie kannst du etwas Gutes besitzen? wie kannst du die rechte Lust kennen, wenn dir jede Anstrengung um ihretwillen zu viel ist? Du bist zwar eine Unsterbliche, aber verstoßen aus dem Kreise der Götter und bei den Besseren unter den Menschen verachtet. Das Angenehmste, was man hören kann, dein eigenes Lob, hast du nie gehört; das Schönste, was man sehen kann, ein eigenes gutes Werk, hast du nie gesehen. Wer kann dir glauben? Welcher besonnene Mensch mögte zu deinen Freunden gehören? zu Menschen, die in der Jugend an Körper, im Alter an Geist schwach sind; die sorglos, von Salben glänzend, durch die Jugend hüpfen, aber kümmerlich im Elend sich durch das Alter schleppen, beschämt über Das, was sie gethan, und fast erliegend unter der Last Dessen, was sie nun thun müssen, da sie in der Jugend nur den Genuß suchten und damit die Mühseligkeit dem Alter zuschoben? — Ich dagegen lebe mit den Göttern, mit den besseren Menschen zusammen, kein edles Werk kommt ohne mich zu Stande. Meine Freunde kennen den wahren Genuß, weil sie zuvor Mühe und Arbeit kennen lernten. Die Jüngeren erfreuen sich des Beifalls der Alten; die Aelteren haben ihre Freude an der Ehrerbietung der Jüngeren. Mit stolzer Freude gedenken die Alten ihrer früheren Thaten, und nimmt der Tod sie dahin, so liegen sie nicht begraben in ruhmloser Vergessenheit, sondern gefeiert leben sie fort im Angedenken aller Zeiten. Zu solchem Streben, Sohn edler Eltern, Herkules, entschließe dich, und die höchste Glückseligkeit wird dir erschlossen." So die Tugend — und Herkules bestimmte sich für den schweren aber verheißungsvollen Weg der Tugend.

Diese Erzählung veranschaulicht uns im äußeren Bilde den inneren Gedankenkampf der guten und bösen Antriebe, zwischen denen der Mensch auf seinem Lebenswege die Entscheidung zu treffen hat. Prodikos deutet an, daß Herkules schon durch Geburt und Erziehung Anlagen erhalten hatte, welche eine Bestimmung zum Guten hoffen ließen, aber er läßt doch endgültig diese Bestimmung als eine freie That seines zum Bewußtsein gelangten Charakters erscheinen, setzt also die Willensfreiheit voraus. — Bei einer anderen Auffassung des Thatbestandes ließe sich aber sagen, der Charakter des Herkules sei eben durch die von Geburt an ihm gegebenen und durch Erziehung in ihm entwickelten Anlagen bereits so fest bestimmt gewesen, daß er sich diesem Charakter gemäß gar nicht anders habe entscheiden können als er that. Seinem gegebenen und gewordenen Charakter gemäß konnte Herkules gar nicht anders als den Weg der Tugend erwählen. —

Die alten griechischen Philosophen bleiben unklar zwischen diesen beiden Auffassungen in der Schwebe stehen. Um der sittlichen Zurechnung willen setzen sie die Willensfreiheit voraus, doch behaupten sie zugleich, daß Niemand freiwillig Böses thue, sondern nur aus Unwissenheit und mangelnder Bildung. Und wenn auch Aristoteles den Sokrates und Platon berichtigend hervorhebt, daß, wie der Arzt zum Heilen nicht nur das Wissen, sondern auch den Willen braucht, so auch der Gute nicht nur die rechte Einsicht darüber besitzen muß, was gut ist, sondern auch des rechten Willens bedarf, um es zu thun; so hebt er doch andererseits die Abhängigkeit des Willens von dem an sich Begehrenswerthen in einer Weise hervor, daß die Macht des Guten und Schönen über den Willen stärker betont zu sein scheint als die freie Zuwendung des Willens zum Guten und Schönen. — Erst in der späteren alten Philosophie, besonders bei den Stoikern tritt eine genauere Erwägung auf über den inneren Sachverhalt dieses Seelenvorganges. Es wird geprüft, ob denn eine Vorstellung von selbst ohne unser Zuthun zum Antriebe unseres Handelns werden kann. Als leere Voraussetzung wird es bezeichnet, daß dem sinnlichen Bilde sogleich der Antrieb folge. Zwischen der von außen kommenden Vorstellung und der von innen ausgehenden Handlung liege das Nachgeben oder Beistimmen, das in unserer Gewalt stehe. Es giebt keinen Räuber des freien Willens — sagte Epiktet. Und in dem Handbuch, das seine Lehren enthält, wird auch der Versuch gemacht zu bestimmen, was in dem Bereich des freien Willens liegt, was nicht. „Von den Dingen — heißt es daselbst zu Anfang — stehen einige in unserer Gewalt, andere nicht. In unserer Gewalt stehen Urtheil, Trieb, Begehren, Vermeiden, kurz was unser Werk ist. Nicht in unserer Gewalt stehen der Leib, der Besitz, Meinungen über uns, höhere Macht, kurz was nicht unser Werk ist. Und was in unserer Gewalt steht, ist von Natur frei, unverhinderlich, uneingeschränkt; was nicht in unserer Gewalt steht, unverlässig, unfrei, verhinderlich, fremd. Gedenke nun, daß du dann, wenn du das von Natur Unfreie frei und das Fremde für eigen achtest, gehindert und betrübt werden und außer dir kommen wirst". — Behauptet wird also von diesen Stoikern die Freiheit der inneren Selbstbestimmung und zugegeben die Abhängigkeit von außen. Aber zu solcher Behauptung einer bedingten Willensfreiheit wurden die Stoiker nur durch die Betrachtung der sittlichen Menschenwelt geführt; die Betrachtung der Natur trieb sie andererseits zur Anerkennung der unbedingten Nothwendigkeit. Derselbe

Chrysipp, der die freie Zustimmung unserer Seele forderte, damit eine Vorstellung zum Antrieb für unser Handeln werden könne, will doch diese Zustimmung selbst wieder einordnen in den nothwendigen, von der Vernunft des Alls bedingten Weltlauf. Der entgegengesetzten Annahme widersprach er, weil sie der Natur Gewalt anthue, durch das Grundlose und durch Unkenntniß über die Ursachen sich verleiten lasse anzunehmen, es seien keine Ursachen da. Im Weltlauf sei nach der Vernunft des Ganzen Alles nothwendig; wie die Körper nach dem Gesetz der Figur und Schwere, so müßten auch die Geister nach dem Naturgesetz ihres Wesens wirken und gegenwirken. —

Ein genügender Versuch zur Ausgleichung dieser Widersprüche ist in der stoischen Philosophie nicht unternommen worden. Das Problem, wie Nothwendigkeit und Freiheit in dem Verhältniß des menschlichen und göttlichen Wirkens zu denken sei, wurde in dieser unbestimmten Schwebe der späteren christlichen Speculation überlassen. Der Streit darüber füllt manches Blatt unserer Kirchengeschichte. Auf den aus diesem Streit hervorgegangenen Niederschlag kirchlicher Lehrsatzung wird gleich näher eingegangen werden bei Besprechung der religiösen Seite der Frage nach der Willensfreiheit; wir bleiben zunächst bei der psychologischen Seite des Problems stehen und wollen nur noch an einige hervorragende Beispiele der Erörterung desselben erinnern, um dem Leser ein hinreichendes Ueberlegungsmaterial zum eigenen Nachdenken und Entscheiden darzubieten.

Ein beliebtes Beispiel, an welchem die psychologische Möglichkeit und Wirklichkeit der Willensfreiheit in der mittelalterlichen Philosophie erörtert wurde, bietet der Esel des Buridan, eines im vierzehnten Jahrhundert lebenden Rectors der Pariser Universität. Es ward nämlich die Frage aufgeworfen, was wohl ein Esel thun mögte, der hungrig in der Mitte zwischen zwei gleich starken Bündeln Heu stehend von beiden gleich stark angezogen würde. Die Gegner der Willensfreiheit behaupteten natürlich, der unglückliche Esel müsse bei diesem Widerstreit gleicher Anziehung in der beklemmten Mitte elendiglich verhungern; die Vertheidiger der Willensfreiheit dagegen nahmen an, der Esel werde sich entscheiden erst das eine Bündel Heu und dann das andere zu verzehren und wenn auch ein dummer Esel diesen Ausweg vielleicht

nicht ergriffe, ein verständiger Mensch werde sich keinenfalls wie
ein Esel benehmen. In den vorliegenden Schriften Buridan's
hat man Beispiel und Argumentation nicht aufgefunden, vielleicht
haben wir die Tradition einer in der Schule Buridan's geführten Disputation vor uns. Jedenfalls war es ein der scholastischen Philosophie überhaupt beliebtes Schulbeispiel. Wir begegnen demselben schon im Thomas von Aquino, und finden
es auch beim Dante, nur in der viel übleren Version, daß der
Mensch die Stelle des Esels einnimmt. Im Anfange des vierten
Gesanges enthält Dante's Paradies die Verse:

> In Mitten zweier Speisen, gleich verlockend
> Und gleich entfernt, stürb' Hungers eh' der Mensch,
> Als daß er frei die eine erst verzehrte.
> Ein Lamm blieb' stehen zwischen zweier Wölfe
> Grausamer Gier, gleichmäßig beide fürchtend;
> Ein Hund so zwischen zweien Dammhirschkühen.
> Drum, wenn, von meinen Zweifeln gleicher Weise
> Gedrängt, ich schwieg, mag ich mich drob nicht schelten,
> Noch preisen, da 's Nothwendigkeit so heischte.

Eine Leugnung der Willensfreiheit enthält diese Stelle genau
besehen nicht. Nur die bildlichen Vergleiche erinnern an die üblichen Fictionen Derjenigen, welche die Willensfreiheit bestritten;
Dante selbst spricht nur von einem Zustande der Unentschieden-
heit seines Urtheils zufolge des Gleichgewichts entgegen stehender
Gründe. Bei solchen Erkenntnißzweifeln hat selbstverständlich nicht
der Wille den Ausschlag zu geben, sondern das Verhältniß zur
Wahrheit. Ist dies nicht zu ermitteln, dann bleibt eben die
Seele, die nicht blos eine Meinung, sondern die Wahrheit sucht,
in Mitten der streitenden Gründe rathlos und unentschieden
stehen. Der Wille entscheidet in solchem Falle nicht, weil er gar
nicht in Anspruch genommen wird. — Daß Dante nicht als
Leugner der Willensfreiheit zu verwerthen ist, wozu Schopenhauer nicht übel Lust zeigt, um auch diesen großen Geist auf
seiner Seite zu haben, zeigt deutlich die Belehrung, welche sich
Dante im sechzehnten Gesange des Purgatorio von dem Lom-
barden Marcus zur Erledigung seiner Zweifel darüber geben
läßt, daß wir den Grund unseres Handelns nicht im Himmel,

der nur den Anstoß giebt, sondern in uns selbst, in der Willensfreiheit, die entscheidet, zu suchen haben.

Dante dachte über diese Frage, wie Thomas von
Aquino, der große Meister mittelalterlicher Philosophie, dessen
ganze sittliche Weltanschauung überhaupt die Seele seiner Dichtung war. Thomas von Aquino aber hielt Nothwendigkeit und
Freiheit des menschlichen Thuns für wohl vereinbar. Nothwendig
muß unsere Vernunft das Gute anerkennen, nothwendig muß
unser Wille dem Guten nachstreben. Diese Anerkennung und
dieses Streben aber gilt als frei von Zwang, weil sie aus dem
innersten Wesen unserer Seele selbst hervorgehen. Der Mensch
ist diesem Allgemeinen gegenüber gebunden und frei zugleich, es
ist dies so zu sagen seine göttliche Freiheit. Neben ihr besteht
seine menschliche Freiheit darin, daß er sich von dieser göttlichen
Gebundenheit im einzelnen Handeln lossagen kann, indem er das
von ihm selbst anerkannte allgemeine Gesetz des Guten verletzt
und wie das Thier dem Antriebe einzelner Reize folgt. In diesem Kampf der Motive bekundet der Mensch seine Willensfreiheit
dadurch, daß es von ihm abhängt, die eine oder die andere Gattung
von Vorstellungen hervor zu rufen, um seinen Entschluß zu bestimmen. Insofern steht die Wahl des Handelns bei ihm selbst. —
Dies die Ansicht Thomas von Aquino's, und damit die bei
Weitem verbreitetste Ansicht der mittelalterlichen Philosophie.

In gleichem Sinne vertritt auch Descartes, der Vater
der neueren Philosophie, die Lehre von der Willensfreiheit des
Menschen. „Daß unser Wille frei und wir im Stande sind vielen
Dingen nach Belieben beizustimmen oder nicht beizustimmen, —
heißt es in seinen Principien der Philosophie. Th. 1. §. 39 —
ist so offenbar, daß wir diese Einsicht unter die ersten und allgemeinsten uns angebornen Begriffe rechnen müssen." — Doch
hängt auch nach Descartes diese Freiheit des Beliebens eng
zusammen mit der Mangelhaftigkeit unserer Erkenntniß, beruht
somit auf einer menschlichen Unvollkommenheit, während bei der
höchsten Entwicklung die Nothwendigkeit des Guten mit dem
freien Wollen des Guten eins sein würde. „Jene Indifferenz,
die ich erfahre, sobald keine Vernunft mich mehr nach der einen
als nach der anderen Seite hintreibt, — sagt er in der vierten
seiner Betrachtungen über die Metaphysik — ist die unterste Stufe

der Freiheit und beweist nicht die Vollkommenheit der Freiheit, sondern nur den Mangel und die Nichtigkeit in der Einsicht. Wenn ich immer klar wüßte, was wahr und gut ist, so würde ich, obwohl vollkommen frei, doch nie indifferent sein können." — Mit diesem Satze nähert sich Descartes sogar allem Anscheine nach in bedenklicher Weise den Vertretern der unbedingten Nothwendigkeit, insofern mindestens mit der Erkenntniß des Guten nicht blos im Allgemeinen das Wollen des Guten, sondern auch im Einzelnen das Wollen und Thun des Guten nothwendig verbunden gedacht wird. Descartes suchte aber offenbar diese Annäherung nicht, und glaubte vielmehr der Willensfreiheit noch einen hinreichend großen Spielraum ihrer Wirksamkeit zu lassen auf dem Wege zur Erkenntniß des Guten.

Der erste namhafte Philosoph, der mit voller Klarheit auch für die einzelnen Handlungen des Menschen das unbedingte Gesetz ursächlicher Nothwendigkeit geltend machte, war Spinoza. Auf die Frage, wie sich Buridan's Esel in dem angegebenen Falle benehmen würde, antwortete er in der Anmerkung zum 49. Satz des zweiten Theiles seiner Ethik: „ich gebe völlig zu, daß der in einem solchen Gleichgewichte befindliche Mensch (der nämlich nichts Anderes als Durst und Hunger, und solche Speise und solchen Trank wahrnimmt, welche gleich weit von ihm entfernt sind) vor Hunger und Durst umkommen wird. Fragt man mich, ob ein solcher Mensch nicht eher für einen Esel als für einen Menschen zu halten sei, so antworte ich, daß ich es nicht weiß, wie ich auch nicht weiß, wofür der zu halten ist, der sich erhängt, und wofür Kinder, Narren und Wahnsinnige zu halten sind." — Nach Spinoza beruht die Annahme der Willensfreiheit auf einer Selbsttäuschung. Die Menschen halten sich für frei, weil sie sich ihres Wollens und Strebens bewußt sind, der Ursachen aber, die sie bestimmen Etwas zu begehren und zu wollen, unkundig bleiben, ihrer daher nicht im Traum gedenken. Diese Ursachen aber gehen zurück in die Nothwendigkeit der göttlichen Natur, welche Alles bestimmt auf eine gewisse Weise da zu sein und zu wirken. Es giebt daher nur eine Freiheit, die Freiheit der Nothwendigkeit. Nur dasjenige Wesen kann frei heißen, welches allein aus der Nothwendigkeit seiner Natur da ist und zum Handeln bestimmt wird. Diese Freiheit des eigenen Wesens aber fällt zusammen mit der göttlichen Nothwendigkeit aller Dinge.

Dieser Widerstreit der Meinungen über die Willensfreiheit, dem wir sogleich in scharf ausgesprochener Weise bei den Urhebern der mit einander kämpfenden Hauptrichtungen unserer neueren Philosophie begegnen, hat sich ungeschlichtet bis auf den heutigen Tag erhalten. Es wäre unmöglich und übel angebracht hier in Kürze die Geschichte dieser Streitfrage weiter zu verfolgen, nur die eigenthümlichen Richtungen zweier Versuche zur Rettung der Willensfreiheit anzudeuten wird für unsere eigene Erwägung des Problems förderlich sein, nämlich die Ideen von Leibniz und Kant. — Leibniz hielt den von der inneren Erfahrung hergenommenen Beweis des Cartesius für die Unabhängigkeit unseres Wollens nicht für zulänglich. Vielmehr hebt er mit Spinoza hervor, daß diese angebliche innere Erfahrung nur bekunde, wie verborgen uns bisweilen die Ursachen bleiben, welche unsere Entschlüsse bestimmen. An solchen bestimmenden Ursachen aber kann es seiner Ansicht nach in Wahrheit niemals fehlen. Immer wird ein Motiv vorhanden sein, weshalb wir dieses oder jenes erwählen. Wir müssen daher um die Freiheit zu retten annehmen, daß diese stets vorhandenen Ursachen den Willen zur Entscheidung nur incliniren, aber nicht necessitiren, anregen aber nicht zwingen. — Auch Kant verschmähte es mit Cartesius die Willensfreiheit als eine Thatsache der inneren Erfahrung zu betrachten. Vielmehr gab er zu, daß wir in der Erfahrung den Menschen nur als ein durch seinen Charakter und die gegebenen Verhältnisse bestimmtes Wesen vorfänden, so daß es bei voller Kenntniß dieser Beziehungen seines Wesens für uns keine einzige Handlung geben würde, die wir nicht mit Gewißheit vorhersagen und aus ihren vorangehenden Bedingungen als nothwendig erkennen könnten. Kant sprach damit aus, was Schiller in dichterischen Worten seinen Wallenstein sagen läßt:

Des Menschen Thaten und Gedanken, wißt,
Sind nicht, wie Meeres blind bewegte Wellen,
Die innere Welt, sein Mikrokosmos, ist
Der tiefe Schacht, aus dem sie ewig quellen.
Sie sind nothwendig, wie des Baumes Frucht,
Sie kann der Zufall gaukelnd nicht verwandeln;
Hab' ich des Menschen Kern erst untersucht,
So weiß ich auch sein Wollen und sein Handeln.

In Ansehung also dieses in· der Erscheinung erfahrungs=
mäßig zu beobachtenden Charakters des Menschen giebt es keine
Freiheit. Eine unmittelbar psychologische Erfahrung dieser Freiheit
erklärte Kant für unmöglich, aber ein anderes Factum findet sich
in unserm Bewußtsein, welches unmittelbar die Annahme der
Willensfreiheit bedingt. Dieses Factum ist die Thatsache der sitt=
lichen Zurechnung; diese hat nur unter der Voraussetzung freier
Willensentscheidung einen verständlichen Sinn, sie also fordert als
Bedingung das Dasein der Willensfreiheit. Da sich nun aber
dieselbe in dem Charakter, soweit seine Handlungen in der Sinnen=
welt erscheinen, nicht auffinden läßt, so muß angenommen werden,
daß sie in dem übersinnlichen Wesen, welches wir als den unbe=
kannten Grund des erscheinenden Charakters ansehen müssen, ihre
wahre Bedeutung erhält. Der Mensch ist so zu sagen anzusehen
als Bürger zweier Welten. Wie wir ihn wahrnehmen, ist er ein
Geschöpf der erscheinenden Sinnenwelt, insofern hat jede Hand=
lung ihren nothwendigen Grund in einer vorausgehenden bestim=
menden Vorstellung und diese ist ein nothwendiges Product des
einmal gegebenen Charakters und der ihn beeinflussenden Um=
stände. Hinter diesem Geschöpf der Erscheinungswelt und seinem
empirisch bestimmten Charakter birgt sich das übersinnliche Wesen,
welches den Grund der Erscheinung enthält, der intelligible Cha=
rakter. Die Freiheit, die in dem Handeln des Sinnenwesens
nicht aufzufinden ist, deren Dasein wir aber doch um der sittlichen
Zurechnung willen fordern, muß dem intelligibeln Charakter eigen
sein. In ihm aber fällt sie zusammen mit dem ewigen Gesetz
der Vernunft, nach welchem das Gute nothwendig ist und ge=
wollt wird zugleich.

Diesen Versuch Kant's die Willensfreiheit als Kraft un=
seres übersinnlichen Wesens zu retten verfolgte auch Schelling
in seinen „philosophischen Untersuchungen über das Wesen der
menschlichen Freiheit". Die Freiheit des Menschen verlegt er in
die intelligible, vorzeitliche That, durch welche der Mensch sich zu
dem gemacht hat, als welcher er in der Sinnenwelt erscheint.
Das Handeln dieses empirischen Menschen erfolgt mit Nothwen=
digkeit aus der Natur seines Wesens, aber dieses Wesen selbst ist
das Erzeugniß der vorzeitlichen, freien Selbstbestimmung. —
Weiter ausgeführt und mit eigenthümlichen der Speculation und

Erfahrung gleichmäßig entnommenen Gründen gerechtfertigt hat diese Gedanken Kant's neuerdings Schopenhauer. Er glaubt die Lehre von der Willensfreiheit, dies allerliebste Spielzeug der Philosophie-Professoren, endgültig zerstört zu haben, und verlangt daher von Jedem, der nach ihm noch wagt, die Willensfreiheit zu vertheidigen, zuvor ihn selbst zu widerlegen. Es kann nicht schwer fallen diese Pflicht zu übernehmen, da gerade Schopenhauer's Bekämpfung der Willensfreiheit durch ihre extreme Ausführung die besten Angriffspunkte zur Widerlegung darbietet. Schopenhauer behauptet also mit Kant, daß der Mensch als Erscheinungswesen dieser Sinnenwelt auch in seinem Wollen und Thun dem Satze vom Grunde unterworfen ist, demgemäß alle Veränderungen dieser Welt durch bestimmte Gründe nothwendig bedingt sind. Des Menschen Wollen erscheint als die nothwendige Folge eines vorangehenden bestimmenden Motiv's. Das stärkste Motiv reißt uns mit sich fort; die Gewalt dieses Motivs ist nicht weniger gewiß als die der Ursache einer äußeren Bewegung, die Folge des Wollens und Thuns nicht weniger gewiß als die Folge des Schlusses aus seinen Vordersätzen. Leibniz Behauptung, das Motiv wirke nur anregend, nicht zwingend auf unseren Willen, verwirft Schopenhauer als gedankenlose Halbheit. Sei eine Vorstellung stark genug um als Motiv zu wirken, so wirke sie auch zwingend. Wer mit 10 Pfund noch nicht zu bestechen sei, aber schwanke, werde der Bestechung mit 100 Pfund nicht mehr widerstehen. Die Stärke der Motive also einzig und allein entscheide über Wollen und Handeln. Voraussetzen, daß sich der Wille ohne Motiv entscheiden könne, sei Unsinn. „Es ist durchaus weder Metapher noch Hyperbel, sondern ganz trockene buchstäbliche Wahrheit, — erläutert Schopenhauer — daß, so wenig eine Kugel auf dem Billard in Bewegung gerathen kann, ehe sie einen Stoß erhält, ebenso wenig ein Mensch von seinem Stuhle aufstehen kann, ehe ein Motiv ihn weg zieht oder treibt: dann aber ist sein Aufstehen so nothwendig und unausbleiblich, wie das Rollen der Kugel nach dem Stoß. Und zu erwarten, daß Einer etwas thue, wozu ihn durchaus kein Interesse auffordert, ist wie zu erwarten, daß ein Stück Holz sich zu mir bewege, ohne einen Strick, der es zöge. Wer etwa dergleichen behauptend, in einer Gesellschaft hartnäckigen Widerspruch erführe, würde am kürzesten aus der Sache kommen, wenn er durch einen Dritten, plötzlich mit lauter und ernster Stimme rufen ließe: Das Gebälk stürzt ein! — wodurch die Widersacher zu der Einsicht gelangen würden, daß ein Motiv ebenso mächtig ist, die Leute zum Hause hinaus zu werfen, wie die handfesteste mechanische Ursache". — In denjenigen Fällen, wo aus mehreren Vorstellungen kein bestimmendes Motiv sich hervordrängt und unserm Willen die freie Entscheidung überlassen scheint, entsteht nach S ch o p e n h a u e r dieser Schein der Freiheit nur durch den Hinzutritt des Bewußtseins. Die Thiere folgen stets unmittelbar dem Reize anschaulich gegebener Objecte, dieser Reiz wird für sie sofort zum Motiv der folgenden Handlung. Der Mensch aber ist vermöge seiner Erkenntnißkraft im Stande mehrere Motive in der Vorstellung zu haben. Die Erkenntniß nun, welche vor unseren Augen mehrere Motive zum Wollen entfaltet, läßt uns in diesem Zustande nicht vorher sehen, welches Motiv uns bestimmen wird, es ist noch unentschieden, welches das stärkste Motiv sein wird. Wir wünschen in solchem Zustande bald Dieses, bald Jenes, selbst Entgegengesetztes. Dieses Wünschen nun sollen die Vertheidiger der Wahlfreiheit mit dem Wollen verwechseln. Wollen aber kann der Mensch in Wahrheit immer nur Eines. Nur eine dieser Vorstellungen, die unser wechselndes, selbst entgegengesetztes Wünschen erregen, kann schließlich zum stärksten Motiv werden, welches dann mit Nothwendigkeit ein bestimmtes Wollen und Handeln nach sich zieht. Was aber schließlich in diesem Widerstreit des Wünschens die eine Vorstellung zum stärksten Motiv macht, ist nur der feste Grundwille unseres Wesens selbst und darauf beruht unsere Freiheit. Jeder Mensch ist Das, was sein Wille will. Aus seinem Wesen folgt sein Handeln. Was der Mensch im Ganzen will, das wird er auch stets im Einzelnen wollen; wie der Mensch ist, so muß er handeln. Wie der ganze Baum nur die stets wiederholende Erscheinung eines und desselben Triebes ist, der sich am einfachsten in der Faser darstellt, sich dann aber in Blatt, Zweig, Ast und Stamm wiederholt; so sind alle Thaten des Menschen nur die stets wiederholten, in der Form etwas abwechselnden Aeußerungen seines unabänderlichen Charakters. Auch in der Bergpredigt bei Lukas 6, 45 heißt es ja: „Ein guter Mensch bringet Gutes hervor aus dem guten Schatz seines Herzens

und ein boshafter Mensch bringet Böses hervor aus dem bösen
Schatz seines Herzens". — „Das Wollen wird nicht gelernt —
sagte Seneca; es ist dem Menschen unabänderlich angeboren.
Das Böse ist dem Bösen so angeboren wie der Giftzahn und die
Giftblase der Schlange und so wenig wie sie kann er das Ange-
borene ändern." Kurz —

> Du bist am Ende, was du bist.
> Setz dir Perrücken auf von Millionen Locken,
> Setz deinen Fuß auf ellenhohe Socken
> Du bleibst doch immer, was du bist.

Diese Wahrheit — meint Schopenhauer — bestätige auch die
allgemeine Erfahrung aller Menschen. Noch nach vielen, vielen
Jahren betreffe man sich selbst und alte Bekannte wieder auf denselben Streichen. „Wer einmal stiehlt, ist sein Lebtag ein Dieb" —
sagt ein Sprichwort. Oftmals denken wir zwar, wir würden
anders handeln, wenn wir wiederum in die gleiche Lage kämen;
aber ebenso oft erfahren wir auch, daß wir uns darüber täuschen. Eine Aenderung des menschlichen Charakters ist unmöglich. „Die Motive können nie den Willen selbst ändern; denn
sie selbst haben Macht über ihn nur unter der Voraussetzung,
daß er gerade ein solcher ist, wie er ist. Alles, was sie können,
ist also, daß sie die Richtung seines Strebens ändern d. h. machen, daß er Das, was er unveränderlich sucht, auf einem andern
Wege sucht, als bisher. Daher kann Belehrung, verbesserte Erkenntniß, also Einwirkung von Außen, zwar ihn lehren, daß er
in den Mitteln irrte, und kann demnach machen, daß er das
Ziel, dem er, seinem innern Wesen gemäß, einmal nachstrebt, auf
einem ganz anderen Wege, sogar in einem ganz andern Object
als vorher verfolgt; niemals aber kann sie machen, daß er etwas
wirklich Anderes will, als er bisher gewollt hat; sondern dies
bleibt unveränderlich, denn er ist ja nur dieses Wollen selbst,
welches sonst aufgehoben werden müßte. Jenes Erstere inzwischen, die Modifikabilität der Erkenntniß und dadurch des Thuns,
geht so weit, daß er seinen unveränderlichen Zweck, er sei z. B.
Mohameds Paradies, einmal in der wirklichen Welt, ein ander
Mal in einer imaginären Welt zu erreichen sucht, die Mittel
hiernach abmessend und daher das erste Mal Klugheit, Gewalt
und Betrug, das andere Mal Enthaltsamkeit, Gerechtigkeit,

Almosen, Wallfahrt nach Mekka anwendend. Sein Streben selbst
hat sich aber deshalb nicht geändert, noch weniger er selbst." —
Während somit nach der alten Auffassung gesagt werde, der Mensch
sei sein eigen Werk am Lichte der Erkenntniß, will Schopenhauer dagegen behaupten, der Mensch sei sein eigen Werk vor
aller Erkenntniß und diese komme nur hinzu es zu beleuchten.
Der Mensch wie er erscheint, ist also in seinen Handlungen durchweg bestimmt und unabänderlich wie sein Urwille. Nur an diesem
Urwillen klebt unsere Schuld oder unser Verdienst, nur deshalb
rechnen wir uns auch die einzelnen Thaten zu, weil wir dunkel
fühlen, daß sie aus unserm ursprünglichen Wesen, als der freien
That unseres Urwillens hervorgehen. — Dies im Wesentlichen
Schopenhauer's Ansicht.

Unstreitig sind alle diese auf die Gesetzmäßigkeit der Motivation unseres Handelns bezüglichen idealistischen Gründe wider
die Willensfreiheit gewichtiger als die bisher geprüften materialistischen und statistischen Gründe; sie dringen bis zum Kern der
Frage vor. Eben deshalb muß auch die Prüfung derselben uns
endgültig zeigen, ob ein Spielraum für den freien Willen vorhanden bleibt oder nicht, und wo im ersten Falle dieser Spielraum zu suchen, wie in ihm die Wirksamkeit der Willensfreiheit
zu denken ist.

An den vorgebrachten Gründen ist Eins unzweifelhaft
richtig, das nämlich, daß keine Aeußerung unserer Seele ohne
Anlaß, ohne Motiv erfolgt. Die Frage ist aber, wodurch irgend
ein Reiz, irgend eine Vorstellung für unsere Seele zum bestimmenden Motiv wird und wie wir uns diese Bestimmung zu
denken haben. Leicht erkennbar ist zunächst, daß kein Empfindungsreiz, keine Vorstellung dies an sich ist oder durch sich selber
wird. Dieselbe Empfindung, dieselbe Vorstellung kann unsere
Seele bald zu irgend einem Thun veranlassen, bald nicht. Heute
höre ich zu einer bestimmten Zeit den Glockenschlag der Uhr und
beeile mich die nothwendige Arbeit zu beginnen: morgen trifft
zur selben Stunde derselbe Glockenschlag mein Ohr, aber ich über-
höre ihn, weil die Aufmerksamkeit meiner Seele einer anderen
Wahrnehmung zugewendet ist. Heute lockt uns die Vorstellung
einer Lust, morgen stößt sie uns ab oder läßt uns völlig gleichgültig. Reize oder Vorstellungen sind also nicht an sich stark oder

schwach, werden es auch nicht durch bloße Verbindung mit anderen Vorstellungen oder durch das Ausscheiden einiger Bestandtheile, sondern nur durch ihre Beziehung zu der bestimmten Empfänglichkeit oder Reizbarkeit eines beseelten Wesens. In dem Beispiele vom Herkules am Scheidewege gaben die Vorstellungen der Tugend nicht deshalb den Ausschlag, wurden nicht deshalb für den Herkules Motive seines Handelns, weil sie an sich stärker waren, als die Vorstellungen des Lasters, sondern weil die Seele des Herkules für sie reizempfänglicher war und durch ihre Zuwendung ihnen diese größere Stärke verlieh. Fraglich ist nur, ob diese Reizbarkeit und die durch sie veranlaßte Zuwendung des Herkules ausschließlich als nothwendige Folge der ihm angeborenen und anerzogenen Natur angesehen werden muß, oder ob dabei in irgend einem Momente der freie Wille als ein mitwirkender Factor gedacht werden kann. Die eigentliche Kernfrage der Willensfreiheit ist also nur, ob die Zuwendung der Seele, durch welche eine Vorstellung zum Motiv wird, frei gedacht werden kann, oder gebunden gedacht werden muß. Da nun vollständig klar ist, daß kein Empfindungsreiz, keine Vorstellung für sich betrachtet eine Gebundenheit des Wollens und Handelns nach sich ziehen kann, sondern nur insofern sie als Erregungsfactor einer Seele von bestimmter Beschaffenheit und Reizbarkeit in Betracht kommt: so muß, wer die Gebundenheit des Willens behauptet, mit S c h o p e n h a u e r folgerichtig auch die unabänderlich angeborene Beständigkeit des Wesens annehmen, welcher gemäß eine Seele auf jeden bestimmten Reiz auch jederzeit in derselben, bestimmten Weise rückwirken muß. Liegen nun zwingende Gründe vor, in der unabänderlichen Beständigkeit der Rückwirkungen auf Reize eine solche angeborene Beständigkeit des Wesens der Seele zu erkennen, oder berechtigt die Erfahrung uns zu einer entgegengesetzten Auffassung?

S c h o p e n h a u e r behauptet natürlich, die Erfahrung offenbare uns die unabänderliche Constanz des Charakters. Als Beispiel, welches diese Lehre auf das Stärkste bestätige, erzählt er eine von ihm den Times und von diesem Blatt der französischen Zeitung La Presse entnommene Geschichte von einem Verbrecher, der am Tage vor seiner Hinrichtung dem Kerkermeister bekannte, daß er von Kindheit auf nach Blut gedürstet, daß er schon in

17

seinem achten Jahre ein Kind erstochen und im Ganzen 26 Mord=
thaten begangen habe, daß die Erinnerung an einige dieser Mord=
thaten schwer auf seiner Seele laste, daß er aber nichts desto
weniger, wenn er seine Freiheit wieder erhalte, noch Andere mor=
den würde. Schopenhauer nimmt ferner für diese Lehre das
Zeugniß der großen Dichter in Anspruch, deren Tiefblick die
menschliche Natur so offen liege, daß ihre Aussagen unmittelbar
die Wahrheit träfen. Von den angeführten Stellen aber paßt
im Grunde nur eine Schilderung Walter Scott's zur Sache.
Derselbe läßt in seinem St. Romans Well eine sterbende, reuige
Sünderin auf dem Sterbebette ihr geängstetes Gewissen durch
Geständnisse zu erleichtern suchen, und mitten unter diesen sagen:
„Ich bin das elendeste und abscheulichste Geschöpf, das je gelebt
hat, — mir selber am abscheulichsten. Denn mitten in meiner
Reue flüstert etwas mir heimlich zu, daß, wenn ich wieder wäre,
wie ich gewesen bin, ich alle Schlechtigkeiten, die ich begangen
habe, abermals begehen würde, ja noch schlimmere dazu. O, um
des Himmels Beistand, den nichtswürdigen Gedanken zu ersticken." —
Obschon nun hinreichend Grund vorhanden wäre auf diese Art,
aus Zeitungsnotizen zweiter oder dritter Hand und aus Dichter=
stellen Erfahrungsthatsachen zu sammeln, nach den strengen For=
derungen einer wissenschaftlichen Beweisführung gar kein Gewicht
zu legen, wollen wir doch diese Beispiele annehmen, selbst die
Möglichkeit zugeben, daß sich eine noch größere Zahl ähnlicher
Beispiele aus der wirklichen Erfahrung beibringen ließe. Für die
Lehre von der unabänderlichen Constanz des Charakters sind diese
Thatsachen beweisunträftig. Sie offenbaren uns nur, daß beide
Verbrecher am Ende ihrer verbrecherischen Laufbahn im Bewußt=
sein der Einbuße ihrer niemals zur vollen Entwicklung gelangten
Willenskraft sich nicht zutrauen im Falle der Erneuerung ihres
Lebens den wiederkehrenden Lockungen ihrer schlechten Neigungen
den nöthigen Widerstand leisten zu können. Sie verleugnen nicht
ihren freien Willen, sie mißtrauen nur seiner Kraft. Die ster=
bende alte Sünderin macht sogar noch einen Versuch, um ver=
mittelst des freien Willens den nichtswürdigen Gedanken, daß sie
alle Schlechtigkeiten abermals begehen würde, zu ersticken, nur
ruft sie im Bewußtsein der Ohnmacht dieses ihres Willens den
Beistand des Himmels an. Leugneten beide Verbrecher den freien

Willen, so durften sie keine Reue empfinden, denn diese hat einzig und allein einen Sinn unter der Voraussetzung, daß die begangenen Unthaten hätten unterbleiben sollen und unterbleiben können, daß wenigstens in der sittlichen Gesammtbildung irgend Etwas durch die Schuld des eigenen Wollens verabsäumt sei. Hätte die alte Sünderin anders gedacht, so wäre sie sich selber nicht abscheulich gewesen, sondern bemitleidenswerth als ein Geschöpf, das mit Nothwendigkeit verdammt sei die schlimmen Folgen der angeborenen bösen Natur zu tragen. Anstatt zu hadern wider sich selbst, hätte sie gehadert mit Dem, der sie also geschaffen. Ich will nicht behaupten, daß nicht Menschen in Augenblicken einer Gewissensbetäubung verrucht genug sein können ohne irgend ein Gefühl von Reue jede Schuld von sich abzuwälzen, aber Diejenigen, die den Tiefblick der Dichter ehren, erinnere ich daran, daß S h a k e s p e a r e , der große Menschenkenner, nicht einmal seinem Erzbösewicht eine solche Gesinnung angedichtet hat. Bitter genug klagt Richard der Dritte über die ihm widerfahrene Vernachlässigung der Natur und betrachtet doch den eigenen Willen als den Ausgang seiner Bosheit.

> Ich, roh geprägt, entblößt von Liebes-Majestät
> Vor leicht sich dreh'nden Nymphen mich zu brüsten;
> Ich, um dies schöne Ebenmaß verkürzt,
> Von der Natur um Bildung falsch betrogen,
> Entstellt, verwahrlost, vor der Zeit gesandt
> In diese Welt des Athmens, halb kaum fertig
> Gemacht, und zwar so lahm und ungeziemend,
> Daß Hunde bellen, hink' ich wo vorbei;
> Ich nun, in dieser schlaffen Friedenszeit,
> Weiß keine Lust, die Zeit mir zu vertreiben,
> Als meinen Schatten in der Sonne spähn
> Und meine eigne Mißgestalt erörtern;
> Und darum, weil ich nicht als ein Verliebter
> Kann kürzen diese fein beredten Tage,
> Bin ich gewillt ein Bösewicht zu werden,
> Und feind den eitlen Freuden dieser Tage.

Welche Gewissensqualen die Folgen dieses seines Willens herbeiführen, hat S h a k e s p e a r e nicht minder lebhaft geschildert. In schweren Träumen bedrängt ihn sein feig Gewissen, die Geister aller Ermordeten erscheinen ihm, er erwacht, kalter Schweiß deckt

sein schauerndes Gebein, er mögte fliehen, aber vor wem? vor sich
selbst? Er haßt sich selbst, verhaßter Thaten halber durch ihn
verübt.

> Ich bin ein Schurke, — doch ich lüg', ich bins nicht.
> Thor, rede gut von Dir! — Thor, schmeichle nicht!
> Hat mein Gewissen doch viel tausend Zungen,
> Und jede Zunge bringt verschiednes Zeugniß,
> Und jedes Zeugniß straft mich einen Schurken.
> Meineid, Meineid, im allerhöchsten Grad,
> Mord, grauser Mord, im fürchterlichsten Grad,
> Jedwede Sünd', in jedem Grad geübt,
> Stürmt an die Schranken, rufend: Schuldig! schuldig!
> Ich muß verzweifeln. — Kein Geschöpf liebt mich
> Und sterb' ich, wird sich keine Seel' erbarmen.
> Ja, warum sollten's Andere? Find' ich selbst
> In mir doch kein Erbarmen mit mir selbst.

Nachdem wir in der Einsamkeit dieses zerfleischende Selbstbekennt-
niß des bösen Gewissens gehört haben, gilt es uns nicht mehr
als Wahrheit, wenn derselbe Richard bald darauf zu seinen
Untergebenen sagt:

> Gewissen ist ein Wort für Feige nur,
> Zum Einhalt für den Starken erst erdacht:
> Uns ist die Wehr Gewissen, Schwert Gesetz.

In diesen Worten erkennen wir jetzt nicht mehr, als die letzte
verzweifelte Willensanstrengung, die Stimme des Gewissens für
den Augenblick zu betäuben.

Diese Stimme nun der inneren Zurechnung unseres Thuns
ist unbedingt eine Thatsache des sittlichen Menschenlebens von
viel weiterer Anerkennung und von viel weiterer Tragweite als
die verhältnißmäßig seltenen Aussprüche Derjenigen, die alle Mitschuld ihrer Unthaten ableugnen. Rücksichtlich der Erfahrung
kommen daher nicht diese möglichen vereinzelten Fälle, die auf
vorübergehenden Selbsttäuschungen beruhen können, vorzugsweise
in Betracht, sondern die seit Menschengedenken allbekannte Thatsache der sittlichen Zurechnung, die mit dem eigenen Willen und
Thun ins Gericht geht. Und diese Thatsache erhält einen verständlichen Sinn nur unter der Voraussetzung, daß wir unseren
Charakter nicht für einen durch Natur und Verhältnisse unabänderlich gegebenen, sondern für einen durch Mitwirkung unseres

freien Willens gewordenen halten, daß wir also an die Wirklich=
keit unserer Willensfreiheit und ihre Wirksamkeit in der Erfah=
rung glauben.

Daß Kant dieses sittliche Gemeinbewußtsein der Menschen
anrief und auf Grund desselben die sittliche Freiheit forderte, an=
erkennen wir somit als berechtigt, darin aber können wir ihm
nicht folgen diese Freiheit des Wollens für eine Eigenschaft un=
seres übersinnlichen Wesens zu halten. Die sittliche Zurechnung ver=
liert bei dieser Auffassung vollständig ihre Bedeutung. Ihr zufolge
ist der Mensch seiner übersinnlichen Natur nach ein sittliches Ver=
nunftwesen, das als solches nur das Gute wollen kann, und
eben in diesem Wollen frei ist, weil es darin nicht von einem
äußeren Zwange, sondern nur von dem Gesetz des eigenen We=
sens abhängt. Insofern nun aber der Mensch als Sinnenwesen
erscheint, soll seine Natur zugleich den Sinnenreizen zugänglich,
und dadurch bedingt auch fähig sein, vom Gebote seines ver=
nünftigen Wesens abzuweichen. Diese Möglichkeit der Abweichung
vom inneren Sittengesetz und die ihr gegenüber stehende Möglich=
keit bewußter Aufrechthaltung desselben soll Das sein, was uns
im Leben veranlaßt von der sittlichen Freiheit des Menschen zu
reden. In Wahrheit frei soll aber nur Derjenige genannt werden,
in welchem trotz der Sinnenreize die Gebote des sittlichen Ver=
nunftwesens zur Geltung gelangen, unfrei dagegen Derjenige, in
welchem die Sinnenreize die Herrschaft gewinnen. — Diese Ge=
danken Kant's führen offenbar von der Kernfrage ab, anstatt sie
zu erledigen. Sie machen die Seele des Menschen nur zum Tum=
melplatz der Sittengebote seines übersinnlichen vernünftigen We=
sens und der Sinnenreize seines natürlichen irdischen Wesens;
beide kämpfen um den Besitz der Seele, die selbst nur als leiden=
der Zuschauer dieses Kampfes erscheint, dessen Ausgang von der
jeweiligen Mischung der beiden genannten Bestandtheile unseres
Wesens abhängt. Ist dabei das sittliche Vernunftwesen aller
Menschenseelen als gleich stark anzunehmen, so kommt es nur auf
die Stärke oder Schwäche der natürlichen Beigabe des sinnlichen
Wesens an; kann auch die erste Ausstattung als verschieden an=
gesehen werden, so kommen beide Seiten in Betracht. Immer
aber bleibt der Mensch als dieses Doppelwesen, wie er gemacht
ist; nicht wird er, wozu er sich selber macht. Es sei denn, daß

angenommen würde, die Menschenseele selbst habe vor der Zeit
ihrer sinnlichen Erscheinung durch freies Wollen dem eigenen
Wesen die Stärkegrade der vernünftigen und der sinnlichen Natur
gegeben. Kant ist vor dieser Folgerung stehen geblieben. Schelling hat sie gezogen und somit behauptet, die Freiheit des Menschen liege in einer intelligibelen, vorzeitlichen That, durch welche
er sich zu dem gemacht hat, was er jetzt ist. Schopenhauer
fordert klarer und bestimmter noch für diese vorzeitliche That die
volle Freiheit der Selbstentscheidung. — „Jedes Ding ist als
Erscheinung, als Object, durchweg nothwendig, — lesen wir in
seinem Hauptwerk (Die Welt als Wille u. Vorstellung. 3. Ausg.
Bd. 1. S. 338) — dasselbe ist an sich Wille, und dieser ist völlig
frei, für alle Ewigkeit. Die Erscheinung, das Object, ist nothwendig und unabänderlich in der Verkettung der Gründe und
Folgen bestimmt, die keine Unterbrechung haben kann. Das Dasein überhaupt aber dieses Objects und die Art seines Daseins,
d. h. die Idee, welche in ihm sich offenbart, oder mit anderen
Worten, sein Charakter, ist unmittelbare Erscheinung des Willens.
In Gemäßheit der Freiheit dieses Willens, könnte es also überhaupt nicht da sein, oder auch ursprünglich und wesentlich ein
ganz Anderes sein; wo dann aber auch die ganze Kette, von der
es ein Glied ist, die aber selbst Erscheinung desselben Willens ist,
eine ganz andere wäre: aber einmal da und vorhanden, ist es
in der Reihe der Gründe und Folgen eingetreten, in ihr stets
nothwendig bestimmt und kann demnach weder ein Anderes werden, d. h. sich ändern, noch auch aus der Reihe austreten, d. h.
verschwinden. Der Mensch ist, wie jeder andere Theil der Natur,
Objectivität des Willens: daher gilt alles Gesagte auch von
ihm." — Diese Ansicht, deren Unklarheit in Betreff der Erklärung unseres Wesens als einer freien Entscheidungsthat eines
vorzeitlichen Willens alsbald aufgedeckt werden soll, läßt allerdings Raum für eine sittliche Zurechnung, aber offenbar ist dieselbe in solchem Zusammenhang nur die schwer geborene Idee
einiger speculirenden Köpfe, nicht die allbekannte Thatsache des
sittlichen Gemeinbewußtseins der Menschheit. Denn dieses rechnet
nicht ab mit einer völlig unbekannten vorzeitlichen That unserer
Wesensentscheidung, sondern mit bestimmten vorliegenden Aeußerungen unseres Willens im irdischen Dasein. Es geht nicht von

der Voraussetzung aus, daß wir mit einem unabänderlichen Wesen
auf die Welt gekommen sind, sondern vielmehr von der Annahme,
daß wir mit unentschiedenen Anlagen geboren werden, auf deren
Entwicklung zum Guten oder zum Bösen unser Wille mit freier
Selbstentscheidung einen mitbestimmenden Einfluß ausüben kann.
Ich halte diese verbreitete Annahme für wohl begründet und
durchaus unanfechtbar und will versuchen sie so einleuchtend wie
möglich zu rechtfertigen.

Vor Allem spricht wie mir scheint die Erfahrung unbedingt
zu Gunsten der Annahme, daß uns kein unabänderlich fester,
starrer Charakter angeboren ist. Nur scheinbar widerspricht Dem
die Volksweisheit, wie sie in manchen Sprichwörtern zu Tage
tritt. Im Sprichwort kommen die verschiedensten, auch die entgegengesetzten Lebenserfahrungen zum Ausdruck, man kann daher
in den allermeisten Fällen jedem Sprichwort ein einlenkendes oder
widersprechendes anderes zur Seite stellen. Erklärt ein Sprichwort: „die Natur kann man nicht ändern" oder kürzer „angeboren, unverloren", so sagt ein zweites einschränkend „die Natur
läßt sich biegen, aber nicht brechen", und ein drittes „Gewohnheit ist die andere Natur" läßt schon eine noch weitere Aenderung
zu. Betonen aber alle diese Sprichwörter noch vorzugsweise die
Natur, so heben dagegen andere Sprichwörter, wie „der Wille
thuts", „wer will, der kann" — „Jeder ist seines Glückes Schmied"
die Macht des selbstbestimmenden Willens hervor. Zum Sprichwort gehört es überdies ebenso sehr, daß es einzelne Erfahrungen
verallgemeinert, als daß es allgemeine Wahrheiten in die Form
einzelner Erfahrungssätze kleidet. Die wirkliche Grunderfahrung
verbirgt sich daher hinter dem uneigentlichen Ausdruck. Heißt es
im Sprichwort „einen Mohren kann man nicht weiß waschen",
oder „verkehrte Natur bleibt verkehrt, wenn man gleich ein Loch
in sie predigte", so drückt sich darin unstreitig die Erfahrung von
einer gewissen unabänderlichen Starrheit mancher Charaktere aus.
Am häufigsten werden diese Sprichwörter auf unverbesserliche
Untugenden und Laster bezüglich gebraucht.

Genau besehen kann es sich aber bei der zu Grunde liegenden Erfahrung nur um Beispiele schon entwickelter und eben
deshalb nicht mehr veränderlicher schlechter Anlagen handeln.
Wenn die Zeit da ist, wo das Predigen gehört wird, dann ist

allerdings gar manchmal die Zeit zum Aendern einer verkehrten
Natur schon vorüber. Und wenn die Seele bereits schwarz ge=
worden ist, wie der Mohr, dann allerdings ist sie ebenso schwer
weiß zu waschen wie er; aber keine Seele wird so schwarz gebo=
ren. — Im Grunde also bringen diese wie die genannten ähn=
lichen Sprichwörter, mögen sie strenger oder gelinder genommen
werden, immer nur die unbestrittene Erfahrung zum Ausdruck,
daß die angeborene wie die fest gewordene Natur einen gewichti=
gen, oftmals unbeherrschten und deshalb nicht mehr zu bewälti=
genden Einfluß auf unser menschliches Thun und Treiben ausübt.
Sie lassen aber einen vollen freien Spielraum für die veränder=
liche Entwicklung der Seelen, in dem Zwischenraum zwischen
dem angeborenen und dem fest gewordenen Wesen der Seele. —
Unstreitig giebt es scharf ausgeprägte Naturen mit starken ange=
borenen Neigungen zum Guten oder Bösen. Wachsen solche Men=
schen in Verhältnissen auf, welche die Entwicklung ihrer ange=
borenen Natur befördern, so pflegt allerdings ihr freier Wille
bald nicht mehr in Anspruch genommen zu werden, sie thun, was
sie nicht mehr lassen können, ohne Wahl und Qual Gutes oder
Böses, ihre ursprüngliche Natur ist unabänderlich fest geworden.
Derartige Fälle sind denkbar, aber selbst bei solchen Menschen
wird die veränderungslose Starrheit des Wesens doch nur an=
nähernd vorhanden sein. Ohne inneren Kampf wider eine mög=
liche Aenderung gehen sicherlich auch diese Naturen nicht durch
die Welt. Niemand ist von Geburt so böse, daß nicht auch gute
Neigungen in ihm wären und das Bewußtsein der Verbindlichkeit
zum Guten in ihm sich regte; dadurch wird ein Kampf in ihm
entstehen, für dessen Entscheidung sein Wille in Anspruch genom=
men wird. Ebenso kommt Niemand so gut auf die Welt, daß
er für böse Reizungen völlig unzugänglich wäre, auch ihm wird
dadurch ein Streit im Inneren erwachsen, den er ohne seinen
Willen nicht schlichten kann. Niemand auch erlangt eine solche
Stärke des Gutseins, daß er je glauben darf der Hülfe seines
Willens entbehren zu können um das erworbene Gutsein gegen
die immer noch möglichen Anfechtungen des Bösen aufrecht zu
halten. Herkules hatte gute Anlagen erhalten und eine gute
Erziehung genossen, war also von beiden Seiten zur Betretung
des Tugendpfades angetrieben worden, trotzdem behielten die

Lockungen des Lasters noch ihren Reiz für seine Seele und er bedurfte seiner vollen Willenskraft um diesen Lockungen zu widerstehen. Durch seine Natur und seine Erziehung hatte im Allgemeinen der zum Guten geneigte Wille in ihm die Oberhand, aber
im Augenblicke der Verlockung durch das Laster konnten dennoch
die Reize der sinnlichen Lust die Herrschaft über seine Vorstellungen gewinnen, weil auch seine Seele ihnen zugänglich blieb.
Um dies zu verhindern mußte sein freier Wille eingreifen in das
Spiel der in seiner Seele streitenden Vorstellungen. Um den im
Allgemeinen zum Guten geneigten Willen nun auch im einzelnen
Handeln zu bewähren, mußte er mit voller Kraft seine Aufmerksamkeit der Vorstellung des edlen Lebenszweckes zuwenden und
dadurch diese Vorstellung zur stärkeren und damit zum Motiv
seines Handelns machen. Sein Wille erhielt zwar von der
Seite seiner Anlagen und seiner Erziehung einen Antrieb zum
Guten, aber dieser Antrieb hatte seiner Seele noch nicht einen
so festen Charakter gegeben, daß jede Verlockung zur Abweichung reizlos an seiner Seele vorüber gleiten mußte; der freie
Wille sollte jetzt erst im Widerstand gegen jene Lockungen den
natürlichen Antrieb zu einer festen Eigenschaft seines selbstbewußten Wesens gestalten. Zum Wesen des menschlichen Willens
überhaupt gehört es, wie im folgenden Kapitel näher erörtert
werden soll, sich zum Guten verbunden zu fühlen; die Freiheit
des Wollens erstreckt sich nicht so weit, daß der Mensch im Ganzen das Böse wollen, sich zum Bösen verbunden erachten kann.
Aber er braucht die Freiheit seines Willens um diese allgemeine
Gebundenheit des Willens im einzelnen Thun seines Lebens zu
bethätigen. Durch die Herrschaft seines Willens über die Vorstellungen seiner Seele kann er das Bewußtsein dieser sittlichen
Gebundenheit aufrecht halten oder sinken lassen, vermittelst des
freien Willens kann er Hülfsvorstellungen verschiedener Art her-
beirufen oder verscheuchen, Gelegenheiten zur Verstärkung der
einen oder der anderen Antriebe aufsuchen oder meiden. Was
der Mensch nun in dieser Rücksicht thut oder unterläßt, Das ist
einzig das Werk seines Willens, Das ist es, was er sich unter
allen Umständen zurechnet oder zuzurechnen hat. Dieses freie
Wollen ist allerdings keine Kraft, welche der Seele jederzeit, in
jedem Zustande zu Gebote steht. Es ist schon bereits den Mate-

rialisten zugegeben, daß sie in den bewußtlosen oder halbbewußten Zuständen des Schlafes, der Trunkenheit, mancher Krankheit nicht ausgeübt werden kann, nur durch Erinnerung aufbewahrte Nachwirkungen früherer Willensregungen kommen auch in diesen Zuständen unbewußten Seelenlebens noch zum Vorschein. Es ist ebenso bei Besprechung der statistischen Beweise gegen die Willensfreiheit bereits hervorgehoben, daß diese Kraft der freien Willensentscheidung zwischen einem Entweder-Oder in vielen Augenblicken leidenschaftlicher Erregung nicht in Anspruch genommen wird; es ist auch bemerkt, daß sie im frühen Kindesalter noch nicht und bei fest entwickelten Charakteren, bösen wie guten, nicht mehr im vollen Maße gebraucht wird. Das Alles sind nur Beschränkungen ihrer Anwendung, die weder ihre Thatsächlichkeit aufheben, noch ihrer Bedeutung zu nahe treten. Diese scheinbar geringe Kraft unseres Willens über die Vorstellungen unserer Seele und die Bewegungen unseres Leibes übt zur rechten Zeit angewandt die größte Macht aus über den Verlauf unserer Entwicklung, unseres Thuns. Sie erscheint rein äußerlich gemessen gering im Vergleich mit der Masse der von Außen auf uns eindringenden Reize und Einflüsse, sie kann aber innerlich angesehen eine Stärke erlangen, welche sie in den Stand setzt die ganze Masse jener äußeren Eindrücke aufzuwiegen. Der Willenskraft durch Uebung diese Stärke in Beziehung zum Guten zu geben, darin besteht eben die Aufgabe der sittlichen Entwicklung des Charakters, der nicht von Natur da ist, sondern aus einer veränderlichen Natur im Kampfe jener Mächte erst gewonnen wird.

Diese Kraft des freien Wollens nun tritt uns am deutlichsten hervor, wenn wir ihre Wirksamkeit losgelöst von ihrer Beziehung zur allgemeinen Gebundenheit des Willens dem Guten gegenüber bei völlig gleichgültigen Handlungen betrachten. Darauf beruht der Sinn des Beispiels von Buridan's Esel, für den es völlig gleichgültig war, ob er um nicht zu verhungern erst das eine oder das andere Bündel Heu verzehren wollte. Wir behaupten nun allerdings mit den damaligen Anhängern der Willensfreiheit, daß kein Mensch in solchem Falle ein solcher Esel sein wird, in der Mitte beider Bündel, von beiden gleich angezogen, stehen zu bleiben und zu verhungern. Vielmehr nehmen wir an, daß jeder Mensch in solcher Lage sich mit voller Freiheit wird

zuerst zur Linken oder zur Rechten wenden können. Ebenso be=
haupten wir gegen Schopenhauer, daß jeder Mensch, für den
es völlig gleichgültig ist, ob er auf einem Stuhle sitzen bleibt
oder nicht, das klare und deutliche Bewußtsein in sich trägt, es
hänge nur von seinem Willen ab das Eine oder das Andere zu thun.
Daß durch den plötzlichen Schreckruf der Mensch sofort zum Auf=
stehen bewogen werden, daß vermittelst solchen Motivs eine ganze
Gesellschaft zum Zimmer hinausgeworfen werden kann, hat mit
jenem Fall gar nichts zu thun. Der Schreckruf bringt in Ver=
bindung mit dem Lebenswillen der Anwesenden natürlich unmit=
telbar nur die eine Handlung des Fliehens vor der Gefahr zu
Wege, hier giebt es gar kein Entweder=Oder, also auch keinen
Anlaß zur Bethätigung des freien Willens. Einen solchen aber
kann sich jeder Mensch jeden Augenblick bei unbedingt gleichgül=
tigen Handlungen vor Augen führen, und der Unbefangene wird
dann keinen Augenblick darüber zweifelhaft sein, daß er inner=
halb gewisser natürlicher Grenzen menschlichen Könnens über=
haupt zuversichtlich kann, was er will. Und dieses Bewußtsein
ist keine Selbsttäuschung, sondern bezeugt die volle Wahrheit
der Sache.

Gegen die Annahme dieser Thatsache erhebt sich nun zuletzt
noch der Einwand, die Willensfreiheit sei undenkbar, enthalte einen
logischen Widerspruch. „Die Behauptung, daß ein gegebenes
Wesen frei sei, d. h. unter gegebenen Umständen so und auch
anders handeln könne — meint Schopenhauer — besagt, daß
es eine existentia ohne essentia habe, d. h. daß es blos sei
ohne etwas zu sein; also daß es nichts sei aber dabei doch sei,
mithin daß es zugleich sei und nicht sei. Also dies ist der Gipfel
der Absurdität, aber nichts desto weniger gut für Leute, welche
nicht die Wahrheit, sondern ihr Futter suchen." — Wäre diese
Entgegnung Schopenhauer's richtig, so träfe sie jedenfalls
ihn selbst, wie alle Diejenigen, welche die Freiheit des Willens
für die vorzeitliche That unserer Wesensentscheidung zurück be=
halten. Gerade bei dieser ihrer Ansicht muß der angegebene Wi=
derspruch besonders scharf hervortreten. Jedes Wesen soll sein
ewiges Sein erst erhalten durch die ursprüngliche That seines
freien Willens und doch soll es vor dieser That gedacht werden
als ein Sein, das auch anders hätte wollen können. Es soll das

Sein erst erhalten durch diese Willensthat und doch schon ein
Sein haben vor derselben. Die Idee der vorzeitlichen Freiheit
der Wesensentscheidung wird allerdings diesen Widerspruch nicht
beseitigen können, für die Idee der Willensfreiheit als einer
Kraft der gegebenen Seele verschwindet dieser Widerspruch. Die
Seele kommt nach dieser Ansicht als ein schon bestimmtes, mit
verschiedenen Kräften ausgestattetes Etwas auf die Welt, unter
diesen Kräften befindet sich auch die Kraft der freien Zuwendung
oder Abwendung ihrer Aufmerksamkeit und der Bewegung ihres
eigenen Leibes. Das ist keine Entwicklung aus Nichts, das doch
Etwas sein soll, wie jene vorzeitliche Freiheit, sondern die gelegentlich erregte Kraftwirkung eines bestimmten gegebenen Wesens. —
Bei dem Act dieses freien Wollens selbst ferner verhält es sich
keineswegs so unlogisch, wie Schopenhauer darstellt, daß man
Etwas zugleich will und nicht will. Im Augenblicke der Entscheidung will man allerdings nur Eins, aber zuvor wünscht man
Verschiedenes, denkt ein Entweder-Oder, und ist sich bewußt, das
Eine wollen zu können oder das Andere. Man unterliegt dabei
auch durchaus nicht, wie Schopenhauer will, der Täuschung,
dieses Bewußtsein des freien Wollenkönnens mit den verschiedenen
Wünschen zu verwechseln, hält vielmehr Beides klar aus einander.
Wollte man hier einen unbegreiflichen Widerspruch suchen, so läge
er viel mehr darin, daß unsere Seele im Stande ist zugleich einander Widersprechendes zu wünschen oder auch nur Gegensätz-
liches zu denken, als darin, daß sie im Stande ist sich für den
einen oder den anderen Wunsch zu entscheiden. Wer sich bei jenen
Thatsachen des Wünschens und Denkens beruhigt, dem sollte es
noch leichter werden das freie Wollen als Thatsache unseres Bewußtseins anzunehmen. Daß der eigentliche Hergang dieser Kraft-
entwicklung unserer Seele dunkel bleibt, daß wir nicht ersehen
können, wie unsere Seele es anfängt aus sich den Anfang einer
Reihe von Wirkungen zu erzeugen, kann diese Annahme nicht
hindern, denn in ganz gleicher Lage befinden wir uns dem Hergang alles Werdens und Denkens gegenüber. Wie unsere Seele
es anfängt erlebte Eindrücke im Gedächtniß zu bewahren, sie
heute zu vergessen und sich ihrer morgen wieder zu erinnern, Das
wissen und begreifen wir nicht; und doch kommt es Niemandem
in den Sinn wegen dieser Unbegreiflichkeit etwa die Thatsache

des Gedenkens selbst zu bezweifeln oder gar in Abrede zu stellen. Das gleiche Recht beansprucht die Thatsache der Willensfreiheit, sie ist uns bezeugt unmittelbar durch unser Bewußtsein und mittelbar durch die Thatsache der sittlichen Zurechnung.

Auch die idealistischen Gründe also können, wie gezeigt, trotz ihres scheinbar mächtigen speculativen Gewichtes diese einfachen Zeugnisse unseres Bewußtseins für die Willensfreiheit nicht erschüttern. Auch diese Gründe sind nichtig und widerlegbar.

Somit sind schließlich nur noch die religiösen Gründe gegen die Willensfreiheit zu vernehmen und zu prüfen. Sie behaupten, wie schon angegeben, daß die Annahme der Willensfreiheit unverträglich sei mit der richtigen Ansicht über das Verhältniß der göttlichen Gnade zur menschlichen Schuld und mit der Annahme der unbedingten göttlichen Freiheit in der Bestimmung der Weltgeschicke.

Die religiöse Bestreitung der Willensfreiheit in Betreff der Unverträglichkeit derselben mit der göttlichen Gnade hat insbesondere einen christlichen dogmatischen Charakter. Es wird behauptet, der Mensch habe durch den Sündenfall vollständig die Freiheit seines Willens verloren und vermöge seitdem nur noch durch göttliche Gnade zum Guten berufen und bestimmt zu werden. Diese Ansicht ist bekanntlich wiederholt in der christlichen Kirche aufgestellt worden. Ob und in wie weit unter den Katholiken der heilige Augustin dieser Ansicht huldigte, darüber ist bis in die neueste Zeit viel gestritten worden. Spätere Anhänger der Ansicht, wie Luther und Jansen, beriefen sich auf Augustin, neuerdings hat besonders Wolanski, der Kämmerer des jetzigen Papstes, in seinem 1868 erschienenen Buch „Die Lehre von der Willensfreiheit des Menschen, vom theologischen und philosophischen Standpunkte", diese Berufungen als Mißdeutungen der Ansichten Augustin's darzustellen versucht. Zum klaren Abschluß scheint mir diese Streitfrage noch nicht gebracht. Unstreitig ist Augustin's Kampf für die Gebundenheit des Willens durch die Sünde wesentlich gerichtet gewesen gegen die naturalistische Freiheitslehre der Pelagianer. Nach dieser Lehre sollte, wie schon erwähnt, der menschliche Wille auch nach dem Eintritt der Sünde noch die volle Kraft besitzen aus sich heraus das Gute zu erstreben; diese Freiheit des Willens bestritt Augustin und behauptete ihr gegenüber die Abhängigkeit unseres Willens von der Sünde. Andererseits aber bestritt Augustin ebenfalls die Nothwendig=keitstheorie der Manichäer. Seine Absicht muß also offenbar ge=wesen sein eine gewisse Freiheit des Willens trotz der Sünden=herrschaft und neben der göttlichen Gnade als bestehend anzu=nehmen. „Er behaupte nicht — sagt er einmal (in der Schrift gegen zwei Briefe des Pelagius II, 9) — daß der freie Wille durch Adams Schuld verloren gegangen sei, aber wohl, daß er in den dem Teufel unterworfenen Menschen nur kräftig sei zum Sündigen, aber unvermögend zum guten und frommen Leben, wenn nicht der Wille selbst durch Gottes Gnade befreit werde." — Vermöge dieser Gnade heißt es in seinem Encheiridion c. 32 — „kommt Gott dem nicht Wollenden zuvor, damit er wolle (d. h. das Gute), unterstützt er den Wollenden, damit er nicht vergebens wolle". — Schon derartige Aeußerungen lassen nur eine so ver=clausulirte Willensfreiheit übrig, daß wohl gefragt werden kann, ob sie diesen Namen noch verdient. Ein Wille, der aus sich nur noch das Böse wollen kann, und das Gute nur, wenn die gött=liche Gnade ihn wieder frei macht, ist kein freier Wille mehr, sondern nur ein Wollen unter dem Zwange des Bösen oder unter der Gnade Gottes. Erst nach dem Eintritt dieser göttlichen Befreiung unseres Willens von der Gebundenheit durch das Böse kommt seine Kraft freier Entscheidung wieder zur Geltung, bis dahin aber ist der freie Wille verloren. Demgemäß mußte auch Augustin in seinem Encheiridion c. 30 sagen: „Durch den Miß=brauch des freien Willens richtete der Mensch sich und den freien Willen zu Grunde. Durch den Sieg der Sünde ist der freie Wille eingebüßt." — Augustin ließ also nach der Ursünde so zu sagen nur noch eine glimmende Kohle des Willens in unserer Natur verbleiben, welche die göttliche Gnade wieder zur hellen Flamme freien Willens entfachen konnte. Das Wollen unserer Natur galt ihm nicht als völlig ausgelöscht, im Wollen war noch ein Anknüpfungspunkt für die göttliche Wiederbelebung der von der Sünde betäubten Kraft bewahrt geblieben. Die Annahme oder Verwerfung der göttlichen Gnade konnte aber Augustin nicht für eine Sache der freien Entscheidung dieses Willensrestes ansehen, denn eben diese Freiheit sollte der Wille ja erst durch die Begnadigung wieder erhalten. Diesen Punkt hat auch

Wolanski's Rechtfertigung nicht aufgeklärt; und so weit ich sehe, ist es nicht gerechtfertigt mehr zu behaupten, als daß Augustin zu Denjenigen gehört, welche nach eingetretener Begnadigung Gottes die Mitwirkung des freien Willens zum Festhalten dieser Gnade zugelassen haben. Das Verdienst der vollen Rechtfertigung erlangen wir nach ihm auch dann nicht durch gerechtes Handeln, sondern allein durch die göttliche Gnade. Hält also Augustin den freien Willen auch nicht für durchweg unverträglich mit der göttlichen Gnade, so leugnet er doch seine Bedeutung für den ersten Grundkampf des Guten und Bösen in unserer Seele.

Auf diese Ansicht Augustin's, daß der freie Wille, nachdem er durch die Sünde die Freiheit verloren und der Sünde Knecht geworden, von sich selbst aus nichts Gutes zu thun vermöge, berief sich also Luther in seiner gegen Erasmus gerichteten Schrift über den geknechteten Willen mit Recht. Luther ging nur entschiedener vor in der vollständigen Verleugnung jeder Mitwirkung des freien Willens am Werke der Gnade. Nach ihm sind in Folge der Erbsünde die Menschen von der Sünde völlig eingenommen, und es ist einzig und allein das Werk einer unbegreiflichen Gnadenwahl Gottes, daß einige Menschen dem Guten folgen. „Also gar leidet die Gnade nicht — sagt er (W. ed. Walch. T. XVIII. S. 460. 635) — bei sich irgend ein Fünklein oder Meitlein vom freien Willen." Frei sind wir nie, entweder sind wir böse unter Satans Zwang, oder gut unter Gottes Gnade. Also ist des Menschen Wille ein Mittel zwischen Gott und Satan, und lässet sich führen, leiten und treiben wie ein Pferd oder ander Thier (ebend. S. 2122. 124). Luther ist nicht der Meinung, der freie Wille „könne anfahen aber nicht vollbringen" (ebendas. S. 2126. 129). Er bittet seine Gegner ihm doch die Wirksamkeit dieses angeblichen freien Willens aufzuzeigen. „Das bitten wir allein, daß ihr doch anzeigt, was für ein Werk, was für ein Wort, was für einen Gedanken der freie Wille vermöge oder was er sich unterstehen könne, damit er sich bereitet zur Gnade. Als daß ich ein grob Exempel setze: Wir fragen darnach, ob die Kraft könne beten, Allmosen geben, den Leib züchtigen, denn vermag der freie Wille so was, so muß es ja ein Werk sein" (ebenda S. 2140. 154). Die Bejahung dieser

Fragen hält Luther für einen Abbruch an der göttlichen Gnade, die nach einer unbegreiflichen Erwählung diesen in seiner Sünde läßt und jenen zum Guten zieht. Wir Alle sind Gott gegenüber Schuldner; und wie es nun im Belieben des Schuldherrn steht, dem Einen seine Schuld zu erlassen, dem Andern nicht, so auch ist Gott vollkommen frei in seiner Gnadenwahl. Nach dem Grund derselben haben wir nicht zu fragen. „Hier gebührt es aller Welt das Maul zu halten" meint Luther (ebenda S. 2115. 108). Die Hauptsache ist, daß wir uns nicht einbilden durch eigenes Streben ein Recht auf diese Gnade erlangen zu können, da uns diese Einbildung hindert in den Zustand sittlicher Zerknirschung zu gerathen, in welchem sich Gott in seiner Güte und Gnade am leichtesten unserer annimmt. Unser Wille ist dieser Gnade gegenüber völlig machtlos. Nur im Verhältniß zu Dingen unter uns — meint Luther einmal — könne man, wenn man ja das Wort freier Wille nicht wolle fahren lassen, allenfalls von einem solchen reden, als mit Acker, Haus, Hof möge man schaffen können, wie man wolle. Doch fügt er gleich hinzu: „wiewohl dasselbe dennoch auch regiert wird allein durch Gottes Willen. Gegen Gott aber und in Sachen, die die Seligkeit betreffen, hat der Mensch gar keinen Willen, sondern ist gefangen und unterworfen Gottes oder Satans Willen" (ebenda S. 2129. 134). Luther war ein harter, entschiedener Kopf, der nicht vermitteln mogte; er konnte sich in die Widersprüche nicht finden, nach denen ohne Wollen keine Gnade und doch auch ohne Gnade kein Wollen sein sollte. Bei ihm hieß es Gnade oder freier Wille, er entschied sich aus übergroßem Eifer gegen die katholische Werkheiligkeit für die erste und leugnete somit den freien Willen.

Nach ihm haben dies bekanntlich innerhalb der katholischen Kirche noch einmal Jansen und seine Anhänger die Jansenisten gethan, welche ebenfalls behaupteten, der Wille werde entweder durch die Gnade oder durch die Leidenschaft bestimmt, der göttlichen Gnade widerstehe die Seele auch im Stande des Sündenfalls nicht.

Die christlichen Kirchen, die katholische wie die evangelische, haben sich in dieser Frage zwischen diesen Gegensätzen stets eine Vermittlung gesucht. Doch ist unstreitig die katholische Kirche weiter gegangen in der Anerkennung der Willensfreiheit, als die evangelische Kirche. Auf dem Tridentiner Concil wurde in der sechsten Sitzung als kirchliche Ansicht festgestellt, daß zwar der Anfang der Vorbereitung für den Empfang der rechtfertigenden Gnade von Gott ausgehe, daß aber der Mensch zur Rechtfertigung mitwirke, insofern er die göttliche Gnade annehmen oder verwerfen könne; so bewege sich also der Mensch mit Freiheit zu Gott und für Gott. Durch gute Werke im Stande der Rechtfertigung erwürbe sich der Mensch im wahren und eigentlichen Sinne ein Verdienst vor Gott.

Die Bekenntnißschriften der evangelischen Kirche haben mit Luther aus Scheu vor der Werkheiligkeit die Mitwirkung des freien Willens zur göttlichen Begnadigung verworfen. Nach Art. XXIII der Augsburgischen Confession wird vom freien Willen gelehrt, „daß der Mensch etlichermaßen einen freien Willen hat äußerlich ehrbar zu leben und zu wählen unter denen Dingen, so die Vernunft begreift; aber ohne Gnad, Hilfe und Wirkung des heiligen Geistes vermag der Mensch nicht Gott gefällig zu werden. Gott herzlich zu fürchten, oder zu glauben, oder die angeborne böse Lust aus dem Herzen zu werfen; sondern solches geschieht durch den heiligen Geist, welcher durch Gottes Wort gegeben wird. Denn Paulus spricht 1 Kor. 2, 14: Der natürliche Mensch vernimmt nichts vom Geist Gottes." Zum Beweis, daß diese Lehre keine Neuigkeit enthalte, werden Aeußerungen Augustin's angeführt. — Bekanntlich entstanden bald nach Abfassung dieses Glaubensbekenntnisses unter den Evangelischen gerade über die Mitwirkung des freien Willens zur Gnade mancherlei Streitigkeiten; Melanchton besonders wollte aus sittlichem Interesse eine Mitwirkung des freien Willens annehmen, wenn auch nicht zum Anfangen, so doch zum Fortschreiten im religiösen Leben. Dadurch schienen noch bestimmtere Erklärungen nothwendig zu werden. Luther gab sie in den von ihm 1537 geschriebenen Schmalkaldischen Artikeln, und verwarf hier im Th. 3. I von der Sünde nochmals ausdrücklich die Sätze „daß der Mensch habe einen freien Willen Gutes zu thun und Böses zu lassen, und wiederum Gutes zu lassen und Böses zu thun", — „daß, wenn ein Mensch thue, so viel an ihm sei, so gäbe ihm Gott gewißlich seine Gnade". — Noch entschiedener im Ausdruck wird jeglicher Synergismus verworfen von der Concordien-Formel.

18

Zur Schlichtung der gedachten Streitigkeiten wird hier im Th. II.
Art. II vom freien Willen oder menschlichen Kräften nachdrücklich
als unser Lehre, Glaub und Bekenntniß hingestellt: „daß nämlich in geistlichen und göttlichen Sachen des unwiedergeborenen
Menschen Verstand, Herz und Wille aus eignen natürlichen
Kräften ganz und gar nichts verstehen, glauben, annehmen, gedenken, wollen, anfangen, verrichten, thun, wirken oder mitwirken
könne, sondern sei ganz und gar zum Guten erstorben und
verdorben, also daß in des Menschen Natur, nach dem Fall vor
der Wiedergeburt, nicht ein Fünklein der geistlichen Kräfte übrig
geblieben noch vorhanden, mit welchem er aus ihnen selber sich
zur Gnade Gottes bereiten, oder die angebotene Gnade annehmen,
noch derselben für und von sich selbst fähig sein, oder sich dazu
appliciren oder schicken könne, oder aus seinen eigenen Kräften
etwas zu seiner Belehrung, weder zum ganzen noch zum halben
oder zu einigem dem wenigsten oder geringsten Theil, helfen, thun,
wirken oder mitwirken vermöge, von ihm selbst, als von ihm selbst,
sondern sei der Sünden Knecht, Joh. 8 und des Teufels Gefangener, davon er getrieben wird, Ephes. 2., 2 Tim. 2. Daher
der natürliche freie Wille seiner verkehrten Art und Natur nach
allein zu Demjenigen, das Gott mißfällig und zuwider ist, kräftig
und thätig ist.“ — Deshalb vergleiche auch die heilige Schrift
des unwiedergeborenen Menschen Herz einem harten Stein, so
dem, der ihn anrühret, nicht weichet, sondern widerstehet, und
einem ungehobelten Block. Deshalb sage Luther im 91 Ps.,
der Mensch sei in geistlichen und göttlichen Sachen, was der
Seelen Heil betreffe, wie eine Salzsäule, wie Loths Weib, ja wie
Kloß und Stein, wie ein todt Bild, das weder Augen noch Mund,
weder Sinn noch Herz brauche. — Das Bekenntniß der Reformirten ist weniger scharf im Ausdruck, stimmt aber im Wesentlichen mit dem Lutherischen überein. „Nicht weggenommen ist
dem Menschen die Vernunft, — heißt es z. B. in der Helvetischen
Confession c. 9 — nicht herausgerissen ist der Wille und gänzlich
in einen Stein oder einen Block verwandelt. Die Vernunft ist
verdunkelt, der Wille aus einem freien ein gefangener geworden.
Denn er dient der Sünde, nicht nicht wollend, sondern wollend.“
Aehnliches bestimmen die Englische und die Gallicanische Confession der Reformirten über die Willensfreiheit.   Nach den

evangelischen Bekenntnissen sollen wir also den durch die Erbsünde gelassenen Willensrest als gebunden durch das Böse ansehen, als unfähig sich aus sich zum Guten zu erheben, selbst als unfähig zur göttlichen Begnadigung mitzuwirken.

Ganz scharf vermögen freilich diese Bekenntnißschriften selbst den eingenommenen Standpunkt nicht festzuhalten. Die Concordienformel lehrt in ihren weiteren Betrachtungen, daß nach Gottes Willen alle Menschen sich zu ihm bekehren und ewig selig werden sollen, daß daher Gott das seligmachende Evangelium für Alle öffentlich predigen und lehren lasse. Diese Predigt sollen nun Alle die hören, die da wollen selig werden. Das Wort Gottes aber äußerlich hören und lesen kann auch der noch nicht wiedergeborene Mensch, „denn in diesen äußerlichen Dingen hat der Mensch auch nach dem Fall etlichermaßen einen freien Willen, daß er zur Kirchen gehen, der Predigt zuhören oder nicht zuhören mag". Durch diese Mittel aber wirkt Gottes Gnade. Wer sich nun dieser Einwirkung entzieht, wer die Predigt nicht hören, noch Gottes Wort lesen will, der stirbt und verdirbt in seinen Sünden und geschieht ihm nicht unrecht. Und in diesem Falle mag man wohl sagen, daß ein solcher Mensch viel ärger sei denn ein Stein und Block. Diese widerstreben Dem nicht, der sie beweget; ein solcher Mensch aber widerstrebet dem Wort und Willen Gottes. — Nach diesen Auslassungen läuft es am Ende darauf hinaus, daß der mit der Erbsünde behaftete Mensch noch eine gewisse Freiheit des Willens zu einem ehrbaren Leben behalten hat, die ihm aber zu seiner Begnadigung gar nichts nützt, oder vielmehr die ihm dazu doch nützen kann, wenn er sie gebraucht die Bibel zu lesen und in die Kirche zu gehen. Er hat also doch Willensfreiheit genug der durch diese Werkzeuge übermittelten Gnade entgegenzukommen, kann also doch aus freiem Willen einen ersten Schritt zum Guten thun. Daher wird ihm andererseits auch das Unterlassen des Bibellesens und des Kirchengehens als die eigene Schuld angerechnet, durch die er der ewigen Verdammniß anheimfällt.

Unsere beiden christlichen Hauptbekenntnisse, das katholische und das evangelische, weichen also prinzipiell in der Ansicht über die Mitwirkung des Willens am Werke der Gnade von einander ab, in der Ausführung ihrer Ansicht aber nähert sich einerseits

die protestantische Lehre wiederum mit einem unsicheren Schritte
der katholischen Auffassung; während andererseits die katholische
Lehre durch jede tiefere Speculation über den von Gott aus=
gehenden Anfang der Begnadigung ebenfalls genöthigt wird, den
Willen vor diesem Act für unfrei zu halten die Gnade zu suchen,
ihr entgegenzukommen, denn sonst fängt eben nicht die göttliche
Gnade, sondern der menschliche Wille das Werk der sittlichen
Wiedergeburt an. Uebereinstimmend ferner anerkennen beide Be=
kenntnisse die Macht der Willensfreiheit zur Bewirkung eines
ehrbaren Lebens und denken verschieden wiederum nur über die
Bedeutung desselben im Verhältniß zur Gnade. Sie beschränken
oder verkleinern also in verschiedenem Umfang die Willensfreiheit
um des Gnadenwerkes willen, aber leugnen nicht vollständig ihre
bedingte Möglichkeit und Wirklichkeit.

Diese Leugnung ist viel enger verbunden mit dem anderen
angegebenen religiösen Gesichtspunkte, mit der Vorstellung von
Gottes Allmacht und Allwissenheit; erst von dieser Seite wird die
völlige Unverträglichkeit der menschlichen Willensfreiheit mit dem
göttlichen Wirken hervorgehoben. Wenn von Gottes Allmacht in
der Welt Alles abhängen, wenn durch sie Alles sein und werden
soll, so scheint es unmöglich, daneben eine Kraft anzunehmen,
welche aus sich selbst Etwas wollen oder nicht wollen, also auch
etwas jener Allmacht Widersprechendes wollen kann. Diese
Willensfreiheit erscheint als eine Kraft, über welche selbst die
Allmacht keine Macht hat, was ungereimt klingt, so wie man es
ausspricht. Ueberdies erscheint es unmöglich, die Entschlüsse eines
wirklich freien Willens vorher wissen zu können, somit würde die
Annahme der menschlichen Willensfreiheit die Anerkennung der
göttlichen Allwissenheit bedrohen. Allem Anscheine nach giebt es
demnach nur die zwei Möglichkeiten, entweder die Annahme der
menschlichen Willensfreiheit aufzugeben, um den Glauben an
Gottes Allmacht und Allwissenheit aufrecht halten zu können, oder
diesen Glauben fahren zu lassen, um die Annahme der mensch=
lichen Willensfreiheit festhalten zu können. — Es ist bekannt
genug, wie viele religiöse Naturen den ersten Ausweg aus diesem
Dilemma betreten, also um der göttlichen Machtvollkommenheit
willen die menschliche Willensfreiheit preisgegeben haben. Ebenso
bekannt inhaltlich sind uns jetzt bereits aus dem religiösen

Jugendunterrichte die innerhalb der christlichen Kirche gemachten Versuche, dieses Dilemma zu beseitigen durch eine Fassung des Glaubens an die Allmacht und Allwissenheit Gottes, gegen welche die Annahme der menschlichen Willensfreiheit nicht mehr im Widerspruch stehen soll. Nach der dogmatischen Entwicklung dieser Lehre soll der göttliche Wille allerdings allmächtig sein, insofern er kann, was er will, aber Gott eben seinem Wesen nach nur das Vernünftige und Gute wollen. Wenn daher durch seine Macht ein Reich freier Wesen gesetzt sei und bestehe, so könne Gott seinem Wesen nach gar nicht wollen, daß die in diesem Reich von ihm gewollte Freiheit aufhöre. Deshalb sei der Bestand dieser Freiheit keine Beschränkung der Freiheit seines Willens, sondern vielmehr eine Verherrlichung desselben. Insofern auch der Wesensbestand dieser Freiheit von Gottes Willen abhänge, sei, somit auch für ihn die göttliche Ursächlichkeit aufrecht erhalten, von der das ganze Weltall abhängig gedacht werden müsse. Aber diese göttliche Ursächlichkeit auf Freie sei eben anders wirksam zu denken, als die auf das Unfreie; sie hebe die Freiheit des einzelnen Willens nicht auf, sondern schließe sie ein. Dem entsprechend werde auch der bezeichnete Widerstreit gegen die Allwissenheit Gottes dadurch beseitigt, daß anzunehmen sei, Gott erkenne vermöge der Allwissenheit allerdings auch das Freie zuvor, aber als ein freies. Uebrigens sei auch dies nur uneigentlich geredet, da Gottes Wissen zeitlos sei, es somit für seine Allwissenheit eben gar kein Vorher und Nachher geben könne.

Das sind im Wesentlichen die Gedanken, welche als Niederschlag der vielen innerhalb der christlichen Kirche über diese Probleme geführten Streitigkeiten uns jetzt schon im religiösen Jugendunterrichte dargeboten werden. Die christliche Kirchenlehre hat also stets gesucht in dieser Weise die menschliche Freiheit neben oder in der göttlichen Vollkommenheit denkbar zu machen und hat jederzeit die entgegenstehenden fatalistischen oder deterministischen Ansichten verworfen. Die Kirchenväter bekämpften mit Entschiedenheit nicht nur den heidnischen astrologischen Fatalismus, sondern ebenso die Nothwendigkeitslehre der Manichäer. Das Constanzer Concil verdammte die These Wicleff's, „daß Alles nach unbedingter Nothwendigkeit geschähe" und ebenso Huß' Lehre von der unbedingten Prädestination. Selbst die Dogmatik

der Reformirten, welche die Abhängigkeit auch der sittlichen Welt
von Gott immer besonders scharf betont hat, ist doch mit Ausnahme der streng calvinistischen Richtung stets bemüht gewesen,
die sittliche Freiheit in ihrer eigenen Weise von Gott abhängig
zu denken. Die protestantische Lehre hat die abweichende Neigung, mindestens die göttliche Gnadenwahl als eine vorherbe-
stimmte Berufung der Einzelnen und dem entsprechende ewige
Verdammniß der Anderen zu fassen, in der Concordienformel
entschieden verworfen. Diese Entwicklung der christlichen Dogmatik ist ohne Zweifel im Einklang mit Christus wiederholten
Aufforderungen zur freiwilligen Nachfolge, welche doch die Freiheit
des menschlichen Handelns in Beziehung zu seinem Heil zur Voraussetzung haben; — ob auch im Einklange mit allen überliefer-
ten Aeußerungen Christi über unsere Abhängigkeit von Gott,
muß hier natürlich ununtersucht bleiben.

Es gab über diesen Punkt schon damals im jüdischen Volke
verschiedene Ansichten. Während die Pharisäer eine Verbindung
von menschlicher Freiheit und göttlicher Nothwendigkeit lehrten,
hoben die Essener allein die Abhängigkeit von Gott, die Sadducäer
allein die menschliche Freiheit hervor. Nach der Ansicht der
Pharisäer war nicht Alles göttliche Schickung, sondern Manches
hing von den Menschen selbst ab; nach der Meinung der Essener
erfolgte auch für den Menschen Alles nach vorbestimmtem Schick-
salsspruch; nach der Ansicht der Sadducäer gab es keine Vorher-
bestimmung, sondern hing Alles von unserer Selbstbestimmung
ab. Stellen aus den Schriften des alten Testamentes ließen sich
wohl für diese verschiedene Meinungen beibringen. Es fehlt in
demselben nicht an Aeußerungen, nach welchen Gott die Geister
einzelner Menschen zum Guten oder Bösen bestimmt, welche in
bedenklicher Weise die menschliche Willensfreiheit hintansetzen; aber
in den allgemein gehaltenen Aeußerungen wird dieselbe doch
vorausgesetzt oder ausdrücklich anerkannt. Gleich die Genesis 4, 7
läßt Gott in Betreff der Sünde zu Cain sagen: „laß du ihr
nicht ihren Willen, sondern herrsche über sie". Am entschiedensten
anerkannt wird die Freiheit im Sirach 15, 14—17: „Gott hat
den Menschen von Anfang geschaffen, und ihm die Wahl gegeben. — Willst du, so halte die Gebote, und thue, was ihm
gefällt, in rechtem Vertrauen. — Er hat dir Feuer und Wasser

vorgestellt; greife, zu welchem du willst. — Der Mensch hat vor
sich Leben und Tod; welches er will, das wird ihm gegeben." —
Dem entsprechend ist auch die Annahme der Willensfreiheit in
der späteren philosophischen Entwicklung der jüdischen Dogmatik
festgehalten worden. Saadiah Fajjumi und Moses Mai-
monides vertheidigten sie entschieden in ähnlicher Weise, wie
dies in der christlichen Kirche geschehen ist.

Die strengste Leugnung der Willensfreiheit dagegen hält
der Fatalismus des Islam fest, gestützt auf Aussprüche des Koran.
In der Sure 17 desselben heißt es: „So haben wir jedem Dinge
seine klare und deutliche Bestimmung gegeben. Einem jeden
Menschen haben wir sein Geschick bestimmt", und in der Sure 37:
„Gott hat erschaffen sowohl Euch wie Alles, was ihr thut". —
Der Mensch kann also nur thun, was er nach göttlicher Bestimmung thun muß, seine Freiheit ist verschwunden vor der Allmacht
Gottes. Eine Sekte der Muhamedaner, die Mutaziliten, hat
wohl gesucht diese fatalistische Lehre zu mildern, aber der Fata-
lismus ist doch die Seele der muhamedanischen Religion geblieben.

Religiöse Voraussetzungen anderer Art haben bei den übrigen orientalischen Völkern, wenn auch nicht immer zu einer deut-
lichen Leugnung, so doch zu einer bedenklichen Verkleinerung und
Herabsetzung des freien Willens geführt. Die Chinesen verehrten
in der über alles Irdische ausgebreiteten Himmelsmacht das un-
persönlich Göttliche. Insofern diese Macht auch das Wesen aller
Menschen durchdringt, nahmen sie an, daß der Mensch von Natur
gut sei. Wie das Wasser nicht anders als abwärts fließen kann,
so kann auch der Mensch seiner Natur nach nur das Gute wollen.
Thut er trotzdem Schlechtes, so ergeht es ihm, wie dem Getreide.
Alles Getreide ist von Natur überall gut, gedeihen trotzdem einzelne Halme nur dünn und mager, so kommt dies daher, daß
sie auf schlechten Boden fielen. So liegt auch bei dem Menschen
die Schuld des schlechten Thuns nur an den äußeren Verhältnissen, die ihn in Noth und Irrthum führten. „Der Mensch hat
nur nöthig belehrt zu sein, um gut zu werden" — sagte demgemäß Confutse. — Mogte Confutse dabei noch stillschweigend eine gewisse Freiheit in der Bemühung um solche Belehrung
voraussetzen, in der Consequenz der chinesischen Weltansicht lag
diese Annahme nicht; es ist daher begreiflich, daß Tschuhi, der

eigentliche Metaphysiker derselben, sie ausdrücklich leugnete. Nach der religiösen Weltansicht der Chinesen lagen die Bestimmungs= gründe unseres Handelns außerhalb unseres Selbst, der Mittel= punkt persönlichen Wollens fehlte dem Menschen.

Unmöglich war diese Anerkennung ebenfalls für die indische religiöse Weltanschauung. Die Selbstständigkeit des Einzelnen verschwindet hier in den Wandlungen der unendlichen Weltseele. Aus dem Verlangen dieser Allseele entstand die Welt, ihr Dasein ist Leiden, dies Leiden kann nur das Verlangen nach Rückkehr in die Allseele, nach dem Aufgeben allen Wollens erwecken. Die Einzelgeister entstehen und zerfließen wie Wellen und Schaum im Meere, nur das Meer, der Weltgeist, bleibt. Wie Funken zur Flamme verhalten sich die Einzelgeister zum Weltgeist, nur dieser leuchtet in ihnen. Sie sind verschieden von ihm nur durch ihre Verbindung mit dem Körper, wodurch ihre Erkenntniß und ihre Kraft beschränkt wird, wie auch beim Feuer, so lange es im Holze verborgen oder von Asche bedeckt ist, die Eigenschaften des Brennens und Leuchtens nicht hervortreten können. Nur äußere Gründe also hindern auch hier das göttliche Wollen des Einzelnen. Dieselben äußeren Gründe bedingen auch sein Leid, welches die Sehnsucht nach der Flucht aus diesem Leben weckt. Das göttliche Urverlangen also, durch welches das Dasein des Einzelnen entstand, ist als eine göttliche Täuschung anzusehen, für welche in ihm lebend alles Einzelne die schwere Buße des Daseins tragen muß. Das Leiden desselben ruft mit Nothwen= digkeit den Willen hervor, Nichts mehr zu wollen. Eine solche Weltansicht bietet keinen Ansatz zur vollen Aufnahme der Willens= freiheit.

Somit scheint also nur auf dem Boden der jüdisch=christ= lichen Weltanschauung die Anerkennung einer bedingten Willens= freiheit neben der göttlichen Freiheit und Nothwendigkeit mit Erfolg versucht worden zu sein.

Die dargelegten religiösen Gründe nun wider die Annahme der Willensfreiheit sind unstreitig von verschiedenem Gewicht je nach ihrem mehr specifisch=dogmatischen oder allgemein specula= tiven Charakter. Die letzteren besonders, welche die Unvereinbar= keit unserer Vorstellungen von dem Wesen des Unendlichen mit der Annahme der Willensfreiheit hervorheben, gehören zu den

gewichtigsten Einwänden, die überhaupt dieser Annahme entgegen=
gestellt werden können. Die auf dem Boden der christlichen Kirche
gemachten Versuche, die aufgedeckten Widersprüche auszugleichen,
haben auch keineswegs eine allseitig befriedigende, somit endgül=
tige Entscheidung der obschwebenden Streitfrage herbeigeführt, wir
verlangen somit noch immer nach einer vollen Klarheit, die uns
aus dem Zwiespalt unserer Seele in ihrer Stellung zu diesem
Problem befreie. Es wäre vermessen von mir, glaubte ich durch
die folgenden Erörterungen mehr bieten zu können als eine mög=
lichst klare Darlegung der immer noch vorliegenden Schwierig=
keiten, der Bedingungen einer zukünftigen Lösung derselben, und
der Gründe, die mir bestimmend scheinen, trotzdem die Annahme
der Willensfreiheit festzuhalten.

Unter den vorgebrachten Gründen besagen offenbar die von
dem Verhältniß zur göttlichen Gnade hergenommenen am wenig=
sten wider die Willensfreiheit. Die Anhänger dieser Anschauun=
gen bestreiten ja durchaus nicht die Möglichkeit und Wirklichkeit
der Willensfreiheit überhaupt, betrachten vielmehr die eingetretene
Sündhaftigkeit der Menschen als die Folge des Mißbrauchs der
ursprünglich vorhandenen Willensfreiheit. Erst nach diesem
Sündenfall soll die Einbuße der Willensfreiheit eingetreten sein,
welche Einbuße vorgestellt wird, entweder so daß der freie Wille
nur als geschwächt, oder als beschränkt oder als gänzlich vernichtet
angesehen wird. Im ersten Falle vermag der Wille selbst noch
die ihm zur Stärkung dargebotene göttliche Gnade, von welcher
der Anfang der Besserung ausgehen soll, anzunehmen oder zu
verwerfen, also am befreienden Gnadenwerke mitzuwirken; im
zweiten Falle vermag er zur Rechtfertigung vor Gott, zur Ge=
winnung der ewigen Seeligkeit Nichts, sondern nur zum ehrbaren
Lebenswandel Etwas; im dritten Falle vermag er aus sich Nichts,
sondern ist entweder dem Zwange des Bösen oder dem Zwange
der göttlichen Gnade unterworfen. Diese dogmatischen Bemühun=
gen der christlichen Kirchen leiden je an verschiedenen Gebrechen,
die, wie schon bei der Darstellung derselben angedeutet ist, eine
jede in bedenkliche Widersprüche und Unklarheiten führt. Die erste
Ansicht, die des katholischen Dogma, welche einen geschwächten
Rest der Willensfreiheit bestehen läßt, nimmt eine Kraft an, die
erst durch Berührung mit der göttlichen Gnade wieder erweckt

werden kann, die aber doch schon zuvor sich durch Annahme oder Verwerfung der dargebotenen Gnade soll bethätigen können. Und wenn diese That auch nur darin bestehen soll, daß der Wille den von der Kirche dargebotenen Gnadenmitteln entgegenkommen oder sich von ihnen abwenden kann, so ist dies doch eine freie That vor der Gnade, durch welche der Wille das Werk seiner Wiedergeburt beginnt. Und zu diesem Werk bedürfte der Wille doch wohl unter dem Drucke der eingetretenen Sünde einer weit größeren Kraft, als ursprünglich dazu sich im Stande sündloser Unschuld zu erhalten. — Die zweite Ansicht, die des protestantischen Bekenntnisses, welche die Kraft des freien Willens auf die Herbeiführung eines ehrbaren Erdenlebens beschränkt, zur Herbeiführung der göttlichen Begnadigung aber jede Mitwirkung in Abrede stellt, leidet an einer anderen in der Ausführung deutlich zu Tage tretenden Halbheit. Eine derartige Beschränkung des freien Willens, daß er zum ehrbaren Leben Etwas und zum göttlichen Leben Nichts vermag, ist undenkbar. Die protestantischen Bekenntnißschriften selbst bezeugen diese Undenkbarkeit in der Ausführung. Sie betrachten es als eine Sache des zum ehrbaren Leben wirksamen freien Willens, daß er zum Hören der Predigt und zum Lesen der Bibel antreibt, und rechnen dem Menschen die Unterlassung als eigene Schuld an. Dann aber liegt wiederum in dieser Bethätigung des freien Willens vor der Gnade ein Zeugniß seiner Mitwirkung zur Erlangung derselben, und es ist gar kein Grund mehr vorhanden, diese Mitwirkung für die Zeit nach der eingetretenen Gnadenwirkung noch zu bestreiten, vielmehr müßte dieselbe alsdann leichter statthaft scheinen als vorher. — Die dritte Ansicht, die der streng reformirten Lehre, welche nach dem Sündenfall den Willen als gebunden entweder unter dem Zwange des Bösen oder unter dem Zwange der göttlichen Gnade betrachten, diesen Willen aber doch frei nennen will, weil er Wille bleibt, und nicht Nicht-Wille wird, treibt einen sophistischen Mißbrauch mit dem Namen der Willensfreiheit. Diese besteht ihrem wahren Sinne nach nicht darin, daß wir unter dem Zwange des Bösen das Böse und unter dem Zwange der göttlichen Gnade das Gute selber wollen, sondern nur darin, daß wir entweder das Böse oder das Gute aus uns selber wollen können. Diese dritte Ansicht ist nur dann in sich klar, wenn sie ohne Umschweife

aufgiebt von dem Bestehen einer Willensfreiheit nach dem Sünden=
fall noch zu reden, wenn sie kurzweg behauptet, daß der Mensch
nach demselben in allem seinem Thun nur noch eine willens=
unfreie Creatur des Bösen oder Gottes sei. Gegen diese Ansicht
aber wird der Einwand volle Geltung behalten, daß, wenn es
ursprünglich zum Wesen des Menschen gehörte willensfrei zu
sein, diese wesentliche Kraft ohne völlige Aufhebung seiner Natur
ebenso wenig aus derselben fortgedacht werden kann, wie die
Vernunft oder irgend ein anderer ursprünglicher Wesensbestandtheil
der Seele. Bei einer solchen Einbuße würde der Mensch aufhören
Mensch zu sein. Die Unmöglichkeit dies zu denken bezeugen
gerade die genannten dogmatischen Versuche der Kirchenlehre selbst,
die innerlich genöthigt sind diesem zerstörten Wesenselement noch
eine geschwächte Kraft oder einen beschränkten Wirkungskreis oder
doch wenigstens den Namen der verlorenen Kraft zu lassen.

Nur bei einer anderen Auffassung der menschlichen Sünd=
haftigkeit werden sich diese Schwierigkeiten der christlichen Kirchen=
lehre beseitigen lassen. Die Annahme, der menschliche Wille sei
nach dem Eintritt der ersten Sünde aus sich nur noch fähig das
Böse zu wollen, widerspricht dem wahren psychologischen Thatbestand.
Der menschliche Wille im Allgemeinen kann gar nicht anders als
auf das Gute gerichtet sein. Der Mensch kann irren über Das,
was gut ist, aber das Gute, das er als solches erkennt, hält er
sich auch für verpflichtet zu thun. Kein Mensch ist im Stande
sich und seine Mitmenschen für verpflichtet zu halten das Schlechte,
das er selbst als solches anerkennt, zu vollbringen. Diese ur=
sprüngliche Willensrichtung zum Guten .ist dem menschlichen Wesen
unverlierbar, keinerlei Sünde und keine Sündenmasse kann diese
Wesensbestimmung ändern. Nur das Bewußtsein derselben kann
durch die Gewohnheit des Sündigens zurückgedrängt, zeitweise
verdunkelt oder betäubt werden. Das Sündigen hat auch die
Folge, daß es in der Menschennatur die Reizbarkeit zum Bösen
erhöht, diese Folge kann sich wie andere Zustände schon durch die
Geburt vererben, in diesem Sinne kann es eine Erbsünde geben
und wird es eine geben. Dieser Zuwachs sündhafter Reizbarkeit
ferner kann es dem seinem Wesen nach auf das Gute gerichteten
Willen erschweren, seine allgemeine Richtung auch im Einzelnen
zu bethätigen und aufrecht zu erhalten und nicht im Einzelnen

um irgend einer Lust willen das Böse zu wollen. Als eine
Hülfe dazu kann der verheißungsvolle christliche Glaube angesehen
werden, insofern er die Antriebe zum Guten vermehrt. Wer dann
in der Erweckung dieser Glaubenslehre ein Werk der göttlichen
Weltleitung erblickt, wird darin, ohne Besorgniß sich in Widerspruch zu verwickeln, das göttliche Gnadenwerk erkennen können,
durch welches es der Menschheit, die unter den Folgen der mißbrauchten Willensfreiheit leidet, wiederum leichter gemacht wird,
das Rechte nicht nur zu wollen, sondern auch zu vollbringen.
Denn eben darin besteht unsere sündhafte Schwäche, daß wir das
Gute wollen, aber nicht thun. Bei einer solchen Auffassung kann
die Berechtigung der zu Grunde liegenden Gottesanschauung von
Seiten des Pantheismus bestritten, aber nicht mehr die Unvereinbarkeit der Willensfreiheit mit der göttlichen Gnade von Seite
Derjenigen, die an eine göttliche Weltleitung glauben, behauptet
werden. Und nur um Letzteres handelt es sich bei dieser Besprechung des ersten religiösen Einwandes gegen die Willensfreiheit.
Diesem Einwand also hat die Willensfreiheit nicht zu weichen;
vielmehr erhält nur bei ihrer Annahme die christliche Lehre von
der Sünde und dem göttlichen Gnadenwerk einen psychologisch
verständlichen Sinn.

Offenbar aber haben die anderen Einwände, welche von
der angeblichen Unmöglichkeit hergenommen werden, die menschliche Willensfreiheit neben der Vollkommenheit des göttlichen Wesens
zu denken, eine viel größere und allgemeinere Bedeutung. Die
besprochenen ersten Einwände entstehen nur durch die Berücksichtigung gewisser dogmatischer Voraussetzungen einer besonderen
Kirchenlehre, lassen sich wie gezeigt schon durch eine veränderte
Auffassung derselben beseitigen, und fallen ganz fort auf dem
Boden eines jeden anderen religiösen Glaubens, zu dem diese
Voraussetzungen nicht gehören. Sie haben also überhaupt selbst
nur eine beschränkte religiöse und gar keine allgemeine philosophische Bedeutung. Darin nun verhält es sich vollständig anders
mit den nun zu prüfenden Einwänden. Sie sind nicht bloß auf
dem Boden dieser oder jener religiösen Dogmatik erwachsen, gehören nicht bloß in den Zusammenhang dieser oder jener Kirchenlehre, sondern sind allgemein philosophischer Natur, entspringen
aus dem noch ungeschlichteten Widerstreit der theistischen und pantheistischen Weltanschauungen.

Müßte zuvor dieser Streit geschlichtet werden, ehe weiter geprüft werden könnte, ob die menschliche Willensfreiheit bei dem wahren Gottesbegriff unhaltbar ist, so müßte an diesem Punkte meine Erörterung über die Willensfreiheit mit einer offenen Frage schließen. Nach meiner Ansicht aber ist die Sachlage eine andere, wenn der richtige Ausgang zur Gewinnung der fehlenden Abklärung jenes Streites genommen wird. Bei unseren Betrachtungen über das Verhältniß des Menschen zu Gott haben wir den Ausgang nicht zu nehmen von allgemeinen Speculationen über das unendliche Wesen, nach deren Ausfall sich dann unsere Vorstellungen vom menschlichen Wesen zu richten hätten; vielmehr können wir nur ausgehen von Dem, was wir über die uns bekannte Seite dieses Verhältnisses wissen. Unsere speculirende Vernunft hat keinen anderen Zugang zu dem Göttlichen als den, den ihr der Blick in das eigene Innere und die bekannte Welt darbietet. Mit dem, was sie auf diesem Gebiet als gewiß erkennt, muß sie ihre Vorstellungen von der unsichtbaren Welt in Einklang zu bringen suchen. Führt ihre Speculation sie zu Vorstellungen vom Unsichtbaren, vom unbegriffenen Unendlichen, welche Dem widersprechen, was die sichtbare Welt sie annehmen heißt, so hat sie die hier gewonnene Gewißheit nicht um jener Speculation willen aufzugeben, sondern die Speculation fortzusetzen, bis ihr Ergebniß mit dieser Gewißheit verträglich erscheint, oder, falls dies das Vermögen der menschlichen Vernunft übersteigen sollte, das offene Bekenntniß dieses Unvermögens abzulegen. Steht nun die Willensfreiheit, wie nachgewiesen, als Thatsache unseres Bewußtseins unmittelbar und als thatsächliche Forderung unseres Gewissens mittelbar für uns fest, so können keinerlei Speculationen über das göttliche Wesen mit Recht diese Gewißheit erschüttern. Nicht die Annahme der Willensfreiheit hat zu weichen, sondern die mit ihr unverträglichen Gottesbegriffe. Unsere Vernunft hat dann die Aufgabe zu versuchen Gott und sein Verhältniß zu uns so zu denken, daß die Annahme der Willensfreiheit damit vereinbar bleibt. Und gelingt ihr dies nicht, so hat sie ihre Speculationen über Gott noch nicht für reif und abgeschlossen zu halten. Nach diesem Gesichtspunkte bildet sogar die Vereinbarung mit der Annahme der menschlichen Willensfreiheit ein Kriterium für die Beurtheilung der streitenden Gottesbegriffe.

So wird die Thatsache der Willensfreiheit schwerlich die
Aufnahme eines pantheistischen Gottesbegriffs zulassen. Nur wenn
man den Begriff der Selbstthätigkeit dem Begriff der Willensfreiheit unterschiebt, kann der pantheistische Gottesbegriff als der
einzige erscheinen, der den freien Willen des Endlichen zuläßt.
Nur diese Begriffsvertauschung macht es Strauß in seiner christlichen Glaubenslehre (Bd. 1. S. 363) möglich den spinozistischen
Standpunkt für das einzige Mittel zu erklären, die Selbstthätigkeit der endlichen Wesen zu retten, weil nur bei der Annahme
der Immanenz Gottes in der Welt die Weltwesen beziehungsweise selbstthätig in Gott sein würden, sofern Gott der schlechthin
Selbstthätige nur in der Welt sei. Eine Wahlfreiheit des Einzelnen erlangen wir durch diese Vorstellung gewiß nicht, sondern
nur eine Unabhängigkeit des Einzelnen von einem äußeren Be-
stimmungszwange. Diese negative Freiheit der Unbestimmbarkeit
von Außen ist aber zugleich eine unabänderliche Nothwendigkeit
der Darlegung des eigenen inneren Wesens des Unendlichen. Die
freie Selbstthätigkeit des Menschen ist dann im Wesen nicht anders als die Bewegung des Steins, der seiner Natur gemäß dem
Gesetze der Schwere folgt. Und insofern diese Selbstthätigkeit nur
gedacht wird als die Aeußerung eines endlichen Bruchtheiles des
allgemeinen Weltgesetzes, findet auch das Selbstständige dieses
Thuns seine Grenze an der Beziehung zu dem Weltgesetze. Wir
glauben zu thun, was wir als Einzelwesen wollen; in Wahrheit
aber verwirklichen wir nur den nach der ursächlichen Wechselbeziehung des Endlichen mit Nothwendigkeit auf uns fallenden Theil
des allgemeinen Weltplans. Wie der Stein nur fällt, wenn die
Anziehungskraft der Erde ihn bewegt, so handelt auch unsere
Seele nur, wenn die Reize der umgebenden Welt sie erregen.
Die Selbstthätigkeit des Endlichen ist bei dieser pantheistischen Ansicht nichts weiter als diese bedingte Mitwirkung des Einzelwesen
an der nothwendigen Selbstdarstellung des Unendlichen. Das
menschliche Bewußtsein persönlicher Selbstständigkeit muß dieser
Ansicht als eine Selbsttäuschung gelten, der Mensch glaubt ein
Wesen für sich zu sein und ist doch nur ein unendlich kleiner
Bruchtheil des unendlichen Wesens. Von dieser Täuschung soll
uns dann die wachsende Einsicht in die allgemeine Gesetzmäßigkeit
nothwendiger Weltentwicklung befreien. Einen Raum für die

Willensfreiheit, die wir als Thatsache unseres Bewußtseins und als Forderung unserer Sittlichkeit kennen gelernt haben, bietet also dieser pantheistische Gottesbegriff nicht.

Eine solche Unmöglichkeit der Zulassung menschlicher Willensfreiheit liegt bei der theistischen Weltanschauung an sich nicht vor, es handelt sich bei ihr vielmehr immer nur um die scheinbare oder wirkliche Unverträglichkeit einzelner Seiten dieses Gottesbegriffs mit jener Zulassung, und es bleibt somit die Möglichkeit offen durch Ausscheiden oder Umbildung der widersprechenden Vorstellungen die Verträglichkeit dieses Gottesbegriffs mit der menschlichen Willensfreiheit herzustellen. Die Unvereinbarkeit soll besonders in der Beziehung der menschlichen Willensfreiheit zur göttlichen Allmacht und Allwissenheit hervortreten; es muß also versucht werden diese Eigenschaften Gottes so zu denken, daß jene Unvereinbarkeit verschwindet, und falls diese Versuche scheitern, kann selbst gefragt werden, ob die Vorstellung dieser Eigenschaften nothwendig zur Vorstellung von Gott gehört. An derartigen Versuchen hat es, wie vorhin gezeigt, in der Entwicklungsgeschichte der christlichen Kirchenlehre nicht gefehlt.

Gottes Allmacht kommt sowohl rücksichtlich der Welterhaltung wie der Weltschöpfung in Betracht. Ohne seine Kraft soll ebenso wenig Etwas bestehen als entstehen können. Hat aber kein Wesen Bestand ohne Gott, — wird gesagt — so kann auch keine Aeußerung dieses Wesens ohne göttliche Mitwirkung sein. Sei dies richtig, so sei auch kein menschliches Wollen und Handeln ohne Gottes Mitwirkung zu denken. Ueberließe also Gott nur einen Augenblick ein Geschöpf, somit auch den Menschen, sich selbst, so müßte das Wesen sogleich aufhören zu sein. — Diese Einwände beruhen offenbar noch auf einer durchaus pantheistischen Auffassung des Gottesbegriffs. Die Allmacht Gottes wird derart überspannt, daß Gott Alles und die Welt neben ihm Nichts ist. Der Theismus muß sich frei machen von diesem pantheistischen Anflug und demgemäß einen anderen Begriff von der göttlichen Allmacht gewinnen. Der Theist wird es nicht für unmöglich halten anzunehmen, die Allmacht der göttlichen Welterhaltung erstrecke sich unmittelbar nur auf das Wesen aller Dinge, nicht aber ebenso auf das Wirken derselben. Gott hat nach seiner Ansicht das ganze Weltall mit bestimmten Kräften ausgestattet, nach deren

gesetzmäßiger Wechselbeziehung die Entwicklung der Welt ver=
läuft. Daß sich dann unter diesen Kräften auch die eine Kraft
freier Willensentscheidung befindet, ändert an dem Verhältniß
alles Seins zu Gott nichts. Auch diese Kraft hängt nicht un=
mittelbar in ihren Wirkungen, sondern nur mittelbar durch die
Schöpfung und Erhaltung des Wesens, welches diese Kraft be=
sitzt, von der göttlichen Allmacht ab. Eben deshalb kann diese
bedingte Selbstständigkeit des Einzelnen auch nicht als eine Selbst=
beschränkung Gottes angesehen werden, welche unserem Begriffe
von seiner Vollkommenheit nothwendig widersprechen muß. Denn
ein Wesen, welches allein durch Gottes Allmacht seinen Bestand
erhält, muß denselben natürlich auch in jedem Augenblick seines
Daseins durch den Rückzug dieser erhaltenden Kraft verlieren
können. So bliebe Gott mittelbar als Herr alles Seins auch
Herr aller Wirkungen. Seine Allmacht erlitte also durch die in
der Schöpfung des Endlichen liegende Selbstbeschränkung keinerlei
Einbuße.

Die Gegner des Theismus behaupten dies allerdings. Ein
allmächtiger Gott, — behaupten sie, — könne eine Welt end=
licher Wesen, deren Schöpfung für ihn eine Selbstbeschränkung
sei, nicht haben entstehen lassen. ·Eine Allmacht, die macht, daß
sie nicht mehr alle Macht hat, wird von ihnen für nicht minder
ungereimt erklärt als ein Unendliches, das sich selbst verendlicht;
ein Gott, der sich selbst so beschränkt, gilt ihnen wohl vor dieser
Beschränkung als allmächtig gewesen, aber nicht mehr nach der=
selben. Ein absoluter Monarch — sagen sie — hört durch eine
Constitution, die er selbst aus freiem Antrieb verlieh, ebenso gut
auf, Alleinherrscher zu sein, als durch eine Constitution, die das
Volk ihm aufzwang. — Gerade dieses Beispiel zeigt uns, wo der
Haken dieser Gegnerschaft sitzt, an den man die Widerlegung an=
schlagen kann. Der absolute Monarch ist nicht Schöpfer seines
Volks, seine Unterthanen sind Menschen ohne ihn, sie haben ihren
Wesensbestand nicht durch ihn erhalten und behalten. Gottes
Schöpfung und Erhaltung der Welt ist nach theistischem Begriff
nicht gleich der Ertheilung einer Constitution, und daher auch
nicht nach dem Maßstabe eines solchen Verhältnisses zu beur=
theilen. Nur wo es sich um die Schöpfung und Erhaltung des
Daseins selber handelt, ist die Selbstbeschränkung der Allmacht

rücksichtlich der Wirkung des Geschaffenen keine Aufhebung der
Allmacht selbst. Daß aber bei dieser Vorstellung nicht Gott in
Allem, was geschieht, der unmittelbar selbst Wirkende ist, kann
nur bei einer pantheistischen Voraussetzung über den Begriff des
Vollkommenen als eine Unvollkommenheit angesehen werden. Nur
wer glaubt Gott als Summe alles Seins denken zu müssen,
wird einen Gott für unvollkommen erklären, der die Macht hat
Wesen zu schaffen, die nur in ihrem Dasein unmittelbar von ihm
abhängig bleiben, in ihrem Wirken aber eine bedingte Selbst=
ständigkeit entwickeln. Mit keinem Grunde aber läßt sich eine
Nothwendigkeit darthun, diesen mechanischen Begriff vom Voll=
kommenen für die einzig mögliche Voraussetzung zu halten. Gleich=
berechtigt steht ihr vielmehr die theistische Meinung gegenüber,
daß ihre Auffassung von der göttlichen Machtvollkommenheit, die
trotz der Zulassung einer begrenzten Selbstständigkeit erhalten
bleibt, auf einer viel innerlicheren, höheren und weiteren Vor=
stellung vom Vollkommenen beruht. In jener Anschauung tritt
die Machtfülle der nackten Daseinssumme hervor, in dieser die
Machtfülle lebendiger Wirksamkeit.

Von diesem letzteren Gesichtspunkte der theistischen Ansicht
aus läßt auch die göttliche Allwissenheit eine Auffassung zu, welche
die menschliche Willensfreiheit nicht mehr bedroht. Diese Be=
drohung wird darin gefunden, daß Gottes Allwissenheit die Noth=
wendigkeit alles Geschehens zur Bedingung haben muß. „Nicht
einmal für Gott — sagte schon Cicero (über die Divination
II, 7, 18) — scheint es mir möglich, daß er wisse, was zufällig,
was vielleicht geschehen werde. Denn wenn er es weiß, wird es
sicher geschehen; wenn es gewiß geschehen wird, ist es kein Zu=
fall". Ebenso behaupten auch jetzt noch Diejenigen, welche um
der göttlichen Allwissenheit willen die menschliche Willensfreiheit
bestreiten, nur das Nothwendige könne man mit Sicherheit vor=
auswissen. Wisse nun Gott voraus, was ich morgen thun werde,
und könne er in diesem Wissen unmöglich irren, so sei es auch
unmöglich, daß ich morgen etwas Anderes thue; wo aber solche
Unmöglichkeit vorliege, da herrsche nicht Freiheit, sondern Noth=
wendigkeit.

Es ist bekannt, wie innerhalb der jüdischen und christlichen
Religionslehre dieser Einwand beantwortet zu werden pflegt. Es

wird daran erinnert, daß ja schon der Mensch im Stande sei
die zukünftigen freien Willensentschlüsse der ihm bekannten Mit=
menschen mit annähernder Wahrscheinlichkeit vorauszusehen, und
dann behauptet, daß es in Betracht dessen doch nicht schwer sein
könne anzunehmen, diese wahrscheinliche Voraussicht des Menschen
erweitere sich für Gott in ein sicheres Vorauswissen. Gott, der
das Freie geschaffen, erkenne auch das Freie zuvor, aber als ein
Freies; er schaue in alle Ewigkeit voraus, wie sich der freie Wille
aller Wesen entscheiden werde. Für sein Allwissen gäbe es über=
haupt im Grunde kein Vorher und kein Nachher, sein Wissen sei
ein stets gegenwärtiges Schauen aller Vergangenheit, Gegenwart
und Zukunft. Was das menschliche Bewußtsein also zeitlich theile,
sei im Geiste Gottes der ewige Act gleichmäßig gegenwärtigen
Schauens. — Viele Menschen haben in dieser Darstellung des
Verhältnisses von göttlicher Allwissenheit und menschlicher Willens=
freiheit eine genügende Ausgleichung der aufgeworfenen Wider=
sprüche gefunden; nur Wenige machen sich klar, welche Schwierig=
keiten diese Ausgleichung zurückläßt.

Der Vergleich mit dem menschlichen Voraussehen ist genau
erwogen ohne Bedeutung. Nur dann sind wir im Stande die
wahrscheinlichen Handlungen eines Menschen vorauszusehen, wenn
wir feste Bestimmungsgründe seines Handelns in dem Verhältniß
seines Charakters und der ihn beeinflußenden Lebensumstände
erkannt haben. Niemand aber wird unternehmen, die Zukunft
der noch unentwickelten unbestimmten Seelenkeime hellseherisch
vorauszusagen. Nur scheinbar löst die statistische Durchschnitts=
rechnung diese Aufgabe, wenn sie aus der Summe vorliegender
Erfahrungen eine Regel freier Willensentscheidungen zu gewinnen
sucht, deren Gültigkeit unter bestimmten Verhältnissen auch einen
Anhalt für die Erwartung des Zukünftigen darbietet. Die An=
näherung zur Gewißheit erlangt diese Berechnung, wie gezeigt,
nur durch die Wechselbeziehungen der obwaltenden nothwendigen
Lebensverhältnisse, während die Schwankungen der Zahlen, auf
welchen die Durchschnittsberechnung beruht, einen Spielraum für
den freien Willen bezeugt. Für diese Schwankungen aber hört
auch jede statistische Voraussicht auf. Die menschliche Voraussicht,
die sich also nur so weit erstreckt als sich nothwendige Beziehun=
gen des Seins und Werdens der Dinge annehmen lassen, ist

demnach wenig geeignet, selbst wenn sie in der höchsten Steigerung gedacht wird, das göttliche Allwissen, das kein Vor und
Nach kennen soll, zu erläutern. Unser menschliches Vorwissen ist
jederzeit nur ein Vorwissen, das sich auf Nothwendiges stützt,
nicht ein Vorwissen des Freien als Freien. Kein Mensch wird
unternehmen vorauszusagen, wie ich dem völlig Gleichgültigen
gegenüber im nächsten Augenblicke von meiner Willensfreiheit Gebrauch machen werde; er wüßte dann mehr, als ich selber. Gehört es zu Gottes Allwissenheit auch Dieses vorauszusehen, so ist
sein Allwissen jedenfalls in keinerlei Weise mit dem menschlichen
Vorauswissen zu vergleichen. —

Das bekennt man auch, wenn man sagt, das göttliche Allwissen sei ein zeitloses Schauen alles Vergangenen und Zukünftigen
als des ihm selber stets Gegenwärtigen. Die Bibel drückt diese
Zeitlosigkeit göttlichen Schauens bildlich aus, wenn sie sagt, tausend Jahre seien vor Gott wie ein Tag. Verständlicher wird uns
das Verhältniß der göttlichen Allwissenheit schwerlich gemacht durch
die Annahme dieser Zeitlosigkeit des göttlichen Allwissens. Sobald
wir suchen diese Vorstellung uns begrifflich näher zu rücken, so
entdecken wir vielmehr neue Schwierigkeiten. Die Zeit ist allerdings zunächst nur eine subjectiv menschliche Anschauungsform
für die Vorstellung der successiven Folge wahrgenommener Veränderungen. Einen Stillstand dieses ewigen Zeitlaufs vermögen
wir uns allerdings nicht zu denken, aber wir sind doch subjectiv
genöthigt in demselben eine Zeiteinheit als ruhendes Jetzt zu denken. Wir werden dazu veranlaßt, weil unser Vermögen, die
Veränderungen des eigenen Innern sowohl wie der äußeren Dinge
wahrzunehmen, seine natürliche Grenze hat. Bei Erreichung dieser Grenze tritt uns der Schein eines ruhenden Daseins entgegen, obschon wir den Fortgang der ewigen Veränderung auch
unter dieser scheinbaren Ruhe annehmen. Denkbar nun bleiben
Wesen, für welche auch diese Ruhe des Daseins sich auflöst in
eine Unsumme kleiner, aber für sie noch wahrnehmbarer Veränderungen, denkbar sind Wesen, die das Gras wachsen sehen und
jeden Gedanken in seinem ganzen Werden verfolgen können. Das
Maß der Zeiteinheit würde bei diesen Wesen weitere Grenzen
besitzen als bei den Menschen. Denkbar andererseits sind auch
Wesen, deren Zeitmaß noch enger begrenzt wäre, als das der

Menschen. Sie würden Manches als ruhendes Dasein auffassen, das wir noch in der Bewegung unruhiger Veränderungen wahrnehmen. Diese letzte Auffassung läßt sich gesteigert denken bis zu dem Punkt, daß für ein Wesen, dem sie eigen wäre, die Veränderungen der ganzen Ewigkeit zusammenschmölzen zum ruhenden Dasein einer gegenwärtigen Anschauung; das wäre dann eine zeitlose Weltanschauung, die weder ein Vorher noch ein Nachher kennte. Aber wäre wohl diese zeitlose Weltanschauung als eine Gottes würdige Vollkommenheit anzusehen? — Es wäre dies ein Wissen Gottes, für welches die Veränderungen der Welt gar nicht vorhanden wären; alles Geschehen des großen Weltdramas sähe Gott nur als einen bewegungslosen Akt. Die Willensfreiheit könnte dabei allerdings bestehen, aber Gott würde von ihrem Thun ebenso wenig wissen, wie von jeder anderen Veränderung der Dinge. Gott hätte dann wohl ein Wissen von der Welt, aber dieses Wissen beruhte auf derselben Täuschung, die uns veranlaßt darüber zu lächeln, wenn ein Mensch behauptet, er könne das Gras wachsen sehen, die uns zwingt ein ruhendes Dasein wahrzunehmen, obschon wir es nicht denken können. Ein solches Wissen entspräche der Vollkommenheit schwerlich, die wir in Gottes Allwissenheit zu denken getrieben werden. Es bliebe uns nur noch eine Möglichkeit dieses Allwissen für vollkommen zu halten, nämlich die Annahme, die ganze zeitliche Anschauung des Menschen beruhe nur auf der endlichen Subjectivität seines Wesens, behalte außerhalb dieser Subjectivität aber gar keine Bedeutung mehr. Eine nothwendige Täuschung unserer Sinnesauffassung wäre es dann, das unveränderliche Sein der Dinge unter dem Scheine einer stetigen Veränderung zu sehen. Nur so hätten wir die Täuschung und Gottes zeitlose Weltanschauung träfe die Wahrheit. Dann aber wäre es wiederum aus mit der Willensfreiheit, die ohne veränderliches Thun nicht zu denken ist, auch sie also gehörte dann zu dem täuschenden Scheine des ewigen Seins, das uns Menschen eine ewige Veränderung vorgaukelt. — Wer nun diese Folgerungen nicht ziehen will, wer die zeitliche Veränderung der Dinge in der Welt als wirklich festhalten will, der muß auch annehmen, daß Gott das Zeitliche nur als Zeitliches, somit das Vergangene nur als Vergangenes und das Zukünftige nur als Zukünftiges wissen kann, denn nur so kennt Gott die Dinge, wie

sie in Wahrheit sind. Ist dann aber im Zukünftigen etwas ungewiß, wie dies bei der Annahme der menschlichen Willensfreiheit
sein muß, so vermögen wir uns wenigstens keinen Begriff davon
zu machen, wie Gott auch dieses Ungewisse schon als etwas Gewisses soll vorauswissen können. Diese Annahme ist daher nichts
weiter als die rasche Flucht in die Unbegreiflichkeit des göttlichen
Allwissens.

Ich finde keinen Grund dem Unendlichen gegenüber eine
solche Flucht als vernunftwidrig zu verurtheilen, ich meinerseits
würde mich sogar eher zu diesem Bekenntniß als zum Aufgeben
der mir durch Erfahrungsbeweise gesicherten Willensfreiheit entschließen. Aber dem Entschluß zu diesem Rückzug muß jedenfalls
noch vorangehen die Anhörung anderer Versuche die göttliche Allwissenheit so zu denken, daß alle diese scheinbaren oder wirklichen
Widersprüche wegfallen. Solche Versuche sind schon von den So-
cinianern gemacht, auch neuerdings von dem unlängst verstorbenen
Ch. H. Weiße (in seiner philosophischen Dogmatik 1855 Bd. 1.
§. 504 u. ff.) wieder vorgebracht und begründet worden. Unter
Bezugnahme auf diese Versuche müssen die Grundideen derselben
auch hier zur Prüfung dargelegt werden, bevor wir mit Recht
sagen können, daß in dem Begriffslabyrinth, in welches wir gerathen sind, kein Durchweg zu finden ist, daß es demgemäß für
uns keine andere Rettung aus der Gefahr endloser Verirrung
geben kann als die der schleunigen Flucht aus diesem Labyrinthe
unter dem Bekenntniß unserer Unfähigkeit, das Wirrsal seiner
Irrgänge zu durchdringen. Vielleicht wären wir auch schon zu
tief hineingedrungen in das Labyrinth, um wieder rückwärts den
Ausweg leichter zu finden als vorwärts den Durchweg. Eine
Vernunft, die nicht schon im Beginne ihres Nachdenkens lichtscheu
vor den eintretenden Denkblenden zurückschreckt, vermag sich nicht
leicht zu bescheiden ein Bekenntniß ihres Unvermögens abzulegen,
so lange noch irgend eine Möglichkeit der Durchdringung des
Dunkels ihr vor Augen steht.

Die gedachten Versuche nun geben vollständig zu, daß auch
Gott nur das Nothwendige vorauswissen kann, behaupten aber
zugleich, daß Gottes Allwissenheit unbeschadet ihrer Vollkommenheit ohne Vorauswissen der möglichen Thaten des creatürlichen
freien Willens sowohl wie seines eigenen schöpferischen Willens

gedacht werden kann. Gottes Allwissen müsse allerdings Vergangenes, Gegenwärtiges und Zukünftiges umfassen, könne sich aber
nicht zu dem zeitlich also Unterschiedenen gleichmäßig verhalten.
„Es heißt — sagt Weiße — die Grundform alles wirklichen und
lebendigen Daseins, ohne die auch Gott ein Unwirkliches und
Unlebendiges wäre, verleugnen, wenn man Gott ein Wissen des
Wirklichen sei es in ihm oder außer ihm zuschreibt, in welchem
das Vergangene auf ganz gleiche Weise mit dem Gegenwärtigen,
und das Unkünftige auf ganz gleiche Weise mit Beiden enthalten ist". Wie sich in unserem Wissen das Behalten des Vergangenen als potentiales Wissen unterscheidet von dem Schauen
des gegenwärtig Wirklichen als dem actualen Wissen, und wie
ferner aus diesem actualen Wissen des Wirklichen allein das begründete Vorwissen entspringt, ähnlich soll auch das Verhalten
des göttlichen Allwissens zum Vergangenen, Gegenwärtigen und
Zukünftigen gedacht werden. Das Gegenwärtige und das Vergangene, das was in ihm, und was beziehungsweise außer ihm
ist, Beides — meint Weiße — erkenne Gott vollständig, bis in
das Einzelste und Kleinste herab, mit dem angegebenen Unterschiede des thatkräftigen Schauens des Gegenwärtigen und des
potentialen Wissens des Vergangenen. Das Zukünftige aber
schaue Gott nur, insofern er es schaffe oder schöpferisch vorbereite
oder sofern es mit organischer Nothwendigkeit aus dem Vergangenen und Gegenwärtigen folge, nicht aber wisse er es, sofern es
auf Grund dieser Nothwendigkeit der Freiheit des innergöttlichen
und außergöttlichen Willens unterliege.

Einen Grund nun diese Vorstellungen für widersprechend
in sich oder für widerstreitend dem Begriff göttlicher Vollkommenheit zu halten vermag ich nicht zu erkennen. Die Vollkommenheit des göttlichen Allwissens bedingt nur, daß Gottes Wissen
des Gegenwärtigen allumfassend ist, daß sein Wissen des Vergangenen kein Vergessen kennt und daß sein Wissen des im Vergangenen begründeten Zukünftigen ein festes, keinem Irrthum
zugängliches Vorwissen ist. Giebt es, wie wir annehmen, in
Wahrheit freie Aeußerungen des menschlichen Willens, so könnten
die möglichen Entscheidungen und Thaten desselben auch in den
Bereich des göttlichen Wissens nur als Das, was sie sind, als
denkbare Möglichkeiten eintreten. Ob es aber die Vollkommen-

heit des göttlichen Allwissens erhöht, wenn wir es beschwert denken mit der wirkungslosen Zuthat aller erdenkbaren Möglichkeiten, ist für mich keine Frage. Nur aus der endlichen Beschränkung des menschlichen Wissens entspringt das Denken des Möglichen, es ist keine Vollkommenheit, sondern ein Mangel. Und das göttliche Wesen gewinnt keine Vollkommenheit, wenn wir diesen Mangel in höchster Potenz auf dasselbe übertragen, indem wir das begrenzte menschliche Denken des Möglichen zu einem Allwissen aller Möglichkeiten erweitern. Die Vollkommenheit des göttlichen Allwissens besteht eben darin, daß sie nur auf das Gewisse und Nothwendige der gesammten Weltentwicklung gerichtet sein kann. Das nur Mögliche hat gar kein Sein und deshalb gar keine Beziehung zu dieser Allwissenheit, es gewinnt dieselbe erst, sobald es wirklich wird. Läge hier eine Unvollkommenheit vor, so dürfte sie doch gewiß nicht in der Allwissenheit gesucht werden, sondern in der göttlichen Zulassung eines freien Spielraums für die Ungewißheit des Möglichen. Meine Gründe diese Zulassung nicht für einen Abbruch an der göttlichen Allmacht zu halten habe ich entwickelt. So wenig es nun eine Aufhebung der göttlichen Allmacht ist, daß Gott nur durch eine Wesensvernichtung die Freiheit der frei geschaffenen Wesen in Zwang verwandeln kann, eben so wenig ist es eine Aufhebung der göttlichen Allwissenheit, daß Gott die möglichen Aeußerungen dieser Freiheit nicht als gewisse vorauswissen kann. Auch die Vollkommenheit des Allwissens vermag ich also nicht in der mechanischen Zusammenfassung des gleichmäßigen Wissens alles Wirklichen und Möglichen, alles Seienden und Nichtseienden zu finden.

Wer schließlich gegen diese Anschauungen vom göttlichen Wesen noch den Einwand erheben möchte, daß durch sie die Unveränderlichkeit des göttlichen Wesens verletzt werde, dem kann ich nur erwiedern, daß die Starrheit des Seins nicht zur Vorstellung eines lebendigen Gottes gehören kann. Nur die Unveränderlichkeit des Wesens gehört zur Vollkommenheit Gottes, nicht aber die Unveränderlichkeit des Wirkens. Nur, wenn dies festgehalten wird, gewinnen wir einen Gott, der mehr ist als ein mit Bewußtsein begabtes unabänderliches Naturgesetz, mehr als ein stummer Zuschauer seiner gesetzmäßigen Selbstentwicklung; nur so wird Gott als lebendig wirkende Kraft, als Vorsehung gedacht.

Diese Gottesvorstellung allein ist vereinbar mit der Annahme des freien Willens, nur sie bietet eine Erklärung für das Böse als das durch den Mißbrauch eben dieser Freiheit Entstandene. Nur sie vermag zu erklären, warum trotzdem dieses Böse die Zukunft des göttlichen Weltplans zu gefährden nicht im Stande ist. Die Zulassung des Mißbrauchs der menschlichen Freiheit und die Möglichkeit der dadurch veranlaßten Gegenwirkung des unveränderlichen allmächtigen Willens Gottes ergänzen einander wechselseitig zum Glauben an die Vorsehung und Weltregierung eines lebendig wirksamen bewußten Gottes. Eine Abklärung dieses Gottesbegriffs hat die christliche Religion von jeher gesucht. An diesem Gottesbegriff erkennen wir, daß eine religiöse Weltanschauung keineswegs unbedingt zur Leugnung der Willensfreiheit führen muß. Der echt christliche Gottesbegriff vielmehr fordert die Anerkennung der menschlichen Willensfreiheit; und die Möglichkeit dieser Vereinbarung bedingt gerade einen wesentlichen Vorzug unserer Religion vor den anderen Religionen der Erde.

Die Thatsache, daß es nur den Völkern, welche diesen Glauben aufnahmen, gelungen ist die höchste Bildung des Geistes zu erwerben und über die anderen Völker des Erdkreises auszubreiten, ist eine Erscheinung der Culturgeschichte der Menschheit, die unser Staunen erregt. Einen erklärenden Beitrag zum Verständniß dieser Thatsache liefert uns jedenfalls dies, daß unser Glaube, soweit er im Volke lebendig ward, allezeit die Mitwirkung des freien Willens zum thätigen Erdenleben gefordert hat. Dieser Glaube an den freien Willen läßt den Springpunkt alles Strebens und Wirkens frei; bei diesem Glauben versinkt der Mensch nicht in chinesische Gleichgültigkeit, nicht in die Resignation des indischen Quietismus, nicht in die thatlose Ergebung des muhamedanischen Fatalismus. Der frische Quell lebendiger Persönlichkeit ist dem Menschen gerettet; er glaubt an die Kraft und die Freiheit seines Willens. Ohne Scheu nimmt er die Gewissenslast der Verantwortung seiner Thaten auf sich und findet Ersatz in der Freude und dem Muth des Schaffens und Wirkens. Nur auf dem Boden solchen Glaubens erwachsen die höchsten Ideale unseres Erdenlebens, welche die volle Thatkraft menschlichen Wollens und Strebens erregen können. Diese culturge-

schichtliche Bedeutung des Glaubens an den freien Willen tritt
zu dem Beweis des unmittelbaren Bewußtseins und zur mittel-
baren Begründung durch die Thatsache der sittlichen Zurechnung
unserer Thaten als drittes positives Zeugniß für die Berechtigung
des Festhaltens an der Willensfreiheit hinzu. Keinerlei Gegen-
gründe also vermogten bis jetzt diesen Grundpfeiler unserer persönlichen Selbstständigkeit zu erschüttern.

9.

Das Gewissen und die sittliche Weltordnung.

———

Die Frage nach der Willensfreiheit hat uns mehrfach zu beiläufigen Bemerkungen über das Verhältniß des Menschen zur sittlichen Weltordnung veranlaßt. Die Willensfreiheit erschien als eine Kraft unserer Seele, deren Besitz zur Erfüllung unserer sittlichen Lebensaufgabe nothwendig ist. Der freie Wille sollte aber ebenso wenig nur in Beziehung zu dieser Aufgabe eine Geltung haben, wie etwa die sittliche Weltordnung nur in Beziehung zum freien Willen. Die Anerkennung des freien Willens sollte nicht von der Anerkennung eines Sittengesetzes abhängen, aus der Anerkennung des freien Willens konnte daher auch nicht die Nothwendigkeit eines unbedingt gültigen Sittengesetzes gefolgert werden. Nur bei Erörterung der Schranken der Willensfreiheit kam die Annahme einer allgemeinen Gebundenheit des Willens dem Guten gegenüber zur Sprache. Es wurde darauf hingewiesen, daß die Anerkennung dieser Gebundenheit, somit der Unterschiede des Guten und des Bösen, von der Anerkennung der Willensfreiheit völlig unabhängig sein könne, also selbst bei Leugnung der Willensfreiheit nothwendig bleiben würde. Der zwischen die zwei gleichen Bündel Heu gestellte Buridan'sche Esel könnte Willensfreiheit besitzen, deren Gebrauch es ihm vergönnte, beliebig erst das eine und dann das andere Bündel Heu zu verzehren, und könnte darum doch vom sittlich Guten und Bösen gar keine Idee haben.   Luther andererseits konnte den freien Willen leugnen, ohne darum gewillt zu sein, auch den Unterschied von gut und bös, und das Gesetz der sittlichen Weltordnung aufzuheben.

Andere waren sogar der Meinung, die Zulassung einer völlig unberechenbaren Willensfreiheit gefährde die gesetzmäßige Fortentwicklung dieser Weltordnung. Es ward dieser Meinung entgegen gehalten, daß gerade der geschichtliche Weltlauf den Eindruck eines wunderbaren Zusammenspiels von Nothwendigkeit und Freiheit auf uns mache, so daß gerade nur durch ein tieferes Verständniß dieser Gemeinschaft zur Lösung des Räthsels der Weltentwicklung vorgedrungen werden könne.

Um zur vollen Klarheit über alle diese angedeuteten Beziehungen zu gelangen ist nunmehr eine zusammenhängende Betrachtung über Gewissen und Sittengesetz, über Pflicht und Neigung, über die sittlichen Ideale und den Fortschritt ihrer Geltung in der Geschichte der Menschheit nothwendig.

Es befremdet uns nicht, wenn wir finden, daß in früheren Culturzeiten die gewohnte Sitte dem Grundgesetz der menschlichen Sittlichkeit gleich geachtet wurde. Eine mannichfaltigere Lebenserfahrung mußte erst gewonnen sein, bis ein vorgerückteres Bewußtsein dazu geführt werden konnte, das wechselnde Recht und die wechselnde Sitte der Länder und Städte von dem Recht und der Sittlichkeit zu unterscheiden, welche ihren Grund in dem Wesen der allgemeinen Menschennatur selber haben. In der Entwicklungsgeschichte des griechischen Volkes können wir deutlich das Erwachen dieses freieren sittlichen Bewußtseins verfolgen. Beim Sophokles tritt uns der Gegensatz klar hervor in den Worten der Antigone, mit welchen sie ihre Verletzung des königlichen Gebotes gegen Kreon rechtfertigt:

> Es war ja Zeus nicht, welcher mir's verkünden ließ.
> Noch hat das Recht, das bei den Todesgöttern wohnt,
> Solch eine Satzung für die Menschen aufgestellt.
> Auch nicht so mächtig achtet' ich, was Du befahlst,
> Daß Dir der Götter ungeschrieb'nes, ewiges
> Gesetz sich beugen müßte, Dir, dem Sterblichen.

> Denn heute nicht und gestern erst, nein, alle Zeit
> Lebt dieses; Niemand weiß, von wannen es erschien.

Auch Hämon mahnt den Vater daran, daß ihm das Herrscher=
recht nicht heilig gelten kann, wenn er das Götterrecht verhöhnt.
Nur das Volk weiß sich in diesem Zwiespalt der äußeren und
inneren Gesetzlichkeit noch nicht zurecht zu finden. Hochachtung
vor der Antigone spricht zwar der Chor aus, als er sie hin=
wandeln sieht, „würdig des Ruhms und mit Ehren gekrönt, in
der Todten Gemach"; doch bleibt sein Urtheil in ungeschlichtetem
sittlichem Zwiespalt befangen und hat daher keinen andern Spruch
für die Antigone, als den:

> Fromm handelt, wer die Todten ehrt;
> Doch dessen Macht, dem Macht gebührt,
> Zu verachten, ziemt sich nimmermehr:
> Ja, dich stürzt' eigner Trotz in's Unheil.

Das freiere Sittenbewußtsein scheint im griechischen Volk kurz
vor Sokrates Zeit durch die Lehre der Sophisten erweckt zu
sein. Diese Wanderlehrer der neu gewonnenen Bildung lernten
auf ihren Kreuz= und Querzügen durch die verschiedenen Länder
verschiedene Sitten und Gesetze kennen, das hier Geltende wurde
dort bestraft und umgekehrt. So erkannten sie, daß manches
Gesetz seinen Grund nur in der Willkür menschlicher Satzung
hatte; der Unterschied zwischen zeitlichem und ewigem Recht,
zwischen dem Recht der Zeiten und Völker und dem Recht der
allgemeinen Menschennatur mußte ihnen aufgehen. Zugleich aber
lag auch die Gefahr nahe diesen Unterschied wieder aus den
Augen zu verlieren, wenn die Kraft fehlte, die Grenzlinien der
beiden Gebiete des positiven und des natürlichen Rechtes zur
klaren Erkenntniß zu bringen. Die Sophisten besaßen allerdings
zu einer solchen Untersuchung weder Kraft noch Ausdauer genug;
Manche unter ihnen zogen daher auch aus ihrer Erfahrung über
den Wechsel der Rechtsbegriffe die Folgerung, daß es ein allge=
meines Menschenrecht nicht gäbe, daß vielmehr alle sittlichen Ge=
setze nur der jeweilige Niederschlag wechselnder Satzung seien. Alle
Sittlichkeit sollte auf Willkür und Gewohnheit beruhen. Solchen
Behauptungen gegenüber waren Sokrates, Platon und
Aristoteles bemüht, die erschütterte Grundlage der Sittlichkeit
wieder festzustellen. Besonders Aristoteles unterscheidet mit

wissenschaftlicher Deutlichkeit Natur- und Gesetzes-Recht. „Das
natürliche Recht — sagt er (in der Nikomachischen Ethik 5, 10)
— ist Das, was überall dieselbe Geltung hat und nicht dadurch
Recht ist, daß es die Menschen dafür halten; gesetzlich gerecht dagegen ist Das, was ursprünglich ohne wesentlichen Unterschied so
oder anders sein und gelten konnte, Das aber, sobald es die
Menschen festgesetzt haben, nicht mehr gleichgültig ist, z. B.
daß ein Gefangener sich für eine Mine loskaufen kann, oder daß
man hier und da eine Ziege opfert und nicht zwei Schafe. —
Manche Leute sind nun der Meinung: es sei überhaupt alles
Recht nur ein festgesetzes, denn — sagen sie — Alles, was von
Natur ist, ist unwandelbar und hat überall dieselbe Kraft, wie
ja das Feuer hier so gut wie bei den Persern brennt, während
wir doch die Begriffe über Das, was Recht ist, sich verändern
sehen. — Das ist aber nicht der Fall, sondern nur bis zu einem
gewissen Grade". — Bestimmt ist nach Aristoteles das Natur-
recht, insofern es seinen Grund hat in einem Naturzwecke, der
seine Gültigkeit behält, auch wenn er übertreten wird; wandelbar
aber erscheint die jeweilige Geltung des natürlichen Rechtes nur,
insofern es in der Macht der Menschen steht diesen Zweck zu
verwirklichen oder nicht. —

Die Verdienste, welche Sokrates, Platon und Aristoteles sich in ihrer Zeit um die Befestigung der sittlichen Grundbegriffe erworben haben, sind der Nachwelt noch viele Jahrhunderte
hindurch zu Gute gekommen. Neu beseelt und vertieft durch den
Geist des Christenthums sind die Ideen der alten griechischen
Weisen mitbestimmende Factoren der Geistesbildung unseres Erd-
theils geworden. Eine volle für alle Zeiten gültige Erledigung
der streitigen Probleme aber war noch nicht geboten; dieselben
mußten daher abermals in Frage kommen, sobald der philosophische Forschungstrieb begann sich von den Fesseln der überkommenen Schulweisheit zu befreien und auf neuen Bahnen die
Wahrheit zu suchen. Schon Cartesius verglich die moral-
philosophischen Schriften der alten Heiden mit sehr stolzen und
prachtvollen Palästen, die nur auf Sand und Schlamm gebaut
waren. Nach seinem Urtheil erheben sie die Tugenden sehr hoch
und lassen sie über alle Dinge der Welt ehrwürdig erscheinen,
aber sie lehren nicht genug, sie zu erkennen, und oft ist, was sie

mit einem so schönen Namen bezeichnen, bei Licht besehen, nichts
als Rohheit oder Stolz oder Verzweiflung oder das größte Verbrechen. Cartesius griff aber mit seinem Zweifel nur die
Wahrheit der überkommenen Lehre an, das Vorhandensein ursprünglicher Grundgesetze unseres moralischen Daseins wollte er
nicht bestreiten, sondern neu begründen. — Zu weiter gehenden
Zweifeln gab erst Locke neuen Anhalt. Locke erklärte den ganzen
Besitz sittlicher Grundsätze für den Erwerb des menschlichen Lebens,
ließ das Gewissen als die anerzogene Gewohnheit sittlichen
Urtheils erscheinen, und stellte damit abermals die feste Grund-
lage des sittlichen Lebens in Frage. Die Beweise für diese seine
Anschauung nahm Locke vorzugsweise aus den landläufigen Erfahrungen über das sittliche Leben der Menschen. Die Hand-
lungen der Menschen sollen uns überzeugen, daß das Gesetz der
Tugend nicht ihre innere Maxime ist. Angeborene Grundsätze
der Sittlichkeit müßten sich jederzeit in den Handlungen der
Menschen bezeugen. Man irrt, wenn man glaubt, daß die
Stimme des Gewissens dieses nie fehlende Zeugniß ablegt. Das
Gewissen kann nicht als Beweis gelten, daß es irgend einen angeborenen sittlichen Grundsatz giebt. Könnten doch viele Menschen
auf demselben Wege, auf welchem sie zur Erkenntniß andrer
Dinge gelangen, auch dahin gelangen, mehrere sittliche Grundsätze als gültig anzuerkennen, ohne daß sie in ihr Herz geschrieben
sind. Unser Gewissen wäre dann nichts anderes, als der Ausdruck der also gewonnenen Meinung über die Richtigkeit oder die
Verkehrtheit unserer Handlungen. Wäre das Gewissen die Stimme
unseres ursprünglichen angeborenen sittlichen Bewußtseins, so
könnte das sittliche Urtheil der Menschen nicht so widersprechend
ausfallen, wie dies thatsächlich der Fall ist. Was einige Menschen
durch ihr Gewissen getrieben erstreben, das verabscheuen andere.
„War nicht — fragt Locke — unter ganzen Nationen und sehr
cultivirten Völkern das Aussetzen der Kinder, so daß sie auf dem
Felde durch Mangel oder wilde Thiere umkommen mußten, eine
Gewohnheit, ebenso wenig verurtheilt oder in ihrem Rechte bezweifelt als die Erzeugung derselben? Pflegt man nicht jetzt noch
in manchen Ländern die Kinder in ein Grab mit ihren Müttern
zu legen, wenn diese im Kindsbette sterben, oder die Kinder in
die andere Welt zu befördern, wenn ein vorgeblicher Astrolog erklärt,

daß sie unter einem unglücklichen Gestirne geboren sind? Und giebt es nicht Länder wo die Eltern in einem gewissen Alter ohne irgend welche Gewissensbisse getödtet oder ausgesetzt werden? In einem Theil von Asien werden die Kranken, wenn ihr Zustand für unheilbar gehalten wird, fortgeschafft und auf die Erde gelegt, bevor sie gestorben sind; und hier läßt man sie, Wind und Wetter ausgesetzt, ohne Beistand und Mitleid umkommen (Gruber bei Thevenot. Th. 4 S. 13). Bei den Mingrelianern, einem Volke, das sich zum Christenthum bekennt, kommt es vor, daß sie ihre Kinder ohne Gewissensbisse lebendig verbrennen (Lambert bei Thevenot. S. 38). An manchen Orten essen die Eltern ihre eigenen Kinder (Vossius de Nili Origine cap. 18. 19). Die Karaiben pflegten ihre Kinder zu kastriren, um sie zu mästen und zu essen (Petri Martyris de orbe novo Decades. VII. Compluti 1530). Garcilasso de la Vega erzählt uns in seiner Geschichte der Incas von einem Volke in Peru, welches die Kinder von ihren weiblichen Gefangenen zu mästen und zu essen pflegte; diese Weiber wurden deswegen als Beischläferinnen gehalten, und wenn sie nicht mehr gebaren, ebenfalls getödtet und gegessen. Die Tugenden, durch welche die Tououpinambos das Paradies zu verdienen glaubten, waren Rache und viele Feinde zu verzehren. Sie hatten nicht einmal ein Wort für den Begriff Gottes, nicht die geringste Ueberzeugung von irgend einer Gottheit, keine Religion, keinen Gottesdienst (De Lery, histoire d'un voyage fait en la terre du Brésil Genève 1580.) Die Heiligen, welche bei den Türken kanonisirt werden, führen ein Leben, welches man ohne Verletzung der Sittsamkeit nicht einmal beschreiben kann. — Wo sind denn nun also die angeborenen Grundsätze der Gerechtigkeit, Ehrfurcht, Dankbarkeit, Billigkeit, Keuschheit? Oder wo ist die allgemeine Einstimmung, die uns von dem Dasein solcher angeborenen Grundsätze überzeugt? — Wenn wir umherblicken, um die Menschen, wie sie sind, in's Auge zu fassen, so werden wir finden, daß sie an dem einen Orte Gewissensbisse empfinden über eine begangene oder unterlassene Handlung, welche sie an einem andern Orte für verdienstlich halten. — Wer die Geschichte der Menschheit aufmerksam durchforscht, einen Blick auf die verschiedenen Menschenstämme wirft, und ihre Handlungen unbefangen beobachtet, der wird sich hinreichend überzeugen können,

daß man kaum ein Moralprinzip nennen, kaum einer Tugend=
regel gedenken kann, welche nicht durch die allgemeine Gewohnheit
ganzer Geſellſchaften von Menſchen, die von ganz entgegenge=
ſetzten praktiſchen Meinungen und Lebensregeln regiert werden,
gering geſchätzt oder verdammt werden. — Die Uneinigkeit der
Menſchen in Anſehung ihrer praktiſchen Grundſätze iſt ſo klar,
daß ich wohl kein Wort mehr zu ſagen brauche, um die Unmög=
lichkeit darzuthun, irgend welche angeborene Sittenregeln nach
dieſem Merkmal einer allgemeinen Zuſtimmung aufzufinden. Und
es reicht ſchon hin, den Argwohn zu erwecken, daß die Voraus=
ſetzung ſolcher angeborenen Grundſätze eine willkürlich angenom=
mene Meinung iſt; wenn man ſieht, wie ſehr Diejenigen, welche
in einem ſo zuverſichtlichen Tone von denſelben ſprechen, doch ſo
ſehr anſtehen, uns dieſelben zu nennen. — Fänden die Menſchen
ſolche angeborene, ihrem Geiſt eingeprägte Grundſätze, ſo würden
ſie dieſelben von anderen Wahrheiten, welche ſie ſpäter lernen
und von jenen ableiten, leicht unterſcheiden; und es würde nichts
leichter ſein, als ihren Inhalt und ihre Anzahl zu beſtimmen.
Ihre Anzahl könnte ebenſo wenig zweifelhaft ſein als die unſerer
Finger; und jedes Syſtem würde ſie uns dann wohl leicht auf=
zählen. Da aber noch Niemand, ſo viel ich weiß, gewagt hat,
ein Verzeichniß von ihnen zu geben, ſo kann man doch Die nicht
tadeln, welche die angeborenen Grundſätze bezweifeln, wenn ſelbſt
Diejenigen, welche den Glauben an die Wirklichkeit ſolcher ange=
borenen Grundſätze fordern, dieſelben nicht einmal nennen können.“

Dies alſo waren die Gründe, welche Locke beſtimmten, die
Annahme angeborener Sittengeſetze zu verwerfen. Die Geltung
beſtimmter Sittengeſetze wollte er damit nicht beſtreiten, nur ſollte
dieſe Geltung keine urſprüngliche, ſondern eine erſt im Laufe der
menſchlichen Entwicklung langſam erworbene ſein. Die Tugend
ſollte nach ſeiner Anſicht nicht deswegen allgemein gebilligt werden,
weil ſie angeboren, ſondern weil ſie nützlich iſt; Eigennutz und
Rückſicht auf die Bequemlichkeit des Lebens ſollten die Menſchen
dazu führen, in den Grundſätzen der Tugend die ſicherſten Stützen
der Glückſeligkeit zu erkennen. Gott habe die Tugend und die
allgemeine Glückſeligkeit durch ein unzertrennliches Band verknüpft.
Die Ausübung der Tugend ſei daher zur Erhaltung der Geſell=
ſchaft unbedingt nothwendig, und offenbar wohlthätig für Alle,

mit denen ein tugendhafter Menſch in Verhältniß ſtehe. Daher
dürfe man ſich auch nicht wundern, wenn der Menſch dieſe Grund=
ſätze, von deren Befolgung er für ſich ſelbſt Vortheile einernbte,
nicht nur ſelber anerkenne, ſondern auch Anderen anpreiſe und
mit klarer Stimme für heilig erkläre. Dieſe Huldigung beruhe
jedoch nur auf einer Anerkennung des durch Erfahrung bewährten
Nutzens der Tugend, enthalte aber keinen Beweis für das Ange=
borenſein ihrer Grundgeſetze.

Dieſe Anſichten Locke's fielen auf einen beſonders günſtigen
Boden in Frankreich. Hier ſchoſſen bei den Materialiſten des
vorigen Jahrhunderts die Keime dieſer ſittlichen Weltanſchauung
lebendig ins Kraut, das gar bald wie Unkraut allen Wuchs eines
edleren Sittenbewußtſeins unterdrückte. Helvetius und Holbach
ſtellten die Selbſtliebe, das Intereſſe, die Glückſeligkeit als die
Angelpunkte der ſittlichen Welt dar. Was in der phyſiſchen Welt
die Bewegung iſt, der Grund aller Veränderung, das iſt nach
Helvetius in der ſittlichen Welt das Intereſſe. Ein Jeder
aber hat ſein beſonderes Intereſſe, daher gilt die Selbſtliebe als
der Beweggrund aller menſchlichen Thätigkeit, als das einzige
Prinzip der Moral. Um Etwas zu wollen, müſſe man es wün=
ſchen, und jeder Wunſch ſetze ein Bedürfniß voraus, das zu be=
friedigen ſei. Es ſei ebenſo unmöglich das Gute des Guten
wegen, als das Böſe des Böſen wegen zu lieben; der Menſch ſei
jederzeit intereſſirt. Sein Intereſſe, gegründet in ſeiner Sinnlich=
keit, ſuche die Luſt und fliehe die Unluſt. Dieſer Sachverhalt
allein ſoll die Beweggründe unſeres Handelns ergeben. Natürlich
läßt dieſes Prinzip der Selbſtliebe nur bedingungsweiſe eine je=
weilige Allgemeingültigkeit gewiſſer Grundſätze des Handelns zu.
Das Intereſſe des Einen widerſpricht dem Intereſſe des Anderen;
ja mir ſelber kann heute nützen, was mir vielleicht morgen ſchadet.
Von Verſchiedenen muß daher verſchieden, und von Demſelben
nach dem Wechſel der Umſtände bald ſo, bald anders geurtheilt
werden. Nur inſoweit das Intereſſe Aller in der Erhaltung
einer gewiſſen ſittlichen Lebensgemeinſchaft zuſammen trifft, kann
eine bedingte Allgemeingültigkeit ſittlicher Urtheile ſich entwickeln.
Eine urſprüngliche Grundlage aber in der ſittlichen Natur des
Menſchen hat dieſe Allgemeingültigkeit nicht. Vielmehr weil der
Vortheil unter verſchiedenen Umſtänden verſchieden iſt, muß auch

die Tugend von verschiedenen Menschen und Völkern verschieden
geschätzt sein. Die Werthschätzung der Tugend soll auch jederzeit
von dem Urtheil über ihren Nutzen abhängen. Nach Helvetius
Behauptung giebt es kein Verbrechen, welches nicht öffentlich gebilligt wurde, wenn es nützlich war. In Sparta galt ein listiger,
mit Muth vollbrachter Diebstahl für lobenswerth; Wilde halten es für Recht, ihre Greise zu schlachten; die Chinesen billigen
den Kindermord. Alles dieses wird gerechtfertigt durch den öffentlichen Nutzen, welchen es bringt. Und diesem Nutzen zu dienen,
werden wir doch nur vermogt durch die Rücksicht auf unsern
eigenen Vortheil. Unsere Gesetzgebung kann daher nur darnach
streben, den Privatvortheil mit dem öffentlichen Vortheil zu vereinigen; die Verschmelzung beider gilt dem Helvetius als das
einzige Mittel, die Menschen zur Tugend zu leiten. —

Im Wesentlichen dieselbe sittliche Weltanschauung vertrat
auch Holbach in seinem System der Natur. Zwar widerspricht
er der Meinung, daß die sittlichen Unterschiede nur auf Ueber-
einkunft beruhen; die Moral soll, wie das Universum, gegründet
sein auf Nothwendigkeit oder auf ewige Beziehungen der Dinge
unter einander. Aber als die einzige Grundlage der Moral in
der Menschennatur selbst erscheint doch auch ihm nur das Prinzip
der Selbstliebe. Als Mittel, die Menschen über eine beschränkte
und verkehrte Selbstliebe zur Liebe der Tugend zu erheben, erkennt auch Holbach nur das Bemühen, sie aufzuklären über
die Bedingungen der menschlichen Glückseligkeit.

Man hat wohl diese aus dem Prinzipe des Eigennutzes
und des gemeinsamen Vortheils erbaute Sittenlehre verantwortlich
gemacht für das Zusammenbrechen aller sittlichen Ordnung in
der französischen Revolutionszeit. Unstreitig kommen zur Erklärung derselben in erster Linie andere Gebrechen der damaligen
socialen Zustände Frankreichs in Betracht; aber eine nicht unwesentliche Mitschuld trägt sicherlich die weite Ausbreitung einer
Lehre, welche den Menschen darin Recht gab, sich selbst über Alles
und die Mitwelt nur um des eigenen Vortheils willen zu lieben.
Um so schwerer fielen die nachtheiligen Folgen dieser Lehre ins
Gewicht, als dieselben vorzugsweise in den gebildeten Schichten
der Gesellschaft zu Tage traten, welche vor Allem dazu berufen
sind, die idealen Mächte des Menschenlebens hoch zu halten.

Auch in Deutschland blieben diese Lehren nicht ohne üble Nachwirkung. Unter keinem Menschenvolk wird es wohl je an Neigung fehlen, über den Forderungen des eigenen Vortheils und des eigenen Glückes die Pflichten zu vergessen, welche dem Menschen aus der unbedingten Gültigkeit sittlicher Gesetze erwachsen. Wer aber die Unverbrüchlichkeit der Sittengesetze aus den Augen verliert, der wird in den Strudel unsicherer Ueberlegungen über den eigenen Vortheil gestürzt und aus diesem Wirrsal zu festen Maximen seines Handelns sich schwerlich erheben. Wenn in einem Zeitalter solche Ansichten zur Herrschaft gelangen, so ist die Grundlage eines allgemeinen Sittenbewußtseins erschüttert. Daß unser deutsches Volk vor den schlimmsten Folgen einer solchen Erschütterung bewahrt geblieben ist, kann als Zeugniß dafür gelten, daß die Ideale der sittlichen Menschennatur in ihm noch Kraft genug besaßen, dem Eindringen der sittlichen Begriffsauflösung Widerstand zu leisten. Doch bedurfte dieser Widerstand unserer idealen Volksnatur einer Stütze, wie sie nur die klar bewußte Rechtfertigung der erschütterten Grundsätze geben konnte. Hervorragende Geister, welche die Gefahr erkannten, mußten ihr entgegentreten; abermals mußte, wie zur Zeit des Sokrates, das schwankende Gebäude des sittlichen Bewußtseins auf seinem ewigen, in der Menschenbrust selber liegenden Grunde festgestellt werden. Das Verdienst, dies gethan zu haben, gebührt Kant, dem Denker, der seine Zeitgenossen wieder darüber belehrte, daß es doch ein ewiges, der Menschennatur selbst innewohnendes Sittengesetz giebt, welches nach den Trieben der Neigung und sinnlichen Lust nicht fragt, ihre helfende Begleitung sogar verschmäht, daß diesem Sittengesetz gegenüber nur das Bewußtsein der Pflicht in Betracht kommt, und daß sich dieses Bewußtsein in der nie schweigenden Stimme unseres Gewissens ankündigt. Es waren im Grunde alte Gedanken, die Kant vertheidigte; aber die Klarheit über sie war dem Zeitalter abhanden gekommen, sie bedurften daher einer neuen und festen Begründung. Man kann das Bedürfniß einer solchen und damit die Bedeutung der Leistung Kant's nicht besser und eindringlicher hervorheben, als dies Schiller in seiner Abhandlung über Anmuth und Würde gethan hat. — „So wie Kant — sagt er — die Moral seiner Zeit im System und in der Ausübung vor sich fand, so mußte ihn auf der einen Seite ein grober Materialismus in den moralischen Prinzipien empören, den die unwürdige Gefälligkeit der Philosophen dem schlaffen Zeit=charakter zum Kopfkissen untergelegt hatte. Auf der andern Seite mußte ein nicht weniger bedenklicher Perfectionsgrundsatz, der, um eine abstracte Idee von allgemeiner Weltvollkommenheit zu reali=siren, über die Wahl der Mittel nicht sehr verlegen war, seine Aufmerksamkeit erregen. Er richtete also dahin, wo die Ge=fahr am meisten erklärt und die Reform am bringendsten war, die stärkste Kraft seiner Gründe, und machte es sich zum Gesetze, die Sinnlichkeit sowohl da, wo sie mit frecher Stirn dem Sitten=gefühl Hohn spricht, als in der imposanten Hülle moralisch löb=licher Zwecke, worin besonders ein gewisser enthusiastischer Ordens=geist sie zu verstecken weiß, ohne Nachsicht zu verfolgen. Er hatte nicht die Unwissenheit zu belehren, sondern die Verkehrtheit zu=rechtzuweisen, Erschütterung forderte die Cur, nicht Einschmeiche=lung und Ueberredung, und je härter der Abstich war, den der Grundsatz der Wahrheit mit den herrschenden Maximen machte, desto mehr konnte er hoffen, Nachdenken darüber zu erregen. Er war der Drako seiner Zeit, weil sie ihm eines Solons noch nicht werth und empfänglich schien. Aus dem Sanctuarium der reinen Vernunft brachte er das fremde und doch wieder so bekannte Moralgesetz, stellte es in seiner ganzen Heiligkeit aus vor dem entwürdigten Jahrhundert, und fragte wenig darnach, ob es Augen giebt, die seinen Glanz nicht vertragen." —

Diese Anerkennung der Verdienste Kant's durch Schiller fällt um so mehr ins Gewicht, als Schiller die Strenge der Kant'schen Moral aus dem Gegensatz zur Schlaffheit der Zeit wohl begriff, aber gegen die Starrheit des in ihr zur Geltung gebrachten Pflichtbegriffs mit der vollen Wärme seiner dichterischen Empfindung sich auflehnte. Auch sonst ist kein Punkt der Kant'schen Sittenlehre in dem weiteren Kreise denkender Menschen so vielfach besprochen und so verschieden beurtheilt worden, wie die Ansicht über das Verhältniß von Pflicht und Neigung. Die Einen haben die Reinheit einer Lehre gepriesen, welche die Tugend nur in der Erfüllung sittlicher Pflicht ohne Neigung finden wollte; die Anderen haben den Rigorismus der Lehre getadelt, welche sich so einseitig und kalt auf die Seite der Pflicht gestellt hatte. Ganz richtig und gerecht haben weder die Einen noch die Anderen die

Ansicht Kant's dargestellt und beurtheilt. Sie klar zu erfassen, sei unser nächstes Bemühen. Wir gewinnen dadurch nicht nur ein Verständniß ihrer Wirkung in der damaligen Zeit, wir werden auch leitende Gedanken zur Schlichtung der in unserer Zeit erneuerten Streitfrage über die Grundprobleme der Sittlichkeit erhalten. Wir sind es dem großen Denker schuldig, das Andenken an seine Verdienste um die sittliche Entwicklung der gebildeten Menschheit aufzufrischen, um zu verhüten, daß sein Werk von dem Zeitstrom der entgegengesetzten, die Festigkeit des Sittenbewußtseins abermals erschütternden Ideen überfluthet werde.

Kant's Ansicht ist im Zusammenhange seiner Sittenlehre kurz zusammengefaßt folgende. Das oberste Sittengesetz muß hervorgehen aus dem Begriffe des Willens eines vernünftigen Wesens. Wo der Wille eines Wesens zum Grunde seiner Selbstbestimmung dient, da ist das Wesen selbst Zweck und nicht Mittel für ein anderes Wesen. Der Mensch und überhaupt jedes vernünftige Wesen existirt nur als Zweck an sich selbst, sein Dasein hat an sich selbst einen unbedingten Werth, nicht blos einen bedingten als Mittel zum beliebigen Gebrauch für diesen oder jenen fremden Willen. Das oberste Sittengesetz muß diesem Begriffe eines vernünftigen Wesens entsprechen. Dies geschieht, wenn es also lautet: „Handle so, daß du die Menschheit sowohl in deiner Person, als in der Person eines jeden Anderen jederzeit zugleich als Zweck, niemals blos als Mittel brauchst." — Dieses objective Gesetz aller sittlichen Handlungen nimmt in unserem Geiste als Grundsatz unseres sittlichen Thuns folgenden subjectiven Ausdruck an: „Handle nur nach derjenigen Maxime, von der du zugleich wollen kannst, daß sie ein allgemeines Gesetz werde."

Dieser Grundsatz befiehlt unbedingt und heißt deshalb der kategorische Imperativ. Auf den ersten Blick erscheint derselbe nur als philosophischer Ausdruck für die sprichwörtliche Lebensregel: „Was du nicht willst, das dir geschieht, das thu auch keinem Andern nicht." Kant's reine Pflichtenlehre konnte darnach in den Verdacht einer versteckten Selbstsuchtsweisheit kommen, die nur befehle, Niemanden Uebles zu thun, um nicht selber Uebles zu leiden. Dergleichen witterte z. B. Schopenhauer hinter jenem Grundsatz. Kant hat dieses Mißverständniß vorausgesehen und bereits zurückgewiesen. Er zeigt, wie viel weiter und

tiefer sein Grundsatz gilt als die genannte Lebensregel. Diese
enthält in ihrer abweisenden negativen Form keinen Grund zu
Liebespflichten gegen Andere; auch könnte ihr gemäß ein Verbrecher zu seinem Richter sagen: richte mich nicht, denn du willst
nicht gerichtet sein. Kant's Grundsatz ist nicht zunächst gerichtet
auf das Wohl dieses oder jenes einzelnen Wesens, auch nicht auf
das Wohl des eigenen Ich, sondern auf die Verwirklichung der
sittlichen Zweckordnung überhaupt. Weil der sittliche Wille die
sittliche Selbstbestimmung aller vernünftigen Wesen sein soll, so
muß eine Harmonie dieser Selbstbestimmungen da sein im Reiche
der sittlichen Zweckordnung aller vernünftigen Wesen. Dies bedingt es, daß der Mensch Nichts sittlich wollen darf, was nicht
allgemeines Gesetz werden kann. Nicht die Rücksicht auf den
eigenen möglichen Vortheil oder Nachtheil, sondern das Bewußtsein
der Menschenwürde — könnte man einfach sagen — bestimmt
nach Kant den wahrhaft sittlichen Willen, bildet den tiefsten
Grund unserer sittlichen Natur.

Diesem Grundsatz gegenüber fühlt sich der Mensch sittlich
verbunden und er handelt sittlich im Bewußtsein dieser Verbindlichkeit aus Pflicht. An die Stelle dieses sittlichen Pflichtgefühls
kann der Glückseligkeitstrieb des Einzelnen nicht treten. Dieser
Trieb führt nicht zur sittlichen Uebereinstimmung aller vernünftigen
Wesen; vielmehr erzeugt gerade er den ärgsten Widerstreit der
Interessen. Der Glückseligkeitstrieb fordert nur persönliche Geltung und schließt Allgemeingültigkeit aus. Gar Manche wünschen
das gleiche Glück, das Einer nur besitzen kann. Die Glückseligkeitstriebe der Einzelnen durchkreuzen einander, klingen aber nicht
zusammen zur Harmonie einer sittlichen Weltordnung. Durch
diesen Trieb entsteht, wie Kant scherzend bemerkt, der Widersinn
einer Einheit, über die man spottet in dem Vers auf die ein-
trächtigen Eheleute:

O wundervolle Harmonie,
Was er will, will auch sie;

oder in dem Witzworte: Franz I. und Karl V. wollten beide
dasselbe, — nämlich Mailand. — Aus dem Glückseligkeitstriebe
des Einzelnen kann nicht das allgemein bindende Sittengesetz
hervorgehen, welches gerade die Selbstsucht beherrschen soll, in
deren Dienst jener Trieb sich stellt. Alle Selbstsucht ist entweder

Eigenliebe oder Eigendünkel; die erste aber wird vom Sittengesetz eingeschränkt, die zweite niedergeschlagen. Beides ist im natürlichen Menschen verbunden mit einem Gefühle von Unlust. Somit kann diese Beherrschung durch das Sittengesetz nicht gefordert werden durch die Lust, durch den Trieb nach Glückseligkeit, sondern nur durch die Pflicht.

Aus dem Bewußtsein der Pflicht spricht die Anerkennung der Nothwendigkeit einer Handlung aus Achtung vor dem Sittengesetz. Diese Achtung vor dem Sittengesetz zieht eine Achtung vor Dem nach sich, der ihm gemäß handelt. In dieser Angemessenheit achten wir die Menschenwürde selbst. Können wir diese Gemäßheit in uns selber achten, so entsteht Selbstzufriedenheit. Dieselbe hat Nichts an sich von einem sinnlichen Gefühle der Lust, der Glückseligkeit. Denn wie Manches wir auch sittlich erreichen mögen, immer werden wir uns gestehen müssen, daß uns der Kampf schwer geworden ist, daß wir den Vergleich mit Anderen nicht aushalten, daß wir hinter dem sittlichen Ideal zurückgeblieben sind. So ist die Selbstzufriedenheit immer nur eine bedingte, sie ist stets mit einem mehr oder minder starken Gefühle von Beschämung verbunden. Nie beseelt uns ein volles, reines Gefühl der Glückseligkeit über die Befolgung des Sittengesetzes, unsere Zufriedenheit betrifft nur die in unserm Thun endlich zum Vorschein kommende Achtung vor dem Sittengesetz. Daher, selbst wenn wir diese Selbstzufriedenheit suchen, darf darum doch nicht behauptet werden, daß wir nur mit verfeinerter Selbstsucht um der eigenen Lust willen das Gute erstreben, denn jene Zufriedenheit ist keine Lust.

Es kann aber auch nicht dieses Ziel der inneren Zufriedenheit, dessen Erreichung nur annähernd möglich ist, sondern allein das Bewußtsein der Pflicht, der Gebundenheit durch das Sittengesetz, die Triebfeder unserer sittlichen Handlungen abgeben. Denn das Bewußtsein der Pflicht geht dem Gefühl der Zufriedenheit voran, das letztere besteht nur in der Befriedigung über die Anerkennung der Pflicht. Die innere Zufriedenheit der Seele ist nur die Begleiterin oder die Krone sittlichen Handelns, nicht der Grund desselben. Wir handeln nicht um dieser Selbstbefriedigung willen sittlich, sondern wir erlangen diese Zufriedenheit, weil und so weit wir dem unbedingten Gebote der sittlichen Pflicht gehorchen.

Diese Pflicht nun bedingt nach Kant eine bestimmte Verbindlichkeit unserer sinnlichen Natur gegenüber unserer sittlichen.
In diesem Verhältniß die Oberherrschaft des sittlichen Willens
aufrecht zu halten, ist unsere Pflicht, nach dieser Oberherrschaft
zu streben allein unsere sittliche Aufgabe. Erst da soll demgemäß
der Werth des Charakters anheben, wo der Mensch nicht aus
Neigung, sondern aus Pflicht sittlich handelt. Nur in diesem
Sinne soll das Gebot der Nächstenliebe einen Sinn haben. Liebe
als Neigung ist nicht zu gebieten, wohl aber die Liebe als Anerkennung der Pflicht, dem Nächsten wohl zu thun. Jene Liebe
nennt Kant eine pathologische Liebe, es ist die Neigung, die
Glück oder Leiden schafft; diese Liebe nennt er eine praktische, es
ist die werkthätige, pflichtmäßige allgemeine Menschenliebe. Für
diese giebt es eine sittliche Pflicht, für jene nicht. Nur dieses
Handeln aus Pflicht ohne Affect, ohne Neigung soll sittlich in
Betracht kommen, nur eine solche Handlung soll Anspruch auf
den Namen einer sittlichen haben. Pflicht ist ihm der erhabene
große Name, der Nichts, was Einschmeichelung bei sich führt,
in sich faßt, der Unterwerfung verlangt, und ein Gesetz aufstellt,
welches von selbst im Gemüthe Eingang findet, der selbst wider
Willen Verehrung (wenn gleich nicht immer Befolgung) erwirbt,
vor dem alle Neigungen verstummen, wenn sie gleich insgeheim
ihm entgegenwirken. Tugend ist demnach die Stärke des Willens
eines Menschen in Befolgung seiner Pflicht, und das Gewissen
ist die dem Menschen in jedem Falle eines Gesetzes seine Pflicht
zum Lossprechen oder Verurtheilen vorhaltende praktische Vernunft. Es ist das Bewußtsein eines inneren Gerichtshofes im
Menschen, vor welchem sich seine Gedanken einander verklagen
oder entschuldigen. Es folgt dem Menschen wie sein Schatten,
wenn er zu entfliehen gedenkt. Der Mensch kann sich zwar durch
Lüste und Zerstreuungen betäuben oder in Schlaf bringen, aber
nicht vermeiden, dann und wann zu sich selbst zu kommen, oder
zu erwachen, wo er alsbald die furchtbare Stimme vernimmt.
Er kann es in seiner äußersten Verworfenheit allenfalls dahin
bringen, sich daran gar nicht mehr zu kehren, aber sie zu hören,
kann er doch nicht vermeiden. Das Gewissen ist die ursprüngliche intellectuelle und, als Pflichtvorstellung, moralische Anlage
der menschlichen Vernunft.

Dies sind nun die Grundgedanken der Kant'schen Sittenlehre in Betreff des Verhältnisses von Pflicht und Neigung. —
In ihnen hat die scharfe Abweisung jeden Lustgefühls, aller
Neigung von der Achtung vor dem Sittengesetz besonderen Anstoß erregt und der Kant'schen Moral den Vorwurf des Rigorismus zugezogen. Dies war der Punkt, über den auch Schiller
in der genannten Abhandlung seine Bedenken äußerte. Die Idee
der Pflicht sei in der Kant'schen Moralphilosophie mit einer
Härte vorgetragen, die alle Grazien zurückschrecke und einen
schwachen Verstand leicht versuchen könne, auf dem Wege einer
finstern und mönchischen Ascetik die moralische Vollkommenheit zu
suchen. Wie sehr auch Kant gegen diese Mißdeutung, die seinem
heitern und freien Geiste die empörendste sein mußte, sich zu ver-
wahren gesucht habe, doch habe er durch die strenge und grelle
Entgegensetzung beider auf den Willen des Menschen wirkenden
Prinzipien einen starken Anlaß zu dieser Mißdeutung gegeben.
Stärker verspottete Schiller später in den Xenien den beklagten
Rigorismus Kant's in den Versen:

„Gern dien' ich den Freunden, doch thu' ich es leider mit Neigung
Und so wurmt es mir oft, daß ich nicht tugendhaft bin."

„Da ist kein anderer Rath, du mußt suchen sie zu verachten
Und mit Abscheu alsdann thun, was die Pflicht dir gebeut."

Dieser Spott, der im Ernst und Scherz oft wiederholt ist,
trifft nur den einseitigen Ausdruck, nicht den Kern der Kant'schen
Ansicht. Kant's Aeußerungen verleiten allerdings zum Mißverständniß. Geht man aber auf ihren Kern zurück, so findet
man bis zu einem gewissen Punkte entschiedene Wahrheiten, die
man nicht übersehen darf, und erst jenseits dieses Punktes beginnt der Irrthum.

Kant behauptet im Grunde nur, daß nicht die individuelle
Neigung über den sittlichen Werth einer Handlung entscheidet,
sondern das Verhältniß dieser Handlung zum allgemeinen sittlichen Gesetz. Bis zu einem gewissen Grade ist dies vollständig
richtig, und die Folgerungen, die Kant daraus zieht, klingen
härter als sie sind.

Das Gefühl des Mitleids vor der Pflichtüberlegung —
sagt er einmal — sei wohldenkenden Personen selbst lästig. Eine
diesem Gefühle entsprungene Handlung sei nicht sittlich. Spricht

aus dieſer Verleugnung der ſittlichen Bedeutung des Mitleids,
in welchem Schopenhauer ſpäter im Gegenſatz zu Kant den
Brennpunkt aller Moral finden wollte, in der That der verletzende
Rigorismus eines kalten Pflichtgefühls? — Mir ſcheint eine
andere Auffaſſung nothwendig. — Mitleid iſt unzweifelhaft ein
humanes Gefühl, aber gewiß iſt nicht jede aus ihm entſprungene
Handlung ohne weiteres ſittlich. Sehe ich einen Trunkenbold am
Wege liegen, der als Bettler um ein Almoſen bittet, angeblich
zur Stillung ſeines Hungers, ſo iſt es nicht richtig, unbeſonnen
aus Mitleid die Bitte zu gewähren. Der Bettler verthut meine
Gabe vielleicht ſofort zu ſeinem eigenen Schaden. Mein Mitleid
war eine humane Neigung, aber die ihm entſprungene Handlung
vielleicht keine Wohlthat und ſicherlich nicht ohne Weiteres eine
ſittliche Handlung. Das Gebot der Sittlichkeit fordert von uns,
daß wir das Gute mit bewußter Prüfung thun, im Bewußtſein
einer Pflicht, nicht blos aus gefühlvoller Neigung. Solche Gefühle des Mitleids und der Zuneigung können alſo in der That
das ſittliche Handeln hindern und erſchweren, ſie können einem
Wohldenkenden läſtig werden vor der Pflichtüberlegung, weil es
ſchwer iſt, dieſe an ſich humanen Gefühle ſittlich zu beherrſchen.
Die ſogenannte Gutmüthigkeit giebt keineswegs den ſicherſten
Boden her für das ſittliche Handeln. Darin alſo hat Kant
vollſtändig Recht.

Auch darin werden wir ihm beiſtimmen, daß der Beſitz
humaner Neigungen kein vollgültiges Urtheil über die ſittliche
Güte eines Menſchen abgeben kann. Dieſer Beſitz kann ein Ge-
ſchenk der Geburt und des Lebens ſein, für deſſen Erhaltung der
Menſch kaum eine Kraft einzuſetzen hatte. Dem Einen iſt es
durch Natur und Umſtände leicht, dem Anderen ſchwer gemacht
ſittlich zu handeln. „Vielmals wird Schwäche, welche einem
Menſchen das Wagſtück eines Verbrechens abräth — ſagt Kant
in ſeiner Tugendlehre — von demſelben für Tugend gehalten
und wie viele mögen ein langes ſchuldloſes Leben geführt haben,
die nur Glückliche ſind, ſo vielen Verſuchungen entgangen zu ſein;
wie viel reiner moraliſcher Gehalt bei jeder That in der Geſin-
nung gelegen habe, das bleibt ihnen ſelbſt verborgen.‟

Unſtreitig kommt es bei dem Urtheil über den ſittlichen
Werth eines Menſchen auf die Schätzung dieſes Kraftverhältniſſe

seines inneren Pflichtgefühls zur äußeren Natur wesentlich an.
Gerade deshalb ist es für uns so schwer sittliche Vergleiche unter
den Menschen anzustellen, daß wir das Gericht über die innere
Schuld Gott anheim geben. Nur der Idee nach können und
müssen auch wir darauf ausgehen, die Sittlichkeit des Einzelnen
nach der Mühe zu schätzen, die es ihm macht sittlich zu sein.
Wir schätzen mit Kant die Tugend als moralische Gesinnung im
Kampf und in diesem Kampf sind offenbar Pflicht und Neigung
streitende Mächte.

Bis so weit dürfen wir Alles unterschreiben, was Kant
lehrte. Seine Einseitigkeit beginnt erst damit, daß er über dem
Kampf das Ziel des Kampfes, die größtmögliche Einigung von
Pflicht und Neigung im Dienste des Guten, aus den Augen
verlor. Diese Einseitigkeit ferner hing zusammen mit dem weiteren
Irrthum Kant's, unser ursprüngliches Verhalten zum Guten
als ein nur durch die Pflicht bestimmtes anzusehen. Dies sind
die beiden Grundmängel der Kant'schen Sittenlehre.

Das Ziel unseres sittlichen Ringens kann doch nur darin
bestehen, unsere sinnliche Natur dahin zu bringen, daß sie gern
thut, was die sittliche fordert. Das Gute soll dem Menschen zur
anderen Natur werden. Erst den Menschen nennen wir wahrhaft
sittlich, bei dem das Gutsein über den Kampf hinaus zur dauernden
Naturbeschaffenheit geworden ist. Die sittlichen Grundsätze der
Vernunft und die sinnlichen Triebfedern der Natur sollen ausgeglichen sein in der Harmonie eines wahrhaft guten Wesens.
Dann ruht der Kampf des Guten mit dem Bösen, das Gute
wird dann aus Pflicht und zugleich mit Neigung gethan. Je
mehr der Wille dahin wirkt, um so mehr tritt das Bewußtsein
der Pflicht vor der inneren Neigung zum Guten zurück; der Wille
entwickelt sich zum heiligen Willen. Diese Heiligkeit ist das Ideal
eines guten Wesens.

Kant hatte unleugbar Recht, dieses Ideal für uns Menschen
unerreichbar zu nennen. Vernünftig-sinnliche Wesen können nie
dahin kommen, alle moralischen Gesetze völlig gern zu thun; die
Möglichkeit der Begierde müßte zuvor aufhören. Kant durfte
aber darüber nicht verkennen, daß trotzdem die Annäherung an
dieses Ideal unser sittliches Ziel bildet. Unser Streben soll dahin
gehen, das Gute gern zu thun, und wir sind um so besser, je

mehr uns dieses gelingt, je mehr wir also das Gute nicht blos aus Pflicht, sondern zugleich mit Neigung thun. Dagegen nun lassen allerdings manche Aeußerungen Kant's eine Auslegung zu, als müsse der innere Werth einer guten That davon abhängen, daß sie ungern gethan sei. Dies trifft aber offenbar nicht den Kern der Ansicht Kant's. Mit Recht sagt K. Fischer: „Das Sittengesetz nach Kant will nicht, daß die Pflicht gern erfüllt werde. Will es deshalb, daß sie ungern erfüllt werde?" — Diese unnatürliche von Schiller verspottete Auffassung tritt nur scheinbar als Kant's Ansicht hervor in einigen Sätzen seiner im Eifer bisweilen zu weit gehenden Vertheidigung der Pflicht wider die Glückseligkeitslehre, welche der Sittlichkeit nur einen schwachen und schwanken Boden zu bieten vermag. Die bezeichnete Einseitigkeit Kant's in der Betonung der Pflicht ist unstreitig vorhanden, aber dieser Mangel ist geringer, als er nach dem Tadel seiner Gegner erscheint.

Zunächst dürfen wir bei dieser Auffassung Kant's nicht übersehen, in welchem Sinne er gemeiniglich die Worte gern und Neigung nimmt. Kant denkt bei dem durch sie bezeichneten Wohlgefallen stets an unsere sinnliche Natur; für die sittliche Natur nimmt in seinen Augen dieses Wohlgefallen eine ganz andere Art an, die ihn zu einer scharfen Sonderung auffordert. Wir thun das Gute ungern, d. h. in seiner Sprache, es ist unserer sinnlichen Lust unbequem; wir thun das Gute gern, d. h. wir haben Achtung vor dem Sittengesetz und die Beachtung desselben gewährt uns eine innere Befriedigung. Um diesen Unterschied zu bezeichnen, nennt Kant das Wohlgefallen an dieser Befriedigung nicht Neigung. — Demnach ist es jedenfalls ein halbes Mißverständniß, wenn Schopenhauer glaubt, Kant gegenüber behaupten zu müssen, die Hauptsache sei das Gute gern zu thun, die Gesinnung bilde die Güte der That. Kant stellte dies nicht in Abrede, vielmehr sagte er ebenso ausdrücklich: „Das wesentlich Gute der Handlung besteht in der Gesinnung, der Erfolg mag sein, welcher er wolle." — (W. ed. R. VIII. 40.) Nur soll dies Gernthun oder die gute Gesinnung nach Kant in der Achtung vor dem Sittengesetz oder mit anderen Worten in der Werthschätzung der Menschenwürde liegen.

Hätte sich nun Kant unbefangener klar gemacht, was in

dieser Achtung liegt, so hätte er darin nicht blos das Gefühl der Pflicht dem Sittengesetz gegenüber, sondern auch ein Moment ursprünglicher Neigung zum Guten gefunden. Ohne diese Neigung würde uns das Pflichtgefühl nur sagen, daß wir gut sein sollen; wir wüßten aber nicht, worin das Gute besteht, welches das Sittengesetz fordert.

Das ursprüngliche Verhältniß unserer Seele zum Guten besteht nicht nur darin, daß wir uns verpflichtet fühlen gut zu sein, sondern zugleich darin, daß wir einen ursprünglichen Zug zu Dem haben, was gut ist. Ohne diesen Zug würden wir sogar unsere Pflicht niemals erkennen. Wir lieben die Wahrheit als das Gute, darum halten wir es für unsere Pflicht wahr zu sein. Wir schätzen das Mitgefühl für Andere als das Gute, darum halten wir es für unsere Pflicht, dieses Gefühl nicht durch Unrechtthun zu verletzen. Das Erfüllen der sittlichen Pflicht ist also ohne diese ursprüngliche Neigung zum Guten gar nicht denkbar, denn nur durch sie erwacht in uns das sittliche Bewußtsein, nur durch sie erfahren wir, wozu wir verpflichtet sind. Die Pflicht allein giebt uns darüber keine Lehre. In ihr spricht sich nur das sittliche Bewußtsein einer Verbindung dem Guten gegenüber aus, diese Verbindlichkeit aber erhält ihren Inhalt erst durch die ursprüngliche Beziehung unserer Seele zum Guten.

So weit Kant dies verkannte, erfaßte er den sittlichen Kampf des Lebens nicht in seiner vollen Tiefe. Er kennt nur den Kampf zwischen sittlicher Pflicht und sinnlicher Neigung; andere höhere Neigungen werden verleugnet. Darnach würde es leicht sein, den sittlich richtigen Weg im Leben zu finden; man brauchte nur mißtrauisch gegen jedes Moment von Neigung in den Triebfedern einer Handlung zu sein und hätte nur dieses Moment zu vernichten, um sich den Weg zur Erkenntniß der Pflicht zu lichten. — Diese Auffassung kann vor dem Forum unseres Gemüthes nicht bestehen. Denn es giebt Neigungen, die an sich keiner Pflicht widersprechen, die zu den natürlichsten und besten Regungen unseres Herzens gehören. Rücksichten mancherlei Art können uns im Drange des Lebens pflichtmäßig nöthigen, die an solche Neigungen geknüpften Wünsche oder Bestrebungen zurückzudrängen und Handlungen zu vermeiden, die zum Unglück führen könnten; aber keine sittliche Pflicht wendet sich gegen diese

Neigungen selbst. — Unsere besten, edelsten Thaten erhalten
überdies ihre Seele durch den Affect unserer Neigungen, und die
sittliche Pflicht stellt uns keine andere Aufgabe als die, auch diese
Neigungen in richtigen Einklang zu unserem ganzen inneren und
äußeren Leben zu stellen. Jeder Mensch, den das Ideal eines
sittlichen Daseins wahrhaft durchdringt, weiß, daß der Kampf
solcher Neigungen mit der Pflicht der schwerste ist, den wir aus-
zufechten haben, bei dem wir oft nicht klar sehen, was wir thun,
was lassen sollen. Denn viel leichter ist es, schlechte Neigungen
zu unterdrücken, als Neigungen, die an sich kein Vorwurf trifft,
zu beherrschen.

Kant also hat die Pflicht in einem zu ausschließlichen und
die Neigung in einem zu niedrigen Sinne genommen. Er hat
mit Recht behauptet, daß nicht die Neigung über die Sittlichkeit
einer Handlung entscheidet, sondern daß dazu das klare Bewußtsein einer sittlichen Verbindlichkeit gehört; aber er hat mit Unrecht
gemeint, daß nur das Pflichtgefühl die Güte einer Handlung bestimmt. Es giebt auch edle Neigungen und es giebt keine gute
That ohne solche. Die Pflicht tritt nur als die bewußte Macht
hinzu, die uns zu solchen Thaten verbindet, und uns gebietet,
die einzelnen Neigungen mit sittlichem Bewußtsein über unsere
Lebensaufgabe und Lebensstellung zu beherrschen. Nur diese Gemeinschaft von Pflicht und Neigung kann wahrhaft gute Thaten
erzeugen, wahrhaft gute Menschen bilden und dauerndes Glück
gewähren.

In dieser Ueberzeugung anerkannte Schiller zwar das
hohe Verdienst, das Kant deswegen gebührte, weil er in einer
Zeit sittlicher Begriffsverwirrung das Grundgesetz der sittlichen
Verbindlichkeit wieder zu Ehren gebracht hatte, lehnte sich aber
zugleich mit Nachdruck auf gegen die einseitige Betonung der
Pflicht und die entsprechende Herabsetzung der Neigung. Er erklärte und entschuldigte diese Einseitigkeit Kant's aus dem Verhältniß zur Zeit, die ihn nöthigte, seine größte Kraft wider die
größte Gefahr zu richten, wie sie damals unstreitig in dem Verkennen des sittlichen Pflichtbewußtseins vorlag. Aber er erkannte
auch eine Gefahr in der einseitigen Betonung der Pflicht, wenn
dieselbe sich in unlöslichen Widerspruch setzte zur natürlichen
Empfindung des Menschen. Für moralische Empfindungen sei es

gewiß nicht vortheilhaft, Empfindungen gegen sich zu haben, die
der Mensch ohne Erröthen sich gestehen dürfe. Die menschliche
Natur sei ein verbundeneres Ganze in der Wirklichkeit, als es
dem Philosophen, der nur durch Trennen was vermöge, erlaubt sei,
sie erscheinen zu lassen. Nimmermehr könne die Vernunft Affecte
als ihrer unwerth verwerfen, die das Herz mit Freudigkeit bekenne. Das Siegel der vollendeten Menschheit besitze nur diejenige
Seele, in welcher sich die Triebe der Empfindung in Uebereinstimmung gesetzt haben mit den Grundsätzen der Vernunft, nur sie
sei das, was man unter einer schönen Seele verstehe. „Eine
schöne Seele nennt man es, wenn sich das sittliche Gefühl aller
Empfindungen des Menschen endlich bis zu dem Grad versichert
hat, daß es dem Affect die Leitung des Willens ohne Scheu
überlassen darf, und nie Gefahr läuft, mit den Entscheidungen
desselben im Widerspruch zu stehen. Daher sind bei einer schönen
Seele die einzelnen Handlungen eigentlich nicht sittlich, sondern
der ganze Charakter ist es. Man kann ihr auch keine einzige
darunter zum Verdienst anrechnen, weil eine Befriedigung des
Triebes nie verdienstlich heißen kann. Die schöne Seele hat kein
anderes Verdienst, als daß sie ist. Mit einer Leichtigkeit, als
wenn blos der Instinct aus ihr handelt, übt sie der Menschheit
peinlichste Pflichten aus, und das heldenmüthigste Opfer, das sie
dem Naturtriebe abgewinnt, fällt wie eine freiwillige Wirkung
eben dieses Triebes in die Augen. Daher weiß sie selbst auch
niemals um die Schönheit ihres Handelns, und es fällt ihr nicht
mehr ein, daß man anders handeln und empfinden könnte, dagegen ein schulgerechter Zögling der Sittenregel, so wie das Wort
des Meisters ihn fordert, jeden Augenblick bereit sein wird, vom
Verhältniß seiner Handlungen zum Gesetz die strengste Rechnung
abzulegen. Das Leben des Letztern wird einer Zeichnung gleichen,
worin man die Regel durch harte Striche angedeutet sieht, und
an der allenfalls ein Lehrling die Prinzipien der Kunst lernen
könnte. Aber in einem schönen Leben sind, wie in einem Tizia-
nischen Gemälde, alle jene schneidenden Grenzlinien verschwunden,
und doch tritt die ganze Gestalt nur desto wahrer, lebendiger,
harmonischer hervor. In einer schönen Seele ist es also, wo
Sinnlichkeit und Vernunft, Pflicht und Neigung harmoniren, und
Grazie ist ihr Ausdruck in der Erscheinung."

Schiller also vermißte an Kant's Moral die Anerkennung eines unmittelbaren Gefühls unserer Seele für das Gute, er wollte die Neigung zum Guten nicht losgelöst wissen von dem Bewußtsein der Pflicht gegenüber dem Guten. Der Wille sollte einen unmittelbareren Zusammenhang haben mit dem Vermögen der Empfindungen als mit dem der Erkenntniß, so daß es in manchen Fällen schlimm wäre, wenn sich der Wille bei der reinen Vernunft erst orientiren müßte. Mit diesen Urtheilen Schiller's stimmen im Wesentlichen alle hervorragenden Bemühungen der neueren Philosophie nach Kant auf dem Gebiete der Moral überein; sie alle wollen das blos formale Pflichtbewußtsein nicht für die einzige ursprüngliche und unmittelbare Beziehung unserer Seele zum Guten halten, sie alle suchen eine gleich ursprüngliche und unmittelbare Beziehung in den Aeußerungen einer sittlichen Werthschätzung inhaltlich bestimmter Gefühle oder Ideen unserer Seele. Schon Jacobi bemühte sich, die Unmittelbarkeit des sittlichen Gefühls neben der moralischen Reflexion zur Geltung zu bringen. Selbst Fries, der getreueste Schüler Kant's, tadelte den Meister, daß er ohne einen gegebenen Zweck, der an sich gut sei, das Gebot der reinen praktischen Vernunft zur Form der allgemeinen Gesetzmäßigkeit gemacht habe, ohne diesem Gesetz selbst einen Gegenstand zu geben. Kant verbessernd oder ergänzend suchte er die einzelnen sittlichen Gebote aus der von Kant selbst dargebotenen Idee der Menschenwürde abzuleiten. Ueber den gerügten Formalismus Kant's hinaus strebte ebenfalls Schleiermacher die ursprünglichen Elemente unserer sittlichen Werthschätzung zu entdecken. Als oberstes Ziel sittlichen Strebens, als höchstes Gut, erschien ihm die Einheit des Idealen und Realen, das Einssein von Vernunft und Natur; die Pflicht erklärte er für das Gesetz der zu diesem Ziele hinführenden Bewegung; und die vier Cardinaltugenden die zur Selbstbekämpfung dienende Besonnenheit, die im Kampf nach außen sich bewährende Beharrlichkeit oder Tapferkeit, die zur Belebung in sich führende Weisheit und die zur Belebung nach Außen treibende Liebe, faßte er als die bewegenden Kräfte der Seele, welche in Einklang mit dem Pflichtgesetz die Gewinnung des höchsten Gutes erstreben. Unter dem Einfluß der genannten Männer versuchte auch Beneke im Gegensatz zu Kant's kategorischem Imperativ die Moral auf

das Gefühl zu gründen, dieselbe aus den ursprünglich in Ge=
fühlen sich kundgebenden natürlichen Werthverhältnissen der seelischen
Functionen zu entwickeln. Annähernd ähnlich wollte Herbart
in unwillkürlichen Geschmacksurtheilen über Willensverhältnisse die
Quelle von den sittlichen Ideen der Freiheit, der Vollkommenheit,
des Wohlwollens, des Rechts und der Billigkeit finden. Diese
Ideen betrachtete er als Typen der wohlgefälligen harmonischen
Verhältnisse in den Regsamkeiten des Willens. Die innere Frei=
heit erschien als Einklang der Einsicht und des Willens, die Voll=
kommenheit als Einklang in dem Größenverhältniß der Regsam=
keiten; das Wohlwollen sollte auf der wohlgefälligen Uebereinstim=
mung des eigenen Willens mit dem vorgestellten fremden beruhen;
das Recht galt als die Einstimmung mehrerer Willen als Regel
gedacht zur Vermeidung des mißfallenden Streites, der bei der
gleichzeitigen Richtung mehrerer Willen auf das nämliche Object
entsteht; die Billigkeit sollte Vergeltung oder Aufhebung der miß=
fallenden Ungleichheit bei einseitigem Wohlthun oder Wehethun
fordern. — Es kann zugegeben werden, daß alle diese Versuche
der neueren Philosophie, die Elemente und den Zusammenhang
des sittlichen Organismus der Menschennatur zu ergründen, noch
nicht zu einem so klaren Abschluß geführt haben, daß zu verschiede=
ner Meinung gar kein Raum mehr geblieben ist. Aber ein völlig
freies Feld zur Aufstellung eines jeden beliebigen Einfalls als
einer berechtigten Meinung haben die angedeuteten Bemühun=
gen denn doch nicht hinterlassen. Manche Irrthümer müssen viel=
mehr als nunmehr beseitigt angesehen werden.

Trotzdem hat unsere hochgebildete Zeit gerade auf diesem
Gebiete der Moral im Verlaufe des von Seiten des Materialis=
mus angeregten Kampfes um Leib und Seele eine unglaubliche
Verwirrung der Sittenbegriffe Platz greifen sehen, wie sie schlim=
mer zu keiner Zeit vorgekommen ist. Selbst die französischen
Materialisten des vorigen Jahrhunderts haben doch wenigstens
noch den Schein einer wissenschaftlichen Begründung ihrer Ansicht
zu wahren gesucht, und sie sowohl wie die Materialisten des
Alterthums blieben doch noch bemüht, die anerkanntesten sittlichen
Ideale der Menschheit aus den Grundlagen ihrer falschen Vor=
aussetzungen zu erklären, also mit diesen in Einklang zu setzen.
Unsere Materialisten wissen von einer solchen Mühe Nichts.

Unbekümmert um Alles, was vor ihnen gedacht und erdacht ist, schleudern sie mit einer Frechheit sonder Gleichen, ihre unbewiesenen Behauptungen ins Volk, gerade als ob auf diesem Gebiete carte blanche gegeben wäre, jeden beliebigen Einfall kurzweg als wohlbegründete Thatsache zu behandeln.

Da erklärt uns C. Vogt, zwischen Thier und Mensch bestehe kein wesentlicher Unterschied in Betreff der Sittlichkeit. Der Begriff des Guten und Bösen entwickele sich unter den Thiergesellschaften im Verhältniß der Ausbildung der Geselligkeit ebenso wie in der menschlichen Gesellschaft. Bei Katzen und Bären z. B. gelte dieselbe Familienmoral des Gehorsams wie bei der Menschenseele. „Die junge Katze, die auf den Ruf der Mutter nicht kommt, — sagt Vogt in seinem Buch über den Menschen, Bd. 1. S. 295. — der zweijährige Bär, der seine Geschwister nicht ordentlich besorgt, werden ebenso angebrummt und geohrfeigt, wie es den lieben Menschenkindern auch geht, wenn sie den ersten Begriff der menschlichen und christlichen Moral, den kindlichen Gehorsam außer Augen setzen.“ Daß die Thiere innerhalb des Kreises ihrer Intelligenz ihr Handeln ebenso wie der Mensch für sittlich zurechnungsfähig halten, bezweifelt Vogt keinen Augenblick. Ist ihm doch die wirklich wahre Geschichte von dem Freunde des Försters bekannt, „welcher sich in dem Zimmer allein glaubte, eine tönende Unschicklichkeit sich zu Schulden kommen ließ und zu seinem Erstaunen sah, wie plötzlich die unter Tischen und Stühlen liegenden Hunde in lautes Wehgeheul ausbrachen und unter allen Zeichen der Angst sich endlich aus den Fenstern der Parterrewohnung in den Garten stürzten. Der Förster, als er wieder hereinkam, errieth sogleich die Ursache des plötzlichen Tollgewordenseins seiner Hunde. Er prügelte jedesmal, sobald eine der Bestien das Zimmer verpestete, die ganze thierische Gesellschaft zur Strafe ab, da er den Schuldigen weder suchen wollte noch konnte. Die Hunde wußten sehr wohl, daß sie zurechnungsfähig waren, obgleich die Handlung, die sie begingen, wahrlich instinktmäßig genug war.“ So buchstäblich C. Vogt in seinen 1852 erschienenen Bildern aus dem Thierleben S. 434. Mich wundert fast, daß Vogt aus dieser Geschichte nicht noch weiter folgert, die Thiere besäßen doch ein viel feineres Sittengefühl als der Mensch, da sie sich sogar die tönenden Unschicklich-

keiten ihrer lebenden Mitwelt als eigene Schuld anrechneten. Für
Vogt also ist die Moral nichts weiter als der anerzogene, oder
um grabaus zu reden, der aufgebrummte und angeprügelte Ge-
sellschaftscodex gewisser Regeln des Betragens. Die Moral ist
nur der jeweilige in gewissen Lebensregeln bestehende Niederschlag
wechselnder Verhältnisse und Meinungen, einen festen Grund in
der Natur des menschlichen Wesens hat sie nicht. Moleschott
und Büchner sprechen dies geradezu als ihre Ansicht aus. „Das
Hirn — sagt Moleschott — verändert sich mit den Zeiten
und mit dem Hirn die Sitte, die des Sittlichen Maßstab ist. —
Gut ist, was auf einer gegebenen Stufe der Entwicklung den
Bedürfnissen der Menschheit entspricht." — „Es gibt kein absolutes
Sittengesetz" — erklärt noch deutlicher Büchner. „Bei den
Indianern gilt ein gut ausgeführter Diebstahl als höchstes Ver-
dienst und das Heidenthum pries den Haß der Feinde, den das
Christenthum mit Unrecht verdammt." Die sittliche Schuld des
Menschen sucht Büchner nicht in dem Menschen selbst, sondern
in den ihn umgebenden Verhältnissen. „Wenn ein gutgearteter,
friedliebender Mann (und dieser Fall ist leider zu oft vorgekommen) — so lesen wir in der ersten Ausgabe seines Buches über
Kraft und Stoff S. 255 — eine Frau, die ihm das Leben zur
Hölle macht und die er in Folge mangelhafter Ehescheidungsgesetze
nicht los werden kann, im Uebermaß seiner Empfindungen er-
schlägt, indem er selbst das Leben in solcher Gesellschaft verab-
scheut — wie viel Schuld haben alsdann an einer solchen That
der freie Wille, wie viel dagegen die Umstände?" — Büchner
wird diese Stelle in den späteren Auflagen seines Buches fort-
gelassen haben, weil er selber gefühlt haben wird, daß für solche
Handlung anstatt der Rechtfertigung aus den Verhältnissen ein
Wort der Entrüstung über den Mangel sittlicher Widerstandskraft
besser am Platze gewesen wäre. Immerhin bleibt diese Aeußerung
ein Zeichen einer bedenklichen sittlichen Gleichgültigkeit und Rohheit, wie sie übrigens auch in der anderen angeführten Aeußerung
Büchner's über den Haß der Feinde deutlich zu Tage tritt.
Das Schlimmste aber, was uns geboten ist, liegt in allen diesen
Auslassungen noch nicht vor. Eine Dame, Mathilde Reichardt,
die im Jahre 1856 in Briefen an Moleschott ein Buch über
Wissenschaft und Sittenlehre herausgab, hat sich unstreitig das

wenig beneidenswerthe Vorrecht erworben, unter denen, welche
alle sittlichen Begriffe auf den Kopf stellen, in erster Linie und
an erster Stelle genannt zu werden. Nach der Meinung dieser
Dame hat die Sittenlehre nur darnach zu fragen, ob eine Menschennatur die in sie gelegten Elemente harmonisch entwickelt. Die
Natur aber — meint sie — spreche durch jeden Menschen einen
anderen Willen aus. Sie steht daher nicht an zu behaupten,
„daß, so es Menschen giebt, denen eine Neigung, ein vorherrschen-
der Trieb zum Betrügen und zum Stehlen innewohnt, diese
Menschen nur als Betrüger, nur als Diebe durch und durch sittliche Menschen sein können." — „Auch der zum Diebe geborene
Mensch brachte wie jeder Andere das Recht mit sich ins Leben
seine Natur zu vollenden und allseitig zu entwickeln und kann nur
auf diese Weise eine kraftvolle, eine sittliche Natur sein. Und wie
der Dieb, so jeder andere Lasterhafte, so auch der zum Mörder
Geborene." Selbst für das Mädchen, das aus nackter Fleisches-
lust Befriedigung der allerniedrigsten Begierden sucht, hat diese
Schriftstellerin, indem sie selber „in den Abendfeierstunden an den
Geistesstrahlen des Jahrhunderts ihre Seele zu höherer Glut er-
wärmt," nur eine mitleidsvolle Thräne.

In Aeußerungen wie die angeführten, die sich leicht vermehren ließen, tritt offenbar eine Verwahrlosung sittlicher Be-
griffsbildung zu Tage, wie man sie nach dem durch Jahrhunderte
fortgesetzten Aufwand ernstesten Nachdenkens über diese Probleme
kaum noch hätte für möglich halten sollen. Gottlob ist solche
Verwahrlosung gegenwärtig für das praktische Leben nicht mehr
so gefährlich wie wohl ehedem. Die Macht einer entwickelteren
sittlichen Gesetzgebung giebt in den Staaten unserer Civilisation
hinreichend Bürgschaft für den Schutz wider die Abweichungen
von derselben. Selbst Mathilde Reichardt ist ungeachtet
ihrer mitleidsvollen Thräne für die gefallenen Mädchen aus
Schönheitsrücksichten in ihren Forderungen an die thatsächliche
Handhabung sittlicher Gesetze strenger als ihre Theorie erwarten
läßt, sie vertheidigt sogar gegen Moleschott die Todesstrafe.
Und man wird wohl auch mit ihrer Zustimmung nach wie vor
die allseitig und harmonisch entwickelten Diebe und Mörder hinter
Schloß und Riegel bringen. Ganz unbedenklich aber ist die weite
Ausbreitung derartiger verwahrloster und verwirrter Anschauungen

über die Grundbegriffe der Sittlichkeit keinenfalls. Es giebt
Gott sei Dank noch Lebensbeziehungen, die von Gesetz und Po=
lizei nicht unmittelbar berührt werden; gerade auf diesem freieren
Gebiete menschlichen Lebens muß die Feinheit und Strenge des
Sittenbewußtseins an die Stelle des äußerlichen gesetzlichen Zwan=
ges treten, gerade hier kann daher die gerügte Begriffsverwirrung
Unheil über Unheil anrichten und dem Menschenleben den edeln
Glanz eines Geist und Gemüth erhebenden Idealismus trüben.
Auch die sittliche rechtliche Gesetzgebung hat ohne Zweifel noch nicht
ihren letzten Abschluß gefunden, auch im öffentlichen Leben sind
die Begriffe über Recht und Pflicht, über Schuld und Zurechnung
noch keineswegs so vollständig abgeklärt, daß keine Fortentwicklung
mehr möglich wäre. Vielmehr ist auch hier noch ein beständiger
Fortschritt weiterer Ausgleichung ungerechter Bestimmungen noth=
wendig. Für diesen Fortschritt nun ebenso, wie für die sittlich
würdige Auffassung der gedachten freieren Lebensbeziehungen ist
es dringend wünschenswerth, daß in möglichst weiten Kreisen un=
serer denkenden Zeitgenossen ein klares Bewußtsein über die sitt=
lichen Mächte der Menschheit, über die Gesetze der sittlichen Welt=
ordnung erhalten bleibt. Ehemals thaten Kanzel und Katheder
das Ihrige dazu, um dieses Bewußtsein lebendig zu erhalten,
gegenwärtig sind sie die Plätze nicht mehr, von denen ein so be=
stimmender Einfluß auf die Mitwelt ausgeübt werden kann.
Früher gab es Lehrer der Moralphilosophie an den Universitäten,
jetzt giebt es deren nicht mehr. Gellert's moralische Vorlesun=
gen übten an der Leipziger Universität eine große Zugkraft aus
und erlangten eine weite Nachwirkung auf die bürgerlichen Kreise
Deutschlands; gegenwärtig wird es selbst bei einer höheren Auf=
fassung, als Gellert vertrat, nur in seltenen Fällen möglich sein,
eine Studentenschaft zur Beschäftigung mit den Grundproblemen
der Sittlichkeit heranzuziehen. Das Moralisiren ist mit den
Kinderschuhen abgelaufen. Nur die zukünftigen Theologen müssen
von ihrem Standpunkte aus dem verlassenen Gebiete noch einige
Aufmerksamkeit schenken. Auch die gereifte Männer= und Frauen=
welt schiebt das Erörtern der sittlichen Grundfragen dem Pfarrer
zu. Die Theologen aber sträuben sich gar sehr dagegen, das
Hauptgewicht ihrer Wirksamkeit auf die Pflege der göttlichen und
menschlichen Sittengesetze zu legen. Sie halten diese Pflege nur

für eine heilſame Nebenbeſchäftigung ihres ſeelſorgeriſchen Berufes, bei der ſie noch eher auf allgemeineren Beifall rechnen
können, als bei Erörterung confeſſioneller Haderſachen. Es liegt
mir fern, dieſe Streifzüge der Theologen auf philoſophiſches Nach-
barland zu beklagen, vielmehr wäre ich höchſt erfreut, wenn ſie
an denſelben noch häufiger und allgemeiner Befriedigung finden
mögten, als an dem Aufrühren confeſſioneller Zwiſtigkeiten. Wir
können es ihnen auch Dank wiſſen, daß ſie das Land der Moral
nicht ganz brach liegen ließen zum noch üppigern Aufwuchs beliebigen Unkrauts. Aber das Beſte iſt es doch nicht, daß ſie jetzt
vor aller Welt allein dieſes Land bebauen. Ihre Cultur iſt
etwas altväteriſch, nicht ganz rationell, und daher der Ertrag
nicht der beſte. Ihre Behandlungsart beeinträchtigt eine unbefangene Erörterung und dies befördert das Mißtrauen gegen die
Ergebniſſe. Auf der Kanzel verwandeln ſich Betrachtungen über
Moral in moraliſche Anſprachen, ſo daß Moraliſiren und Ab-
kanzeln zu gleichwerthigen Begriffen geworden ſind. Solchem
Moraliſiren aber von Kanzel oder Katheder iſt unſere Zeit beſonders abhold, Viele wenden ſich ab in Gleichgültigkeit oder
Widerwillen. Dieſer Zuſtand iſt wohl erklärlich, aber doch be-
dauerlich. Eine jede derartige Vernachläſſigung des nothwendigen
Nachdenkens über wichtige Lebensfragen muß als ſchlimme Folge
eine beklagenswerthe Begriffsverwirrung und Urtheilsverkümme-
rung nach ſich ziehen. Wir haben hinreichend Gelegenheit gehabt,
auch auf dem beſprochenen Gebiete dieſe Zeitübel kennen zu lernen.
Still dabei ſitzen und warten, bis das ſchmutzige Waſſer dieſes
Zeitſtroms wieder abgeklärt ſein wird, iſt ſchwerlich wohl gethan;
rathſam vielmehr iſt es, bei Zeiten auf Reinigung bedacht zu
ſein und nicht abzulaſſen, das Nöthige dazu beizutragen. Abermals alſo müſſen Alle, die im Stande ſind, die Bedeutung der
in Frage ſtehenden Grundprobleme der ſittlichen Weltanſchauung
zu würdigen, ſich angelegen ſein laſſen, Klarheit über ſie zu gewinnen und zu verbreiten.

Den nothwendigen Ausgang zu dieſem Ziele bildet die Ver-
ſtändigung darüber, welchen Grund und Boden die Sittlichkeit in
der Menſchennatur ſelber hat. Erſt nach Erledigung der hierauf zu
richtenden Unterſuchung kann die weitere Frage nach der Beziehung
der Sittlichkeit zur göttlichen Weltleitung aufgeworfen werden.

Die Grundfrage ist und bleibt die, ob es irgend ein Element sittlichen Gefühls oder Bewußtseins giebt, welches als ein ursprünglicher, unverlierbarer Bestandtheil der Menschennatur angesehen werden muß. Kant war überzeugt, diese offene Frage für immer geschlossen zu haben durch den Nachweis eines solchen Elements in der Idee der Pflicht, im Bewußtsein der menschlichen Verbindlichkeit dem Guten gegenüber; seine Ueberzeugung ist aber, wie sich gezeigt hat, noch kein wohlgesichertes Gemeingut der Menschenbildung geworden. Vielmehr gilt es noch heute, gegen erneute Angriffe mit alten oder neuen Mitteln dieser Ueberzeugung den ihr gebührenden Platz zu sichern.

Die neuen Angriffe bedienen sich im Wesentlichen derselben Gründe, mit denen schon die griechischen Sophisten und später auch Locke die Annahme einer angeborenen sittlichen Grundlage der Menschennatur bestritten. Das mit Zeit und Volk schwankende und wechselnde Sittenbewußtsein schien mit dieser Annahme unvereinbar, und da jener Wechsel der Erfahrung gegenüber nicht in Abrede gestellt werden konnte, glaubte man die bisherige Annahme einer festen Grundlage menschlicher Sittlichkeit aufgeben zu müssen. Das sittliche Bewußtsein war darnach nur der wechselnde Ausdruck der jeweilig anerzogenen, nur bedingt gültigen Lebensregel, nichts Anderes seinem Wesen nach als das dunkele Gefühl thierischen Gehorsams gegenüber dem Gebote des Herrn. Ein wesentlicher Unterschied zwischen Mensch und Thier ward also nicht mehr anerkannt.

Wir wollen unsere Prüfung dieser Bedenken an die letzte am weitesten gehende Behauptung anknüpfen, denn an genauen Unterschieden von anderen Naturen muß das eigenthümlich Menschliche am sichersten und besten sich erkennen lassen.

Niemand wird in Abrede stellen, daß die Thiere, wenn sie Etwas thun, was sie nicht sollen, eine Art Bewußtsein von der Uebertretung des Verbotes haben; fraglich aber bleibt, ob sich dieses Bewußtsein mit unserm Gewissen irgendwie vergleichen läßt, ob demnach von einer sittlichen Zurechnung bei dem Thiere die Rede sein kann. Vogt behauptete dies, wie wir sahen, und stützte seine Behauptung durch die mitgetheilte Geschichte von den Försterhunden. Aber gerade diese Geschichte läßt den Unterschied des angeblichen thierischen Sittengefühls von dem menschlichen

recht deutlich hervortreten. Die Hunde waren gewöhnt, für jede
tönende Unſchicklichkeit, die in der Stube hörbar ward, von ihrem
Herrn abgeprügelt zu werden, ſie kannten dieſe Folge und ver=
mieden deshalb, ſie zu veranlaſſen oder ſuchten ihr auszuweichen.
Sie waren aber ſo weit davon entfernt, die gewohnte Folge als
verdiente Strafe anzuſehen, daß ſie insgeſammt den Eintritt der=
ſelben erwarteten, gleichviel wer von ihnen oder ob überhaupt
einer von ihnen ſo unſchicklich war die Prügel herbeizuführen.
Gerade dieſe rein äußerlich bedingte Vorſtellungsaſſociation offen=
bart einen vollſtändigen Mangel jeglichen Schuldbewußtſeins;
keine Spur menſchlicher Zurechnung des eigenen Thuns iſt in
dem Benehmen der Förſterhunde zu entdecken. Ueberdies beruhte
daſſelbe vollſtändig auf einer angeprügelten Gewohnheit, es fehlt
jedes Moment einer inneren Beziehung der Neigung oder Abnei=
gung für oder wider das Verbotene. Hätte der Förſter vielleicht
an einem permanenten Stockſchnupfen gelitten, ſo wäre den Hunden
das Unrecht tönender Unſchicklichkeiten ein verborgenes Geheimniß
geblieben. — Es ſteht zu hoffen, daß bei einigem Nachdenken
ſelbſt Vogt nicht ernſtlich gewillt ſein kann, das eigene Sitten=
bewußtſein in gleicher Weiſe von den Prügeln ſeiner Kinderjahre
abhängig zu denken, wenn auch Andere geneigt ſein mögten, die
Rohheit ſeiner Mannesäußerungen mit früheren Verſäumniſſen in
beſagter Richtung in natürliche Verbindung zu bringen.

In der Sache ſelbſt verhält es ſich mit dem angeblichen
thieriſchen Sittenbewußtſein vollſtändig ſo, wie Wundt in ſeinen
Vorleſungen über die Menſchen= und Thierſeele Bd. 2. S. 185
beim Beginn ſeiner Betrachtungen über die Sitten der Thiere es
darſtellt. „Wir wiſſen aus der Beobachtung unſerer Hausthiere,
— ſagt er daſelbſt — daß manche derſelben, wenn ſie Unrecht
thun, davon ein klares Bewußtſein haben. Aber wir wiſſen, daß
ſie dabei nicht eigentlich ein Bewußtſein des Unrechts als ſolchem,
ſondern vielmehr ein Bewußtſein der Strafe haben, die der That
folgen wird. Wenn ſich der Hund, der geſtohlen hat, vor ſeinem
Herrn verbirgt, ſo beweiſt er damit nicht entfernt die Exiſtenz
ſeines ſittlichen Gewiſſens; er verbirgt ſich nicht, weil er ſich des
Diebſtahls als einer Sünde ſchämt, ſondern weil er die Prügel
fürchtet, die regelmäßig dem Diebſtahl zu folgen pflegen. In
ſeinem natürlichen, unerzogenen Zuſtand nimmt er ſich Nahrung,

wo er sie finden mag." — Wundt streicht aber damit das Sittliche aus dem Bereiche thierischen Thuns nur, so weit es sich um ein Benehmen unter der Zucht des Menschen, also um thierische Cultur handelt. Denn beim Thiere sei, was wir Cultur nennen, ein von außen Gekommenes, Eingelerntes; beim Menschen aber Produkt des eigenen geistigen Lebens. — Daher sollen wir zur Entscheidung der Frage, ob dem Thiere ein sittliches Gefühl eigen sei, uns mit noch viel größerem Rechte als beim Menschen an dessen Naturzustand wenden. Indem Wundt dies thut, glaubt er auch beim Thiere wie beim Menschen die Spuren eines sittlichen Gewissens zu entdecken. Seine Entdeckung besteht in einem höchst eigenthümlichen Rückschluß von dem Vorhandensein bestimmter Sitten auf das Dasein eines Gewissens. Wo überhaupt Sitten sich finden, da soll ein sittliches Gewissen nicht fehlen können. Da nun offenbar auch beim Thiere gewisse Normen des Lebens, die sich das Gefühl aus einem unbewußten Drang heraus schafft, also Sitten, anzutreffen sind; so soll ihnen ein gewisses sittliches Gefühl und eine sittliche Entwicklung nicht abgesprochen werden dürfen.

Wundt legt diesem Rückschluß die zuvor von ihm dargelegte und seiner Meinung nach bewiesene Ansicht zum Grunde, daß die sittlichen Ideen aus der Sitte entspringen, daß sich aus den Sitten das Sittengesetz ergiebt. Wir werden diese Entstehungsgeschichte der sittlichen Ideen aus der Sitte, welche selber aus dem sittlichen Gefühl entstanden gedacht wird, zu prüfen haben; zunächst aber ist eine andere Vorfrage zu erledigen. Wundt erklärt zu wissen, daß Thiere im Zustande der Cultur den Menschen gegenüber zwar ein Bewußtsein von Dem haben, was sie thun oder lassen sollen, daß sie aber dabei nicht eigentlich ein Bewußtsein des Unrechts als solchen haben. Warum nun spricht er ihnen in Verhältnissen der Cultur dieses Bewußtsein ab, und warum schreibt er es ihnen im Naturzustande zu? — Offenbar aus keinem anderen Grunde, als weil in den Culturverhältnissen das thierische Bewußtsein sich vollständig abhängig zeigt von der wechselnden Bestimmung äußerer dem Thiere selbst fremder Einwirkungen, während im Naturzustande jenes Bewußtsein sich gründet auf festere Gefühlsbeziehungen der eigenen thierischen Natur. — Dieser Unterschied reicht aber entfernt nicht

aus, um im letzten Fall das Vorhandensein eines Bewußtseins
von Unrecht als solchem zu bezeugen. Nichts ist bezeugt, als das
Bestehen gewisser aus jenen Gefühlsbeziehungen hervorgehenden
Lebensnormen, die immerhin Sitten genannt werden können;
durchaus unbezeugt bleibt, daß Verstöße gegen diese Sitten je
anders denn als Verletzung der bestimmten einzelnen Verhältnisse, der rein individuellen Gefühlsansprüche, daß sie je als
Verletzung eines allgemein gültigen Gesetzes empfunden werden.
Eine jede genauere Betrachtung thierischer Sitten drängt uns
vielmehr die Ueberzeugung auf, daß ein solches Gefühl dem Thiere
vollständig fremd ist.

Wundt hebt die Pflege der Gattentreue bei den meisten
Thieren als eine Sitte hervor, die ein sittliches Gefühl bezeuge.
Nach seiner Behauptung leben im Naturzustande die meisten
Thiere monogamisch und sind in der Thierwelt die Ehegatten
einander treu bis in den Tod. Alle unsere nistenden Vögel, die
Elstern, Störche, Schwalben, Sperlinge, Tauben, leben mit nur
einem Weibe; nur einige Orientalen, wie der Hahn, der Strauß
und der Kasuar, leben als Polygamisten. Es scheint also, bemerkt Wundt, als wenn auch in dieser Hinsicht sich die Menschen
und Thiere in gleicher Weise nach ähnlichen Naturbedingungen
richten. Unter den Säugethieren soll die Innigkeit des ehelichen
Verhältnisses gewöhnlich minder groß sein sowohl zufolge ihres
freieren, seltener an feste Wohnstätten gebundenen Lebens, als
auch zufolge ihres intensiveren Geschlechtstriebes, welcher leichter
die beschränkende Regel der Ehe überschreite. Doch finde sich bei
mehreren Arten ein sehr inniger Eheverband. Die Wallfische
seien immer paarweise vereinigt. Wolf und Wölfin, Löwe und
Löwin hielten treu zusammen. Der Elephant folge der gefangenen
Gattin freiwillig in die Gefangenschaft nach. Der Fuchs sei,
trotz des übeln Rufs, in welchem seine Ehrlichkeit stehe, der
Füchsin treu und pflege und nähre mit ihr die Jungen. Die
Sitte der Ehe zeige sich dabei von der Intelligenzstufe der Thiere
ganz unabhängig. Diejenigen Vögel und Säugethiere, bei welchen
das innigste Familienband bestehe, seien meist nicht die begabtesten. Die Taube stehe an Verstand hinter dem Raben, der
Wolf hinter dem Hunde zurück. Die aus dem Gefühl entspringende Treue habe offenbar an sich nichts zu thun mit verständiger

Ueberlegung, wenn auch andererseits feststehe, daß überhaupt nur die höher begabten Thiere in ein Verhältniß individueller Zuneigung treten. Die Thierehe erhalte ihren festen Zusammenhalt hauptsächlich in der Liebe zu den Jungen, und diese wiederum sei um so ausgeprägter, je mehr Sorgfalt die Brutpflege erfordere. Darüber hinaus komme besonders das gegenseitige Schutz- und Hülfsbedürfniß der Gatten in Betracht für alle die Thiere, die Nester und Bauten anlegen oder in Höhlen wohnen. Insofern hänge allerdings die Thierehe wesentlich mit den Bedingungen der physischen Organisation zusammen. Im Grunde aber sei es mit der menschlichen Ehe nicht anders. Das gegenseitige Schutzbedürfniß und die Hülflosigkeit der Brut machten auch hier die Ehe fast zu einer physischen Nothwendigkeit. Nur das bewegende Motiv, die individuelle Zuneigung sei rein seelischer Natur. Dies gelte indessen wiederum in gleicher Weise für das Thier. Die Neigung der Individuen bestimme neben der zufälligen Begegnung beim Thier so gut wie beim Menschen die Auswahl zur Ehe.

Mit Absicht habe ich diese Auslassungen Wundt's etwas ausführlicher mitgetheilt, um einen volleren Anhalt zur Prüfung zu gewinnen. Gegen die Richtigkeit des angeführten Thatsächlichen ließe sich manche Einschränkung geltend machen, indessen ich will hier davon absehen, den Ruhm der Thiere, insbesondere der Vögel, in Betreff ihrer Neigungsehen und ihrer Gattentreue zu verkleinern, will vielmehr eingehend auf Wundt's Behauptungen einmal annehmen, es verhielte sich im Thierleben vollständig so, wie er es schildert. Tritt dann aber in diesen Schilderungen irgendwie hervor, daß die Ehe der Thiere als ein Band sittlicher Lebensgemeinschaft, als ein durch wechselseitige sittliche Pflichten getragenes Verhältniß aufgefaßt wird? Die wahrhaft menschliche Ehe aber ist nur unter dieser Voraussetzung denkbar; persönliche Zuneigung, Brutpflege, Schutz- und Hülfsbedürfniß reichen nicht aus, sie zu erklären. Wenn auch unter den Menschen Ehen geschlossen werden, für welche solche Erklärung fast ausreichend scheinen mögte, so beweist das nur, daß es Menschen giebt, deren Empfinden in diesem Punkt sich über den Zustand des thierischen Gefühlslebens nicht weit erhoben hat. Die Thatsache aber, daß die Menschen sich über diesen Zustand erheben können, und genau

beſehen auch zumeiſt wirklich erheben, und die andere Thatſache,
daß eine ſolche Erhebung bei den Thieren aus ihrem Benehmen
niemals erſichtlich wird, weiſen zuſammen auf einen elementaren
Unterſchied der Thier= und Menſchenehe hin. Und dieſer Unter=
ſchied beſteht eben darin, daß bei den Thieren die Ehe nur ein
durch Gefühl und Nutzen gehaltenes Naturbedürfniß iſt, während
die Ehe der Menſchen ſich zur ſittlichen Lebensgemeinſchaft ent=
wickelt, aus deren Natur wechſelſeitige Pflichten entſpringen,
welche in dem Geſetz eines allgemein gültigen Sittenbewußtſeins
ihren Ausdruck finden können. Daß ſich dieſes Bewußtſein nicht
bei den Menſchen aller Zeiten und Länder auf gleicher Stufe
befindet, ändert Nichts an der Thatſache, daß unter den Menſchen
dieſe höhere Auffaſſung der Ehe als ein Ideal erſcheint, zu dem
die Menſchheit ſich in wachſender Bildung erhebt. Es giebt ſogar
faſt keine Stufe menſchlicher Bildung, auf der nicht wenigſtens
die Keime dieſer Entwicklung zu entdecken wären. — Von alle
Dem zeigt ſich bei den Thieren keine Spur. Gefühl und Ge=
wohnheit führen Männchen und Weibchen zuſammen und halten
ſie zu Schutz und Hülfe beiſammen, begründen ſomit die Sitte
geſchloſſener Ehen. Gegen jede Verletzung derſelben wird von
den Einzelnen mit voller Leidenſchaft des Gefühls und mit dem
durch Gewohnheit begründeten Gefühl des eigenen Beſitzes ge=
kämpft; aber nirgends zeigt ſich, daß ſolche Verletzung als ein Un=
recht an ſich, als ein allgemein gültiges Unrecht auch nur that=
ſächlich anerkannt werde.

Wundt freilich meint Grund zu haben zur Annahme, daß
dem Gefühl des Vogels der Ehebruch als ein ſchweres Verbrechen
widerſtrebt. „Namentlich von den durch ihr ſtrenges Familien=
leben und ihre ſorgfältige Jungenpflege bekannten Störchen werden
Beiſpiele erzählt, deren Wahrheit — ſo meint Wundt — hin=
reichend verbürgt zu ſein ſcheint. Eine Störchin hatte mit einem
jüngeren Storch, der ſie in der Abweſenheit ihres Gatten beſuchte,
öfter Umgang gepflogen und die Spuren ihrer Liebesabenteuer
ſtets durch ein Bad vernichtet, das ſie in einem benachbarten
Brunnentrog nahm. Als aber böswillige Beobachter eines Tags
das Waſſer aus dieſem abgelaſſen hatten, entdeckte das zurück=
gekehrte Männchen, wie es ſchien, ſogleich die Treuloſigkeit: es
entfernte ſich und kam nach kurzer Zeit mit mehreren Genoſſen

wieder, die gemeinschaftlich die Ehebrecherin zu Tode peinigten. So finden wir in der Thierehe demnach keineswegs eine blos zu geschlechtlichen Zwecken entstandene Vereinigung, sondern es ist ein gewisses sittliches Gefühl, das dieselbe zusammenhält." — Wundt also hält diese unter den Störchen üblichen, auf einer allgemeinen Anerkennung der Heiligkeit der Ehe beruhenden Ehege= richte für wohl beglaubigt. Brehm, der sich nicht gern eine Thiergeschichte entgehen läßt, die geeignet ist, das besondere In= teresse seiner Leser zu reizen, gedenkt in seinem Leben der Vögel (2. Aufl. 1867. S. 575) gleichfalls dieser Geschichte als Beispiel, wie eifersüchtig der Storch jeden Frevel an der geschworenen Gattentreue zu strafen wisse. Er gedenkt aber zugleich eines Be= richtes, nach welchem ein Storch, dessen Frau länger auf der Winterreise geblieben war als nöthig, flugs eine andere schmucke Störchin geehelicht und dann nach erfolgter Rückkehr der recht= mäßigen Gattin in friedlicher Ehe mit beiden gehaust habe. Brehm besitzt sogar nach abgethaner Fürsorge für die Belusti= gung seiner Leser durch Mittheilung dieser Geschichten noch Kritik genug hinzuzufügen: „Schade nur, daß die Wahrheit solcher An= gaben nicht bewiesen werden kann!" — Eine wissenschaftliche Nöthigung, die Quelle dieser Angaben zu bezeichnen, wie es doch sonst in der Wissenschaft üblich ist, scheinen weder Brehm, noch Wundt anzuerkennen. — Um so mehr fällt es auf, daß über diese wunderbaren Storchgerichte selbst der sonst so kritiklose Scheitlin in seinem 1840 erschienenen „Versuch einer vollstän= digen Thierseelenkunde" mit einer bei ihm seltenen Vorsicht spricht. Derselbe sagt daselbst Bd. 2. S. 78 doch nur: „Es ist auch wahrgenommen worden, daß die Störche bisweilen vor ihrer Abreise gen Süden eine große Versammlung halten, einen Kreis bilden, einer in der Mitte steht, viel gelappert und räsonnirt wird, und endlich alle auf den in der Mitte losstürzen und ihn durchbohren. Man will vermuthen, daß es jedesmal ein Weib sei, das wegen Ehebruchs gestraft werde. Dann hielten die Störche ein förmliches Ehegericht, das zugleich Criminalgericht wäre — eine Ansicht, wozu besonders die innige Anhänglichkeit der Männ= chen und Weibchen, deren gewöhnlich treues Zusammenhalten Veranlassung geben konnte. Andere sind der Meinung, daß sie nach dem Gesetze Lykurgs handeln, und sich über einen Schwäch=

ling, der allerdings öfter weiblich als männlich sein wird, be-
rathen, und diesen, weil er die weite Reise nicht mitmachen könne,
zu seinem eignen Besten und um unterwegs mit ihm nicht geplagt
zu sein, tödten. Die Sache ist seit Aelianos noch nicht aufgeklärt.
Daß sie aber etwas Außerordentliches thun, ist außer Zweifel."
— Aelian aber, auf den also auch Scheitlin wie manche
Andere bei Besprechung dieser Storchgerichte zurückweisen, erzählt
in seinen Thiergeschichten durchaus nichts von derselben. Nur
eine offenbare Fabel von dem Feingefühl eines Hausstorches für
die Treue der Frau des Hauses wird uns dort (Bd. VIII.
Cap. 20) aufgetischt. „Zu Kranon in Thessalien — so wird
erzählt — wurde eine schöne und blühende Frau, Namens Al-
kinoë, von ihrem Manne, der auf die Reise gehen mußte, zu
Hause gelassen. Als sie nun Umgang mit einem Diener pflog,
und dies der Hausstorch sah, duldete er es nicht, sondern rächte
seinen Herrn, indem er auf die Frau lossprang und ihr die
Augen aushackte." — Dieses Geschichtchen mag wohl dazu beigetragen haben, in der Zeit, da man die Natur nur aus den
Berichten der Alten kennen lernte, den Storch in den Ruf zu
bringen, ein überaus feines sittliches Gefühl für die Reinheit der
Ehe zu besitzen. Auch mag das Geschichtchen immerhin den
Herrn W. Ahlers, Ehren-Mitglied der Thierschutzvereine zu
Hamburg, Paris und Riga (in seinem Buch „Die Notabilitäten
der Thierwelt" 1869. S. 407) zu einer begeisterten Anrede an
den lieben Storch veranlassen, „der nicht allein in seinem eigenen
Hauswesen ein strenger Wächter der ehelichen Treue und des
keuschen Ehebettes sei, sondern als ein strenger Cato auch zu den
Menschen-Wohnungen hinabschreite und auch dort censirend hinter
die Gardinen schaue;" aber ein Anspruch auf wissenschaftliche
Verwerthung wird für diese Fabel schwerlich geltend gemacht
werden können. Zur populären poetischen Verwendung in Begleitung nützlicher Lehren für die Moral der Menschen mögen
derartige Thiergeschichten von Mund zu Munde gehen, aber als
wissenschaftliches Material zum Aufbau einer Seelen- und Sitten-
Lehre der Thiere kann nur Derjenige sie verwenden wollen, der
von den strengen Forderungen einer wissenschaftlichen Begründung
keine Ahnung hat oder unberechtigter Weise wenigstens auf diesem
Gebiete sich einer solchen glaubt entschlagen zu dürfen.

So beschränkt sich denn in Wahrheit alles Thatsächliche dieser Geschichten auf die wiederholte Beobachtung auffallender Zusammenkünfte der Störche vor ihrer Abreise, und auf die Versicherung einiger Beobachter, daß dabei einzelne Störche von den übrigen getödtet werden. Ob dies aber geschieht in Folge ausgebrochener Zwistigkeiten oder ob zur Ausmusterung unfähiger Reisegenossen oder ob zur Bestrafung verübten Ehebruchs; — darüber liegen Nichts als ganz unbestimmte und durchaus leere Vermuthungen vor, die auf wissenschaftliche Berücksichtigung nicht den mindesten Anspruch haben. Die neueren Beobachter, wie Brehm (a. a. O. S. 576) und Masius (Naturstudien. 2 Abdr. 1852. S. 70 u. Anm. 117. S. 141), meinen, daß es sich bei diesen Storchgerichten nur um eine Ausmerzung der zur Reise Unkräftigen handele. Ist diese Deutung richtig, so offenbart dieses Gericht der Störche über die Unglücklichen, deren ganze Schuld nach Masius nur in ihrer Schwäche besteht, nichts weiter als die Gemüthlosigkeit dieses Thieres, wir erkennen in ihm eine gefühllose Sitte, aber nicht die geringste Spur von einem sittlichen Gefühl. Es ist ja nur eine poetische Licenz, wenn Masius in seiner Schilderung des Storchgerichts die Sache darstellt, als handele es sich darum, daß der einzelne Schwächling zum eigenen Besten und zum Besten des ganzen Storchvolks, das auf seinem Fluge gen Süden durch seine Schwäche nicht gehindert werde solle, nach unparteiischem Richterspruch unangesehen Freundschaft, Sippschaft oder Gunst, ohne Neid und ohne Haß geopfert werde. Ein derartiges Volksgericht wäre jedenfalls sittlich betrachtet ein höchst zweckloses Verfahren. Das Wohl des ganzen Storchvolles würde dadurch nicht beeinträchtigt, wenn der einzelne Schwächling auf seine Gefahr hin versuchte, den Flug mitzumachen, oder zurückgelassen sich um ein Unterkommen bei den mitleidigen Menschen bemühen müßte, die keinem seines Geschlechtes je etwas Uebles anthun. — Genau besehen also werden wir in diesem auffallenden Storchbenehmen schwerlich etwas Anderes finden dürfen, als eins von den vielen Beispielen, die uns zeigen, mit welcher rücksichtslosen Gemüthlosigkeit in der Thierwelt das Nutzlose ausgeschieden wird. Wie die Bienen mangelhaft gebildete Arbeitsbienen oder alte durch Arbeit aufgeriebene Arbeiterinnen aus dem Stock austreiben und tödten,

wie sie alljährlich die Drohnen nach vollendetem Begattungs=
geschäft tödten und hinauswerfen, so werden auch die Störche
von ihrem Naturtriebe veranlaßt, die Schwächlinge, die Alten
und Gebrechlichen, rücksichtslos auszustoßen oder zu tödten. Die
allgemeine Geltung dieses Triebes neben dem anderen Triebe,
der die Thiere in gefühlloser, meist grausamer Vernichtung fremden
Lebens ihr eigenes Leben fristen heißt, zeigt uns, daß in der
Thierwelt nur das kalte Gesetz der Naturnothwendigkeit und der
Selbsterhaltung herrscht. Eine begrenzte Einschränkung erleidet
dasselbe bei den Thieren nur durch vereinzelte Gefühle der Zu=
neigung, nicht aber durch Rücksichten und Pflichten, wie sie sich
bei der Geltung allgemeiner Regeln einer sittlichen Lebensgemein=
schaft entwickeln. Im thierischen Gesammtleben sind Spuren der=
artiger sittlicher Beziehungen nirgend zu entdecken; und dieser
offenbare Mangel ist es grade, der uns veranlaßt, der Thier=
seele das Element eines sittlichen Gefühles überhaupt abzusprechen.
Dies eben veranlaßt uns anzunehmen, daß dem Thiere auch in
seinen natürlichen Beziehungen ein Bewußtsein vom Unrecht als
solchem, von einer inneren Verpflichtung zum Rechten vollständig
abgeht. Kurz — auf Grund dieser Beobachtungen des thierischen
Lebens sprechen wir den Thieren den Besitz eines sittlichen Ge=
wissens unbedingt ab.

Man wird gewiß von manchen Seiten behaupten, auch
wenn dies richtig sei, ergäbe sich daraus kein wesentlicher Unter=
schied zwischen der Sitte der Thiere und der Sittlichkeit der
Menschen. Bei rohen Naturvölkern verhalte es sich darin gar
nicht anders als bei den Thieren; aus dieser Gleichheit des Na=
turzustandes beider Geschöpfe erkenne man, daß die Sittlichkeit
der Culturvölker nur eine höhere Entwicklungsstufe der bei
Thieren und Naturvölkern in gleicher Weise gültigen Natursitte,
somit nichts wesentlich Anderes, Neues sei. Diesem Einwand
stelle ich das Verlangen nach einer Erklärung gegenüber, warum
denn bei den Thieren diese Entwicklung vollständig ausbleibt,
im Menschengeschlecht aber mit Nothwendigkeit sich vollzieht.
Die gegnerische Ansicht befriedigt diese Forderung nicht und kann
sie nicht befriedigen. Denn dafür giebt es nach meiner Ansicht keine
andere verständige Erklärung, als diejenige, die von den wesentlich
verschiedenen Erscheinungen rückschließt auf einen wesentlich verschie=

denen elementaren Grund, der hier allein in der weſentlichen
Verſchiedenheit der Thier- und Menſchenſeele in Beziehung zur
Sitte und zur Sittlichkeit geſucht werden kann. In der größeren
Verſtandesbegabung der Menſchen kann dieſer Grund nicht geſucht
werden. Die größere Klugheit an ſich würde dem Menſchen ohne
den Zügel ſittlicher Gefühle nur zu einer noch rückſichtsloſeren
Ausübung der thieriſchen Triebe der Selbſtſucht eine bequeme
Handhabe bieten.

Ueberdies wird auch ein Keim des eigenthümlich menſchlichen Sittengefühls noch unter den Zuſtänden roher Naturvölker
zu entdecken und zu klarem Bewußtſein zu entwickeln ſein. Wenn
ein Buſchmann erklärte, es ſei gut, Anderen ihre Weiber zu
ſtehlen, aber böſe, wenn ihm ſelbſt ein Weib geſtohlen werde,
ſo zeigte derſelbe allerdings keinen Begriff von dem allgemeinen
Gegenſatz des Guten und Böſen. Er verwechſelte offenbar das
perſönlich Angenehme mit dem an ſich Guten; aber er hatte doch
eine Ahnung von einem durch Schädigung ſeines Beſitzes von
Anderen ihm angethanen Unrecht als ſolchem. Daran an-
knüpfend wäre es möglich geweſen, in ihm eine Vorſtellung von
der unter den Menſchen allgemein gültigen Rechtsverbindlichkeit
zu entwickeln. — Wenn B r e h m (in ſeinen Reiſeſkizzen aus
Nordoſt-Afrika 1855. Bd. I. 162. 175) der Wahrheit gemäß
berichtet, daß die Neger von Oſt-Sudan (in den Nilländern)
Betrug, Diebſtahl und Mord nicht nur entſchuldigen, ſondern
ſogar für eine des Mannes ganz würdige That halten, ſo können
wir doch ſelbſt in dieſer Verkehrung ſittlicher Gefühle, bei welcher
Lug und Trug als Sieg geiſtiger Ueberlegenheit über Beſchränkt-
heit geſchätzt wird, den zu Grunde liegenden Keim des menſchlichen Sittengefühls nicht verkennen. Dieſe Neger von Oſt-
Sudan anerkennen doch Etwas als ein der Manneswürde ent-
ſprechendes Thun, ſie offenbaren darin doch den, wenn auch noch
ſo rohen Begriff von einem Guten, dem nachzuſtreben Mannes-
pflicht iſt. Ihnen fehlt das rechte Verſtändniß des Guten, nicht
aber das Bewußtſein einer Verbindlichkeit dem für gut Gehaltenen
gegenüber. Der Keim des menſchlichen Gefühles ſittlicher Verpflichtung regt ſich in ihnen, aber die Entwicklung deſſelben iſt
noch in den roheſten Anfängen. Bei den Thieren fehlt die in
der Menſchheit eingetretene Entwicklung dieſes Keimes offenkundig,

22

und schon deshalb spricht, wie bemerkt, alle Wahrscheinlichkeit
dafür, daß dieses Ausbleiben seinen Grund in dem vollständigen
Fehlen des Keimes selbst haben wird. Es zeigt sich aber auch
in dem thierischen Handeln keine Spur von einem solchen sitt=
lichen Gefühl der Verbindlichkeit, wie wir es unter den Menschen
in irgend welchen Aeußerungen selbst bei den rohesten Naturvölkern
entdecken können, so daß wir unter allen Umständen immer noch
mit Goethe's Mephistopheles zu sagen im Stande sind:

> Die schlechteste Gesellschaft läßt Dich fühlen,
> Daß Du ein Mensch mit Menschen bist.

Um sich nun von diesem eigenthümlichen Wesen der mensch=
lichen Sittlichkeit und der Entwicklung desselben in der Mensch=
heit den rechten Begriff zu machen, muß man sich von der Natur
der sittlichen Keime und ihrer Beziehung zum Gesammtorga=
nismus unserer Seelenkräfte eine Ansicht bilden. Dies zu thun
ist die Aufgabe der philosophischen Sittenlehre und in weiterem
Sinne eine Aufgabe der philosophischen Seelenlehre. An die
hervorragendsten Versuche zur Lösung dieser Aufgabe ist am An=
fang dieses Kapitels in gedrängter Kürze erinnert worden. Eine
Prüfung derselben muß natürlich der Bildung meiner eigenen
Ansicht vorangegangen sein; hier aber kann unmöglich der
lange Prozeß dieser angestellten Prüfung selbst zur Sprache
gebracht, sondern nur das Ergebniß derselben dem Leser zum
weiteren Nachdenken anheim gegeben werden. Die Abweichungen
und Beziehungen meiner Ansicht über den Organismus unserer
Seelenkräfte von und zu früheren Ansichten werden sich im ver=
gleichenden Hinblick auf die mitgetheilte Skizzirung derselben jedem
aufmerksamen Leser schon von selbst ergeben. Meine Ansicht über
den Organismus unserer Seelenkräfte also ist folgende:

Unsere Seele ist von Natur ausgestattet mit bestimmten
Kräften des Denkens, Fühlens und Wollens. Diese Kräfte sind
nicht fertige Ideen, Gefühle und Begierden, sondern ursprünglich
nur inhaltlose Anlagen und Keime, nur Triebe so zu sagen zu
einer inhaltlichen Entwicklung. Gleich den organischen Thier=
und Pflanzenkeimen müssen sich diese Anlagen nach einer vorbe=
stimmten, in ihnen ruhenden Gesetzmäßigkeit entwickeln, sobald
ein äußerer Reiz diese Entwicklung anregt. Für unsere Seele
ist dieser Reiz die sinnliche Erfahrung. Sobald diese Erfahrung

unserer Seele einen Vorstellungsinhalt darbietet, denkt unsere
Seele denselben vermöge der ihr eigenen, innewohnenden Kraft
nach den Anschauungen. von Raum und Zeit und verknüpft ver=
möge einer ihr ebenso ursprünglich eigenen Kraft die also ge=
wonnenen sinnlichen Anschauungsbilder des Nebeneinander und
des Nacheinander nach den einheitlichen Verstandesbegriffen von
Aeußerem und Innerem (Extensivem und Intensivem), von We=
sen und Eigenschaft, von Ursache und Wirkung, von Zweck und
Zweckbeziehung. In diesen Anschauungs= und Vorstellungsformen
offenbaren sich die eingeborenen Denkgesetze unserer Seele, von
deren Anwendung wir so wenig lassen können, wie vom Athmen
oder wie vom Essen und Trinken. Eine gleiche ursprüngliche
Naturbestimmtheit offenbart sich sodann in bestimmten Lustge=
fühlen unserer Seele bei der Aufnahme von Empfindungen und
Vorstellungen. Als solche Grundgefühle erscheinen zunächst: die
Lust an der ungehinderten Ausübung unserer natürlichen Kräfte
und das Mitgefühl für das Wohl und das Wehe anderer em=
pfindenden Wesen, vorzüglich unserer Mitmenschen, also kurz zu
sagen das Selbstgefühl und das Mitgefühl. Als besonders aus=
gezeichnet erscheinen ferner noch zwei eigenthümliche Lustgefühle,
die zwar eine Beziehung zum subjectiven Selbstgefühl haben,
aber doch über dasselbe auf ein Objectives hinausgehen. Diese
Lustgefühle sind die Freude an der Uebereinstimmung unserer
Vorstellungen mit der Wirklichkeit, die Lust an der Wahrheit,
und die Freude an den freien harmonischen Gebilden unserer
Einbildungskraft, gleichviel ob dieselben von unserer Einbildungs=
kraft selbst geschaffen sind, oder von ihr aufgenommen werden,
also kurz zu sagen: das Wahrheits= und das Schönheitsgefühl.
Diese beiden also nebst dem Selbstgefühl und dem Mitgefühl
bilden den Elementarbestand der ursprünglichen Lustgefühle unserer
Seele. —

Nun treibt aber weiter schon das Schönheitsgefühl unsere
Seele über die einseitige Pflege einzelner Lustgefühle hinaus zu
einer harmonischen Pflege aller vier. Es berührt uns wie etwas
Unschönes, wenn ein Mensch nur die eigene Lust des befriedigten
Selbstgefühls sucht; es verletzt unser Gefühl wie etwas Unschönes,
wenn ein Mensch allezeit und in jeder Lage mit einem jeden
Anderen lacht oder weint; es erscheint uns unschön, wenn ein

Mensch rücksichtslos nur sein Wahrheits- oder sein Schönheitsgefühl befriedigt, gleichviel ob er andere berechtigte Gefühle darüber vernachlässigt oder verletzt. Wir streben also schon um der
Schönheit willen nach einer harmonischen Ausgleichung der einzelnen ursprünglichen Lustgefühle. Dieses ästhetische Streben aber
erhält seine sittliche Bedeutung erst durch den Hinzutritt des Bewußtseins, daß wir verbunden sind in dieser Ausgleichung die
Verwirklichung des Guten zu suchen. Dies ist der Trieb der
Vervollkommnung, den wir als den ursprünglichen Zug unseres
Willens zum Guten, als die ursprünglichste Aeußerung unseres
Gewissens anzusehen haben. Der bewußt denkende Mensch kann
diesen ursprünglich sittlichen Zug seiner Seele ebenso wenig in
Abrede stellen, wie die Nothwendigkeit, die objective Welt nach
den Anschauungsformen von Raum und Zeit vorzustellen. Jeder
Mensch kann sich über Wahrheit täuschen oder die Wahrheit verletzen, aber kein Mensch ist im Stande, diese Verletzung als ein
allgemein gültiges Grundgesetz der sittlichen Menschennatur zu
betrachten. Wir können uns im Einzelnen täuschen über Das,
was gut ist; aber im Allgemeinen müssen wir das Gute wollen,
uns zum Guten verpflichtet halten. Das Gute sehen und es
dennoch im einzelnen Fall aus irgend welchen Gründen nicht
wollen und nicht thun, das ist möglich; aber behaupten, daß
man nicht verpflichtet sei, das als gut Erkannte oder Anerkannte
auch zu wollen und zu thun, oder gar behaupten, der Mensch
könne im Gegentheil sich für verpflichtet halten, das von ihm
selbst als schlecht Anerkannte zu wollen und zu thun, das ist
nicht möglich. Ein solches Wollen des Bösen nennen wir eben
nicht mehr menschlich, sondern teuflisch; es liegt jenseits unserer
Natur. Wir anerkennen also in diesem nothwendigen Zuge unseres
Willens zum Guten, in diesem Bewußtsein der Verbindlichkeit
gegenüber dem Guten den ursprünglichen Keim unserer eigenthümlich menschlichen Sittlichkeit.

Dieses Pflichtbewußtsein nun gegenüber dem Guten wird
zur treibenden Naturkraft in der schon vom Schönheitsgefühl an-
gestrebten Ausgleichung unserer einzelnen Lustgefühle. Und aus
der Verbindung dieser Lustgefühle mit dem sittlichen Pflichtbegriff
ergeben sich dann die einzelnen sittlichen Ideale oder die sogenannten Sittengesetze unserer Natur. In dieser Verbindung

entwickelt sich aus dem Selbstgefühl das Ideal der Selbstvervoll-
kommnung, aus dem Mitgefühl das Ideal der Nächstenliebe, aus
dem Wahrheitsgefühl das Ideal der Wahrhaftigkeit und Treue,
aus dem Streben nach harmonisch schöner Ausgleichung der genannten Gefühle das Ideal der Gerechtigkeit und Billigkeit. —
Diese sittlichen Ideale liegen ebenso wenig wie die einzelnen Denkgesetze ursprünglich als fertige Gebilde unseres Bewußtseins in
unserer Seele, wohl aber als ganz bestimmte Keime unserer sittlichen Natur, die sich mit nothwendiger Gesetzmäßigkeit im einzelnen menschlichen Leben wie im Leben der Menschheit entwickeln
müssen. Ihrem Gefühlskeime nach fehlen diese sittlichen Ideale
keiner Menschennatur; aber erst in Verbindung mit dem ebenso
ewigen Pflichttrieb erwachsen sie zu bewußten Grundsätzen unseres
sittlichen Thuns und erst allmählich erlangen sie im Einzelnen
wie in der Menschheit die gesuchte harmonische Ausgleichung der
sittlichen Weltordnung. Diese hier in kurzen Zügen dargelegte
Ansicht anerkennt eine feste Grundlage der Sittlichkeit in der
Menschennatur, anerkennt die Nothwendigkeit einer gesetzmäßigen
Entwicklung des sittlichen Fortschritts der Menschheit und läßt
doch selbst innerhalb dieser Nothwendigkeit dem freien Einfluß des
menschlichen Willens und dem Einwirken einer die Weltgeschicke
leitenden göttlichen Vorsehung einen offenen Spielraum.

Nur Mißdeutung der sittlichen Erscheinungen des Menschenlebens kann zur Verkennung der festen Grundlage und der Entwicklungsgesetze der menschlichen Sittlichkeit verleiten. Eine genauere Beobachtung der Verhältnisse und eine genauere Erwägung über die Bedeutung der wirklich beobachteten Thatsachen
werden sicherlich die Mißdeutungen beseitigen können. Wenn
Reisende uns versichern, bei rohen Völkern keine Spur von moralischen Gefühlen vorgefunden zu haben, so brauchen wir gewöhnlich nur ihre Schilderungen des Benehmens dieser Völker
im Einzelnen zu verfolgen, um diese Spuren aus ihren Berichten
heraus zu lesen. Als unphilosophische Beobachter verwechseln
sie das klare Bewußtsein von dem ursprünglichen Besitz des Geistes
mit diesem Besitz selber. Das Erstere vermissen sie mit Recht bei
den rohen Völkern, sie könnten es auch vergeblich suchen bei vielen
gebildeten Europäern, vielleicht gar vergeblich in ihrer eigenen
Seele; das Zweite, sofern es zum Wesensbestand der menschlichen

Seele gehört, kann nicht fehlen und muß sich daher bei genauester
Beobachtung auch dem Keime nach in irgend welchen Spuren
überall offenbaren. Das klare Bewußtsein über die moralische
Natur der Seele kann vielen Menschen fehlen, die Keime dieser
Natur selber aber keinem. Diese oft tief verborgenen Spuren
der inneren Triebfedern menschlichen Handelns zu entdecken, ist
aber nach der Natur der Sache für die vorübergehende Beobachtung von Reisenden, die Sprache und Sitte des Landes kaum
verstehen, von ganz besonderer, kaum zu überwindender Schwierigkeit. Je genauer aber und länger wir beobachten, um so bestimmter erkennen wir überall die Spuren menschlicher Sittlichkeit,
die selbst den Mephistopheles Goethe's zum Ausspruch der ver-
kannten Wahrheit treiben. So hören wir oftmals, die uncivili-
sirten Völker hätten keinen Begriff vom Unrecht des Diebstahls;
doch aber wird uns berichtet von der merkwürdigen Thatsache,
daß z. B. die Australier in der Gegend von Port Essington,
wenn sie als Diebe auf der That ergriffen werden, keinen Widerstand leisten (Iukes, Narration of the surv. vog. of H. M. S.
Fly. 1867. I. 354) und daß sich auf den Sandwichinseln der
entdeckte Dieb das Gestohlene widerstandslos wieder abnehmen
läßt (Wilson, Missionsreise in das stille Meer, Magaz. v.
Reiseb. XXI, 291). Mit Recht behauptet Waitz in seiner Anthropologie der Naturvölker, 1859 Th. 1. S. 354 von diesen Thatsachen, daß sie auf einen Rest natürlichen moralischen Gefühls
auch bei sonst rohen Völkern hinweisen. Es regt sich der Keim
des noch unentwickelten Ideals von Gerechtigkeit. Der Verstoß
gegen dasselbe wird dunkel als ein Unrecht gefühlt, in diesem
Gefühl rührt sich die Stimme des Gewissens, daher fehlt der
Muth, das Gestohlene zu behaupten. Es liegt dieselbe Thatsache
vor, die in unseren Culturstaaten der Polizei ihr saures Amt
erleichtert, die ihr das nöthige Uebergewicht verleiht gegenüber
den Verbrechern. Wenn nicht das böse Gewissen die Kraft der
Missethäter lähmte, würden wir sicherlich zum Schutze des Guten
mehr Aufsichtskräfte brauchen und unser Polizeibudget um ein
Beträchtliches erhöhen müssen. — Der zu Tage tretende sittliche
Fehler ist also ein Zurückbleiben der Entwicklung in dem menschlichen Streben nach harmonischer Ausgleichung der einzelnen Lustgefühle, im Bewußtwerden der aus ihnen und dem Pflichtbegriff

entspringenden sittlichen Ideale. Auf solchen Entwicklungsmangel
sind alle angeblichen Widersprüche gegen das allgemein mensch=
liche Sittenbewußtsein unschwer zurückzuführen. Wenn bei den
griechischen Heroen Kampf und Seeräuberei als Heldenthaten
geehrt wurden, so erkennen wir daran, daß zu der Zeit noch der
Spruch des Homer galt:

> Denn kein größerer Ruhm ist dem Sterblichen, weil er noch lebet,
> Als den der Füße Gewalt und seiner Händ' ihm erstrebet.

Das Ideal des Selbstgefühls ist noch nicht vertieft, die Lust
an der Bewährung von Muth und äußerer Kraft beansprucht
noch eine vorwiegende Geltung in der Seele, gegenüber den
Idealen der Nächstenliebe und der Gerechtigkeit. Diese arbeiten sich
erst langsam empor, ihr Einfluß zeigt sich zuerst darin, daß
Kampf und Seeraub nicht allgemein, sondern nur wider Bar=
baren unbedingt gerecht scheint; das Ideal der Nächstenliebe hat
noch nicht seine volle Ausdehnung auf die ganze Menschheit ge=
wonnen. — Ebenso klar ist, daß die Spartaner, wenn sie wirklich
ihren Jünglingen einen geschickt ausgeführten Diebstahl zu gute
hielten, damit keineswegs den Diebstahl als solchen billigten. Sie
hielten ihn vielmehr im Allgemeinen für straffällig und sahen
nur von der Strafe ab zu Gunsten der bewiesenen Geschicklichkeit.
Es war wiederum die Lust an der bewährten Gewandtheit oder
Klugheit noch nicht in das richtige Gleichgewicht gebracht zum
Bewußtsein des Rechtes oder zum Gefühl für das Wohl des
Nächsten. Kein anderer sittlicher Mangel offenbart sich uns,
wenn noch in viel späterer Zeit Eduard III. seinen right noble
lords and right honorable ladies den Straßenraub und die
Piraterie verbot, nicht aus Gründen des Rechts und der Moral,
sondern nur deshalb, weil diese Dinge den Einkünften der Krone
schadeten und fremde Kaufleute abhielten in's Land zu kommen.
Das Ideal der Gerechtigkeit konnte auch hier noch nicht auf
die genügende allgemeine Anerkennung rechnen, deshalb wurde
in dem Verbot das öffentliche Unrecht eingeschränkt auf Grund
der willig anerkannten Forderungen der königlichen Selbstsucht
und des allgemeinen Nutzens. — Erst unsere Zeit hat es erlebt,
daß in Betreff der Sklaverei das Ideal der Nächstenliebe und
das Ideal von Recht und Billigkeit den Sieg davon getragen

haben über die mit allerlei Klugheitsrücksichten zeitgemäß aufge=
putzte Selbstsucht. —

In solcher Weise wird sich bei genauerem Einblick in die
Triebfedern menschlichen Handelns überall aus der Geschichte er=
kennen lassen, daß der sittliche Fortschritt der Menschheit in der
langsam wachsenden Ausgleichung der im Keime überall vorhan=
denen Sittenideale besteht. Und wir werden vielleicht nicht irren,
wenn wir annehmen, daß diese Entwicklung in der Menschheit
ähnlich verläuft wie beim einzelnen Menschen. Auch im Kinde
regt sich zuerst das Selbstgefühl nach der Seite der sinnlichen
Kraftbethätigung. In seiner Ueberschreitung beeinträchtigt dasselbe
nothwendig das Selbstgefühl Anderer; das Kind thut Anderen
Wehe und ihm wird wiederum Wehe gethan. Dadurch erwacht
das schlummernde Mitgefühl für Andere. In der nun anhebenden
Wechselwirkung zwischen Selbstgefühl und Mitgefühl entwickelt
sich allmählich das Gefühl für Recht und Billigkeit. — Früh
schon regt sich im Kinde die ideale Freude am Spiel der Phan=
tasie, dieselbe tritt in Widerspruch mit dem Sinn für das Wirk=
liche, Wahre; ob die Kinder lügen oder phantasiren, ist in dieser
Zeit oft kaum zu unterscheiden. In diesem Widerstreit wird das
Ideal der Wahrheit erregt und vom Schönheitsideal geschieden.
Mit diesen Idealen sind neue Werthschätzungen der eigenen Kraft
erwachsen, das Kind beginnt die geistige Kraft höher zu schätzen
als die leibliche, das Selbstgefühl hat an innerer Tiefe gewonnen.
Das richtige Verhältniß seiner Geltung in Bezug zu den Idealen
von Recht und Billigkeit und Nächstenliebe ist aber darum noch
nicht gefunden. Auch das vertiefte Selbstgefühl tritt zuerst an=
maßend und verletzend auf. Was die Jugend für wahr hält,
sollen Andere ebenfalls dafür halten; der erwachte Sinn für die
Wahrheit macht die Jugend intolerant gegen anders Denkende.
Das allzu selbstbewußte Ich muß erst im Kampfe wider Andere
seinen rechthaberischen Dünkel einschränken lernen. Erst in diesem
neuen Kampfe gewinnen die anderen sittlichen Ideale ihre nöthige
Stärke nach langem, redlichen Abmühen im Mannesalter, wenn
zu dem längst begonnenen Streben nach harmonischer Ausglei=
chung dieser verschiedenen Ideale das Bewußtsein der Pflicht zur
Förderung dieser Ausgleichung hinzugetreten ist und das bewußte

Streben nach sittlicher Vervollkommnung zu festen Grundsätzen des Handelns geführt hat.

Diesen inneren Bildungsgang der sittlichen Ideale aus dem Wesen der für sich betrachteten Menschenseele zu erkennen und zur praktischen Verwerthung darzulegen, ist eine Aufgabe der Psychologie, der Ethik und der Pädagogik. Die Lösung dieser Aufgabe ist zugleich die nothwendige Vorarbeit für eine Philosophie der Geschichte, soweit dieselbe die Frage nach dem Fortschritt der Menschheit beantworten will. Eine Kenntniß der sittlichen Elemente der Menschenseele muß der Erkenntniß der Gesetze vorangehen, nach welchen sich diese Elemente in scheinbar regelloser Durchkreuzung ihrer Wechselwirkung in der Menschheit entwickeln. Daß diese Erkenntniß besonders schwer sein muß, liegt am Tage. Die Geschichte vergönnt uns in den allermeisten Fällen einen Einblick in das innere Getriebe menschlicher Gesinnung nur durch die Hülle äußerer Thaten; anders als durch einen Rückschluß von ihnen vermögen wir selten vorzudringen bis zur inneren Triebkraft menschlichen Handelns. Ueberaus schwierig wird es daher jederzeit bleiben, diese Spuren der sittlichen Entwicklung in der Menschheit aus den Thatsachen der Geschichte deutlich herauszulesen und mit wissenschaftlicher Sicherheit darzulegen. Diese Schwierigkeit erklärt zur Genüge das bisherige Scheitern aller Versuche zum Aufbau einer Philosophie der Geschichte, darf aber darum doch nicht dazu verleiten, die Aufgabe selbst als eine unmögliche anzusehen. (Vergl. m. Aufsatz „Neue Versuche einer Philosophie der Geschichte" in Sybel's histor. Zeitschrift Bd. 25.) Die Historiker von Fach mögen Recht haben, die bisherigen Versuche für ungenügend zu erklären, für die Ergebnisse derselben die breite Grundlage zuverlässiger Erfahrungen zu vermissen; sie thun aber nicht wohl daran wegen dieser bisherigen Mißerfolge auch für die Zukunft die philosophische Mitarbeiterschaft an der Erkenntniß der inneren Gesetzmäßigkeit menschheitlicher Entwicklung zu verschmähen und von der Hand zu weisen oder gar an dem Dasein der gesuchten Gesetzmäßigkeit selbst zu zweifeln, weil die unberechenbaren Einwirkungen göttlicher und menschlicher Freiheit dieselbe allezeit durchkreuzen. Die Geschichte der Menschheit offenbart uns allerdings ein merkwürdiges Zusammenspiel von Willkür und Nothwendigkeit, von unberechenbarer Freiheit und voraussehbarem Zwang der Umstände. „Denn nicht wie Naturgewächse erheben sich die Gebilde der Staaten: — sagt Ranke einmal in seiner französischen Geschichte (WW. Bd. XI. 5) — in ihren Abwandlungen hängt fast das Meiste von den Umständen, der Sinnesweise der Menschen, wie sie eben bei einander sind, den zu überwindenden Gegensätzen, dem Zwecke, welchen die vorwaltenden Geister in jedem Momente verfolgen, und dem Glücke ab, mit dem das geschieht. Wenn irgendwo, so greifen hier Freiheit und Nothwendigkeit in einander. Was dem freien Entschlusse angehört, indem man es versucht, wird unwiderruflich, in seinen Wirkungen von jedem menschlichen Willen unabhängig, ein Glied in der Kette der allgemeinen Nothwendigkeiten, sobald es gethan ist, und beherrscht die Folgezeit." — Die Geschichte also offenbart uns, daß es nicht möglich ist, die Entwicklung der Menschheit aus den Grundgesetzen ursächlicher Nothwendigkeit, wie sie die Natur beherrschen, zu erklären und diese ihre Offenbarung kann uns wohl dienen zum Zeugniß für die Thatsache unserer Freiheit und zur Verstärkung unseres Glaubens an eine lebendig in die Weltgeschicke eingreifende göttliche Weltleitung. Aber wie unberechenbar auch diese Momente der Freiheit die Entwicklung der Menschheit verzögernd oder fördernd beeinflussen mögen, die nothwendige Gesetzmäßigkeit derselben und die bestimmten Ziele derselben heben sie nicht auf. Nur innerhalb dieser Gesetzmäßigkeit werden sich die gedachten Momente geltend machen; es kann daher auch nicht unmöglich sein, im Vergangenen die Entwicklungsgesetze der sittlichen Weltordnung zu erkennen und aus dieser Erkenntniß einen Vorblick und eine Hoffnung für die Zukunft zu gewinnen, die als wirkende Mächte das begonnene Werk der menschheitlichen Bildung und Gesittung seiner weiteren Vollendung zuführen helfen.

10

Die Zukunft der Seele.

Schlaf, Traum und Erwachen sind oft mit dem Tod und dem Hinüberleben ins Jenseits verglichen. Der Schlaf heißt der Bruder des Todes und in dem ahnungsvollen Leben des Traumes hat man nicht selten eine Hindeutung auf das Leben im Todesschlaf bis zum ewigen Erwachen gefunden. Ich will jetzt für den Traum, den die Menschheit von Alters her über die Zukunft unserer Seele geträumt hat, die Anerkennung einer Grundlage in der Wirklichkeit in Anspruch nehmen. Es kann den Werth dieses Traumes nicht herabsetzen, daß an denselben sich alle Zeit mancherlei wache oder wenigstens wach scheinende Träumerei angesetzt hat. Wo die Phantasie ihre reichsten Blüthen treibt, wuchert stets auch das Unkraut.

Oder werden meine Leser doch vielleicht meinen, die Idee der Seelenwanderung sei gewiß eine allen baaren Gehaltes leere Träumerei müßiger Köpfe, und nur eine Wissenschaft, wie die Philosophie, die mit ihrer Zeit und ihrer Kraft einen so übergroßen Luxus treibe, könne es für der Mühe werth halten, sich mit einem solchen Hirngespinnste zu beschäftigen? — Es wäre nicht zu verwundern, wenn Einige wenigstens diese Meinung in ihrem Inneren hegten, denn die arme Philosophie steht nun

einmal in dem Verdacht, sich die wenig beneidenswerthe Aufgabe
gestellt zu haben, unlösliche Probleme zu entwirren. Und sie thut
dies auch wirklich in dem Sinn, daß es ihr am Herzen liegt,
den Hirngespinnsten, welche nicht nur sie, sondern die ganze
Menschheit spinnt, eine faßbare Seite abzugewinnen, zu ergründen, in welchem geistigen Zusammenhange denn diese Gewebe
menschlicher Gedanken, Wünsche und Hoffnungen entspringen. So
sucht sie die ewige Wahrheit auch unter dem Gewande des Mythus zu erkennen. „Der Mythus, sagt Schiller, ist der Achtung
des Philosophen werth, der sich ohnehin damit begnügen muß,
zu den Anschauungen, in welchen der reine Natursinn seine Entdeckungen niederlegt, die Begriffe aufzusuchen oder mit anderen
Worten die Bilderschrift der Empfindungen zu erklären." Zu
solcher Bilderschrift gehört auch die Idee der Seelenwanderung.
Sie gehört zu den Träumereien des menschlichen Geistes; aber
auch in diesem Traum wird sich nur der Nachklang einer tieferen
Sehnsucht des wachen Tages offenbaren. Die Quelle nun wollen
wir suchen, aus welcher diese Idee hervorquillt, um zu verstehen,
wie so viele unserer Mitmenschen haben gehen können aus diesem
Quell Ruhe für das Bedürfniß ihrer Seele zu schöpfen. Vielleicht finden wir darin zugleich einen Wink zur Schätzung unseres eigenen Verlangens nach Fortdauer des Lebens, denn in
diesem liegt doch der Kern, zu dessen Hülle die Idee der Seelenwanderung gehört.

Lessing und Schopenhauer haben geglaubt, schon in
dem hohen Alter dieser Lehre ein Zeugniß für ihren Werth zu
besitzen. „Dieses mein System, — sagt Lessing einmal, als
er seine Idee eines vor und nach irdischen Seelenwanderns dargelegt hatte, — ist gewiß das älteste aller philosophischen Systeme. Denn es ist eigentlich nichts als das System von der
Präexistenz und der Metempsychose, welches nicht allein schon
Pythagoras und Platon, sondern auch vor ihnen Aegypter
und Chaldäer und Perser, kurz alle Weisen des Orients gehabt
haben." Schon dieses, meint Lessing, müsse ein gutes Vorurtheil dafür bewirken. „Die erste und älteste Meinung ist in speculativen Dingen immer die wahrscheinlichste, weil der gesunde
Menschenverstand sofort darauf verfiel." — Ebenso behauptet
Schopenhauer, daß die Wahrheit dieser Idee von der Wieder-

geburt der Wesen, der Palingenesie, wie er die Seelenwanderung
zu nennen vorzieht, nie ganz verkannt sei, daß diese Lehre aus
den urältesten und edelsten Zeiten des Menschengeschlechts stam-
mend stets auf der Erde verbreitet war, als der Glaube der
großen Majorität des Menschengeschlechts, ja als Lehre aller Religionen, mit Ausnahme der jüdischen und der zwei von dieser
ausgegangenen, der christlichen und der mohamedanischen, am
subtilsten jedoch und der Wahrheit am nächsten kommend im
Buddhismus. — Schon Herder bemerkt mit Recht in seinen
Aufsätzen über die Palingenesie, daß diese Meinung Lessings
einer Einschränkung bedürfe. Allerdings sei die Lehre von der
Seelenwanderung Volksglaube gewesen, bevor sie Speculation oder
System ward, allein was war sie, fragt er, im Volksglauben
anders als „eine Meinung sinnlicher Menschen, auf ihrer Stufe
der Cultur ihnen eben so natürlich als anderen leidenschaftlicheren
Völkern ihre Versammlung zu den Vätern, ihr Land der Seelen,
ihr Hades, Elysium und Orkus" — ihnen zwar natürlich,
aber eben darum auch nicht minder ein Wahn. — Das Horchen
auf die Stimme der sogenannten Urweisheit ist schon an sich
überhaupt eine Sache von zweifelhaftem Werthe; auch die Ein-
falt hat ihre Verblendung und mit Nichten ist die Urweise sinnlicher Weltauffassung schlechthin für die Stimme der Urweisheit
zu halten.

Der Glaube an die Seelenwanderung, dessen Lessing und
Schopenhauer gedenken, ist aber überdies thatsächlich nicht
einmal die älteste Form des Glaubens an die Fortdauer der
Seele. In den ältesten religiösen Dichtungen der Inder, z. B.
in dem Rig Veda, findet sich der Glaube an die Seelenwanderung
noch nicht, der Glaube an Unsterblichkeit tritt hier in der Form
des aller einfachsten gemüthlichen Verlangens nach dem Wieder-
sehen der dahingeschiedenen Geliebten auf.

Wir können demnach nur bei einer Verallgemeinerung des
Begriffs der Seelenwanderung eine Wahrheit in der Behauptung
von dem hohen Alter dieses Glaubens finden. Uns kann die
indische Lehre von der Metempsychose nur wie eine besondere
Form der Vorstellungen von der Wanderung erscheinen, welche
unsere Seele antreten muß, sobald sie unsern Körper verläßt.
Der Uebergang unserer Seele in ein anderes Leben ist immer

eine Wanderung, die Seele wandert entweder in der ihr wesentlich eigenen, leiblichen Hülle an einen anderen Ort, oder sie
wandert in einen neuen ihr fremden Körper und erleidet also
zugleich eine förmliche Wandelung ihres Wesens.

Diese verschiedenen möglichen Auffassungen, die oft fast unmerklich in einander übergehen, durchkreuzen nun einander in
buntem Gewirre unter den Ansichten derselben sowohl wie verschiedener Völker und nur bei wenigen Völkern bildet sich aus
dem Wechsel dieser Glaubensmeinungen der feste Niederschlag einer
bestimmten Ansicht, die zum eigentlichen Volksglauben wird, den
dann die Philosophie des Volkes zu einem Gedankensystem entwickelt. Nicht selten vielmehr laufen, wie Tschudi dies z. B.
von den Peruanischen Indianern mittheilt, die widersprechendsten
Vorstellungen neben einander oder nach einander her, wie überall
da, wo der Menschengeist das Unfaßbare erfassen zu wollen gewagt hat.

Nicht anders geht es darin den Völkern der Menschheit wie
dem einzelnen Menschen. In wie vieler Menschen Seele liegt
denn der Inhalt ihres Glaubens klar da wie der glatte Spiegel
eines durchsichtigen Baches, in dem kein harter Kiesel einen Strudel bildet? — Gleicht nicht vielmehr das Blatt unserer tiefsten
Vorstellungen meist einer angefangenen, aber unvollendeten Far-
benskizze? Zum Versuch haben wir hier diese und dort jene
Farbe aufgetragen, aber die Farbenharmonie, die wir wünschen,
haben wir noch nicht erreicht. Heute ändern wir diese Seite des
Gedankenbildes und morgen nöthigt uns ein neuer Eindruck zu
einer neuen Umgestaltung an der anderen Seite. So malen wir
oft unser Leben lang an den Zügen des Bildes, welches den
tiefsten Inhalt unserer Seele trägt, und nur den bevorzugten
Geistern gelingt es, dieses Gedankenbild zu einem einheitlichen,
in sich harmonischen Kunstwerk zu vollenden. Wir Anderen können dann nur schauen und nachdenken, und so mit dem fremden
Reichthum uns selber bereichern.

Aehnlich nun verhält es sich mit dem Unsterblichkeitsglauben
und der Idee der Seelenwanderung bei verschiedenen Völkern.
Es wäre daher eine mühsame Arbeit, die ganze bunte Mannichfaltigkeit dieser Ideen in ihrer Entwicklung nach Zeiten und
Völkern zu verfolgen, und kann es natürlich nicht meine Absicht

sein, in eine kurze Skizze das Werk einer ausgedehnten geschichtlichen Forschung zusammen zu drängen. Nur die philosophischen Grundzüge wollen wir hinter dem Reichthum der Bilder eines phantasievollen Glaubens zu erkennen suchen. Den
speculativen, ästhetischen und sittlich religiösen Ge-
dankenzusammenhang wollen wir darzustellen versuchen, in
welchem die Lehre von der Seelenwanderung ihren Ursprung nahm, und ihre Vorstellungen von der örtlichen
Wanderung wie von der Wesenswandelung der Seele
entwickelte.

Der Tod hat für den natürlichen Menschen, der nicht in
völlig stumpfer Gleichgültigkeit hinlebt, etwas Unheimliches. Die
Hütte, in der Jemand gestorben, wird, wie Mackenzie, Lich-
tenstein und andere Reisende erzählen, bei manchen Völkern verlassen oder niedergerissen. Auch noch in unserem Bewußtsein behält ein Todtenzimmer, bisweilen selbst das Haus, in dem ein
geliebtes Wesen starb, etwas Unheimliches, wir meiden das Zimmer oder verlassen gar das Haus. Das Todte und der Gedanke
an das Todte widersteht dem Lebendigen. Mögen wir auch den
Tod den Bruder des Schlafes nennen, der natürliche Mensch thut
dies doch nicht in dem sicheren Gefühl, daß der Tod wie der
Schlaf nur ein seliges Ausruhen zu frischerem Erwachen ist. Und
selbst wenn wir den festen Glauben daran gewonnen haben, bleibt
in unseren Gedanken an den Tod doch immer noch etwas Unheimliches. Wir stehen dem Dunkel einer uns unbekannten Welt
gegenüber und vor dem Unbekannten hat der Mensch jederzeit
eine heilige Scheu. Daraus erklärt sich sowohl, daß ursprünglich
der Mensch den Tod für etwas Schlimmes, Widernatürliches
hielt, wie auch, daß er in der Annahme eines Lebens nach dem
Tode versuchen mußte, die unbekannte Welt durch Vorstellungen
seiner Phantasie in ein bekanntes Land zu verwandeln. Beides
prägt sich in den ersten Vorstellungen der ungebildeten Völker aus.

Den Aleuten galt der Tod nicht für das ursprüngliche.
Die ersten Menschen waren ihrer Meinung nach unsterblich. Wenn
sie alt geworden, so stürzten sie sich ins Meer, um verjüngt wie-
der daraus hervor zu kommen. "Es sterbe Jemand, — sagt
Dobrizhoffer, — mit Wunden überhäuft und zerquetschten
Knochen oder vom Alter ausgezehrt, nie wird ein Abipouer

(Amerikaner) eingestehen, daß die Wunden oder Erschöpfung der
Leibeskräfte an seinem Tode Schuld waren, sondern sich vielmehr
bemühen, den Schwarzkünstler und die Ursache ausfindig zu machen, weshalb er ihm vom Leben geholfen hat." Diese Meinung
herrscht auch bei vielen Negervölkern. — Der Tod also erscheint
in diesen Vorstellungen als etwas Zufälliges, nicht im Wesen des
Menschen Liegendes. Mag die Form, in der sich diese Meinung
ausspricht, auch noch so seltsam sein, wir erkennen darin doch,
wie schwer es dem natürlichen Menschen ist, sich ein Aufhören
der Seele im Tode zu denken.

An dieses einfache Gefühl wird sich auch die einfachste Vorstellung von dem Fortbestehen des Menschen anknüpfen. Der
Glaube wird bemüht sein, die Fortdauer, so weit wie möglich,
dem irdischen Leben nahe zu halten. Die abgeschiedenen Seelen
bleiben in unserer Erdnähe.

Und nahm man dies an, so mußte man sich auch Gedanken
über die sinnliche Beschaffenheit der Seele in diesem Zustande
machen. In den Phantasiebildern, die wir darüber bei verschiedenen Völkern finden, begegnen wir schon den Spuren der späteren Ideen über die Beschaffenheit der Seele auf ihrer Wanderung. Nach der Vorstellung einiger Völker irren die Seelen als
Schatten umher, nach der Vorstellung anderer als dichter Nebel,
der über nassen und morastigen Wiesen schwebt. Die Tahitier
meinen, wie Forster bemerkt, die Seele halte sich in den höl-
zernen Bildern auf, welche an den Gräbern aufgestellt werden.
Manche Völker Südamerikas lassen die Seelen in Vögel eingehen,
die Nachts lärmend umherfliegen. „Die Seele, — sagt Grimm, —
gilt der kindlichen Phantasie des Volkes für einen Vogel, der
aus des Sterbenden Munde fliegt."

Nicht minder verschieden als diese Vorstellungen von der
Beschaffenheit der Seele nach dem Tode sind die Meinungen über
die Bedeutung, die ihrer Nähe für das irdische Leben der Hinterbliebenen beigelegt ward. Manche verehren in ihnen Schutzgeister,
deren Nähe man zu wünschen habe; Andere fürchteten sie als
Störenfriede, als böse Dämonen, die man zu verscheuchen suchen
müsse. Und häufiger ist die Furcht vor den abgeschiedenen Geistern, deren Wiederkehr man wie die Nähe unheimlicher Gespenster
nicht wünscht, und deshalb durch mancherlei abergläubische Vor-

lehrungen zu verhindern sucht, die sich noch in dem Volksaber-
glauben unserer Tage erhalten haben. Die Wiederkehr und die
Nähe der abgeschiedenen Seelen behält etwas Unheimliches wie
der Tod, und es ist daher sehr begreiflich, daß dieses unstäte Wandern immer mehr und mehr in der Geistergeschichte der Menschen
für ein Unglück, für eine zeitweilige Strafe, für eine Episode in
der fortgehenden Seelenentwicklung gehalten wurde, die selbst ein
anderes Ziel haben müsse.

Mit allen jenen Vorstellungen gewannen die Menschen nur
ein anderes Leben; die Unzufriedenheit mit dem Diesseits mußte
aber immer lebhafter in ihnen das Verlangen nach einem besseren
Leben wecken. So entstanden die verschiedenen Vorstellungen von
Himmel und Hölle, dem Himmel als dem Ideal des besseren
Lebens und seinem Gegensatz in der Unterwelt oder in der Hölle.
Mit der schärferen Entwicklung dieses Gegensatzes trat auch
immer bestimmter die Idee der Strafe und des Lohns für die
Beschaffenheit unseres irdischen Lebens hervor — eine Idee, die
keineswegs mit der Idee der Unsterblichkeit ursprünglich verbunden ist, geschweige denn zu dem Glauben an unsere Fortdauer
geführt hat.

Ursprünglich scheint dem Menschen nur die Unmöglichkeit
sein Aufhören anzunehmen und der darauf gegründete, durchaus
nicht heitere Glaube an eine gespensterhafte Fortdauer der Seele.
Dem Charakter dieses Glaubens entspricht die fast überall sich
einstellende Todtenklage; denn ganz mit Recht bemerkt Feuerbach, daß diese Klage nicht den trauernden Hinterbliebenen galt,
sondern dem Todten selbst. Nur mit Unrecht aber findet er in
dieser Todtenklage der Völker das Zeugniß ihres Unglaubens in
Betreff der Unsterblichkeit, da man doch den Todten nicht wegen
des Erwachens zu einem besseren Leben beklagen könne. Die
Todtenklage spricht das Bedauern der Hinterbliebenen darüber
aus, daß der Verstorbene nicht mehr die Lebensfülle des Diesseits
kostet und in das Schattenreich des Todes einging. Dem Glauben an das zukünftige Leben tritt sie nicht entgegen, sie setzt nur
voraus, daß dieses zukünftige Leben der Herrlichkeit des irdischen
entbehrt. Daher auch verschwand unter den Völkern die ceremo-
nielle Todtenklage immer mehr und mehr, je schöner und edler
ihre Vorstellungen vom zukünftigen Leben wurden.

23

Aber natürlich durften nach den Vorstellungen der Menschheit zu der Zeit, da in ihr noch die größten Unterschiede der
Bevorzugung herrschten, nur wenige des höchsten Zieles theilhaftig
werden können. Nur die Helden mit Narben treten ein in das
Himmelreich, nicht unnütze Spielleute, sagt ein Gedicht des zwölften
Jahrhunderts. Alle anderen, selbst die besseren Menschen versam-
melt das im Vergleich mit dem irdischen Leben traurige und
freudenleere Niflheim. Nur Menelaus von den trojanischen Helden kommt als Eidam des Zeus ins Elysium zu den seligen Göttern, alle anderen, selbst Achilleus, befinden sich nach dem Tode
im traurigen Hades. Von der Idee einer Glück und Verdienst
nach dem Tode allseitig ausgleichenden Gerechtigkeit ist in diesen
Vorstellungen noch nicht die Rede. Das traurige Schattenleben
der Todten erscheint als ein nothwendiges allgemeines Uebel, das
selbst die Besseren mit tragen müssen. Nur für die Schlimmsten
werden hier allmählich besondere Strafen erdacht; und nur die
Auserwähltesten werden diesem traurigen Gebiete des Todes ent-
rückt in eine selige Götterwelt.

Es ist natürlich, daß mit der wachsenden Lebendigkeit des
Gesammtbewußtseins in der Menschheit auch der Glaube an die
Schranken dieser Bevorzugung immer geringer, die Vorstellung
von den Schranken selbst immer weiter wurde. Je mehr Seelen
aber Zutritt erhielten in das selige Reich des Himmels, je mehr
der Hades oder die Unterwelt als nur von wirklich schlechten
Menschen bevölkert gedacht wurde; um so mehr konnte auch die
Phantasie das traurige Schattenreich des Todes verwandeln in
ein Bild der Qual. Je größer nun diese Kluft zwischen Himmel
und Hölle ward, je mehr man den einen oder die andere nach
der Idee einer wahrhaft gerechten sittlichen Ausgleichung zu be-
völkern trachten mußte; um so mehr mußte das Bedürfniß erwachen, ein Zwischenreich zu gewinnen, für die Läuterung und
Entwicklung der Seele und aus diesem Bedürfniß vorzugsweise
hat die Idee der Seelenwanderung ihre Nahrung empfangen.
Hier also finden wir die Quelle, der sie entsprungen, und an
diesen Ursprung werden wir immer wieder erinnert werden, wenn
wir nun die beiden Hauptströme verfolgen, in welche sich
die Vorstellungen von der Seelenwanderung ergossen haben, die
Vorstellungen nämlich von ihrer örtlichen Wanderung fern

von unserer Erde, wie die von ihrer Wesenswandelung auf
unserer Erde. Die erste Ansicht hat sich besonders innerhalb
unserer christlichen Weltanschauung entwickelt, die zweite in der
Weltauffassung des Brahmanismus und Buddhismus und in
einer besonderen Form auch wiederholt unter den Pantheisten und
Materialisten des Abendlandes. Ein Blick auf die speculative,
ästhetische und sittlich religiöse Entwicklung dieser Gedanken mag
uns die wesentlichen Züge derselben vor die Seele führen.

Für die Vorstellungen der örtlichen Wanderung unserer
Seele nach dem Tode ist die Entwicklung der Astronomie von
wesentlicher Bedeutung geworden. Vor dem Kopernikus wan-
derten die Seelen von Sphäre zu Sphäre in den Kreisen des
Luftreichs hinauf zum himmlischen Empyreum jenseits derselben;
nach dem Kopernikus entwickelte sich der Glaube einer Seelenwanderung von Stern zu Stern. Dante's Divina Commedia
ruht auf dem ersten Glauben; Klopstock's Messias auf dem
zweiten.

Die Hölle Dante's befindet sich im Abgrund der Erde.
Aus der Mitte des damals noch unbekannten Oceans erhebt sich
ein bergartiger Kegel in den Himmel. Dieser Berg ist das
Purgatorio, dessen Bau in neun Theile zerfällt: zu unterst die
Vorhalle, in der die Seelen während einer angemessenen Frist die
Hindernisse sühnen müssen, durch welche sie auf ihrem Bußwege
aufgehalten werden. In den dann folgenden sieben concentrisch
über einander liegenden Kreisen werden die Seelen von den sieben
Hauptsünden geläutert, bis sie dann auf dem Gipfel des Berges
am Ziele ihrer Prüfungen im Schatten des irdischen Paradieses
anlangen. Dort trinken sie aus zwei Quellen das Vergessen ihrer
Fehler und die Erinnerung ihres Verdienstes, um also geläutert
und vorbereitet einzugehen in das Empyreum, den Himmel ewiger
Seligkeit. — Für jede dieser Entwicklungsstaffeln bereitet sich
die Seele durch ihre eigene Bildungskraft ihre eigene gestaltliche
Erscheinung.

Diese ganze Auffassung, die auf dem ptolemäischen Welt-
system fußt, nach welchem die Erde in der Mitte der Weltkugel
ruht und um sie sich die Welt der leuchtenden Sterne in Sphären
dreht, mußte natürlich verschwinden, als Kopernikus unsere
Erde in die Bewegung der Planeten einführte und Galilei durch

Anwendung des Fernrohrs zeigte, daß die Gestirne mehr als
bloße Himmelsleuchten, daß sie Körper wie unsere Erde sind.
Das zerstörte den früheren Traum vom Himmel; aber es ist
sehr natürlich, daß der alte Traum gleichsam zur Entschädigung
für den Verlust der Phantasie sogleich die neuen Welten belebte.
War es doch viel leichter, sich nun die Gestirne von Geistern be-
wohnt zu denken, als früher die Sphären der Luft. — Poesie
und Volksglaube haben bald genug sich der Errungenschaft des
neuen Wissens bemächtigt und die Fortwanderung der Seelen von
Stern zu Stern ist Vielen ein lieber Gedanke geworden. Auf
welchen Stern die Seele des Menschen zunächst ihre Wanderung
fortsetzt, das wird zwar im Allgemeinen von der sittlichen Beschaffenheit des Erdenlebens abhängig gedacht; aber nur einzelne
grübelnde Geister haben versucht, die einzelnen Sterne für verschiedene Stufen der Läuterung zu bestimmen. — Feuerbach
fand diese Vorstellung der Seelenwanderung von Stern zu Stern
besonders deswegen so leer und flach, weil sie die große und
ernste Tragödie der Natur in den gemeinen Kreis des bürgerlichen, ökonomischen Philisterlebens hineinziehe, die tiefen Abgründe
der Natur zu seichten Wiesenbächen mache, in denen die Individuen nur sich selbst bespiegeln und liebliche Vergißmeinnicht
pflücken. Die ganze Natur erscheine dadurch wie ein wohl ein-
gerichtetes Palais, in dem man von Stube zu Stube fortspaziere.

Wir brauchten es nicht zu scheuen, die Welt uns als einen
solchen Palast vorzustellen, wenn nicht gewichtigere Bedenken als
diese dagegen stünden. Die Idee dieser Seelenwanderung von
Stern zu Stern scheint aber schon die Idee der Himmelsruhe,
eines Ziels der ganzen Wanderung zu trüben; und wenn der
Mensch unserer Bildungshöhe auch nicht mit der indischen Buddha-
lehre in der Selbstvernichtung, in der ewigen Ruhe des Nichts
das Ziel seiner Entwicklung wird suchen mögen, so ist es doch
fraglich, wie viele sich bei der Seligkeit des ziellosen, rastlosen,
wenn auch stets fortschreitenden Wanderns beruhigen wollen.
Doch würde auch dies ja kein unlösliches Bedenken sein; ein
unbekannter Stern könnte das Ziel unserer Wanderung bilden.
Allein schwierig bleibt es stets mit dieser Vorstellung eine schickliche
Idee vom Uebertragen der Seelen von Stern zu Stern zu verbinden. Wir halten doch mit dieser Wanderung die Seele im

Gebiete des Sinnlichen und müssen sie daher auch unter die Gesetze des Sinnlichen stellen. Wie fängt es nun die auch nur noch
in irgend einer Weise mit einer leichten Sinnlichkeit umkleidete
Seele an, von unserem Stern auf einen anderen zu gelangen?
Soll unsere Seele gleich dem Engel in Miltons verlorenem
Paradiese auf Sonnenstrahlen die Welten durchfahren? Wir
wissen, daß die Sonnenstrahlen Millionen Jahre gebrauchen, um
von einem Stern zum anderen zu gelangen. Und wie kann überhaupt auch nur ein Atom unserer Sinnlichkeit sich durch den
Weltenraum bewegen?

Diese Schwierigkeit mag einige Denker unserer Zeit bewogen haben, wieder zur Annahme eines Zwischenreichs der Seelen
in unserer Erdnähe zurückzukehren. Ein solches hat sich z. B.
J. H. Fichte ausgedacht, und er glaubt, daß dasselbe dauern
wird, bis zur Zeit einer allgemeinen göttlichen Umgestaltung der
ganzen Natur, wie sie die christliche Auferstehungslehre in Aussicht stellt. Die Seelen leben nach seiner Auffassung wieder als
leichte sinnliche Wesen in der Nähe unserer Erscheinungswelt
fort und die hellsehenden und träumenden Menschen stehen in
mancherlei noch nicht klar erkannten Verbindungen zu dieser nahen
Geisterwelt. Auch Fechner hat ähnliche Ansichten ausgesprochen.

Ein offenes Schreiben Fichte's im Literarischen Central-
blatt v. J. 1870 Nr. 28 forderte mich auf die Stellen seiner
Schriften anzugeben, in welchen solche Behauptungen zu finden
seien. Dieser Aufforderung bin ich in Nr. 30 desselben Blattes
nachgekommen. Wer, wie Fichte, „den Satz von der absolut
raumlosen Einfachheit des Seelenwesens ein spiritualistisches Vorurtheil" nennt, die Seele gleich allem Realen „für ein Raum
und Zeit Setzend-Erfüllendes" erklärt, geradezu sagt, daß „die
Seele als reales Triebwesen sich als Ausgedehntes und Dauerndes
setzt", daß „sie sich als räumliches Wesen findet" (s. zur Seelen-
frage S. 141, 158, 174; Anthropologie § 81): von dem behaupte ich, daß er die Seele als Sinnenwesen auffaßt. — Wird
mir zugemuthet, diese seelische Raumfüllung als inneren Leib zu
fassen, den die gestaltbildende Phantasie wirkt, und wird mir zugemuthet, diesen Phantasieleib als „Geberde" zu fassen, als einen
Leib, „der eben so gut auch kein Leib, der relative Leiblosigkeit
sei" (Anthropologie 2. Aufl. S. 360, 363): so gestehe ich, nicht

mehr folgen zu können und meinerseits dabei zu bleiben, daß
ein Leib ein Leib, und ein Raumwesen ein Raumwesen ist, das
als solches zur Sinnenwelt gehört und den Gesetzen des Räum=
lichen unterliegt. — Daraus ergeben sich dann schon von selbst
die bezeichneten Folgen für das Verbleiben dieser Sinnenseele in
der Erdnähe nach dem Tode. Ausdrücklich hat Fichte dies
behauptet in seinem Buche: „Die Idee der Persönlichkeit und der
individuellen Fortdauer" 2. Aufl. 1855. Daselbst heißt es
S. 174: „Unsere Todten sind uns gewiß näher und gegen=
wärtiger, als wir meinen; daß die Räume um uns her zur
absoluten Leerheit und Bedeutungslosigkeit verurtheilt sein sollten,
ist ohnehin nicht zu denken; und so dürfen wir wohl das Reich
der Seelen in unserer unsichtbaren Nähe uns vorstellen, umfaßt
gleich uns von der einen Natur". Für unsere Seele soll diese
Aussicht „in der bekannten, traulich zugewohnten Welt nur neue
Seiten ihres Daseins zu entwickeln, etwas Vertrauen Erwecken=
des" haben. Es wird darauf hingewiesen, daß diese Lehre von
einem uns nah verwandten Reiche der Seelen ein durch das
ganze Menschengeschlecht hindurch reichendes Bewußtsein sei. Für
den Glauben an solche Verbindung der Seele mit dem Geister=
reiche sollen die Zustände des angeblichen Hellsehens besonders
lehrreich sein. Endlich wird auch in der Idee der Pers. S. 177,
„Anthropol." S. 363 ff. im Anschluß an die Verheißungen der
christlichen Offenbarungslehre die Aussicht eröffnet, daß „uns
künftig im Zusammenhange eines neuen Himmels und einer
neuen Erde auch ein neuer Leib zu Theil werden solle". —

Nach diesen Anführungen hat Fichte natürlich nicht mehr
sagen können, meine Behauptungen über seine Geisteransicht
seien rückhaltlos aus der Luft gegriffen. Es blieb ihm nur übrig
zu behaupten, als dualistischer Spiritualist vom alten Schlage sei
ich nicht im Stande den guten Sinn und die consequente Be=
gründung der neuen Weisheit seiner Seelenansicht zu verstehen.
Den Vorwurf, wenn es einer ist, nehme ich an, bleibe aber nun
natürlich in Ermangelung der Möglichkeit eines besseren Ver=
ständnisses bei meinen Behauptungen, und muß es, wie auch
Fichte thut, den Lesern unserer Schriften überlassen zu be=
urtheilen, wessen Ansicht ihnen verständlicher und annehmbarer
scheint.

Ich meinerseits bekenne, daß mir dieser Glaube an ein nahes Reich abgeschiedener Seelen nicht viel weniger unheimlich ist, als der Dämonenglaube der Naturvölker, der überdies noch den Vorzug sinnlicher Naturwüchsigkeit zu besitzen scheint. Am Rhein und in Westfalen meint das abergläubische Volk, man dürfe die Thür nicht heftig zuschlagen, man „klemme" sonst leicht eine Seele. Die Speculation Fichte's läßt nicht ganz frei von einer ähnlichen Besorgniß. Verhält es sich so mit dem sinnlich nahen Reich unserer Seelen, so hatte der Holsteinische Pastor doch so ganz unrecht nicht, der seiner Gemeinde rieth, jeden Sarg mit einem Schornstein in die Erde zu setzen, damit die Seele, falls sie noch im Leibe sein sollte, doch herausfliegen könne. — Gegen alle solche Folgerungen sinnlicher Phantasieen über die Fortdauer der Seele giebt es nur eine Rettung des Gedankens, die nämlich anzunehmen, daß die Seele mit dem Tode ganz aus den Banden des leiblichen Lebens heraustritt in ein ihr noch durchaus fremdes Gebiet des übersinnlichen Seins. Wir wollen diesen philosophischen Gedanken einstweilen nicht verfolgen, vielmehr zunächst durch jene Rückkehr der philosophischen Grübelei zur Annahme eines Seelenreiches in der Erdnähe auf die Betrachtung der zweiten Richtung uns hinleiten lassen, in welcher sich die Vorstellung von der Seelenwanderung ausbildete.

Glaubte man, die Seele bleibe auf Erden, so lag es nahe anzunehmen, daß wie die Atome beim ewigen Umsatz der Stoffe, so auch die Seele in einem stetigen Wechsel ihrer leiblichen Wohnung aus einem Körper in einen anderen wandere. Gewöhnlich denkt man an diese Wesenswandelung auf unserer Erde vorzugsweise, wenn von der Seelenwanderung die Rede ist.

Viel faßlicher, als die ferne Wanderung von Stern zu Stern, viel verständlicher, als die Annahme eines nahen Seelenreiches, das unsichtbar-sichtbar, überall und nirgends ist, scheint der Glaube an das Eingehen der Seele in neue Bildungen der irdischen Welt. Die Seele bleibt dann in dem Gebiet einer für uns anschaulichen Sphäre. Es ist daher begreiflich, daß die Phantasie bei dieser Seelenwanderung ein mehr an bestimmte Haltpunkte gebundenes Spiel führt und Bilder von weniger duftigen, sinnlich festeren Zügen entwirft.

Dieses Eingehen der Seele in die Gestalten der irdischen

Schöpfung wird nun bald in der weitesten Ausdehnung gedacht, bald auf engere Grenzen eingeschränkt. Entweder wandern die Seelen der Menschen auch durch Thiere und Pflanzen, ja selbst in Steine und leblose Dinge; oder die Seelenwanderung ist nur eine Wiedergeburt im Menschengeschlecht.

Was verleitet nun wohl den Menschen zu dem Glauben an eine Wanderung der Seele auch in Thiere, Pflanzen und leblose Dinge? wie kommt es, daß er seine Seele nicht zu hoch hält, um in den Leib eines Thieres zu fahren oder gar in den leblosen Steinen einer Mauer zu trauern? wie kann der menschliche Geist also die Grenzlinien aller natürlichen Unterscheidung verwischen? — Dazu verleitet ihn verständlicher Weise nur das einseitige Nachgeben gegen den unwiderstehlichen Trieb seines Denkens zur Einheit. So lange in der Menschheit philosophirt wird, war dies einer der mächtigsten Triebe des Gedankens. Unser Geist sucht die bleibende Einheit, das eine Wesen in dem bunten Wechsel des mannichfaltigen Lebens und im Verfolgen der hier sich aufthürmenden Schwierigkeiten hebt er extrem entweder den Gedanken der Einheit auf in der Anerkennung der Vielheit oder er wirft alle Vielheit in den Abgrund des einen Wesens. Das Letztere that die Philosophie des Brahmanismus und deshalb fand in ihr die Seelenwanderung in der weitesten Ausdehnung einen Platz und durch den Einfluß des Brahmanismus später auch im Buddhismus, der überhaupt die ganze Idee der Seelenwanderung aus jener Lehre aufnahm. Alles in der Natur war nur das Athmen eines Lebens, Alles die Aeußerung einer Weltseele, Alles nur ein Tropfen im Meere des Alls, in Thier und Pflanze, in Mensch und Stein, in Allem lebte nur das eine Wesen der Welt. Bei einer solchen Auffassung hatte das Uebergehen einer Seele in eine andere Gestalt weniger Befremdliches.

Allerdings zerreißt diese Vorstellung, wie schon Aristoteles gegen die Platonische Theorie von der Seelenwanderung bemerkte, das organische Band, das wir zwischen der Seele und gerade ihrem Körper vermuthen; jedoch wir wissen wahrlich wenig genug von diesem Bande, um es nicht gar zu unbegreiflich zu finden, daß der Gedanke an die Möglichkeit einer anderen Verbindung seine Anhänger fand. Glauben doch Manche an eine zukünftige Verbindung unserer Seele mit einem höher gearbeiteten

Engelleibe, die das Eingehen der menschlichen Seele in einen Thierleib für widernatürlich erklären.

Der Natur widersprechend ist dabei nur das, daß jede beliebige Verbindung sollte möglich sein, daß die neue Verbindung nicht von einem festen organischen Naturgesetz, sondern von der zufälligen sittlichen Beschaffenheit der Menschen in diesem Leben abhängig gedacht wurde. Und diese Unnatur der Seelenwanderungslehre erscheint natürlich größer, je weiter ausgedehnt die Grenzen der Natur gedacht werden.

Allein diesen Schwierigkeiten tritt in den Augen der grübelnden Speculation ein Vortheil der Seelenwanderung in Thiere und Pflanzen gegenüber, der Vortheil nämlich, daß man nun doch weiß, was man von der Unsterblichkeit der Pflanzen= und Thierseelen halten muß. Es bereitet dem Glauben an die Unsterblichkeit unserer Seele eine nicht eben geringe Schwierigkeit — die Frage, wie ist es denn mit der Seele der Thiere, ist auch diese unsterblich oder warum ist sie es nicht? Manche, z. B. Leibniz, haben sich entschlossen, der Thierseele in ihrem Kreise ein gleiches Recht auf Unsterblichkeit zuzuerkennen; Andere, wie Lotze, haben die Frage damit zu beantworten gesucht, daß sie anzunehmen riethen, es werde nur die Seele unsterblich sein, die in ihrem Leben einen der Unsterblichkeit würdigen Inhalt gewonnen. Doch gesteht Lotze ein, daß es damit noch keineswegs gewiß sei, ob kein Thier je der Unsterblichkeit Würdiges entwickele und ob dies auch bei allen Menschen ohne Unterschied der Fall sei. Er läßt also die Frage im Grunde unentschieden. — Mag nun auch noch eine bessere Lösung möglich sein, so ist doch jedenfalls die Idee der Seelenwanderung in Thier und Pflanze eine Lehre, bei welcher wenigstens diese Schwierigkeit wegfällt. Es sind ja nicht die Pflanzen und Thiere, welche vergehen; eine menschliche Seele hat sie durchwandert, sie dauert fort und um die Pflanzen= und Thierseele giebts keine Frage.

Nie aber hätte dieser abstracte Gedanke der Natureinheit eine solche Macht über die Vorstellung der Menschen gewonnen, hätte nicht ein Spiel der Phantasie mit Analogien ihn begleitet. Die Einbildungskraft schafft nicht so sehr neue Gestalten, wie sie beflissen ist, verstedte Bezüge der vorhandenen Gestalten des Lebens zu entdecken. So ist überall unter den Völkern des Erd=

bodens die Neigung entsproßen, in den Pflanzen und Thieren
symbolische Darstellungen menschlicher Eigenschaften, besonders
seiner Leidenschaften, zu finden. Der Verstand findet in diesen
Bezügen nur einen bildlichen Vergleich, die Dichter schufen aus
ihnen den unerschöpflichen Reichthum der Thierfabel und die
Lieblichkeit der Pflanzensymbolik. Die religiöse Phantasie gestal=
tete diese Anklänge des Vergleichs zu wahren Umgestaltungen des
Wesens und verstärkte dadurch den Glauben an die Wanderung
unserer Seele in Thiere und Pflanzen. Bei einigen Völkern
veranlaßte sogar diese Natursymbolik viel mehr als der Gedanke
der Natureinheit den Glauben an die ausgedehnte Seelenwande=
rung. Und selbst Völker wie die Griechen und Deutschen, bei
denen die eigentliche Thierseelenwanderung nie zum durchgreifen=
den Volksglauben ward, nahmen doch an, daß ausnahmsweise
durch göttliche oder zauberische Mächte eine solche Verwandlung
der Menschen in Thiere möglich sei. In dieser Form hat sich
die Thierseelenwanderung selbst noch in dem Volksglauben unserer
Zeit erhalten. Einen weiten Eingang aber hat diese Lehre des
Orients nie in die Weltauffassung des Abendlandes gewonnen.

Bei den Griechen haben nur einzelne grübelnde Geister, wie
Pherekydes, Empedokles, Pythagoras und Platon,
zum Theil wohl unter dem Einfluß des Orients diese Lehre ange=
nommen. In die eigentliche Glaubenslehre des Alten und Neuen
Testaments ist sie nie eingegangen, wenn gleich Spuren vorhanden
sind, daß sie von Einzelnen oder selbst einzelnen Secten gekannt
und angenommen wurde. Dagegen haben die Kabbalisten und
Rabbinen in ihren Schriften sie in der abenteuerlichsten Weise
entwickelt. Auch innerhalb der christlichen Kirche hat die Seelen=
wanderungslehre im Anfang manche Anhänger gefunden, bis das
große ökumenische Concil zu Konstantinopel vom Jahre 553 diese
Ansichten als ketzerisch verdammte. — Tauchte sie später in Ita=
lien bei Giord. Bruno, in Deutschland bei dem jüngeren
v. Helmont und auch jetzt auf unserem Continent sowohl wie
in Amerika wieder auf, so kam sie im Gefolge des Pantheismus,
der alle Unterschiede der Dinge geflissentlich aufhebt in dem einen
Urwesen, oder im Gefolge des Materialismus, der alle Unter=
schiede unwissenschaftlich übersieht oder in Gradunterschiede des
Stoffes verwandelt. Entweder die rohe Sinnlichkeit der Natur=

völker läßt die Menschen aus Thieren entstehen und in Thiere vergehen oder die falsche Speculation des Denkens und der Wissenschaft.

Für den Glauben des Volkes in der Mitte hätte daher diese Seelenwanderung wenig Anziehungspunkte gehabt, wenn nicht die Phantasie in ihr ein freieres Spiel treiben konnte und durch sie zugleich ein Anknüpfungspunkt gegeben worden wäre für das sittlich religiöse Gefühl einer Sühne der irdischen Schuld.

Das war neben der Natursymbolik der eigentliche Punkt, der die Idee der Seelenwanderung zu einer sittlichen Macht, namentlich im indischen Leben gestaltet hat. Alles Leben erschien dem indischen Glauben wie ein Abfall von Gott, wie eine grobe Versinnlichung der einen Weltseele, der Geist war in das Sinnliche verstrickt, das war seine Sünde, und je mehr er vom sinnlichen Leben hielt, um so tiefer mußte er zur Strafe in das sinnliche Leben versenkt werden. Schon das menschliche Leben war eine Folge der Ursünde des Geistes, die nur abgebüßt werden konnte durch Vernichtung allen Sinnenreizes, durch völlige Abtödtung des eigenen Willens. Der indische Büßer, der mit dem Blick auf einen Punkt seines Körpers gerichtet, nichts weiter denkt als das Wort om, erreicht den Gipfel der Selbstverleugnung und geht zurück in die ursprüngliche Einheit des göttlichen Wesens. Wer dagegen am Sinnlichen haften bleibt, der büßt diese Schuld in einem entsprechenden neuen Leben. Seine Seele steigt nach dem Tode in den Mond, kommt mit dem Regen wieder hernieder und geht ein in irgend ein neues Geschöpf, das gewissermaßen eine Verkörperung seiner Schuld ist. — Die Vorstellungen über den Gang dieser Strafen sind natürlich phantastisch und willkürlich genug erdacht. Auch hatte Justinus Martyr gewißlich Recht, wenn er behauptet, daß die Lehre von einem Strafzustand ohne Bewußtsein der abzubüßenden Schuld und in einem zur Sünde nur noch geneigteren Zustande ihren Zweck der Besserung jedenfalls verfehlen müsse. Wenn ein Mensch wegen seiner sündigen Wuth in einen Tiger verwandelt wird, so ist wahrlich wenig Aussicht vorhanden, daß er als Tiger lernen wird seine grimmige Wuth zu besänftigen. — Und wenn vielmehr die Seelenwanderungslehre ziemlich allgemein unhöflich genug ist, die Verwandlung der Männer in Frauen für eine Strafe anzusehen und den Frauen

nicht einmal die Aussicht zu gönnen, dereinst Männer zu werden,
so haben diesen Glauben wohl die Frauen nicht erfunden;
J. Paul sagt mit Recht in seiner Selina, nicht jedem Stutzer
des Männergeschlechts möge solche Verwandlung wie eine Strafe
erscheinen. Aber so thöricht im Einzelnen auch diese Ausmalung
der Straffolgen in der Seelenwanderung sich gestaltete, so groß
auch der Mißbrauch war, welchen die indischen Priester durch
Einschüchterung des Volkes gerade mit diesem Glauben getrieben
haben, — es liegt ihm doch im Allgemeinen eine wahre sittliche
Idee zum Grunde, das Gefühl der Schuld und ihrer Sühne,
und es ist unverkennbar, daß diese Idee gerade im indischen
Volke eine nicht unwesentliche sittliche Einwirkung gehabt hat.
Wir können nicht verkennen, daß wie alle Irrthümer der Welt,
die allgemeineren Zugang finden, so auch dieser Irrthum seinen
Segen hatte.

Allein die Ideen verketten sich, ein Irrthum zieht wie die
Lüge in der Regel andere nach sich. — So ist die Lehre von der
Seelenwanderung nach diesem Leben, wenn auch nicht immer, so
doch gewöhnlich in Gesellschaft der Idee eines Lebens schon vor
diesem irdischen Leben aufgetreten. — Die Gründe, die zu ihrer
Annahme führen, sind wie bei der nachirdischen Seelenwanderung
speculative und sittlich religiöse; und die Seelenwanderung, die
mit ihr verbunden auftritt, beschränkt sich gewöhnlich auf die
Wiedergeburt im Menschengeschlecht, wie auch dies schon in der
grauen Vorzeit mancher Völker geglaubt ward, besonders aber in
späterer Zeit die beliebteste Form der Seelenwanderungslehre ward.

Philosophen behaupten, daß die Seele unsterblich sei, weil sie
ein einfaches Wesen sei und ein solches nie vernichtet werden könne.
Dieser Beweis paßt natürlich auf die Zeit vor wie nach diesem
Leben, unsere Seele muß dann nicht nur immer sein, sie muß
auch immer gewesen sein. Ein sittlich religiöser Glaube findet
nun zugleich in dieser Annahme die einzige Erklärung für die
Ungleichheit der Geburt und des Schicksals der Menschen. Wie
kommt es, daß die Natur einige Menschen zur Sünde und zum
Unglück bestimmt zu haben scheint, andere nicht? — Die Güte
Gottes müßte alle zu gleichem Glücke bestimmen. Die christliche
Lehre von der Erbsünde giebt auch keine genügende Erklärung,
denn sie führt nur zur Annahme eines gleichen Antheils von

Schuld für alle Menschen. Wir sollen aber erklären, warum die Natur und das Leben dem einen Menschen mehr Verlockung zur Sünde giebt, als dem anderen. Das Räthsel, so haben neuerdings selbst christliche Theologen behauptet, löst nur die Annahme, daß der Mensch schon einmal gelebt hat und daß sich die Folgen seiner früheren Schuld in dieses Leben erstrecken und hier die Ungleichheit des menschlichen Schicksals erklären. Der Mensch beginnt also nach dieser Lehre nicht erst in diesem Leben seine Wanderung, er befindet sich vielmehr bereits von der Ewigkeit her auf der Wanderschaft. — Es ist zwar klar, daß diese Lehre sich täuscht, wenn sie meint, damit die Idee einer Strafe zur Besserung vereinigen zu können, denn eine Strafe, um die man nicht weiß, verliert ihre bessernde Kraft, und daß man um sie nicht weiß, bezeugt unser jetziges Bewußtsein. Aber nichts desto weniger kann sie erklären, was sie erklären soll, die Ungleichheiten des irdischen Lebens. Es sind dies ihr zufolge die nothwendigen Folgen des früheren Lebens, gleichviel ob sie dem Menschen als Strafe zum Bewußtsein kommen oder nicht. Wir haben dann die verschiedenen Stadien einer Naturentwicklung der Seele vor uns, in der jeder Rückschritt nur scheinbar ist, in der es eigentlich nur einen Fortschritt von Wiedergeburten auf diesen oder auf anderen Welten giebt. In dieser Form hat Lessing an eine Wiedergeburt der Menschen im Menschengeschlecht geglaubt, in dieser Form besonders ist der Seelenwanderungsglaube heut zu Tage wieder in Frankreich und Amerika und auch unter uns aufgetaucht, als ein Glaube, den man auch durch Thatsachen wahrscheinlich zu machen suchte.

Lessing ging dabei von dem Grundsatz aus, daß die Natur keine Sprünge mache, sondern überall den Gang einer stufenweisen Entwicklung zeige. Wie sollte nun der Mensch seine Entwicklung gleich mit fünf Sinnen begonnen haben? fragt er. Ist es nicht vielmehr wahrscheinlich, daß der Mensch schon zuvor ein Leben geführt hat mit einer geringeren Zahl der Sinne und Stufen durchlief in einer verschiedenen Combination dieser Sinne; ist es nicht ebenso wahrscheinlich, daß wir in einem zukünftigen Leben noch einmal zu unsern fünf Sinnen einen sechsten bekommen? — Wir können natürlich auf diese müßigen Fragen nicht mit widerlegenden Thatsachen antworten; allein, wie wenig allgemein der menschliche Glaube geneigt ist, einen solchen Fortschritt der sinnlichen Ausstattung des Menschen anzunehmen, zeigt am besten, daß Andere gerade im Gegentheil, nämlich im Zurückführen aller Wahrnehmung durch verschiedene Sinne auf eine Form sinnlichen Anschauens, wie sie uns im Hellsehen entgegen treten soll, das Ziel unserer sinnlichen Vervollkommnung suchen. Wir befinden uns in diesem Wahrscheinlichkeitsgrunde auf einem Gebiete, auf dem die entgegengesetzten Hypothesen um Anerkennung streiten können, und wir es in eines Jeden Belieben stellen müssen, sich für die eine oder andere zu entscheiden oder beide zu verwerfen.

Und besser steht es auch nur scheinbar mit der möglichen Prüfung anderer Thatsachen, die ein Wandern der Seele durch die Reihenfolge der Menschengeschlechter wahrscheinlich machen sollen. Man beruft sich auf die Thatsache, daß zwischen dem Sterben und Geborenwerden ein gewisses Gleichgewicht herrsche, gleichsam als ob erst eine Seele verscheiden müsse, damit sie in einem neuen Körper wieder geboren werden könne; man beruft sich darauf, daß, wie die Statistik der Neigungen und der Verbrechen zeige, so ziemlich immer ein Gleichmaß derselben Eigenschaften das Menschengeschlecht regiere, gleichsam als lebten immer dieselben Seelen; man verallgemeinert diese scheinbare Erfahrung zu dem Satze, daß nichts Neues unter der Sonne geschehe, daß die Geschichte ein ewiges Einerlei der Handlung offenbare, einen Wechsel nur von Personen, welche die Rolle der Abtretenden übernehmen. Die Geschichte spiele immer dasselbe Stück, in dem man höchstens eine Steigerung in gewissen Acten bemerke, welche die Handlung großer Geister schließe; aber gerade diese periodische Wiederkehr ähnlich großer Geister deute auf ein geistiges Gemeinleben der Menschheit hin, gleichsam als müsse sich der erschöpfte Seelenstoff erst wieder erholen zu einer seltenen größeren Leistung oder als gebe es nur eine begrenzte Zahl solcher höchstbegabten Seelenatome. — Es hat natürlich auch nicht gefehlt, daß man die Spuren dieser Wiederkehr erkannt zu haben glaubte. Die Kabbalisten nahmen dabei eine wunderliche Buchstabenmystik zu Hülfe; in den drei Buchstaben Aleph, Daleth und Mem von Adams Namen fanden sie eine Hindeutung darauf, daß Adam in David wiedergekehrt sei und im Messias wiederkehren werde.

Das Volk glaubte, in Christus sei der Prophet Elias wieder erschienen und Herodes meinte, in ihm sei Johannes der Täufer wieder erstanden. Doch was sind diese Muthmaßungen mehr als mystische Spielerei oder als blos sinnliche Verkörperung einer wirklichen oder scheinbaren Aehnlichkeit des Wesens, vergleichbar der symbolischen Verkörperung menschlicher Leidenschaften in Thier und Pflanze!

Die einzige Thatsache, die hier entscheiden könnte, wäre die Erinnerung an die Stadien dieser früheren Lebensentwicklung. Auch auf diese nun freilich berufen sich die Anhänger der Präexistenzlehre. Buddha überschaute klar die ganze Zahl der von ihm bereits durchwanderten Lebenszustände. Pythagoras behauptete zu wissen, daß er in Phrygien unter dem Namen des Midas gelebt habe, daß er Euphorbus gewesen sei, den Menelaus verwundete und im Tempel der Juno zu Argos erkannte er den Schild wieder, den er damals trug. In Philostrat's Beschreibung des Lebens des Apollonius von Tyana ist oft die Rede von solchem Wiedererkennen der Personen, die er in seinem früheren Leben kannte. Allein diese angeblichen Beispiele einer bestimmten Erinnerung einzelner Männer haben doch wahrlich gar sehr den Charakter willkürlicher Einfälle, und andere Menschen als sie selbst haben schwerlich der Wahrheit dieser Erinnerungen ein sicheres Vertrauen geschenkt. Es ist daher begreiflich, daß die Anhänger der Präexistenzlehre zum Beweis derselben immer mehr Gewicht auf unbestimmte Ahnungen gelegt, die, wie sie meinen, in der Brust vieler Menschen auftauchen. Es soll eine häufige Erfahrung sein, daß den Menschen ein Gefühl beschleicht, als habe er dies oder jenes schon einmal erlebt. So sagt Schubert in seiner Geschichte der Seele: „In der That mich selber scheint öfters ein Ahnen in meinem Inneren an Tage zu erinnern, welche ich nicht mit diesem meinem jetzigen, sondern mit einem anderen Auge gesehen". — Und Lichtenberg in seiner Selbstcharakteristik sagt: „Ich kann den Gedanken nicht los werden, daß ich gestorben war, ehe ich geboren wurde". — Schelling und noch manche Andere haben geäußert, daß ein ähnliches Gefühl sie beschleiche. — Und wir selbst, oder wenigstens Manche unter uns werden nicht in Abrede stellen, daß mancher Eindruck des Lebens uns nicht mehr neu scheint, daß uns zu Sinn ist,

als hätten wir das nun Geschehene schon einmal erlebt. — Es
kann müßig scheinen, solche Aeußerungen seiner Seele zum Gegenstande des Studiums zu machen und doch ist dies das einzige Mittel, über ihre Natur sich aufzuklären. Ich habe es nicht
gescheut, einmal eine geraume Zeit hindurch in mir selbst die in
krankhafter Häufigkeit wiederkehrenden Empfindungen dieser Art
zu prüfen, und mich bald überzeugt, wie wenig diese Fälle sich
eignen, Das zu bestätigen, was man zu ahnen meint. In der
Regel sind es geringe Dinge, die man schon einmal gesehen oder
gehört zu haben meint, geringe Dinge, die aber in dem Augenblick etwas Ueberraschendes haben. Beobachtet man sich dabei
scharf, so ist einem zu Muthe, als mache der erste Eindruck für
einen Augenblick der Ueberraschung Platz und als nehme man
ihn darnach zum zweiten Mal auf. Dann erst, und vielleicht
daraus entspringt das Gefühl eines zwiefachen Empfindens, die
dunkle Ahnung, als hätte man diesen Eindruck schon einmal gehabt. Prüft man die Eindrücke selbst, so erkennt man in der
Regel, wie wenig geeignet sie sind, an die Wahrheit dieser Ahnung
glauben zu machen. Man sieht eine Eisenbahn zum ersten Mal,
der Eindruck überrascht, man glaubt, das sehe man nicht zum
ersten Male, und doch wissen wir, daß in der Zeit vor diesem
unsern Leben noch keine Eisenbahnen existirten. Auf ähnliche
Unmöglichkeiten stößt man bei diesen angeblichen Ahnungen häufig,
und wo dies nicht der Fall ist, hat man allgemeine Bilder vor
sich, zu denen man Aehnliches leicht einmal wirklich gesehen oder
in den Phantasiegebilden des Traumes sich vorgestellt haben kann.

So schwindet also der Erinnerungsbeweis für die Präexistenz unserer Seele, und erscheint vielmehr das Fehlen dieser
Erinnerung als ein Beweis gegen die Berechtigung dieser dunklen
angeblichen Ahnungen und ist auch stets vorzüglich als Gegenbeweis benutzt worden.

Doch was sagen die Präexistenzianer zu diesem von dem
Fehlen der Erinnerung hergenommenen Gegenbeweis? Das Seltsamste erwidert darauf ein neuer Anhänger der Lehre, Droß-
bach, der ein Buch über die Fortdauer der Seele schrieb. Er
nimmt an, es gebe nur eine bestimmte Anzahl ursprünglich ge-
schaffener Seelenatome. Sie alle müßten erst einmal gelebt haben, ehe die Reihe wieder von vorn anfange. Bedenkt man nun-

wie viele solcher Seelenatome schon Platz finden auf einem Kubik-
fuß, so kann man ermessen, ein wie unerschöpflicher Vorrath sich
auf unserer Erde befindet und daß bis jetzt noch keine Seele dazu
gekommen ist, hier auf Erden ihr zweites Leben zu führen. —
Allgemeiner ist die Antwort, daß die Erinnerung nicht das Beste
im Menschen sei. P. Leroux erwidert, das Gedächtniß sei kein
werthvoller Besitz unserer Seele, es werde mancher Eindruck in
unsere Seele hineingearbeitet und hinterlasse eine Nachwirkung
in ihr auch ohne unser Wissen. So nehme die Seele die Eindrücke dieses Lebens in ein späteres mit hinüber. Mehr zu wollen,
den guten Schatz der Erlebnisse auch mit Bewußtsein festhalten
zu wollen, sei eine Art Geiz, der das einmal Aufgeraffte nicht
wieder fahren lassen wolle; dieser Schatz sei eine Last und unsere
Erinnerung voll Qual. Nur der müde Wanderer blicke rückwärts, der lebenslustige und entwicklungsmuthige kenne nur ein
Vorwärts. Die Alten hätten daher richtiger nach diesem Leben
im Lethefluße Vergessenheit getrunken. — Aehnlich spricht über
das unbewußte Bleiben der Eindrücke ein anderer Franzose Jean
Reynaud; aber abweichend von P. Leroux findet derselbe in
dieser Vergeßlichkeit der Menschenseele nur ein Zeichen, daß sie
sich noch auf einer geringen Stufe ihrer Entwicklung befinde.
Dereinst aber, am Ende ihrer Wanderung, werde die Seele
plötzlich ihren ganzen zurückgelegten Weg überschauen. Wie eine
Rakete unscheinbar in die Lüfte steige und dann oben plötzlich
ihre Funken entsende, so werde auch einst das verhaltene Feuer
unserer Erinnerung wieder aufleuchten.

Wir müssen es den Präexistenzianern lassen, daß diese ihre
Auffassung eine mögliche ist; allein, wenn wir sie nicht theilen,
welchen Grund haben wir?

Einen sehr einfachen, den nämlich, daß sie das Gefühl
nicht befriedigt, aus dem im Menschen der Glaube an Unsterblichkeit entspringt. Das menschliche Gemüth hat kein Bedürfniß
fortzudauern um jeden Preis, ein ewiges Wirken in wechselnder
Wanderung gleich dem ewigen Wirken des Atoms im Kreislauf
des Stoffes genügt seiner Sehnsucht nicht, gewünscht wird bewußtes Fortleben nach dem Tode, das eine wahre Fortsetzung
des bewußten Erdenlebens sei.

Es ist daher ein falsches Vorgeben, daß man meint, die

24

Seele mit dem Namen einer Fortdauer trösten zu können, wenn
man ihr doch das Wesen nimmt, an dem sie hängt, das Bewußtsein ihrer Selbst. Ist nun dies der einfache Glaube des
bei weitem größten Theiles der Menschheit, und läßt sich jeder
Zweifel der Berechtigung dieses Glaubens auf das Vorurtheil
zurückführen, daß ein anderer Glaube weniger schwer zu denken
sei; — was sollen wir dann von den betrachteten Irrgängen
halten, auf welche die menschliche Vernunft und Phantasie stets
geführt wurde, sobald sie versuchten, für den Inhalt des Glaubens an Unsterblichkeit ein faßliches Bild zu entwerfen?

Ohne Zweifel werden manche mit der Antwort bereit sein:
das sind Hirngespinnste, müßige Spiele der Phantasie unbeschäf-
tigter Geister, kurz thörichte philosophische Grübeleien, die den gesunden Menschenverstand nicht quälen. Sie haben Recht in gewissem Sinne so zu meinen, aber meine Darstellung wäre vergeblich gewesen, könnte dies die einzige Empfindung sein, die sie
erregte.

Man halte immerhin die Gedanken der Seelenwanderung
und der Präexistenz unserer Seele für Irrgänge des menschlichen
Geistes, für blühenden Unsinn, geboren aus dem träumerischen
Spiele der Phantasie; aber man vergesse nicht, daß sie doch ein Gewebe von eigenthümlichem Gedankenzusammenhange offenbaren.
Das Gedankennetz ist künstlich, aber es ist doch ein wohlgespon-
nenes Netz; wie bei einem Spinngewebe hängt Faden an Faden. Es ist ein Netz, das die grübelnde Spinne des Menschengeistes spann, ein Netz, dessen Feinheit man bewundern kann,
auch wenn man es zerreißen muß, um nicht darin gefangen
zu werden.

Wenn aber der menschliche Geist Jahrhunderte lang Netze
spinnt, die man dennoch zerreißen muß, ist es dann nicht besser,
der Geist giebt auf solche Netze zu spinnen? Allerdings. Der
menschliche Geist hat bisher vergeblich versucht, sich von dem Leben in der Zukunft ein befriedigendes Bild zu entwerfen, und es
scheint gerathen, daß er den Versuch nicht erneuert.

Aber giebt er damit nicht den Glauben an Unsterblichkeit
auf? Wenn er dieses Spinnen läßt, weil die Gespinnste nichts
taugen, giebt er damit nicht die Kraft zu jeglichem Spinnen
auf? — Hier paßt unser Bild nicht mehr ganz. Der Spinne

würde nichts mehr bleiben, wenn man ihr jedes Gespinnst zer-
riße. Der menschliche Glaube an Unsterblichkeit aber wird erst
recht sicher und frei, wenn man jeden Versuch abthut, aus diesem
Glauben ein faßliches Bild vom ewigen Leben der Seele zu entwickeln. Dann will der Glaube nicht mehr sein, als er kann,
eine Ahnung des Uebersinnlichen im sinnlichen Erdenleben. —
Wir Menschen befinden uns in der eigenen Lage, daß wir
klar die Grenzen unserer jetzigen Erkenntniß sehen, und uns doch
sagen müssen, daß es einem anders gearteten Denkvermögen
möglich sein muß, auch Das zu erkennen, was jenseits dieser
Grenzen liegt. Die Welt ist voller Räthsel für uns, wir haben
das klare Bewußtsein, daß es Räthsel sind, die ewig für unsere
Fassungsgabe Räthsel bleiben, und wir haben doch das Verlangen
nach einer Enträthselung, nach einem Zustande, in dem uns die
Kraft dazu gegeben sein mögte. — In einer solchen Lage scheint
keines der uns bekannten Wesen zu sein. Oder können wir glauben,
daß der Hund sich sagen wird: du siehst in allem Geschehen nur
Folgen, es muß aber auch eine andere Auffassung geben, nach
welcher die bloße Folge der Dinge vielleicht als ein ganz anders-
artiges Verhältniß erscheint, so denkt gewiß der Mensch, auch du
mögtest wohl einmal Mensch werden! Kein Hund, kein Thier sieht
aus, als gingen solche Gedanken durch seine Seele. Der Mensch
aber sieht also im Sinnlichen mit seinem Blick in das ver-
schlossene Gebiet des Uebersinnlichen hinein. Der Mensch verfolgt
Ideale des Wissens und sittlichen Strebens, deren Ziele über die
uns bekannte Welt hinaus greifen. Und darin sollte keine Tendenz der Natur nach dem Zustande eines anderen Begreifens und
Handelns liegen, darin sollte kein Fingerzeig der Natur sich
offenbaren, daß unser Glaube an Fortdauer der Seele seine innere Berechtigung und Wahrheit hat? — Wir sind dieser Meinung, und sehen in diesem Gedanken zwar keinen unwidersprech-
lichen Beweis, aber doch die einzig mögliche und einzig nöthige
Verstärkung des in unserer Seele selbst gegründeten Glaubens
an Unsterblichkeit.

Selbst der bedächtige K a n t hat die von dieser Ueberlegung
hergenommene Verstärkung unsers Glaubens an Unsterblichkeit nicht
verschmäht. Die Analogie der lebenden Naturwesen lege es uns
nahe von dem gegenwärtigen menschlichen Leben auf ein zukünftiges

zu schließen. Die Vernunft mache es uns zum Grundsatz bei den lebenden Naturwesen dieser Welt keine Organe, keine Vermögen, keine Triebe anzunehmen, die nicht einen Zweck erfüllen, die nicht für irgend einen Gebrauch angemessen seien, und der Mensch sollte das einzige Geschöpf sein, welches davon ausgenommen wäre, keine entbehrlichen, zwecklosen Triebe zu besitzen? — „Seine Naturanlagen, vornämlich das moralische Gesetz in ihm, geben so weit über allen Nutzen und Vortheil, den er in diesem Leben daraus ziehen könnte, daß das letztere sogar das bloße Bewußt-sein der Rechtschaffenheit der Gesinnung, bei Ermangelung aller Vortheile, selbst sogar des Schattenwerks vom Nachruhm, über Alles hochschätzen lehrt, und sich innerlich dazu berufen fühlt, sich durch sein Verhalten in dieser Welt, mit Verzichtthuung auf viele Vortheile, zum Bürger einer besseren, die er in der Idee hat, tauglich zu machen. Dieser mächtige, niemals zu widerlegende Beweisgrund, begleitet durch eine sich unaufhörlich vermehrende Erkenntniß der Zweckmäßigkeit in Allem, was wir vor uns sehen, und durch eine Aussicht in die Unermeßlichkeit der Schöpfung, mithin auch durch das Bewußtsein einer gewissen Unbegrenztheit in der möglichen Erweiterung unserer Kenntnisse, sammt einem dieser angemessenen Triebe, bleibt immer noch übrig, wenn wir es gleich aufgeben müssen, die nothwendige Fortbauer unserer Existenz aus der blos theoretischen Erkenntniß unserer selbst ein-zusehen." (Krit. b. r. V. WW. ed. Ros. II. S. 800. Supplem. XXVII.)

Beschränkt sich der Glaube an Unsterblichkeit nun auf diese Stütze, so ist er gegen jeden Einwand sicher; thut er dies nicht, so nimmt er die zweifelhafte Hülfe von Philosophemen und Phantasiegebilden in Anspruch, die duftig gesponnen und leicht zu zerreißen sind. In den Augen des Vorurtheils gefährdet er gerade dadurch seine Sache selbst. Nur dem besonnenen Denker werden auch diese Irrgänge der Vernunft in einem anderen Lichte er-scheinen. Er weiß, daß der menschliche Geist die Resignation des Nichtwissenkönnens nur in stiller Arbeit schweren Denkens gewinnt, und er begreift es, daß die meisten Menschen dem Hange nicht widerstehen können, wie der Jüngling den Schleier des Bildes zu Sais zu lüften. Wir wissen nicht, was er gesehen; wir wissen aber, daß das, was er sah, ihn unglücklich machte. Wir wissen

auch nicht, ob Einige von Denen, die hinter den Schleier der
Unsterblichkeit geblickt zu haben vorgaben, das Richtige sahen;
aber wir wissen, daß bisher alles angeblich Geschaute dem Menschengeiste keine dauernde Befriedigung gewährt hat. Wir tadeln daher
die Versuche, den Schleier des Verborgenen zu lüften, aber wir
müßen trozdem in dem verfehlten Bemühen mehr sehen, als
müssige Spielereien, wir müßen darin das Zeugniß unseres inneren
Zuges zu diesem Verborgenen erkennen. So offenbaren uns auch
die Irrgänge der Lehre von der Seelenwanderung und der Präexistenz unserer Seele, wie tiefe Wurzel der Glaube an Unsterblichkeit in unserer Seele schlug.

11.

Religion und Philosophie in unserer Zeit.

— ·· —

In fast allen Ländern unserer europäischen Cultur wird
gegenwärtig Klage geführt über die Gleichgültigkeit der Bevölkerung in Sachen der Religion. Die Pflege der Religion wird
als eine besondere Geschäftsangelegenheit der Kirche und ihren
Dienern überlassen, eine allgemeinere Theilnahme erregen Reli-
gionsangelegenheiten nur, sofern sie das politische Gebiet berühren;
im Uebrigen wollen die Meisten ihren Glauben oder ihren Unglauben als eine reine Privatsache betrachtet wissen und wollen
nicht zugeben, daß der Ausdruck ihrer religiösen Ueberzeugung
irgendwie eine Sache des öffentlichen Interesses sein kann. Dieser
Geistesströmung zufolge ist die allgemeinere Theilnahme am kirch-
lichen Leben gering oder wird nur unter besonderen Verhältnissen
mehr durch negative Elemente des Gegensatzes gegen Anders-
denkende herbeigeführt als durch positive Elemente einer lebendigen
religiösen Ueberzeugung. Fast könnte man sagen, wenn nicht
Religion und Kirche immer noch Streit säeten und sich in Widerspruch setzten zu den übrigen Culturmächten unserer Zeit, würden
sie aufhören Gegenstand öffentlicher Besprechung zu sein.

Für diesen Religionszustand unserer Zeit werden insbesondere der Materialismus unseres Lebens und der Naturalismus unseres Wissens verantwortlich gemacht. Das Streben nach irdischen Schätzen, nach irdischem Genuß soll den Sinn für das Ueberirdische verdrängt, das erfolgreiche Streben nach Erkenntniß der sinnlichen Welt soll zur Verleugnung des Uebersinnlichen geführt haben. Die fortgeschrittene Einsicht mache uns täglich heimischer in dieser Welt, während uns die Vergeblichkeit des Jahrtausende hindurch fortgesetzten Abmühens, den Blick in eine andere Welt zu klären, hinreichend darüber belehre, daß es gerathener sei in Betreff dieser Welt des übersinnlichen Daseins Nichts mehr zu meinen und Nichts mehr zu hoffen. Möglich sei es, daß es einen Gott, einen übersinnlichen Weltgeist, und eine andere als die für uns allein erkennbare sinnliche Welt gäbe; aber unmöglich bleibe es jedenfalls, darüber je ein Wissen zu erlangen, und deshalb sei es besser, darüber auch keine Glaubenssätze aufzustellen. Viele, die es drückt bei der vollen Gleichgültigkeit solcher Glaubenslosigkeit stehen zu bleiben, sind, indem sie diesen Nullpunkt des Meinens überschreiten, einer atheistischen oder pantheistischen Weltanschauung anheimgefallen, haben in ihrem Glauben über den Zusammenhang der Dinge entweder die Vielheit der Naturgesetze und den Zufall oder die geordnete Naturgesetzmäßigkeit des Weltalls an die Stelle der bewußt wirkenden Gottheit treten lassen. Die jetzigen Anhänger dieser Weltansichten pflegen sich allein für die wahren Freidenker, für zeitgemäß fortgeschrittene Geister zu halten, und sehen auf alle Menschen, die einen andern Glauben festhalten, mitleidsvoll hinab, als auf zurückgebliebene Geister, die entweder zu beschränkt oder zu furchtsam, zu sehr von äußeren Rücksichten gefangen sind, um ihren Glauben aus den Fesseln alter Gewohnheit frei zu machen. Mit den Strenggläubigen verschiedener Religionen und Confessionen vereinigen sich diese modernen Freidenker besonders in der Verspottung der noch übrig gebliebenen Rationalisten, die den Offenbarungsglauben verwerfen, aber auf Grund einer freien Vernunftforschung einen natürlichen Gottesglauben festhalten wollen, für den sie den reinsten Ausdruck im geläuterten Christenglauben finden; diese Rationalisten besonders gelten bei den extremen Seiten des Glaubens und des Unglaubens als Halbdenker, die nur nicht die

Kraft und den Muth haben, die letzten Folgerungen ihrer eigenen Voraussetzung freier Forschung zu ziehen.

Solche Gegensätze religiöser Meinungen durchkreuzen sich in unserer Zeit und ihr Kampf übt offenkundig in vielen Punkten seinen nachtheiligen Einfluß aus auf die Entwicklung unseres Staats- und Volkslebens. Der Fortschritt unseres öffentlichen Lebens hängt bei mehr als einer wichtigen Zeitfrage auf's engste zusammen mit der Abklärung des religiösen Meinungskampfes. Die streitenden Ansichten über das Verhältniß von Staat und Kirche, von Kirche und Schule machen bei jeder tieferen Auffassung des obschwebenden Kampfes sofort ein Zurückgehen nothwendig auf die längst bekannten, aber immer noch ungeschlichteten Differenzen zwischen Offenbarungsglauben und Vernunftglauben, zwischen Glauben und Wissen. Wer um diese tieferen Differenzen sich nicht kümmern, wer sie geringschätzig als müßigen Streit der Theologen und Philosophen bei Seite liegen lassen will, darf nicht hoffen mit dem erforderlichen Nachdruck und der nothwendigen Unbefangenheit an der Lösung der mit jenen Differenzen zusammenhängenden Probleme unseres öffentlichen Lebens mitwirken zu können. Es ist vielmehr dringend wünschenswerth, daß in dem weiten Kreise Aller, die irgendwie für den Fortschritt und den Frieden unserer religiösen Volksbildung ein Herz haben, Niemand versäume nach innerer Klarheit über die vorhandenen Gegensätze zu streben. Und die Philosophie, auch wenn sie nicht hoffen darf, den Streit über die religiöse Wahrheit je endgültig zu entscheiden, behält jedenfalls allezeit die hohe und bedeutende Aufgabe zur reineren Abklärung der streitenden Gegensätze, zur unbefangeneren Würdigung ihrer Gründe das Ihrige beizutragen. Daß sie unter Haß und Verfolgung diese Pflicht durch alle Jahrhunderte hindurch geübt hat, gereicht ihr zum Verdienste. Eingedenk dieses Verdienstes sollte sie auch jetzt nicht schweigen und würde auch die Mitwelt ihrer tauglichen Einmischung das Gehör nicht versagen. Mehr als je bedürfen wir einer befriedigenden Religionsphilosophie, welche das rechte Wort findet für den Glauben, der in unserer Zeit die Masse denkender Geister zu einigen vermag, welche gegenwärtig das positive Glaubensbekenntniß, das sie binden soll, zu unterschreiben nicht mehr im Stande sind und die im Bewußtsein dieser Unwahrheit keine andere Zuflucht finden

als Gleichgültigkeit oder äußere Negation des allgemeinen Inter=
esses an dem Zustande des Volksglaubens. Das Bedürfniß einer
solchen philosophischen Entwicklung den ernst denkenden Zeitge=
nossen an's Herz zu legen und die Richtung zu bezeichnen, in
welcher, meiner Ansicht nach, die befriedigende Lösung gesucht
werden müßte, ist der Zweck dieses Kapitels.

Einer jeden anderen Erwägung müssen wir unbedingt die
Verwahrung gegen einige alte, aber immer noch nicht ganz ab=
gestorbene Vorurtheile voranschicken. Es sind dies die Ansichten,
die zwischen dem Glaubensbedürfniß wissenschaftlicher Denker und
dem Glaubensbedürfniß des nicht durch Wissenschaft gebildeten
Volks eine unüberschreitbare Kluft ziehen und die den religiösen
Glauben des Einzelnen von jeder Beziehung zur Gemeinschaft
des öffentlichen Lebens frei machen wollen. Diese Ansichten sind
als die entschiedensten Hemmnisse religiösen Fortschritts anzusehen,
oder als die Zeichen des Absterbens einer veralteten Anschauung,
über die eine neue lebendigere Ansicht sich erheben muß. Die
religiöse Entwicklung der Menschheit enthält für einen Jeden, der
es verstehen will, darüber die unzweideutigste Belehrung.

Schon zu wiederholten Malen in der Geschichte hat es
Zeiten gegeben, in denen hervorragende Männer für den reli=
giösen Glauben der Denker eine Freiheit forderten, die sie dem
Glauben des ungebildeteren Volkes nicht verstatten zu dürfen
meinten; stets sind es Zeiten des religiösen Verfalls gewesen.
Besonders deutlich zeigte sich dies in Rom beim Absterben des
Heidenthums im Jahrhundert vor und nach dem Eintritt des
Christenthums. Zeller hat in seiner Abhandlung „Religion und
Philosophie bei den Römern" (Samml. gemeinverst. wissensch.
Vorträge, herausgeg. v. Virchow u. Holtzendorff. Hft. 24.
1866.) eine lebendige Schilderung der Religionszustände dieser
Zeit gegeben. Damals behauptete der berühmte Rechtsgelehrte
Quintus Mucius Scävola, der als Pontifex Maximus
der oberste Religionsbeamte des Staates, der Oberaufseher über
alle gottesdienstlichen Angelegenheiten war, die Götterlehre der
Dichter führe zu unwürdigen und kindischen Vorstellungen von
den Göttern, während die Gotteslehre der Philosophen sich
von denselben frei halte; aber diese reinere Lehre tauge nicht
zur Staatsreligion, denn sie enthalte nicht allein Manches, was

das Volk nicht verstehe, sondern auch Manches, was Gefahr
brächte, wenn es dem Volke bekannt würde. — Ein Menschen=
alter später äußerte der gelehrte Alterthumsforscher Marcus
Terentius Varro ähnliche Ansichten. Auch er behauptete,
daß sich reinere Begriffe von der Gottheit nur bei den Philo=
sophen fänden, aber manche ihrer Lehren taugten nicht für's Volk.
Durch allegorische Umdeutung der Mythen suchte er zwischen dem
unreinen Volksglauben und dem reinen Glauben der Philosophen
eine Vermittlung, zu welcher der Volksglaube, der die volle
Wahrheit nicht vertrage, sich erheben lasse. — Auch Seneca
hatte sich vollständig losgesagt von den Gottesvorstellungen und
der göttlichen Bilderverehrung seines Volks. „Gott ist dir nahe,
er ist um dich, er ist in dir — schrieb der Philosoph. — Nicht
Tempel aus Stein thürme man ihm auf, sondern man weihe
ihm das Heiligthum in der eigenen Brust. Nicht mit Lichter=
anzünden und Besuchen und Dienstleistungen, deren er nicht be=
darf, nicht mit dem Blute der Opferthiere ehrt man ihn, sondern
mit reiner Gesinnung und redlichem Wollen. Wer die Götter
zu Freunden haben will, der muß an sie glauben, er muß sich
würdige Vorstellungen von ihnen bilden, er muß sie durch Sitt=
lichkeit ehren: Nachahmung der Gottheit ist der beste Gottes=
dienst." — Und trotz dieser Ueberzeugung wollte Seneca die
einmal bestehende Volksreligion nicht antasten, sondern verlangte
selbst von dem Weisen die Unwahrheit, daß er sich ihr unterziehe,
weil Gesetz und Sitte es verlangten. Ebenso nahmen auch die
Stoiker Epiktet und Mark Aurel, der Kaiser, manche Ansicht
der Volksreligion in Schutz, die sie selber verwarfen. Epiktet
hielt es schon deshalb für unrecht, das Dasein der Volksgott=
heiten zu bestreiten, weil man durch ihre Bezweiflung Manchem
im Volke das Einzige raube, was ihn von Unrecht und Sünde
fern halte. — Alle diese Männer lebten der Meinung, daß es
eine bevorzugte Klasse von Freidenkern geben könne, die allein ein
volles Anrecht auf die Wahrheit besitze, die allein diesen Besitz
ohne Gefahr vertragen könne, während für das übrige Volk der
Genuß halber Wahrheiten, ja ganzer Unwahrheiten das allein
Zuträgliche bleibe.

Nicht viel anders dachten noch zur Aufklärungszeit des vorigen
Jahrhunderts hervorragende Männer. Reimarus nahm An=

stand, seine Fragmente zu veröffentlichen, aus Besorgniß, dadurch
die gläubigen Gemüther des Volkes zu beunruhigen. „Lieber
mag der gemeine Haufe noch eine Weile irren — so schrieb der
damals Ungenannte in dem Vorbericht zu seinen Fragmenten —,
als daß ich ihn, obwohl ohne meine Schuld, mit Wahrheiten
ärgern und in einen wüthenden Religionseifer setzen sollte. Lieber
mag der Weise sich des Friedens halber unter den herrschenden
Meinungen und Gebräuchen schmiegen, dulden und schweigen;
als daß er sich und Andere durch gar zu frühzeitige Aeußerung
unglücklich machen sollte." — Dieselbe Besorgniß bildete ein
Hauptmotiv der Gegner Lessing's, als derselbe die Herausgabe
der Fragmente wagte. Lessing wußte wohl, daß der Haupt=
pastor Göze ihm das Abgehen von der ängstlichen Rücksicht
seines Ungenannten zum Vorwurf machen werde. Göze selbst
verlangte von Lessing, er solle doch wenigstens Latein schreiben,
damit das unwissende Volk dem Streite um die religiöse Wahr=
heit fremd bleiben müsse. Lessing erwiderte darauf, der Vor=
sicht des Ungenannten läge zu viel Mißtrauen auf sein Zeitalter,
zu viel Verachtung des gemeinen Mannes zum Grunde. Er
seinerseits glaube, daß die Zeiten nicht aufgeklärter werden könnten,
um vorläufig zu untersuchen, ob Das, was der Ungenannte für
Wahrheit gehalten, es auch wirklich sei; er seinerseits sei auch fest
überzeugt, daß nicht Wahrheiten, die man blos zur Untersuchung
vorlege, sondern allein Wahrheiten, die man sofort in Ausübung
bringen wolle, den gemeinen Haufen in wüthenden Religions=
eifer zu versetzen fähig seien. Eingehend ließ sich Lessing sogar
auf eine allerdings ironisch gehaltene Erörterung der Aufforde=
rung zum Lateinschreiben ein, indem er dem Hauptpastor Göze
begreiflich machte, daß dadurch nur in Deutschland der Seelen=
schaden verringert, in Frankreich und England, Polen und Un=
garn, in welchen letzten beiden Ländern selbst der gemeine Mann
noch Latein verstehe, dagegen vergrößert werde, so daß der Teufel
noch das Vergnügen davon hätte, statt der Seele eines deutschen
Michels, der nur durch deutsche Schriften hätte verführt werden
können, die Seele eines studirten Franzosen oder Engländers,
somit für einen trockenen, einen gespickten Braten zu bekommen.
— Die ganze ausführliche Erörterung zeigt uns, wie viel Gewicht
doch Lessing selbst um der damaligen Zeitanschauung willen

auf die gestellte Zumuthung glaubte legen zu müssen. Der Grundgedanke seiner Rechtfertigung besteht auch nur darin, daß die
Vorlage von Wahrheiten zur Untersuchung für das Volk unge-
fährlich sei, weil dasselbe sich um derartige Untersuchungen ohne
praktische Folgerungen nicht kümmere. — In demselben Grundgedanken hat ausdrücklich Kant die Rechtfertigung für seine
Forderung freier Forschung nach religiöser Wahrheit gesucht. Seine
Schrift „Religion innerhalb der Grenzen der bloßen Vernunft"
ist von der ausgesprochenen Grundüberzeugung getragen, daß
Streitigkeiten über die Religion, wenn sie nur nicht von den
Kanzeln geführt werden, das Kirchenpublicum im völligen Frieden
lassen, daß aber der Kirchenglaube als Volksglaube nicht vernachlässigt werden dürfe, weil dem Volke keine Lehre zu einer
unveränderlichen Norm tauglich zu sein scheine, die auf bloße
Vernunft gegründet sei. Kant gesteht zwar einmal in einer
beiläufigen Note der genannten Schrift, daß er sich in den Ausdruck, dessen sich wohl auch kluge Männer bedienen, nicht wohl
finden könne: ein gewisses Volk sei zur Freiheit nicht reif und
so auch die Menschen überhaupt seien zur Glaubensfreiheit noch
nicht reif. Nach einer solchen Voraussetzung werde die Freiheit
nie eintreten; denn man könne zu dieser nicht reifen, wenn man
nicht zuvor in Freiheit gesetzt sei, man reife für die Vernunft
nie anders, als durch eigene Versuche. Jedoch er habe nichts
dawider, daß Die, welche die Gewalt in Händen hätten, durch
Zeitumstände genöthigt, die Entschlagung von diesen Fesseln noch
weit, sehr weit aufschöben. Nur zum Grundsatze solle man es
nicht machen, daß denen, die einmal unterworfen sind, überhaupt
die Freiheit nicht tauge. Das sei ein Eingriff in die Regalien
der Gottheit selbst, die den Menschen zur Freiheit schuf. Bequemer sei es freilich, in Staat, Haus und Kirche zu herrschen,
wenn man solchen Grundsatz durchzusetzen vermöge; aber nicht
gerechter. — Als dann Kant trotz aller Vorsicht auf Grund
eben dieses Buches durch ein königliches Rescript vom J. 1794
beschuldigt wurde, seine Philosophie zur Entstellung und Herab-
würdigung mancher Haupt- und Grundlehren der heiligen Schrift
und des Christenthums mißbraucht zu haben, bemerkte er in dem
Antwortschreiben zu seiner Vertheidigung, daß er doch nicht als
Volkslehrer der öffentlichen Landesreligion Abbruch gethan habe,

wie schon daraus erhelle, daß sein Buch ein für das Publicum unverständliches, verschlossenes Buch sei, nur eine Verhandlung zwischen Facultätsgelehrten vorstelle, wovon das Volk keine Notiz nehme. Er gab zu, daß die eingesetzten Volkslehrer in Schulen und auf Kanzeln verbunden seien zu lehren, was die Landesherr= schaft sanctionirt habe, und forderte nur Freiheit des Forschens für die Facultätsgelehrten. Seine 1798 erschienene Schrift: „Der Streit der Facultäten" begründete diese begrenzte Freiheits= forderung ausführlich (vergl. meine Rede „Die Gemeinschaft der Facultäten", Bonn 1869).

Ueber solche Anschauungen glauben wir in unserer Zeit hinausgewachsen zu sein; Ueberbleibsel derselben aber lassen sich in verbreiteten Ansichten auch jetzt noch entdecken. Oder ist es im Grunde etwas Anderes, wenn man heut zu Tage die positive Religionspflege als eine Sache ansieht, die einer Frau wohl an= steht, während Freiheit des Glaubens ihr als verunzierende Stark= geistigkeit angerechnet wird? Oder liegt der verbreiteten Meinung, daß die Einführung in die Lehren einer positiven Religion oder Confession für die Volksschule eine größere Bedeutung habe, als für die höheren Schulen, eine andere Ansicht zum Grunde als die, daß für das ungebildetere Volk eine Gebundenheit des Glaubens durchaus nothwendig sei, während für die gebildeteren Klassen des Volks eine solche Stütze im Leben allenfalls entbehrlich oder ersetzbar sei?

Ueber derartige Einschränkungen religiöser Wahrheiten auf kleinere oder größere Kreise der Menschheit muß der Fortschritt der Zeiten als über unberechtigte Vorurtheile hinausgehen und wird dies sicherlich auch in Zukunft thun. — Im Laufe einiger Jahr= hunderte hat die Geistesaristokratie des absterbenden Heidenthums vollständig Schiffbruch gelitten. Die römischen Priester verlachten einander, wenn sie sich sahen, die Philosophen deuteten und beutelten an dem alten Glauben, ohne zur Vollendung einer neuen Weltansicht zu gelangen; und als eine solche mit dem Christenthum in die Welt trat, ward sie erfaßt grade von dem unmündigen Volke, das die Philosophen für unfähig zu einem solchen Aufschwung erklärt hatten. — Eine Zurückhaltung, wie sie im vorigen Jahrhunderte Reimarus für nothwendig hielt, um den Religionsglauben des Volkes nicht zu beunruhigen,

Rücksichten, wie man sie von Lessing forderte, kennt unser Jahrhundert nicht mehr. Die Grenze, die noch Kant zwischen dem gebundenen Glauben des Volks und der freien Glaubensforschung der Gelehrten ziehen wollte, ist jetzt verwischt. Nicht einmal der in Rom zum Concil versammelte Klerus der katholischen Kirche konnte seine Berathungen abschließen von der Theilnahme und dem Dareinreden der draußen stehenden Laienwelt. Die vergangenen Zeiten haben uns hinreichend darüber belehrt, daß einerseits die Religionslehre im Bann der Schule und Kirche erstarrt, wenn ihre Entwicklung von der lebendigen Beziehung zum allgemeinen Religionsbedürfniß des Volks fern gehalten wird, und daß andererseits der Volksglaube getrennt von der freien Vernunftforschung der Wissenschaft zur stumpfen Gewohnheit einer äußerlichen Religionspflege hinabsinkt. Wir haben es aufgegeben, die Theilnahme am Wahrheitsforschen nach Ständen und Berufsklassen abzugrenzen; wir kennen nur die eine für Alle gültige Forderung gewissenhaften Ernstes bei dieser Theilnahme. Und was endlich als Wahrheit erkannt wird, das kann nach unserer Ueberzeugung ohne Gefahr Gemeingut der denkenden Menschheit werden. Niemand soll es wagen, die volle Wahrheit einem Kreise auserwählter Denker vorbehalten und dem übrigen Volke nur die halbe Wahrheit ausmitteln zu wollen. „Wahrheitsmonopole einem einzelnen Stande oder Charakter verliehen — sagen wir mit Lichtenberg — sind Beeinträchtigungen für alle übrigen und wahre Injurien für die Menschheit.“

Nur in schwachen Ueberbleibseln äußert sich, wie vorhin angedeutet, das veraltete Vorurtheil noch in unserer Zeit, und bleibt es unsere Pflicht auch hier mit demselben aufzuräumen. Es giebt nicht verschiedene religiöse Wahrheiten für die verschiedenen Geschlechter, es giebt nicht ein Gesetz religiöser Gebundenheit für die Frau und ein Recht religiöser Freiheit für den Mann. Dergleichen Unterschiede lassen sich nicht aus einer berechtigten Verschiedenheit religiöser Bedürfnisse beider Geschlechter ableiten, haben keineswegs ihren Grund in einer natürlichen Schwäche oder Stärke derselben. Es giebt nur ein für Alle gleiches menschliches Recht auf Wahrheit, und eine für Alle gleiche Pflicht sie zu erstreben; nur in der Art die Wahrheit aufzunehmen und für's Leben zu verwerthen, können und dürfen die Unterschiede der

Naturanlagen in Betracht kommen. Wird dies verkannt, so rächt sich die Scheidung der Geister in der Pflege aller derjenigen Angelegenheiten in Haus und Gesellschaft, die nur bei einer vollen von Geist und Gemüth gleichmäßig beseelten Gemeinschaft beider Geschlechter gedeihen können. Eine Mutter, die am starrsten Kirchenglauben hängt, und ein Vater, der allem Glauben gleichgültig den Rücken kehrt, können unmöglich zusammen ihre Kinder zu einem Glauben erziehen, der ihnen Kraft und Halt im Leben sichert. Es ist eine widersinnige Ehe, in welcher der Mann gleichgültig seine Frau einem Glauben folgen sieht, den er selbst für Abgötterei, für Unwahrheit hält und nur als Frauensache duldet; und in welcher die Frau für das Seelenheil ihres Mannes betet, um denselben mit Gottes Hülfe von der ewigen Verdammniß zu befreien, welcher sie ihn sonst unfehlbar verfallen denken muß. Nur unter Anerkennung eines gleichen Rechtes und einer gleichen Pflicht zur Wahrheit kann in so engen Verhältnissen eine Ausgleichung der Verschiedenheit des Glaubens erzielt werden, welche die nachtheiligen Folgen der Verschiedenheit einigermaßen zu beseitigen im Stande ist. Diese üblen Folgen müssen sich ohne solche Ausgleichung vor Allem in der Kindererziehung offenbaren. Es ist widersinnig, wenn ein freidenkender Vater die Töchter im gebundenen Glauben der Mutter aufwachsen läßt und nur für die Söhne das volle Recht einer unbefangeneren Entwicklung zur Wahrheit aufrecht hält. Auch für die Erziehung der Kinder hat die Verschiedenheit der Religionspflege keinen Sinn. Den Glauben nur als Schutzmittel zu betrachten, dessen die einzelnen Menschengeschlechter je nach ihrer natürlichen Stärke oder Schwäche mehr oder weniger bedürfen, setzt eine höchst einseitige und unwürdige Ansicht vom Wesen der Religion und ihrer Bedeutung für die Menschenseele voraus. Der Werth einer Religion ist nicht allein nach dem beiläufigen Nutzen zu bestimmen, den dieselbe als Beistand in Glück und Unglück den einzelnen Menschen gewähren mag, sondern vor Allem hängt derselbe von der Befriedigung ab, welche dieselbe dem aufrichtigen Streben nach Wahrheit sichern kann. Nur ein Glaube, der sich mit diesem unabweislichen Streben der menschlichen Vernunft im Einklang hält, hat Aussicht auf dauernden Bestand im Fortschritt der Menschheit. Ein solcher Glaube aber läßt sich nicht den verschiedenen Menschenkreisen von

Jugend auf in verschiedenem Grade zumessen. Darum ist es widersinnig, für die Volksschule eine Religionspflege zu fordern, die man für das höhere Schulwesen allenfalls preis zu geben Willens wäre. Hat der religiöse Glaube einen wahren Grund in der Menschenseele, so ist die Pflege desselben in der Erziehung für alle Menschen, gleichviel weß Geschlechtes, Standes oder Berufes sie sind, einigermaßen wichtig. Die Verschiedenheit dieser Pflege kann dann nur noch die Form, nicht die Sache selbst betreffen. Sie an einem Fleck im Uebermaß und am andern Ort kaum oder gar nicht berücksichtigen, kann nur Derjenige wollen, der von dem allen Menschen gemeinsamen Interesse an der religiösen Wahrheit eine richtige Vorstellung noch nicht gewonnen hat.

Nur aus einem Verkennen dieser Gemeinschaft entspringt auch das andere erwähnte Vorurtheil, dem wir noch häufiger in unserer Zeit begegnen, die Meinung nämlich, daß der religiöse Glaube des Einzelnen überhaupt keine Sache allgemeineren Interesses sein könne, daß vielmehr jeder Einzelne, ohne irgendwie Rechenschaft darüber schuldig zu sein, glauben könne, was er wolle. Diese Meinung verkehrt eine anerkannte Wahrheit in Irrthum. Allerdings ist das Glauben eine Sache freier Ueberzeugung und kann als solche also nur der Entscheidung des Einzelnen anheimgestellt bleiben. Aber auch für die Glaubensannahme jedes Einzelnen gilt die allgemein menschliche Pflicht, der Wahrheit nach dem Maße seiner Kräfte und seiner Einsicht redlich nachgestrebt zu haben. Auch dem Einzelnen bleibt es verwehrt um seiner persönlichen Bequemlichkeit willen erwiesenen Trug für Wahrheit zu nehmen. So widersinnig es ist, den Einzelnen zur Erkenntniß der Wahrheit mit irgend welchen Mitteln des äußeren oder inneren Druckes zwingen zu wollen, ebenso widersinnig ist es für einen Menschen, der auf den Namen eines denkenden Wesens Anspruch macht, die Pflicht zu verleugnen dieser Erkenntniß nachzustreben. Aber den Spuren solcher Gleichgültigkeit begegnen wir leider in unserer Zeit nicht selten. Wir kommen zurück auf ihre Betrachtung und wollen hier nur schon zuvor im Allgemeinen den Grundsatz festhalten, daß um der allgemeinen Wahrheit willen der Glaube des Einzelnen nicht eine reine Privatsache sein kann, wie etwa seine Liebe. Wer nicht als Einsiedler in einer Einöde lebt, wer nicht gewillt ist, sich in Mitten der menschlichen Gemeinschaft von aller Theilnahme an ihrem Leben loszusagen, der wird auch genöthigt werden, irgendwie von seinem Glauben oder seinem Unglauben öffentlich Zeugniß zu geben und sei dies auch nur auf Gebieten, die wie die Erziehung mittelbar mit dem religiösen Glauben in Verbindung stehen. Eine völlige Aussonderung und Absonderung des religiösen Glaubensgebietes aus dem Kreise der Dinge, die ein öffentliches und gemeinsames Interesse fordern, ist überhaupt eine Chimäre, die sich nicht verwirklichen läßt, ja die man nicht einmal verwirklichen zu können wünschen mag. Welchen Sinn hätte denn die Gemeinschaft der Menschen, wenn nicht einmal das Streben nach Wahrheit ein Gemeingut wäre? Die Wahrheit verliert allen Sinn, wenn sie sich in Millionen Wahrheiten für Einzelne zersplittern muß. Die Menschen sind Gottlob auch so verschiedenartig nicht, daß sich jeder Einzelne einen aparten Glauben für sich selbst ausdenken kann; es giebt Gottlob ein Band der Gemeinschaft, welches auch im Glauben den Einzelnen bindet, eine Pflicht des menschlich gemeinsamen Verhaltens zur Wahrheit anzuerkennen und ihr nachzuleben. Wer sich gleichgültig von dieser allgemeinen Pflichterfüllung zurückzieht, darf in einer so bewegten Zeit wie die unsrige nicht einmal hoffen für seine Person in ungestörtem Frieden durch die Welt zu kommen, noch weniger aber darf er erwarten, im öffentlichen Leben ohne Schaden für sich und Andere an der Lösung irgend einer Aufgabe unserer Zeit sich zu betheiligen. Für Jeden also, der sich nicht loslösen will von der Zeit, die ihn trägt, und von den Menschen, die ihn umgeben, mit denen er leben muß, für Jeden vor Allem, der sich berufen glaubt, an der Lösung irgend welcher Fragen des gegenwärtigen öffentlichen Lebens mitzuwirken, erwächst auch mit vollstem Nachdruck die Verpflichtung, sich selber Klarheit über die religiösen Gegensätze unserer Zeit zu schaffen und von dem offenen Kampf um die dringend nöthige Abklärung und Ausgleichung dieser Gegensätze nicht aus Besorgniß oder Gleichgültigkeit sich entfernt zu halten. Wer aber diese Pflicht anerkennt, kann an der Philosophie nicht theilnahmslos vorübergehen. Platon setzte seine politische Hoffnung für die Zukunft darauf, daß die Philosophen Herrscher würden oder die Herrscher Philosophen. Wir könnten diesen Satz zeitgemäß ändern, wenn wir behaupteten,

25

die Besserung unseres religiösen Lebens sei davon mitbedingt, daß die Philosophen wieder Religionslehrer, oder umgekehrt unsere Religionslehrer wieder Philosophen würden. Ohne Mitwirken der Philosophie und ohne Theilnahme an derselben wird jedenfalls der Kampf religiösen Glaubens weder zu unserer, noch zu irgend einer Zeit zu einer befriedigenden Verständigung geführt werden können.

Daß gegenwärtig diese Theilnahme von keiner Seite ernstlich gesucht oder gewünscht, von mancher Seite sogar als eine unbefugte Einmischung verworfen und verbeten wird, daran trägt unzweifelhaft die nicht selten falsche Einmischung der früheren Philosophie eine wesentliche Mitschuld. Die Philosophie hat in ihrer Betheiligung am religiösen Entwicklungskampf der Menschheit unstreitig wiederholt nach verschiedenen Seiten gefehlt. Oftmals trug sie nur bei zur Auflösung der alten Lehre, ohne gleichzeitig mit derselben Kraft sich dem Aufbau eines neuen Glaubens zuzuwenden. Viele Jahrhunderte hindurch gab sie ihre freie Selbstständigkeit auf und erniedrigte sich zur Magd der Theologie. Zweideutige Dienste leistete sie noch, als Kant behauptete, es komme nur darauf an, ob die Philosophie als Magd der Theologie dieser die Schleppe nach und die Fackel vorantrage. Ihre volle Selbstständigkeit im Verhältniß zur positiven Religion hatte die Philosophie auch damals noch nicht gewonnen. Sie diente noch der Theologie, indem sie ihren Dogmen durch philosophische Deutung einen tieferen Sinn und damit eine Stütze zu geben versuchte, während die Aufstellung der Dogmen vor Allem einer historischen Erklärung und Beglaubigung bedurfte. Wir begreifen, daß gerade dieses Verhalten der Philosophie Anstoß nach allen Seiten erregen mußte. — Kant's Versuch, den Dogmen des Kirchenglaubens einen moralischen Sinn unterzulegen und die Wahrheit der Kirchenlehre nur in diesem moralischen Inhalt anzuerkennen, mußten Strenggläubige wie Freidenker für eine willkürliche Schrifterklärung halten, welche an die allegorische Umdeutung der Mythen durch die heidnischen Philosophen erinnerte. In dem von Kant angenommenen radicalen Bösen als dem natürlichen Hange des Menschen zum Bösen konnten die Orthodoxen um so weniger ihre Erbsünde wieder erkennen, als Kant selbst die Vorstellung der Anerbung

der Sünde von den ersten Eltern bis auf uns unter allen Vor-
stellungsarten von der Verbreitung der Sünde für die unschick-
lichste erklärt hatte. Ebenso wenig konnten sie für Christus Er-
lösungsthat eine schickliche Erklärung darin finden, daß bei jeder
sittlichen Wiedergeburt stets ein Unschuldiger für den Schuldigen
leide, insofern der Mensch die bittere Reue erst empfinde, wenn
er aus dem Zustande der Schuld herausgetreten, also schon ein
Besserer wieder geworden sei. Auch kann man ihnen nicht zumuthen, ihr Dogma von Christus Gottessohnschaft wieder zu
erkennen in Kant's Lehre von der personificirten Idee des guten
Prinzips als eines Ideals, dessen der Mensch zur Verstärkung
seines Strebens nach Gottgefälligkeit bedarf. Schwerlich brauchten
sie in Kant's Darstellung Gottes als sittlichen Gesetzgebers, Re-
genten und Richters ihren dreieinigen Gott wieder zu finden. —
Strenggläubige Christen befinden sich Hegel's Religionsphilosophie gegenüber in keiner besseren Lage. Oder darf man ihnen
zumuthen, Hegel's Lehre von Gott in seiner ewigen Idee an
und für sich, von der ewigen Idee Gottes im Elemente des Bewußtseins und Vorstellens, und von der Idee im Elemente der
Gemeinde für eine tiefere, sinnvollere Auslegung ihrer alten Lehre
von Gottes Sohn, Vater und heiligem Geist zu halten? — Können
sie etwa Hegel's tief religiöse Weisheit bewundern, wenn er mit
Emphase von Christus als dem Gottmenschen redet, weil in ihm
vorzüglich das Absolute als die Einheit des Endlichen und des
Unendlichen in concreter Menschwerdung erschien? — Hegel
selber glaubte natürlich mit solcher vermeintlich tiefsinnigen Umdeutung christlicher Dogmen der verfallenden Kirchenlehre wieder
aufzuhelfen. Mit Unrecht — behauptet er in der Einleitung zu
seiner Religionsphilosophie — werde der Philosophie im Verhältniß zur Religion noch der Vorwurf gemacht, daß der Inhalt
der Lehre der geoffenbarten positiven Religion, ausdrücklich der
christlichen, durch sie herabgesetzt werde, daß sie die Dogmen der
christlichen Religion zerstöre und verderbe. Dies Hinderniß sei
bereits aus dem Wege geräumt und zwar von der neueren
Theologie selbst. In der allgemeinen Religiosität sei eine weit-
greifende, beinahe universelle Gleichgültigkeit gegen sonst für wesentlich gehaltene Glaubenslehren eingetreten. Christus werde
zwar noch immerfort als Mittler, Versöhner und Erlöser zum

Mittelpunkt des Glaubens gemacht, aber Das, was sonst Werk
der Erlösung hieß, habe eine sehr prosaische und nur psychologische
Bedeutung erhalten, so daß von der alten Kirchenlehre gerade
das Wesentliche ausgelöscht worden sei, wenn auch die erbaulichen
Worte beibehalten wurden. Die Gottheit Christi, das Dogma-
tische, das der christlichen Religion Eigene werde bei Seite gesetzt,
oder auf etwas nur Allgemeines zurückgeführt. Ja, nicht nur
auf der Seite der Aufklärung sei das geschehen, sondern es geschehe selbst von Seiten der frömmeren Theologen. So werde
auch von beiden Seiten bemerkt, die Dreieinigkeit sei von der
alexandrinischen Schule, von den Neuplatonikern in die christliche
Lehre hineingekommen. Wenn aber auch zugegeben werden müsse,
daß die Kirchenväter die griechische Philosophie studirt hätten, so
sei es doch zunächst gleichgültig, woher jene Lehre gekommen sei;
die Frage sei allein die, ob sie an und für sich wahr sei. Das
aber werde nicht untersucht und doch sei jene Lehre die Grund-
bestimmung der christlichen Religion. So finde man also in den
Glaubenslehren der Theologen selbst, daß die Dogmen bei ihnen
sehr dünne geworden und zusammengeschrumpft seien, wenn auch
sonst viel Worte gemacht würden. Es scheine, als ob die Theologen nur noch Gewicht darauf legten, daß die alten Lehren durch
unbestimmten Schein in Nebel gestellt würden. Bei solcher Sachlage könne die Philosophie nicht mehr als verderbendrohende
Gegnerin der Kirchenlehren angesehen werden. Um so unbefangener könne sie sich nun in Ansehung der Dogmen verhalten, die
bei den Theologen selbst so sehr in ihrem Interesse gesunken seien.
Dies thue sie, wenn sie jene Dogmen nicht historisch, sondern
begreifend betrachte. Indem H e g e l die christlichen Dogmen
einer solchen begreifenden Betrachtung unterzog, glaubte er den
wahren Begriff dieser Lehren, den reinen Gedankeninhalt der
christlichen Religion aus der Form der an die sinnliche Anschauung
gebundenen Vorstellung herauszulösen und mit dieser Begriffs-
hülfe der schwach gewordenen christlichen Glaubenslehre den größten
Dienst zu erweisen.

Wir können es der strenggläubigen Theologie nicht verargen, wenn sie diese Hülfsleistungen der K a n t'schen, wie der
H e g e l'schen Religionsphilosophie verschmähte, wenn sie der Ansicht war, daß auch diese Begriffsdeutungen von der alten Kirchen-

lehre gerade das Wesentliche auslöschten und nur die erbaulichen Worte beibehielten. Wir können es den Anhängern einer freieren religiösen Ueberzeugung ebenso wenig verargen, wenn sie diese der Kirchenlehre von der Philosophie dargebotene zweideutige Hülfe für eine bedauerliche Fortsetzung der alten Magddienste ansahen, welche die scholastische Philosophie der Theologie geleistet hatte. Man thut sicherlich Unrecht, wenn man diese Versuche unserer letzten großen Denker, die Dogmen der christlichen Religion durch philosophischen Unterbau haltbarer zu machen, für ein bewußt falsches Spiel erklärt, veranlaßt durch feige Rücksicht auf die herrschenden Mächte der Zeit. Denker wie Kant und Hegel waren frei von solcher Feigheit, auch hätte die Zeit sie mit keinem Zwange bedroht, wenn sie unterlassen hätten, der Theologie eine solche zweideutige Hülfe darzubieten. Ihre Bemühungen gingen unstreitig aus dem ernsten und tiefen Verlangen hervor, die Annahmen eines Glaubens, der seit Jahrhunderten für die innere Bildung der Menschheit die segensreichsten Früchte getragen hatte und den sie selber werthschätzten, auch vor der freidenkenden Vernunft zu rechtfertigen. Ihr Fehler bestand nur darin, daß sie diese philosophische Rechtfertigung unternahmen, bevor die freie, kritische, historische Untersuchung über Stamm und Anwuchs echten Christenglaubens ihre wissenschaftliche Aufgabe ernstlich angegriffen, geschweige denn zu einem Abschluß gebracht hatte, nach dem allein erst philosophische Betrachtungen über Sinn und Werth der Religionslehren am Platze sein konnten. Die Religionsphilosophie hatte durch diese unzeitige Einmischung nach allen Seiten die Erwartung verscherzt, als könne sie in dem religiösen Entwicklungskampfe unserer Zeit einen maßgebenden Einfluß ausüben. Niemand traute ihr jetzt noch; sah man doch, daß die Philosophie es eben so leicht fertig brachte, jedes beliebige Dogma vor der Vernunft zu rechtfertigen, wie mit der Vernunft zu bestreiten. Die strenggläubigen Theologen selbst lernten die historisch-kritische Schriftforschung mehr fürchten als die freie Vernunftforschung der Philosophen.

Will nun die Philosophie das nach allen Seiten eingebüßte und doch für die Wirksamkeit ihrer wünschenswerthen Theilnahme am religiösen Entwicklungskampf unserer Zeit so unerläßliche Vertrauen wieder erwerben, so muß sie vor Allem mit der

zweideutigen Art ihres früheren Verhaltens zur Theologie vollständig brechen. Die Religionsphilosophie als Wissenschaft hat
nicht jüdisch oder christlich, katholisch oder protestantisch zu sein,
sie hat einzig und allein die natürlichen Voraussetzungen des
menschlichen Glaubens, die religiösen Elemente der Menschenseele
selbst zu untersuchen. Und ihre Beziehung zu dem Dogmatismus
der verschiedenen Religionen und Confessionen kann nur darin
bestehen, daß sie prüft, in wie fern oder in wie weit diese Dogmen eines positiven Offenbarungsglaubens mit den Elementen
unseres natürlichen Glaubens in Einklang stehen oder umgekehrt
diese Elemente im Offenbarungsglauben zum Ausdruck gekommen
sind. Hat die Philosophie diese Prüfung in unbefangenem
Wahrheitsstreben vollendet und dennoch dem Glaubensbedürfniß
ihrer Anhänger eine volle Befriedigung nicht gewährt, so hat sie
keinen Grund und keine Macht zu hindern, daß diese Befriedigung
auf einem andern Boden gesucht wird. Nur muß sie selbst
darauf halten, daß die Grenzen zwischen diesem Boden und dem
ihrigen nicht verrückt oder verwischt werden, und daß Niemand
die Berechtigung und die Bedeutung dieser Abgrenzung in Zweifel
zieht, daß ferner Jedermann, der von diesem Boden ausging,
den bleibenden Werth der hier empfangenen Belehrung mit schuldiger Achtung anerkennt. Ein Theologe, gleichviel welchen Glaubens, der den Boden der Philosophie nie berührt hat, kann vielleicht
ein Mann von großem Glauben sein, ein großer Geist ist er
jedenfalls nicht; und ein Theologe, der einmal auf dem Boden
der Philosophie gestanden hat und nicht befriedigt über denselben
hinausgegangen ist, kann wohl ein Mann von scharfem Denken
und von tiefem Glauben sein, aber nur dann, wenn er das
Licht nicht verleugnet, das ihn auf jenem Boden selber erleuchtet
hat. Thut er aber dies, schmäht er die Philosophie, die er glaubt
hinter sich gelassen zu haben, so ist er entweder ein Schwachkopf,
der sich einem blinden Glauben ergiebt, weil er nicht mehr zu
denken wagt, oder ein Heuchler, der mit Klugheit den Weg ein-
schlägt, der ihn angenehm macht vor den Leuten, um deren Gunst
er buhlt oder deren Macht er fürchtet. Daß die Mehrzahl
unserer leitenden Theologen heut zu Tage eine confessionell zurecht
gemachte Philosophie sucht und viele von ihnen der Philosophie
überhaupt den Rücken kehren, ist ein trauriges Zeugniß für den

geistigen und wissenschaftlichen Zustand dieser Theologen, ist ein
Verkennen ihres eigensten Vortheils und ein Preisgeben der
heiligeren Interessen des religiösen Glaubens selbst. Denn in
Wahrheit trägt nicht so sehr der viel verklagte Materialismus
unseres Lebens und der Naturalismus unseres Wissens die Schuld
an der Ausbreitung religiöser Gleichgültigkeit und des Unglaubens
in unserer Zeit, als der Starrsinn der Theologie, der sich dem
Gesetze der fortschreitenden Erkenntniß nicht beugen will. Die
herrschende Kirchenmacht, die, anstatt den Einklang mit den durch
Wissenschaft und Leben fest begründeten Ansichten zu suchen, nicht
abläßt sich in immer schrofferen Widerspruch zu den Cultur=
factoren der Zeit zu stellen, stößt selbst die Geister und Gemüther
von sich, die Wahrheit und Frieden bei ihr suchen; denn Niemand
kann um einer dargebotenen Glaubenswahrheit willen die Grund=
gesetze menschlichen Denkens verleugnen, Niemand ist im Stande
mit dem Glauben Etwas anzunehmen, dem seine Vernunft und
sein Wissen auf's Bestimmteste entgegen stehen. Eine Kirchen=
lehre, deren Annahme in solchen Zwiespalt führt, untergräbt
selbst den Glauben, daß sie die Wahrheit besitze. Und indem sie
diesen Glauben zerstört, erschüttert sie bei Vielen auch den reli=
giösen Glauben überhaupt. Weil die Kirchenlehre zur Zeit das
religiöse Bedürfniß Vieler nicht befriedigt, deshalb ziehen sich
Viele zurück und verfallen der religiösen Gleichgültigkeit oder dem
religiösen Unglauben. In solchen Geistern aber kann nur die
unbefangene freie Vernunftforschung der Philosophie den fast
erstickten Keim religiösen Glaubens und Lebens wieder erwecken.
Nur sie wird noch im Stande sein, bei den der Religion ent=
fremdeten Geistern unserer Zeit für eine unbefangene Prüfung
der natürlichen Glaubenselemente unserer Seele Gehör zu finden.
Nur sie kann den hart gewordenen Boden dieser Gemüther wieder
auflockern und empfänglich machen zur Wiederaufnahme eines
lebendigeren Glaubens. Die Philosophie hilft dadurch Schäden
beseitigen, für deren unheilvolles Umsichgreifen sie selber nur mit
Unrecht verantwortlich gemacht worden ist. Nicht sie trägt die
Schuld an dem gegenwärtigen Zustand religiöser Gleichgültigkeit
oder entschiedenen Unglaubens, sondern vor Allem der falsche
Dogmatismus eines mit dem Wissen und dem Geiste der Zeit
in Widerspruch stehenden Kirchenglaubens. Die Philosophie ver=

gilt daher Böses mit Gutem, wenn sie unbekümmert um die
Schmähungen der rückläufigen Theologie sich mit erneuter Kraft
abermals anschickt, zur Neubelebung des Glaubens das Ihrige
beizutragen durch eine von jeder Nebenrücksicht freie Untersuchung
über die natürlichen Grundlagen, welche die Religion in der
Menschenseele hat. Zu diesem Zweck muß sie das Wesen des
religiösen Gefühls ergründen, die Gegensätze der religiösen Welt=
ansichten klar begreifen und in ihrem Werthe für den einzelnen
Menschen wie für die ganze Menschheit vergleichen, muß sie das
Verhältniß von Wissen und Glauben, von Vernunft= und Offen=
barungsglauben in ihren Prinzipien erkennen.

Au der Lösung dieser Aufgaben hat die Religionsphilosophie
stets gearbeitet, aber sie hat diese Arbeit nicht vollendet, deshalb
wird die weitere Lösung auch heute noch von ihr gefordert. Jeder
Kundige, der mit freiem Blick die Geschichte der Menschheit übersieht,
wird bereit sein die Verdienste anzuerkennen, welche die Philosophie
im Großen und Ganzen genommen sich um die religiöse Aufklärung
des Menschengeschlechts erworben hat. Eben deshalb wird er es
auch beklagen, daß die Philosophie, anstatt aus dem letzten groß=
artigen Wettkampf mit der Theologie zur vollen Klarheit über
die Abgrenzung ihres Arbeitsfeldes zu gelangen, entweder ihr
Bemühen der Theologie veraltete Dienste zu leisten erneuert
oder mehr als gut sich von der Betheiligung an der Religions=
entwicklung unserer Zeit zurückgezogen hat. Namentlich das
Letztere ist zu beklagen, da es gerade die tüchtigeren Köpfe sind,
die aus einer gewissen Scheu vor dem Betreten des dunkelen
Glaubensgebietes dasselbe kaum berührt und ihre Hauptkraft
auf die Bearbeitung von Logik und Psychologie, Ethik und
Aesthetik geworfen haben. Mit der Ausbildung dieser Disciplinen
der Philosophie ist unstreitig den übrigen Wissenschaften viel
genützt, aber die Seelen der ganzen denkenden und fühlenden
Mitwelt vermag die Philosophie durch solchen Wissenschaftsdienst
nicht zu erregen und für sich zu gewinnen. Solche Kraft
der Erregung hat sie immer nur ausgeübt, wenn sie es nicht
scheute sich in den Brennpunkt des religiösen Weltkampfes zu
stellen. Nur wenn sie den Muth wieder gewinnt, dies auch jetzt
zu thun, wird sie die erloschene Theilnahme der Zeitgenossen
wieder erwecken. Nur in diesem Sinne kann um des Glaubens

wie um ihrer selbst willen Umkehr der Wissenschaft von der Philosophie gefordert werden. Nur um das Bedürfniß und die Richtung einer solchen Umkehr zu verdeutlichen, mag eine kurze Betrachtung der genannten Hauptprobleme hier am Platze sein. Der religiöse Entwicklungskampf unserer Zeit läßt sich natürlich nicht mit wenigen Worten erschöpfend darstellen; eine kurze Betrachtung über denselben kann daher nur von dem Wunsche eingegeben sein, zur Orientirung über die streitenden Gegensätze und die leitenden Gesichtspunkte der Lösungsversuche einen förderlichen Beitrag zu liefern.

Beginnen wir mit einer Betrachtung der streitenden Ansichten über das Religionsgefühl selbst, über die Grundlage, welche dasselbe in der Seele des Menschen hat. Wie schroff stehen schon hier die Ansichten einander gegenüber! Die Einen leugnen überhaupt eine jede derartige berechtigte Grundlage, stellen das Religionsgefühl mit der Gespensterfurcht auf eine Linie oder erklären es für ein anerzogenes Vorurtheil; die Anderen suchen die feste Grundlage in einem bestimmten Glaubensorgan, das seine Function ebenso deutlich äußern soll wie Gehirn oder Lunge. — Auf die erste Seite haben sich natürlich unsere modernen Stoffanbeter geschlagen. Gottesfurcht ist nach Vogt nichts Anderes als die Furcht vor dem Unbekannten, und diese Furcht, somit auch den Keim zur Religion, besitzen wie die Menschen ebenso die Thiere. Vogt kennt ein Wäldchen, von welchem die Bauern überzeugt sind, daß Nachts ein feuriger Mann sich darin aufhalte, dessen gespenstisches Dasein sie auch durch die nächtliche Furcht der Hunde vor dem Wäldchen bezeugt finden. Selbst der muthige Hund seines Vaters theilte diese den Menschen und Thieren der Gegend gemeinsame Gespensterfurcht. Das Gespenst aber war nichts weiter als ein weißfauler Baumstrunk, der im Dunkeln einen Lichtschimmer warf. Mensch und Thier kannten diese Erscheinung nicht, deshalb empfanden sie Furcht. Und diese Furcht vor dem Uebernatürlichen, vor dem Unbekannten hält Vogt für den Keim der religiösen Vorstellungen, der sich also auch beim Thiere findet und bei dem Menschen nur weiter ausgebildet, zu einem Systeme, einem Glauben verarbeitet wird. Das Thier — so meint er — fühle sich vermöge seiner geringeren geistigen Begabung gar nicht veranlaßt, über den Grund

solcher Erscheinungen nachzudenken; auch manche Menschen ver-
hielten sich nicht anders, während andere sich über Erscheinungen,
deren Grund sie nicht erfassen könnten, verschiedene Vorstellungen
machten. Die Stufen dieser Erhebung menschlichen Nachdenkens
aus dem Zustand thierischer Gleichgültigkeit schildert Vogt folgendermaßen: „Der stumpfsinnige Cretin nimmt gar keine Notiz
von dem Donner; der Einfältige fürchtet sich vor demselben, als
vor einer gewaltigen Naturerscheinung, deren Grund er nicht zu
enträthseln vermag; der Heide entwickelt aus dem unbekannten X
einen Donnergott; der gläubige Christ läßt seinen Herrgott don-
nern und der intelligente Mensch, der etwas von Physik versteht,
donnert und blitzt selber, wenn ihm die dazu nöthigen Apparate
zu Gebote stehen. Das ist der ganz allgemeine Gang der religiösen Vorstellungen, und ich wüßte wahrlich keinen Grund zu
finden, um dem ganzen menschlichen Geschlechte die Religiosität
als eine ganz besondere geistige Eigenschaft anzuhängen." Der
religiöse Glaube entwickelt sich also nach Vogt aus der Furcht
vor dem Unbekannten, wie sie in jeder Gespensterfurcht zu Tage
tritt; der Glaube hat keinen andern Grund in der menschlichen
Seele, ist also ein Vorurtheil, von dem uns die Erkenntniß des
Grundes der Erscheinungen befreien muß.

Leider hat auch Strauß in seinem „alten und neuen
Glauben" in ganz ähnlicher Weise wie Vogt den Ursprung der
Religion mit unbestimmten Gefühlen der Furcht vor unbekannten
Naturmächten und des Schutzbedürfnisses gegen dieselben in Verbindung gebracht. Hume habe ganz Recht gehabt — meint
Strauß — mit seiner Behauptung, nicht der uneigennützige
Wissens- und Wahrheitstrieb, sondern der sehr interessirte eigen-
nützige Trieb nach Wohlbefinden, habe die Menschen ursprünglich
zur Religion geführt. Der Antrieb zur Religionspflege sei stets
weit mehr von unangenehmen als von angenehmen Empfindungen
ausgegangen; die epikureische Ableitung der Religion aus der
Furcht habe etwas unbestreitbar Richtiges. Ginge es dem Menschen
stets nach Wunsch, hätte er immer was er bedürfe, scheiterte ihm
kein Plan, und müßte er nicht, durch schmerzliche Erfahrungen
belehrt, der Zukunft bange entgegen sehen, so wäre schwerlich je
der Gedanke an höhere Wesen in ihm aufgestiegen. Er hätte
gedacht, es müsse so sein, und hätte das in strengster Gleichgültigkeit

hingenommen. Nun aber stehe ihm die Natur mit ihrer nie
ruhenden Zerstörungsmacht vor Allem als ein unheimliches Wesen
gegenüber, von dem er sich unbedingt abhängig fühle. Dieser
Macht gegenüber könne der Mensch sich nur dadurch retten,
daß er sich selbst in sie hineintrage. Die Natur höre auf als
ein unmenschliches Wesen furchtbar zu sein, wenn er sie zu einem
menschenähnlichen mache. Ein Wesen mit menschenähnlichen Ge=
fühlen lasse sich ja durch Gebete und Opfer besänftigen, günstig
stimmen, einem solchen Wesen gegenüber erhalte somit der Mensch
geeignete Mittel zur Milderung seiner drückenden Abhängigkeit.
An ihm selbst liege es nun der unvermeidlichen Abhängigkeit die
wünschenswertheste Form persönlicher Hülfe und Gunst zu er=
wirken. Aus einem solchen Gefühl menschlicher Hülfsbedürftig=
keit soll nach Strauß die Religion entspringen, ihr Quell also
menschliche Selbstsucht sein.

Aus einem anderen, aber nicht minder subjectiven Grunde
entwickelt Czolbe, der als atheistischer Naturalist, nicht als
Materialist angesehen sein will, den religiösen Glauben an Gott
und eine andere Welt in seiner Schrift „Die Grenzen und der
Ursprung der menschlichen Erkenntniß im Gegensatze zu Kant und
Hegel 1865“. Nur die subjective Unzufriedenheit mit der natür=
lichen Welt führt seiner Meinung nach zu diesem Glauben. Diese
Unzufriedenheit entspringt aus der Wahrnehmung der vielen
Mängel und Unvollkommenheiten dieser Welt, namentlich aus dem
Vermissen der allgemeinen Gerechtigkeit in den Geschicken der
Menschen. Auch die Verzweifelung der menschlichen Erkenntniß
an der Möglichkeit in dieser Welt die Räthsel der Wissenschaft
zu lösen soll diese Unzufriedenheit befördern. Die von ihr er=
griffenen Menschen nun „halten das aus dieser Unzufriedenheit
entstehende Bedürfniß und den Glauben an eine übernatürliche,
d. h. über der Natur oder irdischen Welt befindliche, Gott und
Unsterblichkeit der Seele implicirende ideale Welt, in der die Un=
gerechtigkeiten der irdischen ausgeglichen, alle Räthsel klar sein
werden, für die nothwendige Bedingung des Glücks.“ Dieses
Gemüthsbedürfniß erzeugt ihre Religion. Andere Menschen bleiben
zufrieden mit der natürlichen Welt; obschon auch ihrer Meinung
nach das Glück als Zweck des Lebens oder der Weltordnung die
Regel ist, und obgleich auch sie die vielen Ausnahmen, die niemals

eine gerechte Ausgleichung erhalten, wohl bemerken. Ihr Gemüth aber wird befriedigt durch die Erklärung, daß die Zweckmäßigkeit nur ein sehr allgemeines Naturgesetz ist, welches, wie alle compli-cirten Gesetze, mancherlei Beschränkungen unterworfen sein muß. Ihr Gemüth also treibt sie nicht zum Glauben an eine bessere übernatürliche Welt, die Zufriedenheit mit der natürlichen Welt halten diese Geister für das höchste Glück. Czolbe, so sehr er sich auch bemüht, dem erst genannten subjectiven Glücksbedürfniß gerecht zu werden, hält doch seinerseits dasselbe für nichts Anderes als für eine verzeihliche Täuschung, steht übrigens nicht an zu erklären, daß die Zufriedenheit mit der natürlichen Welt ihm als moralische Verpflichtung oder Ehrensache, als nothwendiger Be-standtheil wahrer Frömmigkeit und wahren Glückes erscheint. — Das wahre Verständniß menschlicher Pflicht bedingt also auch nach seiner Meinung das Aufgeben des Glaubens an eine über-natürliche Welt, der Glaube wird als ein subjectiv erklärliches, oder objectiv dem menschlichen Pflichtbewußtsein nachtheiliges Vorurtheil angesehen. — Im schroffsten Gegensatz zu diesen An-schauungen machte Vogt's Gegner R. Wagner in seiner Schrift über „Wissen und Glauben" den Glauben zu einem göttlichen Geschenk, in und mit welchem man ein neues Organ des Geistes, einen neuen Erkenntnißweg neben der denkenden natürlichen Ver-nunft empfängt.

Wir erkennen an dem Widerstreit dieser Meinungen, wie wenig die Bemühungen Kant's, Hegel's, Schleier-macher's und ihrer Schüler gefruchtet haben, um auch nur über den seelischen Quellpunkt des religiösen Glaubens eine aus-gleichende Ueberzeugung herbeizuführen. Die Ansichten stehen einander schroffer gegenüber als zuvor. Das wäre nicht möglich, wenn Jeder, der sich berufen glaubt über diese Dinge seine Mei-nung kund zu thun, zuvor an die Pflicht gedacht hätte die Gedanken unserer großen Denker einer ernsten Prüfung zu würdigen. Vielleicht würde er die Gedanken jedes einzelnen Denkers einseitig finden, würde nicht geneigt sein den Quellpunkt des Glaubens mit Kant im Willen, oder mit Schleiermacher im Gefühl oder mit Hegel im Denken zu suchen, würde also weder einen rein praktischen, noch einen blos gefühlten, ästhe-tischen, noch einen rein speculativen Glauben wollen; aber solche

Trivialitäten wie Vogt, Czolbe und Wagner würde er nach
so ernstem Studium schwerlich vorzubringen im Stande sein.

Es setzt eine seltsame Ansicht von der Menschennatur voraus, mit Wagner ein besonderes Glaubensorgan anzunehmen,
das als göttliches Geschenk zur übrigens fertigen Natur hinzu-
kommen kann oder nicht. Die Annahme einer solchen nachträg-
lichen, nicht einmal allgemeinen Ergänzung des menschlichen
Wesens ist unstreitig die äußerlichste Vorstellung, die man sich
vom Naturzusammenhang der Dinge machen kann. Es ist, wie
Zeller in einer Kritik dieser Anschauung spöttisch bemerkte, als
handele es sich um das Einsetzen eines zerbrochenen Stuhlbeins.
Ein Glaube, den die Menschenseele als den ihrigen anerkennen
soll, kann ihr nicht nachträglich geschenkt, sondern muß ursprünglich
aus ihrem eigenen Wesen erwachsen sein, muß seine Keime und
Wurzeln in diesem Boden selber haben. Wer sich bei der Annahme der Einsetzung eines fertigen Glaubensorgans beruhigt,
entschlägt sich damit in der oberflächlichsten Weise der nothwendigen
Erforschung jener Keime und Wurzeln. — Wagner's Gegner
sind weiser, insofern sie eine solche Nachforschung anstellen; aber
in der Art, wie dies geschieht, geben sie der Oberflächlichkeit ihres
Gegners nichts nach.

Niemand wird bestreiten, daß die Furcht vor dem Unbekannten auf die religiösen Vorstellungen roher Völker einen Einfluß ausgeübt hat, daß bei ihnen der Gegenstand der Furcht
oftmals zum Gegenstand religiöser Anbetung geworden ist; aber
daß es nicht die Furcht ist, welche die Anbetung selbst erzeugt,
zeigt sich deutlich daran, daß dieselbe Furcht bei den Thieren
noch nie dieselbe Folge bewirkt hat, wie doch sonst bei gleichen
Ursachen der Fall zu sein pflegt. Die Furcht macht nur, daß
gerade der betreffende Gegenstand angebetet wird, daß aber überhaupt Anbetung stattfindet, beruht nicht auf der Furcht, sondern
auf dem Drang der menschlichen Seele eine höhere Macht zu
verehren. Ob der Mensch von dieser höheren Macht Segen erwartet oder Schaden, ob er sie demgemäß liebt oder fürchtet, gilt
gleich viel. Es ist auch schwer Abrechnung zu halten darüber, ob
die Natur dem Menschen im Allgemeinen mehr ihre finstere oder
ihre freundliche Seite zeigt. Wenn Strauß die pessimistischen
Klagen Schopenhauer's und Hartmann's für Blasphemien

erklärt, die sein Gefühl verletzen, muß er doch wohl annehmen,
daß dem Menschen geziemt vor Allem die freundliche Seite der
Natur dankbar anzuerkennen.   Die Culturgeschichte aller Zeiten
und Völker widerspricht dieser Auffassung schwerlich. Die Gegenstände des Dankes sind mindestens ebenso oft Gegenstände der
Anbetung geworden wie die Gegenstände der Furcht; es ist gewiß
auffallend, daß selbst Strauß davon absieht.   Das Wesentliche
ist, daß der Mensch sich von einer höheren Macht abhängig denkt,
und daß er den Naturtrieb hat diese Macht zu verehren, nicht
aber daß er durch Gebet und Opfer versucht diese Macht zu seinen
Gunsten zu beeinflussen.   Strauß begeht den Irrthum dies
Letztere, das Unwesentliche, für das Wesentliche der Religion zu
erklären, weil er die Beziehung des Abhängigkeitsgefühls zur
Vernunft außer Augen setzt und darüber die Natur der religiösen
Anbetung verkennt. Auch die allerdings vielfachen Abirrungen
dieser natürlichen Vorstellung von Abhängigkeit in Betreff der
Wesen, deren vermeinte Macht Anbetung fand, beweisen Nichts
gegen die Berechtigung der Vorstellung selbst. Der Mensch kann
sich freilich von diesem oder jenem Wesen irrthümlich abhängig
wähnen; aber darin irrt er nicht, daß er jederzeit Grund hat sich
von einer höchsten Macht abhängig zu denken und diese Macht
zu verehren.   Daß mit Recht in dieser Abhängigkeitsidee allein
das eigentliche Wesen der Religion gesucht werden dürfe, soll damit
noch keineswegs behauptet sein, es soll zunächst nur Vogt's Mißdeutung einer bekannten Thatsache zurückgewiesen und der wahre
Kern dieser Thatsache blos gelegt werden. Schon diese kurze
Ueberlegung zeigt uns jedenfalls deutlich in dem Verhalten von
Mensch und Thier zur Religion einen wesentlichen Unterschied, der
es bedingt, die seelische Grundlage des menschlichen Religionsgefühls
nicht in einem Affect zu suchen, den der Mensch mit dem Thiere
gemeinsam besitzt. — Nur die bekannte Vorliebe Vogt's für die
Annäherung an seine in der Entwicklung zurückgebliebenen Ver-
wandten kann ihn zu dem so offenbar falschen Schluß über den
Ursprung des religiösen Gefühls verleitet haben.

Czolbe's Ansicht verirrt sich so weit nicht von dem Gebiete
der aufgeworfenen Frage, er bleibt wenigstens auf dem Gebiete
menschlichen Fühlens stehen, wenn er in der Unzufriedenheit mit
der irdischen Welt die seelische Veranlassung zum Glauben an eine

Welt übersinnlichen Daseins entdeckt. Aber die Wahrheit trifft seine Entdeckung nicht. Nur ein geringes Wissen und eine geringe Besinnung ist erforderlich den Irrthum dieser Meinung einzusehen. Kein Philosoph hat eine stärkere Unzufriedenheit mit dieser Jammerwelt ausgesprochen, als Schopenhauer, und Keiner hat doch weniger an eine andere Welt geglaubt als er. Kein Philosoph andererseits hat die Mängel dieser Welt so bestimmt aus der Harmonie des Alls zu rechtfertigen und durch diese Rechtfertigung die Zufriedenheit mit dieser bestmöglichen Welt zu stärken gesucht als Leibniz in seiner Theodicee; Leibniz aber hielt trotz dieser Zufriedenheit den vollen Glauben an Gott und die übersinnliche Welt aufrecht. Die alten Griechen hielten in frischer Lebenslust das Verlassen des Erdenlebens für eine Einbuße, welche ihnen durch die schattenhafte Fortdauer in der Unterwelt nicht ersetzt wurde. Sie sahen und beklagten wohl die Ungleichheiten des Geschicks der Einzelnen in diesem Leben; eine allseitig gerechte Ausgleichung von Glück und Verdienst im anderen Leben, eine im Vergleich mit der Lust dieses Lebens wünschenswerthe Seligkeit versprachen sie sich nicht. Nur einzelne Philosophen hofften durch den Tod eine Befreiung der Seele aus dem Kerker des Leibes zu finden und somit eines göttlicheren Lebens theilhaftig zu werden. Das Glücksbedürfniß des griechischen Volks also konnte nicht zum Glauben an eine andere Welt göttlichen Daseins führen, und dennoch beseelte dieser Glaube auch dieses Volk.

Der religiöse Glaube muß also doch wohl eine von dem menschlichen Glücksbedürfniß und der aus der Nichtbefriedigung desselben entspringenden Unzufriedenheit unabhängige, selbstständige Bedeutung haben. Czolbe's Ableitung des religiösen Glaubens aus dem Pessimismus menschlicher Glücksansprüche ist thatsächlich nicht zu rechtfertigen. Sein Irrthum wird auf der Mißdeutung einer allerdings vorhandenen Beziehung zwischen der Art des religiösen Glaubens und der menschlichen Glücksstimmung beruhen. Je nach der Natur der letzteren erhält offenbar der Religionsglaube eine verschiedenartige optimistische oder pessimistische Färbung, mit dem Optimismus oder Pessimismus schließt der religiöse Glaube eine natürliche Verbindung und insofern ist die Art der menschlichen Glücksstimmung von Belang für die Natur

des religiösen Glaubens, aber darum noch nicht für dessen Dasein selbst.

Bei dem in unserer Zeit mit besonderem Eifer geführten
Streit des Pessimismus und Optimismus wird von beiden Seiten
irrthümlich in der Beziehung dieser streitenden Weltansichten zur
Religion eine Bestätigung der Wahrheit gesucht. Schopenhauer
hat mit Vorliebe darauf hingewiesen, daß die Urweisheit der
alten indischen Religion von der Erbärmlichkeit und dem Elend
des irdischen Dasein auf's Tiefste überzeugt ist und daß diese
Ueberzeugung auch die Seele der christlichen Idee sei. Dieser
Pessimismus, den auch alle wahrhaft großen Geister der Erde
gehegt haben sollen, verwächst in seiner Anschauung mit religiöser
Stimmung überhaupt, so daß ihm der entgegenstehende Optimismus geradezu als eine ruchlose, unfromme Gesinnung erscheint.
Die meisten Anhänger Schopenhauer's haben ihm darin bei-
gestimmt. Auch Taubert in seinem 1873 erschienenen Buch:
„Der Pessimismus und seine Gegner" legt Gewicht darauf hervorzuheben, daß der Pessimismus in den wichtigsten Religionen
als mitbestimmende Doctrin für den ganzen Charakter der religiösen Weltanschauung aufgenommen worden sei.

Daß diese Verbindung mit dem Pessimismus nicht bei allen
Religionen vorhanden ist, hat Schopenhauer nicht übersehen,
vielmehr hebt er selbst wiederholt den Optimismus des Juden-
thums und Mohamedanismus hervor, aber freilich nur um den
Judengott, der Alles sehr gut fand, zu schmähen. Gleichviel, wir
halten hier zunächst nur die Anerkennung der Thatsache fest, daß
es auch alte und weit verbreitete Religionen giebt, deren Stimmung
optimistisch ist. Auch bestreite ich, daß man ein Recht hat, die
pessimistische Weltentsagungslehre des späteren Christenthums für
seine ursprüngliche Stimmung zu halten und glaube die Rechtfertigung dafür in meiner 1873 erschienenen Schrift über den
alten und neuen Glauben beigebracht zu haben. Strauß selbst,
der zuletzt allerdings glaubte den pessimistischen Zug des Christenthums nicht schwarz genug schildern zu können, hatte noch in
seinem Leben Jesu selbst hervorgehoben, daß Jesus Lehre dem
religiösen Verhalten des Menschen eine im Judenthum bis dahin
unbekannte Freiheit und Heiterkeit gegeben habe.

Läßt sich nun auch keineswegs mit Schopenhauer und seinem Anhang behaupten, daß die ältesten und werthvollsten Religionen, sowie alle tiefer denkenden Menschengeister pessimistisch waren, so läßt sich doch ebenso wenig das Gegentheil vertheidigen.

Wie mißlich das ist, zeigt uns Strauß Versuch, seinen Optimismus als Beweisstück religiöser Gesinnung darzustellen. Er behauptete, auf sein Gefühl wirkten pessimistische Ausfälle gegen die Vernunft des Alls wie Blasphemien. Es erschien ihm ruchlos von Seiten eines einzelnen Menschenwesens, sich so keck dem All, aus dem es stammt, von dem es auch das bischen Vernunft hat, das es mißbraucht, gegenüberzustellen. Strauß stand daher nicht an zu erklären, jede wahre Philosophie müsse optimistisch sein.

Auch diese Erklärung scheint mir unberechtigt. Nach meiner Ansicht läßt sich über den Werth einer Religion oder einer Philosophie gar nichts ermitteln aus ihrer Beziehung zum Optimismus oder Pessimismus. Es hat in der Welt manche optimistische und manche pessimistische Religionen und Philosophien gegeben; daß aber die einen von tiefen Geistern und Gemüthern, die anderen von flachen und leichten Seelen erdacht und empfunden sind, ist eine ganz unerwiesene und unerweisbare Behauptung. Ob ein Mensch dem Optimismus oder dem Pessimismus huldigt, hängt nicht von der Erkenntniß des Menschen, sondern von der Stimmung seines Gemüthes ab, deren Berechtigung sich jeder wissenschaftlichen Abschätzung vollständig entzieht.

Für die wissenschaftliche Erwägung kommt die Frage nur in soweit in Betracht, als der Versuch gemacht wird, in Betreff der Denkbarkeit ein Alleinrecht der einen oder der anderen Weltanschauung zu beweisen. Leibniz versuchte in seiner Theodicee einen solchen Beweis zu Gunsten des Optimismus zu führen; dem gegenüber war Voltaire mit dem Spott auf die beste der best möglichen Welten in seinem Candide vollständig im Rechte. Schopenhauer, Hartmann und ihre leidenschaftlichen Jünger haben neuerdings versucht den Beweis zu Gunsten des Pessimismus zu führen, ein Candide zur Verspottung ihres Klagens über die Welt, die wenn auch so gut wie möglich, so doch herzlich schlecht und jedenfalls schlechter als gar keine sei, wäre wohl am Platze, wenn nicht ihre übertriebenen Jeremiaden über das Elend der Welt schon gewissermaßen die Verspottung in sich selbst trügen und

schon deshalb auch auf Gegner vielfach erheiternd wirkten, wie
schlechte Trauerspiele auf Volkstheatern.

Statt einen entsprechenden Candide zu schreiben haben die
optimistisch gesinnten Denker unserer Zeit die Sache ernst genommen und nicht unterlassen die Nichtigkeit der pessimistischen
Beweise darzuthun, um dem Gift dieser Gesinnung seine Stärke
zu nehmen und dadurch dem schädlichen Einfluß desselben eine
schützende Macht des Gedankens entgegen zu stellen. Ich will
nicht unterlassen dies auch hier zu thun, um die dann aufzu-
nehmende Betrachtung über das wahre Wesen der Religion rein
zu halten von der ganz ungehörigen Einmischung dieser Streitfragen des Pessimismus und Optimismus.

Der Optimismus und Pessimismus haben stets versucht
ihre Wahrheit aus der Speculation oder aus der Erfahrung zu
beweisen.

Speculativ hat Leibniz den Optimismus zu beweisen
gesucht, indem er darthat, daß nothwendig alles Endliche mit
einem gewissen Mangel behaftet sein müsse, daß aber diese Unvollkommenheit des Einzelnen sich aufhebe in der vollkommenen
Harmonie des Alls, daß insbesondere das moralische Uebel, für
welches übrigens dieselbe Ausgleichung gelte, eine natürliche Folge
des Mißbrauchs der menschlichen Freiheit sei, somit nicht der
Gottheit selbst zum Vorwurf gemacht werden dürfe.

Diese Gründe enthalten allerdings keine oder nur schwache
Beweise für den Optimismus. Ein Pessimist kann ihnen gegenüber
mit Fug und Recht behaupten, ein weiser und allmächtiger Gott
hätte wohl die Menschen mit solcher Seelenkraft ausstatten können,
daß sie ihre Freiheit nicht mißbrauchten, und im Uebrigen beweise
ja Leibniz nur, daß alles Endliche nothwendig mangelhaft sei,
und beweise gar nicht, daß die Unvollkommenheit des Einzelnen
in der vollkommenen Harmonie des Alls aufgelöst werde. Das
behaupte er und suche er aus der Erfahrung zu bestätigen, aber
behaupten sei nicht beweisen und die Erfahrung bringe für die
Behauptung des Gegentheils eine viel größere Bestätigung.

Nur dies Letztere würde ich als Optimist bestreiten, sonst
aber dem Pessimisten rücksichtlich seiner Abweisung der Beweiskraft der von Leibniz gegebenen Begründung des Optimismus Recht geben.

Eben so entschieden aber ist Stellung zu nehmen gegen die speculativen Versuche, die Wahrheit des Pessimismus zu beweisen.

Die von Strauß in seinem „alten und neuen Glauben" gegebene Widerlegung des Pessimismus mögte allerdings wohl nicht viel mehr als ein sophistischer Scherz sein. Strauß will im Pessimismus den grellsten Widerspruch finden. „Wenn die Welt ein Ding ist, das besser nicht wäre, — sagt er — ei so ist ja auch das Denken des Philosophen, das ein Stück dieser Welt bildet, ein Denken, das besser nicht dächte. Der pessimistische Philosoph bemerkt nicht, wie er vor Allem auch sein eigenes, die Welt für schlecht erklärendes Denken für schlecht erklärt; ist aber ein Denken, das die Welt für schlecht erklärt, ein schlechtes Denken, so ist ja die Welt vielmehr gut". — Das ist mit Verlaub zu sagen eine Sophisterei, deren sich Strauß nicht hätte bedienen sollen.

Ein Pessimist kann wohl unser Denken für ein kümmerliches halten, weil es so gar eng begrenzt ist und so viel Wesentliches nicht begreift, und braucht darum doch noch nicht anzunehmen, daß es in jeder Beziehung Falsches denkt. Wie Sokrates das für die beste Weisheit erklärte zu wissen, daß wir Nichts wissen, so könnte ohne Widerspruch ein Pessimist behaupten, das Beste an unserm elenden Denken sei noch, daß es wenigstens seine eigene Geringfügigkeit einsehen könne.

Will aber nun Schopenhauer uns a priori beweisen, daß alles Leben Leiden sein müsse, so werden wir gewiß berechtigt sein uns durch unsere Vernunft auch gegen die Sophistereien dieser pessimistischen Beweisführung zu schützen. Ich habe versucht dies zu thun in meiner Schrift: „Arthur Schopenhauer als Mensch und Denker" (in der Sammlung gemeinverst. Vorträge herausg. von Virchow und Holzendorff VII. Serie Heft 145. 1872) und in meiner 1872 gehaltenen Rede „Weltelend und Weltschmerz, gegen Schopenhauer's und Hartmann's Pessimismus" und vermag in dem, was dagegen Frauenstädt in der Einleitung zur Gesammtausgabe der Werke Schopenhauer's und Taubert in den genannten Werken vorgebracht haben, keine Beseitigung meiner Bedenken und Einwände zu erkennen.

Schopenhauer sucht den apriorischen Beweis für das Weltelend in der Behauptung, daß alles Leben auf einem Leben-

wollen beruhe, alles Wollen und Wünschen aber einen Mangel
voraussetze, aller Mangel ein Leiden sei, somit alles Leben Leiden
sein müsse. Dieser Beweis ist durchaus nicht stichhaltig. Wenn
alles Wünschen und Wollen auf einem Mangel beruht, der eben
ausgefüllt werden soll, so hebt die Befriedigung des Wunsches
den Mangel auf. Beruht alles Leben auf einem Lebenwollen,
so ist eben das Leben die befriedigende Erfüllung des Grund=
willens. Wird dieser und damit der Mangel als Grundlage in
das Leben selbst mit hineingetragen, so ist dies ein sophistisches
Spiel mit dem Namen Wille. Als solche bleibende Grundlage
des Lebens ist der Wille zum Leben dann nichts anderes als die
Kraft, welche das Leben erhält; in dieser Kraft ist der angebliche
Mangel, den das Elend allen Daseins begründen soll, an und
für sich nicht ersichtlich. Es bedarf deshalb eines neuen Nach=
weises, um den Verbleib des Mangels in der Lebenserfüllung
selbst darzuthun. Schopenhauer versucht diesen Nachweis zu
liefern, indem er sich bemüht die Negativität und Vergänglich=
keit aller Lust darzuthun. Alle Lust soll nur empfunden werden
als Freude über das Aufhören einer Unlust, es soll keine Lust
geben, die unmittelbar empfunden wird ohne vorangehenden
Schmerz. Nun meint Frauenstädt, diese Behauptung Scho=
penhauer's habe die Erfahrung für sich, während mir scheint,
daß sie derselben schnurstracks widerspricht. Wenn diesen Augenblick
mein Gefühl ein warmer Sonnenstrahl erfreut, so braucht mich
nicht den Augenblick zuvor die Unlust des Frostes geplagt zu
haben um mir im Gegensatz dazu jene Lustempfindung zu er=
möglichen. Wenn mir jetzt der Trunk eines guten Glases Wein
munden soll, braucht meine Zunge nicht kurz zuvor von einer
ekelhaften Unlustempfindung gereizt zu sein. Sollen mich die
Töne eines Beethovenschen Liedes erfreuen, so brauche ich nicht
vorher mein Trommelfell durch widriges Hundegebell erschüttern
zu lassen. Mein Auge genießt mit Lust das junge Frühlings=
grün auch ohne sich den Gegensatz zum Schneefeld des durch seine
Dauer lästig gewordenen Winters zu vergegenwärtigen; ebenso
sah mein Auge seiner Zeit auch das Schneefeld mit Lust ohne
des vergangenen Sommergrüns zu gedenken. Die frische Be=
wegung eines Spaziergangs erfreut mich, ohne daß mir die voran=
gehende Ruhe lästig gewesen zu sein braucht. Das Gleiche gilt

für jede geistige Arbeit. Kurz die Behauptung, daß alle Lust nur mittelbar als Aufhören einer Unlust, dagegen alle Unlust unmittelbar empfunden werde, halte ich meinerseits für durchaus erfahrungswidrig.

Auf diese Fälschung des Thatbestandes, nicht aber auf den Gebrauch des Wortes „negativ", das, wie Frauenstädt bemerkt, im Sinne Schopenhauer's nur die Relativität der Lust bezeichnen, also eine gewisse Positivität der Lust nicht aufheben soll, hat meine Widerlegung das Hauptgewicht gelegt. Allerdings trägt aber der Gebrauch dieses zweideutigen Wortes „negativ" in Verbindung mit aller Lust dazu bei jene thatsächliche Fälschung zu verstecken und den Werth der anerkannten bleibenden Lust gerade durch diese behauptete Relativität herabzudrücken. Und das ist eben die Sophisterei dieser Beweisführung.

Die Relativität der Lustempfindung besteht nachweisbar nur im Verhältniß zu Dem, was Hartmann den Nullpunkt der Empfindung genannt hat, nicht aber durchweg in dem Verhältniß zu einer vorangegangenen und aufgehobenen Unlust. Ein solches Verhältniß kann wohl die folgende Lust erhöhen, aber keineswegs ist es die Grundbedingung aller Lust. Die Positivität der Lust kann eine unmittelbare sein und ist es in vielen wenn nicht in den meisten Fällen des Lebens. Die von Schopenhauer behauptete Negativität aller Lust ist nicht zu erweisen, die Lust ist nicht blos Contrastlust, wie dies auch Taubert zu denken scheint und irrthümlich sogar als von mir zugestanden annimmt. Auf das Lob mit richtigem Tacte das Glück der Gesundheit, Freiheit und des Wohlstandes nur als solches Contrastglück gelten zu lassen muß ich verzichten. Vielmehr behaupte ich, daß Gesundheit, Freiheit und Wohlstand auch unmittelbar Lustquellen sind, die als solche empfunden werden. Der Gegensatz zu Krankheit, Abhängigkeit und Armuth bringt nur den Werth dieser schon empfundenen Lust zum reflectirten Bewußtsein und erhöht dadurch diese Lust, fügt eine neue Lust hinzu. Daß es ebenso gut Unlustquellen geben kann, deren Ausfluß als Unlust empfunden wird, bevor dieselbe als solche vom Bewußtsein erkannt ist, will ich Taubert nicht bestreiten. Ich behaupte zunächst nur, daß kein Recht vorhanden ist, die Positivität der Lust herabzudrücken durch Ueberspannung ihrer Relativität vermittelst der Behauptung, keine Lust sei unmittelbar, alle Lust sei Contrastlust, entstanden im Gegensatz zu einer vorangegangenen Unlust.

Nicht minder unbegründet ferner ist es, diese Relativität noch durch den Hinweis auf die Vergänglichkeit aller Lust ver= größert erscheinen zu lassen. So vorübergehend wie die Lust ist auch die Unlust. Die letztere hat in dieser Beziehung nichts voraus; vielmehr pflegt die Lust in der Rückerinnerung sogar eine größere Bedeutung zu gewinnen als die Unlust. Auch ist die Lust der Vorfreude für unsere Seele viel positiver als die Unlust der Vorfurcht vor der erwarteten Unlust, denn die mensch= liche Seele ist in ihrem Hoffen viel zuversichtlicher als gewiß in ihrem Fürchten. Eine eigentliche Vortrauer ist daher selten, Vor= freuden aber sind häufig.

Indessen mit diesen Betrachtungen sind wir schon von der speculativen Beweisführung des Pessimismus auf das Gebiet der Erfahrungsbeweise hinübergetreten.

Es ist nicht meine Absicht mich hier auf eine weite Ab= rechnung über Glück und Elend der Welt einzulassen. An Hart= mann's Erfahrungsbeweis habe ich in meiner Rede Rechnungs= fehler nachzuweisen und dadurch das Vertrauen auf die Zuver= lässigkeit der Rechnung selbst zu erschüttern gesucht und im Allge= meinen halte ich das dort Gesagte aufrecht. Im Einzelnen hat Taubert zur Rechtfertigung Hartmann's Einiges entgegnet, was sich hören läßt. Wenn z. B. Haym und ich Hartmann tadelten, daß er die Naturfreuden gar nicht mit in Rechnung stelle, so läßt sich dagegen allerdings mit Taubert erwidern, daß Hartmann dafür auch die Naturleiden außer Betracht lasse. Dies Beispiel zeigt aber zugleich, wie wenig bei solcher Erfahrungsabrechnung herauskommt. Natürlich müßte nun erst ermittelt werden, ob die Naturleiden oder die Naturfreuden be= trächtlicher sind. Wie aber soll man mit irgend einer auch nur annähernd wissenschaftlichen Brauchbarkeit eine solche Betrachtung anstellen?

Das eben war es, was ich hauptsächlich gegen den Er= fahrungsbeweis des Pessimismus geltend gemacht habe, daß der= selbe niemals eine zwingende Ueberzeugungskraft gewinnen kann. Der Streit zwischen Pessimismus und Optimismus wird aus der Erfahrung niemals eine wissenschaftliche Schlichtung zulassen.

„Die Frage, ob in der Welt Glück oder Unglück überwiegen — schrieb ich in meiner Schrift über Schopenhauer — ist mit Hülfe einer alle Unlust und alle Lust abwägenden Erfahrung unbedingt nicht zu entscheiden. Es fehlt dazu die rechte Wage und es fehlt auch das rechte Maß. Selbst wenn ein solches Abwägen möglich wäre, und sich dabei ergeben sollte, daß die Masse des Unglücks größer sei als die Masse des Glückes, wäre der Optimismus damit immer noch nicht gerichtet. Glück und Unglück dürfen nicht nach der bloßen Masse abgeschätzt werden, sondern müssen vor Allem nach ihrem Werth für die Empfindung beurtheilt werden. Gar wohl könnte sich bei dieser Betrachtung ergeben, daß nach der Naturbeschaffenheit des menschlichen Empfindens eine Lust viele Unlust aufwiegt. Ein volles Abwägen von Lust und Unlust nach diesem allein berechtigten Gesichtspunkt ist aber eine unmögliche Aufgabe." — Diesen Grundgedanken habe ich auch in meiner Rede gegenüber dem pessimistischen Erfahrungsbeweis Hartmann's ausgeführt und halte seine Wiederholung auch an dieser Stelle für passend.

Die ganze Streitfrage des Pessimismus und Optimismus ist keine durch Erfahrung wissenschaftlich entscheidbare. Man kann nur mit mehr oder mit weniger Geschick zu der einen oder zu der anderen Lebensanschauung überreden, aber nicht unbedingt überzeugen. Und deshalb scheint es mir beklagenswerthe Kraft- und Zeitverschwendung, daß unsere allermodernste Philosophie wieder die Erörterung solcher unlöslichen Probleme mit besonderer Vorliebe hervorsucht. Die Entscheidung für den Pessimismus oder den Optimismus ist nicht Sache der Wissenschaft, sondern Sache der Stimmung und des Glaubens und damit lenken wir unsere Betrachtung wieder zu ihrem Ausgangspunkte zurück.

Die Zweckbetrachtung des Einen führt ihn zu dem Glauben, daß so viel unbestreitbares Leid der Welt nicht da sein würde, wenn die Welt ursprünglich hätte da sein sollen, und in dieser Stimmung achtet er dann zur Verstärkung dieses Glaubens mehr auf das Leid als auf die Lust des Lebens; die Zweckbetrachtung des Anderen führt ihn zu dem Glauben, daß die Welt nicht da sein würde, wenn alles Leben Leiden wäre und in diesem Glauben sieht er überall mehr auf die Lust als auf das Leid. So bestimmen allerdings Optimismus und Pessimismus die verschiedene

Naturbeschaffenheit des Glaubens, aber weder die eine noch die andere Anschauung hat ein Anrecht darauf sich für die Seele oder für die Quelle des religiösen Glaubens zu halten.

Der religiöse Glaube muß also eine andere Grundlage in unserer Seele haben, als das persönliche Glücksbedürfniß.

Die Religion läßt sich überhaupt nicht aus einem Element, nicht aus einem Vermögen oder Verlangen unserer Seele ableiten, sondern muß aus verschiedenen in die Seele gelegten Keimen erklärt werden. Sie ist nicht ein einfacher Ton, den die erregte Saite unserer religiös gestimmten Seele erklingen läßt, sondern ein harmonischer Zusammenklang mehrerer Töne. Das religiöse Gefühl ist kein einfaches, sondern ein aus verschiedenen Elementen erzeugtes gemischtes Gefühl unserer Seele. Dies ist es, was auch Kant, Fries, Schleiermacher und Hegel in verschiedener Einseitigkeit verkannt haben.

Kant's Einseitigkeit bestand darin, daß er das Wesen der Religion allein im sittlichen Thun suchte. Die Religion sollte nach ihm nur darin bestehen, daß wir unsere Pflichten als göttliche Gebote erkennen, wahre Religion fiel ihm darnach mit dem guten Lebenswandel zusammen. Kant hatte für diese Ansicht schon einen Vorgänger gehabt an Spinoza, welcher Philosophie und Religion also scheiden wollte, daß der Zweck der Philosophie kein anderer als Wahrheit, der Zweck des Glaubens nichts als Gehorsam und Frömmigkeit sein sollte. Die Dogmen des Glaubens sollten demnach alle nur dahin gehen zu lehren, daß es ein höchstes Wesen giebt, welches Gerechtigkeit und Liebe liebt, dem Alle, um selig zu sein, zu gehorchen, d. h. es durch Ausübung der Gerechtigkeit und Nächstenliebe zu verehren verpflichtet sind. Nur in einem Leben, das diese Tugenden übt, soll die wahre Gottesverehrung bestehen; nur wer sie im Bewußtsein jenes frommen Gehorsams übt, soll wahren Glauben haben. — Diese Aeußerungen Spinoza's stimmen offenbar im Wesentlichen mit der Ansicht Kant's überein. — Sie haben im weiteren Menschenkreise Anklang gefunden bei allen Denen, welche der Meinung sind, daß es einerlei ist, was man glaubt, wenn man nur im Bewußtsein damit einer höheren Verpflichtung zu genügen sittlich handelt. Auf Grund dieser Ueberzeugung allein wollen Manche schon ihren Anspruch auf den Namen guter Christen verdienen.

Aus dem Spruch 1 Johannis 2, 2: „Und an Dem merken wir, daß wir ihn kennen, so wir seine Gebote halten" — folgerte schon Spinoza, „daß diejenigen wahre Antichristen sind, welche rechtschaffene und Gerechtigkeit liebende Männer deshalb verfolgen, weil sie anders denken, und andere Dogmen des Glaubens be= haupten als sie. Denn wer Gerechtigkeit und Liebe liebt, der ist, wie wir wissen, dadurch allein ein Gläubiger, und wer Gläubige verfolgt, ist ein Antichrist." —

Ein Jeder wird den selbstständigen Werth eines im religiösen Geiste geführten sittlichen Lebens anerkennen, aber darum doch nicht die Ansicht billigen müssen, welche die Religion ausschließlich in der Begründung und Bethätigung eines solchen Lebens erkennt, welche sie aufgehen läßt in der gedachten Zurückführung unserer Sitten= ideale auf die Bestimmungen einer übrigens unbekannten höheren Macht. Denn das religiöse Gefühl wird bei dieser Auffassung zu einer ziemlich überflüssigen Begleitung der Sittlichkeit gemacht. An der Gültigkeit der sittlichen Grundgesetze unserer Natur wird damit Nichts geändert, daß wir sie ihrem Ursprunge nach abhängig denken von einer uns unbekannten höheren Macht, daß wir sie als an uns gerichtete Gebote dieser Macht ansehen. Die Verkündigung dieser Gebote geschieht doch nur in unserm eigenen Innern, wir hören die gebietende Stimme nur in den sittlichen Forderungen unserer Natur, und wir folgen den Geboten nur, so weit wir sie als solche Forderungen erkennen. Wir gewinnen also durch die religiöse Auffassung der sittlichen Willensrichtungen nicht einmal eine Verstärkung für den Glauben an ihre Gültigkeit; wir fassen nur die anerkannten Grundgesetze unserer sittlichen Natur als göttliche Gebote auf, wir stellen uns nur die innere Gesetzgebung überdies noch als eine äußere vor. Ein solcher Gewinn dürfte Manchem nicht erheblich genug erscheinen, um ihn zu suchen. Wenn dieser Glaube — kann man sagen — nicht einmal dazu beiträgt, das Sittenbewußtsein und seine Gewißheit zu erhöhen; wozu dann dieser Glaube, dessen ganze Bedeutung doch einzig auf den Dienst beschränkt sein soll, den er der Sittlichkeit leistet? — Kann man es unbefangenen Köpfen verargen, wenn sie erklären eines solchen Glaubens nicht zu bedürfen, um die Grundgesetze der Sittlichkeit anzuerkennen und ihnen nachzuleben? Liegt aber dann nicht die Gefahr nahe, daß diese Köpfe die Religion, deren

ganze Bedeutung ausschließlich in dieser Beziehung zur Sittlichkeit
gesucht wurde, mit der Verleugnung dieser Bedeutung überhaupt
aus den Augen verlieren? Wird die Religion nur als Stütze der
Moral gefaßt, dann gefährdet natürlich jede Erkenntniß von der
Schwäche oder Entbehrlichkeit dieser Stütze die weitere Anerkennung des Religionsbedürfnisses. Mag auch die Sittlichkeit ein
bestimmtes Verhältniß zum religiösen Glauben haben, jedenfalls
verdreht man die Sachlage, wenn man allen Glaubensinhalt auf
dieses Verhältniß beschränkt, aus diesen Beziehungen ableitet.
Auf diesem Irrweg befand sich Kant, wenn er den Glauben
an Gott aus einer Forderung unserer Sittlichkeit entspringen
läßt. Nicht deshalb glauben wir an Gott, weil wir für die
Menschenwelt eine sittliche Ausgleichung von Glück und Verdienst
verlangen und dazu ein Wesen voraussetzen müssen, das diese
Ausgleichung herbeizuführen im Stande ist; sondern umgekehrt,
wir glauben an eine göttliche Weltordnung und setzen deshalb
voraus, daß sich dieselbe auch in der gerechten Ausgleichung von
Glück und Verdienst offenbaren wird. Kant machte den Gottesglauben zu einem Nothbegriff der Sittlichkeit und verkannte damit
die allgemeinere und selbstständigere Grundlage, welche derselbe
in unserer Seele hat. — Mit vollem Rechte daher ist schon von
Kant's treuestem Schüler, Fries, eine Ergänzung des rein
praktischen Glaubens nach der speculativen Seite gefordert und
versucht worden.

Leider ist dieser Versuch von Fries und der sich ihm mit
De Wette anschließenden theologischen Schule der anderen Einseitigkeit anheimgefallen, das Gefühl als die wesentliche Quelle
der Religion anzusprechen. Nach dieser Ansicht lebt der Glaube
in den Ahnungen der ewigen Wahrheit, welche uns in der ästhetischen Weltansicht vor das Bewußtsein treten. Die Ideen des
Schönen und Erhabenen sollen uns die Ueberzeugung von der
Unterordnung des Wesens der Dinge unter die Ideen des Glaubens zum Bewußtsein bringen, demnach den Ahnungen der
ewigen Wahrheit in dem Endlichen der Naturerscheinungen angehören. Die Aufgabe der Religionsphilosophie verbindet sich dadurch
mit der philosophischen Schönheitslehre. Diese Vereinigung aber
soll nicht so gelten, „daß die religiöse Ueberzeugung als das
höchste Wissen unseres Wissens ausgesprochen werde, sondern in

der Art, daß die menschliche Weltzwecklehre gerade die dem Wissen
entgegengesetzten Wahrheitsgefühle des Glaubens und der Ahn-
dung in Schutz nehmen soll, daß sie eine Philosophie der Gefühle
seyn und nachweisen soll, wie in dem unmittelbaren Leben unsers
Wahrheitsgefühls im Gegensatze gegen die Entwicklung wissenschaftlicher Formen die festeste Grundüberzeugung des Menschen
vom Wahren, Guten und Schönen gefunden werde." (Handb.
d. Religionsphilos. §. 1. 1832.) Mit dem Gedanken an das
Gute als das Ziel unseres Lebens verbindet sich nach Fries in
der Erkenntniß die Frage nach dem schlechthin Guten, das heißt,
die Frage nach dem Zwecke der Welt, nach einem Werth, der den
Dingen schlechthin zukommt, und damit werden in uns Religion
und Glaube lebendig. Die rein vernünftigen Grundüberzeugun-
gen über Werth und Zweck der Dinge können dem Verstande nur
in allgemeinen und nothwendigen Weltgesetzen zum Bewußtsein
kommen. Im beschaulichen Leben aber werden sie gleichsam die
nothwendigen Grundgedanken aller menschlichen Wünsche, die
Ueberzeugung ewiger Hoffnungen, das heißt die religiösen Ueber-
zeugungen, deren Grundgedanken wir im Glauben aussprechen,
deren Anwendungen im Leben wir in ahnenden Gefühlen des
Schönen und Erhabenen bewegen. „So entsteht dem Menschen
— sagt Fries (in seiner psychischen Anthropologie. 2. Aufl. I.
§. 66) — die ästhetisch-religiöse Weltansicht, welche durch alles
Leben in reiner Liebe und durch das Streben nach Zufriedenheit
dem tiefen Ernst des Gefühls gehört und gleichsam der Mittelpunkt unsers ganzen geistigen Wesens ist. Denn hier vereinigt
sich für den Verstand der Grundgedanke aller Erkenntniß mit dem
reinen Grundgedanken des Herzens in dem lebendigen Glauben
an Gott, als den heiligen Welturheber, welcher die ewige Liebe
ist, und von welchem ausgeht der Geist der unendlichen Schönheit
als der Lebenshauch durch die ganze Natur. So empfängt jede
rein ästhetische Beurtheilung, jedes Gefühl des Schönen und Erhabenen sein Leben aus dem Glauben, das heißt aus der religiösen Ueberzeugung." — Auch Fries selbst hat bemerkt, daß
diese seine Ansicht von der Bedeutung des religiösen Gefühls mit
dem zusammentrifft, was bei uns am bestimmtesten Jacobi
lehrte. Unterscheiden von ihm wollte er sich nur dadurch, daß es
ihm nicht genügte, die Wahrheitsgefühle der religiösen Ueberzeugung

ausgesprochen zu sehen, sondern daß er darüber hinaus der
philosophischen Religionslehre die Aufgabe stellte, eine wissenschaftliche Rechtfertigung für diese Aussprüche des religiösen Gefühls
zu geben durch Ableitung der Religionswahrheiten aus der
Theorie der menschlichen Vernunft. Doch sollte dies keine wissenschaftliche Entwicklung der aus Ideen entsprungenen religiösen
Ueberzeugung geben, sondern ihre Entfaltung im Leben dem
Wahrheitsgefühl gehören; nur eine Wissenschaft von der religiösen
Ueberzeugung sollte gesucht werden. Mit andern Worten —
nicht aus dem Wissen sollte der religiöse Glaube entspringen,
sondern die Ideale der Schönheit und Erhabenheit sollten ihn
erzeugen und das Wahrheitsgefühl ihn entfalten; das Wissen erhielt die Aufgabe, diese gegebenen Thatsachen des religiösen Gefühls zu begreifen und zu erklären.

Darin, daß im Gefühl der subjective Quellpunkt der
Religion gesucht wird, berührt sich mit Fries' Ansichten auch
Schleiermacher's Ueberzeugung.

Schleiermacher wollte das Wesen der Religion weder
auf dem Gebiete der Metaphysik noch auf dem der Moral suchen.
Religion sollte wesentlich weder Erkennen noch Handeln sein;
nur das Gefühl galt ihm als das eigenthümliche Gebiet der
Religion. Das Vorstellen und Fühlen wurde unterschieden als
die aufnehmenden Thätigkeiten unserer Seele von der ausströ-
menden Thätigkeit des Wollens. Die aufnehmende Thätigkeit
setzt eine Erregung von außen voraus; es muß eine Einwirkung
von außen auf das Einzelwesen stattfinden, welche die aufnehmende Thätigkeit erregt. Diese gestaltet sich dann entweder so,
daß wir das Sein der Dinge außer uns vorstellen und erkennen,
oder so, daß wir das Sein der Dinge in uns empfinden. Die
Beziehung des Unendlichen zu uns besteht nur in einer solchen
Einwirkung auf uns, daß wir dieser Beziehung unmittelbar in
uns, in unserm Gefühl inne werden. Im Gefühl der schlechthinigen Abhängigkeit unseres endlichen Wesens vom Unendlichen
bezeugt sich unmittelbar das Sein Gottes in uns. Die Religion
soll daher nicht allein als ein Lehrgebäude von Dogmen, nicht
als ein bloßes Mittel zur Beförderung der Sittlichkeit angesehen
werden, sie soll ihrem Wesen nach unmittelbares Anschauen und
Fühlen des Unendlichen in uns sein. Indem wir das Einzelne

hinnehmen als einen Theil des Ganzen, als eine Darstellung des
Unendlichen, indem wir in allem Endlichen das Unendliche sehen,
schauen wir es religiös an. Die Anschauung aber ist nicht
eine Erkenntniß von der Natur des Unendlichen; jede Aussage über
diese Natur führt vielmehr über die Religion hinaus zur Wissen=
schaft oder in Mysticismus und leere Mythologie. „Das Universum
ist in einer ununterbrochenen Thätigkeit und offenbart sich uns
jeden Augenblick — heißt es in der zweiten der Reden über die
Religion. — Jede Form, die es hervorbringt, jedes Wesen, dem
es nach der Fülle des Lebens ein abgesondertes Dasein giebt,
jede Begebenheit, die es aus seinem reichen, immer fruchtbaren
Schooße herausschüttet, ist ein Handeln desselben auf uns; und
in diesen Einwirkungen und dem, was dadurch in uns wird,
alles Einzelne nicht für sich, sondern als einen Theil des Ganzen,
alles Beschränkte nicht in seinem Gegensatz gegen Anderes, son=
dern als eine Darstellung des Unendlichen in unser Leben auf=
nehmen und uns davon bewegen lassen, das ist Religion." —
„Es ist das Ein und Alles der Religion, Alles im Gefühl uns
Bewegende in seiner höchsten Einheit als eins und dasselbe zu
fühlen und alles Einzelne und Besondere nur hierdurch vermittelt,
also unser Sein und Leben als ein Sein und Leben in und
durch Gott." — Als ein Irrthum aber wird die Meinung be=
zeichnet, „daß es zur Religion gehöre, sich dieses Zusammenhanges
ihrer einzelnen Aeußerungen auch noch bewußt zu sein und ihn
nicht nur in sich zu haben und aus sich zu entwickeln, sondern
auch noch beschrieben vor sich zu sehen und so von außen auf=
zufassen." — Eine Anmaßung wird es genannt, „wenn man die
für eine mangelhafte Frömmigkeit halten will, der es daran fehlt."
Die wahrhaft Frommen vielmehr „lassen sich nicht stören in ihrem
einfachen Gange und nehmen wenig Kenntniß von allen so sich
nennenden Religionssystemen." Dem Frommen lebt die Religion
in dem unmittelbaren, somit noch nicht durch den Begriff hin=
durchgegangenen Anschauen und Fühlen des Unendlichen. Die
Form, in welcher sich dieses Gefühl zur Religion gestaltet, seine
Aeußerung, seine Bezeichnung, kann verschieden sein; das zum
Grunde liegende Gefühl bleibt unter allen Formen der Religion
in seinem Wesen dasselbe. Der ganze Umfang der Religion ist
ein Unendliches und nicht unter einer einzelnen Form, sondern

nur unter dem Inbegriff aller zu befassen. „Alles, was sich
irgendwo religiös gestaltet, ist gut; denn es gestaltet sich ja nur,
weil es ein gemeinschaftliches höheres Leben ausspricht.“

Aus diesem Wesen der Religion entspringt ihre freundlich
einladende Duldsamkeit. Nicht die Religion ist verfolgungssüchtig
und gehässig, sondern Diejenigen sind es, welche die Religion
verderben, indem sie sie mit einem Heer von Formeln und Begriffsbestimmungen überschwemmen. Die Religion begehrt nicht
einmal Diejenigen, welche glauben und fühlen, unter Einen
Glauben und Ein Gefühl zu bringen. Sie strebt nur „Denen,
welche religiöser Erregungen noch nicht fähig sind, den Sinn für
die ewige Einheit des ursprünglichen Lebensquells zu öffnen,
denn jeder Sehende ist ein neuer Priester, ein neuer Mittler, ein
neues Organ; aber eben deswegen flieht sie mit Widerwillen die
kahle Einförmigkeit, welche diesen göttlichen Ueberfluß wieder
zerstören würde.“ — „In der unmittelbaren Beziehung auf das
Unendliche steht alles ursprünglich Innerliche ungestört neben einander, Alles ist eins und Alles ist wahr.“ — Nur die System-
sucht stößt das Fremde von sich, in ihr ist der Sitz der Streit-
kunst und der Streitsucht, die man irrthümlich der Religion selbst
aufbürdet. „Das neue Rom, das gottlose aber consequente,
schleudert Bannstrahlen und stößt Ketzer aus; das alte, wahrhaft fromm und religiös im hohen Stil, war gastfrei gegen
jeden Gott, und so wurde es der Götter voll. Die Anhänger
des tobten Buchstabens, den die Religion auswirft, haben die
Welt mit Geschrei und Getümmel erfüllt; die wahren Beschauer
des Ewigen waren immer ruhige Seelen, entweder allein mit sich
und dem Unendlichen, oder wenn sie sich umsahen, Jedem, der
das große Wort nur verstand, seine eigene Art gern vergönnend.“
— „Aus zwei Elementen besteht das ganze religiöse Leben; daß
der Mensch sich hingebe dem Universum und sich erregen lasse
von der Seite desselben, die es ihm eben zuwendet, und dann
daß er diese Berührung, die als solche und in ihrer Bestimmtheit
ein einzelnes Gefühl ist, nach innen zu fortpflanze und in die
innere Einheit seines Lebens und Seins aufnehme; und das
religiöse Leben ist nichts anderes als die beständige Erneuerung
dieses Verfahrens.“ Aus dieser innern Einheit entspringt dann
auch eine Rückwirkung von der Gesammtheit des Gefühls auf die

Gesammtheit des Handelns. Nichts soll der Mensch aus Religion, Alles aber mit Religion thun; ununterbrochen sollen wie eine heilige Musik die religiösen Gefühle sein thätiges Leben begleiten, und er soll nie und nirgends erfunden werden ohne sie.

Dieses religiöse Gefühl nun — so führt Schleiermacher weiter aus — gewinnen wir nicht im Anblick der äußern Natur durch das Bewundern ihrer Schönheit und Herrlichkeit im Einzelnen, nicht durch das Anstaunen ihrer unübersehbaren äußeren Unendlichkeit, sondern erst, wenn wir in Ehrfurcht und Demuth vor den großen Kräften der Erhaltung und Zerstörung stehen, welche den wechselnden Reichthum aller Naturgestaltung bedingen, wenn wir an den Gesetzen dieser Naturentwicklung die Einheit des Ganzen fühlen, dem auch wir angehören. Aber die Einheit in der Natur, durch welche sie uns erst jenes Ganze wird, finden wir so leicht nicht ursprünglich in ihr, weil unser Sein ganz auf die andere Seite hinneigt und wir die Einheit unmittelbar erst im Gemüthe wahrnehmen. „Darum ist auch das Gemüth für uns wie der Sitz so auch die nächste Welt der Religion; im innern Leben bildet sich das Universum ab, und nur durch die geistige Natur, das Innere, wird erst die körperliche verständlich“. Dieses Verständniß aber öffnet uns die Liebe. „Umsonst ist Alles für denjenigen da, der sich selbst allein stellt; denn um des Weltgeistes Leben in sich aufzunehmen und um Religion zu haben, muß der Mensch erst die Menschheit gefunden haben, und er findet sie nur in Liebe und durch Liebe. — Den umfängt Jeder am heißesten, in dem die Welt sich am klarsten und reinsten ihm abspiegelt; den liebt Jeder am zärtlichsten, in dem er Alles zusammengedrängt zu finden glaubt, was ihm selbst fehlt, um die Menschheit auszumachen.“ Diese Sehnsucht nach Liebe führt uns zu Menschen und läßt uns dann in jedem Einzelnen eine eigene Darstellung der Menschheit finden. Alles Menschliche erscheint uns in einander verschlungen und von einander abhängig und jedes Individuum seinem innern Wesen nach als ein nothwendiges Ergänzungsstück zur vollkommenen Anschauung der Menschheit. So fühlen wir den Zusammenhang und umfassen nun mit inniger Liebe und Zuneigung Alle, ohne Unterschied der Gesinnung und der Geisteskraft, werden erfüllt vom herzlichsten Mitleid mit allem Leiden, das entsteht, wenn der ewige Strom

der Welt die Luft des abgesonderten Daseins wegschwemmt und
die Einzelnen auf tausend Arten verwundet und quält. Kehrt
dann das fromme Gefühl geschärfter und gebildeter in das eigene
Ich zurück, so werden wir inne, wie unser Ich gegen den ganzen
Umfang der Menschheit nicht nur ins Kleine und Unbedeutende,
sondern auch in das Einseitige, in sich selbst Unzulängliche und
Nichtige verschwindet. Das erweckt in uns wahre, ungekünstelte
Demuth. Und wenn dann allmählich in userm Gefühl lebendig
wird, was Dasjenige ist, was in der Menschheit erhalten und
gefördert, was unvermeidlich früher oder später besiegt wird,
dann beschleicht uns zerknirschende Reue über alles Dasjenige in
uns, was dem Wesen der Menschheit feind ist. Dankbar ver=
ehren wir dann Diejenigen, denen es schon gelungen ist sich mit
dem Ganzen zu einigen, und suchen die Gemeinschaft mit ihnen,
um auch uns zu stärken für den Sieg des höheren Lebens über
das eigene vergängliche Sein. — Alle diese Gefühle der Liebe,
des Mitleids, der Demuth, Reue und Dankbarkeit, welchen
das Gefühl des Unendlichen die Seele giebt, nannten die Alten:
Frömmigkeit, und wußten wohl das Rechte, wenn sie dieselben
unmittelbar zur Religion rechneten, deren edelster Theil sie ihnen
waren. —

Dies die Ansichten Schleiermacher's über das religiöse
Gefühl und das Wesen der Religion, wie er sie in jugendlicher
Begeisterung in seinen Reden über die Religion, und mit ruhigerer
Besonnenheit später in seiner Glaubenslehre entwickelt hat.

Prüfen wir nun diese Ansicht Schleiermacher's und über=
haupt die Ansicht Derer, welche den Quellpunkt der Religion in's
Gefühl verlegen, so stoßen wir auf eine unklare Verschiebung und
Verwechselung der elementaren Functionen unserer denkenden,
fühlenden und wollenden Seele. Die Einheit der erhaltenden
und zerstörenden Kräfte in Natur und Menschheit wird nicht ge=
fühlt, sondern vorgestellt, gedacht, kommt uns allmählich in der
Zusammenfassung einzelner Wahrnehmungen zum Bewußtsein.
Unser Gemüth wird nur in religiösem Sinne erregt für diesen
Gedanken des Zusammenhangs aller Dinge; diese begleitende Er=
regung aber verwandelt nicht den Gedanken selbst in Gefühl.
Wer in allem Endlichen das Unendliche sieht, wem alles Einzelne
in Beziehung zum Universum erscheint, der denkt, der stellt sich

diesen allgemeinen Zusammenhang der Dinge vor, auch wenn er ihn nicht in Allem klar erkennt. Diesen Zusammenhang trotzdem als überall vorhanden sich vorstellen, das kann für unser Gemüth werthvoll sein, unser Gefühl somit zur Festhaltung dieses Gedankens auffordern; aber dieser also vom Gefühl festgehaltene Gedanke wird darum nicht selbst zum Gefühl des Unendlichen. Zu dieser Meinung kann nur Das verleiten, daß sich der Gedanke dieses Zusammenhangs aller Dinge unserm Bewußtsein oft nur in der Wahrnehmung einzelner Beziehungen vorübergehend aufdrängt und durch Unterlassen weiteren Nachdenkens nicht zum dauernden Besitz unseres klaren Bewußtseins erhoben wird. Die aus diesem Unterlassen sich ergebende Unklarheit des Gesammtdenkens wird dann irrthümlich mit dem Namen eines dunklen Gefühls belegt. Es soll wenigstens dunkel gefühlt werden, was in Wahrheit nur gedacht werden kann, auch das Gefühl um so bestimmter erregt, je klarer und allgemeiner es gedacht wird.

Das dunkle Gefühl des Unendlichen in diesem Sinne ist nichts Anderes als das unfertige, nicht zum klaren Bewußtsein erhobene gelegentliche Denken desselben. Wer auf das sogenannte Gefühl seinen religiösen Glauben gründen will, für den gilt Hegel's Aeußerung, daß glauben in diesem Sinne nichts Anderes heißt, als nicht zu einer bestimmten Vorstellung fortgehen, auf den Inhalt sich nicht weiter einlassen wollen. (Encyklopädie der philos. Wissenschaften. § 573.) Dieses Urtheil paßt auf Schleiermacher, dessen schwankendes, unfertiges Denken über die Beziehungen des Endlichen zum Unendlichen den Rückzug auf das Gebiet des vieldeutigen Gefühls hinreichend erklärt. Man wird dabei an eine Aeußerung Goethe's über den Glauben erinnert. „Beim Glauben — sagte er einmal — kommt Alles darauf an, daß man glaubt; was man glaubt, ist völlig gleichgültig. Der Glaube ist ein großes Gefühl von Sicherheit für die Gegenwart und Zukunft, und diese Sicherheit entspringt aus dem Zutrauen auf ein übergroßes, übermächtiges, unerforschliches Wesen. Auf die Unerschütterlichkeit dieses Zutrauens kommt Alles an; wie wir uns aber dieses Wesen denken, dies hängt von unsern übrigen Fähigkeiten, ja von den Umständen ab, und ist ganz gleichgültig.“ — Mit Recht ist an dieser oft erwähnten Aeußerung Goethe's schon von Anderen (z. B. von Opzoomer in seinem

Buch: Die Religion, übers. v. Moot. 1868. S. 257) gerügt
worden, daß ihr die volle Klarheit fehle. Denn der Umstand
lasse doch auch sie nicht gleichgültig, daß dieses Wesen als über-
groß, übermächtig, unerforschlich und außerdem als unseres Ver-
trauens für Gegenwart und Zukunft vollständig würdig gedacht
werden müsse. —

Daß unserm Glauben an dem Gedanken einer einheitlich
waltenden Weltkraft gelegen ist, muß offenbar als eine mit den
Bedürfnissen unseres Gemüthes zusammenhängende Werthschätzung
dieses Gedankens angesehen werden. Aber gerade diese Gemüths-
schätzung desselben bedingt unmittelbar, daß die Form, in welcher
die Einheit der waltenden Weltkraft gedacht wird, für den religiösen Sinn des Menschen nicht gleichgültig sein kann. Aus
dieser Werthschätzung des Gefühls entspringt eben der Trieb der
fortschreitenden religiösen Gedankenarbeit der Menschheit, und
dieser Trieb ruht nicht eher, als bis diese Arbeit zu einem unsere
Seele befriedigenden Abschluß gelangt ist. Was aber auf diesem
Wege an Religionsbegriffen gewonnen wird, ist nicht, wie Schleiermacher will, ein Resultat unserer vergleichenden Betrachtung des
religiösen Gefühls, sondern ein Ergebniß unseres Nachdenkens über
den einheitlichen Zusammenhang der Dinge. Das religiöse Gefühl ist nichts Anderes als die Stimmung, mit welcher die Seele
diese Ergebnisse unseres Nachdenkens aufnimmt und werthschätzt.
Diese Stimmung ist somit allerdings ein wesentlicher Factor
unseres Glaubens, aber durchaus nicht der einzig wesentliche, und
sicher nicht derjenige Factor, aus dessen Betrachtung die nothwendigen Religionsbegriffe gewonnen werden können. Zu ihnen
vermag nur das vorurtheilsfreie, ungehinderte Nachdenken zu führen
und kein Religionsgefühl vermag dies zu ersetzen. — Wenn nun
Schleiermacher anstatt dies anzuerkennen, diesem Gefühl gegenüber die Bedeutung der religiösen Gedankensysteme zu etwas
relativ Gleichgültigem herabsetzt, dagegen die praktischen sittlichen
Gefühle der Liebe, des Mitleids, der Demuth und der Dankbarkeit unter dem Gesammtnamen der Frömmigkeit als wesentliche
Elemente der Religion hervorhebt, so kommt er mit dieser Auffassung Denen nahe, welche behaupteten, die Religion bestehe nicht
in Dem, was sich der Mensch über Gott und göttliches Wesen
denke, sondern in Dem, was der Mensch zu einem Gott wohlge-

fälligen Leben thue. Klare Vorstellungen aber über die Beziehun=
gen des Endlichen zum Unendlichen zu erstreben, soweit dies der
Kraft des menschlichen Denkens möglich ist, muß heut zu Tage
vor Allem als die Pflicht eines jeden Menschen angesehen werden,
dem die Gewinnung eines unerschütterlichen Glaubens für sich
wie für seine denkende Mitwelt am Herzen liegt. Früher konnten
wohl Menschen von tief religiöser Stimmung ohne solche Ge=
dankenklarheit den mächtigsten, religiösen Einfluß auf ihre Mit=
und Nachwelt ausüben, ja die großen Religionsstifter aller Zeiten
waren sicherlich begeisterte Menschen von dieser Art; aber bei dem
von der Gedankenarbeit vieler Jahrhunderte durchdrungenen Bil=
dungszustande unserer Menschheit können jetzt nur noch solche
Geister eine religiöse Erweckung des erschlafften Glaubens hervor=
rufen, in denen religiöse Stimmung und religiöse Klarheit einen
innigen Bund geschlossen haben. Eben deshalb, weil diese Ele=
mente sich so schwer in der Menschenseele zusammen fügen, weil
so leicht auf dem Gebiete der Religion über dem Nachdenken die
Stimmung und über dieser Stimmung das Nachdenken Einbuße
leidet, sind die religiösen Genies so selten in der Menschheit und
läßt sich die Erscheinung eines solchen Messias in unserer glau=
benszerrissenen und doch so glaubensbedürftigen Zeit wohl ersehnen
aber kaum erhoffen. — Schleiermacher war unstreitig ein
Mann, in dem der religiöse Genius in hohem Grade lebendig
war, und deshalb hat er auch mächtig auf die religiöse Bewegung
unserer Zeit eingewirkt; aber die religiöse Stimmung überfluthete
doch sein religiöses Nachdenken allzu sehr und ließ es darüber zu
einem unzweideutigen klaren Ausdruck seines religiösen Denkens
nicht kommen, der im Bunde mit der Kraft seiner religiösen
Stimmung allein im Stande gewesen wäre, auch die Gebildeten
unter den Verächtern der Religion wieder für Religion und re=
ligiöses Leben kräftig und nachhaltig zu ergreifen.
    Nur der gerügte Irrthum aller Derjenigen, die mit Jacobi,
Fries und besonders Schleiermacher die Religion zu einer
Gefühlssache machen wollten, war es, der Hegel's Abirrung in
entgegengesetzter Richtung Vorschub leistete, als derselbe im ausge=
sprochenen Gegensatz gegen jene Gefühlsrichtung die Religion
wieder ganz auf das Gebiet des Denkens und Wissens drängte.
Die Einseitigkeit seiner Gegner allein gab ihm ein theilweises

Recht dazu. Ihr gegenüber hatte er Grund zu behaupten, daß die Religion, wenn sie nur als Gefühl sein solle, zum Vorstellungslosen wie zum Handlungslosen verglimme und so allen bestimmten Inhalt verliere. Die wahre Religion müsse ein Credo, einen Lehrinhalt haben. — Hegel ging aber dann in seinem Gegensatz zu weit, unterschätzte nun einseitig wieder die Bedeutung des Gefühls für die Religion und legte, ebenso einseitig wie seine Gegner, wieder das ganze Gewicht auf das Denken.

Schon seine Behauptung, auch das Thier müsse Religion haben, wenn mit Recht gesagt werde, die Religion beruhe auf dem Abhängigkeitsgefühl, war ein unzulänglicher Einwand gegen die Ansicht Schleiermacher's. Denn das Gefühl von Abhängigkeit, welches der Hund seinem Herrn gegenüber besitzen mag, hat doch wohl mit dem aus der Beziehung des Endlichen zum Unendlichen entspringenden schlechthinigen Abhängigkeitsgefühl, von dem Schleiermacher redet, nichts weiter gemein als den weiten Gattungsnamen Gefühl. Wir Menschen mögen auf dem Gebiete des Fühlens mehr Gemeinsames mit den Thieren besitzen als auf dem des Denkens, aber diese Gemeinschaft bedingt doch nicht, daß die Gefühlsgebiete der Menschen und Thiere einander decken. Nicht einmal die Stimmung derjenigen Gefühle, die sie mit uns theilen, wird dieselbe sein, wie bei uns; menschliche Mutterliebe kann wohl zur sinnlosen Affenliebe hinabsinken, aber keine Affenliebe kann sich zur Höhe und zum inneren Reichthum einer wahrhaft menschlichen Mutterliebe erheben. — In keinem Fall erstreckt sich die Gefühlsgemeinschaft auf das Gesammtgebiet der Gefühle. Wir theilen mit den Thieren die Lust und Unlustgefühle sinnlicher Empfindung und gewisse natürliche Mitgefühle der Zu- und Abneigung; aber die Thiere theilen nicht mit uns die Lustgefühle, welche in uns der Anblick des Schönen, die Erkenntniß des Wahren und die Ausübung des Guten erregen. Sie haben also wohl einige Gefühle wie wir, aber ihr Gefühlsvermögen ist doch nicht gleich dem unsrigen. Es läßt sich also aus der Thatsache, daß Menschen und Thiere gemeinsam Gefühl besitzen, nicht mit Hegel folgern, das Gefühl sei das thierische Element unserer Seele und sei als solches nicht im Stande, die Religion zu tragen, diese müsse vielmehr auf dem Gebiete desjenigen Vermögens gesucht werden, durch welches der Mensch sich vom

Thier unterscheide, nämlich auf dem Gebiete des Denkens. Die begrenzte Gefühlsgemeinschaft kann nicht den Werth des ganzen menschlichen Gefühlsvermögens der Art herabsetzen, daß nun schon aus diesem Grunde die Religion nicht auf diesem Boden gesucht werden darf, sondern auf dem des Denkens gesucht werden muß. Mit gleichem Rechte ließe sich dann auch dieser Boden verdächtigen; denn eine gewisse Art des Denkens theilen ebenfalls, wie oben gezeigt, die Thiere mit uns. Es ist daher überhaupt irrig, das Gefühl wegen jener Gemeinschaft für ein niedrigeres Seelenvermögen zu erklären als das Denken. Unstreitig ist das Gefühl ein anderes Vermögen unserer Seele als das Denken, aber ebenso gewiß nicht ein unbedingt niedrigeres, über welches sich das Denken erhebt.

Hegel dachte irrthümlich bei dem Ausdruck Gefühl allzu ausschließlich an die Lust und Unlustgefühle der sinnlichen Empfindung; nur für diese haben allenfalls seine Bemerkungen einigen Rückhalt. Nur bei dieser Auffassung erhält auch sein weiterer Tadel gegen die Gefühlslehre in der Religion einen Sinn, der Vorwurf nämlich, es werde die Religion, wenn sie ganz in's Gefühl gelegt werde, vollständig zur Sache des Einzelnen, denn was nur im Gefühle wurzele, sei nur für mich da. Mit dieser Appellation an das eigene Gefühl sei die Gemeinschaft unter den Menschen abgerissen; nur auf dem Boden des Gedankens, des Begriffes seien wir auf dem Boden des Allgemeinen, der Vernünftigkeit. — Es ist doch wahrlich gar kein Grund abzusehen, warum das Gefühl einerseits alle Gemeinschaft mit den Thieren begründen, andererseits alle Gemeinschaft unter den Menschen unbedingt zerreißen soll. Dieser Widersinn entsteht nur dadurch, daß Hegel einmal von dem allen empfindenden Geschöpfen gleichen Wesen des Gefühls redet und das andere Mal von den einzelnen Aeußerungen desselben in den einzelnen Geschöpfen. Diese Aeußerungen sind natürlich durchaus individuell, aber nicht mehr und nicht minder, wie alle einzelnen Denkäußerungen ebenfalls. Hindern also diese Denkacte nicht, daß sich im Denken der Menschen dem gleichen Wesen gemäß etwas Allgemeingültiges entwickelt, so werden auch die subjectiven Gefühlsäußerungen kein Hinderniß sein, daß ebenso im Gefühle des Menschen ein gleiches allgemeingültiges Wesen sich offenbart. —

Diese unbegründete Ansicht Hegel's über die Niedrigkeit und Subjectivität des Gefühls hat ihn gehindert in seiner berechtigten Gegnerschaft gegen die Gefühlslehre in der Religion auch das rechte Maß zu finden. Anstatt nur die Ausschließlichkeit der Ableitung aller Religion aus dem Gefühle zu bekämpfen, ging er so weit, die gänzliche Werthlosigkeit des Gefühls für diese Ableitung zu behaupten. Anstatt zu zeigen, daß das angebliche Gefühl des Unendlichen nur ein Gefühl für den Gedanken des Unendlichen sei, also diesen Gedanken als ein selbstständiges Element zur Religion voraussetze, machte Hegel nun den Gedanken zum alleinigen Elemente der Religion und behauptete, die Vernunft sei der Boden, auf dem die Religion allein zu Hause sein könne. In der Scheu vor der verachteten Subjectivität verstieg er sich sogar dahin, die Religion als „das Wissen des göttlichen Geistes von sich durch Vermittlung des endlichen Geistes" zu betrachten. „In der höchsten Idee — sagt Hegel in seiner Philosophie der Religion Th. 1. B. III. (W. Bd. 11. S. 200) — ist demnach die Religion nicht die Angelegenheit eines Menschen, sondern sie ist wesentlich die höchste Bestimmung der absoluten Idee selbst." — Diese Behauptung, welche die Religion zur Sache des göttlichen Wissens selber macht, erscheint uns als äußerste Folgerung des einseitigen Versuchs, das objective Wesen der Religion selbst von der allgemeingültigen Subjectivität des menschlichen Denkens zu befreien. Hegel rühmte einmal der Gefühlstheologie gegenüber die frühere Metaphysik, welche immer zuerst bewiesen habe, daß ein Gott sei und nicht blos daß ein Gefühl von Gott da sei; er würde dasselbe auch vom Denken Gottes behaupten. Dem gegenüber ist die Ansicht zu vertheidigen, daß nur der Blick in unsere Seele uns den Zugang zum Göttlichen öffnet daß wir daher die Frage nach dem Wesen des Göttlichen nur damit beginnen können zu erforschen, wie unsere Seele das Göttliche denken muß und was sie für diesen Gedanken fühlen mag. Die Religion gilt uns nicht als eine Angelegenheit des göttlichen Wissens, sondern als eine Angelegenheit des menschlichen Denkens, Fühlens und Wollens.

Hoffentlich haben vorstehende Erörterungen über die Versuche unserer neueren Philosophen, die Religion aus einem Vermögen unserer Seele abzuleiten oder das eigentlich Religiöse auf ein

Element unserer Seele zu beziehen, überzeugend dargethan, daß
alle diese Versuche zu einem einseitigen Verkennen des vielseitigen
Wesens der Religion führen müssen. Wir müssen Zustimmung
gewonnen haben für die aufgestellte Behauptung, daß das religiöse
Gefühl kein einfaches, sondern ein aus verschiedenen Elementen
erzeugtes gemischtes Gefühl unserer Seele ist, daß die Religion
somit aus verschiedenen in die Seele gelegten Keimen erklärt werden
muß. Es kann nun auch nicht mehr schwer fallen, diese Keime
aufzufinden, wir brauchen sie nur aus unsern kritischen Erörterungen herauszulesen und im rechten Zusammenhang darzulegen. Nur die einseitige Ableitung der Religion aus einem der
drei Grundvermögen unserer Seele haben wir abgewiesen, aber
in der Erörterung über jeden einzelnen Ableitungsversuch schon
die Beziehungen hervorgehoben, welche sowohl unser Denken wie
unser Wollen wie auch unser Fühlen zur Religion unterhalten.
Unser Denken treibt uns an, in dem Wechsel der Erscheinungen
einen letzten Halt, einen letzten Grund zu suchen und diesen als
eine einheitlich wirkende, das All durchdringende Kraft uns vorzustellen; unser Wollen unterstützt diesen Gedankentrieb von der
sittlichen Seite durch die Forderung, daß diese Kraft auch im
Stande sei, den Wirrwarr der zahllosen endlichen Willenstriebe
zur Harmonie einer sittlichen Weltordnung auszugleichen; und
unser Gefühl macht uns den Zusammenhang der also gewonnenen
Weltanschauung werth und giebt dem auf sie gerichteten Denken
und Wollen die Stimmung des innigen und andächtigen Glaubens
an die übersinnliche Welt göttlichen Daseins, die zu schauen oder
anders als aus unserm Innern zu erweisen, uns Menschen
nicht gegeben ist. Jene Gedanken= und Willensrichtungen erregen unser Gemüth und .dieses selbst treibt uns an zur Gewinnung einer Vorstellung von der Harmonie des sinnlichen und
sittlichen Kosmos. Aus der innigen Mischung und Verbindung
dieser Gemüthserregungen entsteht das religiöse Gefühl. Eben
deshalb ergreift dieses Gefühl die Menschen, die sich ihm hingeben, so mächtig, weil es die Seele in jeder Faser ihres
Daseins berührt. Eben deshalb kann auch nur der Taumel be-
zaubernder Sinnenlust oder der Nothruf des bedrängten Erden=
lebens oder der Irrthum eines durch falschen Glauben verletzten
Wahrheitsstrebens, können also nur die mächtigsten Reizmittel für

die einseitigen Abirrungen unserer getrennten Seelenvermögen
den inneren Frieden unserer Seele stören, dessen die Weihe reli=
giöser Frömmigkeit bedarf. Eben deshalb auch sind die wahrhaft
Frommen meist stille Seelen, weil sie in sich diese innere Har=
monie ihres Denkens, Fühlens und Wollens als glückliches Ge=
schenk der Natur und der Verhältnisse empfangen oder als Besitz
ihres geprüften Menschenlebens sich errungen haben. Diese aus
ihrem seelischen Ursprung erklärliche Fülle des religiösen Gefühls
allein öffnet uns das Verständniß für die beseligende Leiden=
schaft, mit welcher die wahrhaft frommen Menschen an ihrem
Glauben hängen, so daß sie jeden verletzenden Eingriff als eine
Schädigung ihres innersten Wesens empfinden und lieber ihr Le=
ben lassen als einen Zwang dulden, der diesen Frieden ihrer
Seele stört.

An dieser religiösen Gefühlswerthschätzung unseres Denkens
und Wollens haben wir nun auch den allein brauchbaren Maß=
stab zur Beurtheilung der religiösen Vorstellungen, welche die
Menschheit erdacht hat und noch erdenkt. Unser Geist kann bei
seinem Suchen nach einem Bleibenden im Wechsel der Erschei=
nungen sich vorstellen, dieses Bleibende sei ein Vieles, möge dasselbe
nun in einer Vielheit ewiger Götter oder in einer Vielheit ewiger
Stofftheilchen und Naturkräfte bestehen. Polytheismus und Ma=
terialismus zeigen uns die Möglichkeit solcher Anschauungen. Aber
wir finden nicht, daß die Menschenseelen bei diesen Weltansichten
eine dauernde Befriedigung finden, und sehen daher, wie überall
der denkende Geist über sie hinausgetrieben wird. Unter den
vielen Göttern, die verehrt werden, tritt doch immer bald Einer
als der mächtigste hervor, dem vor Allem Anbetung gezollt werden
muß. Die vielen Stoffe und Kräfte wo möglich aus einem Stoff
abzuleiten, auf eine Kraft zurückzuführen, ist ein Bemühen, das
nachdenkende Materialisten alsbald ergreift. Es regt sich der
menschliche Denktrieb nach Einheit und Zusammenhang, der den
Menschengeist über jene Vorstellung hinausdrängt, weil das Gemüth
in der Vorstellung dieses wirren Getümmels zusammenhangsloser
Vielheit keine Beruhigung findet. Der erregte Einheitstrieb
unseres Denkens läßt aber die Menschenseele auch bei dieser Vor=
stellung von dem Einen über viele Götter herrschenden Gotte
oder von einer einheitlichen Stoff= und Kraftwelt noch nicht Ruhe

finden, ihr Verlangen nach Zusammenhang ist noch nicht vollauf
befriedigt. Denkbar möglich wäre es ja, daß ein mächtigster
Gott Himmel und Erde regierte, jedoch durch die wenn gleich min=
der große, so doch immer noch gewaltige Macht anderer Götter
oder eines Teufels seine Plane beständig durchkreuzt, seine Wir=
kungen beständig gehemmt sähe; aber diese Vorstellung, die unser
Geist zu denken vermag, wie die Religionsgeschichte zeigt, befrie=
digt dauernd unser Gemüth nicht. Wir verlangen nach einer
Vorstellung, die eine bessere Erklärung für den planvollen Zu=
sammenhang aller Dinge und aller Veränderungen enthält. Das=
selbe Verlangen läßt in uns die Vorstellung von der Einerleiheit
der elementaren Stofftheilchen und Kräfte zurück. Sie hat für
die Erklärung des Wachsens und Werdens der Dinge kein anderes
Prinzip als den blinden Zufall planloser Stoffbewegung zufolge
der wechselnden Verhältnisse von Druck und Stoß. Unser Geist
nimmt Anstand den wahrnehmbaren Zusammenhang der Dinge
aus solchem Geschiebe des Zufalls entstanden zu denken, und
selbst wenn der Geist, wie uns gewisse Systeme des Materialis=
mus zeigen, in Vorurtheil befangen es fertig bringt, eine Zeit
lang bei diesem Gedanken zu verharren, hat doch die Menschen=
seele dauernd noch niemals in dieser Welt des blinden Zufalls
Beruhigung finden können. Die Materialisten selbst sind meist
über diese Vorstellung hinausgegangen zur Idee einer einheit=
lichen Weltkraft, die planmäßig gestaltend die Entwicklung des
Weltalls bestimmt wie die Einzelseele die Entwicklung des einzelnen
zweckmäßig gebildeten Organismus. —

Sie betreten damit den Boden des Pantheismus, dem das
Weltall als ein beseeltes Ganzes erscheint, zu dem alles Endliche
nur als Theil gehört. Alles Endliche verliert sein selbstständiges
Dasein, wird zu einer wesenslosen Daseinsweise des Unendlichen
selbst, die Welt geht auf in Gott. Gedacht werden kann unstreitig
auch diese religiöse Weltansicht, aber ihrer Annahme widerstrebt
das menschliche Selbstgefühl, das uns mit dem Bewußtsein eines
selbstständigen Daseins durchdringt, welches uns keine Befriedigung
finden läßt in der Vorstellung, daß unser Dasein nur die Bedeutung
eines unwesentlichen Momentes im Dasein des Unendlichen besitzt.
Auch die Vorstellung von dieser Weltentfaltung einer unendlichen
Weltkraft, die selbst alles entwickelte bewußte Leben wieder zurück=

nimmt in den Schooß ihrer eigenen Bewußtlosigkeit, ist ein
Gedanke, der unserer Seele keine dauernde Befriedigung gewährt.
Dieser Gedanke läßt uns den Weltprozeß wie ein rast= und ziel=
loses Werden erscheinen, das keinem Wesen zu Gute kommt, da
kein Wesen da ist, welches diesen Prozeß im Ganzen wahrnimmt
oder denkt. Gerade dies hat den Pantheismus stets dazu fort=
gedrängt, sich die Weltkraft als eine bewußt denkende vorzu=
stellen und damit auch den Weltplan zum Schöpfungsgedanken
einer Weltseele zu machen. Unstreitig ist der Pantheismus da=
durch vertieft und vermag in dieser Gestalt unserer Seele eine
etwas größere Befriedigung zu geben. Es ist nun doch ein
Wesen da, für welches die ganze Weltentwicklung da sein, für
welches das Weltall als sinnvolles Ganzes gedacht werden kann.
Aber eine volle Befriedigung wird die Menschenseele dauernd
auch bei diesem Gedanken nicht finden können. Denn was ist
das für ein Gott, der nur Zuschauer seiner ewigen Selbstent=
faltung sein mag, während die zu seinem Wesen gehörigen Ein=
zelseelen sich einbilden ein Leben für sich zu führen; ein Gott,
der die Kosten der Weltaufführung allein trägt, die Freuden und
Leiden derselben allein genießt und erduldet, der sich selber liebt
und mit sich selber streitet, um sich den Genuß einer wechselnden
Selbstbespiegelung zu schaffen! Eine solche Anschauung kann
die Menschenseele wohl mächtig ergreifen, wenn sie von der
Last und dem Leid des Endlichen gedrückt und geplagt in schwär=
merischer Sehnsucht dies endliche Leben als ein Scheindasein hin=
geben mögte an die göttliche Unendlichkeit; aber eine dauernde
Befriedigung kann sie dem auf seine Selbstständigkeit stolzen
Gemüth des Menschen nicht bringen. — Ja genau erwogen ver=
mag auch der menschliche Geist sich das Bewußtsein Gottes nicht
ohne Selbstunterscheidung von Anderem zu denken. Das Be=
wußtsein setzt das Zusammenfassen allen Denkens in einem idealen
Mittelpunkt des Wissens voraus, in einem Selbst, das sich von
Anderem unterschieden weiß.

   So führt die Vorstellung von einer bewußten Weltseele
genau erwogen selbst zur Vorstellung von Gott als einem Wesen,
das in seinem Bewußtsein die Welt des endlichen Daseins neben
und außer sich hat; der Pantheismus geht über zum Theismus.
Gott erscheint nun als der allmächtige und allwissende Grund

allen Daseins, aber dieses durch Gott gewordene Dasein des
Endlichen wird nicht aufgesogen vom göttlichen Wesen selbst, sondern bewahrt seine begrenzte Selbstständigkeit neben demselben.
Auf dem Boden dieser Vorstellung läßt sich die Annahme der
bedingten Freiheit des einzelnen Willens in Einklang denken mit
der unbedingten Macht Gottes in der Idee einer sittlichen Weltleitung, einer göttlichen Vorsehung. Und indem wir diese Macht
also wirksam denken in der Herbeiführung eines heiligen Tugend-
reiches der Geister, wird uns der allmächtige und allwissende
Gott zugleich zum Gott des allerheiligsten Wollens. Es wäre
thöricht zu behaupten, daß diese theistische Gottesidee gar keine
ungelöste Schwierigkeiten zurückläßt, wir haben selbst schon in
anderen Kapiteln einige dieser Schwierigkeiten bezeichnet; aber es
wäre eben so grundlos zu behaupten, daß diese Schwierigkeiten
für alle Zeiten unlösbar bleiben. An sich betrachtet müßten sie sogar
lösbar sein schon heute so gut wie morgen, denn diese Lösbarkeit
hängt nicht ab von einer Zunahme menschlichen Wissens, von der
Eröffnung einer neuen Wissensquelle, sondern nur von der Klarheit eines Geistes, dem es gelingt für diesen Glauben den rechten
Ausdruck zu finden. Als fest gewonnenes Allgemeinbewußtsein
aller Derer, welche den theistischen Glauben theilen, kann schon
jetzt Das gelten, daß sie Gott als den bewußten Grund alles
sinnlichen und geistig sittlichen Daseins und Werdens der von ihm
unterschiedenen Welt ansehen und verehren wollen. Es ist eine
Aufgabe der Religionsphilosophie unserer Zeit, diese theistische
Grundannahme auch in weiterer Ausführung widerspruchslos und
somit denkbar zu machen. Wem dies gelingen wird, wer für
diesen natürlichen Glauben das rechte Wort findet, der wird das
im rechten Glauben begonnene Werk des Christenthums vollenden, der wird die gläubige Menschheit unsrer und aller Zeiten
auf seiner Seite haben. Nur die mangelnde Abklärung des
theistischen Gottesbegriffs von traditionellem Anwuchs hat dem
Atheismus und Pantheismus zur Zeit in vielen Kreisen den
Schein einer größeren Widerspruchslosigkeit und Klarheit verliehen; mit jenem Mangel wird auch dieser Schein verschwinden,
und werden die Seelen der denkenden Menschheit alsbann frei
sein, dem natürlichen Zuge ihrer Seele zum theistischen Gottesglauben zu folgen; und sie werden ihm folgen. Denn dieser

Glaube allein ist fähig das aus allen Elementen unserer Seele
gemischte Religionsgefühl zu befriedigen, wie dies in großen
Zügen die geistige Religionsgeschichte der Menschheit für einen
Jeden, der es verstehen will, deutlich beweist.

Allerdings wird dieser Glaube nie mehr als ein berechtigter
Glaube sein, wird für menschliche Kraft nie zum bewiesenen
Wissen werden; aber dem Glauben thut dies keinen Abbruch.
Alles Wissen muß auf einem Glauben ruhen, das selbst nicht
aus einem Andern bewiesen werden, sondern nur aufgewiesen
werden kann. Unser Wissen von der Außenwelt beruht auf dem
Glauben an die Aussage unserer Sinne, unser Wissen vom
eigenen Ich beruht auf dem Glauben an die Aussage unseres
Bewußtseins. Unser Wissen von der Ewigkeit des Stoffs und
der Unveränderlichkeit der Naturgesetze ist genau besehen nichts
Anderes als der Glaube an den Bestand der beobachteten Gesetzmäßigkeit der Welt. All unser Forschen nach den Gesetzen der
Natur und der Menschenwelt ist getragen von dem Glauben an
eine zweckmäßige Weltordnung. Gehen wir dem weiter nach, so
gelangen wir vom Wissen selbst zur Voraussetzung des Glaubens
an Gott als den Grund alles Daseins und Werdens. In diesem
Sinne schreibt G e i b e l mit Recht:

> Studire nur und raste nie,
> Du kommst nicht weit mit deinen Schlüssen.
> Das ist das Ende der Philosophie
> Zu wissen, daß wir glauben müssen.

Wer mit diesem Spruch nicht rechtfertigen will, wenn er
sich aus Verzweiflung am Wissen blindlings einem beliebigen
Glauben in die Arme wirft, welcher ihm grundlose Antworten auf
ebenso grundlose Fragen ertheilt, für den enthält dieser Spruch
unleugbar eine beherzigenswerthe Wahrheit, die nur allzu oft
vergessen wird. Diese Wahrheit übersehen alle Diejenigen, mögen
sie Atheisten, Pantheisten oder Theisten sein, die auch für die
letzten Gründe dieser ihrer Weltanschauung auf ihr Wissen pochen,
anstatt ihren Glauben als solchen zu rechtfertigen. Hier eben
liegt für alle Menschengeister die unüberschreitbare Grenze unseres
Wissensgebietes, von der aus uns nur noch ein vieldeutiger Blick in
das gelobte Land des Glaubens vergönnt ist. Für die Wahrheit des
hier Geschauten giebt es keine andere Prüfung mehr, als die, welche

die Erforschung der Normalbeschaffenheit des ausblickenden Auges
uns an die Hand giebt. Nur ob das Auge klar ist, können wir
prüfen. Eine objective Entscheidung über diese letzten Glaubens-
gegensätze der denkenden Menschheit ist für unsern Geist unerreichbar. Derselbe vermag nur noch aus innerer und äußerer Erfahrung darzuthun, welcher Glaube der Menschenseele nach allen
Seiten ihres Denkens, Fühlens und Wollens die größte Befriedigung zu geben im Stande ist. Der Glaube, für den dieser
Nachweis geführt werden kann, wird auch in immer wachsendem
Maße die Seelen der Menschen gewinnen. An diesem Glauben
werden die Menschen hängen als an der ihnen erreichbaren Wahrheit in der bestimmten Zuversicht, daß die Keime zu diesem ihrer
Natur entsprechenden Glauben nicht in sie gelegt seien, wenn die
Entwicklung derselben nicht zur Wahrheit führen müsse. Daß
dieser Glaube auf Selbsttäuschung abziele, kann Niemand annehmen, der einen vernünftigen Zusammenhang aller Dinge denken
muß. Wer so die rechte Einsicht in dieses Verhältniß von Wissen
und Glauben gewonnen hat, der wird dann angesichts der Unmöglichkeit ein Wissen von den letzten Gründen zu besitzen davor
bewahrt bleiben, seinem Glauben eine andere Gewißheit zuzuschreiben, als derselbe in Wahrheit besitzt; und wer umgekehrt
seinen Glauben für bewiesenes Wissen ausgiebt, dem fehlt die
rechte Erkenntniß über die allein mögliche Grundlage seines eigenen
Glaubens. Was dem Letzteren dann an Gründen wider seine
Gegner fehlt, ersetzt er durch Leidenschaft und Eifer. Daraus
entspringt die leider allzu ergiebige Quelle der Intoleranz aller
Derer, welche unterlassen haben das Wissen um die Grundlage
ihres Glaubens durch eine besonnene philosophische Prüfung zu
läutern. Hätte die Philosophie für die religiöse Aufklärung auch
gar keinen andern Werth als diesen, so verdiente sie schon um
deswillen die höchste Anerkennung, weil sie zu aller Zeit der blind-
gläubigen Intoleranz den Staar gestochen hat.

Ihre Gegner freilich werden fortfahren die Philosophie deswegen zu verhöhnen, daß auch sie mit all ihrem Denken und
Grübeln über die letzten Dinge nicht weiter kommen kann, als
einen Glauben aus den Beziehungen desselben zu den Bedürfnissen
der Menschenseele zu rechtfertigen. Sie werden auch fortfahren
auf den Streit der Philosophen über diese Beziehungen und die

Natur dieser Bedürfnisse hinzuweisen, und die völlige Nutzlosigkeit
der philosophischen Denkmühen auf diesem Gebiete darzuthun. Sie
hätten Recht dazu, wenn sie selbst zu einem besser begründeten
Glauben gelangen könnten, wenn sie selbst nicht durch Aufstellung
ihrer verschiedenen Glaubenslehren den allergrößten Zwist unter
den Menschen seit Jahrtausenden schon erregt hätten und noch
jetzt zu erregen nicht ablassen. Im Hinblick auf diesen Zwist
verdient wahrlich die Philosophie im Großen und Ganzen den
Ruhm, von jeher die Priesterin des natürlichen Gottesglaubens
gewesen zu sein, der sich als die einige Grundlage unter der Hülle
der verschiedensten Religionen und Confessionen verbirgt. Unstreitig sind die meisten und die größten Philosophen unbeschadet der
Verschiedenheit ihrer Meinung über die Tragkraft ihrer Beweise
und unbeschadet der Abweichungen ihrer Auffassung im Einzelnen
doch im Wesentlichen übereinstimmend zu allen Zeiten die Lehrer
dieses Glaubens gewesen.

Aber es ist Sitte geworden, diese Thatsache nicht mehr als
etwas Rühmenswerthes anzuerkennen. Von allen Seiten schmäht
man die Anhänger des natürlichen Glaubens als Halbdenker; den
Einen scheinen sie schon zu viel und den Anderen noch zu wenig
zu glauben. Nur die Extreme werden als feste Standpunkte anerkannt; zwischen krassem Unglauben und starrem Offenbarungsglauben scheint es kein Mittleres mehr geben zu sollen, das auf Klarheit und Bestimmtheit einen gerechten Anspruch erheben dürfte. Nicht
leicht hat ein abgeschmackteres Vorurtheil so raschen und so weiten
Beifall selbst bei denkenden Menschen gefunden. Daß die Un-
gläubigen und die Starrgläubigen die Mittler verurtheilen, kann
nicht befremden; daß aber auch Viele von Denen, die weder zu
der einen noch zu der andern Art gehören wollen, in das Ver-
dammungsurtheil einstimmen, wird, wie dies so häufig bei Ge-
sammturtheilen der Fall ist, auf einer falschen Verallgemeinerung
von Urtheilen beruhen, die nur unter bestimmten Verhältnissen
eine begrenzte Richtigkeit besaßen. So mogte wohl ein Lessing
die krasse Orthodoxie seiner Zeit wegen ihrer größeren Folgerichtigkeit höher schätzen als den schalen Rationalismus, der ihr mit
unbegründeter Anmaßung entgegen trat. So mogte wohl auch
Schleiermacher's frommes Gemüth bei den ihm bekannten
Rationalisten und Deisten die innere Wärme des religiösen Ge-

fühls vermissen, die ihn beseelte. Aber diese nur zeitlich oder
individuell berechtigten Urtheile dulden wahrlich kein Nachplappern
von allen Zungen, keine Verallgemeinerung, wie man sie in dem
umlaufenden Gerede antrifft, scharfe Köpfe und gerade Leute habe
man nur unter den Atheisten und den Offenbarungsgläubigen
zu suchen, den Vernunftglauben oder den natürlichen Glauben
könne man wie eine längst erwiesene Halbheit und Unklarheit
geringschätzig bei Seite schieben. Bei einiger Besinnung muß
Jeder zugestehen, daß die Gewißheit des natürlichen Unglaubens
vor der Gewißheit des natürlichen Glaubens gar nichts voraus
hat und daß der Offenbarungsglaube die Anknüpfung an den
natürlichen Vernunftglauben durchaus nicht entbehren kann. —

Der Atheismus beruht, wie schon bemerkt, im letzten Grunde
auf einer Glaubensannahme so gut wie der Theismus. Und die
Meinung, es sei die Weltordnung aus dem zufälligen und zwecklosen Geschiebe von Druck und Stoß entstanden, ist an sich wahrlich kein klarerer Gedanke, als der Glaube, diese Weltordnung
rühre von der Macht eines bewußt wirkenden Gottes her. Um
ein Glauben handelt es sich also dort wie hier, und es ist
wohl kein Zweifel darüber möglich, daß dem Menschengeiste die
letztere Auffassung näher liegt. Bestreiten doch selbst die Gegner
diesen Glauben mit aus dem Grunde, weil sie ihn für zu menschlich halten, gerade als ob der Glaube an Wahrheit einbüßen muß,
je nachdem er an Tauglichkeit für die Menschenseele gewinnt. Das
kann nur Derjenige annehmen, der widersinnig genug ist, leben
zu mögen mit der Meinung, der Mensch sei bestimmt, sich in
Lug und Trug zu bewegen, nicht aber auf dem Wege zur Wahrheit fortzuschreiten. Es mag verdrehte Köpfe geben, die sich in
solchen Behauptungen gefallen; aber sie haben kein Anrecht darauf, wegen ihrer großen Enthaltsamkeit in positiven Aussagen
und der unwissenden Entschiedenheit ihrer Negationen für hervor-
ragend klare Köpfe und starke Geister gehalten zu werden. Ihre
angebliche Klarheit besteht nur in der Dreistigkeit, mit der sie
ihre dürftigen Behauptungen aufzustellen belieben.

Daß ferner die Offenbarungsgläubigen der subjectiven Gewißheit des natürlichen Gottesglaubens die objective Gewißheit
der von Gott selbst als Wahrheit verkündeten Religion vorziehen,
ist wohl begreiflich; aber genau erwogen ist der Glaube an diese

Verkündigung von der Rechtfertigung einer viel größeren Summe ungewisser Voraussetzungen abhängig als der jedem Menschengeist an sich verständliche Gottesglaube. Unsere Seele hat für den natürlichen Glauben die Welt, die ihn erweckt, allezeit um sich und in sich; sie braucht nur ihr Auge besonnen zu öffnen, um zu sehen, was ihr überhaupt zu sehen vergönnt ist. All ihr mögliches Irren bewegt sich nur in dem engen Kreise einer falschen Deutung dieses eigensten menschlichen Schauens. Für die verschiedenen Anhänger eines Offenbarungsglaubens bedarf es einer viel weiteren Vermittelung. Sie empfangen ja die göttliche Verkündigung der Wahrheit, die sie glauben, nicht unmittelbar, sondern erst mittelbar durch eine Tradition, deren Ursprung viele Jahrhunderte rückwärts liegt. Demgemäß bedarf die Wahrheit dieser Tradition einer Prüfung, welche die mannichfachsten sprachlichen und geschichtlichen Kenntnisse voraussetzt. Der Besitz einer ausgedehnten Wissenschaft wird zur Vorbedingung dieses Glaubens gemacht. Wer auf diesem Boden als Christ einen wohl begründeten Glauben haben will, muß Hebräisch und Griechisch genug verstehen, um selber prüfen zu können, was denn in Wahrheit die Bibel Gott reden und verkünden läßt, muß überdies noch andere Kenntnisse mancherlei Art besitzen, um beurtheilen zu können, ob denn auch die Schriften, welche die Ueberlieferung der göttlichen Botschaft tragen, als Beweisstücke angesehen werden dürfen oder nicht, ob sie echten Ursprungs sind oder nicht. Das Alles sind Vorbedingungen dieses Glaubens, die kein Laie erfüllen kann. Folgerichtig muß bei dieser Glaubensauffassung die kundige Wissenschaft der Priester und Gelehrten allein als bewußter Träger und Verkünder dieses Glaubens angesehen werden. Das gesammte Laienvolk muß also seinen Glauben an die Verkündigung der göttlichen Wahrheit gründen auf den Glauben an die Weisheit seiner Schriftgelehrten, den eigenen Glauben an Gott gründen auf den Glauben an das fremde irrsame Menschenwissen. In unserer Kirche ist allerdings diese begründete Folgerung nie zur allgemeinen Anerkennung gelangt, aber jedes Absehen von ihr ist ein Abbruch an folgerechtem Denken. Man will dem Laiensinn entgegen kommen mit der Behauptung, das beste Zeugniß für die verkündete Gotteswahrheit liege in der beseligenden Kraft, welche dieser Glaube einem jeden Menschenleben verleihe. Diese

Behauptung ist aber genau erwogen nur ein unwissenschaftliches
Zugeständniß der Kundigen an das berechtigte Verlangen der
Laien, die es nicht ertragen mögen, ihren innersten heiligsten
Glauben nur aus fremder Menschenhand zu empfangen, die ihn
als den Erwerb des eigenen Denkens und Erlebens besitzen wollen.
Dies Zugeständniß ist ein Umgehen des Weges, der allein zum
sicheren Ziele der Wahrheit führen kann. Denn der Beweis aus
der beseligenden Kraft einer Lehre, die ihre Wurzel nicht in der
Menschenseele selbst haben will, hat keine vollgültige Kraft. Auch
dem Irrthum kann unter Umständen und durch lange Zeiten eine
beseligende Kraft innewohnen. Sind doch gar manche Menschen
geneigt mit dem Dichter zu denken:

> Ein Wahn, der uns beglückt
> Ist eine Wahrheit werth,
> Die uns bedrückt.

Ließe sich auch der Beweis führen, daß der Glaube an die
Dreieinigkeit eine große Anzahl von Menschenseelen beglückt hätte,
für die Wahrheit der göttlichen Verkündigung dieser Lehre würde
dieses Zeugniß nichts verschlagen, sobald die Wissenschaft darthun
kann, unter welchem Einfluß einer der Zeit der göttlichen Ver=
kündigung fern liegenden Menschenlehre dieses Dogma entstanden
ist. Wenn nach vielen tausend Jahren der Beweis geführt werden
könnte, daß das neue Dogma von der Unfehlbarkeit des Papstes
Hunderttausenden frommer Katholiken zur Beruhigung ihrer
Seelen beigetragen habe, so würde die Wahrheit dieses Dogma's
dadurch nicht um ein Tüttelchen gewonnen haben. Eine Wahr=
heit, die sich auf Ueberlieferung stützt, hat erst diese selbst zu be=
glaubigen und darf nicht in erster Instanz das innere Zeugniß
der Seele anrufen. Das eben ist das Vorrecht des natürlichen,
aus den Keimen der Menschenseele allein entwickelten Glaubens.

Die Offenbarungsgläubigen verlassen ihren Standpunkt,
wenn sie sich dazu drängen an diesem Vorrecht Theil zu haben.
Sie beweisen dadurch selbst die Unzulänglichkeit ihres Standpunktes,
sie bemühen sich für den ihnen von Außen übermittelten Glauben
die Sicherheit aus dem subjectiven Zeugniß ihrer inneren Natur
zu gewinnen. Damit besitzen denn auch sie keine andere Gewiß=
heit ihres Glaubens als die, auf welche die verhöhnten Anhänger

des natürlichen Glaubens jedenfalls ein besser begründetes An=
recht haben.

Nur die Gewißheit der Schriftgelehrten könnte noch vor
der Gewißheit der Anhänger des natürlichen Glaubens Etwas
voraus zu haben scheinen, aber auch dieser Schein ist nichtig.
Bereitwillig wollen wir zugeben, daß wir uns glücklich preisen
würden, wenn wir unsern subjectiv menschlich berechtigten Glauben
in ein objectiv göttlich erwiesenes Wissen verwandeln könnten,
und wenn wir dadurch auch nichts weiter erlangten als eine
höhere Bestätigung der Wahrheit Dessen, was zu glauben uns
unsere Seele schon aus sich antreibt. All unser Zweifeln und
Irren hätte dann ein Ende. Wir begreifen also wohl, wie die
Seele der Menschen, je klarer dieselbe die engen Grenzen unseres
menschlichen Wissens erkennt, um so sehnsüchtiger ausschauen kann
nach einer andern und höheren Bestätigung ihres Glaubens. Aber
wir begreifen kaum, wie sich die Menschen darüber täuschen
können, daß sie diese höhere Beglaubigung wiederum doch nur
nach Maßgabe der Kraft ihres natürlichen Glaubens zu fassen
vermögen; daß sie nicht lassen können für die Glaubwürdigkeit einer
göttlichen Verkündigung die Verträglichkeit derselben mit den noth=
wendigen Voraussetzungen der menschlichen Vernunft in Betracht
zu ziehen. Man hat zwar mit Tertullian, der den Satz auf=
stellte: credo, quia absurdum est (ich glaube, weil es vernunft=
widrig ist), den Widerstreit mit der Vernunft zum Kennzeichen
einer Offenbarungslehre machen wollen; aber diese Paradoxie hat
doch nur in so weit einen verständigen Sinn, als sie darauf hin=
weist, daß die göttliche Offenbarung werthlos sein würde, wenn
sie uns nicht Etwas böte, was die Vernunft uns aus sich nicht
zu geben vermag. Sie muß also allerdings in diesem Sinne
etwas Uebervernünftiges bieten; aber sie kann dem Menschen nicht
zumuthen etwas Vernunftwidriges zu glauben. Bevor also der
Mensch eine Offenbarung für göttlich halten kann, muß er sie
mit den Voraussetzungen seiner natürlichen Vernunft in Einklang
gebracht haben. Eine Offenbarung, welche diese Rechtfertigung
nicht verträgt, vermag kein denkender Mensch für eine göttliche
zu halten. Diese unerläßliche Prüfung also steht noch am Ende
der tiefsten Schriftgelehrsamkeit. Selbst die Menschen, an welche
unmittelbar die Verkündigung einer göttlichen Wahrheit sich richtete,

könnten ohne diese Prüfung keinen Glauben an sie gewinnen. Und wenn heut zu Tage ein Geist einer andern Welt zu uns herniederstiege und uns offenbarte, der liebe Gott sei ein würdiger Greis, der auf einem himmlischen Throne säße und die Welt durch himmlische Heerschaaren regiere, so würden wir nicht im Stande sein diese Aussage mit unserer Vernunft in Einklang zu bringen. Wir würden diesem Geiste keinen Glauben schenken, sondern ihn für einen eiteln Betrüger oder einen irrsinnigen Schwärmer halten.

Wahrhaft glauben kann der Mensch nur, was seiner Vernunft nicht widerspricht. Als Gottesgläubiger aus eigener Vernunft kann er ohne Widersinn glauben, daß Gott auch auf die Leitung der Geister zur Wahrheit einen Einfluß ausübt, er kann glauben, diesen Einfluß in großen Momenten der Entwicklung der Menschheit, wie beim Eintritt und Ausbreiten des Christenthums besonders deutlich wahrzunehmen; aber er wird diese Leitung nur in so weit zu erkennen vermögen, als durch sie Wahrheiten zum Durchbruch gekommen sind, die seiner natürlichen Vernunft nicht widersprechen, sondern entsprechen. Wer darüber hinaus glaubt, schlägt seinen Glauben mit Blindheit um einer lieb gewordenen Gewohnheit willen und verleugnet damit die Gabe zusammenhängenden Denkens, die ihm Gott gegeben hat. Es wäre vorschnell und hier am Orte mindestens nicht gerechtfertigt, wollte ich nun kurzweg behaupten, jeder Offenbarungsglaube sei unbedingt unfähig, seine Lehren vor der natürlichen Vernunft zu rechtfertigen; ich bekenne vielmehr eine hohe Achtung vor dem Scharfsinn der vielen hervorragenden Männer, welche diese Rechtfertigung versucht haben, auch wenn ich ihre Ansicht nicht theile. Mir scheint nur das Eine unwürdig eines denkenden Menschen, wenn man glauben will, ohne das Bedürfniß einer solchen natürlichen Rechtfertigung seines Glaubens anzuerkennen. Anerkennt man aber diese Nothwendigkeit, so ist es unmöglich, den natürlichen Glauben der Menschen gering zu schätzen und zu schmähen, da an der Vereinbarkeit mit ihm die Glaubwürdigkeit eines jeden Offenbarungsglaubens gemessen werden soll.

Der natürliche Vernunftglauben muß dann vielmehr als die allgemeine Grundlage eines jeden Offenbarungsglaubens angesehen werden. Und selbst wenn ein Offenbarungsglaube mit

Recht behaupten dürfte, die Wahrheitserkenntniß des natürlichen Glaubens zu erhöhen oder die Erkenntnißgewißheit desselben zu verstärken, so würde doch dadurch der positive Besitz des natürlichen Glaubens nicht geschmälert oder entwerthet. Was schon vorher ein volles Etwas war, kann nicht durch Hinzuthun von etwas Anderem zu einem werthlosen Nichts gemacht werden. Wenn daher die Philosophie ihrer Natur gemäß es sich zur Aufgabe macht, diese allgemeine Grundlage des menschlichen Glaubens klar zu erkennen, so leistet sie damit dem religiösen Glauben der Menschheit den größten Dienst. Thut sie dies in der festen Zuversicht, daß der durch sie vermittelte Glaube die natürliche Religion der Zukunft sein, daß aller Kirchenglaube allmählich dem Vernunftglauben den Platz räumen wird, so mag man getrost von der Zukunft den Beweis dafür erwarten, ob diese Zuversicht begründet oder trügerisch war. Alles Weissagen ist mißlich und jede Anklage auf Grund der muthmaßlichen Urheberschaft eines zukünftigen Unheils verwerflich. Es gilt vielmehr in schuldiger Achtung vor jedem ernsten Ringen nach Wahrheit und in fester Zuversicht auf den endlichen Sieg derselben den gerechten Urtheilsspruch der Zeiten zu erwarten.

Nur Eins ist nicht zu dulden, die Unwahrheit im Glauben. Sie ist das Leiden, an dem das religiöse Leben unserer Zeit krankt. Glaubensbekenntnisse stehen einander gegenüber, aber die Bekenner erachten sich in großer Zahl nicht mehr an sie gebunden. Katholiken, Protestanten, Reformirte und Juden treffen zusammen in einem Glauben; aber sie fühlen sich nicht getrieben diesem gemeinsamen Glauben auch einen gemeinsamen Ausdruck zu geben. Sie bleiben unter einem Bekenntniß mit Denen vereint, die sie verketzern und verdammen. Erst wenn der Sinn für die religiöse Wahrheit wieder so lebhaft in den Seelen vieler Menschen erwacht sein wird, daß sie diesen Zustand von Unwahrheit nicht länger zu ertragen vermögen, wird die Zeit der Erneuerung eines tieferen religiösen Lebens beginnen. Trügen die Zeichen unserer Tage nicht, so ist diese Zeit nicht mehr fern. Die Philosophie hilft diese Zeit herbeiführen.

12.

Die philosophischen Systeme und die Zukunft der Philosophie.

Aus dem Wesen der Philosophie leiteten wir am Anfang unserer Betrachtungen als doppelte Aufgabe derselben ab die Be=
antwortung der Fragen, was wissen wir vom Wesen des Men=
schen und was wissen wir vom Zusammenhange des Weltalls.
Die Philosophie soll die Gesetze des geistigen Lebens ergründen
und die Wahrheit der streitenden Weltauffassungen ermitteln.
Es ward hervorgehoben, daß besonders über die Lösbarkeit der
letzten Aufgabe am heftigsten gestritten wird, daß die Verächter
der Philosophie eben deshalb behaupten, es sei aus mit ihrer
Bedeutung, weil sie gerade diese Aufgabe für unlösbar halten.
Wir entgegneten, daß die Philosophie, auch wenn sie nicht im
Stande sein sollte, den Wahrheitsstreit der Systeme endgültig zu
schlichten, jedenfalls das Verdienst behalte, Klarheit zu schaffen
über die überhaupt möglichen Gegensätze der Weltansichten, über
die innere Folgerichtigkeit einer jeden und über die Tragkraft
ihrer Beweise. Wir behielten uns vor, zum Schlusse unserer
Betrachtungen auf diese Frage nach dem Werth der philosophi=
schen Systeme zurückzukommen. Es wird dies jetzt durch die
mannichfachen Rückbeziehungen auf die vorangehenden Kapitel
wesentlich erleichtert.

Nichts unstreitig hat im Lauf der Zeiten zunehmend dem

Ansehen der Philosophie so sehr geschadet als die Vielheit und der ewige Wechsel ihrer Systeme. Von Alters her ist darüber geklagt und gespottet worden.

Schon Cicero sagte in seiner Schrift vom Wesen der Götter (I. 1.): „über diese Dinge haben die gelehrtesten Männer so mannichfaltige und von einander so abweichende Ansichten, daß dies als großer Beweis dienen muß, die Veranlassung und der Urgrund der Philosophie sei Unkenntniß.“ — Nichts sei so absurd — meinte später Montaigne — daß es nicht ein Philosoph gesagt haben könne. Kein Philosoph stimme mit dem andern überein. Höre man sie einzeln, so möchte man jedem trauen; aber die Meinung des Einen erschüttere die Lehre des Andern. — Mit seinem beißenden Spott hat Voltaire diese unsichere Vielheit des Meinens geschildert in dem satirischen Romane Mikromegas (vergl. m. Buch: Voltaire u. Rousseau in ihrer socialen Bedeutung. Berlin 1856). Er läßt einen Bewohner des Sirius mit einem Saturnbewohner zusammen eine Reise auf die verschiedenen Weltkörper unternehmen. Auf unsere Erde gelangt, bemerken sie die winzigen Geschöpfe derselben erst, als sie durch einige einem Ringe entfallene geschliffene Gläser blicken. Mit Hülfe derselben entdecken sie im Nordmeer ein Schiff mit Gelehrten, die von einer Nordpolexpedition zurückkommen. Der Saturnier nimmt das ganze Schiff zum genaueren Studium auf seinen Daumen und sieht dem rührigen Treiben der kleinen Wesen mit großer Freude zu. Die unglücklichen Seefahrer glauben auf einen Felsen gerathen zu sein, die Matrosen arbeiten, der Geistliche schickt sich zum Gebete an und beschwört mit heiligen Gebräuchen das böse Ungeschick und den vermeinten Sturm der See. Die Gelehrten steigen auf die riesige Hand und schlagen ihre Meßstangen in sie ein. Als dann die Sternbewohner ein geeignetes Mittel erfinden, sich mit den kleinen Erdgeschöpfen zu verständigen, erfahren sie mit Bewunderung, daß diese winzigen Wesen besser als sie selbst im Stande sind, mit absoluter Genauigkeit und voller Uebereinstimmung ihrer Meinung die Entfernungen der Gestirne von einander anzugeben. Mit Verwunderung dagegen vernehmen die Sternbewohner, daß die Erdgeschöpfe viel weniger genau unterrichtet sind über ihr eigenes Innere. Auf die Frage, wie sie ihre Ideen bilden, sprechen alle

Philosophen auf einmal, und alle verschieden, so daß die Stern=
bewohner erst allmählich die Einzelnen verstehen können.   Der
älteste unter den kleinen Philosophen spricht mit aristotelischen
griechischen Phrasen, die er selber nicht versteht.   Der Carte=
sianer sagte: Die Seele ist eine rein geistige Substanz, hat im
Dunkel vor der Geburt alle Ideen erhalten, und ist, nachdem sie
das Licht der Welt erblickt hat, genöthigt in die Schule zu gehen,
um Alles von Neuem zu lernen, was sie im Mutterleibe schon
so gut gewußt hat, wie sie es bei aller Mühe später niemals
wieder lernt. — Das ist doch nicht der Mühe werth, entgegnete
der Sternbewohner, daß Du so frühzeitig weise bist, um hernach
so bodenlos unwissend zu sein, wenn dir am Kinn der Bart
sproßt. — Unzufrieden fragt der Riese einen andern Gelehrten,
was denn seine Seele beschicke? — Nichts, erwiederte dieser, ein
Anhänger des Philosophen Malebranche; Gott macht Alles
für mich, ich erkenne Alles in ihm und mache Alles in ihm;
Gott macht eigentlich Alles, ohne daß ich mich hineinmische. —
Da wäre es ja besser selber nicht zu sein, erwiderte der Weise
vom Sirius. — Und du, mein Freund, sagte er zu einem Leib=
nizianer, was ist denn deine Seele? — Ein Zeiger, sagt
dieser, der die Stunden angiebt, während mein Körper den
Glockenschlag dazu besorgt, oder auch umgekehrt, wenn man will;
oder meine Seele ist der Spiegel des Universums und mein
Körper der Rahmen des Spiegels. — Trotz aller erläuternden
Bilder verstehen die Sternbewohner den Leibnizianer nicht.
Nur ein Anhänger Locke's befriedigte sie noch einigermaßen mit
der Antwort: er verstehe zwar nicht, wie er denken könne, aber
er wisse doch, daß er nie anders als vermittelst seiner Sinne
gedacht habe.   Er bezweifle nicht gerade, daß es rein geistige
Substanzen geben könne, aber er sehe auch nicht ein, warum
es Gott unmöglich sein solle, auch dem Stoffe Denkkraft zu
verleihen.   Er maße sich nicht an, die Macht Gottes zu be=
grenzen; er bescheide sich zu glauben, daß es mehr mögliche
Dinge giebt, als man denkt. — Der Riese vom Sirius lächelte,
der Saturnier hätte den Lockianer umarmt, wäre er ihm nicht
zu klein gewesen.   Noch ein Anhänger des heiligen Thomas
Aquino will seine alles begreifende Weisheit auskramen; aber
die Sternbewohner müssen darüber so herzhaft lachen, daß das

Schiff mit der ganzen Bagage umstürzt. Mühsam suchen sie die kleinen Geschöpfe wieder zusammen, um sie dann mit der Rüge zu entlassen: sie, die unendlich Kleinen mögten ihren unendlich großen Stolz des Wissens zähmen.

Selbst unser Dichterphilosoph Schiller hat die Vielheit der philosophischen Systeme ähnlich verspottet in seinen „Die Philosophen" überschriebenen Versen, in welchen er den in die Unterwelt hinabgestiegenen Lehrling bei den in pleno versammelten Philosophen Belehrung suchen läßt über das Eine, was Noth thut, worüber ihm dann ein Jeder in seinem Hauptsatz eine verschiedene Meinung vorträgt, deren keine ihn befriedigt. Und doch wollte Schiller den Glauben an die Zukunft der Philosophie nicht aufgeben:

> Welche wohl bleibt von allen den Philosophien? — Ich weiß nicht.
> Aber die Philosophie, hoff' ich, soll ewig bestehn.

Wollen wir diese Hoffnung theilen, so müssen wir jedenfalls für die Vielheit und den Wechsel der Systeme eine Erklärung suchen, welche die Thatsache dieser Vielheit mit jener ausgleichenden Hoffnung in Einklang zu bringen vermag. Die Philosophen der Neuzeit haben in der langen Reihenfolge wechselnder Systeme, auf die sie bereits zurückblicken konnten, Anlaß genug gefunden zu Betrachtungen über diesen peinlichen Auf- und Niedergang der Ansichten. Die gesuchte Erklärung führte sie dazu, entweder die Vielheit der Meinungen auf einige nothwendige Hauptrichtungen einseitiger Gedankenentwicklung zurückzuführen, den Ausgleich derselben, wenn überhaupt möglich, in der harmonischen Verbindung der verschiedenen Richtungen nach Abstreifung ihrer Einseitigkeiten zu suchen, oder in dieser Vielheit der Systeme die folgerechte Entwicklung menschlichen Nachdenkens zu erkennen, so daß immer das neueste System hoffen durfte auf dem Wege zur Wahrheit, auf dem ebenfalls das Ueberwinden einseitiger Momente eine Hauptrolle spielt, am weitesten vorangeschritten zu sein. Beide Auffassungen haben namhafte Anhänger gefunden, deren Ansichten nicht unberücksichtigt bleiben dürfen, bevor ich mich anschicke über diese für die Zukunft der Philosophie besonders wichtige Frage meine eigene Ansicht zu entwickeln.

Kant steht an der Spitze Derer, welche versuchen, die Unterschiede der Systeme aus der Nothwendigkeit einiger Ideenrich-

tungen zu erklären. Er thut dies in dem kurzen, „die Gefchichte
der reinen Vernunft" überfchriebenen Kapitel, mit welchem er die
Kritik der reinen Vernunft fchließt. Die Zeiten, auf welche diefe
oder jene Veränderung der Metaphyfik traf, will Kant nicht
unterfcheiden, fondern nur die Verfchiedenheit der Idee, welche
die hauptfächlichften Revolutionen veranlaßte, in einem flüchtigen
Abriffe darftellen. Und da findet er eine dreifache Abficht, in
welcher die namhafteften Veränderungen auf diefer Bühne des
Streites geftiftet worden, nämlich in Anfehung des Gegenftandes
aller unferer Vernunfterkenntniffe, in Anfehung des Urfprungs
reiner Vernunfterkenntniffe und in Anfehung der Methode.

In Anfehung des Gegenftandes aller unferer Vernunfter=
kenntniffe könne man Senfual= und Intellectualphilofophen unter=
fcheiden. Die Erfteren behaupteten: in den Gegenftänden der
Sinne fei allein Wirklichkeit, alles Uebrige fei Einbildung; die
Anderen dagegen fagten: in den Sinnen fei nichts als Schein,
nur der Verftand erkenne das Wahre. Epikur könne der vor=
nehmfte Philofoph der Sinnlichkeit, Platon des Intellectuellen
genannt werden. Diefer Unterfchied der Schulen, fo fubtil er
auch fei, habe fchon in den frühesten Zeiten angefangen und fich
lange ununterbrochen erhalten.

In Anfehung des Urfprungs reiner Vernunfterkenntniffe
fei ebenfalls zweierlei Anficht zu unterfcheiden; die eine wolle die=
felben aus der Erfahrung ableiten, die andere laffe fie unabhän=
gig von der Erfahrung in der Vernunft ihre Quelle haben. Die
Anhänger der erften Anficht könne man die Empiriften, die der
zweiten Anficht Noologiften*) nennen. Als das Haupt der Em=
piriften könne Ariftoteles, als das Haupt der Noologiften
Platon angefehen werden. In der neueren Zeit fei diefer
Gegenfatz durch Locke und Leibniz vertreten worden; aber
auch fie hätten es in diefem Streite noch zu keiner Entfcheidung
bringen können.

In Anfehung der Methode will Kant die naturaliftifche
und die fcientififche unterfcheiden. Der Naturalift der reinen
Vernunft nehme es fich zum Grundfatze, daß durch gemeine Ver=
nunft ohne Wiffenfchaft, durch gefunde Vernunft, fich in Anfehung

---

*) Abgeleitet von dem griech. Wort νοῦς (nous) Vernunft.

der erhabensten Fragen, welche die Aufgabe der Metaphysik ausmachen, mehr ausrichten lasse, als durch Speculation. Diese
Ansicht — meint Kant — sei bloß Misologie, auf Grundsätze
gebracht, und, was das Ungereimteste, sei die Vernachlässigung
aller künstlichen Mittel, als eigene Methode angerühmt, seine Erkenntniß zu erweitern. — Die Beobachter der scientifischen Methode
endlich könnten entweder dogmatisch oder skeptisch verfahren, wie
Wolff oder David Hume. Es sei nun der kritische Weg allein
noch offen. „Wenn der Leser — so schließt Kant seine Kritik —
diesen Weg in meiner Gesellschaft durchzuwandern Gefälligkeit
und Geduld gehabt hat, so mag er jetzt urtheilen, ob nicht, wenn
es ihm beliebt, das Seinige dazu beizutragen, um diesen Fuß-
steig zur Heeresstraße zu machen, Dasjenige, was viele Jahrhunderte nicht leisten konnten, noch vor Ablauf des gegenwärtigen
erreicht werden möge, nämlich die menschliche Vernunft in Dem,
was ihre Wißbegierde jederzeit, bisher aber vergeblich, beschäftigt
hat, zur völligen Befriedigung zu bringen."
    Der von Kant dargebotene kritische Weg bestand bekannt-
lich darin, daß allen dogmatischen Behauptungen über das Wesen
der Dinge eine kritische Untersuchung über Wesen und Kraft des
menschlichen Erkenntnißvermögens vorangestellt werden sollte. Nicht
davon sollten wir ausgehen zu forschen, wie die Dinge an sich
sind, sondern davon zu erkennen, wie sie uns nach den Gesetzen
unseres Anschauens und Denkens erscheinen müssen. Innerhalb
der Erfahrung also sollte die allgemein menschliche Denknothwendigkeit dargethan werden. Dann, nachdem der speculativen
Vernunft alles Fortkommen im Felde des Uebersinnlichen abgesprochen worden, sollte geprüft werden, ob sich nicht in ihrer
praktischen Erkenntniß Data finden, um den Vernunftbegriff des
Unbedingten zu bestimmen. Durch seine darauf gerichtete Untersuchung wollte Kant entdeckt haben, daß wir über alle Erfahrung hinaus auf Grund nothwendiger Forderungen unserer
praktischen Vernunft zu festen Annahmen über die Freiheit und
Unsterblichkeit der Seele, wie über die Idee Gottes gelangen
können.
    Kant's Hoffnung, durch Eröffnung dieses kritischen Weges
noch vor Abschluß des Jahrhunderts die menschliche Wißbegier
zur völligen Befriedigung zu bringen, hat sich nicht erfüllt. Der

durch Kant erregte philosophische Forschungstrieb ließ sich nicht einschränken auf die Grenzen, welche der besonnene Denker ziehen zu müssen glaubte. Vielmehr ist gerade nach ihm der Wechsel der Systeme rascher und unruhiger verlaufen denn je, und demgemäß ist auch die Klage über diesen Wechsel häufiger, das Nachdenken über den Grund desselben wieder lebhafter geworden.

Schopenhauer begnügte sich, klagend den beneidenswerthen Vortheil hervorzuheben, den in dieser Hinsicht poetische Leistungen vor den philosophischen haben. „Alle Dichterwerke — sagt er (Parerga und Paralipomena Bd. 2. Kap. 1. §. 4) — können, ohne sich zu hindern, neben einander bestehn, ja, sogar die heterogensten unter ihnen von einem und demselben Geiste genossen und geschätzt werden; während jedes philosophische System, kaum zur Welt gekommen, schon auf den Untergang aller seiner Brüder bedacht ist, gleich einem Asiatischen Sultan bei seinem Regierungsantritt. Denn, wie im Bienenstocke nur eine Königin sein kann, so nur eine Philosophie an der Tagesordnung. Die Systeme sind nämlich so ungeselliger Natur, wie die Spinnen, deren jede allein in ihrem Netze sitzt und nun zusieht, wie viele Fliegen sich darin werden fangen lassen, aber einer andern Spinne, nur um mit ihr zu kämpfen, sich nähert. Also während die Dichterwerke friedlich neben einander weiden, wie Lämmer, sind die philosophischen geborene reißende Thiere, und sogar in ihrer Zerstörungssucht, gleich den Skorpionen, Spinnen und einigen Insektenlarven, vorzüglich gegen die eigene Species gerichtet. Sie treten in der Welt auf, gleich den geharnischten Männern aus der Saat der Drachenzähne des Jason, und haben bis jetzt, gleich diesen, sich alle wechselseitig aufgerieben. Schon dauert dieser Kampf über zweitausend Jahre: wird je aus ihm ein letzter Sieg und bleibender Frieden hervorgehen?"

Herbart glaubte in Rücksicht auf die Vielheit der Systeme den bloßen Liebhaber der Philosophie vor dem Studium der Geschichte derselben eher warnen als dazu ermuntern zu sollen. Wer viel umherhorche, was Andere gesagt haben oder noch sagen, wer darauf warte, was sie wohl sagen werden: der werde zwar mancherlei zu hören bekommen, aber philosophische Einsicht könne er auf diese Weise nicht erhorchen. Dem bloßen Liebhaber der Philosophie, der zum anhaltenden Studium die nöthige Muße nicht habe, könne man unmöglich ins gehörige Licht stellen, woran es lag, daß auf Fortschritte immer wieder Rückschritte im Denken folgten. Er werde nicht verstehen, daß überhaupt der metaphysische Irrthum mehr vielgestaltig als mannichfaltig sei, weil Metaphysik im engeren Sinne nur einen kleinen Kreis von Begriffen habe, in welchem sie alle möglichen Bewegungen versuche, bevor sie gerade aus gehen lerne. So laufe der bloße Liebhaber der Philosophie bei dem Studium der Geschichte derselben Gefahr, die Wissenschaft aus den Augen zu verlieren über den Personen, die man Philosophen nennt. Zwar werde jede gut geschriebene Geschichte sie dagegen zu schützen suchen; aber der Eindruck von Verwirrung, welchen die Systeme machen, die als eben so viele streitende Personen auftreten, lasse sich durch keine Schreibart vermeiden. — Dennoch will Herbart die Nothwendigkeit einer Verständigung über die Gegensätze der Systeme festhalten. Treffend bemerkt er: „Wie bis jetzt die unerwünschte Mehrheit der Sprachen zwar ein Uebel ist, dennoch aber keineswegs das Sprachstudium aufgegeben, sondern vielmehr erweitert wird: so ist auch die Mehrheit und der Streit der philosophischen Systeme zwar ein Ungemach; aber eben diese Systeme bezeichnen die Hauptpunkte, um welche auch der Streit der Meinungen in der menschlichen Gesellschaft sich dreht; und so gewiß der gesellige Mensch sich in diesem Meinungsstreite muß orientiren lernen, ebenso nöthig ist das Studium der Philosophie."

Herbart also verlangt eine philosophische Orientirung im Streite der Systeme, eine Aufklärung über die Hauptpunkte der seit Jahrtausenden mit einander kämpfenden Weltansichten. Wie die Erweiterung des Sprachstudiums nicht blos darin bestanden hat, daß immer neue Sprachen sich dem Bereich unserer wissenschaftlichen Kenntniß erschlossen haben, sondern wesentlich auch darin, daß wir in der Vielheit der Sprachen die Denkgemeinschaft aller und die Verwandtschaft der einzelnen Gruppen erkannten; so sollte auch die erweiterte Kenntniß der philosophischen Systeme dazu führen, in ihnen allen die nothwendigen Grundzüge gewisser Gedankenrichtungen und in vielen die innere verwandtschaftliche Zusammengehörigkeit zu erkennen.

Unter den neueren Denkern nun wüßte ich keinen, der diesem Problem tiefer nachgespürt hätte, als Trendelenburg in

seiner Abhandlung: „über den letzten Unterschied der philosophischen Systeme" (in s. historischen Beiträgen zur Philosophie.
Bd. 2. 1855.)

Trendelenburg will die philosophischen Systeme aus dem
äußeren Zusammenhange des historischen Verlaufs herausheben
und gleich Formationen der Natur als abgeschlossene Bildungen
des Geistes mit einander vergleichen. „Philosophische Systeme
— sagt er — sind lebendige Vorgänge in den Geistern, Kämpfe
der Grundbegriffe um die Herrschaft im Denken und Wollen.
In den Begriffen, welche den letzten Unterschied bilden, haben sie
die Basis und den Stützpunkt ihrer Stellung, und daher fällt in
diese Gegend die erste Entscheidung ihres Zusammentreffens und
ihres Streites.   In den letzten Unterschieden liegen zugleich
die letzten Probleme." — In den verschiedenen Gestalten der
Philosophie liegen Versuche vor, verschiedene Grundbegriffe als
die letzten und als die schöpferischen geltend zu machen und ihre
Macht gegeneinander zu erproben.   Wäre es möglich, den letzten
Gegensatz unter diesen Begriffen zu bestimmen, also diejenigen
Begriffe einander gegenüber zu stellen, welche am weitesten von
einander abstehen: so würden sich in denselben vermuthlich die
letzten Unterschiede der Systeme nachweisen lassen." — Trendelenburg glaubt nun in dem bewußten Gedanken und der blinden
Kraft den weitesten Gegensatz der Begriffe entdeckt zu haben, und
sucht demnach in ihm zugleich den letzten Unterschied der Systeme.
Stellen wir in dem bezeichneten Sinne Kraft und Gedanken einander gegenüber und setzen die Richtung auf die Einheit voraus:
so ergiebt sich eine dreifache Möglichkeit ihres gegenseitigen Verhältnisses.   Entweder steht die Kraft vor dem Gedanken, so daß
der Gedanke nicht das Ursprüngliche ist, sondern Ergebniß, Product und Accidenz der blinden Kräfte; — oder der Gedanke steht
vor der Kraft, so daß die blinde Kraft für sich nicht das Ursprüngliche ist, sondern der Ausfluß des Gedankens; — oder endlich Gedanke und Kraft sind im Grunde dieselben und unterscheiden sich nur in unserer Ansicht.

Die erste Möglichkeit, in welcher die blinde Kraft als das
Ursprüngliche vor den Gedanken gestellt, der Gedanke, die Seele
als aus der Bewegung materieller Atome oder Hirnfasern erzeugt
gedacht wird, trifft die materialistischen Systeme des Alter-

thums wie die Frankreichs im vorigen Jahrhundert. — Die
andere Möglichkeit, in welcher der Gedanke als das Ursprüngliche,
vor die blinde Kraft gestellt wird, ihr als der dienenden im
eigentlichen Sinne vorsteht, erfüllt sich in den idealen Systemen.
Ein kleiner Theil derselben kennt nur Kräfte des Gedankens und
hält die Kräfte der Materie nur für einen Widerschein derselben.
Der größere Theil, Platon an der Spitze und mit ihm die bedeutende Reihe der Philosophen, welche die Welt und ihre Glieder als ein reales Gegenbild göttlicher Gedanken, als Verwirklichung und Darstellung einer Idee betrachten, legt der Richtung
der Kräfte, und namentlich dem relativ Ganzen, das im Organischen erscheint, einen bildenden und bauenden Gedanken zum
Grunde. Allenthalben sehen sie seine architektonische Macht, und
nur von ihm losgerissen sind ihnen die Kräfte blind. — Die
dritte Möglichkeit, welche Gedanken und Kraft nur in der Ansicht
und nicht im Grunde unterscheidet, findet sich in Spinoza's
Prinzipien vor, da er Ausdehnung und Denken als Attribute
der Einen Substanz faßt, die unter sich in keinem Causalzusam-
menhang stehen, weil sie nur die beiden nothwendigen Weisen
sind, unter welchen sich der Verstand, das Wesen der unendlichen
Substanz vorstellt. In einer solchen Betrachtung sind eigentlich
— bemerkt Trendelenburg — Kräfte sich dehnende Gedanken
und Gedanken sich spannende Kräfte. Auch Schelling könnte
in gewisser Hinsicht hierher gezogen werden. Doch gilt Spinoza
als der eigentliche welthistorische Vertreter dieser dritten in dem
allgemeinen Verhältniß von Gedanken und Kraft liegenden Möglichkeit.

Diese drei Stellungen nun giebt es nach Trendelenburg
und keine mehr, wenn man das Verhältniß von Gedanken und
Kraft erwägt. Will man sie mit historischen Namen bezeichnen
und sie an ihre hervorragenden Vertreter anknüpfen, so soll die
erste Weise Demokritismus, die zweite Platonismus, die
dritte Spinozismus heißen, nur muß man diese Namen im
weiteren Sinne nehmen und ihre Bedeutung nicht auf die eigenthümliche Fassung beschränken, in welche Demokrit, Platon,
Spinoza das Verhältniß brachten.

Unter diesen drei möglichen Stellungen von Gedanken und
Kraft kann natürlich nur Eine die wirkliche und wahre sein.

Daher liegen sie mit einander in Streit. Werfen wir einen Blick auf diesen Kampf, um vielleicht schon zu sehen, wohin sich wohl der Sieg neigen möge, so sollen wir nach Trendelenburg's Ansicht erkennen, daß sich zunächst Demokritismus und Spinozismus in der Bestreitung des idealen Zweckbegriffs, in der ausschließlichen Anerkennung der wirkenden Ursache gegen den Platonismus verbündet haben um später ihre Sache unter sich auszumachen. Der Kampf zwischen den Systemen der Kraft und denen des Gedankens ist dadurch übersichtlicher geworden. Es läßt sich der Streit zwischen beiden Ansichten nun in die Frage zusammenfassen, ob die Folge in der Erscheinung, die zeitliche Geschichte, die Darstellung des Causalzusammenhanges, das Letzte sei, oder ob diese Folge in einem vorangehenden Gedanken, der die Ursache der zukünftigen Wirkung zurichtet, sich gründe. Trendelenburg sucht die wahre Philosophie auf der Seite Derer, welche in einer zweckdurchdrungenen Weltansicht den Gedanken vor die Kraft stellen, aber er anerkennt, daß dies noch nicht genügt. Man soll auch zeigen, wie es geschehen könne, daß der Gedanke die Kraft ergreife und regiere. Damit der Gedanke werde, müsse er mit einer Kraft, die ihn ausführe, Gemeinschaft haben. Dieser ursprüngliche Punkt der Gemeinschaft nun, der bis jetzt über die Speculation hinaus liegt, muß gefunden werden, wenn sich einst die genetische Erkenntniß in der Philosophie vollenden soll.

Trendelenburg glaubt also eine Vollendung des Platonismus in diesem Sinne als das Ziel zu erkennen, dem wir uns in dem Entwicklungskampf der Systeme allmählich nähern. Eine weitere geschichtliche Darlegung dieses Entwicklungsganges und eine daraus gewonnene Rechtfertigung der ausgesprochenen Erwartung lagen natürlich nicht in der Absicht der kurzen Abhandlung, welche die prinzipiellen Unterschiede der Systeme aufsuchen sollte. Wir sehen nun, wie die mannichfaltigen mit einander streitenden und einander ablösenden philosophischen Weltansichten auf einige wenige gegensätzliche Entwicklungsrichtungen zurückgeführt und als einseitige Strebungen zur endlichen Erlangung der ausgleichenden Wahrheit angesehen werden sollen.

Ob nun anzunehmen ist, daß die vorausgesetzte allmähliche Ausgleichung einseitiger Denkrichtungen auch im Einzelnen nach einem Gesetz nothwendiger, folgerechter Entwiklung vor sich geht, ist eine in der genannten Abhandlung nicht erörterte Frage. Es sind auch darüber bekanntlich verschiedene Ansichten ausgesprochen worden.

Schelling entgegnete (in seiner fünften Vorlesung über die Methode des akademischen Studiums) Denen, die aus dem schnellen Wechsel der Systeme einen Einwand gegen die Philosophie hernehmen, daß die scheinbaren Veränderungen der Philosophie nur für die Unwissenden existiren. Entweder gingen diese Veränderungen überhaupt die Philosophie nicht an, indem es allerdings Bestrebungen genug gebe, die sich für philosophische ausgeben, ohne es zu sein; oder sie seien Verwandlungen, die einen wirklichen Bezug auf Philosophie hätten, dann seien es Metamorphosen ihrer Form. „Wenn noch Umgestaltungen in der Philosophie stattfinden, — meint Schelling — so ist dies Beweis, daß sie ihre letzte Form und absolute Gestalt noch nicht gewonnen hat. Es giebt untergeordnete und höhere, es giebt einseitigere und umfassendere Formen: jede sogenannte neue Philosophie muß aber einen neuen Schritt in der Form gethan haben. Daß die Erscheinungen sich drängen, ist begreiflich, weil die vorhergehende unmittelbar den Sinn schärft, den Trieb entzündet. — Um die absolute Form zu gewinnen, muß sich der Geist in allen versuchen, dies ist das allgemeine Gesetz jeder freien Bildung." — Aber selbst, wenn die Philosophie in der absoluten Form würde dargestellt sein — behauptet Schelling — werde es Niemand verwehrt sein, sie wieder in besondere Formen zu fassen. Die Philosophen hätten das ganz eigenthümlich voraus, daß sie in ihrer Wissenschaft ebenso einig wie die Mathematiker seien, und daß doch jeder gleich original sein könne, was jene nicht könnten. Die andern Wissenschaften könnten sich Glück wünschen, wenn erst bei ihnen jener Wechsel der Formen ernstlicher einträte.

Diese hingeworfenen Aeußerungen Schelling's hätten jedenfalls einer rechtfertigenden Ausführung bedurft, um verständlich zu werden. Es ist klar, daß Schelling jede wirklich neue Philosophie als einen Fortschritt in der Gewinnung einer höheren und umfassenderen Form ansehen will; aber es nicht ersichtlich, nach welchem Gesichtspunkt er die wirklich neuen Philosophien

von den angeblich neuen unterscheiden will, denn dazu kann doch,
wenn wir uns nicht im Kreise drehen wollen, nicht wiederum
die höhere Form genommen werden, da es an jedem Maßstab
zur Beurtheilung dieser Höhe fehlt. Es ist ferner klar, daß der
Fortschritt der Philosophie in der allmählichen Gewinnung einer
absoluten Form bestehen soll; aber es ist völlig unverständlich,
wie es möglich sein soll, daß die Philosophie nach Erlangung
derselben, die doch die höchste und umfassendste sein muß, sich
noch wieder soll gefallen lassen um der Originalität willen in
einer unvollkommeneren Form gefaßt zu werden. Schelling
giebt uns über diese Unklarheiten keinen Aufschluß.

Eine wenigstens in sich folgerichtigere Anwendung des Begriffs einer gesetzmäßigen Entwicklung der philosophischen Systeme zur endgültigen Wahrheit hat uns erst Hegel in seiner
Geschichte der Philosophie geboten (W. Bd. 13). Auch Hegel
bespricht hier den von der Vielheit der Systeme hergenommenen
Einwand gegen die Beschäftigung mit der Philosophie. Er giebt
zu, daß jede Philosophie mit der Prätension auftritt, durch sie
sei die vorhergehende nicht nur widerlegt, sondern ihrem Mangel
abgeholfen und das Rechte nun endlich gefunden. Der früheren
Erfahrung gemäß zeige sich dann, daß auf solche Philosophen
die Worte der Schrift anwendbar seien, die der Apostel Petrus
zu Ananias spricht: „Siehe, die Füße Derer, die dich hinaus-
tragen, stehen schon vor der Thür." — Siehe, — könnte man
statt dessen sagen — die Philosophie, wodurch die deinige widerlegt und verdrängt werden wird, wird nicht lange ausbleiben, so
wenig, als sie bei jeder andern ausgeblieben ist. — Hegel will
nicht, daß man sich durch diesen unläugbar vorhandenen Thatbestand von der Philosophie abschrecken lasse. So verschieden auch
die Philosophien sein mögten, sie hätten doch Das gemeinsam,
Philosophie zu sein. Wer daher irgend eine Philosophie studire
oder inne habe, der habe damit doch Philosophie inne. Wer die
Beschäftigung mit den Philosophien abweise, weil er die Philosophie suche, gleiche dem Manne, dem der Arzt gerathen Obst zu
essen, und der nun Kirschen, Pflaumen und Aepfel abweise, weil
er Obst haben wolle. — Wesentlich aber sei, eine tiefere Einsicht
darüber zu gewinnen, was für eine Bewandtniß es denn eigentlich mit der Vielheit der philosophischen Systeme habe. Es

komme darauf an zu erkennen, daß solche Mannichfaltigkeit der
Existenz der Wissenschaft der Philosophie schlechthin nothwendig
sei. Diese Erkenntniß gewinne man durch den Gedanken, daß in
dem Wechsel der Systeme eine folgemäßige Entwicklung der
Wahrheit zur Erscheinung komme. Man erkenne dann, daß die
Geschichte der Philosophie keine Geschichte wechselnder Meinungen
sei, sondern die nothwendige gesetzmäßige Entwicklung des denkenden Menschengeistes selbst. Es stelle sich heraus, daß die
Aufeinanderfolge der Systeme der Philosophie in der Geschichte
dieselbe sei, wie die Aufeinanderfolge in der logischen Ableitung
der Begriffsbestimmungen der Idee. Somit werde das Studium
der Geschichte der Philosophie zum Studium der Philosophie
selbst. Um aber in der empirischen Gestalt und Erscheinung, in
der die Philosophie geschichtlich auftritt, ihren Fortgang als Entwicklung der Idee zu erkennen, müsse man freilich die Erkenntniß der Idee schon mitbringen: so gut wie man zur Beurtheilung
der menschlichen Handlungen die Begriffe von Dem, was recht
und gehörig ist, mitbringen müsse. Sonst biete sich dem ideen-
losen Auge freilich nur ein ungeordneter Haufe von Meinungen
dar. Diese Idee nachzuweisen, die Erscheinungen der sich ent-
wickelnden Systeme darnach zu erklären, also das Werden und
Wachsen und Vergehen der Systeme bis zum endgültigen Abschluß
im eigenen System nach seiner inneren Denknothwendigkeit vollständig zu begreifen, das ist die Aufgabe, welche Hegel der
Geschichte der Philosophie stellt. In diesem Geiste ist seine Geschichte der Philosophie geschrieben. Es wird in ihr dargestellt,
in welcher Weise die verschiedenen Philosophien die Idee selbst
in verschiedenen Formen enthalten. Diese Formen werden nicht
als zufällige gefaßt, sondern als wesentliche und nothwendige
Darstellungen der ursprünglichen Unterschiede der Idee selbst.
Und wie erst die Bestimmungen der ursprünglichen Idee zusammen das Bild des Ganzen ausmachen, so soll auch erst die ganze
Entwicklungsreihe der philosophischen Systeme das Ganze, das
vollendete System der Philosophie hervorbringen, in welchem das
absolute Ziel erscheint.

Nach dieser allein würdigen Ansicht von der Geschichte der
Philosophie ist nach Hegel der Tempel der selbstbewußten Vernunft zu betrachten, es ist daran vernünftig gebaut, durch einen

inneren Werkmeister. „Die große Voraussetzung — sagt Hegel — daß es auch nach dieser Seite in der Welt vernünftig zuge= gangen, was der Geschichte der Philosophie erst wahrhaftes Interesse giebt, ist dann nichts Anderes, als der Glaube an die Vorsehung, nur in anderer Weise. Wenn das Beste in der Welt das ist, was der Gedanke hervorbringt: so ist es unpassend, wenn man glaubt, nur in der Natur sei Vernunft, nicht im Geistigen. Demjenigen, welcher die Begebenheiten im Gebiete des Geistes, und das sind die Philosophien, für Zufälligkeiten hält, ist es nicht Ernst mit dem Glauben an eine göttliche Weltregierung, und was er davon spricht, ein leeres Gerede."

Allerdings brauche der Geist lange Zeit dazu, sich die Phi= losophie zu erarbeiten; aber der Weltgeist brauche nicht zu eilen, tausend Jahre seien für ihn, wie ein Tag, er sei reich genug für den Aufwand von Nationen und Individuen, die er zu dieser Arbeit verbrauche. Nur die Natur komme auf dem kürzesten Wege zum Ziele; der Weg des Geistes sei die Vermittlung, der Umweg. In der Weltgeschichte gingen deshalb die Fortschritte langsam.

Auch diese unstreitig großartige Ansicht Hegel's von dem nothwendigen Durchgang der philosophischen Wahrheit durch die Systeme, von der inneren Entwicklung derselben aus einander und von dem vollendeten Aufgehobensein aller Systeme als Mo= mente in dem letzt gewordenen Systeme hat sich keinen allseitigen und keinen dauernden Beifall erworben. Der wirkliche geschicht= liche Verlauf der Systeme mußte allzu oft um der vorausgesetzten logischen Begriffsentwicklung willen außer Acht gelassen werden. Das genauere Studium der Geschichte der Philosophie widersprach den logischen Ableitungen Hegel's und beeinträchtigte somit den Glauben daran, daß es in dem von ihm angenommenen Sinne vernünftig zugegangen sei in der Entwicklungsgeschichte des phi= losophischen Denkens. Noch weniger behagte es, in seinem Systeme den Abschluß aller Systeme erkennen zu müssen. Mit dem Satz: ein System könne nur wieder durch ein System gestürzt werden — konnte Gans wohl die Gegner Hegel's in Schach halten, die sein System tadelten ohne ein besseres an dessen Stelle zu setzen; aber mit diesem Satz ließ sich doch keine Zustimmung zum Systeme Hegel's's mehr erzielen. Vielmehr verbreitete sich

gerade nach dieser abermaligen Enttäuschung die Abneigung gegen
die Systeme der Philosophie überhaupt, der wir noch heut zu
Tage überall begegnen.

Selbst bei solchen, die als Mitarbeiter am Fortbau der
Philosophie angesehen sein wollen, ist aus dieser Abneigung die
Ansicht aufgetaucht, es lasse sich auch ohne System philosophiren.
„Kein System" überschreibt Gruppe ein Kapitel seines Buches:
Gegenwart und Zukunft der Philosophie in Deutschland. Ber-
lin 1855.

Nach ihm soll die Ansicht der Philosophie, welche gerade im
System etwas Wesentliches und Unterscheidendes gefunden hat,
im Fortschritt menschlichen Denkens aufgegeben werden. Denn
die Systeme hätten sich im Großen und Ganzen wie im Einzelnen
als gleich unhaltbar und hoffnungslos erwiesen. Die Geschichte
der Philosophie sei nicht, wofür Hegel sie halten wollte, eine
nach innerem Gesetz sicher fortschreitende, welche auf jedem Stadium Wahrheit enthalte, sondern sie sei ganz im Gegentheil eine
Geschichte des Irrthums mit vereinzelten Lichtblicken. Das System
sei nur das Mittel, die Wahrheit sei das Ziel; könne nun die
Wahrheit nicht damit bestehen, zeige sich, daß das System etwas
Voreiliges sei, so müsse es aufgegeben werden, eben damit die
Philosophie bestehe. In der That sei die Zeit der Systeme abgelaufen, die Philosophie aber, die niemals ablaufen könne, soll
nun erst wahrhaft beginnen. Auch in der Philosophie sollen wir
dem Rufe Bacon's nach inductiver Forschung folgen, durch
welche die Naturwissenschaft seitdem groß geworden ist. Die
inductive Forschung verzichte auf die Ergründung der letzten Ursachen, noch weniger glaube sie damit anheben zu müssen. Sie
sei nach obenhin offen; das System sei geschlossen, eben darum
bornirt. Das System sei vom Uebel, sei das Hinderniß des
wahren soliden Fortschritts der Philosophie; um den Verlust
desselben könnten wir uns daher nicht grämen, sollten ihn vielmehr für einen Gewinn halten. Das System sei die Kindheit
der Philosophie, ihre Mannheit sei die Forschung. Dies also
soll nach Gruppe die Philosophie der Zukunft sein.

Wenn wir nun zurückblicken auf die kurze hier gegebene
Darlegung der verschiedenen Ansichten über Werth und Richtung
der philosophischen Systeme, so können wir nach dem Urtheil der

bisherigen Erfahrung nicht hoffen darüber eine allseitig befriedigende Ansicht zur Geltung zu bringen und dürfen doch nicht
unterlassen über diese Frage eine Verständigung in diesem Sinne
zu versuchen. Handelt es sich doch darum, was in Zukunft die
Philosophie noch erlangen kann und demnach erstreben soll. Von
der Stellung zu dieser Frage hängt wesentlich das Recht oder
das Unrecht der Urtheile über die Ansprüche an die Philosophie
unserer Zeit ab. Treten wir daher ein in die Prüfung auch
dieser letzten und für die Philosophie als Wissenschaft gewiß nicht
unwichtigen philosophischen Zeitfrage!

Bei aller Verschiedenheit der Ansichten über den Werth der
Systeme und über ihr Verhältniß zur Auffindung der Wahrheit
wurde doch stets die Ueberzeugung festgehalten, daß die Aufstellung der Systeme und ihre Entwicklung nicht von einer völlig
gesetzlosen Willkür menschlichen Denkens abhängt. Von allen
Seiten wurde versucht, die Systeme als Gebilde nothwendiger
Denkrichtungen aufzufassen, deren jeweilige Einseitigkeiten aufzuheben seien, um zur Wahrheit zu gelangen. Nur über die Natur
dieser Denkrichtungen und über den Entwicklungsprozeß dieses
Ausgleichs gingen die Ansichten aus einander. Eine Verständigung über diese beiden Punkte wird also gesucht werden müssen
und zwar vorzugsweise über die Natur der möglichen Denkrichtungen, denn je nach der Auffassung dieser muß auch die Ansicht
über den zu erwartenden und etwa zu erstrebenden Ausgleich sich
gestalten.

Um zur Verständigung über den ersten Punkt zu gelangen,
müssen wir uns die Aufgabe der Philosophie vergegenwärtigen.
Sie will die Gesetze des geistigen Lebens ergründen, und· sie will
den einheitlichen Zusammenhang der Dinge in Natur und Geist
erkennen; gewinnen will sie eine zusammenhängende Weltanschauung. Dazu bedarf sie eines einheitlichen Gesichtspunktes in
ihrer Betrachtung des Einzelnen, dazu braucht sie, wenn möglich
ein einziges Prinzip oder sonst wenigstens einheitlich verbundene
Prinzipien zur Erklärung dieses Zusammenhangs. Solche Prinzipien kann sie gewiß nur in den letzten Grundbegriffen ihres
Denkens über das Sein der Dinge finden. In dieser Annahme
stimme ich mit Trendelenburg überein, der den Systemen
am tiefsten auf den Grund geschaut hat; aber in der Annahme

der letzten Grundbegriffe oder mehr noch in der Fassung derselben
vermag ich nicht ganz seine Ansicht zu theilen.   Nicht blinde Kraft
und bewußter Gedanke erscheinen mir als die äußersten begrifflichen Gegensätze unseres Denkens, sondern Stoff und Kraft halte
ich für dieselben.   Der Gedanke ist nach Trendelenburg's
eigener Bemerkung selbst Kraft, und die Kraft kann nicht nur
unter dem Gedanken stehen, ohne Kraft fehlt dem Gedanken die
Aeußerung.   Jeder Denkact ist eine Kraftäußerung.

Blinde Kraft (Naturkraft) und bewußte Kraft (Geist oder
Seele genannt) sind weitere Artunterschiede innerhalb des einen
Gattungsbegriffs Kraft, und bilden deshalb nicht den weitesten
Gegensatz unseres Denkens.   Diesen Gegensatz bezeichnen auch
nicht die Begriffe des Denkens und des Seins, denn ein Sein
kommt auch dem Denken zu, und als ein blos ruhendes Sein
ist nicht einmal die blinde Kraft zu fassen.   Den größten begrifflichen Gegensatz bezeichnet schon das gewöhnliche Denken als den
Gegensatz von Körper und Geist.   Wir müssen das körperliche
Dasein als das Ausgedehnte, Raum Erfüllende denken, und können das Geistige, Seelische unbedingt nicht als solches denken.
Ein sechs Fuß hoher Gedanke, ein ellenlanges Gefühl, ein fünf
Zoll dicker Wille — das sind für unsern Geist widersinnige, unmögliche Vorstellungen.   Und selbst wenn wir uns vorstellen, daß
ein Körper fühlt oder denkt, so betrachten wir doch nur das Gefühl oder den Gedanken als Product körperlicher Bewegung, sind
aber nicht im Stande uns das Gefühl oder den Gedanken selbst
noch als körperliche Bewegung vorzustellen.   Unser Geist muß in
seiner Vorstellung vom Sein der Dinge unbedingt einen Unterschied
machen zwischen Extensivem und Intensivem, zwischen Aeußerem
und Innerem.   Unter der ersten Form muß ihm alles Körperliche, der an sich todte, nur bewegbare Stoff erscheinen, unter
der zweiten Form muß ihm das Geistige, Seelische, aber nicht
nur dieses, sondern überhaupt alles Dynamische, jede Kraft erscheinen. Wenn sich auch jede Naturkraft in Bewegungen äußert,
so fällt doch auch sie nicht mit der Bewegung zusammen, und
kann selbst nur als innerer Zustand wirkungsfähigen Seins vorgestellt werden.   In diesem weiten Sinne genommen bezeichnen
Kraft und Stoff unstreitig die weitesten Gegensätze unseres begrifflichen Denkens.

Aus diesen Gegensätzen nun heraus müssen sich die streitenden Weltansichten gebildet haben. Alles, was uns erscheint, fällt für unsere Vorstellung in die Kategorie entweder des räumlichen oder des unräumlichen Daseins, des Aeußeren oder des Inneren. Für unsere Vorstellung steht alles Körperliche, Stoffliche auf der einen, alles Seelische, Geistige, Kraftbegabte auf der anderen Seite. Diese Erscheinungsweisen des Seins muß unser Geist unbedingt unterscheiden. Nun aber verlangt unser Geist ebenso sehr nach Einheit, er will auch den Gegensatz dieser beiden Erscheinungsweisen einheitlich denken. Zur Befriedigung dieses Einheitstriebes giebt es nur drei Denkmöglichkeiten. Die erste besteht darin, daß unser Geist annimmt, die Erscheinung beider Daseinsweisen beruhe auf Wesensunterschieden des Seins; er wird demnach suchen den Zusammenhang der Welten der Stoffe und Kräfte, der Körper und Geister aus der geordneten Gemeinschaft und Wechselwirkung beider zu erklären, sich also beider Grundbegriffe bedienen zur Erklärung der Einheit der Dinge. Wegen dieser Anwendung der beiden Grundbegriffe wird man die auf diesem Wege gewonnene Weltanschauung die des Dualismus nennen können. — Die anderen beiden Denkmöglichkeiten müssen die Voraussetzung des Dualismus, daß die Dinge sind wie sie uns erscheinen, aufgeben, und müssen versuchen mit einem Grundbegriff die Einheit und den Zusammenhang der Dinge zu erklären. Ihre Weltanschauungen werden eben deshalb mit dem Namen des Monismus zu bezeichnen sein. Sie werden Körper und Geist, Stoff und Kraft nicht für Gegensätze im Sein der Dinge, sondern nur für Gegensätze im Sein unserer Auffassung, also nicht für wirkliche, sondern nur für scheinbare Gegensätze halten, und demgemäß für ihre Vorstellung vom wirklichen Sein der Dinge diese Gegensätze aufzuheben trachten. Da sie aber als menschliche Geister absolut unfähig sind die beiden Daseinsweisen der Erscheinung in einer unbekannten höheren Daseinsweise als Eins zu denken, so müssen sie sich, um zur Einheit zu gelangen, um ein einheitliches Prinzip der Erklärung des Weltzusammenhanges zu gewinnen, entweder auf die Seite des Stoffs, des Körpers oder auf die Seite der Kraft, des Geistes stellen. Will man diesen Gegensatz kurzweg als den der Benutzung des materiellen oder ideellen Grundprinzips bezeichnen, so hat man unter

den Monisten zu unterscheiden die Materialisten und die Idea-
listen. Die ersteren betrachten den Stoff, das raumerfüllende
Dasein, die Materie als das ursprüngliche, wesentliche Sein und
alle Kräfte bis hinauf zum Geist nur als Erzeugniß der durch
Druck und Stoß entstandenen Stoffbewegung. Die anderen um-
gekehrt betrachten den Stoff als das durch Kraft oder Geist Gewordene und die Kräfte von der untersten Naturkraft bis zum
Geiste hinauf als das ursprüngliche und ewige Sein der Dinge.
— Andere Denkmöglichkeiten zur Erklärung des einheitlichen
Wesens der Dinge als diese drei Systeme des Dualismus, des
Materialismus und Idealismus, welche beiden letzteren zusammen als Systeme des Monismus dem Dualismus gegenüber gestellt werden können, giebt es nicht und kann es nicht geben.
— Es sind nur noch solche Systeme denkbar, welche die Erkenntniß
des Wesens der Dinge aufgeben, welche darauf verzichten, Lehrsätze,
Dogmen, über das Sein der Dinge aufzustellen. Dies sind diejenigen Systeme, welche sich dem Dogmatismus der dualistischen
und monistischen Systeme mit Zweifel oder mit kritischer Enthaltsamkeit gegenüber stellen. Die skeptischen Systeme anerkennen
keine allgemein gültige Wahrheit, sondern kennen nur wechselnde
Meinungen, aus denen sich allenfalls eine relativ feste Gewohnheit menschlichen Denkens entwickeln kann. Die kritischen Systeme
suchen durch eine Kritik des Erkenntnißvermögens diese Gewohnheit auf eine innere Denknothwendigkeit des menschlichen Geistes
zurückzuführen. Diese aber können sie nur in der dualistischen
Anschauung von Stoff und Kraft, Körper und Geist finden, sie
können sich daher von den Systemen des Dualismus nur dadurch
unterscheiden, daß sie dabei stehen bleiben zu behaupten, die Dinge,
wie sie uns erscheinen, müßten von uns dualistisch gedacht werden, wie sie aber in Wahrheit seien, könnten wir nicht ermitteln.

Mit Hinzunahme dieser letzten Richtungen erhalten wir also
vier mögliche Gruppen philosophischer Systeme, die Systeme des
Dualismus, die des Materialismus, die des Idealismus
und die Systeme des Skepticismus, Kriticismus oder Empirismus. Auf diese Grundrichtungen unseres Denkens müssen sich
in irgend einer Weise alle verschiedenen in der Geschichte der Philosophie erschienenen Systeme zurückführen lassen. Als Hauptvertreter

des Dualismus würden wir Platon, Aristoteles, die auf ihren Schultern stehenden namhaften Scholastiker, auch den Vater der neueren Philosophie Cartesius ansehen. Als Hauptvertreter des Materialismus erscheinen uns bei den Alten die Atomiker Demokrit, Epikur und Lucrez, in der Neuzeit die französischen Materialisten des vorigen Jahrhunderts, Holbach, Helvetius, Delamettrie, Cabanis und Destut de Tracy, denen unsere modernsten Materialisten Vogt, Moleschott, Büchner und Consorten mit geringerem Systemeifer, daher auch mit geringerer Folgerichtigkeit nachhinken. Als Hauptvertreter des Idealismus müssen die Stoiker angesehen werden, in der Neuzeit Spinoza, Leibniz, Wolff, Schelling, Fichte, Schopenhauer und Hegel. — Als Hauptvertreter des Skepticismus gelten im Alterthum Pyrrhon aus Elis, Aenesidemus aus Knossus und der Arzt Sextus Empirikus, in der Neuzeit Montaigne, Charron und Bayle. Als Vertreter des Empirismus mögen Bacon, Locke, Hume und Condillac gelten. Als Vertreter des Kriticismus sind Kant und Fries zu nennen. Man könnte auch etwa Berkeley in so weit anreihen, als derselbe ebenfalls die erscheinende Welt nur als Phänomen denkender Wesen betrachtet; man könnte seinem Ausgangspunkte nach auch Herbart anschließen, insofern dessen Philosophie ihre Aufgabe darin sucht, die Begriffe unseres Geistes, wie sie sich in der Erfahrung vorfinden, durch Reinigung von Widersprüchen denkmöglich zu machen und derart also durch Kritik der Begriffe unseres Denkens zu einer in sich klaren Weltanschauung zu gelangen. Doch lassen die weiteren Unterschiede der ausgebildeten Weltansicht dieser Männer ihre Zusammenstellung mit Kant und Fries nach anderen Seiten bedenklich erscheinen; nach ihrer Weltansicht gehören sie zu den Idealisten.

Ueberdies sind die angegebenen Einordnungen der genannten Philosophen in die Hauptsysteme nur cum grano salis zu verstehen. Nur die wenigsten Philosophen haben bis in jede Faser ihres Systems folgerichtig gedacht, die meisten neigen im Einzelnen und manchmal selbst im Ganzen wider ihr Grundprinzip nach der einen oder anderen Seite hinüber. Cartesius z. B. ist Idealist, insofern er von Gott als schöpferischem Geist ausgeht,

bevor er zur dualistischen Auffassung der Daseinsweisen dieser
Welt kommt und in seinen Aeußerungen über das Verhältniß von
Leib und Seele könnte man bisweilen den entschiedensten Materialismus zu erkennen glauben.   Locke geht in seiner Neigung
über den Empirismus hinaus zum Dualismus und steht selbst
dem Materialismus weniger feindlich gegenüber als andere Dua-
listen.   Kant hat aus seiner Herkunft von der Leibniz-
Wolffischen Philosophie einen entschiedenen Zug zum Idealismus bewahrt, den er sogar durch Forderungen der praktischen
Vernunft derart zu rechtfertigen sucht, daß der Kritiker sich
wiederum in einen praktischen Dogmatiker verwandelt.   Die verschiedenen Richtungen berühren und verbinden sich eben gelegentlich zu einzelnen gemeinsamen Annahmen unbeschadet ihrer prinzipiellen Abweichung von einander in der Hauptsache.   Die
bezeichneten Grundrichtungen der Systeme bleiben trotzdem in
allen hervorragenden Systemen erkennbar, irgend ein Verhältniß
zu ihnen wird sich in jedem derselben aufzeigen lassen. —

Dadurch wird die große Mannichfaltigkeit der Systeme
zurückgeführt auf einige wesentliche, leicht übersehbare Grundge-
stalten.   Das Getümmel der Systeme erscheint nun weniger ver-
wirrend, da es sich doch aus einem Grundstock feststehender Anschauungen ableiten und erklären läßt.   Die Verschiedenheit vieler
Systeme erscheint uns jetzt als eine nur im Einzelnen abweichende
Entwicklung derselben Grundgedanken innerhalb einer Gattung.
Diese Verschiedenheit kann immerhin noch eine ziemlich beträcht-
liche sein, aber sie muß doch innerhalb gewisser Grenzen bleiben,
ist durch die Bedingung der Uebereinstimmung mit dem erklärenden Grundbegriff an eine bestimmte innere Gesetzmäßigkeit des
Denkens gebunden und deshalb wohl übersehbar. Die größte Verschiedenheit der Entwicklung läßt offenbar der Idealismus zu.
Das idealistische Prinzip der Welterklärung kann entweder mehr
als Naturkraft oder mehr als Geisteskraft gedacht werden; diesen
Unterschied finden wir bei den Stoikern und bei Spinoza.
Diese unbewußte Weltseele oder dieser bewußte Weltgeist kann
ferner entweder so gedacht werden, daß alle Einzelwesen als un-
selbstständige Daseinsweisen dieser einen Weltkraft oder als selbstständige Wesen neben ihr erscheinen; das bildet den Unterschied
zwischen Spinoza und Leibniz.   Die Weltseele oder der

Weltgeist kann ferner als ein von Anbeginn fertiges, ewig un-
veränderliches oder als ein sich in und mit der Welt entwickelndes
Wesen gedacht werden; darin unterscheiden sich Spinoza und
Schelling. Der Idealismus also kann naturalistisch oder spiri-
tualistisch, pantheistisch oder theistisch, quietistisch oder genetisch sein.
Er kann auch noch darin verschieden ausfallen, je nachdem der
Weltgeist mehr als Vernunft oder mehr als Wille gedacht wird;
darnach unterscheiden sich Hegel und Schopenhauer. Oder
endlich — um auch die neueste Ausgeburt philosophischer Speculation nicht zu übergehen — es kann die Grundkraft von Vernunft
und Wille im dunkeln Unbewußten als Weltprinzip gesucht werden; wie dies neuerdings E. v. Hartmann gethan hat. Auch
dieser letzte seltsam scheinende Versuch ist für den tiefer Blicken-
den aus der vorangegangenen speculativen Gedankenentwicklung
gar wohl verständlich und wird als Vermittlungsversuch zwischen naturalistischem und spiritualistischem, pantheistischem und
theistischem Idealismus seine unbestreitbare systematische Bedeutung haben. Wenn Hegel auch in allem natürlichen Dasein
Vernunft fand, so mußte das eben eine unbewußte Vernunft
sein, so weit sie nicht von Gott gedacht wurde. Und wenn
Schopenhauer in jeder wirkenden Naturkraft einen Lebenswillen erkannte, so mußte sich dieser allgemeine Weltwille von dem
bewußten Menschenwillen eben durch seine Bewußtlosigkeit unterscheiden. Es lag also nahe von solchen Ausgangspunkten zum
Unbewußten als der Grundkraft von Vernunft und Wille seine
speculative Zuflucht zu nehmen und damit auf Schelling's
werdende und sich zum Bewußtsein empor arbeitende Weltseele
zurückzukommen; wie dies E. v. Hartmann gethan hat. Wie
nun aber auch ein Taschenspieler aus seinem Hute keine Vögel
herausfliegen lassen kann, wenn er nicht zuvor geschickt und unbemerkt die Vögel hineingezaubert hat; so mußte auch unser
Philosoph suchen möglichst unbemerkt etwas Vernunft und Wille
in das Unbewußte hineinzuzaubern, um dann beide aus demselben wieder hervorzuzaubern. Das erste Kunststück hat er in
der That nicht ungeschickt ausgeführt, indem er auf die objective
Vernünftigkeit und auf die bestimmten Zielen zugewendeten Bewegungen unbewußt wirkender Natur- und Seelenkräfte hingewiesen hat, wie sie z. B. im Instinktleben der Thierwelt, aber

auch in der Geschichtsentwicklung der Menschheit deutlich zum
Vorschein kommen. Auch wird darin ein bleibendes Verdienst der
Hartmann'schen Philosophie des Unbewußten gefunden werden
können, daß dieselbe die große Bedeutung des Unbewußten als
natürliche Grundlage auch des bewußten Seelenlebens wieder in
Erinnerung gebracht hat; wie ebenso Schopenhauer das unbestreitbare Verdienst gehabt hat, dem über dem Intellect allzu
sehr vernachläßigten Willen wieder zu einer gebührenden Achtung
in der Philosophie verholfen zu haben. — Wenn nun weiter
also in geschickter Weise etwas Vernunft und Wille in das Unbewußte hineingezaubert war und es sollte nun der Versuch gemacht
werden sich das eigentliche Wesen dieses Unbewußten als Welt-
prinzips einigermaßen vorstellig zu machen, so mußte man fast
von selbst auf folgenden Gedankengang kommen. Eben weil
schon etwas Vernunft und Wille dem Keime nach im Unbewußten
steckt, ist es nicht ein blindes stoffliches Etwas, sondern ein idea-
listisches seelisches Etwas. Steckt nun Vernunft und Wille in
diesem Unbewußten nicht in der Form reflectirenden Bewußtseins,
so kann dies nur stattfinden in der Form zweckmäßig vorschauenden
unbewußten Denkens, wofür wir eine Analogie etwa in den Zuständen des somnambulen Hellsehens suchen mögten. Oder das
Unbewußte denkt und will vernünftig nach der Art wie wir uns
wohl das Denken und Wollen Gottes vorstellig zu machen versuchen. Gott soll nicht begrifflich verlaufend denken wie wir, sein
Denken soll nicht aus einzelnen Urtheilen und Schlüssen discursiv
sich zusammen setzen, sein Denken soll wie ein ewiges Wissen,
wie ein stets gegenwärtiges Schauen alles Vergangenen, Gegenwärtigen und Zukünftigen gedacht werden, ähnlich sein Wollen.
So ungefähr mogte sich nun auch Hartmann sein vorschauen-
des Unbewußte denken; er befindet sich damit auf dem Uebergang vom Naturalismus zum Theismus und es wird nicht lange
dauern, daß man allgemein seiner Speculation die Bedeutung
einer solchen in der philosophischen Entwicklung nothwendigen und
begreiflichen Uebergangsform zugestehen wird.

So sind also innerhalb der einen Gattung gar mancherlei
Entwicklungen möglich, für welche die verschiedenen genannten
Philosophen als ebenso viele verschiedene Vertreter angesehen
werden können.

In dieser Gestaltungsfähigkeit der festen Grundsysteme hat der fortdauernde Wechsel der Systeme seinen Grund, und es ist schwerlich abzusehen, wann diese allerdings begrenzte Umwandlungsfreiheit erschöpft sein wird. Unerschöpflich ist sie keinesfalls, denn sie kann über die Grenzen der Grundsysteme nicht hinaus. Es ist auch nicht unwahrscheinlich, daß die philosophische Systemarbeit der verflossenen Jahrtausende eben darin bestanden hat, diese Möglichkeiten nach allen Seiten hin zu erschöpfen, und daß wir nun bereits aus der zurückgelegten Erfahrung mit gereiftem Urtheil die ganze Summe der allein möglichen Gestaltungsversuche übersehen und deshalb auf neue Versuche mit klarem Bewußtsein verzichten können. Ich wage nicht mit voller Gewißheit zu behaupten, daß die Sachlage schon gegenwärtig so weit gediehen ist, aber ich meine allerdings, daß wir sehr weit von diesem Ziele nicht mehr sein können. Und ich denke, wenn die Geschichte der Philosophie uns diese Klarheit erarbeitet hätte, dürfte Niemand sagen, sie hätte wenig geleistet.

Man könnte meinen, diese Ansicht schneide den philosophischen Fortschritt ab; indessen das ist ein Irrthum. Sie beseitigt nur die thörichte Meinung, es könnten in alle Ewigkeit hinaus durch irgend welche originale Inspiration neue Systeme erfunden werden. Diese Einbildung hat allerdings die genauere Kenntniß der Geschichte der Philosophie zerstört, indem sie uns die beständige Wiederkehr der festen Denkrichtungen des menschlichen Geistes in der wechselnden Gestaltung der Systeme erkennen ließ; aber daß sie dies gethan hat, brachte unserer Wissenschaft keinen Verlust, sondern nur Gewinn. Es ist gegenwärtig ganz unmöglich, daß wissenschaftskundige Denker ihre beste Kraft verschwenden können, um die Welt mit einem ganz neuen System zu beglücken und sich selbst dadurch einen Platz unter der Reihe der schöpferischen Philosophen zu sichern. Das können heut zu Tage nur Dilettanten versuchen, die ebenso wie früher F i c h t e und S c h e l l i n g ohne historische Kenntnisse anfangen zu philosophiren. Jeder wahrhaft Kundige wird doch sofort urtheilen, aus altem Holz ein scheinbar neues Haus. Wohnbare Häuser sind da, so viel ihrer Platz haben; es kommt nur darauf an, daß man mit eigenem Geist in sie einzieht und sie den wissenschaftlichen Zeitumständen gemäß einrichtet. B ö r n e sagte einmal, die

neueren Philosophen glichen den modernen Bauherren, die selten
ihr eigenes Haus bewohnten; kaum hätten sie dasselbe nach
ihrem Sinne hergerichtet, so zögen Andere ein, die es nach
anderem Sinne um- und ausbauten. Darin liegt eine Wahrheit, die aber für alle Zeiten gilt. Denn allerdings ist mit
jedem großen Philosophen auch immer schon Derjenige gleichzeitig erstanden, der sich in seine Ideen hineindachte und sie
dann weiter bauend umgestaltete. Aristoteles' Ideenlehre
entwickelte sich in der Schule Platon's. Spinoza gewann
seine Substanzlehre aus der Vertiefung in das System des
Cartesius. Aber in ein fremdes System einziehen, wie in
ein fertiges Haus, an dem man nichts' selber entworfen und
ausgeführt hat, vermag allerdings kein Selbstdenker. Sein Ein-
zug in das fremde System muß immer zugleich ein selbstständiges Nachdenken des ursprünglichen Entwurfs und ein dem
entsprechender Um- und Ausbau sein. In diesem Sinne wird
der systematische Fortbau der Philosophie sogar niemals aufhören können, denn immer wird es nöthig sein, das System in
neuen Einklang zu bringen mit der erweiterten Summe neu
erworbenen Wissens, welches die Philosophie zu einer einheitlichen Weltauffassung zu gestalten unternimmt. Der Materialismus muß heut zu Tage mit anderem Beweismaterial gerechtfertigt werden als im Alterthum; der Dualismus kann heut
zu Tage nicht mehr die Lehren des Cartesius von der Zirbel-
drüse und den durch Kanäle und Poren des Körpers ziehen-
den Nervengeistern wiederholen. Kurz der philosophische Um-
und Ausbau des alten Systemhauses kann niemals aufgegeben
werden. Nur die Grundpfeiler und die Grundmauern werden
dabei unerschüttert und unverrückbar stehen bleiben, denn andere
Grundpfeiler und andere Grundmauern als die der vorhandenen
Grundsysteme können von keinem Menschengeiste gelegt werden.
Wer also auf einen weiter gehenden Neubau sinnt, ist ein
träumerischer Grübler, der seine Kräfte in Wolkenkuckucksheim
vergeudet.

In diesem Sinne allerdings ist die Zeit der philosophischen
Systemarbeit vorbei, aber auch nur in diesem Sinne. Der Ruf
„Kein System", den Gruppe und Andere ausstießen, ist in
anderem Sinne gewiß nicht zu rechtfertigen. Den einheitlichen

Zusammenhang aller Dinge in Natur und Geist kann man ohne einheitlichen Gesichtspunkt nicht erfassen. Niemand daher kann in der Philosophie Etwas zu leisten hoffen, der nicht einen einheitlichen Gesichtspunkt der Betrachtung sich erworben hat. Schon das enge Band der Geistesvermögen, deren Gesetze die Philosophie zu untersuchen hat, bedingt es, daß auf ihrem Gebiete eine Theilung der Arbeit bis zur Isolirung der Einzelleistungen niemals möglich ist. Die Philosophie kann nur aus dem Vollen arbeiten; wem es nicht gelingt, eine philosophische Gesammtansicht zu gewinnen, der kann auch im Einzelnen auf dem Gebiete der Philosophie nur Dürftiges leisten. Der Einzelne hat diese Gesammtansicht freilich nicht von Geburt, er muß sie vielmehr mühsam und langsam erwerben; aber so lange er sie nicht besitzt, bleibt all sein Forschen nur unvollendete Vorarbeit. Kommt es nicht zur Vollendung, so bleibt auch sein Forschen nutzloses Stückwerk. Heut zu Tage kann ein Philosoph, der nicht bestrebt ist ein System zu machen, ein kundiger Mann sein; ein Philosoph aber, der darauf verzichtet, ein System zu haben, ist sicherlich keiner. Ein Philosoph ohne System ist wie ein Auge ohne Sehkraft, wie ungeordnetes Baugerüst ohne Dach und Fach. Jede Philosophie, die mit Recht auf diesen Ehrennamen Anspruch machen will, muß eine feste Stellung nehmen im Streite der Grundsysteme.

Ob auch die Hoffnung festgehalten werden darf, daß endlich aus diesem Streite eins der Systeme des Dualismus, des Materialismus, des Idealismus oder des Kriticismus siegreich hervorgehen wird, — auf diese Frage hat schwerlich irgend Jemand mit gutem Fug eine gewisse Antwort zu ertheilen. Eine faßbare Seite hat diese Frage überhaupt nur, insoweit die Lehren der Vergangenheit zu Rathe gezogen werden. Für die wissenschaftliche Forschung ist nur die eine Frage vorhanden, ob in dem bisherigen Wechsel der Systeme eine gesetzmäßige Entwicklung zu erkennen ist, welche sich als fortschreitende Durchbildung und Ausbreitung eines der kämpfenden Systeme ansehen läßt. Ich bin nicht der Ansicht, daß die Philosophie der Geschichte diese Frage schon gelöst hat, meine vielmehr, daß sie dieselbe noch nicht einmal gehörig gestellt und auf befriedigendem Wege zu lösen ver-

sucht hat. Aus abstracter Grübelei des eigenen Kopfes Ent=
wicklungsstadien des Begriffs construiren und für die Resultate
dieser Grübelei mit unhistorischer Willkür die Thatsachen der Ge=
schichte mißdeuten, verstellen oder unbeachtet bei Seite lassen, wie
dies Hegel gethan hat, ist keine Lösung der wichtigen Frage,
wie sie den jetzt zur berechtigten Geltung gelangten wissenschaft=
lichen Grundsätzen entspricht. Diese bringen vor Allem auf eine
volle Uebereinstimmung jeder Lehre mit den Thatsachen der inne=
ren und äußeren Erfahrung. Ich halte daher die gestellte Frage
zur Zeit noch nicht für erledigt.

Die Geschichte der Philosophie lehrt uns gewiß schon jetzt
einen inneren Zusammenhang in dem Wechsel und in der Folge
der Systeme kennen; aber eine Darlegung dieser Folge als einer
nothwendigen Entwicklung zum endgültigen, schon voraussehbaren
Siege einer der kämpfenden Weltanschauungen ist nach meinem
Dafürhalten noch Niemanden gelungen.

Letzte unüberwundene Schwierigkeiten behält, wie sich im Ver=
laufe unserer Betrachtungen wiederholt gezeigt hat, eine jede dieser
Weltansichten; sie alle schließen und müssen schließen mit letzten
unerwiesenen und unerweisbaren Glaubensannahmen. Dem Ma=
terialismus ist es noch nicht gelungen und wird es auch nie ge=
lingen, die verschiedenen Kräfte der Natur und des Geistes aus
meßbaren, von Druck und Stoß kleinster Stofftheilchen abhän=
gigen Bewegungen zu erklären, oder einen Grund für den Be=
ginn oder für die Ewigkeit dieser Bewegungen im unendlichen
Raume zu bestimmen. Dem Idealismus wird es stets unmög=
lich bleiben nachzuweisen, wie eine Kraft, eine Idee, ein Geist es
anfangen mag Stoffe zu schaffen oder sich in Stoffe zu verwan=
deln, oder woher es kommen mag, daß das einheitlich ideelle
Wesen aller Dinge uns Menschen so verschiedenartig wie Körper
und Geist, wie Stoff und Kraft erscheinen muß. Dem Dualis=
mus wird es niemals gelingen zu erklären, wie die genannten
verschiedenen Wesensbeschaffenheiten auf einander wirken können,
wie z. B. unser Geist es anfangen mag unsern Körper zu bewe=
gen oder wie umgekehrt unser Körper es anfangen mag auf die
Seele zu wirken, wenn auch diese Unfähigkeit des Dualismus
nicht größer ist als die des Monismus, der wie schon früher be=

merkt (S. 190) mit Unrecht die Wechselwirkung zwischen Gleichartigem für begreiflicher hält.

Wer an die Möglichkeit einer endgültigen Entscheidung unseres Wissens über diese Schwierigkeiten glaubt, der kann allerdings auch an einen auf dies errungene Wissen gegründeten Sieg
eines der streitenden Systeme glauben. Meine Ansicht über die
Kraft und die Grenze unserer Vernunfteinsicht giebt mir kein
Recht zu solcher Hoffnung, und die bisherige Erfahrung der verflossenen Jahrtausende scheint wahrlich zur Bestärkung in diesem
Glauben wenig Anlaß zu bieten. Nach meiner Ueberzeugung
kann daher der Werth der Systeme nicht nach ihrer Stellung
zur Lösung dieser Probleme bemessen werden, sondern nur nach
ihrer Brauchbarkeit zur Erklärung der thatsächlichen Erscheinungen unserer inneren und äußeren Erfahrung. Die aufgeworfene
Werthfrage kann somit nur dahin gehen, welches System für
diese Erklärung das Beste geleistet hat oder leisten kann. Ich
meinerseits glaube zu wissen, daß der Materialismus an wissen-
schaftlichem Werth nach dieser Richtung hin bisher das Wenigste
geleistet hat, und meine daher, daß sein Triumphgeschrei, ihm
gehöre die Zukunft, seine Berechtigung nicht der Vergangenheit
zu entnehmen vermag. Ich glaube auch bemerkt zu haben, daß
nur die besondere Vernachlässigung des stofflichen Daseins seitens
des Idealismus der entgegengesetzten Einseitigkeit des Materialismus eine vorübergehende Bedeutung zu geben vermogt hat.
Ich glaube nicht, daß der vielköpfige Idealismus sich bereits ein
Recht erworben hat zu der hochmüthigen Erklärung, der Dualismus sei ein überwundener Standpunkt. Vielmehr halte ich dafür, daß gerade dieser sich an die uns Menschen nothwendige
Auffassung der Erscheinungswelt anschließende Dualismus dasjenige entwicklungsfähige System ist, welches am leichtesten hoffen
darf, die gewünschte ausgleichende Befriedigung zu bringen.
Doch verhehle ich mir nicht, daß der Ausdruck dieses Glaubens
und dieser Hoffnung von eben so geringem allgemeinem Belang
ist wie das Triumphgeschrei des Materialismus oder das Absprechen des Idealismus. — Für die wissenschaftliche Forschung
giebt es nur eine Rechtfertigung, nämlich die, im Erforschen und
im Erklären des Zusammenhangs der Stoff- und Geisterwelt

30

selbst den Beweis für die Tauglichkeit der eigenen Ueberzeugung zu liefern. Es ist ein Gewinn in unserer Zeit, daß auch in der Philosophie die Einsicht durchgedrungen ist, ein System sei nicht zu suchen um des Systemes willen, sondern um den Zusammenhang der Dinge zu erklären.

Bonn, Druck von Carl Georgi.